Bernhard Paul Martin Rudnick

Die verzierte Arretina aus Oberaden und Haltern

BODENALTERTÜMER WESTFALENS

31

Berichte des
Westfälischen Museums für Archäologie
– Amt für Bodendenkmalpflege –
Landschaftsverband Westfalen-Lippe

Begründet von August Stieren
Weitergeführt von Hans Beck

Herausgegeben von
Bendix Trier

VERLAG PHILIPP VON ZABERN · GEGRÜNDET 1785 · MAINZ

Bernhard Paul Martin Rudnick

Die verzierte Arretina aus Oberaden und Haltern

VERLAG PHILIPP VON ZABERN · MAINZ AM RHEIN

240 Seiten Text mit 55 Abbildungen, 77 Tafeln, 3 Pläne

Gedruckt mit Unterstützung des Ministers für Stadtentwicklung und Verkehr des Landes Nordrhein-Westfalen

Einband: Kelch mit Innenstempel Cresti Atei Euhodi, HaNr. 59

Einbandgestaltung: Rudolf Meyer, Marie Luise Meyer-von Bronk

Redaktion, Layout und Textgestaltung: SCRIPTORIUM, Ute Mrogenda, Münster

Schriftleitung: Jan Derk Boosen

Schriftentausch: Westfälisches Museum für Archäologie
– Amt für Bodendenkmalpflege –
Zentralreferat · Bibliothek
Rothenburg 30
D-48143 Münster
Tel.: (0251) 5907 262
Telefax: (0251) 5907 211

Die Deutsche Bibliothek – CIP-Einheitsaufnahme

Rudnick, Bernhard Paul Martin:
Die verzierte Arretina aus Oberaden und Haltern / Bernhard Paul Martin Rudnick. – Mainz am Rhein : von Zabern, 1995
(Bodenaltertümer Westfalens ; 31)
ISBN 3-8053-1785-9
NE: [redacted]

Für den Inhalt und die Richtigkeit der Angaben ist der Autor/die Autorin verantwortlich

Gesamtherstellung: Bonifatius Druck · Buch · Verlag, Paderborn 1995
ISBN 3-8053-1785-9
ISSN 0523-0013

Vorwort des Herausgebers

Nachdem S. von Schnurbein in Band 19 dieser Reihe die „Unverzierte Terra Sigillata aus Haltern" (1982) vorgelegt hat, freue ich mich, daß nun als Band 31 die Arbeit von Bernhard Rudnick über „Die verzierte Arretina aus Oberaden und Haltern" herausgegeben werden kann. Mit der vollständigen Dokumentation dieser Materialgruppe aus den Lippelagern – auch das Lager Anreppen wurde erfaßt – ist die noch bestehende Lücke in der Vorlage der Terra Sigillata aus Haltern geschlossen. Damit rundet sich aber auch über Westfalen hinaus das Bild von dieser Keramikgattung in den frühen römischen Lagern, nachdem die Bestände von Neuß durch E. Ettlinger und Moers-Asberg durch T. Bechert und M. Vanderhoeven vorgelegt worden sind.

Mein Dank gilt dem Autor, der seine 1991 eingereichte Dissertation neben seinen Aufgaben als wissenschaftlicher Volontär zügig überarbeitet und mit Funden und Literatur, die bis Ende 1993 bekannt geworden sind, aktualisiert hat. Dem Ersten Direktor der Römisch Germanischen Kommission des Deutschen Archäologischen Instituts, Herrn Prof. Dr. S. von Schnurbein und dem Leiter des Referates Provinzialrömische Archäologie unseres Hauses, Herrn Dr. J.-S. Kühlborn, danke ich für die betreuende Begleitung der Arbeit, der Firma Scriptorium, Münster, für die redaktionelle Bearbeitung bis zur Drucklegung.

Wir hoffen, mit der Vorlage des nunmehr kompletten Bestandes an Terra sigillata aus Haltern der provinzialrömischen Forschung eine tragfähige Arbeitsgrundlage bieten zu können. Zugleich wissen wir aber auch, daß noch manches aus den letzten Jahrzehnten abzuarbeiten ist. Als nächster Schritt steht die Veröffentlichung der Eisenfunde aus Haltern durch J. Harnecker an, der das Manuskript inzwischen abschließen konnte.

Münster, im Dezember 1994

Bendix Trier

Vorwort

Bei der hier vorliegenden Arbeit handelt es sich um die überarbeitete Fassung meiner Dissertation, die im Januar 1991 von der Philosophischen Fakultät der Westfälischen Wilhelms-Universität zu Münster angenommen wurde. Nachgetragen wurden bis Ende 1993 bekanntgewordene Neufunde und neuerschienene Literatur.

Die Anregung zur Bearbeitung der verzierten Arretina aus Haltern geht auf J.-S. Kühlborn zurück, der die Arbeit von Beginn an bis zur Drucklegung mit stetem Interesse verfolgte. Ihm sei dafür herzlich gedankt.

S. von Schnurbein gebührt mein besonderer Dank für die Bereitstellung persönlicher Unterlagen sowie für vielfältige Hinweise während eines längeren Aufenthaltes in der Römisch-Germanischen Kommission in Frankfurt/Main.

Für die Betreuung und freundliche Unterstützung danke ich meinem akademischen Lehrer H. Wiegartz.

Viele Anregungen und Hilfen erfuhr ich durch St. Berke (Münster), H. Deutmann (Dortmund), A.R. Furger (Augst), H.H. Nieswandt (Münster), W. Oenbrink (Köln), F.P. Porten Palange (Mainz), A. Scholl (Bonn), R. Stupperich (Mannheim), M. Trunk (Münster) und meinen Bruder Paul. Darüber hinaus bin ich allen meinen Kommilitonen und Kollegen am Westfälischen Museum für Archäologie, Münster, die mir hilfreich zur Seite standen, verpflichtet.

Ohne die Restaurierung und Rettung vieler Fragmente durch H. Jokisch und K. Hölker hätte die Arbeit nicht geschrieben werden können. Mit viel Geduld und Intuition entstanden die Zeichnungen durch E.M. Poppe-Ludwig (im Rahmen des DFG-Projektes S. von Schnurbein, Die unverzierte Terra Sigillata aus Haltern), R. Meyer und M. L. Meyer-von Bronk. Die fotografischen Aufnahmen stellte St. Brentführer her, die Planvorlagen D. Jaszczurok. U. Mrogenda betreute das Werk redaktionell bis zur Drucklegung. Ihnen allen sei herzlich gedankt.

Für die Überlassung der Publikationsrechte wird dem Westfälischen Museum für Archäologie, Münster, sowie B. Trier für die Aufnahme der Arbeit in die Reihe Bodenaltertümer Westfalens gedankt.

Bernhard P.M. Rudnick
Westfälisches Museum für Archäologie
– Amt für Bodendenkmalpflege –
Referat Provinzialrömische Archäologie
Rothenburg 30
48143 Münster

Inhaltsverzeichnis

Einleitung

Die verzierte Arretina[1] aus Oberaden und Haltern ist zu einem großen Teil aus maßgeblichen Publikationen bekannt. Eine erneute Bearbeitung und Veröffentlichung der Altfunde zusammen mit den Neufunden ist aus mehreren Gründen jedoch gerechtfertigt: Einmal bieten die Lager von Oberaden und Haltern durch die historischen Begebenheiten enge Datierungsmöglichkeiten der gefundenen Materialien. Der Beginn des Lagers Oberaden ist darüber hinaus durch dendrochronologische Untersuchungsergebnisse auf den Spätsommer des Jahres 11 v. Chr. datiert; seine Aufgabe fällt etwa in das Jahr 8/7 v. Chr. Demgegenüber konnte zwar der Beginn des Lagers Haltern noch nicht enger gefaßt werden; dessen Aufgabe ist allerdings durch die Niederlage des Varus gegen Arminius im Jahr 9 n. Chr. markiert. Sicher gab es eine zeitliche Lücke zwischen der Besetzung beider Lager.[2]

Die zweite wichtige Grundlage bilden die geschlossenen Fundserien beider Orte, die in der Größenordnung nur von Neuss übertroffen werden. Die Belegung von Neuss umfaßt dabei einen größeren zeitlichen Rahmen: Sie beginnt früher als die von Oberaden und endet nach der Aufgabe Halterns. Für Neuss liegen allerdings keine absoluten Daten vor.

Bereits seit Beginn unseres Jahrhunderts bildet insbesondere der bisher bekannte Halterner Bestand die Ausgangsbasis jeder Beurteilung von verzierter wie unverzierter Arretina im gesamten Imperium Romanum. Die jüngsten Publikationen des Materials aus Oberaden und Haltern liegen z.T. schon über 50 Jahre zurück.[3] Durch erneute Grabungsaktivitäten in Oberaden seit 1962 und in Haltern seit 1949 konnte die Stückzahl an verzierter Arretina jedoch stark erweitert werden: So verteilt sich die Gesamtfundmenge von 42 Gefäßfragmenten in Oberaden auf 13 Altfunde und 29 Neufunde, die damit 69% des Bestandes ausmachen. Von den insgesamt 158 Gefäßfragmenten aus Haltern gehören 77 zu Neufunden, was einem Anteil von 48,7% der Gesamtmenge entspricht.

1 Arretina wird hier im Sinne eines Sammelbegriffs verstanden, der die Sigillata der frühen Kaiserzeit nach ihrer Herstellungstechnik bezeichnet. Es handelt sich also dabei nicht nur ausschließlich um Produkte aus Arezzo, sondern z.B. auch aus Pisa und Lyon. Vgl. M. IHM, Bonner Jahrb. 102, 1898, 107: *Es muss unterschieden werden zwischen „Arretinisch" im Allgemeinen als Gattungsbegriff und „echt arretinisch", d.h. in Arezzo selbst hergestellt. Die Art der Technik wird hier niemals massgebend sein können, da sich auch andere Orte Italiens dieser Industrie bemächtigt haben und die technische Herstellung im Wesentlichen überall die gleiche war.* Vgl. RITTERLING, Haltern (1901) 136; F. OSWALD/T.D. PRYCE, An Introduction to the study of Terra Sigillata (London 1920 ND 1965) 273: *In this work the term "Italian" is applied to all Sigillata potters whose fabric is characterized by a definitely Arretine or Puteolan technique; (...).* F. KŘÍŽEK, RCRF Acta 3, 1961, 35-43; ETTLINGER, Pollentia 55: *In this study I call all different sorts of Italian sigillata «Arretine», which is to be taken as a general name for the ware and does not mean implicitly manufactured in Arezzo. «Arretine» comprises all pieces with the typical rather light beige, very fine clay, and the good red-brownish gloss, more or less lustrous, known from many well attested Arretine firms. For this clay and gloss there exists a fairly broad spectrum of variations which is difficult to discribe verbally. If a piece shows a strong difference even to this spectrum, I have called it «Italian», (...).* C.M. WELLS in: Conspectus 1 spricht von „Italian-type-sigillata".

2 Die Existenz einer Zeitspanne zwischen der Auflassung des Lagers in Oberaden und der Besetzung des Hauptlagers in Haltern ergibt sich aus dem in Oberaden noch reichlich vorhandenen Service Ib bei gleichzeitiger Seltenheit des Service II. In Haltern ist das Verhältnis dieser Serviceformen gegenläufig; s. ETTLINGER, Novaesium 102 mit Anm. 92. Zu berücksichtigen ist, daß die unverzierten Sigillaten Oberadens keine Bearbeitung mehr erfahren haben; eine genaue Beurteilung ist damit nicht möglich. – VON SCHNURBEIN, Sigillata 137 geht für die Belegung des Hauptlagers von frühestens 7 v. Chr. und spätestens um Christi Geburt aus. Ebenso K. ROTH-RUBI in: Conspectus 40. Dagegen hält J.-S. KÜHLBORN in: H.-G. HORN (Hrsg.), Die Römer in Nordrhein-Westfalen (Stuttgart 1987) 437 eine Anlage des Hauptlagers von Haltern einige Jahre nach Auflassung des Lagers in Oberaden (um 8/7 v. Chr.) oder sogar erst um die Zeitenwende für möglich; s. dazu jetzt auch Oberaden III, 130 ff. u. bes. 132 mit Anm. 513.

3 **Oberaden**: OXÉ in: Oberaden I, 36 ff. bes. 42-45 u. 64-71; LOESCHCKE in: Oberaden II 26-30; **Haltern**: RITTERLING, Haltern (1901) 135; DRAGENDORFF, Haltern (1903) 74-75; LOESCHCKE, Haltern (1909) 156-162; K. HÄHNLE, Haltern (1912) 67-100; OXÉ, Haltern (1943) 15 ff. bes. 36-47.

Grabungen an anderen Fundorten im gesamten Bereich des Imperium Romanum haben mittlerweile eine nur mühsam zu überschauende Fundmenge geliefert, die häufig anhand der Oberadener und der Halterner Sigillaten beurteilt wurde. Um Zirkelschlüsse zu vermeiden, mußten in der vorliegenden Publikation alle bekannten Fundkomplexe mit den Neufunden aus den Lippelagern verglichen und überprüft werden.

Jüngsten Datums sind die Neufunde der Grabungen im augusteischen Lager bei Anreppen. Zahlenmäßig noch gering, verweisen sie doch schon auf Parallelen im Bestand von Haltern.

Während in Oberaden eindeutig Erzeugnisse aus dem Betrieb des C. Annius dominieren, herrschen in Haltern Produkte des Cn. Ateius und seiner Freigelassenen vor. 52% der verzierten Arretina dieses Fundplatzes stammen aus seinen Betrieben. Eine Diskussion der Halterner Funde ist ohne Berührung des sog. Ateius-Problems kaum möglich. Gerade im Hinblick auf diesen Töpfer sind Töpfereifunde in Arezzo und Pisa von großer Bedeutung. Eine Produktionsstätte unverzierter Sigillaten aus dem Umkreis des Cn. Ateius ist zudem mittels chemischer Analysen für Lyon nachgewiesen. Zwar stehen die Publikationen der Funde und Befunde dieser Töpfereien noch weitgehend aus, doch sind die Vorberichte bereits aussagefähig.

Das Hauptziel der vorliegenden Publikation ist die Bestimmung von Töpfer und Herstellungsort der in den Lagern Oberaden und Haltern gefundenen verzierten Arretina. Als Mittel der Unterscheidung verschiedener Provenienzen stehen zunächst der Dekor und die Töpferstempel der Gefäße zur Verfügung. Optische bzw. chemische Analysen des keramischen Materials als weitere Möglichkeit der Differenzierung bauen auf den Ergebnissen von S. VON SCHNURBEIN, E. ETTLINGER, T. BECHERT und M. VANDERHOEVEN auf. Die Untersuchungen zu Punzen und Gefäßformen wurden vor dem Hintergrund dieser Bestimmungen vorgenommen.

Es bietet sich an, gerade bei eng datierten, geschlossenen großen Serien eine typologische und chronologische Gliederung der Gefäßformen vorzunehmen, besonders da die Formen der verzierten Arretina noch ungenügend bekannt sind. Das liegt nicht nur in der Formenvielfalt dieser Keramikgattung begründet, sondern auch darin, daß bisher selten größere Serien publiziert worden sind. Anhaltspunkte zur Datierung bestimmter Gefäßformen sind allerdings spärlich. Weitgehend unerforscht sind töpferspezifische Gefäßausbildungen. Das Halterner Material bietet hier besondere Einblicke in den Formenbestand der Ateius-Töpfer.

Der Eigenproduktion von Reliefsigillaten in Haltern wird hier nur in Form eines kurzen Kataloganhangs Rechnung getragen, da seit den Publikationen durch VON SCHNURBEIN kaum Neufunde, die das Bild wesentlich differenzieren könnten, hinzugetreten sind. Im Rahmen der Beurteilung des Fundortes Haltern wird auf sie näher eingegangen werden.

Der Vergleich bestimmter Fundplätze miteinander soll dem Zweck dienen, Töpfereien zeitlich enger einzugrenzen bzw. ihre Lieferzeiten und die von ihnen belieferten Gebiete zu erkennen.

Die Bedeutung der Fundorte Oberaden und Haltern liegt natürlich nicht allein in dem Reichtum an verzierter Arretina begründet, stellt doch diese Keramikgattung durch die ihr innewohnenden Aussagemöglichkeiten über die Fundplätze hinaus ein einzigartiges Instrumentarium der Erforschung handels- und sozialgeschichtlicher Aspekte wie kunstgeschichtlicher und auch militärgeschichtlicher Fragestellungen dar, die H. KLUMBACH treffend in einem kleinen Vergleich beschrieb:

Das rote Kerzchen, in Arezzo gemacht, in Haltern angezündet,
leuchtet bis nach Arikamedu an der Ostküste Vorderindiens![4]

4 H. KLUMBACH, Jahrb. RGZM, 3, 1956, 117 f. Diese Feststellung bezieht sich zwar primär auf die Aussagekraft der unverzierten Sigillaten, doch darf ohne Zweifel behauptet werden, daß die verzierte Arretina dieses Fundortes eine ähnliche Rolle spielen kann.

Forschungsgeschichte

Die erste systematische Bearbeitung der Terra Sigillata erfolgte durch H. DRAGENDORFF.[5] Nur wenige Arbeiten auf diesem Gebiet waren vorausgegangen.[6]

In den 80er Jahren des letzten Jahrhunderts wurden in Arezzo größere Grabungen durchgeführt,[7] die den Hintergrund zu systematischen Arbeiten bilden konnten. Gleichfalls gelangten zahlreiche Fundstücke der Grabungen in die großen Sammlungen Europas und Amerikas.[8] Man begann rasch damit, die gefundenen Stempel aufzulisten und den inneren Strukturen der Betriebe in Arezzo nachzuspüren.[9]

Einen anderen Weg beschritt A. OXÉ, der Stempelform und Formular sowie die Gefäßform gleichermaßen aufnahm, um die Arbeiten des Töpfers Cn. Ateius datieren zu können.[10] Finanzielle Unterstützungen seitens der Römisch-Germanischen Kommission in Frankfurt am Main versetzten ihn später in die Lage, Museen in Europa zu bereisen und das dort vorhandene Stempelmaterial aufzunehmen.[11] Herausgegeben werden konnte diese Sammlung jedoch erst von H. COMFORT im Jahre 1968. Allerdings konnten über die von OXÉ gesammelten Stempel hinaus keine neuen mehr aufgenommen werden, so daß das Corpus den Forschungsstand von 1943 widerspiegelt.[12] Die zeitliche Stellung der verzierten Arretina klärte DRAGENDORFF überzeugend im Vergleich mit anderen augusteischen Kunsterzeugnissen.[13] HÄHNLE gebührt das große Verdienst, als erster in seiner Dissertation den verschiedenen Motivrepertoiren der bekannten arretinischen Töpfereien systematisch nachgegangen zu sein und damit die Grundlagen motiv- und stilgeschichtlicher Untersuchungen geschaffen zu haben.[14] Bis zum Ende des Ersten Weltkrieges erschienen weitere wichtige Arbeiten über die Reliefkeramik. So stammen aus dieser Zeit die Publikationen der großen Sammlungen in München,[15] London[16] und Boston.[17] Die französischen Funde bearbeitete J. DÉCHELETTE in großem Stil.[18]

5 DRAGENDORFF, Terra Sigillata 18-150.

6 FABRONI, Storia; G.F. GAMMURINI, Le iscrizione degli antichi vasi fittili aretini (Rom 1859); V. FUNGHINI, Antichi vasi fittili aretini (Florenz 1893). Dieses Werk stand leider zur Einsicht nicht zur Verfügung.

7 U. PASQUI, Not. Scavi 1884, 369-382; ders., Not. Scavi 1893, 138-142; ders., Not. Scavi 1896, 458 ff.; vgl. die Auflistung bei M. IHM, Bonner Jahrb. 102, 1898, 112-126; s. den von DRESSEL erstellten Situationsplan der Betriebe in Arezzo in: CIL XI, 1082 und EAA I (1958) 618 mit Abb. 798 s.v. Arretium (STENICO). Heute sind etwa 110 Betriebe bekannt. PRACHNER, Sklaven 1.

8 Vgl. dazu z.B. die Kataloge: CHASE, Loeb; ders., Boston; WALTERS, BM; ALEXANDER, Metropolitan. – Neueste Forschungen haben ergeben, daß ein Großteil der Formschüsseln und eine Reihe von Punzen, die in diese Sammlungen gelangten, zum Ende des letzten Jahrhunderts gefälscht worden sind. Vgl. dazu D. HEILMEYER, Arch. Anz. 1989,2, 261-270; und bes. F.P. PORTEN PALANGE, Arch. Korrbl. 19, 1989, 91-99. – H. DRAGENDORFF/C. WATZINGER, Arretinische Reliefkeramik. Mit Beschreibung der Sammlung in Tübingen (Reutlingen 1948) 11.

9 CIL XI, 1081 ff.; CIL XV, 702 ff. Das Hauptaugenmerk von IHM, dem Bearbeiter von CIL XI, galt den Stempeln. Eine erschöpfende Behandlung der archäologischen Seite wurde nicht beabsichtigt. M. IHM, Bonner Jahrb. 102, 1898, 106; vgl. dazu auch die Bemerkungen OXÉs zur Publikation der Stempel aus Vindonissa: A. OXÉ, Germania 11, 1928, 128 zu O. BOHN, Germania 11, 1928, 2 ff.

10 A. OXÉ, Bonner Jahrb. 101, 1897, 22-37.

11 Ders., Ber. RGK 7, 1912, 6-15.

12 A. OXÉ/H. COMFORT, Corpus Vasorum Arretinorum (1968).

13 H. DRAGENDORFF, Bonner Jahrb. 103, 1898, 7-109. Ebenso A. OXÉ, Bonner Jahrb. 138, 1933, 81-98.

14 HÄHNLE, Reliefkeramik. In Folge des Ersten Weltkrieges konnte nur die Abhandlung über die Werkstatt der Perennier abgedruckt werden. Die Untersuchungen über die Produkte des Publius, Vibienus, C. Volusenus, der Annier, C. Tellius, Rasinius, C. Memmius, C. Cispius, C. Pomponius Pisanus, C. Gavius, P. Cornelius und des Cn. Ateius mußten unterbleiben. Ebenso konnte der Anhang über die spätitalische Sigillata wie die Darstellung der dionysischen Mysterien auf arretinischer Reliefkeramik nicht erscheinen. HÄHNLEs schriftlicher Nachlaß wurde von DRAGENDORFF bei der Bearbeitung der Tübinger Sammlung mit aufgenommen, so daß sein Werk hierin weiterlebt; s. D.-W. 8 f.

15 CHASE, Loeb.

16 WALTERS, BM.

Die Grabungen in den römischen Lagern am Rhein und an der Lippe zu Beginn des 20. Jahrhunderts lieferten wegen des zeitlich engen Rahmens und der Möglichkeit des typologischen Studiums geschlossener Bestände genauere Einordnungen der arretinischen Keramik. Allen voran trug der Fundort Haltern, gerade auch wegen der raschen und systematischen Veröffentlichungspraxis,[19] zur Klärung der zeitlichen Stellung bei. So schuf S. LOESCHCKE durch die Einteilung der glatten Sigillaten in vier verschiedene Service ein System, das im Laufe der Zeit durch Verfeinerungen und Modifizierungen zu einem unverzichtbaren Mittel der Datierung frühkaiserzeitlicher Fundplätze werden konnte.[20] Die verzierten Sigillaten spielten bis dahin wegen ihrer geringen Anzahl noch eine untergeordnete Rolle. Der Fund von insgesamt 21 Kelchen in teilweise sehr gutem Erhaltungszustand versetzte HÄHNLE in die Lage neben einem erweiterten Töpferspektrum auch eine differenzierte Typologie für den Fundort Haltern zu erarbeiten.[21]

Unmittelbar mit den Funden aus Haltern verbunden ist das sog. Ateius-Problem:[22] Eine Werkstatt des Cn. Ateius konnte lange Jahre nicht durch entsprechende Grabungsbefunde nachgewiesen werden, so daß sich die verschiedenen Forschungsmeinungen rasch zu polarisieren begannen. Neben Arezzo und Puteoli wurden auch Betriebe nördlich der Alpen ins Auge gefaßt.[23]

Die Möglichkeiten einer Übersicht über die Arretina-Funde aus dem Rheingebiet schuf 1933 OXÉ,[24] indem er neben der verzierten Neusser Sigillata auch die aus dem Rheingebiet sowie aus verschiedenen Sammlungen zusammenführte. Neben der katalogmäßigen Erfassung schenkte OXÉ nicht nur den Fundorten und Herstellungsorten, sondern auch der Herstellungstechnik sowie der künstlerischen Ausgestaltung Aufmerksamkeit. So versuchte er anhand von stilkritischen Untersuchungen anonyme Künstlerhände zu unterscheiden. Wesentlich ist auch sein Versuch, Randprofile chronologisch zu werten.

Erst 1938 wurden die Arretina-Funde aus Oberaden der Grabungen 1906-14 von OXÉ publiziert.[25] Die Menge und der Erhaltungszustand der Sigillaten blieben allerdings weit hinter den Funden von Haltern zurück. Doch ließ sich erstmals ein Fundspektrum fassen, das zeitlich dem Halterner vorausging. Zudem war es möglich, in Oberaden andere Töpfer als in Haltern nachzuweisen. Die Reliefkeramik schien fast gänzlich aus dem Betrieb des C. Annius in Arezzo zu stammen. Erweiterungen und Ergänzungen hauptsächlich zur unverzierten Sigillata Oberadens fügte LOESCHCKE an.[26] Der kleine und recht fragmentierte Bestand reliefverzierter Arretina führte danach ein unverdientes Schattendasein. Immer wieder abgebildet wurden nur drei restaurierte Gefäße, zwei von C. Annius und ein Becher, der aber ohne Zuweisung blieb.

Die bislang letzte Bearbeitung verzierter Arretina aus Haltern erschien nach langer Drucklegung 1943.[27] Anhand der verzierten wie unverzierten Arretina versuchte OXÉ die Strukturen der Belieferung Halterns zu erhellen. Breiten Raum nahmen die Erzeugnisse aus den Werkstätten des Cn. Ateius ein, deren Herkunft OXÉ mit wenigen Ausnahmen nördlich der Alpen suchte.

Das Alterswerk DRAGENDORFFs, Die arretinische Reliefkeramik, nach seinem Tode 1948 von C. WATZINGER herausgegeben, stellt bisher die einzige zusammenfassende Wertung dieser Keramikgattung dar. Den Grundstock dieser Arbeit bildet der Katalog der Tübinger Universitätssammlung, die größtenteils in Arezzo erworben wurde. Motivgeschichtliche Untersuchungen der wichtigsten arretinischen Betriebe führen deutlich die ver-

17 CHASE, Boston.

18 J. DÉCHELETTE, Les vases céramiques ornées de la Gaule romaine 1 (Paris 1904).

19 Vgl. RITTERLING, Haltern (1901) 133 ff.; DRAGENDORFF, Haltern (1903) 74 ff.; LOESCHCKE, Haltern (1909) 128 ff.; HÄHNLE, Haltern (1912) 41; 67-100.

20 LOESCHCKE, Haltern (1909) 138 f.

21 HÄHNLE, Haltern (1912) 70 ff.

22 s. dazu HÄHNLE, Haltern (1912) 67.

23 Vgl. die Erörterung des Problems bei D.-W. 170 f.; EAA I (1958) 757 f. s.v. Ateius (STENICO).

24 OXÉ, Rhein.

25 Ders. in: Oberaden I, 36-71.

26 LOESCHCKE in: Oberaden II, 13-31. Zur Reliefkeramik s. S. 26-31.

27 OXÉ, Haltern (1943) 15-74.

schiedenen Abhängigkeiten der parallel oder nacheinander existierenden Firmen vor Augen. Die Aufstellung eines Typenspektrums der Gefäßformen bildet noch heute den unverzichtbaren Ausgangspunkt einer jeden Bearbeitung.

Nach dem Zweiten Weltkrieg nahm die Zahl der Publikationen, besonders zur unverzierten Arretina, beständig zu und ist heute nahezu unübersehbar, während eine eingehendere Behandlung der dekorierten Arretina weitgehend vernachlässigt wurde. Die Gründe mögen in der Tatsache liegen, daß unverzierte Sigillata in größeren Mengen gefunden wurde und sich über die Formgebung eher chronologisch auswerten läßt als die verzierte Variante. Letztere wurde meist zu rein kunstgeschichtlichen Fragestellungen herangezogen.

Die Erforschung der verzierten Arretina ist besonders mit dem Namen von A. STENICO verbunden. Neben vielen wichtigen Aufsätzen zu einzelnen Sammlungen oder zu bestimmten Töpfern ist die *Revisione Critica delle Pubblicazioni sulla Ceramica Arretina* von zentraler Bedeutung.[28] STENICO unterzieht hier 47 Publikationen zur verzierten Arretina einer kritischen Durchsicht in bezug auf die Töpfer- und Herkunftsbestimmungen.[29]

Die Entdeckung einer Töpferei des Cn. Ateius in Arezzo im Jahre 1954 erbrachte nach langer Unkenntnis des Herstellungsortes zumindest für einige Produkte einen sicheren Herkunftsnachweis.[30] STENICOs „Liste" beinhaltet die ersten Funde aus dieser Töpferei, wobei eine Gesamtpublikation noch immer aussteht.[31]

Das sog. Ateius-Problem wurde in der Folgezeit von unterschiedlichen Gesichtspunkten aus behandelt. So ging ETTLINGER dieser Fragestellung beispielsweise anhand von Stempelverbreitungskarten nach.[32] 1968 machte STENICO zusätzlich eine Werkstatt des Cn. Ateius in Pisa bekannt,[33] die heute noch bis auf wenige veröffentlichte Stücke weitgehend unbekannt ist.[34] Im selben Jahr wurden auch Töpfereien in Lyon entdeckt, die italische Terra Sigillata produzierten. Über chemische Analysen gelang M. PICON der Nachweis, daß auch Cn. Ateius hier eine Produktionsstätte für unverzierte Sigillaten unterhalten hatte.[35] In Lyon gefundene Formschüsseln, die bisher noch keinem bestimmten Töpfer zugewiesen werden konnten, belegen darüber hinaus den Versuch einer Reliefkeramikproduktion. Chemische Analysen belegen eine Herkunft dieser Formschüsseln aus Arezzo.[36] Allerdings scheint Cn. Ateius nach den bisher publizierten Stücken keine Reliefkeramik in Lyon produziert zu haben.[37]

Ein neuer Weg der Erforschung unverzierter Sigillaten wurde mit der Bearbeitung der unverzierten Arretina aus Haltern beschritten. VON SCHNURBEIN erarbeitete ein System verschiedener Qualitätsstufen, das auf optischen Analysen des keramischen Materials beruhte.[38] Ziel war die Scheidung verschiedener Herkunftsorte anhand unterschiedlicher technischer Produktausführungen. Parallel dazu durchgeführte chemische Analysen des Materials durch PICON und J. LASFARGUES[39] ermöglichten den direkten Vergleich. Ähnlich gingen ETTLINGER in Neuss[40] und BECHERT/VANDERHOEVEN in Moers-Asberg vor.[41]

28 A. STENICO, Revisione critica della Publicazioni sulla ceramica aretina. Liste di attribuzioni del vasellame decorato con rilievi edito fotograficamente (1960). Diese Liste ermöglicht auch heute noch den Zugang zur Töpferbestimmung. *(...), mettendo così un po' d'ordine in un materiale caotico.* So ders. in: Provincialia [Festschrift R. Laur-Belart] (Basel - Stuttgart 1968) 457 mit Anm. 5.

29 Die Produkte des Cn. Ateius unterteilt er in drei Kategorien: „Arezzo", „Provinzielle Herkunft" oder „unsichere Herkunft".

30 G. MAETZKE, RCRF Acta 2, 1959, 25-27.

31 Unter Bezugnahme auf diese Fundstücke entstand ein Katalog, der den Motivschatz mittels publizierter Stücke verschiedener Fundorte erfaßt. PORTEN PALANGE, Ateius 183.

32 E. ETTLINGER, RCRF Acta 4, 1962, 27-44; B. HOFMANN, Ogam 20, 1968, 157-174; M. GECHTER, Bonner Jahrb. 179, 1979, 35 ff. mit Karte 1.

33 A. STENICO in: Provincialia [Festschrift R. Laur-Belart] (Basel - Stuttgart 1968) 457 mit Anm. 7.

34 TAPONECCO MARCHINI, Pisa 6-9.

35 M. PICON et al., RCRF Acta 14/15, 1972/73, 128-135; M. PICON/M. VIDY, Revue Arch. Est et Centre-Est 25, 1974, 37-59; M. PICON u.a., Archeometry 17,1, 1975, 45-59.

36 M. PICON/J. LASFARGUES, Revue Arch. Est et Centre-Est 25, 1974, 61-69.

37 Dagegen scheint MOREL Formschüsseln in Lyon mit Töpfern des Cn. Ateius in Verbindung zu bringen. J.-P. MOREL, Das Handwerk in augusteischer Zeit. In: Kaiser Augustus und die verlorene Republik (Mainz 1988) 88.

38 VON SCHNURBEIN, Sigillata 4 ff.

39 Ebd. 6-21.

40 ETTLINGER, Novaesium 17 ff.

Die unverzierte Sigillata aus Haltern, Neuss und Moers-Asberg sowie die verzierten Stücke der beiden letztgenannten Fundorte bilden schließlich das direkte Vergleichsmaterial zu den Sigillata-Funden aus Oberaden und Haltern, da nicht nur zeitlich und räumlich große Überschneidungen bestehen, sondern auch zum Teil recht ähnliche Strukturen bei der Belieferung vorliegen.

41 Asciburgium, 161 ff.

I. Bestimmung des Töpfers und des Herstellungsortes der verzierten Arretina

1. Methodische Grundlagen

Die verzierten Sigillaten aus Oberaden und Haltern bilden durch die Möglichkeit ihrer engen chronologischen Fixierung sowie der hohen Fundmenge einen wichtigen Grundstock für die allgemeine Bearbeitung dieser Keramikgattung. Die Fundstücke beider Orte stellen in besonderer Weise charakteristisch geschlossene Serien dar bzw. veranschaulichen sie die gezielte Belieferung durch bestimmte Töpfereien. Neben der Bestimmung der Firma und des herstellenden Sklaven ist die Feststellung des Herstellungsortes von großem Interesse. Da die primäre Bestimmungsmöglichkeit – der Firmenstempel – häufig verloren ist, bietet der Dekor den wesentlichen Anhaltspunkt für eine Zuweisung. Hier treten kunsthistorische Arbeitsmethoden in den Vordergrund.

Eine weitere Möglichkeit für die Ermittlung des Herstellungsortes bieten optische und chemische Analysen von Ton und Überzug. Die optische Begutachtung kann besonders dann, wenn größere Untersuchungsreihen vorliegen, zu überzeugenden Ergebnissen führen. Grenzen sind dieser Methode allerdings nicht nur durch die individuelle Wahrnehmung der Farben gesetzt. Die Übertragbarkeit von Ergebnissen eines Fundortes auf einen anderen sind kaum möglich, da unterschiedliche Erhaltungsbedingungen oder andere Belieferungsorte eine große Rolle spielen. Ebenso muß überprüft werden, wie groß die Übereinstimmung in der Beschaffenheit des Scherbens von unverzierten und verzierten Sigillaten ist. Eine große Genauigkeit hinsichtlich der Untersuchung der Tonzusammensetzung wird durch die chemische Analyse erreicht, doch lassen sich auch hier nicht immer alle Zweifel aus dem Wege räumen. Zur Erlangung einer weitestgehend optimalen Herkunftsortbestimmung sind hier alle aufgeführten Möglichkeiten angewendet worden.[42]

2. Optische Analysen

Gleichwohl die Bezeichnung Terra Sigillata an ein charakteristisches Aussehen und an eine technisch prägnante Ausarbeitung gebunden ist, handelt es sich hierbei keineswegs um eine einheitliche Materialgruppe. Beobachtungen zu den diversen Ton- und Überzugsfarben sowie ihre technische Ausführung und Qualität finden sich vereinzelt schon in den ersten Publikationen zur Arretina.[43] Besonders Oxé stellte hierzu fest, daß wahrscheinlich Untersuchungen unter dem Mikroskop oder chemische Analysen für eine Herkunftsbestimmung sehr dienlich sein würden.[44] Er selbst beschrieb bei problematischen Stücken immer wieder kurz deren äußeres Erscheinungsbild, um ihre Außergewöhnlichkeit zu begründen.[45]

42 Oxé, Haltern (1943) 47-50 hatte in dem Kapitel „Problem und Methode“ drei Wege vorgeschlagen, die diesem Vorgehen zu Grunde liegen. Der *Feststellung paralleler Vorgänge auf dem Gebiet der keramischen Industrie in dieser Frühzeit* kann nur in sehr beschränktem Rahmen nachgegangen werden. Die in Haltern sicher nachgewiesenen Lyoner Kelche erlauben auch im Vergleich mit wenigen Kelchen ähnlicher Provenienz nur geringe Auskünfte. Die Feststellung von Unterschieden in stilistischer und technischer Hinsicht ist ein wesentlicher Gesichtspunkt, der in den Kapiteln zu den optischen und chemischen Analysen und während der Bearbeitung der Ornamente zur Sprache kommt. Ebd. 49 stellt Oxé optische und chemische Analysen als wertvolle Hilfsmittel der Zukunft in Aussicht. Ihm ging es bei dieser Fragestellung hauptsächlich um die Unterscheidung von Produkten südlich und nördlich der Alpen, wobei sein Augenmerk besonders auf technische Unterschiede ausgerichtet war, da er davon ausging, daß Ornamente und Formen in die Provinz mitgenommen wurden. Die „epigraphische Lösung“, die Stempel, ihre Formen, das Formular und die Verbreitung der Stempel stellt die abschließende Möglichkeit dar.

43 So schon Ritterling, Haltern (1901) 19.142-146; Loeschcke, Haltern (1909) 184.186; J. Breuer, Oudheidkde. Mededel. 12, 1931, 29.38-48.

44 Oxé, Haltern (1943) 49.

45 z.B. ders. in: Oberaden I 44 f. zu **OaNr. 26**.

Erste systematische Versuche zur Vereinheitlichung der Farbbestimmung stammen aus der Zeit nach dem Zweiten Weltkrieg.[46] Überlegungen diesem Problem mittels Farbtabellen zu begegnen sind bis heute noch nicht abgeschlossen,[47] wobei ein umfassendes System bisher nicht vorliegt. Der Vielfalt der Ton- und Überzugsfarben, die auf verschiedene Zusammensetzung der Tone, auf Änderungen im Brand und natürlich auf die unterschiedlichen Bodenverhältnisse eines jeden Fundortes zurückzuführen sind, ist schwer Rechnung zu tragen.

Die zunächst einfachste Form der Klassifizierung ist eine verbale Beschreibung; es liegen dazu einige Versuche vor.[48] Allerdings macht das Beispiel Conimbriga die Schwierigkeiten einer solchen Untersuchung augenfällig, denn hier ist aufgrund der unterschiedlichen Ansprache der Sigillaten eine Gruppenbildung kaum mehr möglich. Die Zahl der zur Verfügung stehenden Exemplare scheint zu gering gewesen zu sein.[49] Besonders wichtig für eine Farbklassifizierung ist die Beschreibung der Produkte aus den Herstellungsorten selbst, wie z.B. für die Pisaner Offizin des Cn. Ateius.[50] Vergleiche anhand von Farbtabellen haben sich bislang für die Terra Sigillata als nicht sehr hilfreich erwiesen, denn meist fehlen die entsprechenden Farbwerte auf der Tabelle.[51]

VON SCHNURBEIN konnte anhand der gestempelten, unverzierten Sigillaten Halterns ein System erarbeiten, das im wesentlichen auf sechs Gruppen, die er „Qualitäten" nannte, basiert und der Zuordnung zu bestimmten Herstellungsorten diente.[52] Diesbezüglich boten einerseits die Stempel im Vergleich mit an den Herstellungs-

46 ETTLINGER, Augster Thermen 22 f. teilte bereits unverzierte Ateiusprodukte nach der Technik in drei Gruppen ein: *a) Stücke rein «arretinischer Technik», die innerhalb des Schwankungsbereichs im Material der übrigen, sicher echten arretinischen Ware liegen, und die sich davon nur durch die Abfassung oder Form des Stempels distanzieren lassen können. b) Stücke, die der späteren südgallischen TS von Montans, Graufesenque u.a. offensichtlich ganz nahe verwandt sind in der Härte des Tones und der schon fast ebenso kirschroten Farbe des Überzuges. Dazu gehören vornehmlich die Stücke des Xanthus. c) Stücke, die eine merkwürdige Mittelstellung zwischen arretinischer Ware, nämlich in der guten, braunroten und matten Farbe des Überzuges, und unseren einheimischen Imitationen einnehmen durch die außerordentliche Weichheit des Tones.*

47 R. STEIGER, Tafel zur Farbbezeichnung römischer Keramik in: E. ETTLINGER/R. STEIGER, Formen und Farbe römischer Keramik (Augst 1971); s. jetzt auch ETTLINGER in: Conspectus 26 f.

48 z.B. Ordona VI,1, 80 f. beschreibt drei Techniken (A-C). A. FURGER-GUNTI, Die Ausgrabungen im Basler Münster 1. Die spätkeltische und augusteische Zeit (Derendingen - Solothurn 1979) 101 f. unterscheidet bei den unverzierten Sigillaten neun Tonsorten nach Ton, Überzug und Mohshärte. Er ordnet weiter die Tonsorten zwei Fabrikaten zu: Fabrikat A – wohl Arezzo oder Pisa; Fabrikat B – wahrscheinlich Lyon. Ähnlich M. SCHINDLER/S. SCHEFFENEGGER, Die glatte rote Terra sigillata vom Magdalensberg (Klagenfurt 1977) 16 ff. – KENRICK, Berenice 128 f. In dieser Publikation lassen sich die verschiedenen *fabric* genannten Gruppen wohl für die Einteilung des Fundortes Sidi Khrebish nachvollziehen, jedoch nicht auf andere Fundorte übertragen.

49 A. MOUTINHO DE ALARCÃO, Les Sigillées italiques. In: Fouilles de Conimbriga IV (Paris 1975) 3-5 mit Anm. 2: Nach den chemischen Analysen von PICON müssen die Stücke aus den Gruppen A1a, A1b, A1d und C aus Arezzo kommen. Die drei Fragmente, die er Pisa zuweisen konnte, stammten aus den Gruppen A1d und C. Die Gruppen wurden somit durch chemische Untersuchungen weitgehend ad absurdum geführt.

50 TAPONECCO MARCHINI, Pisa 6: *I frammenti aretini presentano una argilla untuosa al tatto, color camoscio-rosato chiaro, a frattura netta, e una vernice rosso-arancio piutosto scura.* Diese Beschreibung läßt sich direkt neben Arretina aus Haltern stellen, die Pisa zugewiesen werden konnte.

51 Anfängliche Versuche zur Beschreibung der Oberadener und Halterner Sigillata mittels der Munsell Soil Color Charts (Munsell Color, Macbeth Division of Kollmorgen Corporation, 2441 North Calvert Street, Baltimore, Maryland 21218) zeigten sehr bald die Grenzen dieses Verfahrens auf. Für die Farbe des Überzuges der verzierten Halterner Sigillata konnte bis auf wenige, geringfügige Abweichungen nur der unpräzise Durchschnittswert 2,5 YR 4/8 ermittelt werden. Sicherlich beinhaltet die optische Vergleichsmethode einen großen Fehlerfaktor. Doch darf wohl behauptet werden, daß Angaben gerade zu Sigillaten nach den Munsell Soil Colour Charts eine gewisse Skepsis entgegengebracht werden darf; s. dazu auch die Stellungnahme von V. NIFFELER in: Jahrb. Schweiz. Ges. Urgesch. 75, 1992, 258, Rez. zu ETTLINGER u.a. in: Conspectus.

52 VON SCHNURBEIN, Sigillata 4-6. Die einzelnen Qualitäten seien hier noch einmal des besseren Verständnisses wegen abgedruckt: Qualität I: cremefarbener Ton ohne jede Magerung, *manchmal auch leicht marmoriert, so daß sich Anklänge an den mit weißen Partikeln durchsetzten Ton von Qualität IV ergeben. Der Überzug ist in der Regel sehr gut, relativ dick und dicht. Die Oberfläche hat matten, seidigen Glanz.* Unter dem Überzug befindet sich ein weißer Belag. Die Beschaffenheit und Herkunft dieses Belages ist unbekannt. VON SCHNURBEIN vermutet, daß die Gefäße in lederhartem Zustand in eine weiße Engobe getaucht wurden, was auch das Fehlen dieses Belages am Boden der Gefäße erklären könnte (Ebd. 48). Bei den verzierten Sigillaten aus Haltern trat der Belag nur im Bereich des Randes auf (was bei Wand- und Bodenscherben leicht zu Fehlinterpretationen führen kann). Qualität II: *Ton und Überzug entsprechen der Qualität I. Es fehlt lediglich der weiße Belag unter dem Überzug. In einigen Fällen ist vom*

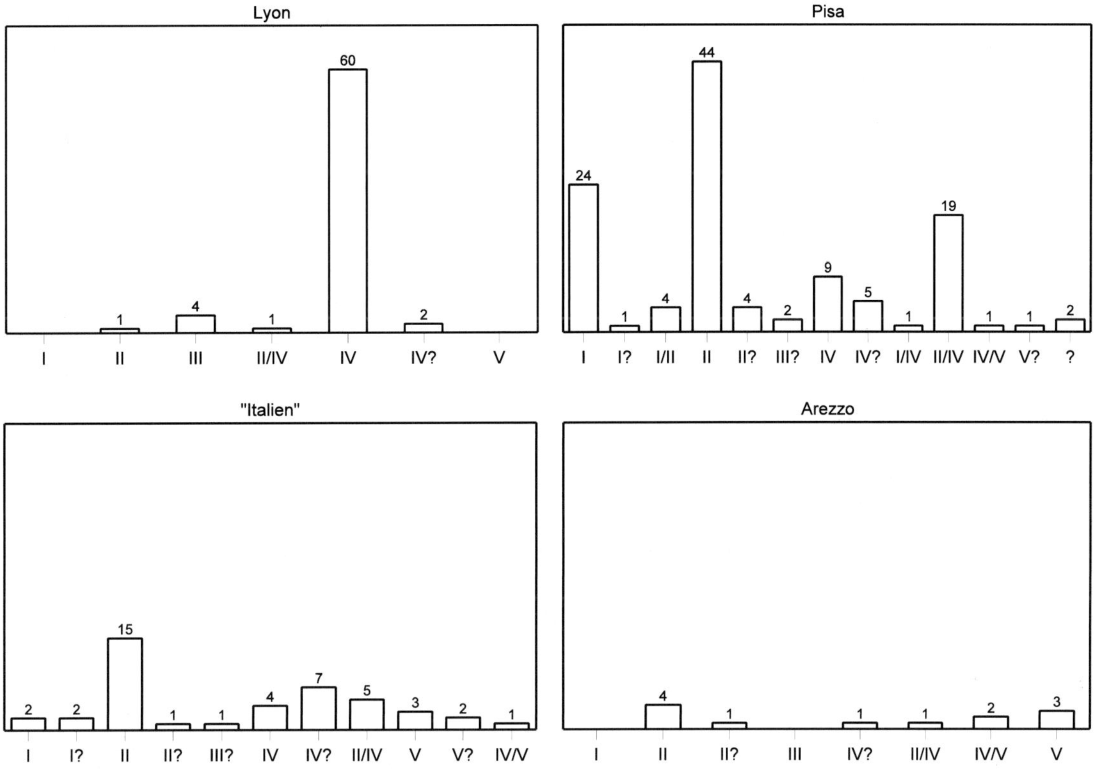

Abb. 1 *Zuweisung der unverzierten Halterner Sigillata nach Qualität und chemischem Befund. Nach* VON SCHNURBEIN, *Sigillata 22 f.*

orten selbst gefundenen Stempeln ein Korrelativum, andererseits die parallellaufenden chemischen Untersuchungen. Danach zeichnet sich für die unverzierte Arretina Halterns das in Abbildung 1 wiedergegebene Bild ab.[53]

Das Ergebnis für Gefäße aus Arezzo bleibt durch die geringe Probenmenge unsicher. Auffällig ist das Fehlen der Qualitäten I und III. Die Qualitäten II und II/IV, im Gegensatz zu IV/V und V, sind anteilmäßig gleich stark vertreten. Stärker differenziert ist die Zuweisung an Pisa; hier heben sich aber dennoch deutlich drei Qualitäten mengenmäßig ab: Qualität I, II und II/IV. In der Gruppe „Italien“ überwiegt deutlich Qualität II und daran angeschlossenen Qualitäten wie II? und II/IV. Dazu sind die Qualitäten IV und IV? recht gut vertreten. Unter den Lyoner Fabrikaten dominiert eindeutig die Qualität IV, gefolgt von wenigen Stücken der Qualität III.

Ton her die Abgrenzung zu Qualität IV nicht sicher zu treffen. Qualität III: *Ton und Überzug wie bei Qualität IV, jedoch unter dem Überzug ein feiner orangefarbener Belag.* Qualität IV: *Der Überzug ist verglichen mit Qualität I und II in der Regel etwas dünner, leicht bräunlich oder auch orangestichig und ohne den klassischen seidigen Glanz der Oberfläche. Im Ton sind viele feine weiße Einsprengsel, die zuweilen fast Sandkorngröße haben. Der Ton selbst ist aber sehr fein, bei weichen Stücken mehlig; von der echten südgallischen Ware ist er wegen der meist hellbraunen Farbe gut zu unterscheiden. Selten finden sich winzige Glimmerteilchen im Ton. Die guten Stücke dieser Qualitätsgruppe sind schwer von der Qualitätsgruppe II zu unterscheiden. In einigen, nicht zu entscheidenden Fällen wurde daher die Qualitätsbezeichnung II/IV verwendet. Daneben gab es einige Stücke, die dieser Qualität zwar ähnlich waren, sich jedoch nicht nahtlos einfügten, ohne daß man diese Unterschiede in Worten beschreiben könnte. Diese Stücke habe ich mit einem Fragezeichen versehen, denn die Abgrenzung von Qualität IV war nicht klar genug, um eine eigene Qualitätsgruppe zu bilden; vielleicht wäre dies bei einer größeren Stückzahl gelungen.* Qualität V: *Der Überzug ist dunkel-rotbraun, manchmal rosa-braun bis bräunlich, sehr fein, mit schwachem mattem Glanz. Der Ton ist rotbraun, ohne erkennbare Einschlüsse, bei weicheren Stücken mehlig. Diese Gruppe setzt sich sehr deutlich von den anderen Qualitäten ab.*

53 Ebd. 22 f.; vgl. Asciburgium 165: Sicher italisch sind die Qualitäten I, II, und V. Wahrscheinlich kommen sie aus Arezzo oder Pisa. Möglicherweise gallischen Ursprungs sind die Qualitäten III und IV.

ETTLINGER benutzte für die Bearbeitung des Neusser Materials dagegen keine abstrakten Ordnungsschemata, um die Sigillaten zu gruppieren, sondern eine verbale Beschreibung.[54] Dabei ist die Qualität des Überzuges, d.h. Dicke, Farbe und Glanz der Oberfläche sowie die Haftung auf dem Tonkern zu beachten. Für den Ton gilt es neben der Farbe auch die Konsistenz zu bestimmen: Liegt eine feine Magerung vor oder ist der Ton homogen, ist der Scherben mehlig-weich und läßt sich leicht zerreiben oder ist er eher hart?[55] So geben sich beispielsweise Waren aus Arezzo durch einen hochglänzenden Überzug zu erkennen, der meist fest mit dem Tonkern verbunden ist.[56] Produkte aus Pisa weisen dagegen einen hellen, streifig oder fleckig abplatzenden, orangeroten, dick aufgetragenen Überzug von schönem, brillantem Glanz auf. Der Ton der Pisaner Erzeugnisse ist *außerordentlich fein und weich. Er läßt sich in vielen Fällen mühelos zwischen den Fingern zu Staub zerreiben.*[57] Letztere Beschreibung trifft auf viele Ateius-Stücke zu, weshalb ETTLINGER einen Zusammenhang mit dem Werkstatt-Fund in Pisa sieht, auch wenn – wie sie schreibt – die chemische Untersuchung Halterner und Neusser Sigillaten eine weite Spannbreite an *verschieden aussehenden Tonen und Überzügen* gerade für Pisa aufzeigt. Es dürften die meisten der seinerzeit von OXÉ und STENICO als ‚provinzial' bezeichneten Gefäße unter diese Kategorie fallen.[58]

Ein zweites pisanisches Produkt des Cn. Ateius, das auf Grund der Stempel später anzusetzen ist, weist einen dunklen Überzug auf und ist recht hart. Es erinnert damit an die frühen südgallischen Produkte.[59]

ETTLINGERS Beschreibung der Kategorie „Lyon" mit einem orangeroten Belag unter einem zum Abblättern neigenden Überzug deckt sich in manchen Punkten mit der Qualitätsstufe III nach VON SCHNURBEIN.[60] Doch kommen auch gute, *italischer Ware sehr nahe* stehende Stücke unter der Bezeichnung „Lyon" vor.[61] Diese zeichnen sich durch eine matte, manchmal auch leicht irisierende Oberfläche aus. Es treten auch braunrote und ganz matte Überzüge auf. *Der Ton kann hell bis dunkel- oder rötlich-ocker sein, homogen, aber oft doch nicht so fein wie der italische, manchmal biscuitartig und luftig.*[62]

Untersuchungen der unverzierten und der dekorierten Arretina aus dem Lagervicus in Moers-Asberg (s. Tab. 5) durch BECHERT/VANDERHOEVEN konnten die Ergebnisse aus Haltern nicht nur stützen, sondern noch um die zwei Qualitäten I/V und II/V erweitern.[63] Auch verzierte Arretina ließ sich dort nach den Qualitäten VON SCHNURBEINS einstufen. Die Qualität II überwiegt hierbei eindeutig. Von 25 Stücken dieser Zuweisung gehören immerhin zehn zu Ateius-Produkten. Die Qualität II/V, die hier neu an einem Gefäß von Crestus und Euhodus festgelegt worden ist, tritt in dieser Form in Haltern nicht auf; dafür zeigen aber die Produkte der beiden Freigelassenen in Haltern durchaus vom Gros der Ateius-Töpfer abweichende Qualitäten. An sicher aus Arezzo stammenden Produkten (C. Annius, Rasinius, M. Perennius Tigranus und Bargathes) konnten in Moers-Asberg die Qualitäten II und V in etwa gleicher Anzahl festgestellt werden. Es sind die gleichen Qualitäten, wie sie sich auch bei den gleichnamigen Töpfern in Oberaden und Haltern feststellen ließen. Besonders zu vermerken ist in Moers-Asberg bei einem Produkt des Tigranus die Qualität II/V. Die keinem Töpfer zuweisbaren Exemplare zeigen in der Tendenz ein von der Qualität II und II/V dominiertes Bild.

54 ETTLINGER, Novaesium 19.

55 Ebd. 17-21. Wegen vieler nicht faßbarer Zwischenstufen verzichtete sie auf *stereotype Bezeichnungen, etwa durch Zahlen oder Buchstaben.* Dabei gibt sie zu bedenken wie relativ Begriffe wie „hart" und „weich" o.ä. in der Beschreibung von Sigillaten sind. Die Lagerungsbedingungen der einzelnen Scherben müssen natürlich ebenso berücksichtigt werden. *Der schwere Neusser Boden hat dem Glanzton übel mitgespielt und in vielen Fällen die Oberfläche des Glanzes beraubt (...). Es kommt öfters vor, daß an Scherben ein und desselben Gefäßes der Überzug heute ganz verschieden aussieht.* Dieselbe Feststellung trifft besonders auf die in Oberaden gefundenen Sigillaten zu, die dort im mergeligen Lehmboden lagerten.

56 Ebd. 18 u. Farbtafel Nr. 4.

57 Vgl. ebd. 18 u. Farbtafel Nr. 8. Ebenso TAPONECCO MARCHINI, Pisa 6.

58 OXÉ, Rhein 38 ff.; ders., Haltern (1943) 54 ff.: zu den verschiedenen Möglichkeiten des Sigillata-Ersatzes. Speziell zu den Produkten des Cn. Ateius ebd. 62 ff.; STENICO, Liste 14.

59 ETTLINGER, Novaesium 74 u. Farbtafel Nr. 11; vgl. dies. in: Conspectus 26.

60 VON SCHNURBEIN, Sigillata 6; ETTLINGER, Novaesium 18 u. Farbtafel Nr. 6.12.

61 Ebd. 18 u. Farbtafel Nr. 9.

62 Ebd. 18 f.

63 Asciburgium 164-166.

Qualität V ist nur zweimal vertreten, Qualität I taucht hier zum erstenmal auf. Zwei Stücke konnten nicht in das Qualitätenschema eingeordnet werden. Dabei handelt es sich in einem Fall um ein Produkt des P. Cornelius. Auffälligerweise fehlen in Moers-Asberg die Qualitäten III und IV, die Hinweise auf Produkte aus Lyon ermöglichen könnten.

An unverzierter Arretina aus der Forumsgrabung in Xanten konnten die Qualitäten nach VON SCHNURBEIN weiter bestätigt werden.[64] Ebenso wurden hier gleichzeitig Übereinstimmungen mit den von ETTLINGER erkannten Unterschieden festgestellt.[65] Anscheinend nicht übertragbar waren die Halterner Qualitäten auf die unverzierte Arretina aus Augst.[66]

Die meisten der mit Hilfe der Qualitätsmerkmale entstandenen Systeme können in erster Linie nur für den jeweiligen Fundort oder für benachbarte Orte sprechen. Das mag nicht nur an den spezifischen bodenabhängigen Erhaltungsbedingungen eines jeden Fundortes liegen, sondern auch an den unterschiedlichen Exportschwerpunkten der Arretinahersteller. So scheinen die Rhein- und Lippelager nach den Übereinstimmungen in den Qualitäten ihren Bedarf an Sigillata weitgehend aus denselben Quellen gedeckt zu haben.

Für die verzierte Arretina galt es zu überprüfen, inwieweit sich die durch VON SCHNURBEIN, BECHERT/VANDERHOEVEN und ETTLINGER an den unverzierten Sigillaten aus Haltern sowie an den unverzierten und verzierten Sigillaten aus Moers-Asberg und Neuss erarbeiteten Ergebnisse auf Oberaden und Haltern übertragen lassen. Die Bestimmungen der in der vorliegenden Publikation behandelten Arretina wurden mehrfach in größeren zeitlichen Abständen vorgenommen. Nach Vergleichen der jeweiligen Ergebnisse zeigte sich eine weitgehende Übereinstimmung, so daß eine gute Basis geschaffen war.[67] Als Vergleichsstücke standen für die Bestimmung der einzelnen Qualitätsstufen jeweils charakteristische Proben glatter Sigillaten aus Haltern zur Verfügung.[68] Chemische Proben von acht verzierten Gefäßen aus Haltern, die von M. PICON vorgenommen wurden,[69] boten weitere Vergleichsmöglichkeiten. Diese wurden anschließend dem Ergebnis der optischen Bewertung gegenübergestellt.

Neben der Qualitätsbestimmung gilt es im folgenden für eine Herkunftsbestimmung der verzierten Arretina aus Oberaden und Haltern die Stempel und Ornamente zu untersuchen sowie eine Verbreitung der Produkte, um im Sinne einer Synopse zu haltbaren Ergebnissen zu gelangen.

Oberaden

Der Erhaltungszustand

Die Erhaltungsbedingungen für Sigillaten sind in Oberaden nicht sehr günstig.[70] Der Überzug ist häufig wegen des schweren Lehmbodens nicht mehr erhalten. An der extrem nassen Nordwestfront des Lagers wurden die Scherben sogar völlig aufgeweicht. Dennoch stammen aus diesem Areal auch sehr gut erhaltene

64 U. HEIMBERG, Bonner Jahrb. 187, 1987, 414 mit Anm. 17. Der weiße Belag, charakteristisch für die Qualität I, war nicht vorhanden, ebensowenig der orangefarbene Belag der Qualität III.

65 ETTLINGER, Novaesium 18 f. u. Farbtafel.

66 A.R. FURGER, Jahresber. Augst 5, 1985, 126 mit Anm. 21 konnte auf Grund zu hoher Unsicherheiten keine Zuteilungen vornehmen.

67 Für die Bearbeitung wurde ein Auflichtmikroskop mit einer max. 60fachen Vergrößerung benutzt. Aus restauratorischen Gründen waren die meisten Stücke mit Präparationslack getränkt worden. Für eine optische Beurteilung ergeben sich daraus leichte Probleme. Der Ton erscheint etwas dunkler, der Überzug bekommt grundsätzlich einen Seidenglanz. Durch Vergleiche mit unverzierter Sigillata aus Haltern, die ähnlich behandelt worden war, konnten aber durchaus überzeugende Ergebnisse erzielt werden.

68 Vgl. VON SCHNURBEIN, Sigillata 186 ff. Die Gefäße: Nr. 4; 5 (Qualität I); Nr. 75; 96; 102 (Qualität II); Nr. 46; 88 (Qualität III); Nr. 52; 53; 87 (Qualität IV); Nr. 9; 45 (Qualität V; Nr. 156 (Qualität I/V?). – Die durch VON SCHNURBEIN großzügigerweise zur Verfügung gestellten Notizen mit ersten Bestimmungen eines großen Teiles der verzierten Terra Sigillata aus Haltern waren zusätzlich eine wichtige Orientierungshilfe.

69 Ebd. 175 Tab. 8 Proben: 191-198.

70 Vgl. OXÉ in: Oberaden I 36 f.

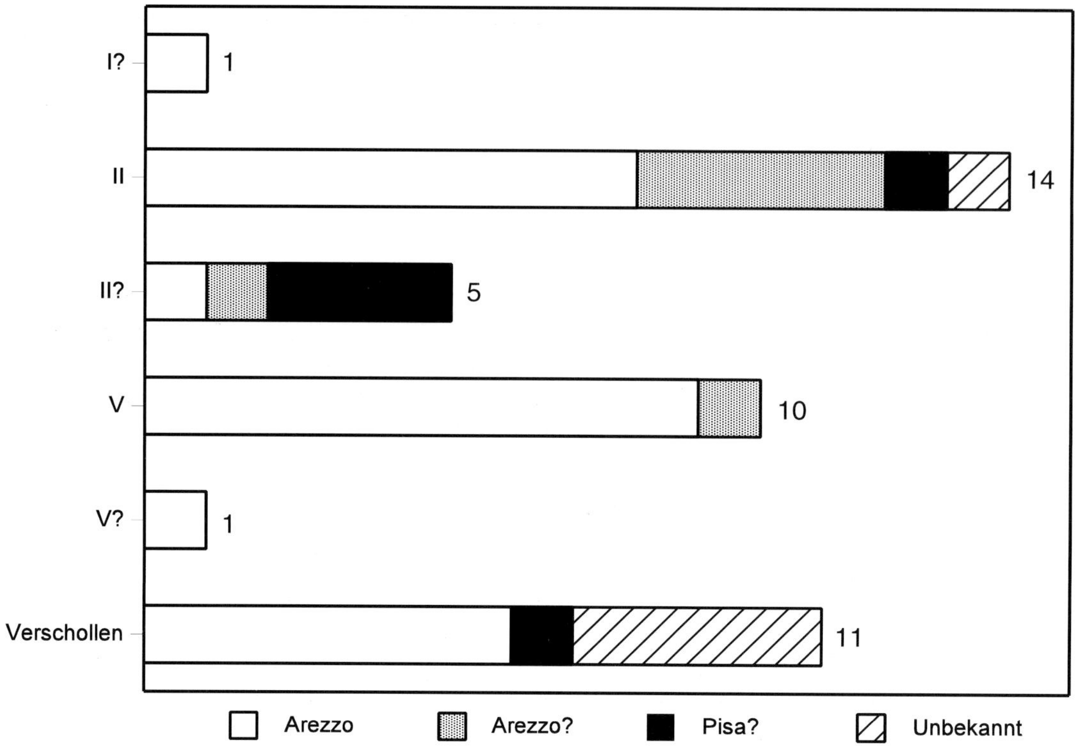

Abb. 2 Herkunftsort und Qualität – Oberaden.

Sigillaten. Besonders die Kelch- und Becherfragmente **OaNr. 9, 10, 20, 21, 22** und **31** weisen einen weitgehend intakten Überzug und einen festen Tonkern auf. Stark in Mitleidenschaft gezogen sind aber die meisten dünnwandigen Becherfragmente, die oft in kleinste Stücke zerscherbt waren; ein Dekor ist häufig nur noch zu erahnen. Doch gibt es auch hier Ausnahmen, wie z.B. die sehr gut erhaltenen und extrem dünnwandigen Becherreste **OaNr. 9** und **21**.

Die unterschiedlichen Erhaltungsstufen lassen sich nur teilweise durch die verschiedenen Fundstellen im Lager erklären. Auffällig ist, daß gerade Scherben, die weitläufig der Qualität V zugewiesen werden konnten, einen härteren Tonkern und besser haftenden Überzug besitzen als die Scherben der Qualität II mit einem mehligen Tonkern, auf dem sich auch ein qualitativ guter Überzug im Laufe der Zeit nicht halten konnte.

Die Qualitäten

Die Qualitätsstufen von Schnurbeins ließen sich ohne größere Probleme auf die Oberadener Sigillaten übertragen. Das Spektrum der Qualitäten ist dabei recht schmal. Es kommen im wesentlichen nur drei Qualitäten mit leichten Varianten vor (vgl. dazu Liste 1 und Tab. 6), und zwar: I?; II; II?; V; V?.

An einem Stück konnte die Qualität I? festgestellt werden. Es handelt sich um ein Produkt des C. Annius mit einer sicheren Zuweisung an Arezzo. Qualität II ist am häufigsten vertreten. Die Produkte dieser Qualität stammen, wie auch die Bestimmung der Töpfer (C. Annius und Rasinius) erschließen läßt, aus Arezzo. Sechs Stücke innerhalb der Qualitätsgruppe II sind zu zerscherbt, um gesicherte Töpferbestimmungen zuzulassen, doch stimmen sie in Ton und Überzug mit den bestimmbaren Stücken überein, so daß hier ebenfalls von einer Herkunft aus Arezzo ausgegangen wird.

Problematisch ist die Zuweisung des Bechers **OaNr. 26**, der der Qualität II? zugeordnet wurde. Der äußerst feine, mehlige, grau-beige Ton und der zum streifigen Abplatzen neigende Überzug erinnern an das „erste“

pisanische Produkt aus einer Offizin des Cn. Ateius.[71] Ob der Becher tatsächlich aus Pisa stammt, muß allerdings noch eingehender untersucht werden. Ein Vergleich des Dekors mit Bechern des Cn. Ateius im Stile der „gruppo protobargateo" wird weiter unten noch vorzunehmen sein.[72]

Drei weitere Fragmente der Qualität II? blieben ohne Zuweisung. Möglicherweise handelt es sich hierbei um pisanische Produkte. Nur eines wurde dem C. Annius zugewiesen und stammt damit aus Arezzo.

In Oberaden zeigt sich anteilmäßig eine hohe Anzahl von Gefäßen mit der Qualität V bzw. V?, die mit den Töpfern C. Annius und Rasinius verbunden ist. Diese Stücke sind den Betrieben in Arezzo zuzurechnen.

Die verschollenen Stücke konnten nur noch über Punzenvergleiche eingeordnet werden. Sie scheinen aber alle aus Arezzo zu stammen.

Die Abbildung 2 zeigt die Zuweisung zu bestimmten Herstellungsorten nach den Qualitäten sowie den Stempel- und Motivauswertungen. Arezzo ist in der Zeit der Belegung von Oberaden der beherrschende Belieferer des Lagers. Pisa scheint ebenfalls vertreten zu sein. Klarheit können hier nur chemische Analysen und weitere Funde erbringen.

Haltern

Der Erhaltungszustand

Der Erhaltungszustand der Halterner Sigillaten ist recht gut, denn die in Haltern vorherrschenden, trockenen Sande bieten optimale Konservierungsbedingungen. Vom annähernd kompletten Gefäß bis zur kleinsten Scherbe kommen alle Fragmentierungsgrade vor.

Die verschiedenen Erhaltungsgrade lassen sich in manchen Fällen deutlich auf die unterschiedliche Herkunft der einzelnen Gefäße zurückführen. Produkte der Qualität V aus der Offizin des P. Cornelius besitzen z.B. einen hart gebrannten Scherben und sind deshalb sehr gut erhalten, während Gefäße der Qualität II, die vornehmlich aus der Pisaner Offizin des Cn. Ateius stammen, häufig einen mehligen Tonkern besitzen, auf dem der Überzug manchmal schlecht haftet. Keine Unterschiede lassen sich mit dem bloßen Auge zwischen Stücken der Qualität II aus Oberaden und Haltern erkennen. Leichte Unterschiede scheinen aber bei der Qualität V vorzuliegen. Die Scherben sind in der Regel härter gebrannt, der Ton ist um eine Spur bräunlicher.

Grafitti wurden keine entdeckt. Dies muß nicht unbedingt damit zusammenhängen, daß nur wenige Fußplatten und Bodenscherben gefunden wurden: Das Besondere im Dekor eines jeden Gefäßes mag dem Besitzer zur Identifikation seines Eigentums ausgereicht haben.[73] Auch die soziale Stellung des ehemaligen Besitzers könnte sich hier bemerkbar machen.

Die Qualitäten

Die für Haltern erarbeiteten Qualitätsstufen sind im Verhältnis zu den Oberadener nicht nur wegen der höheren Fundmenge komplizierter. Vertreten sind im wesentlichen neun Qualitätsstufen mit verschiedenen Varianten (s. dazu Liste 2 und Tab. 7). Für zwei Fragmente konnte keine Qualität ermittelt werden. Sie wurden mit einem Fragezeichen versehen.

In Haltern wurde Qualität I sechsmal und Qualität I? zweimal festgestellt. Bis auf zwei unzugewiesene Stücke handelt es sich um Produkte aus dem Umkreis des Cn. Ateius. Da der weiße Belag anscheinend nur im Randbereich auftritt, ist die Zuweisung zu dieser Qualität nicht unproblematisch. Ganz sicher vorhanden ist der Belag auf dem Kelch **HaNr. 27** mit dem Stempel ATEI.[74]

71 ETTLINGER, Novaesium 18 u. Farbtafel Nr. 8.

72 s.u. S. 28.

73 Die zum Vergleich herangezogene verzierte Arretina wies bemerkenswerterweise ebenfalls keine Grafitti auf.

74 s. Farbaufnahme in: B. TRIER (Hrsg.), 2000 Jahre Römer in Westfalen (Mainz 1989) 55 Abb. 34, hier ist der Belag gut sichtbar.

Auffällig sind die vielen Untergruppierungen zur Qualität II. Neben einer fraglichen Zuweisung in sechs Fällen (II?), gibt es zwei Varianten, die hauptsächlich durch ihren Belag charakterisiert sind: einen hellen einerseits und einen bräunlichen andererseits. Qualität II mit braunem Belag wurde je einmal an einem Fragment des Hilarus, des Zoelus, des Crestus und Euhodus und in zwei Fällen an einem Gefäß der Zuweisung Cresti Atei Euhodi festgestellt. Qualität II mit hellem Belag konnte an zwei Produkten von Cresti Atei Euhodi erkannt werden. Von sieben Gefäßen dieser Qualitäten stammen fünf aus der Produktion der Freigelassenen Crestus und Euhodus. Ob diese Auffälligkeit so zu interpretieren ist, daß sich hier ein besonderer Produktionsort zu erkennen gibt, soll im folgenden noch untersucht werden.[75] Möglicherweise handelt es sich auch nur um eine abweichende Herstellungstechnik.

Von den beiden unterschiedlichen pisanischen Fabrikaten, die ETTLINGER in Neuss feststellen konnte, läßt sich eines sicher in Haltern nachweisen.[76] Das helle, weiche Fabrikat mit mehligem Ton und einem dicken, hell orangeroten, leicht absplitternden Überzug scheint der Qualität II und seiner Variante II/IV zu entsprechen.[77]

In acht Fällen war eine Trennung zwischen den Qualitäten II und IV nicht mehr möglich, so daß hier die Qualität II/IV vergeben wurde. Es handelt sich um verschiedene Töpfer: Je ein Stück wurde der „gruppo protobargateo“, Ateius-Zuweisungen, Hilarus, Xanthus und an einen unbekannten Töpfer in Lyon zugeteilt. Drei Fragmente blieben unbestimmt.

Von der Qualität II mit hellem oder bräunlichem Belag hebt sich deutlich eine weitere Qualitätsstufe (III) ab. Diese unterscheidet sich in Ton und Überzug zwar nicht von Qualität II, zeigt jedoch einen orangefarbenen Belag unter dem Überzug, der bei insgesamt fünf Fragmenten vorkommt. Die Verteilung auf Töpfer differiert stark. Je ein Fragment stammt von Rasinius, Hilarus, Ateius (?) und eines aus Lyon (**HaNr. 157**), wie die chemische Analyse ergab. Ein Stück der Qualität III? kommt aus der Produktion des Cn. Ateius. Die Herkunftsbestimmung muß hier noch durch weitere Untersuchungen überprüft werden.[78]

Viermal trat die Qualität IV in Erscheinung. Zwei Fragmente dieser Qualität blieben ohne Töpferzuweisung, und zwar der Becherrand **HaNr. 148** sowie das Fragment **HaNr. 142**. Darüber hinaus kommt diese Qualität bei zwei aus derselben Offizin stammenden Kelchen **HaNr. 14** und **15** vor. Ihr Herstellungsort ist noch unbekannt; ob sie der Qualität nach, die in aller Regel bei glatten Sigillaten aus Haltern auf eine Lyoner Provenienz verweist,[79] tatsächlich aus Lyon stammen, kann nur durch chemische Analysen verifiziert werden. Zu beachten ist, daß der Lyon zugewiesene Kelch **HaNr. 156** die verwandte Qualität II/IV besitzt, die allerdings auch an arretinischen (**HaNr. 12**), pisanischen (vgl. **HaNr. 34, 40, 50**) und italischen (vgl. **HaNr. 117, 122, 134**) Produkten zu beobachten war.

Produkte des P. Cornelius (**HaNr. 19, 21, 23** und **24**) sowie ein Stück des Rasinius (**HaNr. 5**) weisen einen mehr rötlich-braunen Ton auf bei einem bräunlichen, gut haftenden Überzug. Sie wurden der Qualität V zugewiesen. Die Produkte des P. Cornelius dürfen sicher mit der bei Arezzo gelegenen Offizin in Cincelli in Verbindung gebracht werden, wie das Fragment des Rasinius sicher aus Arezzo stammt. Ein Fragment des Rasinius aus Oberaden (**OaNr. 22**) weist die gleiche Qualität auf. Die in Moers-Asberg beobachtete Qualität II/V fand sich bei der Arretina aus Haltern nicht.[80]

75 s.u. S. 95 ff.

76 ETTLINGER, Novaesium 18; 74.

77 Das zweite harte Produkt ist bisher nicht nachweisbar; s. dies. in: Conspectus 26.

78 s.u. S. 94.

79 VON SCHNURBEIN, Sigillata 22.

80 Asciburgium 166: *Die Qualitäten II und V scheinen nach Material und Herkunft viel enger beieinanderzuliegen, als es zunächst den Anschein haben mag. Beide Qualitäten sind sicher italisch, zwischen beiden gibt es – zumindest im Asberger Material – zahlreiche Übergänge (...).*

3. Chemische Analysen

In der archäologischen Literatur existieren nur sehr wenige Ergebnisse von chemischen Analysen verzierter Arretina.[81] Das Gros der Untersuchungen liefern die unverzierten Sigillaten, die auf Grund größerer Fundmengen und besserer Eigenschaften hinsichtlich ihrer chronologischen Einordnung bevorzugt ausgewählt wurden. Die wenigen bekannten Angaben zu verzierter Arretina sind tabellarisch aufgeführt. Ergänzt werden sie durch die Analysen von neun Kelchen und drei Modelschüsseln aus Haltern:[82]

Fundort/Publikation	Töpfer	Herkunft
Neuss		
ETTLINGER (1983a) Taf. 56,2	CN. ATEI; XANTHI	Pisa
ETTLINGER (1983a) Taf. 57,3	ATEI	Arezzo
ETTLINGER (1983a) Taf. 58,2	–	Pisa
Bregenz		
ZABHELICKY SCHEFFENEGGER (1985) 28 Nr. 1; 40 Nr. 1	Ateius	Arezzo
Saintes		
TILHARD (1988) 120 Nr. 32 Taf. 34,14	CRESTI/ATEI	Pisa

Bei diesen publizierten Stücken bestand nicht die Möglichkeit einer Autopsie, doch bieten sie über ihren Stempel oder ihren Dekor zusätzliche Kriterien für die Herkunftsbestimmung. Die chemisch analysierte Arretina aus Haltern konnte dagegen direkt für vergleichende Untersuchungen herangezogen werden:

HaNr.	Töpfer	Qualität	Herkunft
49	Xanthus?	II	Pisa
51	Xanthus?	II	Pisa
57	Cresti Atei Euhodi	II	„Italien“
69	Ateius?	II	„Italien“
103	Ateius?	III	„Italien“
156	?	II/IV	Lyon
157	?	III	Lyon

Deutlich tritt zutage, daß auch die chemischen Analysen oft nicht eindeutig sind. So wurden einige Proben durch die Zuweisung „Italien“ einem der beiden Produktionsorte Pisa oder Arezzo zugerechnet. Andere Orte scheinen durch den Dekor ausgeschlossen zu sein, ja es lassen sich durch den optischen Befund eher Affinitäten zu pisanischen Produkten erkennen. Es handelt sich um die Stükke **HaNr. 69** – Qualität II; **HaNr. 103** – Qualität III; **HaNr. 57** – Qualität II. Pisa tritt nach der chemischen Analyse zweimal in Erscheinung: **HaNr. 51** – Qualität II; **HaNr. 49** – Qualität II. Hervorzuheben ist die Zuweisung zweier Reliefkelche an Lyon: **HaNr. 156** – Qualität III; **HaNr. 157** – Qualität II/IV.

4. Zusammenfassung

Es galt im vorhergehenden, anhand der Qualitätseinteilungen sowie der Töpferzuweisungen und – eingeschränkt – der chemischen Analyse den Herstellungsort der verzierten Arretina aus Oberaden und Haltern zu bestimmen. Die Qualitätseinteilungen der unverzierten Sigillata Halterns ließen sich ohne größere Probleme oder Abweichungen auf die verzierten Sigillaten Oberadens und Halterns übertragen. Miteinbezogen werden konnten auch die Ergebnisse der Fundplätze Neuss und Moers-Asberg.

81 s. die Zusammenfassung mit ausführlicher Literaturliste: G. SCHNEIDER/B. HOFFMANN in: Conspectus 27-38. Zu den Proben aus Haltern ebd. S. 32.

82 Vgl. J. LASFARGUES/M. PICON in: VON SCHNURBEIN, Sigillata 6-21.175 Tab. 8 Proben Nr. 191 (**HaNr. 69**); 192 (**HaNr. 157**); 193 (**ImNr. 8**); 194 (**HaNr. 103**); 195 (**HaNr. 51**); 196 (**HaNr. 156**); 197 (**HaNr. 57**); 198 (**HaNr. 49**); 199 (**ImNr. 2**); 200 (**ImNr. 3**); 206 (**ImNr. 1**). Probleme der chemischen Zuweisung: ebd. 23. Vgl. auch ETTLINGER, Novaesium 69 f.

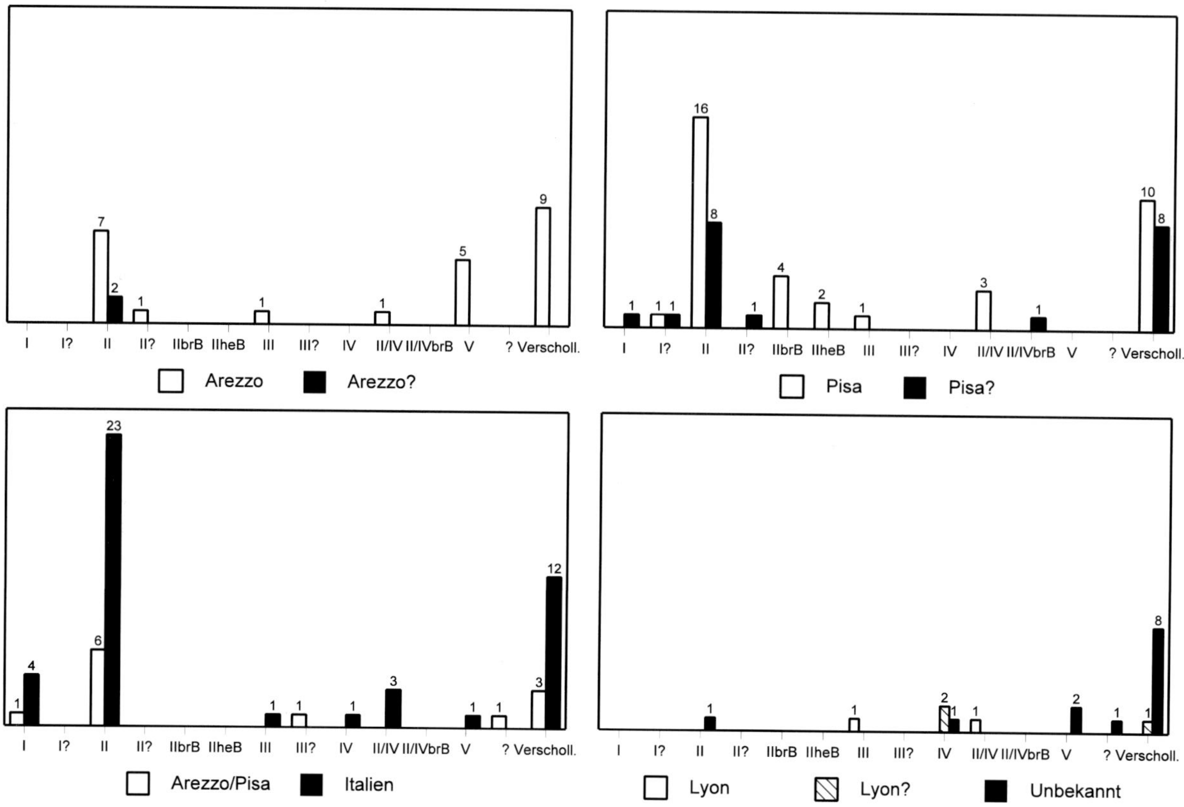

Abb. 3 Herkunftsort und Qualität – Haltern.

Besonders wichtig ist der Vergleich der Ergebnisse Oberadens und Halterns miteinander, da sie jeweils während der Germanenkriege einen Fundplatz der mittleren und der späten augusteischen Zeit markieren. Beiden Fundorten gemeinsam ist die Dominanz der Qualität II, zu der auch die Varianten II? und – in Haltern – II mit hellem und braunem Belag gerechnet werden müssen. Während in Oberaden Qualität II hauptsächlich an Gefäßen des C. Annius und des Rasinius, die in Arezzo produzierten, beobachtet werden konnte (sechs Fragmente der Qualität II blieben allerdings ohne Töpfernachweis!), läßt sich an der Halterner Arretina eine Trennung nach Produktionsorten innerhalb der Qualitätsstufe II nicht so leicht nachvollziehen. Nach der Töpferbestimmung bilden in Haltern Produkte aus Pisa einen Schwerpunkt.

In Anlehnung an die Ergebnisse von Schnurbeins und Picons[83] zur glatten Sigillata (Abb. 1) lassen sich etwa folgende Herkunftsorte bestimmen: Die Qualitäten I, II und V sind eindeutig italischen Ursprungs, wohingegen Qualität IV hauptsächlich, wenn auch nicht ausschließlich, mit Lyon in Verbindung gebracht werden darf, da sich diese Qualität auch in geringer Anzahl unter den italischen Produkten fand. Qualität III bzw. III? kann nicht eindeutig gefaßt werden; sie ist für Pisa ebenso wie für Lyon nachzuweisen.

Für Oberaden (Abb. 2) ergibt sich demnach eine hauptsächliche Belieferung aus Arezzo (64%).[84] Pisa scheint mit wenigen Produkten vertreten zu sein (12%).[85] Unbekannt blieb der Herstellungsort von vier Stücken (9,5%).

Für Haltern vermittelt Abbildung 3 eine Übersicht der Herstellungsorte, wie sie sich aus den festgestellten Qualitäten, den chemischen Analysen und den Zuweisungen nach Stempeln und Punzen ergaben. Produkte aus Arezzo machen danach nur 15,2% der Gesamtmenge aus. Es wurden hier die Belege für sichere und

83 von Schnurbein, Sigillata 22 f.

84 Rechnet man noch die sechs unsicheren Stücke (Arezzo?) hinzu, sind es sogar 78%.

85 Produkte aus Lyon fehlen. Unter den Stempeln auf unverzierter Sigillata befinden sich bereits solche, die auf Lyon hinweisen. z.B. Oxé in: Oberaden I Taf. 48,9.

fragliche Stücke zusammengezogen. Bis auf die noch unsicheren Töpferzuweisungen an M. Perennius Tigranus (**HaNr. 8-9**) darf von sicheren Zuweisungen an diesen Herstellungsort ausgegangen werden. Bemerkenswert darunter sind die Ateiuskelche **HaNr. 25-26**.

Eindeutig aus Pisa stammt mit 22,8% die Mehrzahl der Halterner Funde. Möglicherweise lassen sich zu den 36 Stücken aus Pisa noch 22 hinzunehmen. Es handelt sich hierbei ausschließlich um Erzeugnisse aus dem Umkreis der Ateius-Werkstätten. Ebenso besteht zwischen der Zuweisung „Arezzo/Pisa" und den Ateius-Werkstätten ein unmittelbarer Zusammenhang. Sie bildeten 5,7% der Fundmenge. Unter den Stücken mit der Provenienzangabe „Italien", die 31% der Funde ausmachen, verbergen sich wahrscheinlich noch einige Ateius-Produkte aus Pisa. Der größere Anteil dieser Gruppe konnte jedoch nicht mehr eindeutig einem Ort zugewiesen werden. Hier können nur chemische Analysen oder Neufunde weitere Klarheit schaffen, um zu einer deutlicheren Trennung zwischen Arezzo und Pisa zu gelangen.

Nur zwei Kelche **HaNr. 156** und **157** stammen sicher aus Lyon. Vermutlich können hieran die Gefäßfragmente **HaNr. 14** und **15** nach dem Ton und Überzug angeschlossen werden. Die Herkunft des verschollenen Kelchbodens **HaNr. 158** mit dem Innenstempel ELEVTERF wird nach dem Stempelformular auch in Gallien zu suchen sein. Er wird daher unter Vorbehalt den Kelchen aus Lyon zugeordnet. – Die verzierten Stücke aus Lyon bilden damit im Verhältnis zu den unverzierten Sigillaten aus Lyon in Haltern eine verschwindende Minderheit (Lyon 1,2% bzw. Lyon? 1,8%). Ohne Angabe des Herstellungsortes blieben dreizehn Fragmente (8,2%). Es sind dies zumeist verschollene oder stark fragmentierte Stücke ohne Dekor, die für eine Bestimmung keine Anhaltspunkte bieten.

5. Stempel

In der Regel gibt es auf verzierter Arretina mindestens einen Stempel, der den Firmenbesitzer oder diesen zusammen mit einem herstellenden Sklaven benennt. Stempel von Freigelassenen sind selten. Die Anbringung ist unterschiedlich: Aus Oberaden sind bislang fünf Stempel bekannt, die alle auf der Außenseite von Bechern – mitten im Dekor – plaziert sind. In Haltern fanden sich Stempel ausschließlich auf Kelchen, wo sie als Innen- oder Außenstempel bzw. kombiniert vorkommen. Anbringung und Form der Stempel ist töpfereispezifisch.

Die Stempel sind in vielerlei Hinsicht interessant.[86] Schenkte man ihnen zunächst Aufmerksamkeit, weil sie namenskundlichen Untersuchungen reiches Material lieferten,[87] so wurden sie bald wichtig, weil sie im Verbund mit bestimmten Gefäß- oder Dekorformen Hinweise über die Organisation des Arbeitsablaufes offenbaren konnten. Es ließ sich über Vergleiche herausfinden, welche Töpfer gleichzeitig oder nacheinander arbeiteten. Neben innerbetrieblichen Strukturen wurden unter anderem auch Produktionsgemeinschaften zweier Töpfer oder Betriebsverkäufe mit dem Wechsel von Sklaven dokumentiert. Generell ermöglichen Stempel eine Erforschung der sozial-, wirtschaftsgeschichtlichen und organisatorischen Hintergründe eines bestimmten Produktionszweiges der frühen Kaiserzeit in chronologisch faßbaren Zeiträumen.[88]

Die Variationsmöglichkeiten der äußeren Form der Stempel und ihrer Formulare sind vielfältig.[89] Berücksichtigt werden müssen daher besonders die unterschiedlichen Schreibweisen der Namen, die Ligaturen, Beizeichen und die Form der Kartuschen. Es lassen sich nicht nur die Hersteller eines bestimmten Gefäßes able-

86 Einen guten Überblick über Aussagemöglichkeiten von Stempeln gibt PRACHNER, Sklaven 1-6.

87 So A. OXÉ, Rheinisches Mus. 59, 1904, 108-140. Stempel wurden anfangs nur in Umschrift wiedergegeben, was sich mit den Veröffentlichungen der Halterner Stempel zu Anfang dieses Jahrhunderts änderte. Sie wurden einheitlich als Faksimile im Maßstab 1:1 reproduziert und ausführlich beschrieben. Berücksichtigt wurden Gefäßform, Dekor und Parallelfunde. Vgl. RITTERLING, Haltern (1901) 136-143 Taf. 28.29; DRAGENDORFF, Haltern (1903) 75-78 Abb. 7; E. KRÜGER, MAK 4, 1905, 99-101 Abb. 10; LOESCHCKE, Haltern (1909) 163-190 Taf. 26-29; HÄHNLE, Haltern (1912) 37-39 Taf. 16; s. auch PRACHNER, Sklaven 5.

88 Vgl. dazu ebd. mit Anm. 22, wo einige Beispiele aufgezeigt werden.

89 Hierzu grundlegend der umfassende Katalog der arretinischen Stempel von O.-C.; s. auch die Rezension von H.G. SIMON, Germania 49, 1971, 259-264. – Eine Auflistung der Neufunde ist jedoch dringend notwendig. Zu einzelnen regionalen oder auf bestimmte Fundorte beschränkten Übersichte vgl. PRACHNER, Sklaven 4 mit Anm. 16 u. 17.

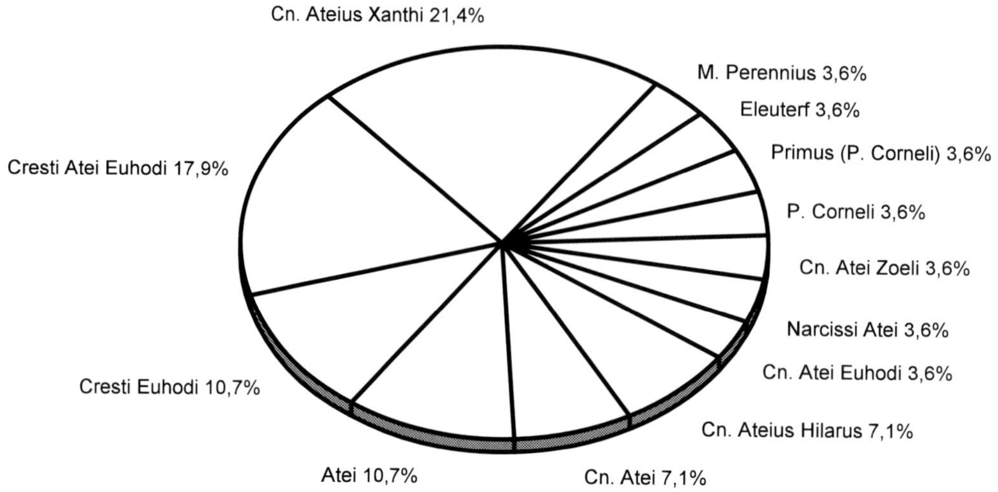

Abb. 4 Prozentuale Verteilung der Stempel – Haltern.

sen, sondern auch in vielen Fällen der Herstellungsort und die zeitliche Stellung.[90] Wichtig ist aber, wie im Falle einiger Stempel aus Haltern, der nachvollziehbare Status der stempelnden Personen. Handelt es sich z.B. bereits um Freigelassene des Cn. Ateius, die unabhängig an einem anderen Ort Reliefkeramik produzierten oder gehörten sie zum Firmengebilde des Cn. Ateius und leiteten für ihn eine Filiale?[91]

Während die vier Oberadener Stempel allein durch die Nennung der Hersteller C. Annius und Rasinius sicher dem Produktionsort Arezzo zugewiesen werden können, läßt sich die Herkunft der in Haltern vorkommenden Stempel nicht so einfach lösen. Primär vom Stempel ausgehend, kommen Parallelstücke aus einem Töpfereibezirk[92] in Arezzo oder Pisa als Vergleichsmöglichkeit in Frage. Die durch chemische Analysen zugewiesenen Stempel oder Dekorelemente liefern ergänzende Hinweise.[93]

Auf der Halterner Reliefkeramik sind 28 Stempel belegt. Davon stammen 24 (85,7%) Stempel aus Werkstätten des Cn. Ateius (vgl. Abb. 4).[94] Die sog. Partnerstempel des Crestus und Euhodus (CRESTI/EUHODI und CRESTI ATEI/EUHODI) überwiegen deutlich mit 28,5%, gefolgt von den Produkten des Xanthus mit 21,4%. Zwei Stempel gehören zu P. Cornelius aus Cincelli. Der Außenstempel des M. Perennius Tigranus gehört zu den selteneren Funden im Norden. Er darf unmittelbar an die Seite des seit langem bekannten Kelches aus Xanten gestellt werden.[95] Der Stempel des Eleuter stellt noch immer ein Problem dar, denn die Her-

90 Auf Grund der engen Datierung von Oberaden (11-8/7 v. Chr.) ist eine weitere Differenzierung in zeitlicher Hinsicht nach den Stempelformularen nicht möglich. Diese Feststellung gilt auch für die meisten Stempel Halterns. Allerdings vermitteln die Stempel des Euhodus als Sklave und dann zusammen mit Crestus als Freigelassenem eine zeitliche Abfolge. Auch die Außenstempel des Xanthus *in tabula ansata* lassen innerhalb der Stempel Halterns eine Zuordnung gegen Ende des Hauptlagers zu.

91 PRACHNER, Sklaven 212 zu den Partnerstempeln. – Der Verbreitung von Stempeln des Cn. Ateius, seiner Sklaven und Freigelassenen wird in den Kapiteln zu den entsprechenden Töpfern nachgegangen, s.u. Kap. IV 10.

92 Stempel aus dem Töpfereischutt in Arezzo sind nicht publiziert. G. MAETZKE, RCRF Acta 1, 1958, 25; E. ETTLINGER, RCRF Acta 4, 1962, 27 und PORTEN PALANGE, Ateius 183 mit Anm. 2 erwähnen einige Stempelvarianten. Sonst gibt es eine Reihe von Stempeln auf Gefäßen, die Arezzo zugewiesen wurden und hinlänglich bekannt sind. Vgl. **KatNr. 1-18**. Aus Pisa sind Stempel fotografisch reproduziert veröffentlicht worden: TAPONECCO MARCHINI, Pisa 8 Abb. 3b Taf. 1,2-6; 2,1.2.5. Unklar bleiben hier allerdings die Gefäßformen und die Gattung. Weiter existieren noch einige auf chemischem Weg „Pisa“ zugewiesene Stempel vgl. **KatNr. 190, 191** u. **303**.

93 Fraglich bleibt allerdings die Übertragbarkeit von chemisch untersuchten Stempeln unverzierter Arretina bzw. sicher für einen bestimmten Produktionsort belegter Stempel auf die dekorierte Arretina. Ob ein Töpfer glatter Arretina mit einem Relieftöpfer gleichen Namens identisch ist, muß in jedem Einzelfall geprüft werden. Auch muß einer zeitlichen Staffelung Rechnung getragen werden.

94 Von den 902 Stempeln der glatten Gefäße stammen 286, d.h. 31,7% von Ateius-Töpfern. Vgl. VON SCHNURBEIN, Sigillata 81.

95 Vgl. OXÉ, Rhein Taf. 1,1.

kunft dieses Töpfers ist ungewiß. Die Angabe eines „F" hinter seinem Namen für *fecit* scheint auf Gallien zu weisen.

Die vorherrschende Kartuschenform ist rechteckig. Einzeilige Innenstempel sind fünfmal vorhanden. Es handelt sich dabei ausnahmslos um Firmenstempel des Ateius (Stempel-Nr. 1-5). Die zweizeiligen Innenstempel gehören bis auf den Stempel des Eleuter (Stempel-Nr. 27) auch zu den Betrieben des Cn. Ateius und seiner Freigelassenen (Stempel-Nr. 6-12a; 16-24). Vier der Außenstempel sind von Xanthus. Dreimal ahmen sie eine Steininschrift in Form einer erhöhten Tafel mit vertieften Buchstaben nach (Stempel-Nr. 12b-14). Einmal erscheint die Stempelform als *tabula ansata* mit tordiertem Stab oben und unten (Stempel-Nr. 15). Von der äußeren Gestaltung ähnlich sind die beiden Stempel aus der Offizin des P. Cornelius. Der Firmeninhaber P. Cornelius imitiert mit seinem Stempel eine Steintafel mit vertieften Buchstaben (Stempel-Nr. 25).[96] Primus (Stempel-Nr. 26) gibt seinen Namen wie Xanthus in erhöhten Buchstaben wieder.

Damit dominieren also eindeutig die Stempel aus dem Umkreis des Ateius. Die zwei dem P. Cornelius zuweisbaren Stempel sind jedoch eine Besonderheit, da solche im nordwestlichen Raum des Imperiums selten vorkommen. Über die Herkunft dieser beiden Stempel gibt es keine Zweifel, sie kommen aus Cincelli. Das Fragment mit dem Außenstempel des Primus weist die für P. Cornelius typische Qualität V auf.

Der Großteil der Ateius-Produkte stammt aus Pisa. Bei einigen Stempeln besteht zumindest die Möglichkeit einer Herkunft aus Arezzo. Das könnte für die Stempel-Nr. 1-4 gelten, von denen Stempel-Nr. 2 und 3 verschollen sind und die beiden anderen unterschiedliche Qualitäten aufweisen (I und III?). Darüber hinaus wird die Bestimmung des Herkunftsortes von Stempeln durch unsauberes Einstempeln oder Verschleiß erschwert.

Die Kelche des Xanthus, der wahrscheinlich auch glatte Sigillaten in Lyon herstellte, kommen sicher alle aus Pisa.[97] Schwieriger wird die Zuweisung der mit den sog. Partnerstempeln versehenen Gefäßen, die zwei von den anderen Stücken abweichende Qualitäten ergaben.[98] Doch wird es sich nach dem chemisch zugewiesenen Stempel aus Saintes wohl auch hier um Pisa als Herstellungsort handeln. Sehr einheitlich präsentieren sich nach der Qualität III die beiden Stempel von CN.ATEIVS/HILARVS. Diese Produkte stammen sicher aus Pisa, wie ein Stempelfund dort belegt. Euhodus und Zoelus[99] haben sicherlich ebenfalls in Pisa gearbeitet.[100]

Katalog der Stempel aus Oberaden (Taf. 39)

Bislang waren nur die Stempel-Nr. 1-2 durch die Publikation OXÉs bekannt. An den Stempel-Nr. 1, 3-5 konnten die Qualitäten V bzw. V? und I? erkannt werden. Sie stammen alle aus Arezzo. Die Offizin des C. Annius dominiert eindeutig.

96 Stempel-Nr. 25 ist verschollen.

97 Verschollen sind die Stempel-Nr. 10 und 11. Bis auf **HaNr. 42** (Stempel-Nr. 15) mit Qualität I?, wiesen alle übrigen Xanthus-Stempel (Nr. 12a.b-14) die Qualität II auf.

98 Stempel-Nr. 17, 19 und 20 sind verschollen. Die Qualität II mit braunem Belag besitzen die Stempel-Nr. 18, 21 und 24. Qualität II mit hellem Belag läßt sich an den Gefäßen mit den Stempel-Nr. 22 und 23 nachweisen. Eine Differenzierung nach den beiden Qualitäten und den beiden Formularen CRESTI EVHODI und CRESTI ATEI EVHODI kann danach nicht beobachtet werden. Doch wird es sich nach dem chemisch zugewiesenen Stempel aus Saintes wohl auch hier um Pisa als Herstellungsort handeln. TILHARD, Saintes Abb. 21,42.

99 Der Stempel-Nr. 6 CN. ATEI/EVHODI ist verschollen. Stempel-Nr. 16 CN.ATEI/ZOELI weist Qualität II auf.

100 VON SCHNURBEIN, Sigillata 131. So ETTLINGER, Novaesium 73: OXÉ hatte einige der Ateius-Stempel auf Grund der Verbreitung und Formgebundenheit bestimmter Stempelfassungen auf Herstellungsorte außerhalb Arezzos, wahrscheinlich in Gallien oder sogar am Rhein geschlossen. Wenn wir heute wissen, daß eine Manufaktur, die ganz auf den Export nach Gallien gerichtet war, in Pisa lag, so widerspricht das OXÉs Erkenntnis nicht. Die von ihm zusammengestellten Stempelgruppen kamen eben weitgehend von dort – und nur zum Teil, wie wir heute wissen, aus Lyon. Er hatte den Umfang und die Möglichkeiten des antiken Seehandels unterschätzt. OXÉ, Haltern (1943) 54 ff. u. 62 ff. kommt zu dem Schluß, daß die meisten Haltern beliefernden Betriebe nördlich der Alpen gelegen haben müssen. Die Mehrheit der Ateiusprodukte (unverzierte und verzierte Sigillata) kam für ihn nicht aus Arezzo, sondern aus der Provinz. Im wesentlichen hat seine Feststellung, daß nicht einmal 1% der in Haltern gefundenen Arretina des Ateius aus Arezzo kommt, bis heute Gültigkeit. Die Untersuchungen VON SCHNURBEINs zur unverzierten Terra Sigillata aus Haltern können dies mit eindrucksvollen Zahlen belegen: VON SCHNURBEIN, Sigillata 16.

Stempel-Nr. 1 (**OaNr. 1**)
Außenstempel: [PANTA]GATHVS/C·ANNI. Qualität V?.
Publiziert: OXÉ in: Oberaden I 43 f. 47 Nr. 2 Taf. 47a[1]; 48,2. O.-C. 83bb,12.
Die feingeschnittenen, erhöhten Buchstaben befinden sich auf einer rechteckigen Tafel, die vom Reliefgrund abgehoben ist. Der Name des Pantagathus ist eindeutig aus den restlichen Buchstaben zu erschließen. ATHV sind ligiert.

Stempel-Nr. 2 (**OaNr. 3**)
Außenstempel:]ANN[I]. Verschollen.
Publiziert: OXÉ in: Oberaden I 47 Nr. 3 Taf. 48,3. O.-C. 83bb,12.
Der Stempel ist nur durch das bei OXÉ wiedergegebene Faksimile bekannt. Es handelt sich aber sicher um die zweite Hälfte eines Formulars wie Stempel-Nr. 1.

Stempel-Nr. 3 (**OaNr. 6**)
Außenstempel: C·[ANNI]. Qualität I?.
Unpubliziert. Fund-Nr. Oa 83.030/a1.
Nur noch die Abkürzung des Praenomens hat sich auf einer rechteckigen Tafel erhalten. Der Buchstabe selbst ist wie die Tafel erhöht. Der Name des Töpfers Annius muß ergänzt werden. Er ist ebenso verloren wie der Name des Töpfers, der sich sicherlich an anderer Stelle auf dem Gefäß befand.

Stempel-Nr. 4 (**OaNr. 4**)
Außenstempel:]C·ANNI. Qualität V.
Unpubliziert. Fund-Nr. Oa 90.007/a1.
Auf einer rechteckigen Tafel befinden sich die erhöhten, fein geschnittenen Buchstaben. Sicher muß der Name PANTAGATHVS vor C·ANNI ergänzt werden.
Vgl. zu Nr. 1-4: O.-C. 82'a.c.e.g.h.k[1,2].l.o.

Stempel-Nr. 5 (**OaNr. 19**)
Außenstempel:]SIN[. Qualität V.
Unpubliziert. Fund-Nr. Oa 90.310a1.
Die unscheinbaren und stark in Mitleidenschaft gezogenen Buchstaben sind erhöht wiedergegeben. Recht gut erkennbar sind der untere Teil des S und des I. Der sich an das I anschließende Buchstabenrest kann als erste Haste eines N gedeutete werden. Zusammen mit den Dekorresten lassen diese Überreste auf die Töpferei des Rasinius schließen. Der Stempel lautet danach RASIN. Zu ergänzen ist wahrscheinlich noch der Name des Töpfers, der separat eingepunzt war.
Vgl. O.-C. 1486a.b.d-k; C. GOUDINEAU, Arch. Class. 20, 1968, Taf. 106,2.3.

Die Stempel aus Oberaden unterstreichen die dominierende Rolle des Pantagathus C. Anni an diesem Ort. Ist Stempel-Nr. 5 richtig gelesen, wäre auch der zweithäufigste Lieferant durch einen Stempel belegt.

Katalog der Stempel aus Haltern (Taf. 39)

Die Stempel sind zum größten Teil bereits veröffentlicht. Zuletzt widmete ihnen OXÉ[101] eine Gesamtbetrachtung, die zugleich auch auf die Bestimmung der Herkunftsorte der Gefäße und ihrer Stempel abzielte. Dies soll auch hier bei der Gegenüberstellung dieser Stempel mit wichtigen Neufunden der Hauptaspekt sein. Gerade die Entdeckung der Betriebe in Pisa und Lyon sowie chemische Untersuchungen haben das Feld erweitert. Die Vorstellung und Beschreibung kann knapp gehalten werden, da die Stempel an sich bekannt sind. Zugleich erfolgt die Angabe der Qualitätsstufe sowie gegebenenfalls die der chemisch untersuchten Vergleichsstücke anderer Fundorte.

101 OXÉ, Haltern (1943) 19 ff. 64 ff.

ATEIUS ohne Praenomen

Stempel-Nr. 1 (**HaNr. 27**)
Innenstempel: ATEI. Qualität I.
Publiziert: VON SCHNURBEIN, Sigillata Taf. 86.
Der Schnitt des Stempels ist flüchtig. Die Buchstaben stehen in einem einfachen Rahmen, der auf der rechten Seite nicht erscheint, da der Stempel nicht gleichmäßig eingedrückt wurde. TE sind ligiert. Wahrscheinlich wurde der Stempelstock aus Holz gefertigt. Besonders der Querbalken des T über dem E zeigt den charakteristischen keilförmigen Schnitt eines Messers, das zunächst tief angesetzt wurde, dann aber flacher verlaufend einen spitzer werdenden Schnitt hinterließ.
Vgl. O.-C. 144,737.

Stempel-Nr. 2 (**HaNr. 31**)
Innenstempel: ATEI. Verschollen.
Publiziert: HÄHNLE, Haltern (1912) 43 Nr. 287; O.-C. 144,737.
Innerhalb eines einfachen Rahmens mit abgeschrägten Ecken sind die Buchstaben eingetieft. TE sind kontrahiert. Auch hier ist zu beobachten, daß die rechte Seite des Stempels nicht so tief eingedrückt wurde wie die linke.

Stempel-Nr. 3 (**HaNr. 32**)
Innenstempel: ATEI im Doppelrahmen. Verschollen.
Publiziert: OXÉ, Haltern (1943) 20 Nr. 542; 47 zu R 29.[102] O.-C. 144,781.
Der doppelte Rahmen ist an den Längs- und Schmalseiten eingezogen. Wiederum sind die Buchstaben T und E ligiert.
Die Variationsbreite der Stempel des Ateius ohne Praenomen ist relativ hoch. Parallelen sind daher schwer zu beurteilen. ATEI (TE ligiert) kommt sowohl in Arezzo als auch in Pisa vor: G. MAETZKE, RCRF Acta 1, 1958, 25; PORTEN PALANGE, Ateius 183 mit Anm. 2 erwähnt Außenstempel CN. ATEI und Innenstempel ATE, ATEI und CN.ATEI für Arezzo. Für Pisa: TAPONECCO MARCHINI, Pisa 8 Taf. 1,6; 2,1. Die Zuweisungen der Halterner Stempel an einen bestimmten Herstellungsort kann nicht mit Sicherheit vorgenommen werden. Es kommen allerdings nur Arezzo und Pisa in Frage: O.-C. 144. Da die Stempelform von Stempel-Nr. 3 nur nördlich der Alpen vorkommt, schloß OXÉ auf eine *provinzielle* Entstehung. Möglicherweise verweist diese Feststellung auf Pisa.

ATEIUS mit Praenomen

Stempel-Nr. 4 (**HaNr. 33**)
Innenstempel: CN ATEI. Qualität II (brauner Belag).
Publiziert: OXÉ, Haltern (1943) 20 Nr. 550; 47 zu R 30; O.-C. 145,339.
Die sauber geschnittenen Buchstaben stehen in einem einfachen Rahmen. AT in Ligatur.

Stempel-Nr. 5 (**HaNr. 34**)
Innenstempel: CN·ATEI. Qualität II/IV.
Publiziert: OXÉ, Haltern (1943) 20 Nr. 425; O.-C. 145,344.
Die Umrahmung der Buchstaben wird duch Zweige an der Unterseite und den Schmalseiten gebildet. Nach oben ist der Stempel offen. Zwischen dem Praenomen und dem Nomen steht ein Punkt. ATE sind ligiert. Der Ausrichtung der Hasten des A folgend steht das N etwas schräg, das C wird dadurch nach oben gedrückt.
Stempel der Form CN. ATEI sind ebenso wie ATEI für Arezzo und Pisa belegt. TAPONECCO MARCHINI, Pisa 8 Abb. 3b Taf. 1,5.6; 2,1; G. MAETZKE, RCRF Acta 2, 1959, 25. PRACHNER; Sklaven 30.

CN. ATEI/EVHODI

Stempel-Nr. 6 (**HaNr. 37**)
Zweizeiliger Innenstempel: CN.ATEI/E[VH]ODI. Qualität II.

102 Nicht Nr. 540 wie OXÉ, Haltern (1943) 47.

Publiziert: HÄHNLE, Haltern (1912) 43 Nr. 290; O.-C. 160,58.
Zweizeiliger Stempel mit einfachem Rahmen. Eine Leiste trennt die obere und untere Zeile. Buchstaben teilweise unleserlich. Am deutlichsten ist das Praenomen des Ateius zu erkennen. Wahrscheinlich sind T und E bei ATEI ligiert. Es ist nicht sicher, ob bei EVHOD H und O zusammengezogen sind. Das V ist nur an der oberen rechten Ecke kenntlich; die linke Haste des H kann nur im oberen Bereich abgelesen werden. Das D weist eine kleine Verlängerung im oberen Teil auf, die wohl die Ligatur von D und I anzeigt.

CN. ATEIVS HILARVS

Stempel-Nr. 7 (**HaNr. 38**)
Zweizeiliger Innenstempel: CN. ATEIVS/HILARVS. Qualität III.
Publiziert: VON SCHNURBEIN, Haltern Taf. 94.
Die obere und untere Zeile werden durch eine Leiste getrennt. Ein einfacher Rahmen umgibt das Formular. Zwischen Praenomen und Nomen des Ateius befindet sich ein Punkt. Das S bei ATEIVS und HILARVS ist spiegelverkehrt.

Stempel-Nr. 8 (**HaNr. 39**)
Zweizeiliger Innenstempel: C[N.]ATEIVS/HI[LA]RVS. Qualität III. Wie Nr. 7.
Unpubliziert. Fund-Nr. Ha 53 A Gr 25.
Vgl. O.-C. 166,1.3.4.8. Der gleiche Stempel wurde in dem Töpfereiabfall einer Ateius-Offizin in Pisa gefunden: vgl. TAPONECCO MARCHINI, Pisa 8 Taf. 1,3; ETTLINGER, Novaesium 74 hält Hilarus zu Recht für einen Arbeiter des Cn. Ateius in Pisa.
Da sowohl Cn. Ateius als auch Hilarus im Nominativ erscheinen, ist Hilarus wohl ein Freigelassener.

NARCISSI ATEI

Stempel-Nr. 9 (**HaNr. 41**)
Zweizeiliger Innenstempel: NARCIS(S)I/[CN.A]TE. Qualität II.
Unpubliziert. Fund-Nr. Ha 53 B Gr. 13.
Zweizeiliger Stempel ohne Rahmen. Eine breite Leiste steht zwischen den Zeilen. Das Stempelbild ist nur sehr schwach aufgeprägt. Im Streiflicht läßt sich sicher der Name des Narcissus im Genitiv in der oberen Zeile lesen,[103] während in der unteren Zeile nur noch die Buchstaben TE, die sich zusammen mit dem freien Raum am Anfang der zweiten Zeile sinnvoll als [CN. AT]EI ergänzen lassen, deutlich zu erkennen sind.
Vgl. O.-C. 170 – NARCI.S/AEI; ebd. 1111 – hier wird vermutet, daß die Stempel auf glatten Gefäßen, die allein Narcissus nennen, auch aus einer Offizin des Ateius stammen. J.-L. TILHARD, Revue Arch. Est et Centre-Est 11, 1972, 353: Innenstempel NARCIS/CN.ATEI.SANTI; s. dazu jetzt auch ders. u.a., RCRF Acta 31/32, 1992, 253 Nr. 82 - Pisa (?); J.-L. FICHES, Cahiers Ligures et Préhist. et Arch. 22-23, 1973-74, 289 Nr. 98 Abb. 12: Innenstempel NARCIS/[] SVATE []/NTI. Narcissus hat nur als Sklave signiert, so PRACHNER, Sklaven 36.

CN. ATEI XANTHI.

Stempel-Nr. 10 (**HaNr. 48**)
Zweizeiliger Innenstempel: CN ATEI/[X]ANTHI. Verschollen.
Publiziert: RITTERLING, Haltern (1901) 138 Nr. 43; LOESCHCKE, Haltern (1909) 160 Nr. 109; HÄHNLE, Haltern (1912) 86 Nr. 109; O.-C. 176,107a.
Ein Zweig teilt das Stempelformular in zwei Zeilen. ATEI (TE sind ligiert) erscheint vollständig mit Praenomen. Die untere Zeile ist etwas in Mitleidenschaft gezogen. Es lassen sich deutlich die Buchstaben AN ausmachen. Die nachfolgenden Buchstaben THI sind nur zu erahnen. Wahrscheinlich sind sie ligiert. Es besteht kein Zweifel daran, daß es sich um XANTHI handelt.

103 Der Platz auf dem Stempelholz (?) reichte wahrscheinlich nicht für das ganze Formular aus. Rechts wurde etwas Freiraum gelassen und mit breiten Buchstaben begonnen, die dann aber immer schmaler werden mußten. Vielleicht ist Narcissus deshalb nur mit einem S geschrieben worden.

Stempel-Nr. 11 (**HaNr. 46**)
Zweizeiliger Innenstempel: CN ATE[I]/XANTHI. Verschollen.
Publiziert: LOESCHCKE, Haltern (1909) 160 Nr. 110; O.-C. 176,107b.
Zwischen oberer und unterer Zeile liegt ein Zweig. Die rechte obere Ecke ist verloren. Es handelt sich aber eindeutig um CN ATE[I]. T und E sind ligiert. Die Abfassung des Namens XANTHI in der unteren Zeile bedeutet eine Abweichung zu Stempel-Nr. 10. Die Buchstaben ANTH sind ligiert. Die linke Längshaste des H weist je einen kleinen Strich auf, der von den Enden zur Mitte des Querstriches zieht.

Stempel-Nr. 12a.b (**HaNr. 44**)
Zweizeiliger Innenstempel (Nr. 12a): CN ATEI/XANTHI. Außenstempel (Nr. 12b): XANTHI. Qualität II.
Publiziert: OXÉ, Haltern (1943) 21 Nr. 381; O.-C. 176,108.
Stempel-Nr. 12a: In Abweichung zu dem sonst sehr ähnlichen Stempel-Nr. 10 folgen die Ligaturen des Sklavennamens auf den Stempeln Nr. 11 und 12 einem anderen Schema. Hier sind die Buchstaben ANTH zusammengezogen. Innerhalb des Buchstaben H ziehen oben und unten von der linken Haste je zwei feine Striche zum Querbalken.
Stempel-Nr. 12b: Der Außenstempel ist vergleichbar mit Stempel-Nr. 14, jedoch etwas grober in der Ausführung. Die Buchstaben sind in eine Tafel eingetieft. NTH sind ligiert. Das I ist eindeutig vorhanden.
Der gleiche Innenstempel findet sich in Neuss auf einem Kelch und wahrscheinlich einer Schüssel (Drag. 29?): vgl. ETTLINGER, Novaesium 51 Nr. 194.194a – mit der Zuweisung an Pisa. Diese Stempelform ist gut am Niederrhein und an der Lippe dokumentiert. Stempel liegen aus Mainz, Xanten, Vechten sowie Moers-Asberg vor.

Stempel-Nr. 13 (**HaNr. 43**)
Außenstempel: XANTHI. Qualität II (brauner Belag).
Publiziert: OXÉ, Haltern (1943) 22 Nr. 438[a]. O.-C. 176,109 (rekonstruierter Innenstempel!); 177,338 (Außenstempel).
Die Buchstaben sind in eine erhöhte Tafel, die eine Steininschrift nachahmen soll, eingeschnitten. Die Ausführung ist sehr fein. Ligiert sind die Buchstaben NTH.
Vgl. O.-C. 177,7.8.15.26.36.39.42.(56).62.74.98.(99).(105).110.

Stempel-Nr. 14 (**HaNr. 47**)
Außenstempel: XANTHI. Qualität II.
Unpubliziert. Fund-Nr. Ha 54 C Gr 1a.
Auch dieser Stempel imitiert eine Steininschrift. Die Tafel ist vom Reliefgrund leicht abgehoben. Die Buchstaben sind im Gegensatz zu Stempel-Nr. 13 allerdings etwas grober geschnitten. Die Ligatur von NTH ist gleichförmig.
Vgl. O-C 177,202.273.337.338.341. Gleicher Außenstempel auf einem „Zwillingsstück“ in Neuss vgl. ETTLINGER, Novaesium Taf. 56,2 – mit der Zuweisung an Pisa.

Stempel-Nr. 15 (**HaNr. 42**)
Außenstempel: XANTHI. Qualität I?.
Unpubliziert. Fund-Nr. Ha 53 A Gr 26.
Die Buchstaben sind erhöht, oben und unten werden sie von je einer tordierten Leiste begleitet. Seitlich finden sich dreieckige Ansätze. Der Stempel ist also in der Form einer *tabula ansata* wiedergegeben. NTH in Ligatur.
Vgl. O.-C. 177,10.25.(49).79.157.(230).312. Die von OXÉ vertretene Datierung dieser Stempelform von 16-21 n. Chr. kann nach der Festlegung des Enddatums des Hauptlagers von Haltern nicht aufrecht erhalten werden. Sicherlich richtig ist aber der zeitliche Ansatz dieser Stempelform kurz vor 9 n. Chr. Bereits in frühtiberische Zeit gehört der Kelch in Vindonissa mit gleichem Außenstempel. Der Innenstempel XANTHI *in planta pedis* verweist aber – wie auch der Steilrand – auf einen zeitlich späteren Ansatz.[104] Das wohl jüngste Beispiel befindet sich auf einem Kelch, der allerdings den Innenstempel des L. Rasinius Pisanus trägt und in die zweite Hälfte des 1. Jhs. n. Chr. zu datieren ist. Hier wurde sicher eine Modelschüssel des Xanthus noch einmal wiederverwendet.[105]

104 E. ETTLINGER/R. FELLMANN, Germania 33, 1955, 373. Der Kelch wird um 20 n. Chr. datiert.

105 G. PUCCI, La ceramica aretina: „Imagerie“ e Correnti artistiche. In: L'École Française de Rome. A la fin de la Republique et au

CN. ATEI ZOELI

Stempel-Nr. 16 (**HaNr. 52**)
Zweizeiliger Innenstempel: CN·ATEI/ZOELI. Qualität II.
Publiziert: LOESCHCKE, Haltern (1909) 160 Nr. 114; HÄHNLE, Haltern (1912) 84 Nr. 114; O.-C. 180,30.
Zweizeiliger Stempel im Rahmen. Eine Leiste trennt die obere und untere Zeile. Der Stempel ist sehr fein geschnitten. Auffällig ist, daß das E durch eine Haste und drei Punkte, die die Haste nicht berühren, angegeben wird.

Die Stempelform ist auch von glatten Sigillaten bekannt: VON SCHNURBEIN, Sigillata 223 Nr. 423-424; Asciburgium 173 Taf. 56,66. Zoelus oder Zoilus – beide Schreibweisen können vorkommen – hat in Pisa für Cn. Ateius gearbeitet. Vgl. TAPONECCO MARCHINI, Pisa 8, Taf. 2,2 – Pisa; EAA I (1958) 757 s.v. Ateius (STENICO); Asciburgium 173 zu Stempel-Nr. 67: *Daß den Schreibweisen ZOELVS und ZOILVS möglicherweise eine zeitliche Differenzierung zugrunde liegt, ist keineswegs sicher; die Zeitspanne für den möglichen Wechsel ist auf jeden Fall minimal.*

CRESTI EUHODI

Stempel-Nr. 17 (**HaNr. 68**)
Zweizeiliger Innenstempel: CRESTI/HEVOD(I). Verschollen.
Publiziert: OXÉ, Haltern (1943) 21 Nr. 377; O.-C. 182 h[1].
Zweizeiliger Stempel ohne Rahmen. Zwischen den Zeilen liegt ein Zweig, der noch an den rudimentären Ästchen erkennbar ist. Die linke obere Ecke ist nicht ganz eingestempelt worden, das C ist daher nur im unteren Teil erhalten. Bis auf die zu klein geratenen Buchstaben T und I, sind alle Buchstaben sauber geschnitten. Bei Euhodus sind die Buchstaben H und E vertauscht. Möglicherweise ist auch das I vorhanden.

Der gleiche Stempel liegt in feinerer Ausformung aus Moers-Asberg vor: Asciburgium 173 Taf. 56,68. Crestus und Euhodus haben nach ihrer Vorstellung in Gallien gearbeitet. TILHARD, Saintes Abb. 21,42. PRACHNER, Sklaven 29.212 mit Anm. 116 – Tasse Haltern 7 u. Platte Haltern 1 mit chemischer Zuweisung an Pisa (Partnerstempel).

Stempel-Nr. 18 (**HaNr. 65**)
Zweizeiliger Innenstempel: CREST/E[VHO]D. Qualität II.
Publiziert: HÄHNLE, Haltern (1912) 43 Nr. 295; O.-C. 182 h[2].
Die Buchstaben der oberen Zeile sind recht sauber geschnitten, allerdings gehen die oberen Enden teilweise in den Rahmen über. Weitgehend verloren ist die untere Zeile. Hier hat sich nur das D vollständig erhalten. Das E ist lediglich noch zu erahnen. Der Stempel schließt sich in der Ausführung nahtlos an die Stempel-Nr. 19-24 an.

Stempel-Nr. 19 (**HaNr. 67**)
Zweizeiliger Innenstempel: EVHOD(I)/CRESTI. Verschollen.
Publiziert: LOESCHCKE, Haltern (1909) 160 Nr. 93; HÄHNLE, Haltern (1912) 86 Nr. 93; O.-C. 182i.
Zweizeiliger Stempel mit einer Leiste zwischen den Zeilen. Der obere Teil ist beschädigt. An den vorhandenen Buchstabenresten kann der Name des Euhodus klar identifiziert werden. Die untere Zeile ist deutlich zu erkennen.

CRESTI ATEI EUHODI

Stempel-Nr. 20 (**HaNr. 64**)
Zweizeiliger Innenstempel: CRES[TI] ATEI/EVHOD(I). Verschollen.
Publiziert: RITTERLING, Haltern (1901) 138 Nr. 38; LOESCHCKE, Haltern (1909) 160 Nr. 92; HÄHNLE, Haltern (1912) 86 Nr. 92; O.-C. 182 k[1].
Zweizeiliger Stempel mit Rahmen und einer Trennleiste zwischen den Zeilen. Die obere Zeile ist im mittleren Teil unkenntlich. Ateius erscheint ohne Praenomen. Buchstaben TEI in Ligatur. Das D in Euhodus ist unsauber geschnitten. Die obere Rundung fällt spitz aus (vgl. Stempel-Nr. 6).

Début du Principat (Rom 1981) 104 mit Abb. 1.

Stempel-Nr. 21 (**HaNr. 62**)
Zweizeiliger Innenstempel: CR[EST]I ATEI/EV[HO]DI.
Publiziert: HÄHNLE, Haltern (1912) 43 Nr. 291; O.-C. 182 k^2.
Die Ausführung ist der von Nr. 20 sehr ähnlich, aber nicht identisch: Die Buchstaben sind voller, das D ist rundlicher.

Stempel-Nr. 22 (**HaNr. 54**)
Zweizeiliger Innenstempel: CRESTI ATEI/EVHODI. Qualität II/IV.
Publiziert: HÄHNLE, Haltern (1912) 43 Nr. 292; O.-C. 182 k^3.
Wie Stempel-Nr. 21, aber leicht variiert. Die Mittelleiste ist nur zu erahnen.

Stempel-Nr. 23 (**HaNr. 56**)
Zweizeiliger Innenstempel: CRESTI ATEI/EVHODI. Qualität II (heller Belag).
Publiziert: HÄHNLE, Haltern (1912) 43 Nr. 293; O.-C. 182 k^4.
Wie Stempel-Nr. 21 und 22. In der unteren Zeile des sehr deutlich geschnittenen Stempels sind lediglich das E und das V leicht verletzt.

Stempel-Nr. 24 (**HaNr. 59**)
Zweizeiliger Innenstempel: CRESTI ATEI/EVHODI. Qualität II (brauner Belag).
Publiziert: HÄHNLE, Haltern (1912) 43 Nr. 294; O.-C. 182 k^5.
Wie Stempel-Nr. 21-23. Die einzelnen Buchstaben sind teilweise beschädigt. Wahrscheinlich ist dies auf die Abnutzung des Stempelstockes zurückzuführen.
Die Partnerstempel der Freigelassenen Crestus und Euhodus überwiegen deutlich auf der verzierten Sigillata in Haltern. In Neuss fehlen sie ganz. Ein Stempel ist aus Moers-Asberg bekannt: Asciburgium Taf. 59,13. – Zu den Partnerstempeln: PRACHNER, Sklaven 212 mit Anm. 116.

P. CORNELI

Stempel-Nr. 25 (**HaNr. 18**)
Außenstempel: P. COR(N)ELI. Verschollen.
Publiziert: DRAGENDORFF, Haltern (1903) 75 f. Abb. 6,1; 7,6; LOESCHCKE, Haltern (1909) 174 Nr. 128; OXÉ, Rhein Taf. 68,302; O.-C. 478,49.
Zu dem Stempel muß sicher der Name eines Sklaven ergänzt werden, der jetzt verloren ist. Vgl. Stempel-Nr. 26. Die Buchstaben erscheinen eingetieft in eine Tafel. Hinter dem Praenomen steht ein Punkt. RN sind ligiert.

Stempel-Nr. 26 (**HaNr. 23**)
Außenstempel: PRIMV(S). Qualität V.
Unpubliziert. Fund-Nr. Ha 64 A Gr 27.
Hier muß sicher der Stempel des P. Cornelius ergänzt werden, der sich mit auf dem Kelch befunden haben muß. Der Name des Primus ist in erhöhten Lettern wiedergegeben. Das S ist nicht eindeutig erkennbar.
Vgl. LOESCHCKE, Haltern (1909) 184 Taf. 29; O.-C. 532 (PRIMVS und P. CORNELI); 1003 (PRIMV/CMEM); 1099-1100.2065.2129.

Stempel des P. Cornelius auf Reliefkeramik sind im Nordwesten des Reiches relativ selten; diesbezüglich stellt Haltern mit zwei Exemplaren eine Besonderheit dar. Auf glatter Sigillata kommt in Neuss ein einziger Stempel des P. Cornelius vor: ETTLINGER, Novaesium 55 Nr. 296. Zwei Stempel stammen aus Mainz und aus Vindonissa: O.-C. 479. Aus Haltern sind zwei weitere Stempel des P. Cornelius von glatter Sigillata bekannt: VON SCHNURBEIN, Sigillata 226 Nr. 498 (P. Corneli); Nr. 499 (P. Corneli/Priscus).

ELEUTER

Stempel-Nr. 27 (**HaNr. 158**)
Zweizeiliger Innenstempel: ELEV/TER F. Verschollen.
Publiziert: OXÉ, Haltern (1943) 24 Nr. 388; O.-C. 621.
Der Stempel ist folgendermaßen aufzulösen: ELEVT(H)ER(VS) F(ECIT).
Parallelen sind unbekannt. Ein Töpfer gleichen Namens ist von zwei weiteren Gefäßen aus Rom und Todi bekannt; ob

es sich dabei um denselben Töpfer wie aus Haltern handelt, ist wenig wahrscheinlich. Vgl. O.-C. 1130a.b: Innenstempel ELEVTER L.NONI. Die Zugabe des F für FECIT scheint auf eine Fertigung des Gefäßes in Gallien zu verweisen, vielleicht sogar in Lyon. Auf glatten Sigillaten Lyoner Fertigung fanden sich Stempel eines XANTVS F. Vgl. A. u. J. LASFARGUES/H. VERTET, Figlina 1, 1976, 43.83 Nr. XXXIX,2; VON SCHNURBEIN, Sigillata 223 Nr. 417-422. Es scheint daher angebracht, für den Halterner Stempel das gleiche Herkunftsgebiet anzunehmen, solange bis Neufunde die Situation erhellen.

M. PERENNIUS TIGRANUS

Stempel-Nr. 28 (**HaNr. 6**)
Außenstempel: M.PERENNI. Qualität II?.
Unpubliziert. Fund-Nr. Ha 84.638/a3.
Auf einer rechteckigen Tafel finden sich die erhöhten Buchstaben M·PERENNI in starker Ligatur. P und E sind ebenso wie ENN zusammengezogen. Der Stempel ist durch zahlreiche Parallelen bekannt. Ergänzt werden muß als separater Stempel TIGRANI.
Vgl. O.-C. 1248,1 ff. Verbunden mit dem Herakles-Omphale-Zyklus sind bes. O.-C. 1248, 10.12a-b.15.17.

6. Dekor

Hinsichtlich einer stilistischen und motivischen Untersuchung des Dekors der Oberadener und Halterner Arretina gebührt den in den Produktionsorten gefundenen Modelschüsseln und Punzen besondere Aufmerksamkeit.[106] Abgesehen davon, daß diese selbst als Handelsobjekte in Betracht kamen und dadurch nicht mehr am ursprünglichen Herstellungsort und gelegentlich sogar in anderem zeitlichen Kontext gefunden werden können,[107] bilden sie zusammen mit den von den Töpfern gestempelten Gefäßen den Ausgangspunkt der Töpferbestimmung.

Im einfachsten, allerdings sehr seltenen Fall läßt sich ein reliefgeschmücktes Gefäß mit einer bestimmten Modelschüssel zur Deckung bringen. Der Normalfall ist allerdings eher die Untersuchung einzelner Motive auf Gefäßen und Formschüsseln. Stilistische Eigenheiten, wie z.B. freihändig in die Modelschüssel eingeschriebene Zugaben oder bestimmte Dekorationsschemata, können für eine Töpferbestimmung ebenfalls herangezogen werden, doch ist ihre Aussagekraft begrenzt.[108] Eierstäbe bieten dagegen in vielen Fällen sichere Zuweisungsmöglichkeiten.[109]

Eine Voraussetzung für diese Arbeitweise ist die genaue Kenntnis der Vergleichsstücke. Der Idealfall, die Autopsie, ist durch die weiträumige Fundverteilung und Aufbewahrung in den unterschiedlichsten Sammlungen kaum möglich. Recht große Fundserien, besonders von Produkten aus dem Umkreis des Cn. Ateius in Haltern, eröffnen hier allerdings gute Vergleichsmöglichkeiten innerhalb eines geschlossenen Fundkomplexes. Das Gros der Vergleichsstücke ist vor allem über die unterschiedlichsten Veröffentlichungen zu erreichen. Es sind dies entweder Bearbeitungen zu bestimmten Fundorten oder Kataloge von Sammlungen. Nur wenige Publikationen weisen die Punzenabbildungen im Maßstab 1:1 auf.[110] Auch Zeichnungen im Maß-

106 Zum Punzenkatalog s.u. Kap. IX 6.

107 Zu Modelschüsseln aus Arezzo in Lyon: M. PICON, Revue Arch. Est et Centre-Est 25, 1974, 61-69. Kelch des Xanthus mit dem Innenstempel L. R.PIS.: ebd. 104 Abb. 1.

108 Allgemein OXÉ, Rhein 20-23. Die Handschrift des Formers. Die Scheidung von anonymen Meistern innerhalb der Betriebe der Perennier, die von OXÉ und D.-W. unternommen wurden, sind nicht unwidersprochen geblieben. OXÉ, Rhein 22.31.42 „Meister mit den Zahnlücken"; D.-W. 38 ff. „Tigranus-Meister A-E" (der „Tigranus-Meister A" entspricht dem „Meister mit den Zahnlücken" nach OXÉ); ebd. 41 ff. „Bargathes-Meister A-B" (Bargathes-Meister A = Palmettenstil nach OXÉ, Rhein 35). Ablehnend äußerten sich STENICO, Pisani-Dossi 414 mit Anm. 10; ders., Liste 15 ff.; PORTEN PALANGE, Antiquarium 9 f. mit Anm. 22; dies., Num. Ant. Class. 11, 1982, 193 ff. Demgegenüber hielt A.S. FAVA, Bull. Comm. 80, 1965-67, 73 eine Ablehnung der anonymen Meister nicht für nötig.

109 HÄHNLE, Reliefkeramik 77 Abb.; wiederaufgenommen bei: D.-W. 18 Abb. 1; OXÉ, Rhein 9 mahnt allerdings zur Vorsicht.

110 Wie z.B. G. BEHRENS, Mainzer Zeitschr. 12/13, 1917/18, 37 Abb. 23; STENICO, Rasinius 53-86; K. ROTH-RUBI, H. Arch. Seminars

stab 1:2 für Gefäßprofile und Dekor gehören nicht zum Standard. Üblich sind photographische Abbildungen unterschiedlichsten Maßstabes. Dies sind keine guten Bedingungen für stilistische und motivische Vergleichsuntersuchungen. Wünschenswert wäre die Erstellung eines Figuren- und Ornament-Indexes, wie er z.B. für die Töpfereien in Rheinzabern oder Trier existiert.[111] Eine vielleicht an der Genauigkeit numismatischer Beschreibungen ausgerichtete Vermessung der Punzen ist kaum möglich. Allein material- und herstellungsbedingt stellt sich ein und dieselbe Patrize durchaus unterschiedlich dar.[112]

Grundlegende Arbeiten zur arretinischen Reliefkeramik, wie die von HÄHNLE, OXÉ, DRAGENDORFF, WATZINGER und STENICO, haben die Basis für die vorliegende Bearbeitung geschaffen.[113] Den übergreifenden Untersuchungen zu den Motiven und Typen wichtiger Töpfer aus Arezzo, wie sie DRAGENDORFF und WATZINGER vornahmen, standen in der Folgezeit mehr Arbeiten zu einzelnen Töpfern gegenüber.[114] Letztere Vorgehensweise erscheint angesichts der Verbindung der Töpfer untereinander vorteilhafter zu sein.

Im Hinblick auf die Funde aus Haltern ist das Fehlen einer Publikation der Töpfereifunde des Cn. Ateius aus Arezzo und Pisa bedauerlich, auch wenn über Umwege Zuweisungen an die eine oder andere Offizin möglich sind.[115] Von besonderer Bedeutung ist die Bestimmung des Töpfers und des Herstellungsortes eines kleinen Bechers aus Oberaden (**OaNr. 26**). Er gehört eindeutig in den Umkreis der „gruppo protobargateo",[116] zu der maßgeblich Produkte der Töpfereien des M. Perennius Bargathes, des Cn. Ateius und des P. Cornelius zu rechnen sind. ETTLINGER hat die Vermutung geäußert, daß es sich bereits um ein Pisaner Produkt des Cn. Ateius handeln könne.[117] Zu den Schwierigkeiten und Grenzen der Bestimmungsmöglichkeiten wird im folgenden noch detailliert Stellung genommen.[118]

Der Hinweis von ETTLINGER, sich bei der Töpferbenennung tunlichst zurückhaltend zu äußern,[119] wurde weitgehend berücksichtigt, doch schien es manchmal angebracht zu sein, Vermutungen von hohem Wahrscheinlichkeitsgrad zum Ausdruck zu bringen. Die Besprechung der Einzelstücke und die sich anschließende

Bern 4, 1978, 14-20.

111 H. RICKEN/C. FISCHER, Die Bilderschüsseln der römischen Töpfer von Rheinzabern. Mat. zur Röm.-Germ. Keramik 7 (Bonn 1963); I. HULD-ZETSCHE, Trierer Reliefsigillaten. Werkstatt 1. Mat. zur Röm.-Germ. Keramik 9 (Bonn 1972). F.P. PORTEN PALANGE arbeitet zur Zeit an einem solchen Index, vgl. Kurzberichte im Jahrb. RGZM 33,2, 1986, 838-840; dies. Jahrb. RGZM 34,2, 1987, 768 f. – Als erstes Ergebnis ihrer Bemühungen konnte PORTEN PALANGE nachweisen, daß ein großer Teil der Formschüsseln aus den Grabungen zu Ende des letzten Jahrhunderts in Arezzo vom Ausgräber selbst gefälscht worden sind: RCRF Acta 31/32, 1992, 169 ff. Zu den Fälschungen speziell: dies., Arch. Korrbl. 19, 1989, 91-99. Betroffen sind u.a. zum Teil die Modelschüsseln und Punzen der Museen in Oxford, New York, Boston und München. Da die meisten Sammlungen in der ersten Hälfte des 20. Jahrhunderts publiziert und wegen ihrer eindeutigen Bestimmungsmöglichkeiten (Modelschüsseln mit Töpferstempeln!) sofort rezipiert wurden, muß bei Töpferzuweisungen sehr vorsichtig vorgegangen werden. Besonders stark wirken sich diese Erkenntnisse auf die Produkte der Perennier aus. – Auch die Berliner Punze mit einer Symposiumsszene ist gefälscht. D. HEILMEYER, Arch. Anz. 1989,2, 261-270.

112 Vgl. B. HOFFMANN, RCRF Acta 17-18, 1977, 144. Tonschrumpfungen während der Trocknung und des Brandes und die Art und Weise der Einstempelung können zu verschiedenen Maßverhälnissen führen; dazu auch dies., Formgebung 61 ff. zur Frage der Werkstattfiliation über die Typologie von Punzen, bes. 66 f. mit Anm. 138a.

113 HÄHNLE, Reliefkeramik; OXÉ, Rhein; D.-W. 33 ff.; STENICO, Liste.

114 Gekoppelt an Oberaden und Haltern sind Studien zu Pantagathus C. Annius und Cn. Ateius, die von OXÉ schon früh durchgeführt wurden; OXÉ in: Oberaden I 64 ff. und ders., Haltern (1943) 34.62 ff. Seine Beschäftigung mit den Halterner Funden erbrachte besonders für die Ateius-Funde die Trennung in Produkte aus Arezzo und „provinziale" Produkte. – STENICO, Rasinius – zu Rasinius; H. KLUMBACH, Jahrb. RGZM 22, 1975, 47-61 – zu P. Cornelius; PORTEN PALANGE, Num. Ant. Class. 11, 1982, 193-213 – zu Vibienus; Bargathes (1984) – zu M. Perennius Bargathes; PORTEN PALANGE, Ateius 183-209 – zu Cn. Ateius/Arezzo.

115 Vergleichsstücke lassen sich über STNICO, Liste, POSTEN PALANGE, Ateius 183-209, TAPONECCO MARCHINI, Pisa 3-9 und P. ZAMARCHI GRASSI/D. BARTOLI, Museo Archeologico Nazionale G. Cilnio Mecenate di Arezzo (Florenz 1988) 27 f. heranziehen. – Der Katalog (s. Kap. IV. 10) zu den Produkten des Cn. Ateius, seiner Sklaven und Freigelassenen stellt den Versuch dar, eine Trennung nach herstellender Hand und Produktionsort zu erreichen. Er basiert zu großen Teilen auf den vorgenannten Arbeiten und den danach vorgenommenen Bestimmungen.

116 STENICO, List 16.

117 ETTLINGER, Novaesium 40.

118 s.u. S. 70 ff.

119 ETTLINGER, Novaesium 41.

Töpferbestimmung ist bewußt nach den Fundorten Oberaden und Haltern getrennt. Es ließ sich dabei in einigen Fällen nicht vermeiden, daß Töpfer doppelt aufgeführt werden.

7. Eierstäbe

Die erste grundlegende Zusammenstellung und Zuweisung verschiedener Eierstäbe an bestimmte Töpfer nahm HÄHNLE vor.[120] Er konnte insgesamt 29 Eierstabtypen auflisten, die er im Maßstab 1:1 veröffentlichte. Da er von gestempelten Gefäßen bzw. Modelschüsseln in Arezzo ausging, haben die Zuweisungen heute noch Bestand. Danach lassen sich Fragmente schon allein nach dem Eierstab einer bestimmten Offizin zuweisen.

Die nachfolgenden Arbeiten zu dem Thema hielten sich an das von HÄHNLE vorgegebene System. Eine große Übersicht bieten OSWALD und PRYCE, wobei jedoch durch den verkleinerten Abbildungsmaßstab viele Charakteristika verloren gehen.[121] OXÉ untersuchte insbesondere verschiedene Ausprägungen von Ateius-Eierstäben.[122] DRAGENDORFF und WATZINGER zeigten durch die erneute Abbildung der Typentafel nach HÄHNLE die Gültigkeit der Bestimmungen auf.[123] Weitere Übersichten bieten STENICO zu Rasinius und ein Ausstellungskatalog aus Arezzo zu M. Perennius Bargathes.[124]

Die Bestimmung der Eierstäbe auf der Arretina aus den Fundorten Oberaden und Haltern ist größtenteils unproblematisch. Schwierig ist die Zuweisung des Eierstabes des Bechers **OaNr. 26** bzw. der ähnlich zu beurteilenden Wandscherben **OaNr. 27** und **28** (Typ 7). Es handelt sich höchstwahrscheinlich um eine Variante des Eierstabes HÄHNLE, Reliefkeramik Nr. 12,[125] der eine genaue Trennung der Produkte des Cn. Ateius von denen des M. Perennius Bargathes (häufig im Stil der „gruppo protobargateo“ verziert) bisher nur anhand von Töpferstempeln oder anderen sicher zuweisbaren Punzen zuläßt. Es scheint neben der „klassischen“ Ausführung eben auch eine Anzahl von Varianten zu geben, die schon OXÉ beschrieb.[126] Neben Zwischenstäbchen mit häkelnadelförmigem Ende nennt er auch solche mit längsgeschlitztem Stäbchen. Sehr schwierig zu differenzieren sind auch die an sich klar als Ateius-Produkte erkennbaren Eierstäbe. Einerseits fehlen noch wichtige Publikationen, andererseits zeigen die Eierstäbe der bekannten Gefäße oft nur minimale Unterschiede. Die unterschiedliche Ausprägung des Eierstabes auf ein und demselben Gefäß ist offensichtlich herstellungsbedingt.

Es fällt nun auf, daß nicht nur in Haltern die meisten „Ateius-Eierstäbe“ einem bestimmten Grundschema folgen, das leicht variiert wird.[127] Auch z.B. Xanthus scheint oft einen besonders fein geschnittenen Eierstab verwendet zu haben (Typ 8B), der sich mit Produkten aus Pisa verbinden läßt, wie entsprechende Vergleiche ergeben haben.

Die im folgenden gemachten Beobachtungen zu Eierstäben der Ateius-Offizinen stellen einen Versuch ihrer Differenzierung dar. Sie entstanden an dem Material aus Haltern und wurden dann nach Möglichkeit auf die Fundstücke anderer Fundorte übertragen.[128]

120 HÄHNLE, Reliefkeramik 77 Abb..

121 F. OSWALD/T.D. PRYCE, An Introduction to the Study of Terra Sigillata (London 1920 ND 1965) Taf. 30.

122 OXÉ, Rhein 34. – Eine kleine Anzahl von Eierstäben verschiedener Töpfer ist auf Taf. 71 reproduziert.

123 D.-W. 18 f. Abb. 1.

124 STENICO, Rasinius 53 Nr. 1-8; Bargathes (1984) Taf. 2,1-6.

125 Vgl. OXÉ, Rhein 34. E. Ettlinger in: Gestalt und Geschichte [Festschrift K. Schefold] Antike Kunst Beih. 4 (Bern 1967) 115 mit Anm. 5; Bargathes (1984) 15 Taf. 2,1.

126 OXÉ, Rhein 34.

127 Eine Unterteilung der Ateius-Eierstäbe hatte bereits HÄHNLE, Haltern (1912) 96 f. vorgenommen. Er unterschied drei Typen a-c, denen er einige Beispiele zuordnete: a. breiter Eierstab mit dünner Zunge darunter eine Strichelreihe. **HaNr. 54** und OXÉ, Rhein Taf. 38,139a; b. breiter Eierstab mit dünner Zunge, darunter ein dicker Perlstab. **HaNr. 56, 59** und **65**; c. breiter Eierstab mit dünner Zunge. **HaNr. 62** und ebd. Taf. 17,73. Die Differenzierung erfolgte auch wegen der begleitenden Strichelreihen und Perlstäbe. Diese Unterteilung konnte allerdings nicht nachvollzogen werden. Alle Stücke wurden hier dem Typ 8B zugeschrieben.

128 s.u. S. 195 ff.

Rasinius

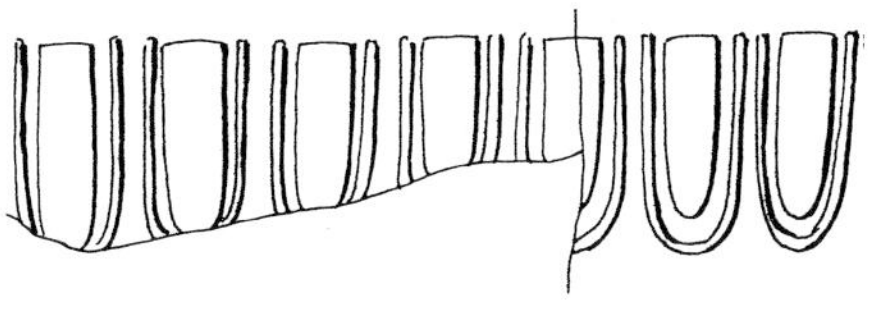

Typ 1
Langgezogener, schmaler Eierstab mit einem Kern und einem umlaufenden Stäbchen. Ein Zwischenstäbchen fehlt.
HaNr. 4
Vgl. STENICO, Rasinius 53 Nr. 7 = HÄHNLE, Reliefkeramik Nr. 17a.

Typ 2
Kleiner Eierstab, bestehend aus einem flachen Kern, einem umlaufenden Stäbchen und einem langen, wohl rechts angelehnten Zwischenstäbchen mit löffelartigem Ende.
OaNr. 22
Vgl. STENICO, Rasinius 53 Nr. 3 = HÄHNLE, Reliefkeramik Nr. 20.

M. Perennius Tigranus

Typ 3
Feingeschnittener Eierstab, bestehend aus einem leicht gewölbten Kern und einem umlaufenden Stäbchen. Das Zwischenstäbchen ist rechts angelegt.
HaNr. 7
Vgl. HÄHNLE, Reliefkeramik Nr. 9.

Typ 4
Breit angelegter Eierstab mit einem leicht gewölbten Kern und einem umlaufenden Stäbchen. Ein Zwischenstäbchen fehlt. Die einzelnen Ovuli sind immer auf Distanz gesetzt.
HaNr. 6 und **8**
Vgl. HÄHNLE, Reliefkeramik Nr. 1.

Eierstab der Form HÄHNLE Nr. 12

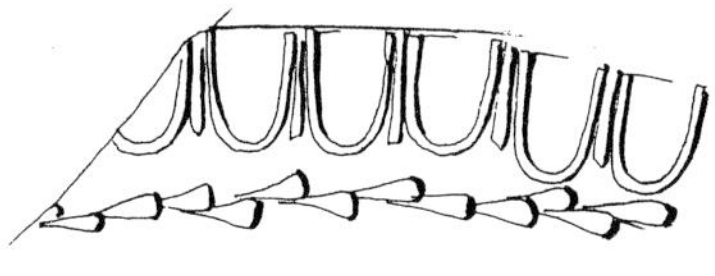

Typ 5
Länglicher Eierstab mit flachem Kern und einem umlaufenden Stäbchen. Das rechts angelegte Zwischenstäbchen besitzt ein nach rechts offenes, hakenförmiges Ende. Er entspricht HÄHNLE, Reliefkeramik Nr. 12 bzw. Bargathes (1984) Taf. 2,1. Probleme mit der Zuweisung hatte schon OXÉ.[129] ETTLINGER[130] konnte ebenfalls keine genaue Zuweisung durchführen. Der Eierstab wurde von Cn. Ateius und Bargathes in Arezzo benutzt.[131] Problematisch ist eine Zuweisung von Stücken aus dem Umkreis der „gruppo protobargateo“. Wie es scheint, setzte der bei DRAGENDORFF/WATZINGER[132] „Bargathes Meister A“ genannte Töpfer diesen Eierstab in Arezzo in der Perennius Offizin (neben

129 OXÉ, Rhein 34.
130 E. ETTLINGER in: Gestalt und Geschichte [Festschrift K. Schefold] Antike Kunst Beih. 4 (Bern 1967) 115 f. mit Anm. 5; 118 f. datiert Gefäße mit diesem Eierstab zwischen 5 v.-10 n. Chr. Vgl. dazu K. ROTH-RUBI, H. Arch. Seminars Bern 4, 1978, 18.20.
131 Bargathes (1984) 15.
132 D.-W. 44 ff.

S. Maria in Gradi) zu Beginn der Bargathes-Phase ein. Die zur gleichen Zeit laufende Perennius-Offizin in Cincelli hat nur kurz bestanden. Mit der Auflösung dieses Betriebes verschwindet der Eierstab im Bargathesbetrieb, während er bei Cn. Ateius noch weiterhin Verwendung findet.[133] Die von PORTEN PALANGE angesprochenen Ateius-Stücke aus Arezzo weisen vielfach diesen Eierstab auf. Eine Variante scheint aber auch in Pisa vorzukommen.[134]

HaNr. 10, 12 und **25**

Die Zuweisung kann sich im Einzelfall nur an den zusätzlich vorhandenen Punzen orientieren. Möglich sind Zuweisungen an Cn. Ateius und M. Perennius Bargathes, also Produkte aus dem Umkreis der „gruppo protobargateo".[135]

Typ 6

Länglicher Eierstab mit einem flachen Kern, einem umlaufenden Stäbchen und einem rechts angelehnten Zwischenstäbchen mit einem nach links geöffneten, hakenförmigen Ende.

HaNr. 26

Vgl. Eierstab Typ 5.

Typ 7

Schmaler Eierstab aus einem Kern, einem umlaufenden Stäbchen und einem rechts angelehnten Zwischenstäbchen, das längsgeschlitzt ist.

OaNr. 26-28

Vgl. OXÉ, Rhein Taf. 22,110.112.

Cn. Ateius und „Filialen"

Die typischen, in Ateiusbetrieben verwendeten Eierstäbe folgen einem bestimmten Grundtyp, der mehr oder weniger stark variiert. Augenscheinlich lassen sich drei Haupttypen unterscheiden. Meist ist der Kern (mehr oder minder gewölbt) von einem Stäbchen begleitet. Von der Grundanlage her kann der Eierstab schmal U-förmig oder breiter V-förmig angelegt sein. Ein Zwischenstäbchen – zumeist links angelegt – lang, schmal und glatt oder zugespitzt, ist fast immer vorhanden. Dazu kommt eine häufig nachlässig ausgeführte Pressung der Punzen, die mithin eine sichere Trennung erschwert. Eine Zuweisung an bestimmte Töpfer oder an Herstellungsorte ist in einigen Fällen möglich. Cn. Ateius scheint in seiner Offizin in Arezzo hauptsächlich den Eierstab Typ 5 benutzt zu haben, während aus dem Betrieb in Pisa wohl hauptsächlich Eierstäbe wie die unter Typ 8 subsumierten Ausprägungen zu kommen scheinen. Allerdings ist auch in Pisa ein Eierstab in Gebrauch, der dem Typ 5 recht nahe steht.[136]

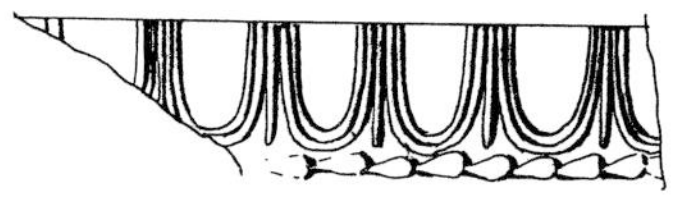

Typ 8A

Flacher Kern, zwei umlaufende Stäbchen und ein links angelegtes, schmal längliches Zwischenstäbchen, das stumpf endet. U-förmig.

HaNr. 32, 98, 103, 104

133 Bargathes (1984) 14 f.

134 TAPONECCO MARCHINI, Pisa Taf. 1,8.

135 STENICO, Liste 16.

136 TAPONECCO MARCHINI, Pisa Taf. 1,8.

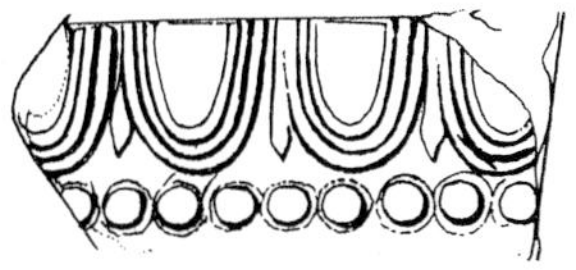

Typ 8B
Breit angelegter Eierstab (V-förmig) mit leicht gewölbtem Kern, zwei umlaufenden Stäbchen und einem langen, spitzen, links angelehnten Zwischenstäbchen.
HaNr. 31, 43, 47, 49 (Pisa), **51** (Pisa), **54**, **56**, **57** („Italien"), **59**, **60**, **62**, **65**, **66**, **70**, **71**, **72**, **73**, **75**, **76**, **78**, **79**, **90**, **94**, **97**, **101** und **105**
Vgl. OXÉ, Rhein Taf. 6,14; 10,34; 13,56; 14,61; 19,86; 36,137; 38,139; ETTLINGER, Novaesium Taf. 60,24; TILHARD, Saintes Abb. 34,13 – ATEI (Pisa).

Nach den Parallelen und den chemischen Analysen scheint eine Zuweisung dieses Eierstabtyps an die Offizin in Pisa gerechtfertigt zu sein.

Die beiden folgenden Eierstäbe schließen sich dem Typ 8B in der Grundanlage an, wobei Typ 8B1 fast identisch ist und nur durch das gerade verlaufende Zwischenstäbchen und die Breite variiert. Typ 8B2 besitzt ebenso ein gerade verlaufendes Zwischenstäbchen, fällt aber durch die äußerst sauber gearbeitete Punze auf.

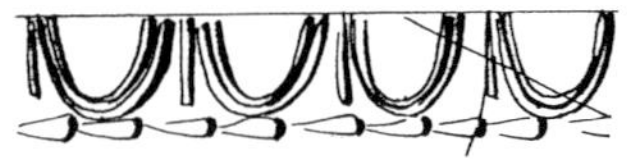

Typ 8B1
Relativ breit angelegter Eierstab mit Kern und einem umlaufenden Stäbchen. Mit langem, geradem, links anliegendem Zwischenstäbchen. Häufig bildet eine einfache Strichelreihe den unteren Abschluß.
HaNr. 27

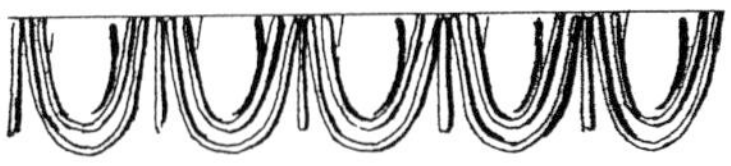

Typ 8B2
Sehr fein geschnittener Eierstab mit leicht gewölbtem Kern und zwei umlaufenden Stäbchen. Das Zwischenstäbchen ist links angelegt, schmal und schließt gerade ab.
HaNr. 38
Vgl. TAPONECCO MARCHINI, Pisa Taf. 2,8.9 mit dem gleichen Eierstab in Pisa. Es ist demnach sicher richtig, den Halterner Eierstab der Ateius-Offizin in Pisa zuzuweisen.

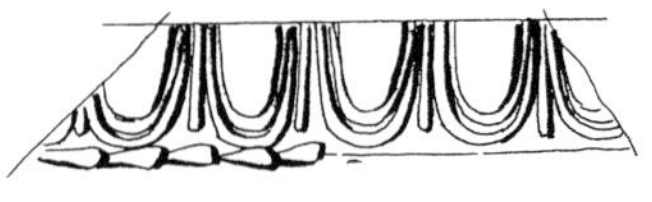

Typ 8C
Relativ schmaler Eierstab mit leicht gewölbtem Kern und zwei umlaufenden Stäbchen. Das Zwischenstäbchen ist links angelegt. Insgesamt wie Typ 8B, aber etwas kleiner.
HaNr. 29 und **96**

P. Cornelius

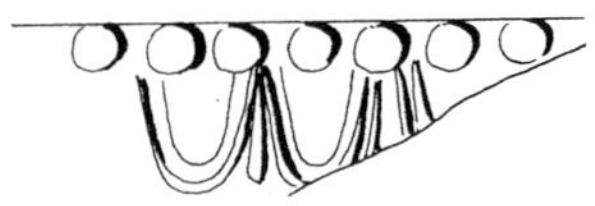

Typ 9
Über dem Eierstab verläuft unmittelbar eine Perlreihe, die aber nicht direkt zur Punze des Eierstabes gehört. Dieser läuft leicht V-förmig zu. Er besitzt einen sehr flachen Kern und zwei umlaufende Stäbchen. Das Zwischenstäbchen ist rechts angelegt. Das untere Ende läuft schräg zu.
HaNr. 21
Vgl. HÄHNLE, Reliefkeramik Nr. 29.

Typ 10
Über dem Eierstab verläuft eine Perlreihe. Der eigentliche Eierstab hat einen hochgewölbten Kern und zwei umlaufende Stäbchen. Das unten abgeschrägte Zwischenstäbchen liegt rechts an.

HaNr. 17, 19 und **20**; **AnNr. 3**
Vgl. HÄHNLE, Reliefkeramik Nr. 28.

Singuläre Eierstäbe

Typ 11
Breiter Eierstab mit einem flachen Kern, zwei umlaufenden, relativ breiten Stäbchen und einem rechts anliegenden Zwischenstäbchen, das unregelmäßig breit erscheint.
HaNr. 128

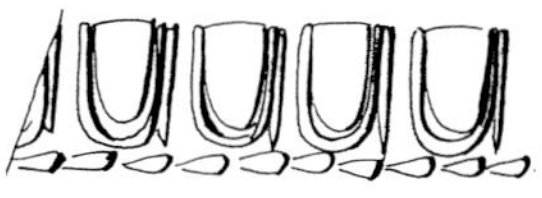

Typ 12
Länglicher Eierstab mit einem leicht gewölbten Kern und einem umlaufenden Stäbchen. Das lange, schmale Zwischenstäbchen ist rechts angelegt und oben durch einen ‚Steg' mit dem umlaufenden Stäbchen verbunden. Die einzelnen Ovuli sind auf Distanz gesetzt.
HaNr. 74

Vgl. M. LABROUSSE in: Mélanges d'Archéologie et d'Histoire offerts à A. Piganiol 1 (Paris 1966) 540 Abb. 6 – ähnlicher Eierstab, jedoch ohne sichere Zuweisung; A.W. MEES, Verzierte Terra Sigillata aus den Ausgrabungen bei Vechten in den Jahren 1920-1927. Oudheidkde. Mededel. 70, 1990, 120. 152 mit Abb. 1,1 – ohne Zuweisung. Es besteht eine gewisse Nähe zu HÄHNLE, Reliefkeramik Nr. 9. Allerdings ist Nr. 9 etwas kleiner. Ob der Eierstab den Offizinen des Ateius zuzuordnen ist, bleibt ungewiß.

Typ 13
Leicht gewölbter Kern mit zwei umlaufenden Stäbchen und einem links angelegten Zwischenstäbchen, das der Länge nach gespalten ist. Eine Zuweisung ist nicht möglich.
HaNr. 126

Typ 14
U-förmiger Eierstab mit leicht erhöhtem Kern und einem umlaufenden Stäbchen. Das in einer charakteristischen Spitze endende Zwischenstäbchen liegt links an. Es verjüngt sich nach oben hin. Die einzelnen Ovuli sind auf Distanz gesetzt.
HaNr. 107

II. Rand- und Gefäßformen

1. Übersicht

Schon ein kurzer Vergleich des vorhandenen Materials aus Oberaden und Haltern mit bestehenden Typologiesystemen zeigt, daß bislang kaum eine vollständige, erschöpfende Übersicht besonders über die Rand- und Lippenformen der verzierten Arretina erreicht worden ist.[137]

DRAGENDORFF unterschied bereits 1895[138] insgesamt 55 verschiedene Sigillatatypen, wobei für die dekorierte Arretina die Typen Drag. 9-14 relevant sind. Der Typ Drag. 11, die Kelchform, wurde von LOESCHCKE dann anhand der zu seiner Zeit gefundenen Halterner Kelche in die Typen Haltern 18 und 19 unterteilt.[139] Verzierte Becher, die in Haltern damals nur durch wenige, winzige Wandscherben belegt waren, wies LOESCHCKE dem Typ Haltern 20 zu.[140] HÄHNLE konnte dann die in Haltern vorkommenden Kelchformen über Neufunde in vier weitere Typen (A-D)[141] differenzieren. Die von LOESCHCKE aufgestellte Einteilung der Sigillata in vier Service bildete den Ausgangspunkt für HÄHNLE.[142] Er unterschied die verzierten Sigillaten in fünf verschiedene Gefäßformen, von denen die Kelche den größten Raum beanspruchten.[143] Kriegsbedingt blieben die von HÄHNLE in seiner Dissertation vorgenommenen Erweiterungen ohne Abbildungen und verloren damit stark an Aussagekraft.[144] OXÉ und DRAGENDORFF/WATZINGER nahmen seine Unterteilungen später auf, um sie zu modifizieren.[145]

Einen weiteren wichtigen Schritt der Bearbeitung frühkaiserzeitlicher Reliefkeramik stellt die von OXÉ vorgenommene Darstellung der Arretina-Funde aus dem Rheingebiet dar. Er versuchte die Gesamtheit der Funde zu erfassen, um sie untereinander vergleichen zu können. OXÉ[146] unterschied fünf verschiedene Gefäßformen:[147]

137 So auch KENRICK in: Conspectus 165.

138 DRAGENDORFF, Terra Sigillata Taf. 1-3.

139 LOESCHCKE, Haltern (1909) 156-161 mit Abb. 6. Den Typ 18 rechnete er zum Service I zusammen mit den Typen Haltern 1 und 7, den Typ Haltern 19 zum Service II zusammen mit den Typen Haltern 2, 8 und 9. Den Servicen III und IV konnte er keine Kelchformen zuordnen. Die Einteilung in die Serviceformen I und II kann als „künstliches" Ordnungssystem wohl beibehalten werden. Vgl. VON SCHNURBEIN, Sigillata 24.

140 LOESCHCKE, Haltern (1909) 161-163.

141 HÄHNLE, Haltern (1912) 67 ff. Taf. 11: Die Typen A und B unterteilte er in A1 und A2 bzw. Ba und Bb. Die Form C mit einer gerundeten Lippe wurde mit LOESCHCKEs Service III in Verbindung gebracht.

142 LOESCHCKE, Haltern (1909) 136-138.

143 HÄHNLE, Reliefkeramik 21-26: I. Kelchgefäße mit überhängender, gerundeter Lippe und jeweils hohem Stengelfuß oder breitem, gegliedertem Fuß. Kelchgefäße mit Steilrand und einer karniesartig geschwungenen oder konisch verlaufenden Wand mit scharfem Bodenumbruch, jeweils auf niedrigem, gedrungenem Fuß. Kelchgefäße mit Steilrand auf niedrigem Fuß. Die Kelchgefäße mit gerundeter Lippe erwähnt er noch einmal zusätzlich, da sie sich entsprechend seines Typs C aus Haltern zu Typ D weiterentwickeln. II. Becher mit Doppelhenkel und Hängelippe oder gerundeter Lippe. Hierunter erscheinen die Doppelhenkelbecher auf niedrigen Stengelfuß und die Doppelhenkelbecher auf niedrigem Standring. Becher und Humpen ohne Henkel, wie z.B. ACO-Becher, und „Kumpen", die an Drag. 29 erinnern. III. Tassen. IV. Henkelkrüge. V. Verschiedene Gefäßformen, wie z.B. Tintenfässer und Lampen.

144 Ebd.

145 OXÉ, Rhein 24-28; D.-W. 20-29. – Im folgenden werden Gefäßformen der Einfachheit halber nach **D.-W.** und der jeweiligen Formbezeichnung in römischen Ziffern wiedergegeben. Hinzugefügt sind auch die jeweiligen Formenbezeichnungen nach Conspectus, 166-185, abgekürzt **Consp. R** und Ordnungsnummer.

146 OXÉ, Rhein 24-28.

147 Seine Unterteilung folgt z.T. der verspätet in Druck gegangenen Publikation der Halterner Reliefgefäße – OXÉ, Haltern (1943) 34-36. Diese Typologie ist stärker an den in Haltern vorkommenden Gefäßen orientiert: *1. Becher. 2. Kelche mit ungeteilter Wandung und Stengelfuß. 3. Zweizonige Kelche mit geknickter Wandung und Stengelfuß. 4. Krater mit Standring. 5. Kelche mit ko-*

I. Becher, Schalen, Näpfe
II. Kelche mit Stengelfuß und ihre diversen Varianten
III. Kelche (Kratere) mit niedrigem Fußring
IV. Schüsseln
V. Urnen

Den Randformen schenkte OXÉ besondere Aufmerksamkeit, wohl wissend, daß diese größeren modischen Schwankungen unterlagen als das jeweilig ausgeformte Gefäß. Prinzipiell erkannte er, ebenso wie LOESCHCKE[148] und HÄHNLE,[149] die Parallelität der Randformen der unverzierten und der verzierten Terra Sigillata an. Er zog daraus hauptsächlich Schlüsse auf eine chronologische Abfolge, wobei er eine ähnliche Randausbildung bei der Reliefkeramik zeitlich mit der der glatten Terra Sigillata gleich setzte. Vier Hauptrandformen konnte er herausarbeiten:

1. Glatter Steilrand der Becher
2. Ausladender Rand mit Hängelippe der Kelche
3. Ausladender Rand mit Steillippe der Kelche
4. Profilierter Steilrand der Kelche

Die zeitliche Abfolge sah er folgendermaßen: Die älteste Randform ist die glatte oder fast glatte Lippe (Nähe zur Hängelippe). Eine Riefelung darf noch nicht vorhanden sein. Spätere Beispiele des ausladenden Randes mit steiler Lippe sind an einer stark profilierten und geriefelten Lippe kenntlich. Die letzten Vertreter des ausladenden Randes zeigen eine sich verstärkende Tendenz zur Abnahme und Verkürzung der Ausladung zugunsten einer immer größer werdenden Lippe. Es sind dies die Übergangsformen zum profilierten Steilrand, dessen Varianten recht zahlreich sind. Die Serviceform II stand dieser Randform Pate. Die Steilrandausprägungen wurden immer komplizierter: Man setzte sie *gleichsam aus mehreren Stockwerken von Hohlkehlen und geriefelten Leisten zusammen... Auf derartige Übertreibungen mußte bald der Rückschlag und die Ernüchterung folgen, wie nach dem Rausch der Katzenjammer: es kommt nun der hohe glatte, fast öde Steilrand mit nur geringer Profilierung am oberen und unteren Rand in Mode.*[150] OXÉ datiert diese letztere Randausbildung um 20 n. Chr., was sicherlich zu spät angesetzt ist. Sie beginnt, wie die Funde aus Haltern (z.B. **HaNr. 19**) zeigen, schon im ersten Jahrzehnt n. Chr. OXÉ ging seinerzeit von einem zu späten Schlußdatum (15/16 n. Chr.) für Haltern aus.[151]

Die wohl bisher differenzierteste Typologie wurde von DRAGENDORFF/WATZINGER entwickelt.[152] Die Schwierigkeiten von HÄHNLE und OXÉ, die z.T. in der geringen Anzahl der bekannten Gefäße lagen, waren DRAGENDORFF wohl bekannt,[153] er wollte keine Genauigkeit vortäuschen, *die nicht vorhanden ist.*[154] Die Übergänge zwischen den einzelnen Typen und Bezüge innerhalb der Typen sind zu groß. Auch hier wird zunächst in Gefäßformen[155] und dann in Randformen unterteilt. Eine feste chronologische Abfolge wird nicht

nischer Wandung. Auch hier wurden die Randprofile speziell betrachtet. Zwei Grundformen wurden erkannt: ausladender, geschwungener Rand und Steilrand.

148 LOESCHCKE, Haltern (1909) 157.

149 HÄHNLE, Reliefkeramik 21.

150 OXÉ, Rhein 28.

151 Ders., Haltern (1943) 68 ff.; s. dazu VON SCHNURBEIN, Haltern 77 ff.

152 D.-W. 20-31 Abb. 2.

153 Randprofile von Kelchen werden auch heute noch selten materialgerecht publiziert. Weiter fehlt noch die Publikation der Funde aus Arezzo und Pisa; s. PORTEN PALANGE, Antiquarium 8 mit Anm. 14: Das von D.-W. gegebene Gerüst ist sehr unvollständig. Dazu KENRICK, Berenice 195: *This Typology represented only a preliminary gesture towards classifying the forms of relief ware, and one that has not subsequently been followed up.*

154 D.-W. 20.

155 Für die Gefäßformen geht er von der durch die Formschüssel vorgegebenen Form aus: 1. Halbkugelige Form für Kelche und Kratere, Kumpen, Näpfe, Tassen (Typen I, IV, V, VI). 2. Eiförmige Form mit stark aufsteigender, nach unten stärker zusammengezogener Wandung für Skyphoi, Kantharoi, Kannen (Typen VII, VII, XIV). 3. Formen mit konkav ausladender Wandung für die verschiedenen Kelchformen (D.-W. Typen II, III) und Näpfe (Typ XII). 4. Formen mit senkrechter Wand für Skyphoi, Becher, Tassen (Typ IX). 5. Formen für Modioli (Typ X). 6. Formen für Becher der Gattung der ACO-Becher (Typ XIII). 7. Formen

vermittelt. Die Gefäße werden mit der Zeit *schwerer, gedrungener und gedrückter. Der Fuß der Kelche wird niedriger, der Rand höher, die Wandung läuft flacher aus und verliert ihre Straffheit und Elastizität.*[156] Die Typen V (Krater) und VI (Schale; Schüssel) sowie X (Modiolus) ordnen DRAGENDORFF/WATZINGER der mittleren Epoche der Arretina zu, die wohl den größten Formenreichtum bescherte. Die Kelchformen des Types III sind sehr junge Formen. Das Hauptaugenmerk ihrer Publikation galt jedoch den Rand- und Lippenformen. Die Einteilung folgt im wesentlichen den Halterner Serviceformen I-III.[157] Zur Serviceform I gehören demnach die Kelchtypen Ia-c.[158] Die Typen Ib und c – wobei die Kelche der Form Ic in der späten Ausprägung eine Riefelung besitzen – nehmen bereits eine zeitlich spätere Stellung in der Serviceform I ein, sie stehen auf der Schwelle zur Form II. Die Formen Id und IIIa-d (vgl. Tassen-Typ Haltern 8a.b) gehören schon zum Service II. Der Serviceform III rechnen DRAGENDORFF/WATZINGER die Formen Ih und Ii (vgl. die zeitliche späten Tassen-Typen Haltern 10a und 11) und X zu. Späte Randbildungen besitzen die Formen Ik und I*l* (vgl. den Tassen-Typ Haltern 12a). In Anlehnung an OXÉ werden diese Formen als „barocke" Formen bezeichnet,[159] ein Begriff, den OXÉ auf zumeist zweizonige Kelche und bestimmte Reliefpunzen ausweitete. Die Form Ig nach DRAGENDORFF/WATZINGER tritt erst spät auf (vgl. die Typen Haltern 12 und 15a.b). Aus der Form Ik entwickelt sich dann die Form II (vgl. Typ Haltern 11).

Wenn eine umfassende Typenübersicht zu den Randformen vom heutigen Standpunkt aus kaum möglich ist, so liegen doch zu einigen detaillierte Untersuchungen vor, die das Bild ergänzen können. Eine Feintypologie, die sich dann auch chronologisch in absoluten Zahlen ausdrücken ließe, ist jedoch nicht durchführbar,[160] denn die Variationsbreite der Formen ist sehr groß. Direkte Vergleiche mit Gefäßen selbst von nahe beieinandergelegenen Fundplätzen zeigen, daß jeder Fundort typische Formen aufweist. Dies kann zum einen in einer modischen Schwankung begründet liegen, zum anderen in den unterschiedlichen Töpfern und Herstellungsorten und damit Belieferern. Natürlich drückt sich hier auch eine relative Chronologie aus, die aber erst nach Vergleichen auf der Basis einer großen Materialvorlage möglich ist. Dadurch läßt sich feststellen, ob entweder eine lineare Abfolge der verschiedenen Randformen oder ein Nebeneinander existierte wie bei der unverzierten Terra Sigillata.[161]

Ist eine Zuordnung der Formen D.-W. Ia-c zum Service I mit den erkannten Untergliederungen a-c[162] und der Formen D.-W. Ie-g, I*l* und IIIa-c zum Service II prinzipiell möglich,[163] so sind doch ihre Zuweisungen an die

für Näpfe (Typ XI). 8. Deckelformen (Typ XV).

156 D.-W. 22.

157 Die schlichte Hängelippe entspricht Serviceform I, der gegliederte Steilrand der Serviceform II und die gerundeten Ränder der Serviceform III.

158 K. ROTH-RUBI, H. Arch. Seminars Bern 4, 1978, 14: *(...) das Lippenprofil des Typus 1a steht am Anfang der Entwicklungsreihen der Reliefkelche. Nach allgemeinem Konsens kann der Beginn um 30-25 v. Chr. angesetzt werden (Goudineau 337) mit einer Blütezeit im zweitletzten Jahrzehnt v. Chr. Die Entwicklungsstufen der Form 1 der Reliefkelche konnten aber noch nicht mit absoluten Daten in Übereinstimmung gebracht werden, da heute durch die Entdeckungen der arretinischen Filialbetriebe in Italien (Pisa) und Gallien (Lyon) die zeitliche lineare Formabfolge mehr denn je in Frage gestellt ist.* S. dazu auch GOUDINEAU, Bolsena 337 und C.M. WELLS, Figlina 2, 1976, 6.

159 A. OXÉ in: Schuhmacher Festschrift (Mainz 1930) 301-308.

160 PRACHNER, Sklaven 1 mit Anm. 7: *Die RS hat größere Bedeutung für kunstgeschichtliche Fragestellungen.* Ähnlich C.M. WELLS, The German Policy of Augustus (Oxford 1972) 257. Dagegen M. GECHTER, Bonner Jahrb. 179, 1979, 24: *Die Kelchform Drag. 11 ist die einzige, die größeren modischen Schwankungen unterworfen war und daher auch gut zu datieren ist.*

161 VON SCHNURBEIN, Sigillata 26: *(...) eine allgemein für die gesamte* [unverzierte] *Arretina gültige, feinste Typengliederung* [ist] ... *wegen der vielen Unterschiede und Eigenentwicklungen nicht nur der einzelnen Manufakturzentren, sondern auch einzelner Töpfereien* [nicht durchzuhalten]. Zum Vergleich zieht er GOUDINEAU, Bolsena 233-235 heran. Viele der in Bolsena gefundenen Typen erscheinen in Haltern und Oberaden nicht. Diese an der glatten Sigillata gemachten Aussagen scheinen im Kern auch auf die Reliefsigillata zuzutreffen.

162 E. VOGT, Der Lindenhof in Zürich (Zürich 1938) 151 f.; G. ULBERT, Der Lorenzberg bei Epfach. Die frührömische Militärstation. Münchener Beitr. Vor- und Frühgesch. 9 (München 1965) 10-14; SIMON, Rödgen 64 ff.

163 Die Einteilung nach LOESCHCKE, Haltern (1909) 136 ff. in Serviceformen ist nicht unproblematisch. Sie entsprechen nicht unbedingt einer in der Antike existenten Auffassung. LOESCHCKE hat sich in der Publikation der Oberadener Sigillaten bereits stillschweigend korrigiert: ders. in: Oberaden II 15 f. Vgl. VON SCHNURBEIN, Sigillata 1 mit Anm. 4. Eine zeitliche Abfolge, die durch die Numerierung leicht vorgespielt werden kann, darf nicht von vornherein angenommen werden, sondern muß von Gefäßform zu

Serviceform III nicht haltbar, denn dieses ist keine Weiterentwicklung von Service I, wie noch LOESCHCKE annahm.[164] Die Kelche mit einer gerundeten, geriefelten Lippe (Form D.-W. Ih, Ii) besitzen eine große Ähnlichkeit zur Tasse Haltern 10,[165] die von ETTLINGER etwa in die Jahre 10 v.-5 n. Chr. datiert wird.[166] Es gibt aber auch gute Entsprechungen zu dieser Kelchform in der Toreutik.[167] Die Zuweisung von Kelchrändern zum Service I bietet die Möglichkeit, diese feiner zu differenzieren. Da jedoch die Variationsbreite der Randprofile bei den verzierten Kelchen wesentlich größer ist als bei der unverzierten Terra-Sigillata, muß im Grunde genommen eine distanzierte Betrachtung vorgenommen werden.[168] So läßt allein der Entstehungsprozeß eines Kelches oder Kraters viele Möglichkeiten einer „individuellen" Randbildung offen. Vorgegeben ist nur die Gefäßform durch die Ausarbeitung der Modelschüssel. Der Rand wird erst erstellt, wenn sich der Rohling in der Modelschüssel befindet;[169] der Fuß wird nachträglich angesetzt. Auf Grund dieser unterschiedlichen Arbeitsschritte muß mit einer Arbeitsteilung während des Produktionsvorgangs gerechnet werden. Selbst „standardisierte" Rand- und Lippenformen können somit eine hohe Variationsbreite erreichen, die innerhalb einer verallgemeinernden Typentafel nur noch annähernd wiedergegeben werden kann.

Im folgenden werden die Gefäß- und Randformen der verzierten Arretina aus Oberaden und Haltern nach den Fundorten getrennt überprüft, indem sie den neuen Forschungsergebnissen und Funden gegenübergestellt werden. Der Einfachheit halber wurden die Gefäßformen der einzelnen Fundorte fortlaufend durchnumeriert.[170] Dies soll keine chronologische Abfolge implizieren, sondern dient lediglich der besseren Übersichtlichkeit. Einen schnellen Zugriff sichern die Formentafeln 1-6.[171]

Auf Grund der festen Datierung der beiden Fundplätze ermöglicht die Untersuchung einen guten Überblick über das Formenspektrum der beiden Horizonte. Es muß jedoch klar hervorgehoben werden, daß das gewon-

Gefäßform gesondert betrachtet werden. Paralleles Vorkommen der Service I und II und gegenseitiges Beeinflussen sind durchaus möglich; s. ETTLINGER, Jahrb. Schweiz Ges. Urgesch. 54, 1968/69, 69 ff.; M. SCHINDLER/S. SCHEFFENEGGER, Die glatte rote Terra Sigillata vom Magdalensberg. Die Formen. Kärntner Museumsschriften 62 (Klagenfurt 1977) 110 ff.; E. KADOUS, Die Terra Sigillata in Alexandria (Diss. Trier 1988) 13. – KENRICK, Berenice 195 kritisiert D.-W. 25 hier in Hinblick auf LOESCHCKE, Haltern (1909) 126, wonach sich die Randbildung von glatter und verzierter Arretina entsprechen würden: *However, it can be seen both from the examples illustrated here and from other publications that the rims of decorated vessels lend themselves to far more exotic and varied treatments than are found amongst the plain forms, and that such stylistic comparisons by themselves are unsufficient.*

164 LOESCHCKE, Haltern (1909) 118 f. u. bes. 137 f. hatte gefolgert, daß Service III (Typen Haltern 4, 10-13) eine Weiterentwicklung aus Service I sein müsse, wie Service IV (Typen Haltern 5 und 15) aus Service II entstanden sei. Diese Entwicklung wird mittlerweile allgemein abgelehnt. ULBERT, Augsburg 15; GOUDINEAU, Bolsena 266-271: Die Formen mit unprofilierter, gerundeter Lippe sind eigenständige Formen. Ebenso VON SCHNURBEIN, Sigillata 24: Die von LOESCHCKE zusammengestellten Typen passen nicht zusammen. ETTLINGER, Novaesium 31 nimmt eine Entstehung der Service I Formen aus der schwarzen italischen Keramik an, während das Service II in Anlehnung an toreutische Erzeugnisse entstanden sei. Die von Loeschcke postulierten Service III und IV existieren in ihrer Betrachtungsweise nicht.

165 Vgl. E. ETTLINGER, Germania 49, 1971, 268 in bezug auf GOUDINEAU, Bolsena 270: *Es wäre gut gewesen, wenn auch die Zugehörigkeit der Tasse Haltern 10 zu diesem eben gar nicht existenten dritten Service aufgegeben worden wäre.* Ebenso VON SCHNURBEIN, Sigillata 24.

166 ETTLINGER, Novaesium 39.

167 z.B. U. GEHRIG, Hildesheimer Silberschatz. Bilderhefte der Staatlichen Museen Preußischer Kulturbesitz 4 (Berlin 1980) Abb. 16.

168 Vgl. z.B. ETTLINGER, Novaesium Taf. 59: Kelchrandprofile von der Frühstufe des Service I über Ib/c, Ic, I/II zu Service II.

169 HOFFMANN, Formgebung 47: Der Rand wird aus dem eigentlichen Tonbatzen hochgezogen. *Einige Archäologen meinen, daß der Rand nach Herausnehmen der Formschüssel angearbeitet wurde; dies ist aber töpferisch nicht zu vertreten und vor allem nicht nötig.* Vgl. ebd. 47 mit Anm. 99. OXÉ, Rhein 7 beschrieb mindestens drei verschiedene Arbeiter und vier Herstellungsstufen: den Punzenschneider, den Former der Modelschüssel, den Gefäßtöpfer und vielleicht einen vierten Arbeiter, der die Kelchfüße angedreht haben könnte. PRACHNER, Sklaven 194: *Die RG-Erzeugung dagegen konnte mindestens 2 Arbeiter beschäftigen, den Hersteller der Formschüssel und den Gefäßtöpfer.*

170 Eine allgemein gültige Typologie ist nicht beabsichtigt, deshalb wurde neben den Formbezeichnungen auch an dem System von D.-W. festgehalten. Die Rückverweise auf Conspectus-Nummern dienen weiter zur Vereinheitlichung. – Die chronologische Ausgangsbasis und das weitgefächerte Typenspektrum der beiden Fundplätze schafft allerdings eine breite Übersicht. Besonders die Formen der pisanischen Produktion der Ateii werden weitergehend behandelt.

171 Die Formentafeln 1-6 beziehen sich deshalb nur auf „benachbarte" Fundplätze, wie Neuss und Moers-Asberg. Diese Übersichten verdeutlichen, daß neben direkten Übereinstimmungen auch viele Formvarianten vorliegen. Aus Neuss stammt das umfassendere, aus Haltern das differenziertere Formenspektrum. – In einem Fall wird ein Kelchrand aus Dangstetten zum Vergleich herangezogen.

nene Bild nicht ohne weiteres auf andere Fundorte übertragen werden kann. Allerdings geben die Fundorte Oberaden und Haltern einen Einblick in die Formenvielfalt der Töpfereien, die als Hauptlieferanten gelten. In Oberaden handelt es sich vor allem um Produkte des C. Annius und des Rasinius, in Haltern um solche des Cn. Ateius. Die typologischen Studien sollen daher auf diese Töpfer ausgerichtet werden.[172]

2. Oberaden

Übersicht

Während die Halterner Funde stärker in die Erforschung der Arretina miteinbezogen wurden, blieben die Oberadener Reliefsigillaten etwas im Hintergrund. Dies ist sicherlich durch die recht spärlichen Funde an verzierter Sigillata zu erklären. Selbst die prächtigen, rekonstruierten Becher **OaNr. 1**, **26** und die Schale **OaNr. 2** wurden weniger zu typologischen Studien herangezogen als die glatten Sigillaten.

Die erste grundlegende Behandlung der Gefäß- und Randformen erfuhr die verzierte Terra Sigillata aus Oberaden durch OXÉ.[173] Er unterschied grundsätzlich drei Gefäßformen. Leicht revidiert wurde diese Typenskala von LOESCHCKE; er unterschied danach insgesamt vier Hauptformen:[174]

OXÉ-Form	LOESCHCKE-Form	
13	13A.B	Becher
14	14	Schale
–	15	Krater
15	16	Kelch

LOESCHCKE erkannte unter den Becherformen zwei Varianten (13A.B), die OXÉ noch unter einem Typus zusammengefaßt hatte.[175] Form 13A baut sich aus einer abgeschnittenen Kegelform auf, wohingegen 13B einen abgeschnittenen Konus darstellt, wie ein relativ schmaler, glatter Wandstreifen unter einem wulstigen Mündungsreifen zeigt. Ein neugefundenes Randstück (**OaNr. 33**) belegt möglicherweise eine dritte Bechervariante.

Die Form 14, von OXÉ und LOESCHCKE als „reliefierte, halbkugelige Kumpen" bezeichnet[176] und heute vielleicht eher als Schalen oder in Anlehnung an ETTLINGER als weite Becher zu benennen,[177] kommt in Oberaden nur zweimal gesichert vor (**OaNr. 2** und **23**). Einige Wandscherben (**OaNr. 24, 25** und **32**)[178] wurden von OXÉ ebenfalls diesem Typus zugewiesen, was LOESCHCKE zwar kritisch bemerkte, aber am Original nicht mehr nachprüfen konnte.[179]

„Reliefierte, glockenförmige Kratere (LOESCHCKE-Form 15) auf ausladendem Fußring" sind in Oberaden bisher nur einmal belegt. LOESCHCKE rekonstruierte diese Form aus einer Rand- und einer Wandscherbe.[180]

Die Kelchform (OXÉ 15, LOESCHCKE 16) konnte OXÉ in Oberaden nicht nachweisen. Er nahm aber ihr Vorhandensein auf Grund von Funden unverzierter Kelche an.[181] LOESCHCKE konnte durch eine Randscherbe die Kelchform belegen, die er als „reliefierte, glockenförmige Kelche mit niedrigem Stengelfuß" bezeichnete.[182] Hier können mittlerweile einige Neufunde diese Form für Oberaden sicher dokumentieren.

172 In bezug auf glatte Sigillaten hatte VON SCHNURBEIN, Sigillata 56 bereits formuliert: *Alle diese Beobachtungen deuten daraufhin, daß man künftig kaum mit überregionalen typologischen Ordnungsversuchen wird weiterkommen können. Es wird dagegen notwendig sein, die einzelnen Töpfereien für sich zu bearbeiten und daneben Töpferzentrum für Töpferzentrum gesondert zu untersuchen.*

173 OXÉ in: Oberaden I 37 f. 42 ff.

174 LOESCHCKE in: Oberaden II 14.

175 OXÉ in: Oberaden I 42 f.; LOESCHCKE in: Oberaden II 26-28.

176 OXÉ in: Oberaden I 43; LOESCHCKE in: Oberaden II 28.

177 ETTLINGER, Novaesium 40 Taf. 62,1-8.

178 Diese Stücke werden im Katalog unter Vorbehalt als Wandscherben von Kelchen geführt.

179 LOESCHCKE in: Oberaden II 27 mit Anm. 2.

180 Ebd. 28 f.

181 OXÉ in: Oberaden I 45 Form 15; vgl. dazu LOESCHCKE in: Oberaden II 14 mit Anm. 1 u. 29 f. mit Hinweis auf die in Oberaden gefundene tongrundige Parallele (Form Oberaden 41).

182 Ebd. 29 f.

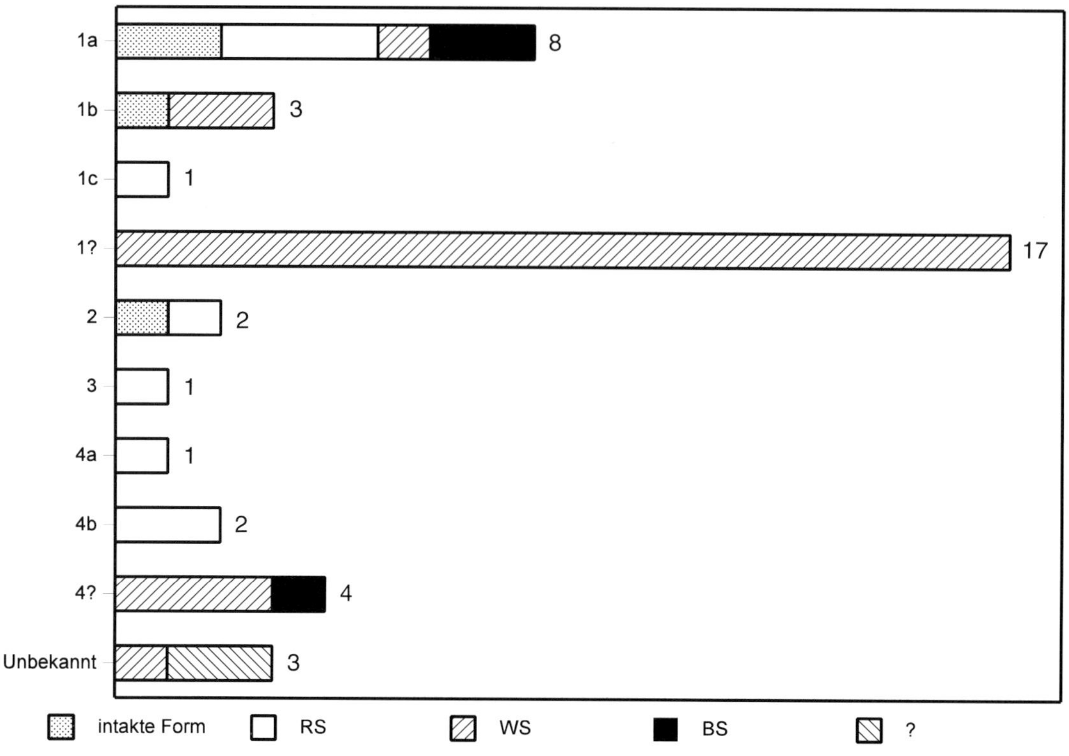

Abb. 5 Gefäßformen – Oberaden.

Das grundlegende Formenspektrum hat sich seit der Publikation von LOESCHCKE nicht wesentlich geändert, doch kann durch Neufunde das Bild schärfer gefaßt werden (Abb. 5; Tab. 1, Formentafel 1-2). Dabei tritt die bekannte Dominanz der Becherformen noch deutlicher zutage. Wichtig sind die neugefundenen Kelchfragmente (**OaNr. 10, 20, 22, 31** und **38**), die die LOESCHCKE-Form 16 mehrfach belegen. Zur Form des Kraters oder der Schale sind bisher keine weiteren Exemplare zu den von OXÉ und LOESCHCKE vorgelegten hinzugetreten. Das Vorkommen des Kraters (**OaNr. 29**) bleibt demnach unsicher, auch wenn LOESCHCKEs Rekonstruktion sinnvoll erscheint. Damit bewirken die Neufunde statistisch keine Änderung hinsichtlich der Krater- und Schalenform, während das Zahlenverhältnis zwischen Bechern und Kelchen deutlich verschoben wird.

Becherformen

Die Becherformen sind typologisch bislang unzureichend untersucht. Während sich noch LOESCHCKE bei seiner Unterteilung in die Formen 13A und B in erster Linie nach der Ausbildung des Körpers und des Dekors richtete, bilden nach heutigen Forschungsmaßstäben insbesondere die Randprofile ein entscheidendes Klassifizierungselement. Um die Oberadener Arretina-Reliefbecher in dieser Hinsicht näher bestimmen und eingrenzen zu können, müssen verschiedene Beispiele herangezogen werden, die allerdings zeitlich nicht so gut zu fassen sind wie die Oberadener Exemplare. Darüber hinaus sind vollständig erhaltene Becher auf Grund ihrer extremen Dünnwandigkeit eher selten. Allgemein gilt, daß das Hauptauftreten der verzierten Becherform etwa von der frühen bis zur mittleren augusteischen Phase reicht,[183] damit bildet der sog. Oberaden-Horizont die Blütezeit.[184]

183 Vgl. dazu das nahezu vollständige Fehlen dieser Form in Haltern.

184 Diese Begrifflichkeit nach ETTLINGER, Novaesium 101 ff., unter der sie neben der zeitlichen Fixierung auf die Jahre 11-8 v. Chr. auch ein ähnliches Fundspektrum der etwa gleichzeitig existierenden Militäreinrichtungen in Dangstetten (etwa 15-8 v. Chr.), Rödgen (etwa 12-8 v. Chr.) sowie den Beginn von Vetera und Mainz sieht, bedarf in bezug auf die verzierten Sigillaten der Einschränkung, da es kaum Vergleichsmöglichkeiten gibt. Die wenigen erhaltenen Stücke an diesen Orten lassen keinen direkten

Innerhalb der reliefierten Arretina Oberadens entfallen 69% auf Becherformen. Davon können 21,4% der Form Oberaden 13A und nur 7,1% (3 Exemplare) der Form 13B zugewiesen werden. Ein Randstück scheint auf eine dritte Becherform hinzuweisen (**OaNr. 33**), wohingegen 38% als Wandscherben indifferent blieben. Wichtig ist die Festellung, daß sich die Form 13A hauptsächlich auf Produkte des C. Annius und des Rasinius[185] beschränkt. Demgegenüber läßt sich die Form 13B entweder der „gruppo protobargateo" oder wahrscheinlicher sogar der Offizin des Cn. Ateius zuordnen. Es gibt eine Reihe von Vergleichsbeispielen, die einen ähnlichen Dekoraufbau und eine verwandte Gefäßform besitzen.[186]

Die Unterschiede in Becherform und Dekoraufbau könnten zum einen auf die Herkunft aus verschiedenen Töpfereien hinweisen, zum anderen eine zeitliche Abfolge bedeuten. Ersteres ist sicher anzunehmen, während zweiteres auf Grund des eng datierten Belegungszeitraums des Lagers Oberaden von 11-8/7 v. Chr. kaum noch feiner zu fassen sein wird. Es erscheint zudem auch wenig sinnvoll, hier eine Feintypologie aufzubauen, die durch andere, gleichartige Becher nicht gestützt werden kann.

In der nachfolgenden Diskussion zu den verschiedenen Ausprägungen der Randprofile sollen die Becherformen des sog. Oberaden-Horizontes über die von Oxé und Loeschcke aufgestellte Typologie und den Fundort Oberaden hinaus vorgestellt werden.[187]

Form 1a
Oberaden Form 13A

Hierzu werden die Fragmente **OaNr. 1, 4, 5, 7, 19** und **21** gezählt. Möglicherweise gehören auch die Bodenscherbe **OaNr. 11** und die Wandscherbe **OaNr. 8** dazu.

Die Lippe dieser Becher ist leicht nach außen gewölbt und obenauf facettiert. Schwache Rillen auf und unter der Lippe – wie etwa bei **OaNr. 21** – betonen diese zusätzlich. Die Gefäßwandung ist kaum merklich nach außen gewölbt, verläuft sonst konisch nach unten zu. Zum Bodenansatz hin kann sie etwas einziehen (vgl. **OaNr. 1** und **21**). Der Boden ist flach, in der Mitte ein wenig hochgezogen. Innen ergeben sich keine Absätze. Die Aufteilung des Dekors folgt dem von Loeschcke erkannten Schema:[188] Auf einen unverzierten Randstreifen folgen flache Rillen oder Wulste, an die sich die eigentliche Dekorzone anschließt. Diese überzieht entweder die gesamte Gefäßwandung (**OaNr. 21**) oder aber sie läßt einen unverzierten Streifen frei (**OaNr. 1.11**)

Nahe Parallelen stammen aus Neuss, die zum Teil wie **OaNr. 1** und **5** aus dem Betrieb des C. Annius bzw. sogar von Pantagathus C. Anni kommen.[189] **OaNr. 21** ist wahrscheinlich ein Produkt des Rasinius. Eine Entstehung im Betrieb des C. Annius ist allerdings auch nicht ganz auszuschließen. Die Lippe dieses Bechers besitzt eine Entsprechung in einem „weiten Becher" des Pantagathus C. Anni aus Neuss.[190]

Ein ausschließlicher Zusammenhang dieser Becherform mit der Werkstatt des C. Annius ist damit zwar noch nicht gegeben, doch lassen die zahlreichen Becher und „weiten Becher" mit einer vorgewölbten Lippe eine klare Bevorzugung dieser Form eben in dieser Offizin vermuten.

Vergleich zu. Einzig in Neuss und vielleicht noch in Moers-Asberg läßt sich ein Typenspektrum erkennen, daß dem von Oberaden vergleichbar ist (vgl. Formtafeln 1-2). Eine Diskussion über die allgemeine Anwendung des Begriffs „Oberaden-Horizont" als zeitlich-typologischem Leitfaden soll hier nicht erfolgen. Er ist hier nur auf die Gattung der verzierten Arretina bezogen.

185 Aus der Offizin des Rasinius sind einige Modelschüsseln für Becher bekannt, die ähnliche Ausprägungen nahelegen. Stenico, Rasinius Taf. 33,175-178; 34,179-181.

186 Vielleicht wird es einmal sinnvoll sein, den Anfängen dieser Gruppe anhand des in Oberaden vorkommenden Bechers nachzuspüren.

187 Eine zeitliche Absetzung der Becherform 1a, b und c, wie aus der Benennung vielleicht abgeleitet werden mag, ist nicht zu erkennen.

188 Loeschcke in: Oberaden II 26 ff.

189 Ettlinger, Novaesium Taf. 62,1.3.5.

190 Ebd. Taf. 62,3.

Form 1b
Oberaden Form 13B

Derartige Becher kommen in augusteischen Lagern bzw. Stationen nicht sehr häufig vor. So wurde in Rödgen nur eine Bodenscherbe gefunden, die einem Becher der Form LOESCHCKE 13B entspricht.[191] Verwandte Formen sind nach SIMON ACO-Becher und tongrundige Becher.[192] Beiden Formen ist eine nach außen hin leicht konkave Wandung und eine durch eine Rille abgesetzte, häufig verdickte und nach außen vorgewölbte Lippe gemeinsam. Ein bis auf den Boden nahezu vollständiger Becher aus Vindonissa besitzt eine sehr ähnliche, ausgeprägte Randausbildung, die sich auch gut mit dem Becher **OaNr. 26** vergleichen läßt.[193] Es handelt sich um einen Becher aus der Offizin des M. Perennius der I. Phase.[194] Anzuschließen sind wahrscheinlich die Wandscherben von **OaNr. 27** und **28**, die einen ähnlichen Wandverlauf zu besitzen scheinen.

Mit der Form des Bechers **OaNr. 26** vergleichbar sind außer dem Arretina-Becher aus Vindonissa (Abb. 6,2) auch die tongrundigen sog. Soldatenbecher, die in Dangstetten zahlreich vertreten sind.[195] Damit sind die der Becherform 1b verwandten Formen in frühen Lagerkontexten gut belegt.[196] Wann diese Form in arretinischer Ausprägung erstmalig erscheint, läßt sich außerhalb der Oberadener Funde nicht näher festlegen.

In Neuss (Abb. 6,4) wurde eine Reihe von Bechern gefunden, die im Stile der „gruppo protobargateo" verziert sind und wahrscheinlich von Cn. Ateius stammen dürften.[197] Stark fragmentiert, aber nahezu vollständig erhalten ist ein Becher im Stile der „gruppo protobargateo", ebenfalls dem Cn. Ateius zugeschrieben, aus Nijmegen vom Kopseplateau (Abb. 6,5).[198] Diverse Becherreste mit einer ähnlichen Zuweisung sind auch aus Augst bekannt.[199] Dazu treten Becher in Marseille (Abb. 6,6), New York (Abb. 6,8) und Wien.[200] Eine abgewandelte Form weist ein Becher in Arezzo auf.[201] Über dem leicht nach außen gewölbten, unteren Gefäßkörper erweitert sich der obere Rand trichterförmig nach außen. Die Lippe ist nur schwach abgesetzt.

Form 1c

Eine weitere Becherform stellt vermutlich die Randscherbe **OaNr. 33** dar. Der senkrecht verlaufende Rand ist auf einem breiten Streifen glatt belassen. Ein leichter Absatz in der Wandung knapp über zwei Rillen bildet die einzige Konturierung. Der Dekor beginnt direkt unter den beiden Rillen. Die Stärke der ansetzenden Wandung ist nicht sehr beträchtlich. Da der Boden nicht erhalten ist, bleibt abzuwarten, ob Neufunde die Form bestätigen können. Allerdings kann die Randform nicht an Becher der Formen 1a und b angeschlossen werden.

191 SIMON, Rödgen 75 f. zu Form 8.

192 Vgl. ebd. 81 zu Form 18 – ACO-Becher und S. 82 f. zu Form 20 „Soldatenbecher". Die letztere Form entspricht der Form Oberaden 20 nach LOESCHCKE und ist überhaupt fast in allen frühen augusteischen Lagern und Stationen vertreten. In Haltern ist die Form allerdings nur noch in wenigen Exemplaren belegt; s. Haltern Form 16.

193 M. HARTMANN, Jahresber. Ges. Pro Vindonissa 1979/80 (1981) 6 Abb. 1,11.

194 Freundlicher Hinweis von F.P. PORTEN-PALANGE.

195 So z.B. G. FINGERLIN, Dangstetten 1. Katalog der Funde. Forsch. und Ber. zur Vor- und Frühgesch. in Baden-Württemberg 22 (Stuttgart 1986) Taf. 244 Fst. 36,4; 245 Fst. 42,12; 252 Fst. 56,18-20.

196 So auch in Rödgen: SIMON, Rödgen 81 f. zu Form 19 schließt diese Becher allerdings der Form Oberaden 13A an.

197 ETTLINGER, Novaesium Taf. 61,10 = **KatNr. 192** (die Randform erinnert im Verlauf leicht an die Form Oberaden 13A, mehrere Rillen gliedern jedoch diese Zone. Die Lippe ist innen nicht hinterkehlt); 61,11 (= **KatNr. 193**; 61,17 (die Lippe ist innen hinterkehlt).

198 W.H. KAM, Numaga 9, 1962, 150 f.; ders., De Versterking op het Kopseplateau te Nijmegen (Nijmegen 1965) 15 Taf. 4,89 = **KatNr. 148**.

199 R. STEIGER, Fundkatalog „Werkhof" 1960 und „Nordwestecke" 1961. Forsch. in Augst 1 (Augst 1977) 166 u. Abb. 54,4 = **KatNr. 153**.

200 OXÉ, Rhein Taf. 22,110 = **KatNr. 162**; ALEXANDER, Metropolitan 29,2a.b = **KatNr. 54**; H. COMFORT, RCRF Acta 7, 1965, 18 f.; Abb. 1 = **KatNr. 55**.

201 s. Il Museo Archeologico Nazionale G.C. Mecenate in Arezzo (Florenz 1987) 96. Der Becher wurde während der Grabungen 1954-55 in der via Nardi im Töpfereiabfall der Offizin des Cn. Ateius gefunden.

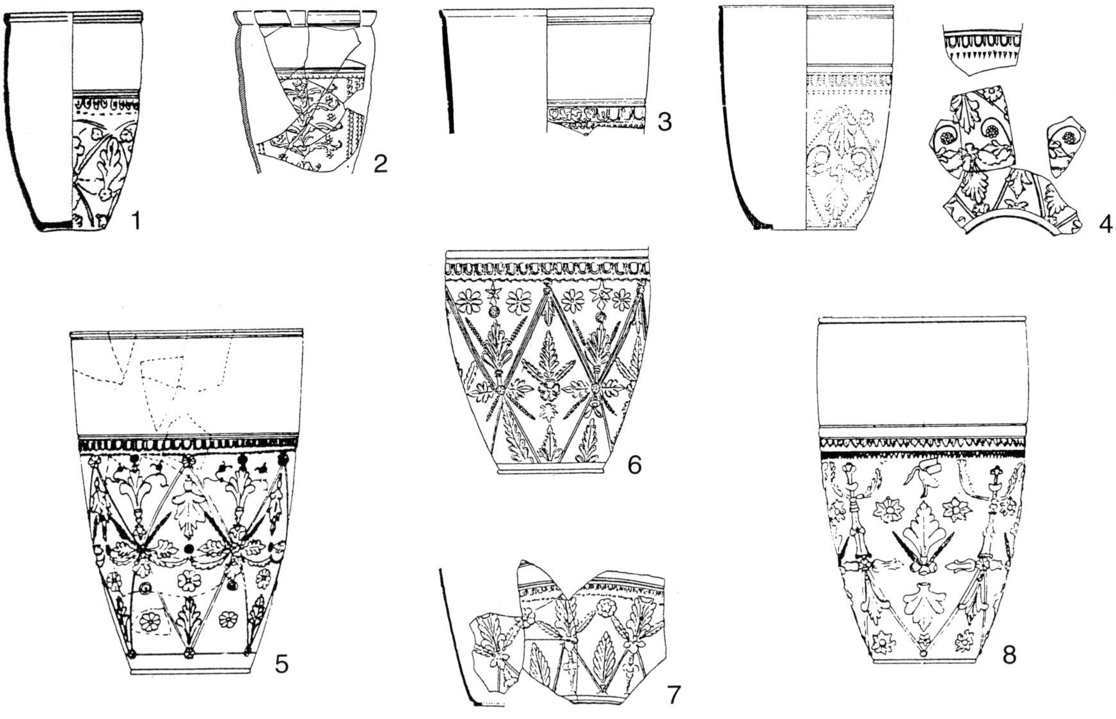

*Abb. 6 Vergleichsbeispiele zu Becher **OaNr. 26** (1): Vindonissa (2); Neuss (3.4); Nijmegen, Kopseplateau (5); Marseille (6); „Italien" (7); Metropolitan Museum, New York (8). M. 1:4.*

Form 2
Oberaden Form 14; Consp. R 11

Die Form des halbkugeligen Bechers ist in Oberaden zweimal belegt (**OaNr. 2** und **23**). Zu vergleichen wäre die tongrundige Variante der LOESCHCKE-Form 11.[202] Ähnliche Formen finden sich in Neuss, die von ETTLINGER als weite Becher bezeichnet werden.[203] Der Oberadener Becher **OaNr. 2** ist allerdings im Verhältnis zur Breite weniger hoch als die Neusser Parallelen. Die Randausbildung und der flache Boden sind jedoch gut vergleichbar. Ein entwickelteres Beispiel ist eine Schale mit dem Außenstempel M. PERENN BARCATHI in Boston,[204] die der „gruppo protobargateo" zugerechnet wird. Das Gefäß ist steilwandig, der Fußring leicht abgesetzt. Über dem Dekor trennen zwei umlaufende Rillen einen unverzierten Streifen unter dem Rand ab. Die überragende Lippe liegt flach auf.

Eine weitere Variante zeigt die Randscherbe **OaNr. 23**, die dem Rasinius zugewiesen wurde. Die rundliche Lippe über einem kurzen, fast senkrecht verlaufenden, unverzierten Rand ist bisher nicht von Kelchgefäßen bekannt, so daß die Scherbe auch wegen ihres Durchmessers und unteren Wandumbruchs eher zu einem halbkugeligen Becher gehört.

In Haltern fand sich kein entsprechendes Gefäß. Wahrscheinlich darf man dies als chronologisches Indiz werten. Die halbkugeligen Becher sind demnach vermutlich – ähnlich den steilwandigen Bechern – mittelaugusteische Formen.

202 LOESCHCKE in: Oberaden II 24; s. auch GOUDINEAU, Bolsena 35 Form 11; D.-W. Form VI.

203 ETTLINGER, Novaesium Taf. 62,1-9 – wohl alle C. Annius.

204 OXÉ, Rhein Taf. 43,157a.b.

Kelchformen

Form 3
Oberaden Form 15

Zu der von LOESCHCKE rekonstruierten Form fehlt bislang ein zusätzlicher Beleg, der weitere Informationen bringen könnte. Das Randprofil des Kraters[205] **OaNr. 29** lehnt sich direkt an die Form D.-W. Ia an. Die Kelchrandscherbe **OaNr. 30** zeigt allerdings den gleichen Aufbau wie das Randprofil des Kraters, so daß sie ähnlich beurteilt werden können. Beiden ist eine ausgeprägte Hängelippe und eine schwache Profilierung der Lippe durch eine umlaufende Rille gemeinsam; beide gehören sie zu einer Ausbildung des Service Ic.[206]

Form 4a
Oberaden Form 16; Consp. R 1

Die komplette Gefäßform des Kelches **OaNr. 30** ist nicht sicher zu ermitteln, wird aber wahrscheinlich nach dem steilen Wandverlauf im unteren Bereich halbkugelförmig zu rekonstruieren sein.[207] Die Profilierung der Lippe ist,[208] wie unter Form 3 schon festgestellt, eine Ausprägung des Service Ic. Dieses Profil unterscheidet sich sehr von den in Haltern vorkommenden Randprofilen.[209] Ein Vergleich zu den Randprofilen von Kelchen des C. Annius bietet sich jedoch an.[210]

Form 4b
Oberaden Form 16; Consp. R 1

Die Gefäß- und Randformen der jüngst gefundenen Kelche **OaNr. 10** und **20** zeigen eine andere Entwicklung der Randausbildung. Im Gegensatz zu der im Profil dreieckigen Lippe von **OaNr. 30** besitzen sie eine stärker exponierte Mündung. Die Lippe ist ebenso unterschnitten, im oberen Teil aber durch eine Kehle im Inneren besonders hervorgehoben. Nicht zuletzt die ausweitende, obere Wandung bewirkt hier eine andere Formgebung. Diese Lippenform kann einer Frühstufe des Service Ic zugerechnet werden. Sie läßt sich gut mit Funden aus Neuss[211] und sogar mit einem Exemplar aus Haltern vergleichen.[212]

3. Haltern

Die Halterner Arretina ist hinsichtlich ihrer Gefäß- und Randformen bereits mehrfach untersucht worden, so daß im folgenden auf diesen Ergebnissen aufgebaut werden kann. Die Formen A-D nach HÄHNLE repräsentieren allerdings nur noch teilweise den sog. Haltern-Horizont,[213] da neue Gefäßformen hinzugekommen sind. In den meisten Fällen ließ sich eine Übereinstimmung mit den Formenbezeichnungen nach DRAGENDORFF/WATZINGER feststellen.[214] Insgesamt konnten für Haltern 18 Formen (Abb. 7; Tab. 2, Formentafeln 1-6) erkannt werden, wobei die Kelchformen in 15 verschiedenen Varianten vorliegen. Fragen zur Chronolo-

205 Die Ansprache der Gefäßform als Krater stützt sich nur auf LOESCHCKEs Rekonstruktion. Die Abgrenzung zu den Kelchformen mag die wahrscheinlich vorauszusetzende tiefe Form sein, die dann auch eher für ein Mischgefäß als ein Trinkgefäß spricht.

206 LOESCHCKE in: Oberaden II 15.30 Taf. 5,1; 21,1A vergleicht **OaNr. 30**, mit einem Tellerprofil seiner Form 1A. Vergleiche zu Kelchrändern aus rheinischem Fundzusammenhang, die er anführt, lassen den gleichen Schluß zu. Vgl. ETTLINGER, Novaesium Taf. 54,3 – Rasinius.

207 Vgl. ebd. Taf. 54,3 – Rasinius, oder Taf. 55,1 – Kelch des Ateius (Neuss).

208 Die Form Consp. R 1 bezeichnet Kelche mit stark ausgeprägter Hängelippe.

209 LOESCHCKE in: Oberaden II 29 f.

210 OXÉ, Rhein Taf. 8,22 u. 58,22; ders. in: Oberaden I Taf. 49,1; 50a,d; 51,7.8.

211 ETTLINGER, Novaesium Taf. 54,1 – Rasinius.

212 **HaNr. 4** = Haltern Form 1.

213 Vgl. oben zum sog. Oberaden-Horizont und ETTLINGER, Novaesium 102.

214 Ebd. 39 ff.: *Ein Gerüst in großen Zügen gibt Dr.-W. auf Abb. 2, eine gute Differenzierung für den Halterner Horizont* gibt HÄHNLE, Haltern (1912) Taf. 11.

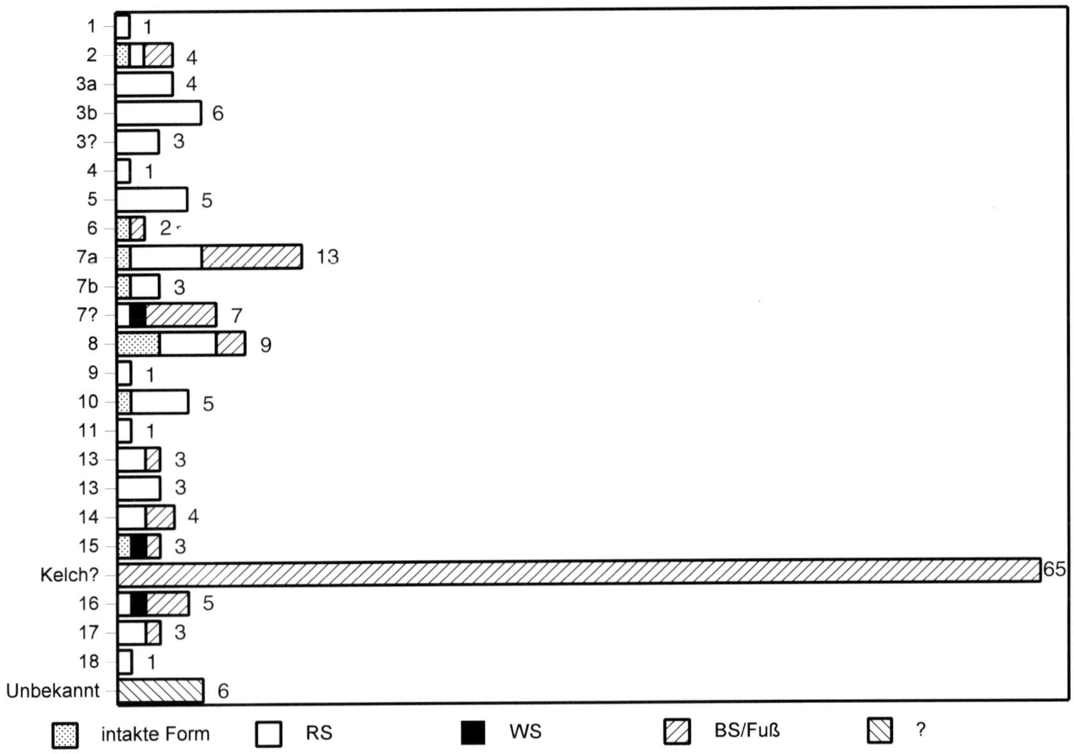

Abb. 7 Gefäßformen – Haltern.

logie können nur im Ansatz behandelt werden, denn der Belegungszeitraum des Hauptlagers von Haltern, aus dem die meisten Funde stammen, ist mit maximal 15 Jahren (7/5 v. Chr. oder erst gegen Christi Geburt bis 9 n. Chr.) zu knapp, um datierende Hinweise geben zu können. Besonders die Form D.-W. Ic unterliegt einem feinen Wandel, der chronologisch kaum zu fassen ist. Es ist daher nur möglich, die nach der traditionellen Wertung der Kelchränder vorgenommene Einteilung nach den Serviceformen I und II unter Zuhilfenahme der Stempelformulare und ggf. über Punzenkoppelungen weiter zu differenzieren. Für die Kelche aus Haltern läßt sich so nur eine relative Abfolge erkennen, die lediglich eher frühe oder eher späte Formen angibt.[215] Zu berücksichtigen sind auch herstellungstechnische Besonderheiten bestimmter Töpfer oder Töpfereien. Die Numerierung der Formen impliziert auch hier keine chronologische Abfolge.

Kelchformen D.-W. Ic

Form 1
Service Ic Frühform; Consp. R 1

Die Form 1 wird durch **HaNr. 4** vertreten. Die nur schwach unterkehlte Lippe wird außen durch eine umlaufende, oben und unten durch Rillen begrenzte Kehle profiliert. Innen ist sie durch eine schmale Rille oben und darunter durch eine breitere Kehle gegliedert, die bis zum Umbruch vom Rand zur Wand läuft. Die Kehle innen verweist schon auf das Service Ic, gehört also zu einer Frühform dieses Services.[216] Die Lippe ist stark unterschnitten, wobei der Kontur außen von unten nach oben schräg verläuft. Eine Riefelung liegt

215 Eine Teilung des Fundmaterials in mehrere Horizonte ergibt sich dabei nicht, man muß von einem kontinuierlich gewachsenen Bestand ausgehen.

216 SIMON, Rödgen 63-69 zur Diskussion des Service Ic.

nicht vor. Der untere Gefäßkörper ist eiförmig.[217] Der Fuß, wie nach einem Neusser Beispiel anzunehmen, ist kurz und im Schaftbereich unprofiliert.[218] Die Randform ist früh anzusetzen, wie der Oberadener Neufund **OaNr. 10** und Funde in Neuss zeigen.[219]

Form 2
Service Ic; Consp. R 2.1

Diese Form liegt in zwei Exemplaren vor: **HaNr. 27** und **108**. Die Gefäßform ist im unteren Bereich gestaucht. Der Rand schwingt weit aus. Die darüber befindliche Lippe ist vom Rand durch eine Unterschneidung abgesetzt und verläuft leicht schräg nach innen. Eine deutliche Trennung in zwei Wulste deutet sich an, ist aber noch nicht konsequent durchgeführt. Rillen und flache Kehlen profilieren die Lippe außen. Innen bildet eine Kehle den Übergang von der Lippe zum Rand. Eine Riefelung liegt nicht vor. Der Fuß scheint kurz und ungegliedert zu sein.

Wahrscheinlich bilden der Kelch **HaNr. 27** und die Kelche, von denen nur die Füße **HaNr. 31** und **32** erhalten sind, im Gesamtbestand der verzierten Halterner Arretina die frühesten Stücke aus Betrieben des Cn. Ateius. Wohl noch früher anzusetzen sind Kelche des Ateius aus Cavaillon (**KatNr. 35**), Capua (**KatNr. 7**), Neuss (**KatNr. 9**), vom Titelberg (**KatNr. 150**) sowie das aus dem Kunsthandel stammende Exemplar in Bern (**Kat Nr. 71**). Die Gefäßwand ist bei diesen Parallelen glockenförmig, d.h. im Bereich des Bodenumbruchs gibt es eine stärkere Wölbung, während der Rest steil aufstrebt. Der Rand schwingt weit aus, wodurch die Lippe unterschnitten wird. Diese weist eine breite Kehlung auf, die etwa zwei Drittel der Fläche einnimmt. Obenauf erscheint eine leichte Facettierung. Der Mainzer Kranichkelch (**KatNr. 5**), der ebenfalls zu den frühen Ateius-Produkten am Rhein zählt, weist dagegen eine sich nach außen erweiternde, profilierte Lippe auf, bei sonst ähnlicher Gefäßform. Hier werden Spielarten der Lippenausformung innerhalb eines Betriebes dokumentiert.

Form 3
Service Ic späte Ausprägung und Übergang Service I/II; Consp. R 2

Die Grundform bildet eine, von der Hängelippe des Service I abhängige, durch eine umlaufende Kehle profilierte Lippe. Bei den späteren Varianten werden die entstehenden Wulste geriefelt.[220] Die Lippe ist manchmal noch in der Grundanlage vom Rand abgesetzt, zumeist aber verläuft sie steil und wird nur durch den unteren Wulst vom Rand getrennt. Die umlaufende Kehle wird immer dominanter. Zugleich wird die Lippe immer steiler und verliert die im Profil dreieckige Form, die außen konisch verläuft. Riefelungen sind bei frühen Vertretern nicht vorhanden; manchmal wird auch nur ein Wulst geriefelt. Die Spätformen weisen regelmäßig eine Riefelung auf. Innen besteht die Aufteilung aus einer Rille und einer breiteren Kehle. Es lassen sich zwei verschiedene Ausprägungen fassen, die schon HÄHNLE nach der Gefäßform in die Formen A1 und A2 differenzierte.

Diese Kelchformen gehören zu den frühen Stücken in Haltern. Sie setzen sich von den Oberadener Kelch-Formen 4a und b durch ihre Riefelung und die zum Service II überleitende Lippe bereits stark ab, stehen aber noch eindeutig in deren Nachfolge. Man muß von einer Entstehung dieser Formen noch vor Christi Geburt ausgehen.

Form 3a
HÄHNLE A1; Consp. R 2.2

Der Gefäßkörper verläuft annähernd halbkugelig. Die durch eine Kehle und zwei Wulste profilierte Lippe ist deutlich unterschnitten und befindet sich über einem kräftig ausladenden Rand. Teilweise sind die Wulste

217 ETTLINGER, Novaesium 39 weist auf die Form eines Skyphos hin.

218 Ebd. Taf. 54,1.3.

219 Ebd. 42 datiert die Stücke in Neuss (ebd. Taf. 54,1.3) in den sog. Oberaden-Horizont oder sogar noch früher.

220 Ebd. 28 ff.: *Mit Service II kommt gleichzeitig die Mode der Riefelverzierung an Gefäßrändern auf. Sie erscheint zunächst an den Formen Ha 2, Ha 8 und Ha 10 sowie an Reliefkelchen, bei denen sie ein sehr guter Datierungshinweis sein kann, und setzt sich dann bei fast allen späteren Tassenformen fort.* Die Tasse Haltern 10 läßt sie etwa ab der Belegungszeit Oberadens bis in das erste Jahrfünft n. Chr. laufen (ebd. 105 Abb. 8).

nicht geriefelt, manchmal nur einer, schließlich auch beide. Die Lippe ist senkrecht gestellt. Innen befindet sich eine Kehle, die zum Rand überleitet. Insgesamt viermal liegt diese Form in Haltern vor. Um frühe Beispiele handelt es sich bei dem Ateius-Kelch **HaNr. 26** und dem Kelchrand **HaNr. 71.**[221] Ausprägungen, die schon zum Service II überleiten, aber durch die ausgeprägte Hängelippe noch zum Service Ic gehören, sind die Kelchreste **HaNr. 25**[222] und **HaNr. 74**.

Form 3b
HÄHNLE A2; Consp. R 2

Der untere Gefäßkörper verläuft spitz eiförmig und ist der Gefäßform von **HaNr. 4** vergleichbar. Der obere Rand schwingt nur mäßig aus. Die Lippe ist entweder nur leicht unterschnitten oder als Absatz über dem Rand auszumachen. Grundsätzlich sind zwei durch eine Rille getrennte Wulste vorhanden, die zunächst nicht geriefelt sind (diese Formen weisen eine stärkere Unterschneidung auf), dann aber stets eine Riefelung besitzen. Die Lippe verläuft steil. Innen markiert eine Kehle den Übergang zum Rand. Die Überleitung zum Service II wird durch die späteren, geriefelten Ausprägungen, die zwischen beiden Servicen stehen, erkennbar. Die Lippe wird nur noch durch einen schwachen Absatz vom Rand abgehoben. Die Form liegt sechsmal vor: Frühe Ausprägungen sind **HaNr. 69** und **109**; späte Ausprägungen **HaNr. 7,**[223] **70, 72 (?)** und **73**.

Darüber hinaus kann an die Form 3 das Randstück **HaNr. 24** angeschlossen werden: Über einer eingeschnürten Randzone befindet sich eine leicht unterschnittene, steile Lippe, die außen durch zwei Rillen und drei Wulste gegliedert wird; der mittlere Wulst ist geriefelt. Innen verläuft eine Kehle. Die Qualität der Scherbe könnte für eine Entstehung in der Offizin des P. Cornelius in Cincelli sprechen. Einen ähnlichen Wandverlauf weist ein „Krater" des Primus P. Cornelius aus Mogador auf.[224] Hier sind werkstatteigene Ausprägungen zu beobachten, die eine zeitliche Einordnung vorerst nicht zulassen. Auch **HaNr. 97** und **110** gehören wohl zur Form 3.

Form 4
Service Ic späte Ausprägung

Das Randfragment **HaNr. 96** weist einen steilen Wandverlauf auf. Die Lippe springt weit vor. Sie besteht aus einem unteren Wulst, auf dem eine seichte Rille umläuft, und einer geriefelten Kehle. Der obere Wulst ist nur schwach ausgebildet. Innen verläuft eine Kehle. Es handelt sich um eine späte Ausprägung des Service Ic. Vergleiche lassen sich aus Neuss und Moers-Asberg anführen, die ebenfalls eine solche Zuordnung erlauben.[225]

Form 5
D.-W. Ic Sonderform; Consp. R 4.2

Die über dem halbkugeligen Gefäßkörper steile Wandung ist sehr niedrig.[226] Das Wesentliche ist die starke Ausladung der Lippe, die manchmal zudem noch schräg unterschnitten ist. Gleichzeitig entsteht innen durch die Auskragung der Lippe eine Kehle und eine leichte Abschrägung. Außen wird die Lippe durch umlaufende Rillen und eine Kehle gegliedert. Es kommen ungeriefelte wie auch geriefelte Formen vor. Die Abhängigkeit von Service Ic ist eindeutig. Die zeitliche Stellung dieser Form ist noch unklar.[227] In Haltern ist die

221 OXÉ, Rhein 25 ff. rechnet dieses Randprofil zu den gedrungenen Kelchen mit halbkugeligem Rumpf. Der Rand sei ausladend und besitze eine steile Lippe. Da eine Riefelung vorliege und das Stück an sich grob ausgeführt sei, handele es sich um eine spätere Form. Die Ränder **HaNr. 7, 25, 27, 34** und **51** wertet er ebenso.

222 Vgl. dazu die sehr ähnliche Randausformung eines Kelches in Arezzo (**KatNr. 18**).

223 OXÉ, Rhein 27 hält diese Randform für eine insgesamt späte Erscheinung, aber im Kontext der Halterner Kelche für eine der älteren Formen. Er zieht die Stücke **HaNr. 25, 27, 34, 51** und **71** zum Vergleich heran.

224 Ähnliche Lippenbildungen sind häufig bei P. Cornelius, vgl. A. JODIN, Un vase arètin de Publius Cornelius à Mogador. Mélanges d'Archéologie et d'Histoire offerts à A. Piganiol 1 (Paris 1966) 519-528; A. MOUTINHO DE ALARCÃO in: Fouilles de Conimbriga IV (Paris 1975) Taf. 1,2 und A. BALIL, Ampurias 21, 1959, 312 Abb. 2.

225 ETTLINGER, Novaesium Taf. 59,12 – Ic Spätform; Asciburgium Taf. 58,2 – M. Perennius Bargathes.

226 Die Form wird im Consp. R 4 als Kelch mit anliegender Hängelippe und unverzierter oberer Zone beschrieben.

227 Vgl. ETTLINGER, Novaesium 40 Taf. 60,1 – M. Perennius? und 60,2 – Ateius. – Leider sind bei allen ähnlichen Ausprägungen nur

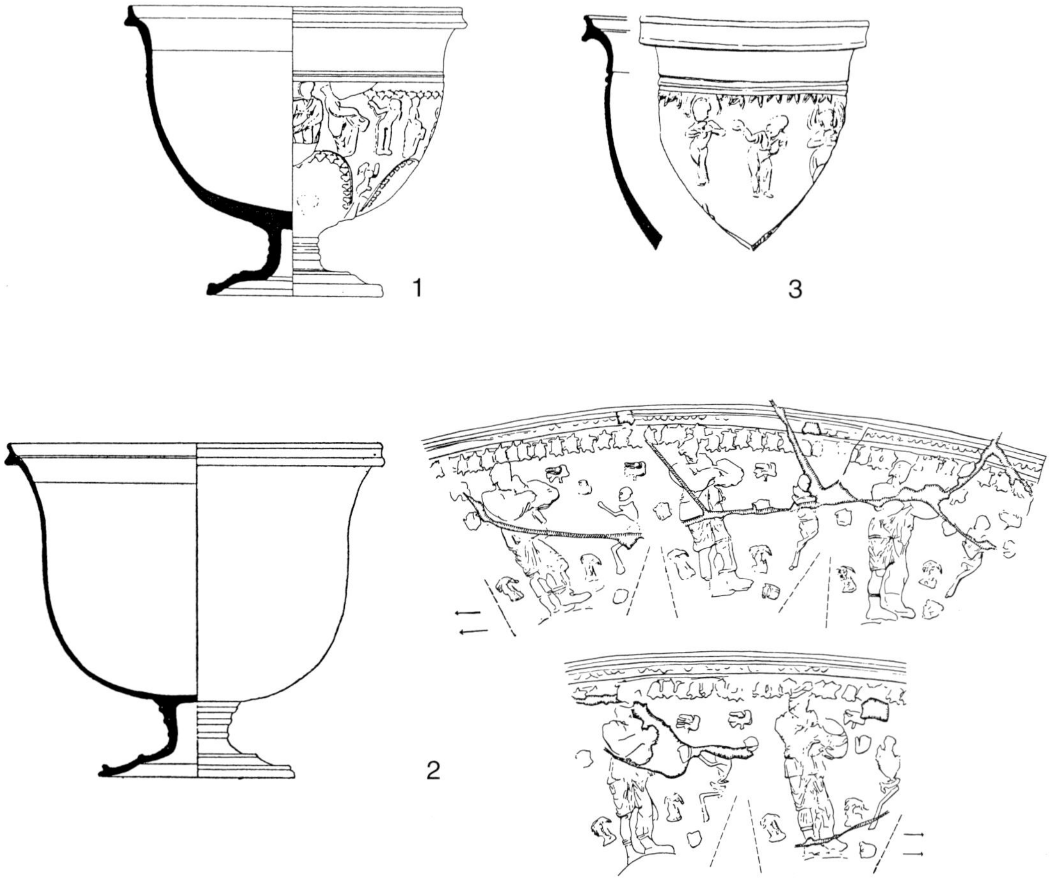

*Abb. 8 **HaNr. 156** (1); Kelch aus Arlon (2); Randscherbe aus Mainz (3). M. ca. 1:4.*

Form fünfmal belegt, wobei die Vermutung geäußert werden darf, daß es sich wahrscheinlich um eine besondere Gefäßform eines Ateius-Töpfers handelt: **HaNr. 51, 75, 98, 107** und **111**.

Form 6
Service Ic – Reliefgefäße aus Lyon

In Haltern ist ein Kelch (**HaNr. 156**)[228] erhalten, der durch chemische Analyse dem Produktionsort Lyon zugewiesen werden konnte. Hierzu existieren Parallelen, die wegen des Dekors und der Randform aus derselben Offizin stammen dürften (Abb. 8).[229] Die Randform ist wohl von entwickelten Service-Ic-Formen abhängig.[230]

der Rand und Teile der oberen Wand erhalten. Aussagen zur Boden- und vielleicht Fußgestaltung sind bisher nicht möglich.

228 Oxé, Rhein 25 f. zählt dieses Gefäß zu den Kelchen mit Stengelfuß, schlanker Kelchform, eiförmigem Rumpf, ausladendem Rand und steiler Lippe. Die Randform hält er für sehr alt, da keine Riefelung vorliegt. Die von ihm angeführten Beispiele lassen sich tatsächlich früh einordnen, doch bleibt zu fragen, inwieweit dies auf Kelche aus Lyon zutrifft.

229 Ebd. Taf. 49,140A aus Arlon und Taf. 19,84; 61,84 aus Mainz. Zum Kelch aus Arlon s. auch J. Moreau-Marechal, Ann. Inst. Arch. Luxembourg 110-111, 1979-80, 20 f. Abb. 1 sowie die zeichnerische Wiedergabe des Profiles bei M. Vanderhoeven, De Terra Sigillata te Tongeren III (Tongern 1968) 85 f. Abb. 11,15. Er lokalisierte die Töpferei in Lyon oder Lezoux.

230 von Schnurbein, Sigillata 38 in bezug auf Goudineau, Bolsena 364: Provinzielle Firmen sind wahrscheinlich qualitativ schlechter als die „Mutterfirmen". Sie sind eigenständig, aber zeitlich verschoben. Prachner, Sklaven 147: Vermutlich hat Thyrsus in Lyon länger die Tassenform Haltern 7 produziert als seine Kollegen in Arezzo. Service I Gefäße aus provinzialer Produktion werden daher als chronologische Indizien anders zu werten sein als arretinische. Diese Aussagen wurden zu glatten Gefäßen gemacht. Es gilt zu prüfen, inwieweit sie auf Reliefgefäße zutreffen. – Die Produktion von glatter Sigillata wurde in Lyon um 20 v. Chr. aufgenommen. Vgl. J.-P. Morel, Das Handwerk in augusteischer Zeit. In: Augustus und die verlorene Republik (Mainz 1988)

Die Kelchform ist im unteren Bereich gestaucht, verläuft sonst halbkugelförmig. Der Rand lädt etwas aus und besitzt oben eine unterschnittene Lippe, die außen durch eine umlaufende Kehle profiliert wird. Im Bereich oberhalb dieser Kehle findet sich am Halterner Kelch noch eine kleine Rille, die auch bei Kelchen früher Zeitstellung vorhanden ist.[231] Eine Riefelung liegt nicht vor. Innen bildet eine weite Kehle den Übergang zur oberen Wandung. Die Füße der Kelche aus Haltern und Arlon weisen im Schaftbereich eine Profilierung durch Ringe auf.[232] Sie sind recht hoch. Die Fußplatte ist zweifach getreppt.

Für die Vergleichsbeispiele aus Neuss und Xanten wird eine frühe Zeitstellung angesetzt. Ein direkter Vergleich ist deshalb fraglich. Wesentlich ist jedoch die Tatsache, daß die Kelche aus Haltern, Arlon und Mainz aus derselben Offizin stammen dürften, wie Dekor und Formgebung nahelegen. Zwar fehlt der Rand von **HaNr. 157**, allerdings läßt sich aus dem Wandverlauf eine ähnliche Gefäßform erschließen.

Sollte es sich bewahrheiten, daß auch die Kelche **HaNr. 14** und **15** der Form 13, die gegen Ende des Hauptlagers von Haltern anzusetzten ist, aus Lyon kommen, so würde man sicher ein wichtiges Indiz für die Datierung von Kelchformen aus Lyon gewinnen. Allerdings muß davon ausgegangen werden, daß die Kelche der Form 6 und 13 in verschiedenen Betrieben entstanden sind, denn Form 13 muß zeitlich gleich mit der Entwicklung der Arretina-Kelche sein. Der Kelch der Form 6 kann nach der Randausbildung jedoch durchaus schon vor Christi Geburt entstanden sein.[233] Diese Form ist in zweierlei Hinsicht problematisch: Zum einen sind die Kelchformen des Service Ic selbst indifferent, zum anderen ist nichts über ihre Produktionsstätte bekannt.

Kelchformen D.-W. III

Das zeitliche Aufkommen von Service II bei der unverzierten Terra Sigillata ist gut zu fassen. SIMON denkt an eine Entstehung dieser Service-Form in Puteoli.[234] VON SCHNURBEIN verweist hinsichtlich einer Datierung auf die wenigen in Oberaden vorkommenden Stücke.[235]

Allen Gefäßen dieser Form ist neben dem profilierten Steilrand, der fast senkrecht oder schräg gestellt ist, die Zweiteilung der Dekorzone durch einen geriefelten Wulst gemeinsam. Die beiden Wulste des Steilrandes können geriefelt sein; eine Verzierung des unteren Wulstes durch einen Eierstab oder durch einen Rosettenfries kommt häufig bei Ateius-Gefäßen vor. Die eigentliche Lippe wird aus einem Halbstab auf dem oberen Wulst gebildet. Die obere Wandung ist immer leicht eingezogen, während die untere entweder halbkugelförmig oder nur flach gewölbt verläuft. Entsprechungen zu dieser Form lassen sich unter toreutischen Erzeugnissen finden.[236] DRAGENDORFF/WATZINGER hatten bereits vier Varianten dieser Kelchform definiert (IIIa-d).[237]

Von dieser eindeutig der Service-Form II zuzuordnenden Randform liegen in Haltern zwei verschiedene Ausprägungen vor, die hier als Form 7a und b bezeichnet werden.[238] Die Wand- und Bodenscherben **HaNr. 46, 49, 83, 116, 120-122** konnten nicht eindeutig differenziert werden und sind deshalb allgemein der Form 7 zugerechnet worden.

88. VON SCHNURBEIN in: Conspectus 17 u. 20 bemerkt, daß die Formenübernahme bei den glatten Sigillaten sehr präzise erfolgt sei. Er datiert die Betriebe in Lyon, La Muette etwa von 10 v. - 10 n. Chr. Vgl. ders., Haltern 128.

231 ETTLINGER, Novaesium Taf. 54,2; OXÉ, Rhein Taf. 1,1.

232 Schaftringe finden sich vor allem an Kelchen des Rasinius: ETTLINGER, Novaesium Taf. 54,1 oder **OaNr. 31**.

233 Man wird sich nach dem jüngsten Kriterium der Randausbildung, die vergleichbar den Kelchen der Form 3b ist, richten müssen.

234 SIMON, Rödgen 72-74 zu Nr. 214-237. Ebenso ETTLINGER, Pollentia 59; dies. in: Conspectus 11 f. äußert sich hier vorsichtiger, hält prinzipiell aber die Vorreiterrolle Campaniens für möglich. So auch KENRICK in: Conspectus 149.

235 VON SCHNURBEIN, Sigillata 39; ETTLINGER, Novaesium 158 Tab. 8 läßt das Service II etwa gegen Mitte des 2. Jahrzehntes v. Chr. beginnen. Dies. in: Conspectus 12.

236 U. GEHRIG, Hildesheimer Siberschatz. Bilderhefte der Staatlichen Museen Preußischer Kulturbesitz 4 (Berlin 1980) Abb. 23.

237 Eine fünfte Form, gewissermaßen D.-W. IIIe, erkannte H. COMFORT in: Studies presented to D.M. Robinson 2 (Saint Louis 1953) 158 Abb. 2.

238 Eine zeitliche Differenzierung der beiden Formen kann nicht beobachtet werden; es handelt sich wohl eher um Varianten verschiedener Töpfer oder Töpfereien.

Form 7a
D.-W. IIIa – HÄHNLE B; Consp. R 7

HÄHNLE hatte anhand eines Kelches aus der „Grube der Reliefkelche“ die Form B, die ihre Entsprechung in der Form D.-W. IIIa findet, für Haltern festgelegt. Die Wulste des Steilrandes verlaufen schräg, gemäß der Ausrichtung der sich nach oben erweiternden Wandung. Innen sind die Wulste entsprechend gekehlt. Der geriefelte Zonenteiler sitzt sehr tief und trennt eine sehr hohe obere Reliefzone von einer flachen unteren Zone.[239] Der Fuß besitzt einen unprofilierten, nicht sehr hohen Schaft über einer zweifach gestuften Platte.

Mit Sicherheit kann in Haltern nur ein Exemplar dieser Form zugeordnet werden: **HaNr. 62**. Es existieren vier weitere Randscherben, die eine ähnliche Profilierung zeigen, aber ohne den weiteren Wandungsverlauf nicht sicher zuzuweisen sind: **HaNr. 80, 81, 99** und **117**. Wahrscheinlich gehören auch die folgenden Wandscherben in diesen Kontext: **HaNr. 63, 82, 84-86, 94** und **123**. Die Zuordnung der Fragmente **HaNr. 85** und **86** ist ebenfalls problematisch. Sie besitzen mindestens zwei Wulste, von denen der untere mit einem Rosettenfries geschmückt ist.

Bemerkenswerterweise stammen wohl alle hier aufgeführten Gefäße aus Offizinen des Cn. Ateius. Das sicher aus der Offizin des P. Cornelius stammende Kelchfragment **HaNr. 17** wurde von HÄHNLE ebenso dieser Form zugerechnet.[240] Leider fehlt die untere Gefäßhälfte, so daß nicht mehr geklärt werden kann, wo der anzunehmende Zonenteiler saß. Der Kontur des Gefäßprofils ist im Gegensatz zu den oben angeführten Exemplaren dieses Typs stärker akzentuiert. Das Randprofil des oberen Wulstes weist einige Eigentümlichkeiten auf, wie sie an anderen Kelchen aus dem Betrieb des P. Cornelius in Haltern (**HaNr. 16** und **24**)[241] in ähnlicher Weise auftauchen. Drei kleine Bänder werden durch zwei Rillen voneinander getrennt. Das mittlere Band ist geriefelt, während das untere von der Kehle zwischen dem oberen und dem unteren Wulst leicht abgesetzt ist. Der untere Wulst weist nur eine schmale Riefelung auf. Er ist im Gegensatz zum oberen insgesamt weniger betont.[242] Die Wandung läuft stark konisch zu.[243] Im Vergleich zu den Rändern der Form 7a aus den Betrieben des Cn. Ateius wirkt die Ausgestaltung dieses Randprofils verspielter und eigensinniger. Die einzelnen Abfolgen der Profilierung wurden zwar beibehalten, doch wesentlich komplizierter aufgebaut.

Form 7b
D.-W. IIIb; Consp. R 7.1

Eine Variante stellen die Kelche **HaNr. 43, 44** und **118**[244] dar. Sie besitzen wie alle übrigen Exemplare dieser Form zwei Wulste im Randbereich, eine konvexe Einziehung der oberen Dekorzone, die hier aber merklicher schmaler ausfällt als bei Form 7a, und einen geriefelten Mittelwulst. Die untere, leicht gestauchte, halbkugelförmige Dekorzone ist der oberen in den Ausmaßen ebenbürtig. Der Fuß von **HaNr. 44** hat einen sehr kurzen, gedrungenen Schaft über einer zweigestuften, schlichten Fußplatte. Diese Kelchform ist in der Gesamtproportion sehr weitmundig und gedrungen.

Die Wulste der Randzone zeigen bei beiden Gefäßen eine unterschiedliche Gestaltung. Nur der obere Wulst ist bei **HaNr. 44** geriefelt, der untere besitzt mehrere übereinanderliegende Rillen. Über dem unteren Wulst verläuft die Randzone senkrecht und hat im oberen Wulst ihre größte Gefäßausweitung. **HaNr. 43** ist leider bestoßen, der obere Wulst fehlt hier größtenteils. Es wird aber deutlich, daß ursprünglich eine schräg nach

239 Consp. R 7 bezeichnet die Form folgendermaßen: Kelch mit gekehltem, fein profiliertem Steilrand unmittelbar über dem Reliefdekor.

240 HÄHNLE, Haltern (1912) Taf. 9,7.

241 Vgl. auch COMFORT in: Studies presented to D.M. Robinson 2 (Saint Louis 1953) 158 Abb. 2.

242 HÄHNLE, Haltern (1912) 87. Der Kelch verbindet die Lippe von Form A mit der Randgliederung von Form B.

243 OXÉ, Rhein 25: Spitzkelch mit konischer Wandung.

244 Zu **HaNr. 44** vgl. ebd. 25 f. 28. Der Kelch wird als zweizoniger, barocker Kelch mit geknickter Wandung, ausladendem Rand und Steillippe bezeichnet. Der Rand ist eine Übergangsform zu den profilierten Steilrändern. Zu diesen Übergangsformen rechnet OXÉ auch die Kelche **HaNr. 29, 54, 56, 59** und **62**. Bis auf letztgenannten gehören alle anderen aufgeführten Kelche ausnahmslos zur Form D.-W. Ih. **HaNr. 43** zählt für OXÉ schon zu den profilierten Steilrändern.

außen erweiterte Mündung vorliegt. Der untere Wulst ist scharf akzentuiert. Innen ergibt sich bei beiden Kelchen eine der äußeren Erscheinung entsprechende gegenläufige Innengliederung.

Kelche mit profilierter, gerundeter Lippe

Bereits eingangs ist auf die Eigenständigkeit der Gefäße mit profilierter, gerundeter Lippe hingewiesen worden. Die ehemals vorgenommene Einordnung in das Service III als Weiterentwicklung des Service I ist nicht mehr haltbar, denn Goudineau konnte anhand von Funden in Bolsena die Eigenständigkeit dieser Form nachweisen.[245]

Form 8
D.-W. Ih – Hähnle C; Consp. R 5

Der flache, schüsselförmige Gefäßkörper wird nach einem mäßig hohen, unverzierten Streifen, von einer einfachen, innen hinterkehlten, geriefelten wulstförmigen Lippe beschlossen.[246] Der Fuß ist im Schaftbereich glatt und der oberen Gefäßproportionierung entsprechend entweder kurz oder etwas höher angelegt. Die Fußplatte ist zweigestuft und durch Rillen verziert.

Es lassen sich leicht Beispiele anführen, die die Herkunft dieser Kelchform von toreutischen Erzeugnissen erkennen läßt.[247] Hinsichtlich der Sigillaten wird eine Verwandtschaft zur Tasse Haltern 10 angenommen.[248] Die gerundete Lippe dieser Tassen entspricht den Kelchen; eine Rille im geriefelten Wulst kann bei beiden vorhanden sein, allerdings lassen sich die Tassen typologisch und chronologisch besser fassen als die Kelche. In Haltern kommen zwei Varianten dieser Tasse (Form Haltern 10 und 10A) vor, wovon hier nur die Form Haltern 10 herangezogen werden kann.[249] In Oberaden ist die Tasse Haltern 10 bereits ebenfalls vorhanden.[250] Ettlinger datiert sie in die Jahre von ca. 10 v. Chr. - 5 n. Chr., also etwa in die mittlere bis späte Regierungszeit des Augustus.[251] Da diese Kelchform in frühen Lagerkontexten[252] nicht vorkommt, darf mit dem Auftreten der Form im Rheingebiet frühestens um die Zeitenwende gerechnet werden.[253] Die Gefäßform ist in Haltern in mehreren Fällen mit den Namen von Crestus und Euhodus verbunden; man wird ihre gemeinsame Produktion möglicherweise noch früh im ersten Jahrzehnt n. Chr. anzusetzen haben. In Haltern sind folgende Stücke der Form 8 zuzuordnen: **HaNr. 9, 29, 54, 56, 59, 76 (?)** und **77**. Möglicherweise gehören auch die Wandscherben **HaNr. 57** und **61** in diesen Kontext.

Form 9
Einzelform D.-W. If (?)

Die Lippe ist ähnlich der Form D.-W. Ih als geriefelter, sich ausweitender Wulst gebildet, doch findet sich noch ein zweiter geriefelter Wulst kurz über dem Reliefdekor. Der Wandungsverlauf scheint dazu steiler zu sein. Es existieren keine Vorstellungen über das Aussehen des restlichen Gefäßkörpers (**HaNr. 112**). Man wird sich wegen der Lippe etwa nach dem zeitlichen Ansatz von Form 8 richten müssen.

245 Goudineau, Bolsena 266 ff.

246 Nach Consp. R 5 handelt es sich um Kelche mit gerundetem, fein profiliertem Rand.

247 U. Gehrig, Hildesheimer Silberschatz. Bilderhefte der Staatlichen Museen Preußischer Kulturbesitz 4 (Berlin 1980) Abb. 16.

248 Ettlinger, Novaesium 39.

249 Loeschcke, Haltern (1909) 151 Abb. 4,5-10. Tassen mit gerundeter Lippe. Von Schnurbein, Sigillata 58 f. Nr. 1505-1527 (25 Exemplare). Die Herstellungsorte liegen in Italien und auch in Lyon.

250 Loeschcke in: Oberaden II 20 f. Oberaden Typus 6.

251 Ettlinger, Novaesium 105 mit Abb. 8. Die Tasse Haltern 11 stellt die fließende Nachfolge dar, sie reicht noch in frühtiberische Zeit hinein.

252 In den frühen Lagern Rödgen, Dangstetten und Oberaden, sind bisher nur die Kelche des Service I in seinen frühen Ausprägungen vertreten.

253 Vgl. dazu auch einen Kelch derselben Form mit dem Innenstempel CN.ATEI/CRESTI in Neuss, der durch chemische Analyse Pisa zugewiesen werden konnte. Ettlinger, Novaesium Taf. 55,3.

Form 10
D.-W. Ii – Hähnle D; Consp. R 5

Der Gefäßkörper ist gestaucht-halbkugelförmig. Zwischen der Reliefzone und dem breiten, sich stark ausweitenden, geriefelten Randwulst befindet sich nur eine schmale, durch die Einschnürung der Wand entstandene Kehle. Die Lippe liegt halbstabförmig obenauf, innen und außen durch Rillen vom Rand getrennt. Innen ergibt sich eine, dem äußeren Wulst entsprechende Hinterkehlung. Die Fragmente **HaNr. 65,**[254] **66, 78, 113** und **114** können dieser Form zugewiesen werden. Der Schaft des Fußes ist ungegliedert und recht stark eingezogen. Die Fußplatte weist zwei Stufen auf, die durch Rillen geschmückt sind.

Allgemein wird eine große Verwandtschaft dieser Form zur Tasse Haltern 11 mit geschnürter Wandung und geriefeltem Randwulst gesehen. In Haltern liegt diese Tasse bisher in 29 Exemplaren vor.[255] Eine Datierung der Tassenform ist schwierig; von Schnurbein hält ein Aufkommen der Form zur Zeit des Hauptlagers von Haltern für möglich.[256] Ettlinger setzt den Beginn der Form erst sehr spät an, etwa ab 5 n. Chr.[257]

Kelche mit geschnürter Wandung

Form 11
D.-W. Ik

Die Form ist in Haltern nur einmal belegt (**HaNr. 79**). Die noch erhaltene obere Gefäßzone wird durch zwei Einschnürungen bestimmt. Die Lippe ist leicht gewulstet und riefelverziert. Eine darunter folgende Kehle bildet die erste Einschnürung, unter der die obere Dekorzone folgt. Eine zweite Einziehung leitet dann zur unteren Reliefzone über. Innen ergibt sich eine gegenläufige Strukturierung. Bemerkenswert ist innen etwa in der Mitte der oberen Dekorzone ein schräger, geriefelter Absatz, der bei der Form D.-W. II wieder auftauchen wird. Die Form Ik muß sicher im Zusammenhang mit dieser Form gesehen werden. Ob Ik der Vorläufer ist, wie Dragendorff/Watzinger vermuten, ist schwer zu beweisen.[258] Eine Verwandtschaft läßt sich aber eindeutig erkennen.

Form 12
D.-W. II; Consp. R 5.1.2

Zwei Einschnürungen bestimmen das äußere Erscheinungsbild dieser Kelchform. Die wulstförmige Lippe ist geriefelt; unmittelbar darunter beginnt die Einziehung der Wand, die dann in einer Kehle endet und hier den neuen Ansatz für die nach außen gewulstete, obere Dekorzone bildet. Letztere wird unten selbst wieder durch eine Einschnürung begrenzt. Der innere Wandverlauf ist annähernd gegenläufig, doch fällt auf, daß auch innen Kehlungen vorliegen, die die Wand an diesen Stellen sehr instabil machen. Ein geriefeltes Band kann vorliegen, es darf aber auch unverziert sein. Ein innerer Absatz ist auch an den Tassen der Form Haltern 11 zu beobachten.[259] Der zeitliche Ansatz der Form 12 ist wohl eher spät anzusetzen. Es liegen drei

254 Oxé, Rhein 27 zählte dieses Gefäß schon zu den profilierten Steilrändern.

255 von Schnurbein, Sigillata 60 f. Nr. 1551-1572c. Die Herstellungsorte scheinen in Puteoli, Arezzo und Pisa gewesen zu sein.

256 Ebd. 61: *Diesen Zeitpunkt eher in der Spätzeit von Haltern zu suchen ist zwar verlockend, jedoch nicht stichhaltig zu beweisen. Die relative Seltenheit in Haltern spiegelt lediglich wider, daß diese Form in augusteischer Zeit noch eine untergeordnete Rolle spielte, während sie in tiberischer Zeit sehr häufig wird, wie insbesondere jüngst durch die Funde von Velsen wieder nachgewiesen wurde.*

257 Ettlinger, Novaesium 158 Tab. 8. Vgl. dazu Consp. Form 31 (= Haltern 11). Die Tasse wird hier spätaugusteisch-tiberisch datiert. Da diese Form gewissermaßen die Tasse Haltern 10 (= Consp. Form 15) in den ersten Jahren n. Chr. Geb. ablöst, gewinnt man einen weiteren Ansatz für die Reliefkeramikproduktion von Crestus und Euhodus. Der Kelch **HaNr. 65** – CRESTI/EVHODI stellt in Haltern das jüngste verzierte Stück dieser Töpfergemeinschaft dar. Im Stempelformular findet sich auch nicht mehr der Name des Ateius!

258 D.-W. 24.

259 Vgl. dazu Ettlinger, Novaesium 39 f. Taf. 57,1.

Exemplare vor, einmal ein Randprofil mit oberer Dekorzone und zwei Wandscherben, die eindeutig zuzuordnen sind: **HaNr. 28, 42** und **45**.

Nach Ausweis der Funde handelt es sich um eine typische Form der Ateius-Töpfereien. Drei Kelche aus Xanten, Nijmegen und Avenches (**KatNr. 361, 216** und **222**) scheinen auf Pisa hinzuweisen.

Kelche mit gegliedertem Steilrand

Form 13
D.-W. I*l*; Consp. R 7.2

Die Halterner Gefäße dieser Form lassen sich in die bekannten Typologieschemen ohne weiteres nicht einordnen. Am ehesten können sie noch mit der Form D.-W. I*l* verglichen werden. Die Gefäßform ist halbkugelig; Rand und Lippe sitzen steil auf. Drei durch Kehlen getrennte, geriefelte Wulste bilden die obere Rand- und Lippenzone. Innen ergibt sich eine entsprechende, gegenläufige Einteilung. Über das Aussehen des Fußes oder Fußringes gibt es keine verbindlichen Vorstellungen.

Diese Lippenform stellt eine Übersteigerung von Service II-Formen dar.[260] Die Form ist sicher innerhalb des Halterner Kontextes spät einzuordnen. Interessant ist hierzu eine Parallele aus Königsfelden in der Schweiz. Dieser Kelch mit einem sehr ähnlichen Profil, das etwas stärker akzentuiert ist als die Halterner Stücke, besitzt den Stempel des CN. ATEI/EVRIALVS.[261] Vielleicht im Hinblick auf die Entstehung dieser Form mag ein weiteres Kelchfragment in Neuss interessant sein. Die Gefäßform ist ebenfalls halbkugelig, der Rand wird aber nur durch zwei geriefelte Wulste verziert.[262]

Die Fragmente **HaNr. 14, 15** und **115** besitzen auch drei geriefelte Wulste, sind aber im Wandungsverlauf nicht so steil, da die Wand stärker einzieht.

Kelche mit Steilrand

Form 14
Consp. R 6

Typisch für Produkte des P. Cornelius in Haltern sind u.a. Randformen, die als Steilränder bezeichnet werden. Charakteristisch ist ein annähernd senkrechter Verlauf der oberen Wandung und ein vorgesetzter Rand. Eine vorspringende Leiste, die meist eine Rille in der Mitte aufweist oder geriefelt ist, schließt den Reliefdekor oben ab. An dieser Stelle wird die Wand nach außen vorgezogen. Bis zur Lippe ist der Randstreifen darüber unverziert, trägt aber häufig Randappliken.[263]

Die eigentliche Lippe ist an den beiden Halterner Stücken verschieden ausgeführt. **HaNr. 16** weist eine leicht von der Wandung abgesetzte Lippe auf, die durch zwei umlaufende Rillen in drei kleine Wulste aufgeteilt wird, von denen der mittlere geriefelt ist. Diese besondere Art der Lippenverzierung begegnete auch schon an Gefäßen anderer Form des P. Cornelius in Haltern (**HaNr. 17** und **24**). Innen ist durch einen schwachen, umlaufenden Wulst die kaum merkliche Hinterkehlung der Lippe noch stärker reduziert worden. Ein Absatz im Inneren deutet bereits das Vorspringen der Wandung an, wie es bei **HaNr. 19** durchgeführt ist.

260 OXÉ, Rhein 28 bezeichnet sie als übertrieben profilierte Steilränder.

261 ETTLINGER, Jahresber. Ges. Pro Vindonissa (1962) 5-14 Abb. 4 (= Consp. R 8.1.1) hält den Kelch für italisch. Euryalus fertigte Reliefkeramik wohl erst vom Ende der augusteischen bis in die tiberische Zeit hinein. Aus Glanum stammt eine Schüssel der Form Drag. 29 mit dem Innenstempel CN.ATEI/EVRYALUS; s. C. BÉMONT, Recherches méthodologiques sur céramique sigillée. Les estampilles de Glanum. Bibl. Écoles Franç. Athènes Rome 227 (Rom 1976) Taf. 18 f.

262 ETTLINGER, Novaesium Taf. 56,3 (= Consp. R. 7.2.1).

263 Consp. R 6: Kelch mit profiliertem Steilrand und Viertelrundstab.

Die bandartige Lippe zeigt noch starke Reminiszenzen an Formen des späten Service Ic. Sie steht gewissermaßen auf der Übergangsstufe zu den eindeutigen Steilrändern wie **HaNr. 19**.[264] Der Wandaufbau dieses Stückes entspricht dem von **HaNr. 16**, doch ist das Vorspringen des Randes eindeutig. Die Lippe über dem relieffreien Randstreifen besteht aus einem durch Rillen gefaßten, glatten Wulst, auf dem oben ein Halbstab liegt. Innen ergibt sich bis auf den Absatz des vorspringenden Randes keine Gliederung. Der Rand steht senkrecht auf dem halbkugeligen Gefäßunterteil. Der hohe glatte Randstreifen sowie das Vorspringen des Randes lassen darauf schließen, daß die Wandscherben **HaNr. 21** (mit Randapplik) und **HaNr. 23** auch einen Steilrand besaßen. Das Randprofil von **HaNr. 19**, dem sich ein Neufund aus Anreppen (**AnNr. 3**) anschließen läßt, darf ohne Zweifel als spätes Stück in Haltern bezeichnet werden. Es leitet schon zu den tiberischen Randformen über.

Kelche mit Standring

Form 15
D.-W. V; Consp. R 2.2.1

Sicher nachweisbar ist die Gefäßform des Kelches mit Standring[265] in Haltern dreimal (**HaNr. 34, 37** und **38**). Von dem Kelch mit dem Innenstempel CN.ATEIUS/HILARUS ist der Rand nicht mehr erhalten. Ohne entsprechende Beispiele aus dem Töpfereiabfall aus Pisa kann eine Rekonstruktion der Lippe kaum vorgenommen werden, doch ist anzunehmen, daß der Rand sich steil über der erhaltenen Wandung entwickelte.[266] Es handelt sich wohl um eine eiförmige Gefäßform mit gestauchtem Boden. Der steil angelegte Standring ist zweistufig. Einen ähnlichen, allerdings gestreckten Wandverlauf weist **HaNr. 34** auf. Der Rand erinnert deutlich an die Randprofilierungen der Form 3a. Der Ansatz des Standringes ist nur schwach zu erkennen. Dies war auch das Indiz für Oxé, das Gefäß als Krater zu bezeichnen.[267]

Nur durch den heute verschollenen Standring mit dem Innenstempel CN.ATEI/EVHODI ist **HaNr. 37** dieser Form zuzuordnen. Die zweigestufte Fußplatte ist mehrfach profiliert. Im Gegensatz zum Kelch **HaNr. 38** ist eine Einziehung zwischen Fuß und Boden zu erkennen. Es handelt sich also nicht um einen Fußring, sondern eher um eine Fußplatte wie bei gewöhnlichen Kelchen.

Becher

Form 16
Haltern Form 20

Nur durch vier mutmaßliche Fragmente ist in Haltern die Becherform belegt. Bereits Dragendorff hatte ein kleines Wandscherbchen (**HaNr. 102**) den Bechern zugewiesen.[268] Loeschcke subsumierte diese Scherbe und eine weitere (**HaNr. 152**) unter der Form Haltern 20, die er als „steilwandige Reliefbecher" bezeichnete.[269] Die genaue Ansprache blieb allerdings sehr oberflächlich, da sich von den Stücken keine Wandprofile mehr rekonstruieren ließen. Das Fragment **HaNr. 152** erinnerte aber stark an die steilwandigen Becher, wie sie seinerzeit bereits aus Neuss und Oberaden vorlagen. Die Fragmente **HaNr. 102** und **152** sind heute verschollen, so daß keine weiteren Untersuchungen mehr möglich sind. Das heute noch erhaltene Wandscherb-

264 Oxé, Rhein 108 Nr. 303 (= **HaNr. 19**) bezeichnet das Randstück als profilierten Steilrand.

265 Diese Kelchform wird häufig als Krater bezeichnet, wohl weil kein Kelchgefäß im eigentlichen Sinne mit hohen Stengelfuß vorliegt. Beide sind jedoch Trinkgefäße. Darauf weist Kenrick in: Conspectus 165 zurecht hin. Zugleich muß aber die Form Consp. R 2.1.1 = **HaNr. 34** wegen des Standringes von den übrigen Kelchgefäßen abgerückt werden. Die Entsprechung in der Randprofilierung ist allerdings eindeutig.

266 Man wird sich an den Rändern der Formen 3a.b zu orientieren haben.

267 Oxé, Haltern (1943) 39.

268 Dragendorff, Haltern (1903) 75.

269 Loeschcke, Haltern (1909) 161 f.

chen (**HaNr. 153**), daß von OXÉ[270] den ACO-Bechern zugewiesen wurde, läßt sich vom Dekor[271] und auch vom Überzug her eher der Arretina zuweisen als den ACO-Bechern.

VON SCHNURBEIN ordnete bei seiner Untersuchung der unverzierten Terra-Sigillata ein Randfragment (**HaNr. 148**) den Bechern zu, da er unter der glatten Sigillata keine parallele Form finden konnte.[272] Durch diese Randscherbe ist eine Becherform mit zylindrisch verlaufender Wandung belegt. Der obere Wandstreifen ist glatt. Die Lippe wird durch eine Rille von ihm abgetrennt, wie eine weitere Rille zum möglicherweise verlorengegangenen Dekor überleitete. Es besteht eine Ähnlichkeit zur Randgestaltung der Becherform Oberaden 1a, wie z.B. **OaNr. 1**. Die Lippe ist durch die Rille in beiden Fällen leicht nach außen gerückt. Allerdings besitzt nur der Halterner Becher eine Riefelung im Bereich der Lippe und der Rille über dem glatten Wandstreifen, der hier übrigens auch höher ausfällt. Eine Rille läuft innen auf der Lippe um. Nimmt man eine ähnliche Proportionierung wie beim Oberadener Becher an (**OaNr. 1**), so muß man bei einem Durchmesser von 13 cm, wie er für **HaNr. 148** berechnet werden kann, von einer Höhe um 20 cm ausgehen. Die recht stattliche Wandstärke unterstützt diesen Eindruck zusätzlich. Der Stellenwert der Randscherbe kann jedoch ohne direkte Parallelen nicht zufriedenstellend geklärt werden. Durch das Fehlen der unteren Wandung ist man sogar des wichtigsten Indizes, des Dekors beraubt.[273]

Eindeutig um einen Becher handelt es sich bei dem Fragment **HaNr. 13**, das allerdings nur den unteren Wandbereich und Teile des Bodens überliefert.

Wenn auch der Nachweis der Becher in Haltern erbracht werden konnte, so fallen sie im Verhältnis zu den anderen Formen – insbesondere zu den Kelchgefäßen – zahlenmäßig kaum ins Gewicht. In Oberaden dagegen verhält es sich genau umgekehrt. Anscheinend sind Becher nicht mehr nach Haltern verhandelt worden. In Oberaden sind C. Annius und Rasinius als Produzenten der Becher bekannt. Diese lassen sich in Haltern aber nur noch fünfmal und dann ausschließlich durch Kelche belegen. Damit könnten hier direkte Zusammenhänge zwischen Gefäßform und Töpfer gezogen werden. Abgesehen davon, daß für Haltern ein anderer Hauptlieferant als für Oberaden galt, hat sich dieser hinsichtlich seines Formenrepertoires auf den Kundenmarkt eingestellt. Die Becher gehören eindeutig der mittelaugusteischen Phase an. Wahrscheinlich verschwinden sie noch in der Zeit vor Christi Geburt vom Markt. Der Becher vom Kopseplateau im Stile der „gruppo protobargateo" aus der arretinischen Offizin des Ateius dürfte hier zu den spätesten Exemplaren im Norden gehören.

Zwischen der Belegungszeit Oberadens und Halterns trat ein Geschmackswandel von den Bechern zugunsten der Kelche ein. Ein sprunghafter Wandel von den Becher- zu den Kelchformen ist allerdings nicht anzunehmen, da bereits in Oberaden Kelche vorkommen. Die Art der Belieferung spielt eine gewichtige Rolle. Man gewinnt also in bezug auf die verzierte Arretina tatsächlich nur indirekte Hinweise auf eine zeitliche Lücke zwischen den beiden Lagern.

Skyphos

Form 17

Die Form des Skyphos ist durch eine Randscherbe (**HaNr. 22**) und damit im Halterner Bestand als eine neue Form nachweisbar. Das Stück kann über die Punzen dem P. Cornelius zugewiesen werden. In Besançon[274] befindet sich ein in Form und Dekor identisches und darüber hinaus nahezu intaktes Stück, so daß das Aus-

270 OXÉ, Haltern (1943) 44 R 22.

271 Vgl. R. STEIGER, Forsch. in Augst 1 (Augst 1977) 55,1.2. Die Becherscherben aus Augst zeigen einen ähnlichen Dekor. Innen besitzen sie einen Überzug, der mit einem Schwamm aufgetragen worden ist.

272 VON SCHNURBEIN, Sigillata 64. Das Randstück ließ sich weder der Tasse Haltern 15 zuordnen, noch zeigt es irgendeine Verwandtschaft zu den anderen Halterner Formen. Er vermutete daher eine Reliefbecherform, etwa der Form Oberaden 1b (= **OaNr. 26**) vor sich zu haben. Das Randstück wird in Consp. R 9.2 unter den Kelchen mit hohem Steilrand aufgeführt.

273 Auffällig ist die festgestellte Qualität IV. Vielleicht ist hier mit einer Entstehung außerhalb Italiens zu rechnen.

274 Vgl. H. KLUMBACH, Jahrb. RGZM 22, 1975, 49 mit Abb. 1.

sehen des Halterner Gefäßes sicher rekonstruiert werden kann: Der eigentliche Gefäßkörper ist demnach eiförmig und mit einer glatten Lippe versehen, die nach innen schräg abgeflacht worden ist. Über dem Dekor befindet sich ein recht hoher glattbelassener Wandstreifen. Zwei Henkel mit Daumenplatten setzen seitlich direkt an der Mündung an und enden im Relieffeld. Der Fuß besteht aus einem einfachen Schaft über einer gut proportionierten, zweifach gestuften Platte.

Möglicherweise belegt eine weitere Randscherbe mit dem Ansatz eines Henkels – ebenfalls mit Daumenplatte – die Form des Skyphos (**HaNr. 149**). Allerdings kann es sich auch um eine zweihenkelige Tasse handeln, denn die Wandung scheint nach dem Erhaltenen im oberen Bereich sehr steilwandig zu verlaufen.[275] Die von LOESCHCKE erkannte Form Haltern 14 ist in dieser Form allerdings wohl kaum anzunehmen.[276]

Recht unsicher in der Ansprache ist die Wandscherbe **HaNr. 150**. Deutlich ist im Dekor die untere Ansatzstelle eines Henkels erkennbar. Da das Stück aber extrem klein ist, läßt sich über den Gefäßverlauf keine Aussage treffen. Skyphoi in arretinischer Technik sind aus den Lagern am Niederrhein bislang unbekannt.

Schüssel

Form 18
Schüssel oder Schale

Ein Fragment (**HaNr. 129**) scheint in Haltern die Form der Schüssel zu belegen. Der Dekor läßt sicher auf eine zweizonige Einteilung schließen, die durch einen glatten Wulst vorgenommen wird. Am oberen Rand taucht ein weiterer glatter Wulst auf, bei dem es sich wahrscheinlich um die ursprüngliche Lippe handelt. Die Wandung ist in diesem Bereich sehr dünn und läßt deshalb kaum noch einen höheren Aufbau zu. Der Durchmesser der Mündung wird bei ca. 15 cm gelegen haben, während die Enden der kreisförmig eingepunzten Anhänger (Punzen-Nr. 163) einen unteren Durchmesser von ca. 6 cm ergeben. Man wird – auch wegen der Proportionierung des Gefäßes – mit einem kleinen Standring rechnen müssen.

Möglicherweise repräsentiert dieses Fragment eine flache, zweizonige Schüssel mit gewulsteter Lippe, wie sie bei DRAGENDORFF als Form 29 vorkommt.[277] Die Schüssel Drag. 29 ist in Neuss mittlerweile gut belegt.[278] Die stilistische Eigenart des Dekors – ein Lorbeerkranzmotiv – eines Schüsselbodenstückes aus Neuss[279] läßt vermuten, daß Xanthus der Hersteller dieses Gefäßes war. In Haltern findet sich auf dem zweizonigen Kelch **HaNr. 44** das gleiche Motiv. Das Schüsselfragment aus Neuss wird so zeitlich nicht weit von dem Halterner Kelch entfernt sein. ETTLINGER schätzt es zu Recht *als spät, d.h. ans Ende des Halterner Horizontes und danach* ein.[280]

Über den Dekor kann das fragliche Schüsselfragment **HaNr. 129** nicht weiter eingegrenzt werden. Immerhin wird über die oben angeführte Parallele deutlich, daß Schüsseln der Form Drag. 29 schon in spätaugusteischer Zeit hergestellt wurden bzw. Vorläufer zu dieser Form existierten.

275 Zu vergleichen wäre eine Tasse des M. Perennius aus Ampurias: A. BALIL, Ampurias 21, 1959, 315 mit Anm. 16 und Abb. 2.

276 LOESCHCKE, Haltern (1909) 154 f. Abb. 5,1-4. Vgl. auch die Form Drag. 34 mit Varianten. Die Bezeichnung Haltern 14 wurde mittlerweile stark erweitert, da sie sich als unzureichend erwiesen hatte. M. SCHINDLER, Die „schwarze Sigillata" des Magdalensberges. Archäologische Forschungen zu den Grabungen auf dem Magdalensberg 1. Kärntner Museumsschriften 43 (Klagenfurt 1967) 32 schuf für Relieftassen den Begriff der Form Vindonissa 13; s. dazu den zusammenfassenden Forschungsüberblick bei J. DE GROOT in: Archeologie en Historie. Opgedragen aan H. Brunsting (Bussum 1973) 301 f. – Die Form Haltern 14 kann weitläufig verglichen werden mit der Form D.-W. IX. Sie repräsentiert die späte arretinische Epoche. Vgl. dazu die Beispiele aus Roanne, Vindonissa und Velsen I: **KatNr. 370, 371 373** – alle von Xanthus.

277 Eine sichere Zuweisung kann jedoch aufgrund des fragmentarischen Zustands nicht durchgeführt werden. Einen Hinweis auf die Existenz von Reliefschalen oder -schüsseln hatte bereits DRAGENDORFF, Haltern (1903) 75 geliefert (= **HaNr. 154**); das nicht abgebildete Stück ist verschollen.

278 z.B. ETTLINGER, Novaesium Taf. 58,1.2, wobei letzteres Stück aus Pisa stammt.

279 Ebd. Taf. 58,7.

280 Ebd. 42.

4. Fußformen

Systematische Untersuchungen allein zu Fußprofilen sind noch nicht vorgelegt worden.[281] Eine genaue Übersicht wird auch erst nach der Publikation der Töpferei-Funde aus Arezzo und Pisa möglich sein. Der folgende Abschnitt soll den Versuch darstellen, fragmentierte Fußformen anhand erhaltener Kelchformen näher einzuordnen. Aus Oberaden sind mittlerweile zwar Kelchformen mehrfach gesichert, doch haben sich bislang nie Teile des Fußes erhalten.[282] Hingegen liegen aus Haltern zahlreiche Kelche mit Fuß sowie fragmentierte Füße vor. Da einige Kelche den Stempeln nach aus demselben Betrieb stammen und zudem die gleiche Form aufweisen, sind hier besondere Beobachtungen zur Variation der Gefäßform möglich. Ein vollständiges Profil bieten folgende Kelche: **HaNr. 44** – Cn. Atei/Xanthi; **HaNr. 54, 56, 59, 62** – Cresti Atei Euhodi; **HaNr. 65** – Cresti Euhodi und **HaNr. 156** – ohne Zuweisung, aus Lyon. – Zum Teil stark fragmentiert erhalten sind folgende Stücke: **HaNr. 19** – P. Corneli; **HaNr. 31-33** – Atei bzw. **HaNr. 39** – Cn. Ateius/Hilarus; **HaNr. 49** – Cn. Atei/Xanthi; **HaNr. 52** – Cn. Atei/Zoeli; **HaNr. 146** und **147** – beide ohne Zuweisung.

Drei Füße weisen einen relativ hohen, ringverzierten Schaft auf: **HaNr. 31, 32** und **156**. Während die beiden erstgenannten Exemplare aus einem Betrieb des Cn. Ateius stammen, kommt das letztgenannte aus Lyon. Der Ring, der bei **HaNr. 32** noch eine feine Rille aufweist, sitzt genau in der Mitte des Schaftes. Die vom Bodenansatz stammenden Reste verweisen aller Wahrscheinlichkeit nach auf ein Gefäß der Form D.-W. I, ähnlich Kelch **HaNr. 156**. Der Schaft wird bei diesem Kelch durch drei übereinanderliegende Ringe verziert. Auch der Aufbau der zweistufigen Fußplatten ist zumindest bei **HaNr. 32** und **156** sehr ähnlich. Die unterste Stufe läuft schräg nach oben zu, dann flach, um sich zur zweiten Stufe aufzuwölben. Der Übergang zum Schaft kann durch eine Schwellung wie bei **HaNr. 32** betont sein oder aber unmittelbar erfolgen wie bei **HaNr. 156**.

Einfache Ringe um dünne Fußschäfte weisen häufig Kelche mit einem eiförmigen Körper aus dem Betrieb des Rasinius auf.[283] Zeitlich sind diese Kelche ungefähr ab dem 2. Jahrzehnt bis kurz vor Christi Geburt anzusetzen.[284]

Aus der Offizin des Ateius sind derartige Formen kaum bekannt. Frühe Kelche aus Arezzo, z.B. **KatNr. 19** und **20**, weisen eher auf halbkugelförmige Gefäßkörper auf hohen, unprofilierten Stengelfüßen hin. Die beiden Halterner Stücke stehen für sich allein. Die anzunehmende Gefäßform D.-W. I, die sich aus den Resten erschließen läßt, sowie die ähnlichen Fußausformungen im Betrieb des Rasinius lassen eine Entstehung der Kelchfüße **HaNr. 31** und **32** im ersten Jahrzehnt v. Chr. durchaus zu. Im Halterner Bestand gehören sie sicherlich zu den ältesten Ateius-Stücken und sind noch vor Christi Geburt zu datieren.

Unberührt von diesen Feststellungen bleibt der Kelch aus Lyon **HaNr. 156**. Weiter oben wurde bereits festgestellt, daß die Gefäßprofilierung eine frühe Zeitstellung nahelegen könnte.[285] Da jedoch weder genügend Vergleichsstücke aus der herstellenden Offizin bekannt sind noch über stratigraphische Befunde eine Einordnung möglich ist, kann ein engerer zeitlicher Ansatz des Kelches nur unter Vorbehalt erfolgen. Auffällig ist jedoch, daß sich viele Details des Gefäßaufbaus an Kelchen des letzten Jahrzehnts v. Chr. anlehnen und diese vereinfachend wiedergeben.

281 Vgl. KENRICK in: Conspectus 165.

282 Der umgekehrte Fall liegt in Dangstetten vor. Neben einem Randprofil des Service Ib/c wurden hier drei Kelchfüße geborgen. FINGERLIN, Dangstetten 1 (Stuttgart 1986) 432 Fst. 544,52; 450 Fst. 561,12; 455 Fst. 564,5. Der Fuß Fst. 544,52 ist bis zum Schaftansatz erhalten, von den beiden anderen existiert der untere Teil der Fußplatte. Man wird jedoch davon auszugehen haben, daß in allen drei Fällen zweigestufte, hohe Füße vorliegen. Die untere Stufe zieht bei allen Stücken nach unten konkav ein, um dann wie bei dem Fuß Fst. 544,52 eine genau gegenläufige Entwicklung zu einer hochgewölbten, zweiten Stufe durchzumachen. Spätere Fußplatten an Kelchen in Haltern sind flacher gehalten. Es gibt demnach eine Entsprechung in der Proportionierung von Fuß- und Gefäßform.

283 Vgl. K. ROTH-RUBI, H. Arch. Seminars Bern 4, 1978, 12 Abb. 1; ETTLINGER, Novaesium Taf. 54,1; M. ALARCÃO, Conimbriga 9, 1970, Taf. 1; J.W. HAYES, Hesperia 42, 1973, Taf. 85,88 – Rasinius.

284 s. auch das Kelchbodenfragment **OaNr. 31** mit Ringen am Schaft.

285 s.o. S. 46 f.

Von Interesse sind die Füße der Kelchformen D.-W. Ih und i, die aus derselben Offizin stammen. Aus dem Halterner Bestand können die Kelche **HaNr. 54,**[286] **56, 59** und **65** herangezogen werden. Bei der Kelchherstellung ist lediglich die Form des Körpers durch die Modelschüssel festgelegt; der Rand mit der Lippe sowie der Fuß werden nachträglich angesetzt. Dabei weisen die Kelchfüße – im Gegensatz zur Randausbildung – eine weit größere Variationsbreite auf. Diese Unterschiede beziehen sich nicht auf die Größe, sondern auf die technische Ausführung des Aufbaus der Fußplatten.

Der Schaft ist bei allen oben angeführten Stücken unprofiliert, kurz und gedrungen. Unterschiede ergeben sich in der Profilierung der zweistufigen Fußplatte. Deutlich voneinander abgesetzt sind die Stufen bei **HaNr. 56** und **65**, während sich bei **HaNr. 54** und **59** eine eher fließende Konturierung ergibt. Die Stufen sind durch rillenverzierte Wulste erkennbar. Eine solche Aufteilung ergeben auch die Füße von Kelchen der Form D.-W. III: **HaNr. 49** und **62**. Sie gehören zu den Fußplatten mit scharf abgesetzten Stufen, **HaNr. 44** eher zu den verschliffenen Ausprägungen.

Zugrunde liegen verschiedene Arbeitsgänge zur Herstellung eines Kelches. Der Rand wurde schon angedreht, während der Gefäßkörper noch in der Modelschüssel steckte. Der Fuß wurde erst angesetzt, nachdem das Gefäß aus dem Model gezogen worden war.

Gegenüber der größeren Variationsbreite der Fußformen lassen die sehr gleichförmigen Randgestaltungen vermutlich auf einen kleineren erstellenden Personenkreis schließen. Es könnte damit ein Hinweis auf eine Spezialisierung der Arbeiter innerhalb einer Werkstatt gegeben sein bzw. auf eine Parallelität der einzelnen Arbeitsschritte. Dieses ließe sich jedoch nur anhand von Reihenuntersuchungen innerhalb einer Werkstatt klären, was z.Zt. noch nicht möglich ist.

Singulär sind die Kelchfüße **HaNr. 52** und **146**. Recht zierlich erscheint der Fuß von **HaNr. 52**: Im Verhältnis zur Stärke des Schaftes ist der Durchmesser der zweistufigen Fußplatte auffallend gering. Das Profil ist markant ausgebildet. Die ursprüngliche Kelchform läßt sich nicht mehr angeben. Von einem sehr großen Gefäß muß der kräftige Schaft **HaNr. 146** stammen.[287] Kein anderer erhaltener Schaft innerhalb der Halterner Arretina weist eine ähnlich starke Wandung auf. Aus den erhaltenen Resten läßt sich nur noch auf eine Betonung der zweiten (?) Stufe der Fußplatte durch Rillen schließen. Der Ansatz des Schaftes an der Platte ist durch einen fast rechtwinkligen Anschluß besonders hervorgehoben. Die ursprüngliche Kelchform kann auch hier nicht mehr rekonstruiert werden. Stark fragmentiert sind die Reste der Fußplatten **HaNr. 19** und **147**, so daß das ehemalige Aussehen dieser Fußformen nicht mehr zu bestimmen ist.

Standringe von Kelchen sind in Haltern zweimal belegt; sie unterscheiden sich deutlich voneinander. Der verschollene Fußring **HaNr. 37** läßt keine Schlüsse über das Aussehen des Gefäßkörpers zu, wohingegen der Kelch **HaNr. 38** nahezu vollständig ist. Beide Produkte kommen aus Betrieben des Cn. Ateius aus Pisa, sind aber nach dem Stempel verschiedenen Ausführenden zuzuordnen. **HaNr. 37** erinnert im Aufbau stark an Kelchfüße. Der Fuß besitzt zwei Stufen, ist allerdings steil angelegt, der Fußring **HaNr. 38** weist keine Stufen mehr auf. Zwar erinnern im unteren Bereich noch eine Kehlung und im oberen Teil ein schräger Ablauf an diesen Aufbau, doch ist die Eigenständigkeit dieses Gefäßteiles stark zurückgenommen.

5. Zusammenfassung

Die verzierte Arretina aus Neuss weist hinsichtlich der Rand- und Gefäßformen eine typologische Reihe auf, die kurz vor dem sog. Oberaden-Horizont beginnt und noch über das Ende des Hauptlagers von Haltern hinausreicht. Allerdings erlaubt der Befund der frühen Anlagen in Neuss derzeit noch keine weiteren chronologischen Differenzierungen. Die Funde aus Moers-Asberg entsprechen etwa dem Horizont von Haltern, weisen aber auch manch älteres Stück auf (vgl. Formtafeln 1-6). Die Arretina-Funde aus den Lagern in Castra Vetera und Nijmegen[288] lassen ebenfalls keine eindeutigen chronologischen Schlüsse zu. Aus Dangstetten

286 Die Fußausbildung erinnert an ein Fußprofil aus dem Pisaner Töpfereiabfall; s. TAPONECCO MARCHINI, Pisa 7 Abb. 2 D 11.

287 Möglicherweise von einem Kelch mit Steilrand. Vgl. Consp. R 6.11. Der Fuß ist ähnlich niedrig und breit.

288 Es liegen nur wenige Hinweise zum Befund dieser augusteischen Lager vor: N. HANEL, Überlegungen zum Beginn der römischen

ist neben drei Kelchfüßen nur ein Randprofil eines Kelches bekannt, das sich dem Service Ib.c zuweisen läßt. Eine direkte Parallele zu diesem Profil ist aus Oberaden nicht bekannt. Es bleibt also nur die Möglichkeit, zwischen dem Bestand Oberadens und Halterns zu differenzieren.

Form / **Töpfer**	1a	1b	1c	1(?)	2	3	4a	4b	4(?)	5	Unbekannt	Anzahl
C. Annius	7			8	1			1			1	18
Rasinius	2				1			1	2			6
Ateius (?)		3										3
M. Perennius									1			1
Unbekannt			1	8		1	1		1	1	1	14
Summe	9	3	1	16	2	1	1	2	4	1	2	42

Abb. 9 Töpfer und Gefäßformen in Oberaden.

Bei der Gegenüberstellung der Bestände von Oberaden und Haltern ergeben sich große Unterschiede. Becherformen, die in Oberaden eindeutig vorherrschen (69%), sind in Haltern nur anhand weniger, heute zum größten Teil verschollener Scherben (3,2%) nachweisbar. Eine Unterteilung in drei Unterformen wie in Oberaden ist nicht möglich. In Haltern nicht nachweisbar ist die Oberaden Form 2, die aber im Neusser Bestand in leicht abgewandelter Form vorkommt.[289] Die verschiedenen Becherausprägungen in Oberaden verweisen auf die spezifische Produktion bestimmter Betriebe, so sind die Becherformen Oberaden 1a und die Kelche der Form Oberaden 4b typische Erzeugnisse des C. Annius und des Rasinius. Die kurze Belegungszeit von 11-8/7 v. Chr. läßt eine feintypologische Unterscheidung allein aus methodischen Gründen nicht zu.[290] Keine Parallelen fanden sich im Halterner Bestand zu den Rändern der Oberaden Formen 3 und 4a (**OaNr. 29** und **30**). Dagegen konnten in Neuss einige Beispiele entdeckt werden.[291]

Eine leichte Überschneidung ergab sich bei den Kelchprofilen von **OaNr. 10, 20** und **HaNr. 4, 108** (Oberaden Form 4b und Haltern Form 1). Dabei stammen **OaNr. 20** und **HaNr. 4** aus der Werkstatt des Rasinius. Glatte Sigillaten des Rasinius in Haltern kommen aus Lyon,[292] die Kelche aber aus Arezzo. Wahrscheinlich kamen diese Kelche (**HaNr. 4** und **108**) im Troß nach Haltern. Sie wurden also zu einem früheren Zeitpunkt und an einem anderen Ort als in Haltern erworben. Die Oberadener und die Halterner Stücke liegen zeitlich nicht sehr weit auseinander. Die gleiche Feststellung scheint nach der Formgebung der Lippe auch auf die Kelchrandscherbe **HaNr. 108** zuzutreffen. Im Verhältnis zur Gesamtmenge des jeweiligen Bestandes kommen die Kelchformen (zu denen hier auch der Krater **OaNr. 29** gerechnet wird) in Oberaden wesentlich seltener als in Haltern vor. Da es sich in Haltern nur noch um höchstens zwei Kelche handelt, die Parallelen in Oberaden besitzen, darf davon ausgegangen werden, daß hier nicht regelrecht verhandelte Produkte vorliegen, sondern eher mitgebrachte Einzelstücke.

Besetzung auf dem Fürstenberg bei Xanten in: B. TRIER (Hrsg.) Die römische Okkupation nördlich der Alpen zur Zeit des Augustus. Kolloquium Bergkamen 1989. BAW 26 (Münster 1991) 25 ff. u. J.K. HAALEBOS, Das große augusteische Lager auf dem Hunerberg bei Nijmegen, ebd. 97 ff. Die verzierte Arretina ist zudem recht knapp vertreten. Der Becher aus Nijmegen bildet eine jüngere Parallele zu dem Becher **OaNr. 26**.

289 ETTLINGER, Novaesium Taf. 62,1 – C. Annius.

290 Möglicherweise stellen die Becher der Form 1b die jüngsten Stücke dar, da sie wahrscheinlich von Ateius aus der Offizin in Pisa stammen, die während der Belegungszeit Oberadens erst zu produzieren begann. Ein endgültiger Beweis ist noch nicht möglich.

291 ETTLINGER, Novaesium Taf. 59,3; 54,3 – Rasinius.

292 VON SCHNURBEIN, Sigillata 103-106. Stempel des Rasinius Nr. 651-666; die Stempel Nr. 667-668 stammen vermutlich aus Italien; Acasti/Rasini Nr. 669-676; Rufi/Rasini Nr. 677-680.

D.-W. Formen / Töpfer	Ic	III	I/	Ik/I	Ih	Ii	Steilrand	Anzahl
Annius								
Rasinius	1							1
M. Perennius	1				1			2
protobargateo								
Lyon (?)			2					2
P. Cornelius	1	1					2	4
Ateius/Arezzo	2							2
Ateius/Arezzo/Pisa	1			1	1			3
Ateius/allg.	11	3		1	2	1		18
Narcissus								
Hilarus								
Xanthus	1	2		1				4
Zoelus								
Cresti Atei Euhodi		1			3			4
Cresti Euhodi						2		2
Lyon	1							1
Unbekannt	4	2	1			2		9
Summe	23	9	3	3	7	5	2	52

Abb. 10 Töpfer und Kelchformen in Haltern.[293]

Den Formen 1-6 (Service I) lassen sich 23 Ränder sicher zuordnen. Neun Randprofile gehören zu den Formen 7a.b (Service II). Zu den übersteigerten Service-II-Formen (Form 13) sind drei Exemplare zu rechnen. Kelche mit gerundeter Lippe (Formen 8-10) liegen insgesamt dreizehnmal vor. Dreimal konnten geschnürte Formen (Formen 11-12) erkannt werden. Form 14 – die Steilränder – konnte zweimal sicher nachgewiesen werden. Von der Form 15 existieren keine Randscherben, obwohl mit **HaNr. 34** ein nahezu vollständiges Gefäß vorliegt.

Die Masse der Randformen gehört zum Service Ic. Die zeitliche Stellung besonders der Service-Ic-Formen mit Ausnahme des frühen Rasinius-Kelches ist kaum zu fassen; sie sind zu indifferent. Sie könnten, da sie in Oberaden fehlen und in Haltern zu den häufigsten Formen zählen (44,2%), auf eine zeitliche Lücke zwischen beiden Lagern hinweisen.[294] Die verzierte Arretina kann jedoch keine sichere Datierung liefern.

293 Es wurden nur Randscherben von Kelchen gezählt. Manche Wandscherbe verweist durchaus noch auf das Service II (D.-W. III). Die anderen Kelchwandscherben stammen von halbrunden Gefäßformen, lassen sich darüber hinaus jedoch nicht genauer spezifizieren.

294 Vielleicht kann der Kelch des HILAR[.../L.AVILI SVR[AE] mit einer Service-Ic-Lippe hier einen schwachen Hinweis geben. Durch die Anspielung auf zwei historische Daten in der Wiedergabe des Dekors liegt für das Gefäß ein Entstehungsdatum nach 3 n. Chr. vor: OXÉ, Rhein 97 ff. Taf. 52,220a.b. Zusammenfassend D.-W. 160 ff.

Randprofile mit gerundeter Lippe müssen wahrscheinlich nach der Zeitenwende angesetzt werden. Sie bilden 23% des Halterner Gesamtbestandes. Gegen Ende des Hauptlagers Haltern müssen die Kelche mit gegliedertem Steilrand (Formen 7a.b) und die übersteigerten Service-II-Ränder (Form 13) angesetzt werden. Mit insgesamt zwölf Exemplaren machen sie in gleicher Weise 23% der Randprofile aus.[295] Ebenfalls gegen Ende des Hauptlagers müssen die geschnürten Kelchränder datiert werden; sie bilden keine starke Gruppe (5,7%). Wohl die jüngsten Beispiele sind die Steilränder aus dem Betrieb des P. Cornelius. Einige Fragmente (**HaNr. 21** und **23**) belegen die Form zeitlich noch über die beiden Randscherben hinaus, doch sind sie im Bestand sehr selten, wodurch ihre späte Stellung unterstrichen wird.

Erkennbar ist in Haltern ein kontinuierlicher Fluß der Gefäßformen. Es existieren keine Lücken, die auf zeitlich verschiedene Belegungsphasen hindeuten könnten. Darüber hinaus ist stets zu beobachten, daß eine spezielle Gefäßform auf eine bestimmte Töpferei zurückzuführen ist (Abb. 10).

Die Kelche des P. Cornelius nehmen schon das Formengut tiberischer Bestände vorweg. Die Masse der Kelche aber kommt aus den Werkstätten des Ateius in Pisa und prägt somit den sog. Haltern-Horizont. Produkte aus Arezzo sind vermutlich nur mit wenigen Beispielen vertreten.

6. Gefäßformen der Ateius-Gruppe

Anhand der Produkte des Cn. Ateius, seiner Sklaven und Freigelassenen stellt sich die Frage, inwieweit typische Rand- und Gefäßformen innerhalb bestimmter Töpfereien vorkommen. Möglicherweise lassen sich dadurch auch Hinweise auf die zeitliche Stellung der Betriebe untereinander gewinnen. Dabei wird die Gesamtheit der bisher bekannt gewordenen Gefäßformen zu berücksichtigen sein.

Bereits HÄHNLE hatte den Versuch unternommen, Gefäße der Ateius-Gruppe typologisch zu erfassen.[296] Neben den Halterner Funden stand ihm ein Katalog von 13 Vergleichsstücken zur Verfügung.[297] Er unterschied insgesamt vier Formen, von denen sich eine noch in zwei Varianten untergliedern ließ.[298] Er kam zu der Feststellung, daß alle Formen in Haltern Parallelen zu Gefäßen anderer Töpfer in Arezzo aufweisen, mithin die Kelche des Ateius also italisch sind und nicht aus der Provinz stammen.[299] Den Stammbetrieb nahmen DRAGENDORFF[300] und OXÉ zwar in Arezzo an,[301] OXÉ hielt aber nur einen geringen Teil der ihm bekannten Ateius-Gefäße für italischen Ursprungs.[302] Den Großteil lokalisierte er nördlich der Alpen. Die „provinziellen" Gefäße unterteilte OXÉ in drei Formen.[303] DRAGENDORFF/WATZINGER ließen die Frage der lokalen Zuweisung

295 Die vermutlich aus Lyon stammenden Kelche **HaNr. 14** und **15** gehören schon zu den entwickelten, gegliederten Steilrandformen (Form 13), die gegen Ende des Hauptlagers von Haltern anzusetzen sind.

296 HÄHNLE, Haltern (1912) 90-94.

297 Ebd. 87-90.

298 Ebd. Form A mit überhängender Lippe = Drag. 11; LOESCHCKE Form 18. HÄHNLE verweist auf den Mainzer Kranichkelch – **KatNr. 5** sowie auf je ein Fragment in Autun und Angers. Form B mit gegliederter, steiler Lippe = LOESCHCKE Form 19. Diese Form ließ sich in zwei Varianten untergliedern: Bei Form Ba sind Boden und Wand abgesetzt und durch einen plastischen, rädchenverzierten Reif getrennt (**HaNr. 62**). Form Bb, die eine Verbindung der Formen A und B darstellt, besitzt eine Wand, die in Richtung des Bodens „wie die breite Basis eines Eies" gewölbt ist. Ein rädchenverzierter Reif trennt Wand und Boden (Mainzer Akanthuskelch, Fragment in Xanten und Kelch in Foxton). Form C besitzt eine gerundete Lippe (**HaNr. 29, 54, 56, 58, 59**). Eine horinzontal abgeschnürte Lippe und kleine Henkel weist Form D auf (**HaNr. 65**).

299 HÄHNLE, Haltern (1912) 94: Sowohl Gefäßformen wie Typenschatz verweisen auf einen Produktionsort nahe Arezzo und nicht auf einen südgallischen. Die Verwandtschaft zu Cornelius- und M. Perenniusformen ist gegeben. Ebd. 97: E*s weisen also die Reliefbilder der Ateiuskelche ebenso wie die Gefäßformen auf arretinisch-italischen Ursprung hin. Den Übergang von italischer zu gallischer Art bilden sie auf keinen Fall.*

300 D.-W. 170 ff.

301 OXÉ, Rhein 36 ff. u. ders., Haltern (1943) 62.

302 So den Mainzer Kranichkelch – **KatNr. 5**, einen Becher aus Neuss, **KatNr. 4**, je ein Fußfragment aus Xanten **KatNr. 232** und Mainz, die Horenkelche in London, Paris und Dresden **KatNr. 7, 11** und **12**, dazu noch zwei weitere Fragmente in München **KatNr. 13** und **46**.

303 OXÉ, Rhein 38 f.: Form 1: *Die provinziellen Ateius-Kelche kennen nicht mehr die längliche, ovale Form des Gefäßkörpers: der*

weitgehend offen. Einen zeitlichen Anhalt für ein Produkt aus Arezzo, das im Rheingebiet gefunden wurde, vermittelt nach Meinung OXÉs der Mainzer Kranichkelch, den er zwischen 10-5 v. Chr. datierte.[304]

Bis heute hat sich das Arretina-Formenrepertoire mit der Anzahl der Neufunde ständig erweitert. Durch PORTEN PALANGE ist bekannt geworden, daß in Arezzo Kelche, Modioli, Tassen mit zwei Henkeln, Becher und Krüge hergestellt wurden.[305] Das Formengut des Werkstattfundes in Pisa bleibt unbestimmt. Neben Platten, Tassen und Bechern wurden auch Kelche produziert, wobei deren genaue Formgebung allerdings im Unklaren bleibt. Anhand des glatten Geschirrs setzt TAPONECCO MARCHINI den Beginn der Werkstatt in die Jahre 12-10 v. Chr.[306]

Verwerten ließen sich im Katalog der Vergleichsfunde von den insgesamt 433 Gefäßen nur 145 im Hinblick auf die genaue Gefäß- und Randform. Dazu kommen noch 40 Gefäße aus Haltern und eines aus Oberaden (**OaNr. 26**). Von dem gesamten Bestand (521 Gefäße, die sich aus den 433 Vergleichsfunden, 83 Halterner, 3 (?) Oberadener und 2 Anreppener Gefäßen zusammensetzen) stehen damit 186 Randstücke für die Auswertung zur Verfügung (s. Tab. 10).

Deutlich tritt zutage, daß unter den Produkten Arezzos typologisch frühe Randformen wie D.-W. Ia und Ib auftauchen, die in Pisa bisher zu fehlen scheinen. Hier setzen erst Gefäße der Form D.-W. Ic ein. In Arezzo fehlt dagegen nach dem heutigen Forschungsstand die ganze Bandbreite der Service-II-Formen. Neben Bechern (D.-W. X und XIII) erscheint noch die Tasse der Form Vindonissa 13. Nur wenige Kelche der Form D.-W. III konnten erkannt werden sowie ein Kelch mit einer Sonderform des Service II. Es ergibt sich demnach eine Lücke im Bestand, die – sind die typologischen Zuweisungen exakt – auf ein mögliches Einstellen der Produktion von Reliefkeramik in Arezzo hinweisen könnte. Gerade in Pisa wurden die Formen hergestellt, die in Arezzo noch nicht nachgewiesen sind. Allerdings darf dieser Befund nicht überinterpretiert werden, da die ausgesprochen schlechte Publikationslage leicht ein falsches Bild entstehen läßt.

Das Spektrum der bekannten Formen aus Pisa setzt nach heutigem Kenntnisstand mit dem Typ D.-W. Ic ein, der in Haltern stark vertreten ist. In Pisa wurden anscheinend hauptsächlich Gefäße mit späten Ic-Rändern, Service-II-Formen und Kelche mit Steilrand produziert. In Neuss findet sich bereits eine Schüssel der Form Drag. 29 aus Pisa. Unter den unbestimmten Stücken aus Pisa, die hier summarisch dem Cn. Ateius zugerechnet wurden, gibt es also die Formen D.-W. Ic, Ic Sonderform, II, III, XIII, Sonderformen des Service II, Steilränder und die Tasse Vindonissa 13.

Anders als in Arezzo, von wo nur Gefäße mit dem Namen des Firmenbesitzers bekannt sind, scheinen in Pisa bestimmte Formen von unterschiedlichen Töpfern der Ateius-Gruppe bevorzugt worden zu sein. Viele Gefäße lassen sich jedoch typologisch nicht mehr einordnen, da es sich um Wand- oder Bodenscherben handelt (Tab. 10). Durch die Funde aus Haltern kann diese Übersicht jedoch gut ergänzt werden. Nur Cn. Ateius/Xanthus ist gut vertreten. Sein Repertoire erstreckt sich von Formen wie D.-W. Id, e, II, III über den Becher XIII, der Tasse Vindonissa 13, Kelchen mit Steilrändern bis hin zur Schüssel der Form Drag. 29.

Reliefteil macht höchstens die Hälfte einer Kugel aus, so daß der ganze Kelch niedrig und breit erscheint. Dafür erhält der angesetzte Steilrand eine desto größere Höhe und wird oft im Übermaß mit Hohlkehlen und geriefelten Wulstringen profiliert. Form 2: *Eine zweite Kelchform, die für die provinziale Ateius-Ware und ihre Zeit charakteristisch ist und namentlich von Ateius-Xanthus verwendet wird, ist der zweizonige barocke Kelch mit geknickter Wandung. (...) So wenig wie die vorige Kelchform ist sie eine Eigenart nur des Ateius-Betriebes, sondern begegnet zu derselben Zeit auch in den Töpfereien des P. Cornelius und Bargathes. Besonders charakteristische Vertreter dieser Kelchform und ihrer zweizonigen Zierweise sind die beiden Neusser Xanthus-Kelche X (LIX) 32.34 und der bekannte Mainzer Xanthus-Kelch XVII 73; ferner die Parallelen aus Haltern XXXVII 138 und Foxton XXXVIII 139. Kleinere Bruchstücke sind XI 42. XII 52. XV 69. XVII 74.75. XIX 89. LXXII 102. Die ältesten gallischen Reliefschüsseln der Form Drag. 29 lehnen sich, (...) bis zu einem gewissen Grade in Form und Verzierung an diese ihnen zeitlich nahe stehenden Vorbilder griechischer und italischer Töpfermeister an.* Form 3: *Eine ganz abnorme Form, die nur in der barocken Neurungssucht eine Erklärung findet, zeigt der (ergänzte) zweizonige Xantener Xanthus-Kelch III 2: sie ist der Tassenform des Halterner Typ 11 entlehnt, die um 15 nach Chr. Geb. in Aufnahme kam.*

304 D.-W. 173 möchten diese Frage noch offenlassen. Vgl. ETTLINGER, Novaesium 42.

305 Die Bezeichnung „coppe carinate“ ist etwas verwirrend. Wahrscheinlich sind Kelche der Form D.-W. III gemeint, PORTEN PALANGE, Ateius 183 mit Anm. 2.

306 TAPONECCO MARCHINI, Pisa 6 u. 9.

In Haltern taucht noch ein Kelch der Form D.-W. Ic Sonderform auf. Nichts ist über Kelchformen des Euhodus, Narcissus und Zoelus bekannt.

Von Cn. Ateius/Hilarus liegen ein Kelchfragment der Form D.-W. Ic und der Krater aus Haltern vor. Da der Rand des letzteren Gefäßes weggebrochen ist, lassen sich diesbezüglich keine weiteren Schlüsse ziehen. Es wurden von ihm vornehmlich Kelche erstellt. Wenig ist auch über Cn. Atei/Cresti bekannt. Der Nachweis der Kelchform D.-W. I*l* und des Skyphos VII sind unsicher. Weiter findet sich noch die Tasse Vindonissa 13. Der einzig sichere Nachweis der Kelchform Ih verweist schon auf die Kelche, die Crestus zusammen mit Euhodus produzierte.

Cn. Atei/Euhodi ist in Haltern nur durch einen singulären Fund belegt, die Gemeinschaftsprodukte von Crestus und Euhodus sind dagegen recht zahlreich. Haltern wird damit im besonderen die Hauptproduktionsphase dieser Töpfergemeinschaft wiedergeben. Die anderen bekannten Gefäße schließen sich in Form und Dekor nahtlos an. Es sind vorwiegend Kelche der Formen D.-W. Ih, i und III bekannt. Die Parallelfunde stützen dieses Bild in spärlicher Weise. Die Olpe (**KatNr. 432**) und die Schüssel (**KatNr. 433**) stammen aus einer Modelschüssel für Kelche der Form Ih bzw. i. Ein zweizoniger Kelch D.-W. III liegt aus Moers-Asberg vor.

Das bekannte Typenspektrum der Pisaner Produkte ist demnach sehr breit. Eine spezielle Typologie für jeden einzelnen Töpfer läßt sich damit allerdings noch nicht erarbeiten. Einen großen Einblick gestatten die Produkte des Xanthus und die der Produktionsgemeinschaft von Crestus und Euhodus. Die verschiedenen Gefäßformen des Xanthus von der Sonderform Ic bis zu übersteigerten Service-II-Formen vermitteln wahrscheinlich eine mehrmalige, vielleicht über einen längeren Zeitraum gehende Belieferung Halterns mit seinen Produkten.

Eine Datierung der Töpfereien bzw. ihr zeitliches Verhältnis zueinander ist nur annähernd möglich. In Haltern konnten frühe Formen wie D.-W. Ia und b nicht nachgewiesen werden. Das früheste Stück scheint der Skelettkelch **HaNr. 27** zu sein. Die Übersicht auf Abbildung 11 zeigt sechs Ateius-Gefäße im Vergleich: Sehr frühe Stücke aus Arezzo sind **KatNr. 150** (Titelberg)[307] und **KatNr. 71** (Kunsthandel Bern). Beide Stücke besitzen eine halbkugelige Gefäßform. Die obere Wandung verläuft zunächst annähernd senkrecht, um dann weit auszuladen. Die Lippe ist unterschnitten und außen durch eine breite Kehle profiliert. Unterschiedlich ist die Ausarbeitung der Lippe, sie wird bei **KatNr. 71** bereits steil gestellt, ist aber von der Gesamterscheinung noch nicht so dominant wie bei späteren Stücken (vgl. **HaNr. 25** und **34**). Die Kelche **KatNr. 71** und **150** gehören durchaus schon zum Service Ic. Eine Riefelung fehlt in beiden Fällen; beide Kelche stammen aus Arezzo.[308] Der Halterner Skelettkelch **HaNr. 27** unterscheidet sich von diesen in der Gefäßform: Der halbkugelige Kontur wirkt seitlich eingedrückt und damit eiförmig. Die Lippe gehört zwar auch zum Service Ic, stellt aber doch schon eine Weiterentwicklung der Lippenform von **KatNr. 71** dar. Die Herkunft des Kelches konnte leider nicht zweifelsfrei geklärt werden, möglicherweise ist eine Herkunft aus Arezzo anzunehmen. Zeitlich gehört der Kelch noch in die Jahre vor Christi Geburt, wohl nicht weit entfernt vom zeitlichen Ansatz des Kranichkelches, der sich in der Gefäßform anschließt, aber eine andere Variante der sich nach außen erweiternden, mehrfach profilierten Lippe (D.-W. I) aufweist. Der Kranichkelch stammt aus Arezzo.

Aus dem Halterner Bestand wurde u.a. der Kelch **HaNr. 25** Arezzo zugerechnet. Anklänge an das Gefäßprofil der Kelche vom Titelberg und aus dem Berner Kunsthandel sind augenfällig. Aber auch der Kelch **HaNr. 34** (Pisa) besitzt eine ähnliche Formgebung. Die Lippe stellt bereits bei den Gefäßen **HaNr. 25** und **34** typologisch eine Übergangsform vom Service I zum Service II dar. Die Entwicklung ist klar ersichtlich.

Die Gegenüberstellung von Gefäßformen der beiden Produktionsstätten in Arezzo und Pisa zeigt, daß es zu den frühen Kelchrandprofilen, wie **KatNr. 5, 71** und **150**, noch keine Entsprechungen gibt. Erst die später anzusetzenden Formen, wie **HaNr. 25** und **34**, zeigen Übereinstimmungen. Vollständige Kelchprofile aus

307 Der Kelch stammt aus augusteischem Kontext (Keller 8), kann aber leider zeitlich nicht genauer gefaßt werden. Vgl. J. METZLER, Publ. Section hist. Inst. Luxembourg 91, 1977, 37 ff.

308 Die halbkugelige Kelchform auf hohem, unprofiliertem Stengelfuß mit einem Lippenprofil wie **KatNr. 71** findet sich sehr häufig unter den publizierten Ateius-Produkten aus Arezzo. Vgl. z.B. **KatNr. 19, 20** und **35**.

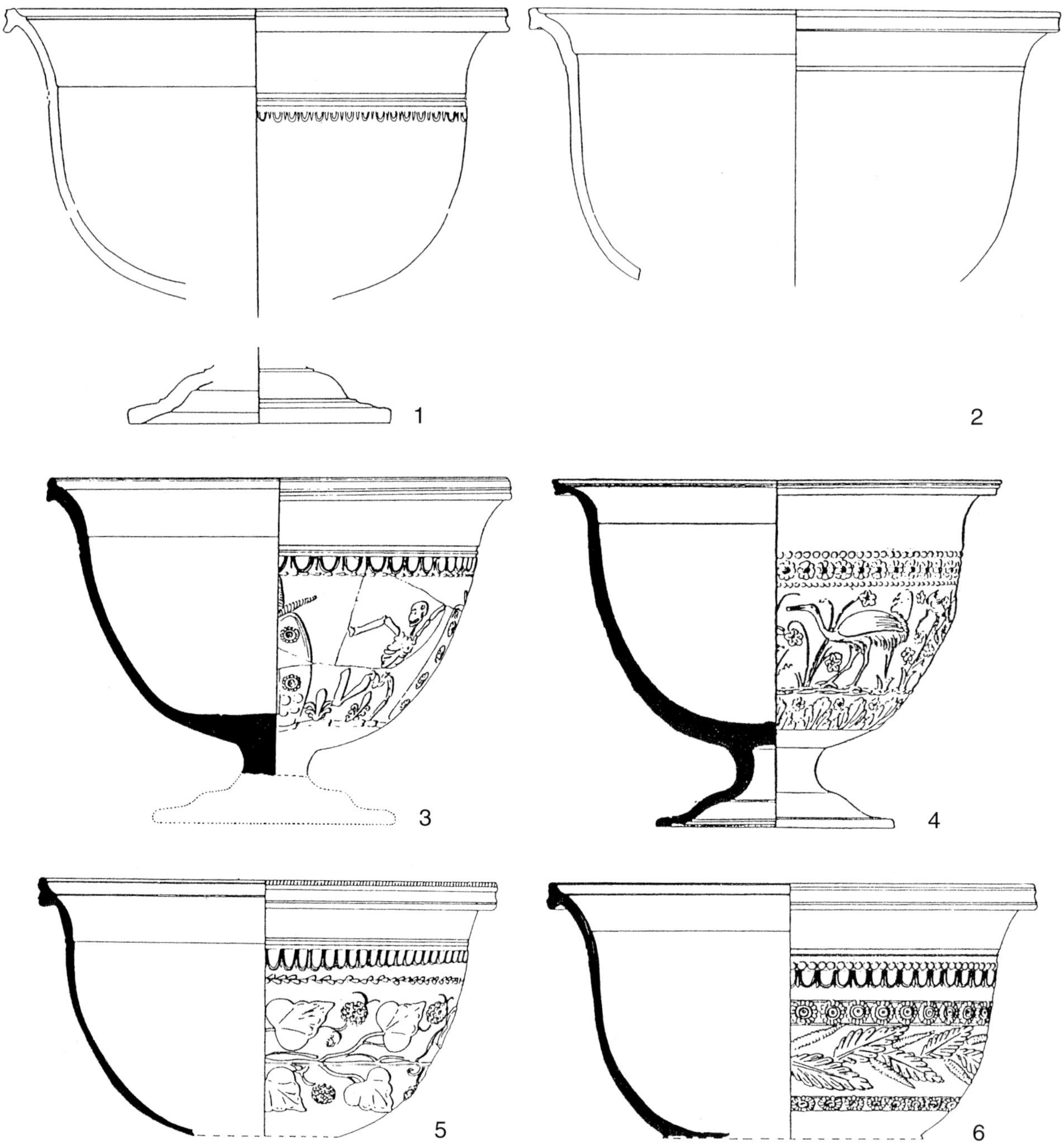

Abb. 11 Formenübersicht ausgewählter Gefäße des Ateius: ***KatNr. 150*** *(1);* ***KatNr. 71*** *(2);* ***HaNr. 27*** *(3);* ***KatNr.5*** *(4);* ***HaNr. 25*** *(5);* ***HaNr. 34*** *(6). M. 1:4.*

dem Töpferabfall von Pisa sind aber noch nicht bekannt, so daß hier noch keine endgültige Lösung in Sicht ist. Über glatte Sigillaten scheint der zeitliche Ansatz der Offizin in Pisa gefaßt worden zu sein. TAPONECCO MARCHINI geht von etwa 15 v. - ca. 20/30 n. Chr. aus.[309] Mit dem Becher **OaNr. 26** ist möglicherweise auch

309 TAPONECCO MARCHINI, Pisa 6 Abb. 2 u. 9.

ein Anhalt für den Beginn der Produktion von Reliefkeramik gewonnen worden, der dieser Datierung nicht widerspricht. Welche Formen aber daneben von Anfang an produziert wurden, ist unbekannt.

Der genaue Beginn der Reliefkeramikproduktion in Arezzo ist unklar. Zeitlich muß er vor der Gründung der Filiale in Pisa liegen. Allerdings wird man nicht sehr weit zurückgehen dürfen, da sich keine gravierenden Formunterschiede ergeben.

Cn. Ateius hat wohl nach Erkennen der Absatzchancen im Zusammenhang mit dem Alpenfeldzug und den Germanenkriegen reagiert und in der mit einem Seehafen ausgestatteten Stadt Pisa eine Filiale gegründet, die auf Massenproduktion ausgelegt war. Zu diesem frühen Zeitpunkt beherrschten offensichtlich zunächst noch C. Annius und Rasinius den Markt. Cn. Ateius ist nur in Dangstetten sicher belegt, in Oberaden wird er nur vermutet; Cn. Ateius mußte sich wohl zunächst der Konkurrenz erwehren. Dazu paßt auch, daß nur wenige Stücke aus Arezzo in den Nordwesten des Reiches gelangten.[310] Bald darauf aber dominieren Ateius-Waren in den Lagern am Niederrhein und an der Lippe, besonders in Haltern, wobei die glatten Sigillaten aus Pisa und mehrheitlich aus Lyon stammen und die Reliefgefäße fast ausschließlich aus Pisa importiert wurden.[311]

Der Kelch **HaNr. 27**, als frühes Stück, mag noch ein Mitbringsel im Soldatengepäck sein. Die zeitlich direkt folgenden Formen des späten Service Ic kommen mehrheitlich aus Pisa. Dies kann kein Zufall sein. Hier liegt offensichtlich der Beginn einer geregelten Beschickung Halterns mit Reliefgefäßen der Ateius-Gruppe aus Pisa vor. Der zeitliche Ansatz ist nicht genau festzustellen. Diese Formen zeigen sich gegenüber den aus Dangstetten und Oberaden bekannten entwickelter. Wie groß der zeitliche Abstand ist, ist kaum zu fassen. Der Zeitpunkt liegt wohl noch im 1. Jahrzehnt v. Chr. Unberührt davon bleibt dabei der tatsächliche Beginn der Anlagen Halterns, insbesondere des Hauptlagers.

310 Vgl. dazu Tabelle 11.

311 ETTLINGER, Novaesium 35: *Die Blütezeit des Ateius fällt in die Halterner Epoche und entspricht offensichtlich der Produktion der Filiale in Pisa.*

III. Töpfer in Oberaden

1. Übersicht

Der Gesamtbestand der verzierten Arretina aus Oberaden steigerte sich von den durch OXÉ und LOESCHCKE publizierten 13 Gefäßfragmenten auf 42 Exemplare. Zu beachten ist diesbezüglich, daß einige der Neufunde aus dem Bereich der Lagermitte stammen, in der schon in den Jahren 1908/9 gegraben wurde. Es besteht dadurch die Möglichkeit, daß einige Fragmente aus den Altgrabungen und aus den neueren Grabungen ein und demselben Gefäß angehören.[312] Da die Altfunde bis auf wenige Stücke verschollen sind und zudem die Neufunde sehr klein zerscherbt sind, kann eine eindeutige Trennung nicht mehr vorgenommen werden. Angesichts dieses Sachverhaltes wurde jede Scherbe, soweit sie sich nicht an bekannte Stücke anschließen ließ, für sich gezählt. Hauptsächlich handelt es sich um Gefäßreste, die der Offizin des C. Annius zugewiesen werden konnten. Eine Verzerrung des Gesamtbildes ist nicht zu befürchten, denn die Anteile des C. Annius sind so hoch, daß seine Offizin führend bleibt. Insgesamt konnten aus dem Oberadener Material vier verschiedene Herstellungsbetriebe herauskristallisiert werden (Abb. 12).

Aus dem Betrieb des C. Annius stammen mit über 42% die meisten Gefäße. Durch den Stempel [PANTA]GATHVS C. ANNI ist ein Sklave des C. Annius sicher überliefert (**OaNr. 1**). Über den gleichartigen Dekor läßt sich unmittelbar die Schale **OaNr. 2** diesem Töpfer zuweisen, so wie auch die Stücke **OaNr. 3-5**. Sie weisen die typischen Dekorschemata des Pantagathus auf. In keinem anderen Fall war eine derartig weitgehende Bestimmung des Töpfers über den Namen des Firmeninhabers hinaus möglich.

Die Produkte des Rasinius stellen die zweitstärkste Gruppe dar. Sie machen über 14% der Gesamtmenge aus. **OaNr. 19** überliefert den Namen des Rasinius in Form eines Außenstempels. Sind die Produkte des C. Annius und des Rasinius relativ sicher zu bestimmen, so sind die drei Gefäßreste (7% der Gesamtmenge) im Stile der „gruppo protobargateo" sehr problematisch. ETTLINGER vermutete bereits im Fall von **OaNr. 26**, daß es sich um ein Produkt des Cn. Ateius aus Pisa handeln könne.[313] Aus dem gesamten Material treten die fraglichen Stücke durch ihren Dekor deutlich hervor.[314] Nur durch ein kleines Fragment (**OaNr. 25**) wird die Töpferei des M. Perennius belegt. 33% der Oberadener Reliefsigillata ist zu stark fragmentiert, um noch eine Aussagekraft zu besitzen.

Das Spektrum der in Oberaden vorkommenden Töpfer ist damit klar umrissen. Die Anwesenheit von C. Annius und Rasinius ist seit langem bekannt, ihre frühe Stellung innerhalb der aus Arezzo stammenden Arretina unbestritten. Durch Stempel auf unverzierter Terra Sigillata in Oberaden sind ein Annius ohne Praenomen und Rasinius vertreten.[315]

Die für die einzelnen Produkte festgestellten Qualitäten (vgl. Tab. 6) zeigen innerhalb der vertretenen Betriebe nur geringe Schwankungen. Produkte des C. Annius weisen hauptsächlich die Qualitäten II und V auf. Die Qualitäten I? und V? kommen bei ihm jeweils nur einmal vor. Auch die Produkte des Rasinius weisen diese Qualitäten auf. Die Dominanz der Qualität II fällt unter den Produkten auf. Der erhaltene Becher **OaNr. 26** weicht in der Qualität des Tons und besonders des Überzuges von anderen Gefäßen ab (Qualität II?). Wahrscheinlich stammt der Becher nicht aus Arezzo, sondern wohl eher aus Pisa. Das verschollene Wandfrag-

312 s. Kapitel VI 1 zu den Fundorten in Oberaden.

313 ETTLINGER, Novaesium 41 f.

314 OXÉ, Rhein 35.

315 Annius ist zweimal unter den Altfunden vertreten. Leider fehlt das Praenomen, so können diese Stempel nicht direkt mit C. Annius verbunden werden. Rasinius liegt einmal vor. Es handelt sich um ein Lyoner Exemplar. Vgl. OXÉ in: Oberaden I Taf. 49,4.5.9. Neufunde: Annius ohne Praenomen und Rasinius sind jeweils einmal vorhanden.

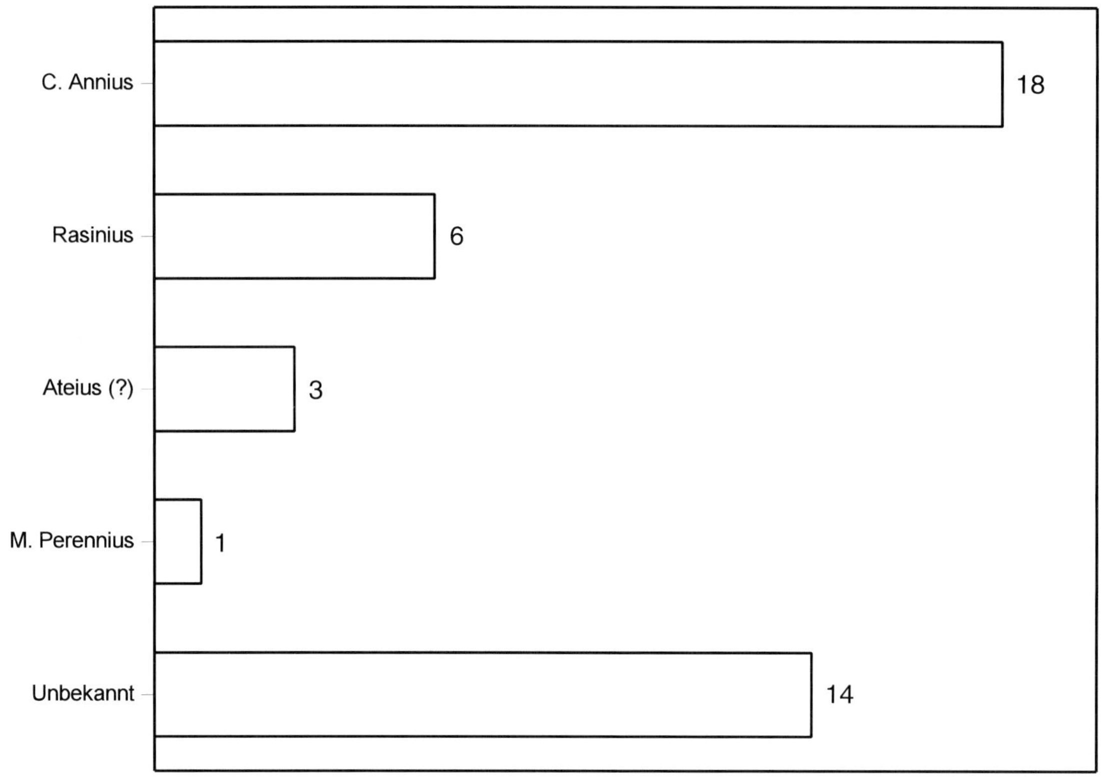

Abb. 12 Relieftöpfer in Oberaden.

ment **OaNr. 28** läßt sich auf Grund des Eierstabes hier anschließen. **OaNr. 27** weist neben dem gleichen Eierstab die Qualität II mit einem sehr guten Überzug auf. Zwei weitere Fragmente (**OaNr. 16** und **40**) besitzen eine ähnliche Qualität (II?) wie **OaNr. 26**, doch läßt ihr Erhaltungszustand keine weitere Aussage zu. Alle anderen Stücke kommen aus Arezzo. Produktionsorte wie Puteoli oder Lyon sind auszuschließen.

2. C. Annius

(Taf. 1-3; **OaNr. 1-18**)

Die Werkstatt des C. Annius in Arezzo gehört mit zu den älteren Reliefkeramik produzierenden arretinischen Manufakturen.[316] Der Betrieb in Arezzo lag zwischen dem heutigen Teatro Petrarca und der Kirche S. Francesco.[317] Systematische Grabungen fanden in diesem Bereich anscheinend bislang nicht statt.

316 IHM, Bonner Jahrb. 102, 1898, 116 f.; EAA I (1958) 402 s.v. Annius (STENICO). – Nach dem Praenomen lassen sich insgesamt vier Annii unterscheiden: Aulius Annius, Caius Annius, Lucius Annius und Sextus Annius Afer. Hierzu treten noch Stempel mit dem Gentilizium Anni hinzu, bei denen eine genauere Differenzierung der oben genannten Firmeninhaber nicht möglich ist. – Reliefkeramik wurde nur in den Betrieben des C. und L. Annius erstellt. Caius ist der ältere von beiden. Wahrscheinlich übernahm Lucius später den Betrieb von Caius. Über das Verhältnis der beiden Töpfer zueinander ist nichts bekannt. Vielleicht waren sie sogar miteinander verwandt.

317 s. den Plan in EAA I (1958) 618 mit Abb. 798 s.v. Arretium (STENICO).

Während der Dauer des Betriebes waren bei C. Annius insgesamt 36 Töpfer beschäftigt, von denen fünf auch Reliefkeramik herstellten.[318] Die Qualität der Erzeugnisse ist meist sehr gut (vgl. Tab. 6). Die Becher aus Oberaden sind dünnwandig und hart gebrannt. Der Überzug haftet gut auf dem Tonkern. Der „klassische“ Seidenglanz echter arretinischer Sigillaten liegt auf ihnen.[319]

Qualität II überwiegt deutlich vor Qualität V bzw. V?; Qualität I? kommt nur einmal vor. Der für diese Qualität typische weiße Belag unter dem Überzug ist nur in winzigen Spuren vorhanden. Ton und Überzug entsprechen sonst der Qualität II. Es liegen also keine nennenswerten Abweichungen vor. Alle Qualitäten lassen sich gut mit dem Produktionsort Arezzo verbinden; Stempel und Punzen fügen sich in dieses Bild ein.

Das Motivrepertoire der Offizin ist reichhaltig: Neben rein vegetabilen Dekoren kommen häufig figürliche Szenen mit meist erzählendem Charakter vor.[320] STENICO erwähnt ausdrücklich die besondere Plastizität der Figuren aus rein narrativen Szenen.[321] Typische Motive sind Darstellungen der dionysischen Mysterien, wie sie auch bei den gleichzeitigen Betrieben des M. Perennius Tigranus und des Rasinius auftreten, erotische Szenen[322] sowie pflanzliche Dekore, die mit kleinen Insekten und Tieren belebt werden. In Oberaden treten auf den Gefäßen **OaNr. 1, 2, 4** und **11** hauptsächlich pflanzliche Dekore auf, die sehr plastisch und fein geschnitten sind. Eine Verbindung mit kleinen Masken, Krateren oder Anhängern (**OaNr. 1, 6, 7** und **8**) verweist auf Ausstattungsstücke, wie sie auch gleichzeitig im Peristyl römischer Villen auftauchen.[323] Die kleinen Fragmente **OaNr. 13-18** lassen noch in Resten erkennen, daß sie ähnliche Dekorationen trugen; Blattfriese, zumeist Efeublättchen, trennten wohl eine obere von einer unteren Reliefzone (vgl. **OaNr. 1, 8, 13** und **14**). Einteilungen in dreieckige Felder durch Stäbe finden sich in gleicher Weise auf den Bechern **OaNr. 1, 4, 6, 7** und **8**. Etwas abweichend scheint das wohl senkrecht anzunehmende, freihändig eingezeichnete (?) Stäbchen, das hier als Feldertrennung fungiert, auf dem Fragment **OaNr. 11** zu sein.

Auf dem einzigen Kelch (**OaNr. 10**), der sich dieser Offizin zuweisen ließ, erscheinen in der oberen Dekorzone kleine Eroten unter Halbbögen; die untere Zone ist mit einem Blattkranz verziert, der in der Ausführung an die Kränze von **OaNr. 1** und **2** erinnert. **OaNr. 4** bringt einen leicht variierten Dekor. Hier sind es zweiteilige Blattgirlanden, die auf Krateren stehen. Der Stempelrest C·ANNI erlaubt eine sichere Zuweisung.

C. Annius ist in Oberaden der vorherrschende Lieferant für Reliefkeramik. In Haltern ist die Offizin nur durch zwei Fragmente zu belegen (**HaNr. 1** u. **2**). Im Rhein- und Lipperaum sind verzierte Produkte des C. Annius nur an zwei Orten gut vertreten: in Oberaden mit 18 Exemplaren und in Neuss mit 16 (vgl. Tab. 11).[324] Aus Moers-Asberg sind noch drei weitere Gefäßreste bekannt.[325] Das einzige Stück aus Augsburg-Oberhausen kann nicht mit endgültiger Gewißheit C. Annius zugewiesen werden.[326]

Der in der Werkstatt des C. Annius arbeitende Töpfer Pantagathus[327] kann in Oberaden durch Stempel (**OaNr. 1**) sicher belegt werden. Den gleichen Dekor wie **OaNr. 1** trägt **OaNr. 2** und stammt damit wohl aus der Hand des Pantagathus. Hieran dicht angeschlossen werden dürfen **OaNr. 3-5**. Der Kelch **OaNr. 10**[328]

318 PRACHNER, Sklaven 17: Chrestus, Eros, Pantagathus, Atticus, Anchoristus. Manchmal erscheint auch der Stempel C. ANNI allein auf Reliefkeramik.

319 Vgl. ETTLINGER, Novaesium 18 u. Farbtafel 4.

320 OXÉ in: Oberaden I 64-71; D.-W. 143-154 geben neun Motivzyklen mit figürlichem Dekor und als zehnte Gruppe rein ornamentale Verzierungen an.

321 EAA I (1958) 402 s.v. Annius (STENICO).

322 So stammt z.B. die Frau, die auf einem mit CRESTI/EVHODI signiertem Kelch und einer wohl ähnlich zuzuweisenden Wandscherbe in Haltern vorkommt (**HaNr. 54** u. **55**), ursprünglich aus dem Betrieb des C. Annius.

323 s. z.B. E.J. DWYER, Pompeian Oscilla Collections. Röm. Mitt. 88, 1981, 247 ff.

324 ETTLINGER, Novaesium Taf. 60,13 (?).15.26; 61,14.15 (?); 61,18; 62,1-4.6.7.8 (?).9 und OXÉ, Rhein Taf. 8,24 (?).25.26.

325 Asciburgium Taf. 58,5; 60,29.36.

326 ULBERT, Augsburg 15 Abb. 2,2.

327 Speziell zu Pantagathus s. OXÉ, Rhein 64-71.

328 Der Stempelrest ANNI (**OaNr. 3**) kann ohne Dekor dem Pantagathus nicht eindeutig zugewiesen werden. Doch spricht mittlerweile die Fundhäufung sehr dafür ihm auch diesen Stempel zuzuschreiben.

sowie sechs Gefäße in Neuss[329] und möglicherweise zwei Becher in Moers-Asberg erweitern die Basis.[330] In Castra Vetera befindet sich noch ein Gefäß des Töpfers Chrestus aus der Werkstatt des C. Annius.[331]

Die Häufung von C. Annius-Gefäßen in Oberaden, Neuss und Moers-Asberg ist sicher nicht grabungsbedingt zu erklären.[332] In Zusammenhang mit dem mehrfachen Auftreten des Töpfers Pantagathus an diesen Fundorten sowie der Verwendung gleichartigen Dekors ist mit einer gezielten Belieferung zu rechnen. Besonders im Fall von Oberaden und Neuss sind die Übereinstimmungen am deutlichsten. Ob Neuss allerdings das angestrebte Ziel der Belieferung war, von dem aus dann Oberaden versorgt wurde, kann kaum entschieden werden. Möglicherweise befanden sich die Waren schon im Besitz der Truppen, die nach Oberaden verlegt wurden.

3. Rasinius

(Taf. 4-6; **OaNr. 19-24**)

Der Betrieb des Rasinius, dessen Praenomen unbekannt ist, gehört neben dem Betrieb des M. Perennius zu den ältesten Werkstätten Arezzos.[333] Die Betriebe der beiden Töpfer lagen dicht beieinander in der Nähe der heutigen Kirche Santa Maria in Gradi.[334] STENICO datiert den Betrieb des Rasinius in die erste und zweite Phase der Betriebe der Perennier.[335] Die Töpferei des Rasinius wird kurz v. Chr. von Rasinius und Memmius zusammen betrieben, wie die Stempel beweisen.[336] Danach übernimmt sie C. Memmius ganz und führt sie wahrscheinlich bis kurz n. Chr. weiter. Über die Produkte aus dem Betrieb sind wir recht gut unterrichtet.[337] Ebenso wie viele Punzen und Motive aus den beiden ersten Phasen der Perennier und des C. Annius bilden die Punzen des Rasinius die Grundlage für den Motivschatz späterer Manufakturen, besonders der des Cn. Ateius und des P. Cornelius.

Dekorative und ornamentale Kompositionen, hängende Masken, dionysische Attribute, Löwenfelle,[338] Blumen, Rosetten, Anhänger, Blätter- und Blütenkelche bilden das Standardrepertoire. An Figürlichem finden sich Kalathiskostänzerinnen, Mänaden, erotische Szenen und Darstellungen aus dem dionysischen Bereich. Auch mythologische Szenen sind belegt.[339] Sowohl figürliche als auch pflanzlich-ornamentale Dekore treten auf. Man darf davon ausgehen, daß die figürlichen Punzen auf erzählerische Szenen hindeuten, wie z.B. die Darstellungen auf **OaNr. 24** auf ein dionysisches Heiligtum bezogen sind.[340] Wohl ein Satyr mit Syrinx ist auf der Scherbe **OaNr. 23** dargestellt. Legt man zur Rekonstruktion des ehemaligen Dekors Fragmente aus Bolsena[341] zugrunde, so wird man ebenso an eine Szene in einem ländlichen Dionysos-Heiligtum zu denken

329 ETTLINGER, Novaesium Taf. 62,1-4.7.

330 Asciburgium Taf. 60,29.36 – C. Annius, möglicherweise Pantagathus.

331 OXÉ, Rhein Taf. 3,5.

332 Nimmt man zum Vergleich noch Fundorte im Mittelmeerraum hinzu (Tab. 12), so bleiben Oberaden und Neuss doch an der Spitze. In Bolsena fehlen sogar Reliefgefäße des C. Annius. Hier dominieren M. Perennius und Rasinius.

333 STENICO, Rasinius 20 denkt an einen gleichzeitigen Beginn der Offizin des Rasinius und der Produktionsaufnahme arretinischer Betriebe überhaupt.

334 Hier sind Stempel von Rasinius und seinen Töpfern gefunden worden. IHM, Bonner Jahrb. 102, 1898, 119 f.; STENICO, Rasinius 17 f.; EAA I (1958) 618 mit Abb. 798 s.v. Arretium (STENICO); PRACHNER, Sklaven 106.110. Etwa 60 Töpfer arbeiteten für Rasinius, davon wahrscheinlich 13 als Relieftöpfer.

335 EAA VI (1965) 607 s.v. Rasinius (STENICO).

336 Ebd. In dem Gebiet Zone Badia, Piazza del Popolo, Teatro Petrarca, Via Guido Monaco wurden Stempel RASINI MEMMI gefunden.

337 D.-W. 119-135; EAA VI (1965) 607 f. s.v. Rasinius (STENICO). Der Töpfereiabfall aus Arezzo ist von STENICO, Rasinius publiziert worden. Insgesamt schloß er aus 293 Formschüsselfragmenten auf 258 verschiedene Matrizen.

338 Vgl. ähnliche Felle aus der Offizin des P. Cornelius **HaNr. 18-19** u. **AnNr. 3**. Die Punze STENICO, Rasinius Taf. 1,1a-d ist wahrscheinlich eine Fälschung: F.P. PORTEN PALANGE, Arch. Korrbl. 19, 1989, 94 Nr. 34.

339 D.-W. 119-135 unterscheiden insgesamt 10 Motivkreise. Den Bestand im Museum in Arezzo hat STENICO, Rasinius vollständig aufgearbeitet.

340 Vgl. C. GOUDINEAU, Arch. Class. 20, 1968, 266 f. H.U. CAIN, Bonner Jahrb. 188, 1988, 168.

341 GOUDINEAU, Arch. Class. 20, 1968, 266 ff.

haben.[342] Die Figuren des Kelches **OaNr. 20** sind leider so stark fragmentiert, daß sie nicht mehr zu deuten sind; lediglich ein Eros ist noch zu erkennen. Diverse Punzen, wie z.B. der Eierstab auf dem Kelchwandfragment **OaNr. 22**, sowie Modelschüsseln für Becher, die einen ähnlichen Dekor wie das Oberadener Exemplar **OaNr. 21** tragen, sind in Arezzo belegt.[343] Der Becher **OaNr. 19** überliefert zum erstenmal für Oberaden auch den Namen des Rasinius auf Reliefkeramik. Der Blattdekor der unteren Wandung schließt sich nahtlos an den von **OaNr. 21** an.

Es bestehen also keinerlei Zweifel darüber, daß die Oberadener Funde aus dem Betrieb des Rasinius in Arezzo kommen.[344] Die festgestellten Qualitäten II und V widersprechen nicht dieser Zuweisung. Unter den Erzeugnissen des C. Annius fanden sich diese Qualitäten ebenfalls am häufigsten.

Ein Kelchrandprofil (**OaNr. 20**) der Serviceform Ib.c gehört zu den Neufunden Oberadens. Zwei Wandfragmente stammen von weiteren Kelchen (**OaNr. 22** und **24**). Ein Fragment gehört zur Becherform 1a (**OaNr. 21**). Die Kelchränder können direkt mit Kelchen des Rasinius von anderen Fundplätzen, wie z.B. Neuss und Haltern, verglichen werden.[345] Im Rhein-Lipperaum weisen fünf Fundorte Produkte des Rasinius auf (Tab. 11). Elf Gefäße sind aus Neuss und jeweils eines aus Moers-Asberg sowie zwei aus Nijmegen bekannt.[346] Aus Oberaden kommen vier Gefäße, drei stammen aus Haltern (**HaNr. 3-5**). Aus dem Oberrheingebiet kennt man bisher nur zwei Funde. Ein Außenstempelfragment stammt aus Basel,[347] während aus Vindonissa ein unsicheres Stück vorliegt.[348]

Die Verteilung am Niederrhein erinnert an die der C. Annius-Produkte. Neuss weist dabei jeweils eine große Fundkonzentration auf. Neben C. Annius ist Rasinius der Hauptlieferant der mittelaugusteischen Lager in diesem Raum. Es ist nicht nur die frühe Stellung der beiden Firmen, sondern auch ihre Marktsituation, die sich hier widerspiegelt. Die Belieferung der Lager in der Anfangszeit liegt fast ausschließlich in Händen dieser beiden Werkstätten.[349]

4. M. Perennius Tigranus

(Taf. 7; **OaNr. 25**)

Ein unscheinbares Wandfragment (**OaNr. 25**), das OXÉ dem Rasinius zuschrieb,[350] muß auf Grund der benutzten Blattwedel der 1. Phase der Töpferei des M. Perennius zugeschrieben werden. Die auch in Haltern zu beobachtende Seltenheit seiner Produkte hängt ursächlich mit anderen Belieferungsstrukturen zusammen.

342 Ebd. 268 verweist in seiner Beschreibung des Kelchrestes aus Bolsena auf **OaNr. 24**. Da dieses Stück verschollen ist, kann nicht mehr mit letzter Sicherheit festgestellt werden, ob es sich um eine Scherbe von **OaNr. 23** handelt oder um zwei Gefäße. LOESCHCKE in: Oberaden II 30 lag das Fragment bereits nicht mehr vor.

343 STENICO, Rasinius Taf. 33,175-178. Hier ist das Motiv der „trattini a spina di pesce", das auf dem Becher **OaNr. 21** vorkommt, belegt.

344 Es wurde für Rasinius auch ein Produktionsort in Puteoli oder Cumae postuliert. H. COMFORT, Rasinius at Puteoli - or at Cumae? In: Archeologie en Historie opgedragen aan H. Brunsting (Bussum 1973) 271 ff. s. dazu O.-C. 1491. Vgl. dazu auch die etwas skeptische Haltung von ETTLINGER in: Conspectus 11.

345 s. Form Oberaden 4b und Haltern Form 1.

346 OXÉ, Rhein Taf. 4,9 (?); 12,53.54; ETTLINGER, Novaesium Taf. 51,1.3; 60,4.5; 61,16; 62,13; G. MÜLLER/V. ZEDELIUS/G. TERHOVEN, Bonner Jahrb. 184, 1984, 612 f. Abb. 24,1; M. VEGAS/A. BRUCKNER, Die augustische Gebrauchskeramik von Neuss. Novaesium VI. Limesforsch. 14 (Berlin 1975) 74 Taf. 32,1 (?); Asciburgium Taf. 60,21; J.H.F. BLOEMERS/J.K. HAALEBOS, Oudheidkde. Mededel. 56, 1975, Taf. 1,1.

347 A. FURGER-GUNTI, Die Ausgrabungen im Basler Münster 1 (Derendingen - Solothurn 1979) 108 Abb. 56 Nr. 23.

348 CHR. SIMONETT, Jahresber. Ges. Pro Vindonissa 1945/46 (1946) Taf. 7,7.

349 C. Annius nimmt geradezu die Stellung ein, die später Cn. Ateius in Haltern besitzt, doch er hatte in Rasinius sicher einen starken Konkurrenten.

350 OXÉ in: Oberaden I 45 Nr. 2 Taf. 52e links.

5. „gruppo protobargateo" – (Ateius?)

(Taf. 7; **OaNr. 26-28**)

Im Fundgut der Oberadener wie der Halterner Sigillaten befinden sich einige Gefäßfragmente, die sich durch ihren besonderen Dekorstil zu erkennen geben. OXÉ hatte diesen Stil nach der vorwiegend pflanzlich-ornamentalen Verzierungsweise „Palmettenstil" benannt. STENICO hingegen bezeichnete diese Gefäße nach ihrer relativchronologischen Stellung innerhalb der Werkstätten in Arezzo als „gruppo protobargateo".[351] Die sog. gruppo protobargateo setzt danach etwa vor dem Beginn der dritten Phase der Perennier-Betriebe ein, also vor M. Perennius Bargathes. Wann genau sie einsetzt, ist jedoch unsicher. In Frage kommen als Hersteller dieses speziellen Dekors M. Perennius Bargathes und Cn. Ateius.[352]

Der Becher **OaNr. 26** bereitete schon OXÉ in der Erstpublikation Zuweisungsschwierigkeiten. Er beschrieb ausführlich die Ton- und Überzugsfarbe und vermutete eine Entstehung außerhalb Arezzos.[353] LOESCHCKE fühlte sich durch die Farbe des Tons an die mit L.S.G. gestempelten Teller erinnert.[354]

Produkte des Cn. Ateius sind bisher nicht für Oberaden belegt. Auch unter den Stempeln unverzierter Terra Sigillata, sowohl der Altfunde als auch der Neufunde bis 1992 fehlen solche, die mit Cn. Ateius in Verbindung gebracht werden könnten. Im Rahmen der Neubearbeitung der Oberadener Sigillatafunde verdient dieser Becher daher eine eingehende Besprechung.

Der Becher befindet sich in der Schausammlung des Museums für Kunst- und Kulturgeschichte der Stadt Dortmund in der von LOESCHCKE rekonstruierten Form, die der Erstpublikation durch OXÉ entspricht. Das Profil und die äußere Form sind eindeutig gesichert. Der Zustand des Überzuges ist sehr schlecht.[355] Soweit vorhanden, ist er rötlich-hellbraun, leicht fleckig, an dünn aufgetragenen Stellen jedoch orange durchscheinend. Die ursprüngliche Qualität des Überzuges muß aber recht gut gewesen sein und einen matten Glanz besessen haben. Der Ton ist hellbeige, sehr fein und nicht sehr hart gebrannt.

Die im Katalog angegebene Qualität II? verweist auf gewisse Probleme der Ansprache. Die Unterschiede zur Qualität II beruhen vor allem auf der Abweichung des Überzugs, der Ton ist jedoch mit anderen Produkten der Qualität II vergleichbar. Die Stärke der Wandung ist zwar kräftiger als bei den anderen Bechern in Oberaden, allerdings ist der Unterschied nicht so bedeutend, wie OXÉ in seiner Beschreibung des Bechers betonte.[356] Auf die abweichende Becherform, die LOESCHCKE in Erweiterung der Einteilung von OXÉ zur Form Oberaden 13B rechnete, ist oben schon näher eingegangen worden.[357] Komplett liegt damit die Form in Oberaden nur in diesem Exemplar vor.

Der unter einer freien Randzone ansetzende Eierstab ist schlecht erhalten.[358] Eine bessere Ausformung präsentiert **OaNr. 27**. Er bildet augenscheinlich eine kleinere Variante zum Eierstab Typ 5, der ebenfalls in den Bereich der „gruppo protobargateo" – M. Perennius Bargathes oder Cn. Ateius – verweist.[359] Varianten des Eierstabes tauchen in der Pisaner wie in der Arretiner Offizin des Cn. Ateius auf.[360]

351 Ders., Rhein 35; STENICO, Pisani-Dossi 414 ff.; ders., Liste 15. K. ROTH-RUBI, H. Arch. Seminars Bern 4, 1978, 17.

352 Es gibt nach STENICO, Liste 15 f. noch weitere Töpfer die zu dieser Gruppe gehören. – D.-W. 170 f. dachten bereits an einen „Werkstattzusammenhang" von M. Perennius Tigranus und Cn. Ateius. Dies wird von STENICO, Pisani-Dossi 15 bestätigt.

353 OXÉ in: Oberaden I 44: *Dieser Becher unterscheidet sich auffallend von den übrigen, durch helleren Ton, dickere Wandung, Form und Anbringung des Bodens, flächig gearbeitete Ornamente und einen bräunlichgelben und schlechteren Farbüberzug. Es ist schwerlich arretinische Sigillata.*

354 LOESCHCKE in: Oberaden II 28. – Der zumeist hell-ockerfarbene Ton und der glänzende Überzug der Produkte des Arretiners L.S.G. weist aber keine Verwandtschaft zu **OaNr. 26** auf.

355 Er fehlt an vielen Stellen, was wohl auf die Lehm-Mergelböden Oberadens zurückzuführen ist.

356 Zu vergleichen ist etwa die Wandstärke eines Bechers aus Augst, der auch im Stile der „gruppo protobargateo" verziert ist und dem Cn. Ateius zugerechnet wird. R. STEIGER, Forsch. in Augst 1 (Augst 1977) Abb. 55,4 (**KatNr. 153**).

357 s. Oberaden Form 1b.

358 Zudem wird eine genaue Beurteilung des Eierstabes durch eine sehr unterschiedliche Einstempelung erschwert.

359 s.o. S. 29 f.

360 TAPONECCO MARCHINI, Pisa Taf. 1,8.

Der vorliegende Eierstab kommt bei Cn. Ateius auf offenkundig früh anzusetzenden Gefäßen vor. Diese stammen aus Arezzo. M. Perennius Bargathes scheint ihn noch in der kurzlebigen Filiale in Cincelli, die er von M. Perennius Tigranus übernommenen hatte, verwendet zu haben. STENICO vermutet, daß diese Filiale schließlich von P. Cornelius übernommen wurde, der dann auch Produkte im Palmettenstil auf den Markt brachte.[361]

Der Dekor des Oberadener Bechers ist zunächst von der Grundkonzeption, der Einteilung in einzelne Felder durch sich überschneidende Halbbögen mit Palmetten und Blüten in den Zwickeln, eindeutig dem Stil der „gruppo protobargateo“ zuzurechnen. Die Art der Aufmachung unterscheidet sich kaum von anderen Produkten dieser Gruppe.[362] Der Fund der Offizin des Cn. Ateius in Arezzo zeigt nach STENICO[363] viele Ähnlichkeiten zum Betrieb des M. Perennius Tigranus, die Beeinflussung soll nicht nur einseitig sondern sogar wechselseitig gewesen sein. Solange der Töpfereiabfall unpubliziert bleibt, ist diese Feststellung kaum nachzuvollziehen. Cn. Ateius und M. Perennius Tigranus hätten danach in einem gewissen Zeitraum gleichzeitig gearbeitet. Produkte der „gruppo protobargateo“ sind aus Arezzo und aus Cincelli bekannt, wo es eine Filiale des M. Perennius Tigranus und des Bargathes gab. Auch die von Cn. Ateius produzierten Gefäße dieser Art kommen aus Arezzo, doch sind auch solche aus Pisa bekannt.[364]

Die einzelnen Punzen des Bechers finden allerdings kaum direkte Entsprechungen auf anderen Gefäßen. Nur die kleine Palmette (Punzen-Nr. 63) auf einer kleinen Wandscherbe aus Neuss bildet die einzige direkte Parallele.[365] Die Wandscherbe konnte leider nicht genau zugewiesen werden. Nach Dekor und Qualitätsbeschreibung scheinen der Oberadener und der Neusser Becher in der gleichen Werkstatt entstanden zu sein. Entscheidend ist die Art der Verwendung der Punzen im Dekorationsschema.

Die Aufteilung der Bildzone des Bechers findet durchaus Entsprechungen in den Pisaner Neufunden, wo auch Scherben und Formschüsselfragmente zu Tage kamen, die durch Halbbögen in kleine Felder aufgeteilt und in die Kolben, Blüten und Palmetten gesetzt worden sind.[366] Die auf diesen Stücken vorkommenden Palmetten ähneln in ihrer Grundanlage denen der „gruppo protobargateo“, ohne ihnen aber tatsächlich genau zu entsprechen. Die Kolben und Blüten einiger von D.-W. dem sog. Bargathes-Meister A zugeteilten Ornamente scheinen besonders von Ateius benutzt worden zu sein, wie verschiedene Becher vom Kopseplateau in Nijmegen (Abb. 6,5; **KatNr. 148**), im Metropolitan Museum, New York (Abb. 6,8; **KatNr. 54**), in Marseille (Abb. 6,6; **KatNr. 162**) und in Wien im Kunsthistorischen Museum (**KatNr. 55**) zeigen.[367] Diese Becher bilden auch die besten Vergleichsmöglichkeiten zu dem Oberadener Becher. Neben der übereinstimmenden Gefäßgestaltung (Abb. 6,5.8) fällt auch die Benutzung eines ähnlichen Eierstabes auf (Abb.6,2.5.6). Besonders der Becher aus Nijmegen zeigt doch in der Verwendung von kleinen Ranken, an denen Beeren hängen, direkte Verwandtschaft zu den Blüten an Ranken auf dem Oberadener Becher.[368] Man muß bei der Bewertung der Becher berücksichtigen, daß das Oberadener Stück wahrscheinlich der Qualität nach aus Pisa stammt, während die Becher aus Nijmegen, Marseille und in New York aus der Offizin des Ateius in Arezzo kommen. Das Oberadener Exemplar verweist demnach auch darauf, daß die Pisaner Offizin am Anfang Dekorationsschemata aus Arezzo übernahm.

Die Zuweisung an eine Ateius-Werkstatt in Pisa muß zum gegenwärtigen Zeitpunkt noch unter Vorbehalt erfolgen. Die Vermutung ETTLINGERs hinsichtlich einer generellen Zuordnung an Ateius scheint sich aber zu

361 STENICO, Rasinius 16 f.

362 D.-W. 47 Abb. 6 – Ornamente des „Bargathes-Meisters A“. Zum „Bargathesmeister“ s. S. 44-54. – Der Einteilung in verschiedene Meisterhände nach D.-W. hat STENICO, Rasinius 16 widersprochen.

363 EAA I (1958) 34 s.v. Ateius (STENICO). Vgl. auch **OaNr. 27**.

364 TAPONECCO MARCHINI, Pisa Taf. 1,8; 2,3.10.11.

365 ETTLINGER, Novaesium Taf. 61,11. Sie vermerkt hierzu auch besonders hellen Ton und weist dieses Stück Pisa zu.

366 TAPONECCO MARCHINI, Pisa Taf. 1,8; 2,3.10.11.

367 Vgl. D.-W. Abb. 6,1.4.12.18. Der Kolben ebd. Abb. 6,18 scheint vorzugsweise auf Produkten des Cn. Ateius vorzukommen, wohingegen der Kolben Abb. 6,16 eher von Bargathes benutzt wurde. Vgl. die Schüssel des Bargathes in Boston: OXÉ, Rhein Taf. 43,157a.b.

368 Ebenso der Becher aus Neuss – Abb. 6,4.

bestätigen.[369] Damit wäre vorläufig ein festes Datum für die „gruppo protobargateo" und die Offizin in Pisa gewonnen.

Exemplare der „gruppo protobargateo" finden sich im Rhein-Lipperaum achtmal in Neuss,[370] dreimal in Oberaden, viermal in Haltern (**HaNr. 10-13**), einmal in Nijmegen (**KatNr. 148**) und einmal ein Kelch in Moers-Asberg, den BECHERT/VANDERHOEVEN dem M. Perennius Bargathes zuschreiben (Tab. 11).[371] Im Oberrheingebiet kann noch ein Gefäß in Augst (**KatNr. 153**) dieser Gruppe zugeschrieben werden. Im Mittelmeerraum ist außerhalb der Töpferorte selbst nur noch aus Ordona ein solches Gefäß gesichert nachgewiesen (Tab. 12).[372]

6. Unbekannte Töpfer

(Taf. 7-8; **OaNr 29-42**)

Insgesamt 14 Gefäßfragmente mußten ohne Bestimmung bleiben. Nur bei wenigen Stücken ließ sich noch eine Vermutung über den Produzenten aussprechen. So lassen sich die Fragmente **OaNr. 34** und **35** möglicherweise noch dem C. Annius zuweisen. In den meisten Fällen war eine Ansprache undurchführbar, was fast immer mit der starken Fragmentierung zusammenhing. Unter den Gefäßformen fallen besonders die Randprofile des Kraters **OaNr. 29** und des Kelches **OaNr. 30** auf, die sich dem Service Ic zurechnen ließen. Ein Kelchboden (**OaNr. 31**), der zu keinem der anderen Kelchfragmente gehört, belegt desweiteren das Vorkommen dieser Gefäßform in Oberaden. Nach den Altfunden war diese Form nur unsicher belegt. Die anderen Fragmente stammen entweder von Bechern (zumeist aus der Wandung) oder waren keiner Gefäßform mehr zuweisbar.

Hinsichtlich der Qualitäten überwiegt bei den Fragmenten deutlich die Qualität II (Tab. 6). In zwei Fällen (**OaNr. 33** und **40**) erinnern Ton und Überzug stark an den Becher **OaNr. 26**, ohne daß dadurch jedoch eine nähere Bestimmung der beiden Stücke erreicht werden konnte. Es ergeben sich aus den Qualitäten keine Unterschiede zu den unter den einzelnen Töpfereien aufgeführten Qualitäten. Man darf sicherlich davon ausgehen, daß alle unbestimmten Stücke im Zusammenhang mit den in Oberaden vorkommenden Töpfern (besonders C. Annius) zu sehen sind. Bis auf die beiden Scherben **OaNr. 33** und **40**, die vermutlich aus Pisa kommen, dürften alle Fragmente aus Arezzo stammen.

369 ETTLINGER, Novaesium 41 f.

370 OXÉ, Rhein Taf. 6,13; 11,38; 12,47; ETTLINGER, Novaesium Taf. 60,17.23; 61,10.11.12. Ein Großteil dieser Gefäße wird dem Ateius zuzuschreiben sein.

371 Asciburgium Taf. 58,1a.b. Qualität II (in Tab. 11 unter M. Perennius Bargathes gezählt).

372 Ordona VI,1, Taf. 42,60.

IV. Töpfer in Haltern

1. Übersicht

Die Fundanzahl der verzierten Arretina aus Haltern hat sich durch Neufunde annähernd verdoppelt.[373] Insgesamt stehen die Reste von 158 Gefäßen zur Verfügung (Abb. 13). Damit bildet Haltern nach Neuss mit 169 Gefäßen den zweitstärksten Fundplatz verzierter Arretina innerhalb des Imperium Romanum, mit Ausnahme der Herstellungsorte selbst. 15 verschiedene Töpfer konnten namentlich nachgewiesen werden. Desweiteren ließen sich mehrere Fragmente noch den Rubriken „gruppo protobargateo", „Zuweisungen an Ateius" und „Lyon" zuordnen. 48 Gefäßfragmente blieben unbestimmt.

Frühe Töpfer, wie sie in Oberaden noch vorherrschen, sind in Haltern selten. Rasinius ließ sich sicher durch drei Fragmente nachweisen, C. Annius ist nur durch zwei Wandfragmente belegt. Produkte des M. Perennius sind zwar häufiger als die des Rasinius oder gar des C. Annius vertreten, doch sind die Bestimmungen nicht so sicher, wie es eigentlich wünschenswert wäre. Die Scherben sind entweder verschollen oder stark fragmentiert. Nur der Außenstempel M. PERENNI auf dem Kelchrest **HaNr. 6** bringt einmal die absolute Gewißheit.

Durch neun Gefäßreste vertreten ist die Offizin des P. Cornelius. Damit sind seine Produkte in Haltern im Gegensatz zu anderen Lagern im Nordwesten des Imperium Romanum recht häufig. Durch je einen Außenstempel wird der Name des Sklaven Primus bzw. der des Firmeninhabers P. Cornelius überliefert.

Zwei Gefäße stammen eindeutig aus Lyon (**HaNr. 156** und **157**), zwei weitere wurden vermutlich auch dort produziert (**HaNr. 14** und **15**). An diese Gefäße anzuschließen ist wahrscheinlich auch das verschollene Fragment (**HaNr. 158**) mit dem Innenstempel des ELEVTERF.

Die Masse der Gefäße aus Haltern stammt jedoch aus den Betrieben des Cn. Ateius und seiner Freigelassenen. Hier bietet sich die Möglichkeit, den jeweiligen Herstellungsorten und den innerbetrieblichen Strukturen dieser Werkstätten nachzugehen.

Hinsichtlich der Qualität überwiegen bei den Fragmenten abermals die Qualität II und die verwandten Qualitäten (II?, II mit braunem Belag, II mit hellem Belag). Alle anderen Qualitäten sind vergleichsweise selten (vgl. Tab. 7). Diese Verteilung ist durchaus in Zusammenhang mit dem großen Vorkommen von Produkten des Cn. Ateius zu sehen. Die Besprechung der einzelnen Qualitäten erfolgt weiter unten, für jede festgestellte Offizin oder Gruppe gesondert.

2. C. Annius (?)

(Taf. 9; **HaNr. 1-2**)

Nur zwei Wandfragmente weisen in Haltern auf die Offizin des C. Annius hin. Die beiden Stücke lassen von dem reichen Motivschatz des C. Annius nichts mehr erahnen. Einmal (**HaNr. 1**) ist nur der untere Teil der Wandung mit Resten eines Blätterkelchs erhalten, wie er von hellenistischen Reliefbechern und Popilius-Bechern her bekannt ist,[374] zum anderen (**HaNr. 2**) finden sich ein stark verpreßter Efeublattfries und Blattspitzen. Verpreßte Dekore sind durchaus häufig unter den Produkten des C. Annius.

373 Eine Übersicht der Altfunde gibt OXÉ, Haltern (1943) 37. Erfaßt werden dort 74 Exemplare, doch bietet die Tabelle 75 Nummern. Nicht mit aufgenommen hatte OXÉ vier weitere Scherben von unbekannten Töpfern, weil sie ihm anscheinend zu unsicher waren. Es handelt sich um **HaNr. 102, 114, 152, 155**. Vgl. auch Liste 6 mit einem Überblick über die alten und neuen Zuweisungen.

374 Vgl. z.B. U. HAUSMANN, Hellenistische Reliefbecher (Stuttgart 1959) Taf. 1,2; 32,2.

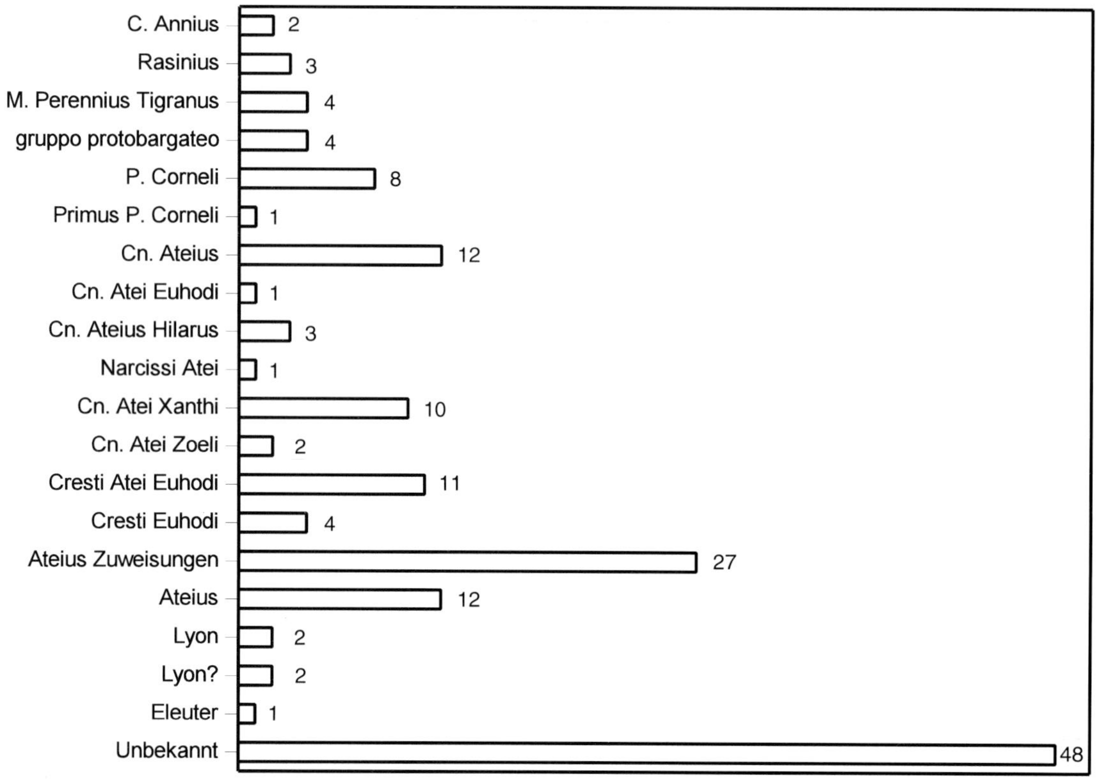

Abb. 13 Relieftöpfer in Haltern.

Die Qualität II, der beide Fragmente zugewiesen wurden, herrscht in Oberaden bei den Produkten des C. Annius vor.[375] Das vereinzelte Vorkommen in Haltern – im Gegensatz zur Dominanz der Produkte des C. Annius in Oberaden – verweist eindeutig auf die frühe zeitliche Stellung des Betriebes.[376]

3. Rasinius

(Taf. 9; **HaNr. 3-5**)

Drei Fragmente aus Haltern können sicher Rasinius zugesprochen werden. Es handelt sich wohl um rein ornamental verzierte Gefäße, die – wie häufig innerhalb der Offizin des Rasinius – aus mehreren friesartig übereinander angeordneten Dekorzonen bestanden.

Das einzige erhaltene Kelchrandprofil (**HaNr. 4**) verweist auf das frühe Service Ic und gehört damit zu den ältesten Kelchlippenprofilen in Haltern. Es findet wichtige Parallelen in Kelchen des Rasinius aus Oberaden

375 Vgl. **OaNr. 10, 14, 15** und **17**.

376 D.-W. 143 datieren die Produktionszeit des C. Annius *in die mittlere augustische Zeit*. Als Datierungshilfe dienen ihnen allerdings die Funde Oberadens. Vgl. dazu PRACHNER, Sklaven 18 f. Er setzt den Betrieb nach zwei Schlüsselfunden in die Zeit von der Mitte des zweiten Jahrzehnts v. Chr. bis etwa zum Ende der augusteischen Periode. Der Beginn wird durch den Pantagathus-Becher in Oberaden markiert. Das Ende gibt vielleicht der Stempel des Dionisius, ein Töpfer unverzierter Sigillata aus der Firma des C. Annius in der jüngsten Schicht der Zone A 2 a in Bolsena, die um die Wende von Augustus zu Tiberius datiert wird, an. Zur Datierung der Schicht s. GOUDINEAU, Bolsena 69; dazu E. ETTLINGER, Germania 49, 1971, 266; K. ROTH-RUBI in: Conspectus 43 datiert diese Zone von ca. 30-15 v. Chr. Eine innere Struktur des Betriebes läßt sich nicht sicher rekonstruieren. PRACHNER 19 f. ordnet der älteren Phase die Relieftöpfer Pantagathus und Anchoristos zu, einer jüngeren die Relieftöpfer Atticus, Chrestus und Eros. In einer mittleren Phase arbeitete Cerdo, während für die Endphase Töpfer belegt sind, die auch vom Betrieb des L. Annius bekannt sind.

(**OaNr. 20**) und Neuss.[377] Die beiden übrigen Fragmente (**HaNr. 3** und **5**) stammen aus der Wandung verschiedener Kelche, die sich in ihrer ursprünglichen Form nicht mehr sicher ansprechen lassen.

Man darf schließen, daß die Produkte des Rasinius, ebenso wie die aus Oberaden, aus Arezzo stammen.[378] Die Entstehung der beiden Kelche wird zeitlich nicht sehr weit auseinanderliegen, wie die Rand- und Gefäßgestaltung des Kelches **OaNr. 20** nahelegen. Die Form des Bechers ist in Haltern für Rasinius nicht belegt. In Oberaden tritt sie zweimal auf (**OaNr. 19** und **21**), ebenso ist auch die Kelchform dreimal vertreten (**OaNr. 20, 22** und **24**).

Das geringe Vorkommen von Gefäßen des Rasinius in Haltern läßt sich zum einen durch die zeitliche Komponente erklären, denn in Oberaden läßt sich dieser Töpfer häufiger belegen. Zum zweiten könnte die unterschiedliche Gewichtung in Haltern und Oberaden für eine Divergenz hinsichtlich der Belieferung sprechen. Zum dritten können diese „frühen" Stücke in Haltern aber auch im Reisegepäck mitgeführt worden sein.[379]

4. M. Perennius Tigranus

(Taf. 9.10; **HaNr. 6-9**)

Die Betriebe der Perennier sind von allen arretinischen Manufakturen am besten untersucht worden. In Arezzo selbst wurde die Töpferei durch die Grabungen PASQUIs und FUNGHINIs gegen Ende des letzten Jahrhunderts ergraben.[380] Sie lag in der Nähe der heutigen Kirche S. Maria in Gradi. Allgemein wird der Beginn der Produktion verzierter Arretina mit dem Ausprägen derartiger Keramik in der Firma des M. Perennius gleichgesetzt. Der genaue Zeitpunkt läßt sich bisher nicht sicher ermitteln.[381]

Man geht heute nach STENICO von vier Produktionsphasen innerhalb des Betriebes aus, die eine relative Abfolge aufzeigen:[382]

1. Phase: „fase pretigranea"; das Cognomen des M. Perennius ist unbekannt. In den Formularen erscheinen vor dem Namen des Firmeninhabers die Sklavennamen des Cerdo, Pilemo, Pilades und Nicephorus. STENICO datiert diese Phase etwa in die Jahre 25-15 v. Chr.
2. Phase: „fase tigranea"; es erscheint das Stempelformular M. Perennius Tigranus. Als einziger signierender Sklave ist Felix bekannt. Die Datierung ist unsicher und bisher nicht absolut gefaßt. Man wird aber damit zu rechen haben, daß Tigranus und Bargathes lange Zeit gleichzeitig produziert haben und Tigranus erst nach der Zeitenwende seine Tätigkeit beendete.[383]

377 ETTLINGER, Novaesium Taf. 54,1 – Rasinius.

378 Die Qualitäten II, III und V sind jeweils einmal vertreten. Bis auf Qualität III sind die beiden anderen schon in Oberaden an Gefäßen des C. Annius und des Rasinius aufgetaucht. Sie sprechen klar für Arezzo.

379 Diese Feststellung ist keine Hilfskonstruktion, sondern gibt sicher den tatsächlichen Vorgang wieder. Vgl. IHM, Bonner Jahrb. 102, 1898, 111; OXÉ, Haltern (1943) 52. E. ETTLINGER, Frühaugusteische Arretina in der Schweiz. Limes Studien. Schr. des Inst. für Ur- und Frühgesch. der Schweiz 14 (Basel 1959) 48; dies., Novaesium 100. Bezogen auf vereinzelte frühe, unverzierte Sigillaten aus Neuss warnt sie davor, daran den Beginn des gesamten Bestandes festzumachen. VON SCHNURBEIN, Sigillata 81.

380 U. PASQUI, Not. Scavi 1884, 369 ff.; ders. Not. Scavi 1893, 138 ff.; ders. Not. Scavi 1896, 458 ff. V. FUNGHINI, Antichi vasi fittili aretini (Florenz 1893).

381 Vgl. dazu A. OXÉ, Bonner Jahrb. 138, 1933, 81 ff.; ders., Rhein 30. Die Modelschüssel des Cerdo M. Perenni mit der Darstellung des Herkules Musagetes wird mit der Restaurierung des *aedes Herculis musarum* in Rom in Verbindung gebracht und danach datiert. Der Tempel wurde 29 v. Chr. durch L. Marcius Philippus erneuert. Vgl. D.-W. 15 f.; MARABINI MOEVS, Boll. d'Arte 66, Ser. VI, 1981, 14 ff. – ETTLINGER in: Conspectus 6 setzt den Beginn des Betriebes ins 3. Jahrzehnt v. Chr.

382 A. STENICO, I figli di Agamennone a Sminthe. Toreutica e Ceramica aretina. In: Arte in Europa. Raccolta di Studi di Storia dell'Arte in Onore di Wart Arslan (Mailand 1965) 34 f.; ders., Liste 15. Ebenso PORTEN PALANGE, Antiquarium 9. Bargathes (1984) 12; vgl. D.-W. 33-54: A. Die Cerdo-Gruppe; B. Pilades; C. Der Tigranuskreis; D. Der Bargatheskreis; E. M. Perennius Crescens und M. Perennius Saturnus.

383 H. COMFORT, Am. Journal Arch. 46, 1942, 90 ff. Dazu ETTLINGER, Novaesium 43 u. Taf. 60,1: *Späte Arbeiten des Tigranus sind im Norden sehr selten. Comfort weist vor allem auf das völlig unklare Verhältnis der zeitlichen Stellung des späten Tigranus zu Bargathes hin. Beide haben gleichzeitig existiert und zwar zur Zeit des Endes der Importe von italischer Sigillata in den Norden.*

3. Phase: „fase bargatea"; es erscheint der Firmenstempel M. Perennius Bargathes. Sklavennamen sind keine bekannt. STENICO bezweifelt die von DRAGENDORFF gegebene Datierung, der einen Beginn in der spätaugusteisch-frühtiberischen Zeit für möglich hält.[384]
4. Phase: Der Betrieb wird nun von M. Perennius Crescens und dann von M. Perennius Saturn[...] geleitet. Hier wird nun der zeitliche Ansatz gänzlich hypothetisch. STENICO gab für die Betriebe der Perennier ein Enddatum gegen 40 n. Chr. oder etwas später an.

Der vorhandene Motivschatz der beiden Perennier ist enorm groß. D.-W. haben insgesamt 28 Motivzyklen mit diversen Untertypen verzeichnet.[385] Die Halterner Kelche lassen nur in einem Fall diesen Reichtum erahnen. In zwei Fällen kann von einer recht sicheren Bestimmung ausgegangen werden (**HaNr. 6** und **7**).[386]

Besonders gut gearbeitet ist der Kelchrest **HaNr. 6**. Dargestellt ist der von Kentauern gezogene Wagen der Omphale aus dem Herakles-Omphale-Zyklus. Zwei Jünglinge schreiten hintenher. Dieses Motiv mit dem in Frauenkleidern sitzenden Herakles wird gern als Hinweis der augusteischen Propaganda auf den im hellenistischen Osten verweichlichten M. Anton gesehen, wohingegen die Omphale auf Kleopatra bezogen wird.[387] Dagegen wird die auf dem Kelch **HaNr. 7** dargestellte Szene mit Niken und Dreifuß auf Apoll zu beziehen sein, der den siegreichen Augustus verbildlichen soll. Treffen die Interpretationen zu, so hätte man hier den Triumph des Augustus über M. Anton in Form zweier verschlüsselter kleiner Reliefdarstellungen vorliegen.

Bei dem fragmentierten Randstück **HaNr. 9** läßt sich eine figürliche Szene zumindest vermuten. Denkbar wäre z.B. eine Jagdszene oder der Daduche aus dem Herakles-Omphale-Zyklus.[388] Eine verbindliche Zuweisung dieses Stücks ist jedoch nicht gegeben. Einzig der Rosettenfries läßt eine Zuschreibung an eine der beiden mittleren Phasen der Perennier sinnvoll erscheinen. Ein weiteres kleines Wandfragment (**HaNr. 8**) kann über den Eierstab der Werkstatt der Perennier zugewiesen werden.

Nur zwei Fragmente ließen sich von der Form her näher bestimmen. Es handelt sich jeweils um einen Kelch der Form D.-W. Ic bzw. Ih.[389] Durch seine Randausbildung gehört der zuerst genannte Kelch sicher nicht mehr zu so frühen Kelchen wie der Xantener Perennius Kelch, der von OXÉ dem „Meister mit den Zahnlücken" zugeschrieben wurde.[390] Die restlichen zwei Stücke stammen aus der Wandung verschiedener Kelche.

Die Fragmente aus Haltern gehören zur 2. bzw. 3. Phase der Perennier-Betriebe. **HaNr. 7** muß wahrscheinlich noch gegen die Mitte des ersten Jahrzehnts v. Chr. datiert werden. Entstanden sind alle Kelche in Arezzo. Stellt man die bisher bekannt gewordenen Gefäßfragmente des M. Perennius Tigranus und Bargathes im Rhein-Lipperaum zusammen, so ergibt sich nur eine kleine Anzahl, die aber durchaus mit der Anzahl der Produkte von C. Annius, Rasinius und P. Cornelius verglichen werden kann.

Neuss bildet den stärksten Fundhorizont mit elf Tigranus- und acht Bargathes-Gefäßen.[391] In Moers-Asberg[392] fanden sich Produkte des Tigranus und des Bargathes je zweimal. In Castra Vetera[393] ist Tigranus einmal vertreten. Dazu kommen noch zwei Gefäße dieses Töpfers aus Mainz.[394] Verzierte Kelchfragmente

384 D.-W. 46 ff.

385 D.-W. 55-118. s. dazu Bargathes (1984) 110: unveröffentlichte Stücke werden hier vorgestellt.

386 OXÉ, Rhein 60. Die Warnung OXÉs vor einer vorschnellen Zuweisung des Kelches **HaNr. 7** an M. Perennius Tigranus und statt dessen mit der prinzipiellen Möglichkeit einer Zuschreibung an die Offzin des Cn. Ateius zu rechnen, muß nach den bisher bekanntgewordenen Punzen aus dem Betrieb des Letztgenannten nicht mehr beachtet werden. Der Eierstab ist wohl doch eindeutig dem M. Perennius Tigranus zuzuschreiben.

387 Vgl. etwa P. ZANKER, Die Macht der Bilder ^{2}(München 1990) 65 ff. u. 90 ff.

388 Etwa D.-W. 91, Motivzyklus XVII oder 82, XI,3.

389 Diese Randform, zudem mit dem gleichen Rosettenfries, ist für NICEPHOR/PERENNI aus Bolsena belegt. C. GOUDINEAU, Mélanges École Franç. Rome 80, 1968, 168 ff. Taf. 1,1.

390 OXÉ, Rhein Taf. 1,1.

391 Ebd. Taf. 5,12; 7,16.19-21; 9,28.30; 13,59.60; ETTLINGER, Novaesium Taf. 54,2; 58,3-5; 60,1.7.8.24; 61,1.14.

392 Asciburgium Taf. 58,3.4 – Tigranus (Qualitäten II/V und V) und Taf. 58,1.2 – Bargathes (Qualitäten II und V).

393 OXÉ, Rhein Taf. 1,1.

394 Ebd. Taf. 18,77.78.

des Bargathes liegen dann noch einmal aus Köln[395] und zweimal aus Bonn[396] vor. Rechnet man die vier Tigranus-Gefäße aus Haltern und das Fragment aus Oberaden (**OaNr. 25**) dazu, dann käme man im Raum zwischen Mainz und Castra Vetera auf insgesamt 21 Tigranus- und 13 Bargathes-Gefäße (vgl. Tab. 11). Sehr unsicher ist die Zuweisung eines Fragmentes aus Augsburg-Oberhausen an Bargathes.[397] Vergleicht man dagegen die Fundmengen dieser Töpfer an Orten im Mittelmeerraum (Tab. 12), so wird deutlich, daß die Perennier verstärkt in diesen Raum lieferten. In Bolsena und Ordona beherrschen sie anscheinend den lokalen Markt durch ihre Belieferungen mit Reliefkeramik.[398]

5. „gruppo protobargateo"

(Taf. 10.11; **HaNr. 10-13**)

Auf die Problematik und das Punzenrepertoire der unter der Bezeichnung „gruppo protobargateo" zusammengefaßten Produkte des Cn. Ateius und des M. Perennius Bargathes ist bereits oben zu dem Becher **OaNr. 26** eingegangen worden.[399] Die Zuweisung der vier aus Haltern erhaltenen Wandscherben zu dieser Gruppe kann nach dem erhaltenen Dekor zweifellos vorgenommen werden. Unklar bleibt die nähere Zuweisung an Cn. Ateius oder Bargathes. Auf zwei Fragmenten ist der Eierstab Typ 5 erhalten, der von beiden Töpfern ebenso wie die PunzenNr. 62, 189 und 237 benutzt wurde. Unter den Neufunden der letzten Jahre befindet sich auch ein – in Haltern seltener – Becherrest (**HaNr. 13**). Die Aufteilung der unteren Dekorhälfte in Dreiecke erinnert sehr an die Produkte des C. Annius in Oberaden (z.B. **OaNr. 1** u. **4**), doch ist es nurmehr eine schwache Reminiszenz an diese technisch und kunsthandwerklich hoch stehenden Becher. Der stumpf-braune Überzug bedeckt einen knappen Dekor bestehend aus dreieckigen Feldern, in die senkrecht stehende Kolben gesetzt wurden. Ähnliche Kolben tauchen z.B. auf der Becherscherbe **OaNr. 27** auf, die Cn. Ateius zugewiesen wurde. Diese Parallele reicht hier aber nicht für eine Bestimmung aus.[400]

Obwohl keine Randscherben erhalten sind, die eine zeitliche Eingrenzung absichern können, darf eine Entstehung dieser Fragmente nach Aussage des Dekors in der Zeit um Christi Geburt angenommen werden.[401] Der Entstehungsort ist wohl in Arezzo zu suchen, doch kann theoretisch auch Pisa in Betracht kommen.[402]

6. P. Cornelius

(Taf. 12-14; **HaNr. 16-24**)

Der Betrieb des P. Cornelius lag in Cincelli in der Nähe von Arezzo.[403] Bisher sind über 60 Arbeiter, von denen aber nur acht Reliefkeramik signierten, durch Namensstempel bekannt.[404] Über die Anfänge seines Betriebes lassen sich nur Vermutungen anstellen. Er begann wohl zunächst mit der Produktion glatter Sigillaten, um dann im zweiten Schritt – wahrscheinlich erst um Christi Geburt – Reliefkeramik herzustellen.[405] Eine Da-

395 Ebd. Taf. 15,68.

396 Ebd. Taf. 15,63.65. Der Fundort Bonn muß für das letztgenannte Fragment in Frage gestellt werden.

397 ULBERT, Augsburg 15 f. Nr. 3 u. Abb. 1,3.

398 Gemessen an der glatten Sigillata ist die Reliefkeramik selten (Verhältnis 90:1). GOUDINEAU, Mélanges École Franç. Rome 80, 1968, 185; Ordona VI,1, 85.

399 s.o. S. 70.

400 Vgl. aber auch **KatNr. 153** aus Augst.

401 E. ETTLINGER in: Gestalt und Geschichte [Festschrift K. Schefold] 4. Beih. zu Antike Kunst (Bern 1967) 118 f. datiert die Benutzungszeit dieser Variante des Eierstabes vom Typ 5 etwa von 5 v.-10 n. Chr. Ein früheres Datum liefert der Becher aus Oberaden für die etwas kleinere Variante.

402 In Pisa sind Beispiele vorhanden: TAPONECCO MARCHINI, Pisa Taf. 1,8; 2,11. – Es wurden Qualität II bzw. II/IV festgestellt.

403 IHM, Bonner Jahrb. 102, 1898, 112 f.; D.-W. 161 ff.; EAA II (1959) 855-857 s.v. P. Cornelius (STENICO); KLUMBACH, Jahrb. RGZM 22, 1975, 47; PRACHNER, Sklaven 64. – Nicht mehr eingearbeitet werden konnte: C. TROSO, Il ceramista aretino Publius Cornelius. La produzione decorata a rilievo. Pubblicazioni della Facoltà di lettere e filosofia dell'Università di Pavia 63 (Florenz 1991).

404 O.-C. 480 ff. Antiocus, Bituhus, Eros, Faustus, Heraclides, Parides, Primus und Rodo.

405 D.-W. 163 halten einen Beginn kurz nach Christi Geburt oder sogar erst in tiberischer Zeit für möglich. H. COMFORT in: Studies

tierung in spätaugusteisch-frühtiberische Zeit lassen auch die Randprofile der Kelche zu, die häufig Steilränder (z.B. **HaNr. 19** oder **AnNr. 3**) und mehrfach aufgewulstete Ränder aufweisen. Aufwendig gestaltete Lippen sind sehr typisch für diese Töpferei (z.B. **HaNr. 16, 17** und **24**).[406] Über die innere Organisation ist wenig bekannt. Die Punzen wurden anscheinend von allen Töpfern gemeinsam benutzt, wodurch genaue Zuweisungen von Gefäßen ohne einen Stempel an einen bestimmten Töpfer unmöglich werden. Eine zeitliche Abfolge der einzelnen Arbeiter läßt sich bisher ebenfalls nicht ablesen.[407] Möglicherweise gehört der Sklave Eros in die Anfangsphase. Nur wenige Stücke lassen sich auf Grund der technischen Feinheit und Dekoration als früh ansprechen. Sie scheinen zum Umfeld des M. Perennius Bargathes und Cn. Ateius zu gehören.[408]

Viele Motive lassen sich auf Vorbilder aus den Betrieben der Perennier, des Rasinius und des C. Annius zurückverfolgen.[409] Es gab aber auch eigene Entwürfe: Tierkämpfe, Marsyas-Mythos, Demeter und Kore, Figuren mit einem Wagen.[410] Szenische Darstellungen sind selten. Menschliche Figuren tauchen zumeist zwischen dem rahmenden Dekor auf. Rein vegetabiler Schmuck ist häufig, ebenso wie Randapplikationen (vgl. **HaNr. 17** und **21**; vgl. auch **AnNr. 3**). In Haltern reichen die Motive von ornamental verzierten Gefäßen über die gespannten Löwenfelle zu mehr oder minder erzählenden Szenen, wie auf dem Skyphos mit einem eleusinischen Thema. Herakles erscheint auf dem Primus-Kelch mit Füllhorn. Auf dem Skyphos ist er über die im Heraklesknoten verbundenen Löwentatzen und die Keule angedeutet.

Von den neun Fragmenten aus der Offizin des P. Cornelius weisen zwei einen Außenstempel auf. So kann durch den Stempel des PRIMVS (**HaNr. 23**) ein Kelch näher bestimmt werden.[411] Der zweite Außenstempel (**HaNr. 18**) nennt den Firmeninhaber P. Cornelius. Beide Stempel sind unvollständig. Da die Gefäße nicht intakt sind und in diesem Betrieb Sklaven und Inhabername getrennt eingestempelt wurden, ist meist nur einer von beiden erhalten. Zu PRIMVS muß also P. CORNELI ergänzt werden, während im anderen Fall ein Sklavenname zum Fabrikinhaber dazutreten muß.

Die Werkstattzuweisung an P. Cornelius hingegen läßt sich in allen Fällen zweifelsfrei bestimmen, da die Produkte äußerst typisch sind. Die Halterner Stücke sind sich in Ton und Überzug[412] bis auf eine Ausnahme (Skyphos **HaNr. 22**) sehr ähnlich. Weiter ist der Gebrauch zweier charakteristischer Eierstäbe zu bemerken (Typ 9 und 10). Die technische Ausführung ist bei allen Gefäßen bis auf leichte Verpressungen der Reliefs gut.[413]

represented to D.M. Robinson 2 (Saint Louis 1953) 159 spricht sich für einen Anfang um Christi Geburt aus. Der Betrieb läuft bis in tiberische Zeit hinein. A. STENICO, Athenaeum Pavià N.F. 33, 1955, 215-16 denkt an einen Beginn in spätaugusteischer Zeit. In EAA II (1959) 856 s.v. P. Cornelius (STENICO) wird von einer *fase seriore della produzione di Arezzo* gesprochen, also einer fortgeschrittenen Zeitstufe, die man mit kurz nach Christi Geburt umschreiben darf. KLUMBACH, Jahrb. RGZM 22, 1975, 48. ETTLINGER in: Conspectus 6 datiert dem Stil nach etwa spätaugusteisch bis frühtiberisch.

406 Vgl. dazu auch COMFORT in: Studies represented to D.M. Robinson 2 (Saint Louis 1953) 158 mit Abb. 2; A. MOUTINHO DE ALARCÃO in: Fouilles de Conimbriga (Paris 1975) Taf. 1,2. – Die erhaltenen Randscherben weisen, bis auf eine Ausnahme (**HaNr. 24**), einen Steilrand mit einer gewulsteten, bandartigen Lippe auf, die senkrecht über der Wandung liegt. Auch bei einigen Wandscherben (**HaNr. 21** u. **23**) ist davon auszugehen, daß sie ursprünglich einmal einen Steilrand besaßen. So setzt sich bei ihnen wie bei den erhaltenen Randscherben (**HaNr. 16, 19** u. **AnNr. 3**) oberhalb des Eierstabes die Wandung nach einer häufig geriefelten, leicht vorspringenden Leiste, steil nach oben hin fort. Das Randfragment (**HaNr. 24**) weist eine bandartige, geriefelte Lippe auf, die leicht unterschnitten ist. Die Wandung darunter ist stark geschnürt. Es handelt sich um einen Abkömmling der Form D.-W. I c.d, gehört also vielleicht noch zu den Formen des Überganges von Service I zu Service II. Parallelen sind kaum vorhanden, die Ausbildung des Randes und der anschließenden Wandung sind mithin schwer zu beurteilen. – Vereinzelt, auch im Formengut Halterns, ist der Skyphos (**HaNr. 22**), der eine direkte Parallele in Besançon besitzt.

407 PRACHNER, Sklaven 64.

408 EAA II (1959) 856 s.v. P. Cornelius (STENICO); STENICO, Liste 16; KLUMBACH, Jahrb. RGZM 22, 1975, 48 ff.

409 D.-W. 162.

410 D.-W. 161 ff.; EAA II (1959) 856 s.v. P. Cornelius (STENICO).

411 PRACHNER, Sklaven 66: *Der produktivste RT [Relieftöpfer] mit der breitesten Streuung war Primus...* COMFORT in: Studies represented to D.M. Robinson 2 (Saint Louis 1953) 160 ff. versucht den Töpfer Primus enger einzugrenzen, stellt jedoch fest, daß er teilweise die gleichen Punzen wie Antiochus und Rodo benutzt.

412 Der Überzug besitzt einen leicht seidigen Glanz und ist dunkelrot-braun. Er liegt dick auf und haftet gut auf dem Tonkern. Der Ton ist rosafarben, fein, zumeist hart gebrannt. Zuweisung an die Qualität V. Die Herkunft dieser Stücke ist in Cincelli, dem bekannten Produktionsort des P. Cornelius zu suchen. Abweichend ist nur die Qualität II des Skyphos **HaNr. 22**.

413 EAA II (1959) 856 s.v. P. Cornelius (STENICO): Die Qualität ist häufig schlecht, da die Model zu stark mit Sand gemagert wur-

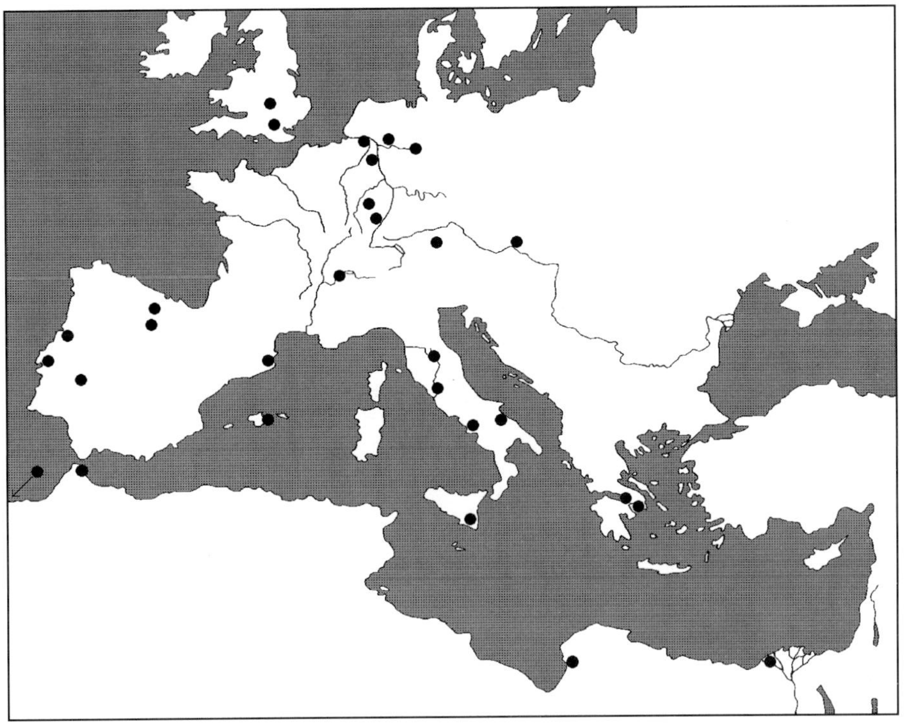

Karte 1 *Verbreitung verzierter Arretina aus der Töpferei des P. Cornelius. –* ***Primus****: Alcacer do Sal 1; Haltern 1; Merida 1; Mogador 1. –* ***Antiochus****: Conimbriga 2. –* ***Fidus****: Ceuta 1. –* ***P. Cornelius*** *(allg.): Alexandria 7; Ampurias 1; Anreppen 1; Athen 1 (+ 1?); Besançon 1; Castel Gubileo 1; Ceuta 1; Devin 1; El Pradillo (Herrera de Pisuerga) 1; Epfach-Lorenzberg 1; Genf 1; Haltern 8; Korinth 1; Leicester 1; London 1; Moers-Asberg 1; Mogador 1; Morgantina 1; Nijmegen 1; Ordona 1 (?); Paestum 1; Palencia 2; Pollentia 8; Rom 1; Sidi Krebish 3.*

Produkte des P. Cornelius gehören zu den selteneren Vertretern der Arretina im Norden (Karte 1; Tab. 11). Allerdings sind seine Erzeugnisse innerhalb des Imperium Romanum (Tab. 12) sehr weit gestreut.[414] Die Anzahl der in Haltern gefundenen Gefäße ist verglichen mit anderen Fundplätzen außergewöhnlich hoch.[415]

den, wodurch sie schnell abnutzten. Ein zu langer Gebrauch der Model minderte zudem die Qualität. – Über die künstlerische Leistung besteht ein eher ungünstiges Urteil, so COMFORT in: Studies represented to D.M. Robinson 2 (Saint Louis 1953) 157: *The bowl's overall artistic merit is no higher than one expects from the shop of Cornelius.* KLUMBACH versuchte zu relativieren und drückte es milder aus. Verglichen mit M. Perennius Tigranus und Rasinius sind seine Produkte tatsächlich anspruchsloser. Die wenigen Punzen aber werden so variantenreich eingesetzt, daß deutlich ein „ornamentales Geschick" zutage tritt. *Es ist zweifellos eine dekorative Kunst, die sich hier manifestiert, aber von einer rokokohaften Grazie, die den Reiz der Endphase einer Entwicklung ausstrahlt.* KLUMBACH, Jahrb. RGZM 22, 1975, 60. – Der Kelch **HaNr. 19** besitzt allerdings einen hohen technischen Standard. Die benutzten Punzen sind funktionell eingesetzt. Betrachtet man die gleichzeitigen Produkte des Xanthus, so wird man vom künstlerischen Standpunkt keine großen Unterschiede feststellen können.

414 Schon OXÉ hatte eine solche Verbreitung beschrieben. Er kam auf ein „gutes Dutzend" Gefäße im Norden. s. OXÉ, Haltern (1943) 53. Der Sachverhalt hat sich seitdem kaum verändert.

415 PRACHNER, Sklaven 67: *Sind schon die SG [Servicegefäße] der Firma und ihrer ST [Servicetöpfer] in den Provinzen relativ wenig verbreitet, so trifft das für die RG [Reliefgefäße] in viel stärkerem Maße zu. Nur 2 RT [Relieftöpfer] sind außerhalb Italiens in Spanien belegt, mit dem Firmenstempel ist im ganzen Niederrhein-Lippegebiet nur ein RG in Haltern versehen. Am Mittel- und Oberrhein konnte bisher keiner nachgewiesen werden. Zusammen mit den wegen bestimmter Dekoreigenarten für Cornelius in Anspruch genommenen ungestempelten Fragmente sind in jenem Raum nur 7 Exemplare gefunden worden. Wahrscheinlich haben sie, wie OXÉ [OXÉ, Haltern (1943) 37; 53] vermutet, alexandrinische Flotteneinheiten, die an den Niederrhein verlegt worden sind, mitgebracht und hier verbraucht oder weitergegeben.* PRACHNER ebd. mit Anm. 13 bezieht die Aussage von D.-W. 162: *Vor allem haben auch die Fundplätze in Germanien viele Erzeugnisse des Cornelius ergeben (...)* auf die Zuteilung ungestempelter Fragmente an P. Cornelius. – In Haltern ist er durch Stempel auf glatter Sigillata nur zweimal belegt. VON SCHNURBEIN, Sigillata Taf. 78,498 – P. CORNEL und 78,499 – P. CORNELI/PRISCVI.

Führt man sich die Verbreitungskarte vor Augen,[416] so sprechen Fundorte an der Westküste Afrikas (Mogador und Ceuta), in Portugal und Spanien (Alcacer-do-Sal, Conimbriga, Merida, Herrera de Pisuerga), in Libyen (Sidi Krebish), Ägypten (Alexandria), England (London und Leicester), Athen und Pollentia eindeutig für eine Seehandel. Italien selbst ist nur durch fünf Fundpunkte vertreten, die – bis auf Castel Gubileo und Morgantina auf Sizilien – nicht für einen Lokalhandel eintreten können. Genf liegt an einer Handelsroute von der Rhône zum Rheinknie. Bemerkenswerterweise ist das Rhein-Lippegebiet mit vier Orten gut besetzt. Verzierte Produkte des Cornelius fanden sich in Nijmegen,[417] Moers-Asberg,[418] Haltern und Anreppen. Der reichhaltige Bestand von Neuss weist keine verzierten Produkte des P. Cornelius auf. Auf glatter Sigillata kommt in Neuss ein einziges Mal ein Stempel des P. Cornelius vor.[419] Neben festen Lieferanten wie Cn. Ateius, die den Markt beherrschten und eine organisierte Beschickung vornahmen, können Produkte wie die des P. Cornelius nur in kleinen Sendungen als Beifrachten, die entweder auf Bestellung oder eher zufällig transportiert wurden, angesprochen werden. Die Offizin in Cincelli verkaufte wahrscheinlich ihre Produkte in einem Hafen direkt an Schiffseigner, denen die Verteilung oblag.[420] Ein regelrechtes Verteilernetz ist nicht zu erkennen. Dazu paßt auch, daß Gallien in bezug auf Produkte des P. Cornelius praktisch fundleer bleibt, während solche des Cn. Ateius in Mengen vorkommen.[421] Als privaten Besitz mag man eher die Einzelstücke in Straßburg[422] ebenso wie auf dem Lorenzberg[423] und in Devin[424] im Barbaricum gegenüber von Carnuntum ansehen.

7. Produkte aus Lyon (?)

(Taf. 11.12; **HaNr. 14-15**)

Die hier zusammengefaßten beiden Gefäße **HaNr. 14** und **15** lassen sich zwar nicht mit dem Namen einer bestimmten Töpferei versehen, stammen aber sicher aus einem einzigen Betrieb. Gefäßform, Dekor und Qualität IV sind nahezu identisch. Geringe Abweichungen im Dekor, wie die Stellung der Blättchen im oberen Fries, schließen allerdings eine Entstehung aus derselben Modelschüssel aus. Die Aufteilung des Dekors in zwei Zonen wirkt unorganisch. Die Anordnung in der oberen Zone erinnert an die Gefäße der „gruppo protobargateo". Palmetten und Blätter bilden einen umlaufenden Fries. Eine Beeinflussung durch die „gruppo protobargateo" scheint zumindest von der Verzierungsweise in Ansätzen gesichert zu sein, doch ist eine Entstehung innerhalb eines Betriebes des M. Perennius Bargathes oder Cn. Ateius nicht anzunehmen. Auch Erzeugnisse, die STENICO als „protocorneliani" bezeichnete, kommen nicht in Frage.[425] Keine der Punzen konnte bisher auch nur in Ansätzen wiederentdeckt werden. Ebenso verhält es sich mit den Efeublättern an langen Stengeln.

Die Qualität IV ist unter den verzierten Sigillaten Halterns nur viermal vertreten (vgl. Tab. 7). Neben den beiden Kelchfragmenten **HaNr. 14** und **15** handelt es sich um die Wandscherbe **HaNr. 142** und die Becherrand-

416 Verbreitung der Stempel des P. Cornelius auf unverzierter Sigillata O.-C. 478,1-51. (Nr. 38 vacat) Arezzo 8, Chiusi 1, Haltern 1, Modena 1, Neapel 1, Rom 3, Tarragona 1, ohne Fundort 26, Italien 2. Stempel des Primus verteilen sich nach O.-C. 532a-p folgendermaßen: Arezzo 4 Stempelvarianten in mehreren Exemplaren, Ampurias 1, Alcacer do Sal 1, Rom 1, Spoleto 1, der Stempel aus Florenz stammt vielleicht auch aus Arezzo. Ohne Fundortangabe sind der eine Stempel in Boston und die sieben Stempel in München. Ein Stempel ließ sich nur grob Italien zuweisen. Vgl. dazu auch B. HOFMANN, Ogam 19,4-5, 1967, 464.

417 OXÉ, Rhein Taf. 72,101.

418 Asciburgium 185 Stempel Nr. 17 = OXÈ, Rhein Taf. 15,71.

419 ETTLINGER, Novaesium 55 Stempel Nr. 296.

420 Im anderen Fall wird man wahrscheinlich an Beifrachten zu denken haben. Die wenigen Fundpunkte verweisen zwar auf einen Seehandel im Mittelmeer und an der Küste Portugals, mehr als fraglich ist aber, ob man durch die Biskaya und den Ärmelkanal bis in die Rheinmündung vorstieß – Vgl. auch ebd. 81; VON SCHNURBEIN, Sigillata 83.

421 OXÉ, Haltern (1943) 53 zog zwei Schlüsse aus dieser Verteilung. Ateius und „frühgallische" Töpfer beherrschten den Markt in Gallien und am Ober- und Mittelrhein. Außerdem existierte ein umfangreicher Seehandel.

422 Ders., Rhein Taf. 19,90.

423 G. ULBERT, Der Lorenzberg bei Epfach (München 1965) 533 Taf. 9,3a.b.

424 F. KŘÍŽEK, Terra Sigillata in der Slowakei (Brno 1939) 37 Taf. 7,1.

425 STENICO, Liste 16.

scherbe **HaNr. 148**. **HaNr. 142** ist vermutlich ein italisches Produkt, während die Provenienz von **HaNr. 148** unbekannt ist. Ton und Überzug der beiden Kelchreste weisen eine gewisse Affinität zur Qualität II/IV von Kelch **HaNr. 156** auf, der über eine chemische Analyse dem Produktionsort Lyon zugewiesen werden konnte.

VON SCHNURBEIN verweist darauf, daß die unverzierten Sigillaten mit Qualität IV zumeist aus Lyon stammen.[426] Bereits OXÉ hatte eine provinzielle Entstehung der Gefäße geltend gemacht.[427] Die Gefäßform findet eine interessante Parallele in einem Kelch mit dem Innenstempel des Cn. ATEIVS/EVRIALUS aus Vindonissa.[428] Eine Verbindung zu einem Betrieb des Cn. Ateius ist allerdings kaum anzunehmen, da sich die Kelche vom Dekor her doch stark von seinen Produkten unterscheiden. Die Gefäßform ist zeitlich im ersten Jahrzehnt n. Chr. anzusetzen.

Die beiden nicht zuweisbaren Kelchfragmente heben sich vom Dekor und der Qualität stark von den Produkten aus Arezzo oder Pisa ab. Es liegt daher eine Entstehung außerhalb dieser Zentren nahe. Nach Ausweis der Ähnlichkeiten mit den sicher aus Lyon stammenden Kelchen **HaNr. 156** und **157** scheint Lyon nicht ausgeschlossen zu sein.

8. Produkte aus Lyon

(Taf. 36.37; **HaNr. 156-157**)

Ein Kelch (**HaNr. 156**) und die Wandscherbe eines Kelches (**HaNr. 157**) konnten durch chemische Analyse dem Herstellungsort Lyon zugewiesen werden.[429] Der Kelch gehört weitläufig zur Form D.-W. Ic, muß aber gesondert beurteilt werden (Form 6).

Rein äußerlich unterscheiden sich beide Gefäßfragmente sehr. Kelch **HaNr. 156** mit Qualität II/IV ist nur durch geringfügige Abweichungen in der Tonkonsistenz von den Kelchfragmenten **HaNr. 14** und **15** verschieden, während **HaNr. 157** mit Qualität III durch den dünnen, streifig abplatzenden Überzug sofort auffällt. II/IV ist unter den chemisch „Lyon“ zugewiesenen unverzierten Sigillaten Halterns vergleichsweise selten, Qualität III dagegen mehrfach vertreten.[430]

Der Kelch **HaNr. 156** wurde von OXÉ treffend als *Ungeheuer provinzialer Reliefkeramik* bezeichnet.[431] In seinen Umkreis verwies er auch den Kelch aus Arlon (Abb. 8), der in seiner Machart viele Ähnlichkeiten aufweist.[432] Der Kelch aus Haltern zeigt ein frühes Randprofil (D.-W. Ic ohne Rädchenverzierung). Die Form des Gefäßes sowie des hohen Stengelfußes verweisen – zumindest bei Kelchen aus Arezzo – auf ein frühes Entstehungsdatum. In bezug auf die Formgebung reliefverzierter Kelche aus Lyon ist nichts bekannt. Es mag sein, daß es – wie bei der glatten Terra Sigillata – hier zu „retardierenden Provinzialismen“ gekommen sein kann,[433] die zu Fehleinschätzungen führen. Doch solange Vergleichsbeispiele fehlen, sollten weitreichende Schlußfolgerungen unterbleiben.[434] Die Wandscherbe **HaNr. 157** läßt sich nach der Wandführung wohl einem Kelch gleichen Aussehens zuweisen.

426 VON SCHNURBEIN, Sigillata 22.

427 OXÉ, Haltern (1943) 42 zu R 10. Einen Ateius-Betrieb schließt OXÉ allerdings aus.

428 ETTLINGER, Jahresb. Ges. Pro Vindonissa 1962, 5-14 Abb. 4.

429 Die optische Analyse des Tones und Überzuges ergab die Qualitäten II/IV und III. – Zu Reliefkeramik aus Lyon: VON SCHNURBEIN, Sigillata 125.

430 Vgl. ebd. 22.

431 OXÉ, Rhein 82 f. Nr. 140.

432 Ebd. Taf. 19,84; 61,84 – Mainz; 49,140a – Arlon. Zum Kelch aus Arlon vgl. auch J. MOREAU-MARECHAL, Extrait du Bull. de L'Institute Archéologique du Luxembourg Arlon (1976) Nos. 1-2, 8 Abb. 4 – die hier gegebene Datierung um 20 n. Chr. muß nach unten korrigiert werden. Ders., Ann. Inst. Arch. Luxembourg (1979-80) 20 f. mit Abb. 1. Ebenso S. VON SCHNURBEIN, Germania 52, 1974, 84.

433 Ders., Sigillata 121-125.

434 Frühe Kelche (Drag. 11) aus La Graufesenque zeigen z.B. kurze Schäfte und entwickelte Gefäßformen, s. B. HOFFMANN/A. VERNHET, RCRF Acta 31/32, 1992, 186 Abb. 1.

Die verwendeten Punzen sind bisher unbekannt.[435] Die Figuren auf dem Kelch **HaNr. 156** sind sehr undeutlich, teilweise besitzen sie doppelte Konturen. Selbst die Punzen dürften schon kein „Meisterwerk" dargestellt haben. In ihre Gewänder gehüllte Figuren[436] sowie von OXÉ als „Pygmäen" bezeichnete Wesen stehen unter Bögen mitten im Bildfeld; eine Bodenlinie fehlt. Ein Sinnzusammenhang zwischen den einzelnen Figuren ist nicht erkennbar, existierte wahrscheinlich auch nicht. Der Schmuck scheint trotz der Figürlichkeit ornamental zu sein. Der obere Blättchenfries findet sein Pendant in dem „Schildkrötenfries" des Gefäßes aus Arlon.

Die Wandscherbe **HaNr. 157** weist auf Grund ihres Erhaltungszustands einen einfacheren Dekor auf: Zwei aus Kreissegmenten bestehende Rosettenfriese umziehen das Gefäßrund. Ob sich darunter weiterer Schmuck aus figürlichem oder vegetabilem Dekor bzw. nur eine Weiterführung der Rosettenfriese befunden hat, ist nicht mehr zu klären.

Gestempelte verzierte Kelche italischer Technik sind aus Lyon bislang unbekannt. Ebenso sind aus Lyon noch keine Ausformungen von Modelschüsseln, die aus Arezzo stammen, bekannt.[437] Einige der für Pisa belegten Relieftöpfer des Cn. Ateius haben allem Anschein nach in Lyon unverzierte Sigillaten produziert. Bisher sind nur Stempel mit ihren Namen auf glatten Gefäßen nachgewiesen.[438] Allerdings ist es fraglich, ob es sich bei gleichem Namen auch immer um ein und dieselbe Person handelt.[439] Sicher sind aber nach dem Halterner Befund verzierte Sigillaten in Lyon hergestellt und von dort aus verhandelt worden. Unbekannt bleiben nach wie vor Größe und Art der Produktion sowie das Formenspektrum der Gefäße und der benutzten Punzen. Eine große Produktion und Verbreitung ist jedoch kaum anzunehmen, da sonst die Funddichte sicher größer wäre.[440] Eine Beteiligung des Ateius und seiner Freigelassenen an der Produktion verzierter Sigillaten in Lyon läßt sich bislang nicht nachweisen.[441]

9. Eleuter

(Taf. 39, Stempel Nr. 27; **HaNr. 158**)

Der Kelchfuß mit dem Innenstempel ELEV/TERF ist leider verschollen, so daß hier ohne Neufunde keine weiteren Aussagen über die von OXÉ getroffenen Feststellungen hinaus möglich sind. Die Angabe des Überzuges und der Farbe des Tons[442] wie die besondere Stempelfassung mit Hinzugabe des *F* für *fecit* lassen darauf schließen, daß es sich um ein provinzielles Produkt gehandelt hat.[443] Für diesen Stempel ist eine Herkunft aus Südgallien denkbar. Nach Feststellung der Existenz zweier Kelche aus Lyon und der Halterner Fabrikation ist dieser Stempel in ein neues Licht gerückt. Die Stempel mit dem Formular ELEVT(T)ER(VS) L. NONI aus Rom und Todi[444] scheinen nach den Fundorten, die mit Haltern nicht in Verbindung zu bringen sind, eher auf einen anderen Töpfer zu verweisen.

435 Auf der Randscherbe aus Mainz sind sehr ähnliche hellenistische Gewandfiguren zu erkennen.

436 Eine sehr enge, wenn auch qualitativ bessere Parallele bietet ein Modelschüsselfragment im Museo Nazionale, Rom an: A. VANNINI, Il Musco Nazionale Romano. Le Ceramiche V,2 (Rom 1988) 343 f. Katalog-Nr. 388 u. Taf. XXXIII,339. Das Fragment wird von VANNINI dem Cn. Ateius zugewiesen. Die Vermutung OXÉs, daß der Kelch **HaNr. 156** ein Produkt einer Ateius-Dependance in der Provinz sei, bekommt damit neue Nahrung.

437 M. PICON/J. LASFARGUES, Revue Arch. Est et Centre-Est 25, 1974, 61 ff.; J.-P. MOREL, Das Handwerk in augusteischer Zeit. In: Kaiser Augustus und die verlorene Republik (Mainz 1988) 88.

438 VON SCHNURBEIN, Sigillata 92 ff. Darunter fallen beispielsweise Xanthus und Zoilus.

439 G. PUCCI in: Instrumentum Domesticum di Ercolano e Pompei. Quaderni di Cultura Materiale 1 (Rom 1977) 15: O.-C. 177 enthält verschiedene Töpfer dieses Namens, vermutlich sogar den eines Xanthus aus Puteoli.

440 VON SCHNURBEIN in: Conspectus 17. Glatte Sigillaten wurden etwa zwischen 10 v.-10 n. Chr. in Lyon produziert.

441 OXÉ forderte immer wieder eine „provinzielle" Entstehung für die meisten der Ateius-Produkte am Rhein und an der Lippe. – Der Herstellungsort der meisten Stücke liegt in Pisa. Doch gibt es tatsächlich auch Hinweise auf eine kleine Reliefkeramikproduktion des Ateius in Südgallien. – Eine Schüssel der Form Drag. 29 ist für Ateius in La Graufesenque nachgewiesen. M. PICON, Revue Arch. Narbonnaise 7, 1974, 219 ff.

442 OXÉ, Haltern (1943) 24: *Firnis innen rotgelb, außen mattrot und stark abgeschabt; keine arretinische Farbweise.*

443 Vgl. A. u. J. LASFARGUES/H. VERTET, Figlina 1, 1976, 43; 83 Nr. XXXIX,2 – XANTUS/FEC aus Lyon.

444 Vgl. O.-C. 1130a.b.

10. Cn. Ateius

Das „Ateius-Problem"

Der unverhältnismäßig hohe Prozentsatz an „Ateius-Produkten" unter der Reliefkeramik in Haltern (52,5% der Gesamtmenge) bedarf einer eingehenderen Erörterung.[445] Gleichzeitig bietet das Fundmaterial aus Haltern eine große, räumlich und zeitlich in sich geschlossene Serie, die die Hauptproduktionsphase der Pisaner Offizin des Cn. Ateius widerspiegelt.[446]

Studien zu Cn. Ateius,[447] seinen Sklaven und Freigelassenen liegen zahlreich vor, doch ist allen der Charakter der Vorläufigkeit eigen; denn solange die Funde aus den Ateius-Töpfereien in Arezzo und Pisa nicht publiziert sind, ist eine abschließende Wertung kaum möglich.[448]

Die „Ateius-Frage"[449] oder das „Ateius-Problem"[450] bestehen seit Beginn der Bearbeitung der Arretina-Funde aus diesem Betrieb. Stand zunächst die Frage nach der zeitlichen Einordnung im Vordergrund, die von OXÉ im wesentlichen gelöst werden konnte,[451] so war die Lokalisierung der Produktionsorte lange ein zentrales Thema der Forschung. Sehr schnell haben sich zwei Hypothesen herauskristallisiert: OXÉ ging von einer Lokalisierung des Muttergeschäftes in Arezzo und von mehreren „provinziellen Betrieben" aus, die er in Gallien oder sogar in der Nähe der großen Militärlager am Rhein annahm.[452] RITTERLING und DRAGENDORFF folgten im wesentlichen der Meinung OXÉs.[453] Eine andere Auffassung vertraten DÉCHELETTE, LOESCHCKE, HÄHNLE und OSWALD/PRYCE, die an eine Enstehung der Gefäße in Italien und nicht in der „Provinz" dachten.[454] Innerhalb der Gruppe der Bearbeiter der Halterner Funde ergaben sich damit zwangsläufig verschiedene Auffassungen. Durch die Funde aus der „Grube der Reliefkelche" angeregt, veröffentlichte HÄHNLE eine Studie über die reliefierte Arretina des Cn. Ateius. Ausgehend von einer Katalogisierung der damals bekannten Gefäße,[455] kam er nach der Analyse der Gefäßformen, der Motive und der Stempelweise zu dem Schluß, daß alle Gefäße auf einen *arretinisch-italischen Ursprung* hinweisen.[456]

OXÉ hingegen stellte in seiner abschließenden Arbeit zur verzierten und unverzierten Arretina aus Haltern fest, daß von Ateius wahrscheinlich nur der Kelch R 8 (= **HaNr. 26**) und eine Platte aus Arezzo stammen würden. Eine provinzielle Herkunft nimmt OXÉ auch für die übrigen 42 ihm bekannten Reliefgefäße des Ateius aus

445 Noch deutlicher tritt die Dominanz bei den Stempeln auf unverzierter Sigillata aus Haltern zutage. Von den insgesamt 902 Stempeln sind 286 Stempel dem Ateius und seinen Sklaven zuzurechnen. Somit stammen etwa zwei Drittel der 428 italischen Stempel von der Ateius-Gruppe. Vgl. VON SCHNURBEIN, Sigillata 81.

446 Vgl. ETTLINGER, Novaesium 35.

447 Zum Namen s. PRACHNER, Sklaven 35 mit Anm. 15.

448 Eine umfassende Abhandlung zu Cn. Ateius fehlt. STENICO, Pisani-Dossi 414.

449 So schon HÄHNLE, Haltern (1912) 69.

450 Eine Übersicht über die Forschungsgeschichte geben VON SCHNURBEIN, Sigillata 130-132 u. ETTLINGER in: Conspectus 7 f.

451 OXÉ, Bonner Jahrb. 101, 1897, 22-37. Die von OXÉ dort (S. 29 ff.) geforderten vier Punkte zur vollständigen Untersuchung eines Betriebs, nämlich die genaue zeitliche Fixierung, die örtliche Begrenzung des Exportes, eine Liste aller Stempel und die Beschreibung und Abbildung aller Gefäßformen bestimmen auch heute noch die Ausgangssituation. Ein zusätzlicher fünfter Punkt muß die vollständige Erfassung der Motive und Punzen sein. Von der Erfüllung dieser Maximalforderungen ist die Erforschung der Betriebe des Cn. Ateius noch weit entfernt.

452 Ebd. 27. Die Lage des Muttergeschäftes nahm er in Arezzo an. Die Produktionsstätten des Xanthus, Zoelus, Mahes und Euhodus lagen seiner Meinung nach in Südgallien. Ders., Arch. Anz. 1914, 62 f.; ders., Rhein 6 f.; 36 f.; ders. in: Oberaden I 61 ff.; ders., Haltern (1943) 62 ff. – Töpfereien in der Nähe der Legionslager vermutete auch PRACHNER, Sklaven 33.

453 RITTERLING, Haltern (1901) 142 ff.; DRAGENDORFF, Haltern (1903) 77.

454 J. DÉCHELETTE, Les vases céramiques ornées de la Gaule romaine 1 (Paris 1904) 16; LOESCHCKE, Haltern (1909) 128 ff.; RE Suppl. III (1918) 174 f. s.v. Ateius (HÄHNLE); HÄHNLE, Haltern (1912) 94; 97-98; ders., Reliefkeramik 13 f. 19. Die Entstehung in Italien war für HÄHNLE eindeutig. Einen genauen Herstellungsort konnte er jedoch nicht benennen. Wahrscheinlich dachte er an Puteoli. Vgl. dazu D.-W. 171; F. OSWALD/T.D. PRYCE, An Introduction to the Study of Terra Sigillata (London 1920 ND 1965) 273.

455 HÄHNLE, Haltern (1912) 87 ff. Der Katalog basiert auf einer Zusammenstellung von DÉCHELETTE a.O. 25.

456 HÄHNLE, Haltern (1912) 94 u. 97; 94-97: Darstellung menschlicher Figuren (S. 94-95); Tiere (S. 95); Geräte (S. 95); Pflanzen und sonstige Ornamente (S. 96); Eierstäbe a-c (S. 96-97).

Haltern an.[457] Zu einem ähnlichen Schluß bezüglich der unverzierten Terra Sigillata kommt auch VON SCHNURBEIN.[458] Er wies nach, daß von den Ateius-Produkten aus Haltern etwa ein Drittel aus Lyon und zwei Drittel aus Pisa stammen. Aus Arezzo selbst sind anscheinend keine Produkte an die Lippe gelangt.[459]

DRAGENDORFF äußerte sich hinsichtlich des Produktionsortes eher zurückhaltend. Mit Rücksicht auf die von OXÉ angekündigte Materialvorlage der Halterner Funde[460] hielt er seine Ausführungen sehr kurz.[461] Durch das Material der Tübinger Sammlung bestimmt, ging DRAGENDORFF von anderen Prämissen als OXÉ aus. Die wenigen Ateius-Stücke stammten seiner Meinung nach aus Italien. Einen genaueren Fundort gab er jedoch nicht an. Darüber hinaus waren ihm nur wenige reliefverzierte Stücke mit dem Stempel des Ateius und der sicheren Fundangabe Arezzo bekannt. Die Materialbasis war somit für eine sichere Zuweisung an Arezzo als Produktionsort zu gering.[462] Die Motive auf diesen Stücken ließen eine engere Verknüpfung des Betriebes mit dem des M. Perennius Bargathes vermuten. Somit spricht vieles dafür, daß DRAGENDORFF von einer Werkstatt des Cn. Ateius in Arezzo ausging.

Die Diskussion um die Lokalisierung eines der Betriebe des Cn. Ateius in Arezzo konnte 1954 durch die Entdeckung von Töpfereiabfall dort eingeschränkt werden.[463] STENICO konnte aus der Kenntnis dieses Fundes anhand von publizierten Vergleichsstücken anderer Fundorte und Sammlungen eine wichtige Zuweisungshilfe schaffen.[464] Er unterschied dabei die Produkte des Cn. Ateius nach der Herkunft in solche, die aus Arezzo stammten, sowie solche mit provinziellem bzw. unbekanntem Herstellungsort.

Die in jüngster Zeit erschienene Studie zu Cn. Ateius aus Arezzo von PORTEN PALANGE verschafft einen Überblick über das Repertoire dieser Offizin, wobei die Gefäßformen und die meisten Stempelformulare noch immer unbekannt sind.[465]

Mit Hilfe des Manuskriptes des Corpus Vasorum Arretinorum (OXÉ/COMFORT) und einiger Neufunde ging ETTLINGER das „Ateius-Problem“ erneut an.[466] In der Kartierung von Stempelformularen folgte sie zunächst der Arbeitsmethodik OXÉs auf graphischem Wege. Darüber hinaus konnte sie hier aber mit dem Wissen um den gesicherten Töpfereifund in Arezzo stärker differenzieren.[467] Die Fragestellung richtete sich nach der Zeit und Art der Verteilung einiger Produkte aus den Werkstätten des Ateius. Kartiert wurden also Stempel des Ateius mit und ohne Praenomen, sodann des Xanthus, Zoelus, Mahes und Euhodus. Crestus entfiel, da hier die Gefahr der Verwechselung mit anderen gleichlautenden Töpfernamen bestand. Die Frage nach etwaigen gallischen Betrieben des Ateius wurde noch sehr vorsichtig beurteilt. Wenn *überhaupt Filialen des Ateius in Gallien bestanden haben sollten, was zunächst zu bezweifeln ist, so sind sie eher in der Nähe von Lezoux zu erwarten.*[468]

457 OXÉ, Haltern (1943) 62.

458 VON SCHNURBEIN, Sigillata 131.

459 Ebd. 131.

460 OXÉ, Haltern (1943) 15-76.

461 D.-W. 170-173. Die Arbeit von OXÉ konnte DRAGENDORFF selbst nicht mehr einsehen, doch beließ WATZINGER (S. 170 mit Anm. 2) dessen Ausführungen unverändert, da sie *wertvolle Einwände gegenüber Oxés Auffassungen* enthalten.

462 Die Auflistung der Stücke s. D.-W. 171.

463 G. MAETZKE, RCRF Acta 2, 1959, 25-27.

464 STENICO, Liste bes. 14 u. 17 ff.

465 PORTEN PALANGE, Ateius 183-209.

466 E. ETTLINGER, RCRF Acta 4, 1962, 27-44; dies. in: Conspectus, 7: *Das Verbreitungsbild der Ateius-Ware hat sich seit der Darstellung von 1962 (...) nicht wesentlich geändert, auch wenn viele neue Punkte zuzufügen wären.* S. auch B. HOFMANN, OGAM 20, 1968, 156 ff.; bes. 160-163 mit Karte 3, die eine Zusammenfassung der Kartenbilder 1-11 nach ETTLINGER, RCRF Acta 4, 1962, 27 ff. darstellt. HOFMANNs Absicht war die Beleuchtung der Romanisierungsphase Galliens in der frühen Kaiserzeit. Seine Untersuchungen zielen damit im wesentlichen auf andere Problemstellungen ab und können zu dem hier zu behandelnden Problem wenig Neues hinzusteuern; s. dazu ders., Acta RCRF 31/32, 1992, 255 ff. Eine andere Zielsetzung liegt dem Versuch von M. GECHTER, Bonner Jahrb. 179, 1979, 35-38 mit Karte 1 zugrunde. Anhand von Verbreitungskarten versuchte er den Wegen, auf denen Arretina verhandelt wurde, auf die Spur zu kommen.

467 Einige Stempelformulare aus dem Töpfereifund in Arezzo waren ETTLINGER durch Autopsie bekannt: RCRF Acta 4, 1962, 27.

468 Ebd. 33.

Die Methode der Stempelkartierung blieb nicht ohne Kritik.[469] Die Gefahr, einen *circulus vitiosus* zu ziehen, ist hier besonders groß. Eine Kartierung erscheint nur dann sinnvoll, wenn eine sichere Trennung der Produkte nach Herstellungsorten möglich ist. Erreichbar ist eine solche Differenzierung sowohl bei unverzierter als auch bei verzierter Arretina über Stempel, deren Herkunft eindeutig bekannt ist, sei es über Funde am Herstellungsort selbst oder über chemische Analysen. Verzierte Arretina kann darüber hinaus oft über Motive und Punzen genauer zugeordnet werden.

Der Fund einer Ateius-Offizin in Pisa,[470] die sowohl Reliefkeramik als auch unverzierte Terra Sigillata produzierte, sowie die Lokalisierung eines weiteren Betriebes in Lyon, La Muette,[471] der anscheinend nur glatte Sigillata produzierte, bedeuteten ein großes Umdenken bezüglich der provinziellen Ateius-Betriebe. Eine kleinere Manufaktur des Cn. Ateius in La Graufesenque[472] scheint von geringerer Bedeutung gewesen zu sein.[473]

Somit steht hinsichtlich der verzierten Arretina hauptsächlich die Ermittlung des Herstellungsortes als Problem im Vordergrund. Die Untersuchungen zur Arretina des Ateius aus Haltern müssen sich also zwangsläufig auf die sichere Zuweisung der jeweiligen Provenienz konzentrieren. Gut bestimmbar sind über stilistische und motivische Vergleiche die Produkte aus Arezzo. Daß es dennoch zu Problemen bei der Bestimmung kommen kann, beweisen die Kelche **HaNr. 27-30**, bei denen auch über die noch vorhandenen Ornamente keine sichere Scheidung zwischen Arezzo und Pisa erzielt werden konnte.[474]

Die meisten Halterner Stücke kommen aus Pisa, wie einige Funde an diesem Herstellungsort selbst sowie chemische Analysen nahelegen.[475] Mit großer Wahrscheinlichkeit arbeiteten auch die in Haltern belegten Sklaven und Freigelassenen in Werkstätten des Cn. Ateius in Pisa. Für Arezzo können keine Töpfer benannt werden, da hier nur mit dem Namen des Firmeninhabers allein signiert wurde.

Bisher sind keine verzierten Gefäße des Ateius oder eines seiner Freigelassenen bekannt, die mit den Töpfereien in Lyon in Verbindung zu bringen wären. Auch aus Haltern liegt kein entsprechendes Gefäß vor. Die beiden Kelche **HaNr. 156** und **157**, die sicher aus Lyon stammen, lassen sich weder über stilistische Vergleiche noch durch die technische Ausführung mit Produkten des Ateius in Verbindung bringen.[476] Gleiches gilt für die Kelche **HaNr. 14** und **15**.

Neben Haltern, einem wesentlichen Abnehmer für Ateius-Produkte, finden sich für diese diverse Fundorte. Für die Vergleichsstücke zu den Halterner Produkten ist oft noch eine Zuweisung des Herstellungsortes möglich, so daß sie weitere Aufschlüsse für Haltern bieten können.[477]

Neben der Herausarbeitung der töpfereigenen Spezifika, wie der benutzten Motive, Punzen und Gefäßformen, erfolgt eine Kartierung der Stücke. Die Zuweisung über motivische und stilistische Vergleiche stellt einen Versuch dar, der sich auf verschiedene Zuweisungskriterien gründet. Es wurden deshalb zuerst die durch einen Stempel sicher zugewiesenen Gefäße aufgenommen, an die sich ungestempelte Fragmente über Punzenvergleich anschließen ließen.[478] Weitere Hinweise liefern die bisher publizierten Punzen und Motive

469 VON SCHNURBEIN, Sigillata 83 mit Anm. 284.

470 A. STENICO in: Provincialia [Festschrift R. Laur-Belart] (Basel - Stuttgart 1968) 457 f. mit Anm. 7; TAPONECCO MARCHINI, Pisa 3-9.

471 M. PICON et al., RCRF Acta 14/15, 1972-73, 130. M. PICON et al., Revue Arch. Est et Centre-Est 25, 1974, 71-76; F. WIDEMANN et al., Archeometry 17, 1975, 45-59; A. u. J. LASFARGUES/H. VERTET, Figlina 1, 1976, 39-87.

472 PICON, Revue Arch. Narbonnais 7, 1974, 219 ff. VON SCHNURBEIN in: Conspectus 18.

473 Vgl. ders., Sigillata 131.

474 Ebenso konnten die Fußfragmente **HaNr. 31-33** mit den Stempeln CN. ATEI bzw. ATEI nicht weiter differenziert werden.

475 Über den Töpfereiabfall selbst ist freilich nur wenig bekannt. TAPONECCO MARCHINI, Pisa 3-9.

476 Eine vergleichbare Figur wird von A. VANNINI, Il Museo Nazionale Romano. Le Ceramiche V,2 (Rom 1988) Taf. XXXIII,339 dem Ateius zugeschrieben. Eine Zuweisung des Halterner Stückes an Ateius würde aber zuweit führen.

477 Von einer vollständigen Auflistung aller Funde kann natürlich nicht die Rede sein. Einmal ist es nahezu unmöglich, die gesamte Literatur zu diesem Thema zu sichten, zum anderen harren noch viele Funde der Publikation.

478 Nachteilig wirkt sich hier aus, daß häufig der Reliefschmuck und die Gefäßform der von O.-C. gesammelten Stempel unbekannt ist. Zumeist handelt es sich allerdings um Bodenscherben von Kelchen.

der Stücke aus den Töpfereiabfällen in Arezzo und Pisa. Durch chemische Analysen zugewiesene Gefäße vervollständigen das Bild.

Die Töpfer

Cn. Ateius (Arezzo)

(Taf. 15.16; **HaNr. 25-26; KatNr. 1-172**)

Der Nachweis einer Töpferei des Cn. Ateius in Arezzo gelang erst 1954/55 bei Grabungen an der Kreuzung via delle Chimera und via Nardi.[479] Man weiß nur wenig über diesen Betrieb, da die Funde noch immer nicht vollständig publiziert sind.[480]

Ettlinger beschreibt einige Stempel auf glatten Sigillaten aus dem Fund von 1954, die sie 1958 im Magazin von Arezzo sehen konnte: CN.ATEI und CN.ATEI [N im C], beide im Rechteckrahmen; ATEI im gestrichelten Rechteckrahmen; ATEI [A und T ligiert] und ATEI [ATE ligiert] beide im Rechteckrahmen; ATE im Kreisstempel mit Kranz. Stempel seiner Sklaven enthielt der Fund nicht.[481] Auch die unverzierte Terra Sigillata ist bis auf geringe Ausnahmen ausschließlich mit dem Firmenstempel des Cn. Ateius versehen.[482]

Etwa ein Drittel des Fundes in Arezzo besteht aus Reliefgefäßscherben und zahlreichen Formschüsseln. 130 Gefäße ließen sich insgesamt rekonstruieren.[483] Die großen Kelche sind hauptsächlich figürlich geschmückt, sogar komplette Szenen sind vorhanden. Knöchelspielerinnen, Tänzer und Tänzerinnen, Liegende oder Halbliegende im Wechsel mit Krateren, Dreifüßen oder Kandelabern, Kalathiskostänzerinnen, tanzende Mänaden und Satyrn zwischen Kandelabern und Krateren, geflügelte Niken, Horen, die eleusinischen Gottheiten, Eroten im Kampf mit Panthern und Stieren oder auf Hirschjagd sowie erotische Gruppen gehören zu den Motiven des Betriebes. Seltener sind Kämpfe zwischen Griechen, Orientalen und Amazonen, Darstellungen aus der Iliupersis und Nereiden auf Delphinen. Auf einem Fragment ist ein großes menschliches Gesicht im Profil erhalten.[484] Kleine Figuren, die auch in Varianten auf anderer Arretina vorkommen, finden sich vorwiegend auf kleineren Tassen mit konischer Wandung (Modioloi?). Becher, Henkeltassen und Gefäße *a pareti sottili* ergänzen den Schatz an Gefäßformen. Besonders letztere scheinen hauptsächlich mit vegetabilen Ornamenten verziert worden zu sein: Weinblätter, Efeuranken, Festons und wohl Kränze aus langen vertikal geordneten Blättern sind beliebt.[485]

Mittlerweile ist eine stattliche Anzahl von Gefäßen bekannt, die sicher aus Arezzo stammt. In den Katalog der Vergleichsfunde sind 120 Exemplare aufgenommen worden (**KatNr. 1-120**); hinzu kommen noch elf Punzen (**KatNr. 121-131**).[486] Die Zuweisungen richten sich im wesentlichen nach Stenico und Porten

479 G. Maetzke, RCRF Acta 2, 1959, 25.

480 Ebd. 25 f. gibt eine Übersicht über den Fund mit knappen Angaben zu Gefäßformen, Stempeln und Motiven. Stenico, Pisani-Dossi 414 gibt bereits einen kleinen Überblick über die benutzten Motive. Festgestellt werden Ähnlichkeiten zu Bargathesprodukten. Ebenso EAA I (1958) 757-758 s.v. Ateius (Stenico). Ein weiterer Schritt war die Zuordnung der Gefäße aus 47 Publikationen durch Stenico, Liste 14, wobei Gefäße des Ateius entweder Arezzo oder der „Provinz" zugerechnet werden konnten. Stenico sagt zwar selbst, daß er Produkte des Ateius nicht genau kenne, daß er aber immerhin einen Vorsprung besitze. Der Begriff „Ateius aus Arezzo" bezieht sich auf Vergleichsstücke aus dem Fund von 1954, wohingegen „Ateius provinciale" diejenigen Stücke bezeichnet, die nicht aus Arezzo stammten.

481 EAA I (1958) 757 s.v. Ateius (Stenico): Es gibt nur Stempel des Cn. Ateius allein. Crestus, Eros, Euhodus, Hilarus, Mahes, Xanthus und Zoilus tauchen nicht auf. Vgl. Ettlinger, RCRF Acta 2, 1962, 5.

482 Prachner, Sklaven 30: wahrscheinlich zweimal Salvi: auf Platte Haltern 1 und Tasse Haltern 7 sowie je einmal Eros und vielleicht Xanthus und Zoelus.

483 Nur wenige Stempel findet man im Inneren der Modelschüsseln. Ateius hat vorwiegend in das Gefäßinnere gestempelt: Stenico, Pisani-Dossi 414 mit Anm. 8.

484 Maetzke, RCRF Acta 2, 1959, 26.

485 Ebd. 25 ff.; Stenico, Pisani-Dossi 414; EAA I (1958) 757 s.v. Ateius (Stenico); Porten Palange, Ateius 183 ff.

486 Hinzuzurechnen sind noch die Gefäße, die Arezzo nur unsicher (**KatNr. 132-152**) oder gar nur möglicherweise zugewiesen werden konnten (**KatNr. 153-172**).

PALANGE.[487] Nur sehr wenige Stücke aus Arezzo selbst sind publiziert; fast alle im Katalog aufgeführten Gefäße stammen daher von anderen Fundorten oder aus Sammlungen. Diese Stücke wurden aber anhand der aus Arezzo bekannten Fragmente als aus diesem Ort stammend bestimmt. Mit Hilfe dieser Materialgrundlage lassen sich somit wichtige Informationen über die Offizin in Arezzo gewinnen.

Nur zwei Gefäße aus dem Halterner Bestand (**HaNr. 25-26**) können mit größerer Sicherheit der Offizin des Cn. Ateius in Arezzo zugewiesen werden. Verwandtschaften zu Gefäßen des M. Perennius Bargathes und zur „gruppo protobargateo" lassen sich über die verwandten Eierstab-Typen 5 und 6 und auch über den Dekor feststellen. Durch Vergleiche mit anderen Gefäßen, die dem Cn. Ateius zugewiesen werden konnten, muß auch für Haltern diese Zuordnung gelten. Hieran wird deutlich, wie stark die Beziehungen der Offizinen untereinander gewesen sein müssen.[488]

Die Randprofile der Kelche zeigen ein der Form D.-W. Ic vergleichbares Profil. Die Ausprägungen divergieren zwar leicht, lassen sich aber dennoch dem Service Ic zuweisen. Sie gehören vom Formenbestand her zum Gros der Funde und nehmen damit typologisch keine Sonderstellung ein. Die Durchsicht der publizierten Formen aus Arezzo selbst weist allerdings keine direkten Übereinstimmungen auf.

Ohne Aussagekraft bleibt die Feststellung der Qualität. **HaNr. 26** ist verschollen, **HaNr. 25** weist mit Qualität II einen Ton und Überzug auf, die auch an Produkten aus Arezzo beobachtet werden konnten.[489] Im Zusammenhang mit Erzeugnissen des Ateius scheint Qualität II jedoch hauptsächlich mit der Offizin in Pisa verbunden zu sein. In den beiden vorliegenden Fällen gab der Dekor den Ausschlag für die Provenienzbestimmung.

Im Gesamtbestand der Halterner Reliefkeramik befinden sich wahrscheinlich noch einige weitere Stücke, die dem Betrieb in Arezzo zugerechnet werden können; da aber an ihnen vom Dekor und Stempel her keine eindeutige Trennung zwischen Arezzo und Pisa erreicht werden konnte, sind diese unter der Kategorie „Arezzo – Pisa" verzeichnet. Sie weisen im Gegensatz zu den rein pflanzlich verzierten Kelchen **HaNr. 25** und **26** figürlichen Schmuck auf. Die Stücke des Ateius aus Arezzo erreichen damit, auch nach Durchsicht der Neufunde, kaum ein nennenswertes Kontigent an der Belieferung Halterns.

Die frühesten Zeugnisse aus der Arretiner Offizin sind radial gestempelte Platten. Bis auf je einen Stempel CN. ATEI/EROS und ATEI S(alvi) kommen nur die Firmenstempel ATEI und CN. ATEI auf unverzierter Terra Sigillata vor.[490] *Alle anderen Töpferstempel sind jünger, gehören aber wahrscheinlich in die Zeit um und nach Christi Geburt.*[491] Die Masse der radial gestempelten Platten ist nach Rom, an die spanische Ostküste und nach Narbonne gelangt. An Rhein und Lippe fanden sich nur 4 Exemplare. PRACHNER hält einen Beginn des Ateius-Betriebes in Arezzo zur Zeit des Lagers Oberaden für richtig. Ein eindeutiger Nachweis eines Ateius-Produktes fehlt in Oberaden allerdings noch.[492]

Weisen die glatten Gefäße mit einer radialen Stempelung in das auslaufende 2. Jahrzehnt v. Chr., so muß geprüft werden, wann die Produktion verzierter Sigillaten begann. Die von STENICO[493] konstatierten Verbindungen über Ornamente zu „vasi tigranei" und „protobargatei", drücken den Einfluß gleichzeitig bestehender Firmen aus. M. Perennius Tigranus nahm gegen 15 v. Chr. die Produktion in Arezzo auf. Für die Werkstatt des Ateius in Arezzo ist demnach eine ähnliche Datierung anzunehmen. Die Produktion lief auch teilweise

487 STENICO, Liste und PORTEN PALANGE, Ateius 183-209.

488 Asciburgium 182 Nr. 1 hält hingegen **HaNr. 25** für ein Produkt des M. Perennius Bargathes.

489 Vgl. u.a. die aus unterschiedlichen Werkstätten in Arezzo stammenden Stücke **OaNr. 23** und **HaNr. 1, 4** u. **11**.

490 PRACHNER, Sklaven 30: ATEI – von 25 Platten sind 16 radial gestempelt, von 17 Tellern der Form Haltern 1 nur 1 Exemplar. Von den 46 bei O.-C. verzeichneten mit CN. ATEI versehehen Platten sind 31 radial gestempelt, von den vier Tellern keiner. S. dazu auch S.C. STONE, Roman Pottery from Morgantina in Sicily I (Diss. Princeton 1981) 372 f.

491 PRACHNER, Sklaven 30.

492 Ebd. mit Anm. 4. Dieses Fehlen ist zwar an und für sich kein sicheres zeitliches Argument, doch bei einer solch bedeutenden Fabrik in Erwägung zu ziehen. – Dagegen liegen aber Ateius-Produkte aus anderen frühen Lagerkontexten vor: Aus Rödgen stammt ein Kelchfragment: SIMON, Rödgen 75 Abb. 5 Nr. 241a. Ein Teller mit Innenstempel ATEI wurde in Dangstetten gefunden: FINGERLIN, Dangstetten 1 (Stuttgart 1986) 31; 250, Fst. 52,20.

493 EAA I (1958) s.v. Ateius (STENICO).

gleichzeitig mit der von C. Annius und Rasinius, die ebenfalls während der mittleren Phase der perennischen Offizin arbeiteten.

Die Anfangsdatierung der ateischen Offizin in Arezzo ist allerdings keineswegs gesichert.[494] Trifft die Bestimmung einer Kelchscherbe (**KatNr. 147**) aus dem Lager Rödgen zu, das von etwa 12-9/8 v. Chr. Bestand hatte, so ist damit ein wichtiges Datum gewonnen. Auch muß der Tatsache der Gründung einer Filiale in Pisa Rechnung getragen werden, die nach Ausweis der Funde in Lyon noch vor 10 v. Chr. ihre Produktion aufnahm.[495] Der Becher **OaNr. 26** aus Oberaden könnte hier für Pisa ein entscheidendes Datum liefern.[496]

Das Rödgener Stück deutet sicher nicht einen regelmäßigen Handel von Arezzo an die Rheinlager an. Dazu ist es wohl nie gekommen, da Pisa diese Rolle schnell übernahm. Die zeitliche Stellung von **KatNr. 147** im Rödgener Lager kann nicht enger gefaßt werden als die Datierung des Lagers selbst. Zusammen mit einer nicht näher bestimmbaren Zeitspanne der Verhandlung und des Erwerbs des Gefäßes wird der Beginn der Offizin in Arezzo vor 15 v. Chr. wahrscheinlich.

Weitere Ateius-Kelche aus dem Rheingebiet, die nachweislich aus Arezzo stammen, sind nicht so exakt zu datieren, verweisen aber alle in die letzten beiden Jahrzehnte v. Chr. OXÉ datierte einige wenige qualitätvolle Stücke, wie z.B. den Mainzer Kranichkelch (**KatNr. 5**), die er für italische Produkte (also aus Arezzo) des Ateius hielt, in die Zeit zwischen 10-5 v. Chr.[497] Das wohl früheste Randprofil weist ein Kelch vom Titelberg auf, der aus einem augusteischen Zusammenhang stammt (**HaNr. 150**). Nach dem Dekor ist er wohl der Offizin in Arezzo zuzurechnen. Eine genaue Datierung des Kelches über den Befund ist leider nicht möglich.[498] In Haltern sind die Kelche **HaNr. 25** und **26** Arezzo zuzuweisen. Die Lippenform dieser Kelche gehört schon zum entwickelten Service Ic.[499] Man wird eine Datierung kurz v. Chr. Geb. erwägen müssen.[500] Der größte Teil der bisher aus Arezzo bekannt gewordenen Gefäß- und Randformen scheint typologisch älter (Formen D.-W. Ia-c) als diejenigen der Pisaner Offizin zu sein.[501] Dieser Befund zeigt damit höchstwahrscheinlich die Frühphase des Betriebes in Arezzo auf. Ein Teil der Formen, wie die Tasse der Form Vindonissa 13 und die Formen D.-W. III, weisen dagegen noch auf eine spätere Produktionsphase hin.[502] Nach den Gefäßformen ergibt sich also eine Lücke in der Produktion, die bis jetzt nicht erklärbar ist.[503] Man wird vorerst mit einem Beginn der Reliefkeramikproduktion kurz vor 15 v. Chr. zu rechnen haben, das Ende dürfte knapp über die Aufgabe des Lagers Haltern hinausreichen.

Die Verteilung der sicher aus Arezzo stammenden Funde (Karte 2) zeigt, daß das Rheinland mit insgesamt acht Exemplaren relativ schwach vertreten ist. Schwerpunkte liegen in Arezzo und Italien selbst. Wenige Einzelfunde aus dem Mittelmeergebiet dürfen wohl momentan noch als „Mitbringsel" interpretiert werden, wie z.B. die Kelche in Athen, Cavaillon, Terrassa, Pollentia und St. Bertrand-de-Comminges. Nimmt man die nur unsicher zugewiesenen Fragmente hinzu (Karte 3), so ergibt sich eine weite Streuung. Das Rheinland gewinnt weitere Fundpunkte hinzu, während sich gleichfalls Funde an der gallischen Mittelmeerküste mehren.

494 PRACHNER, Sklaven 35: im 2. Jahrzehnt v. Chr.

495 TAPONECCO MARCHINI, Pisa 6; 9.

496 ETTLINGER, Novaesium 35: *Die Dominanz des Ateius im Sigillataimport nach Gallien und an den Rhein begann knapp im Oberadener Horizont (...).*

497 OXÉ, Rhein 37. Vorsichtiger beurteilen D.-W. 173 wegen der geringen Anhaltspunkte diese Frage.

498 J. METZLER, Publ. Section hist. Inst. Luxembourg 91, 1977, 88 Nr. 89 Abb. 26,89. Der archäologische Befund kann keine genaue zeitliche Eingrenzung liefern. Unbestritten ist der römische Einfluß an diesem Ort schon seit dem 3. Jahrzehnt v. Chr.

499 Bei **HaNr. 25** liegt schon im oberen Bereich der Lippe eine Riefelung vor.

500 **HaNr. 27** ist wahrscheinlich etwas jünger. Seine umstrittene Zuweisung behindert eine genaue Wertung.

501 Vgl. Tabelle 10.

502 Die fraglichen Gefäße stammen entweder aus Arezzo selbst, wie **KatNr. 24** und **111**, oder wurden von STENICO, Liste Nr. 463; 1284; 583; 584; 581 (= **KatNr. 4, 24, 90, 91, 110**) als Stücke aus Arezzo bestätigt. Bei **KatNr. 160** (STENICOs Nr. 462) ist er sich nicht sicher, ob es sich um M. Perennius Tigranus oder Cn. Ateius aus Arezzo handelt. PORTEN PALANGE, Ateius bestätigt **KatNr. 27**. Es besteht demnach kein Zweifel daran, daß auch die Formen D.-W. IIIa bzw. III? und Vindonissa 13 in Arezzo hergestellt wurden.

503 Die Lücke könnte auch durch den unzureichenden Publikationsstand der Funde aus Arezzo begründet sein.

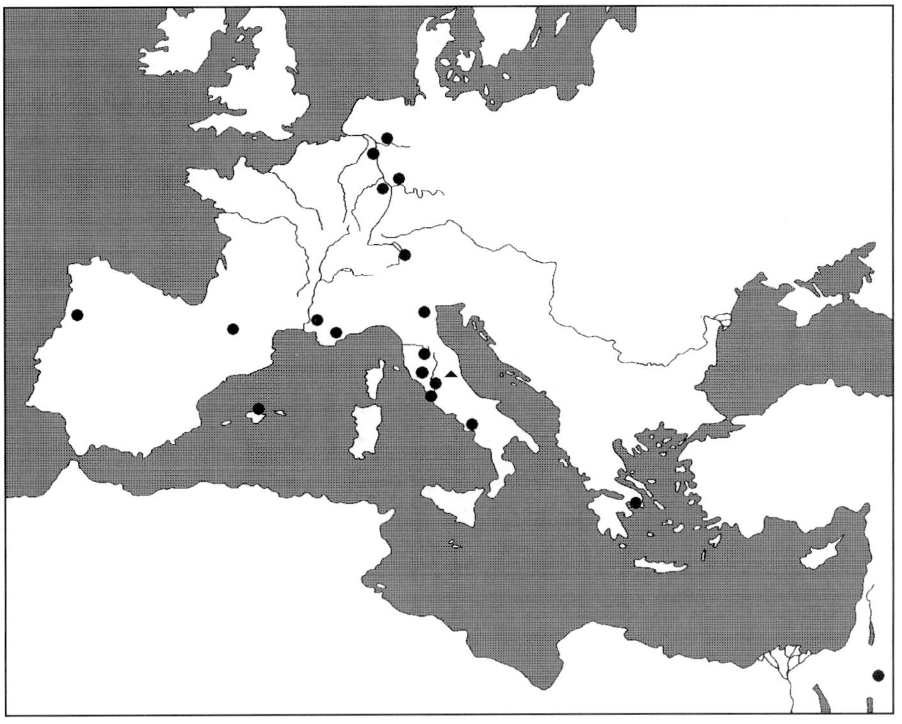

Karte 2 *Cn. Ateius (Arezzo – sichere Zuweisungen): Arezzo (35); Arezzo? (5); Athen (1); Bolsena (1); Bregenz (1); Capua (1); Cavaillon (1); Este (1); Frejus (1); Friedberg (1); Mainz (3); Neuss (5); Ostia (1); Petra (1); Pollentia (2); Rom (8); St. Bertrand-de-Comminges (1); Terrassa (1);* ▲ *Italien (24); Unbekannt (37). Summe (131).*

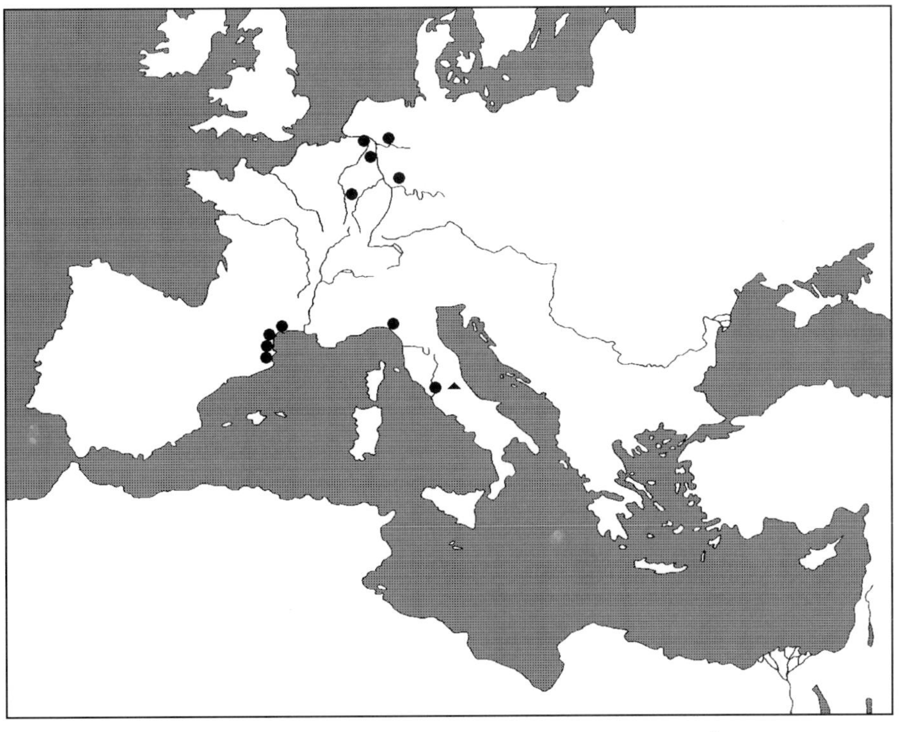

Karte 3 *Cn. Ateius (Arezzo – unsichere Zuweisungen): Agde (1); Ampurias (1); Haltern (2); Luni (7); Mailhac (2); Moers-Asberg (1); Narbonne (1); Nijmegen (1); Rom (2); Rödgen (1); Titelberg (1);* ▲ *Italien (2); Unbekannt (1). Summe (23).*

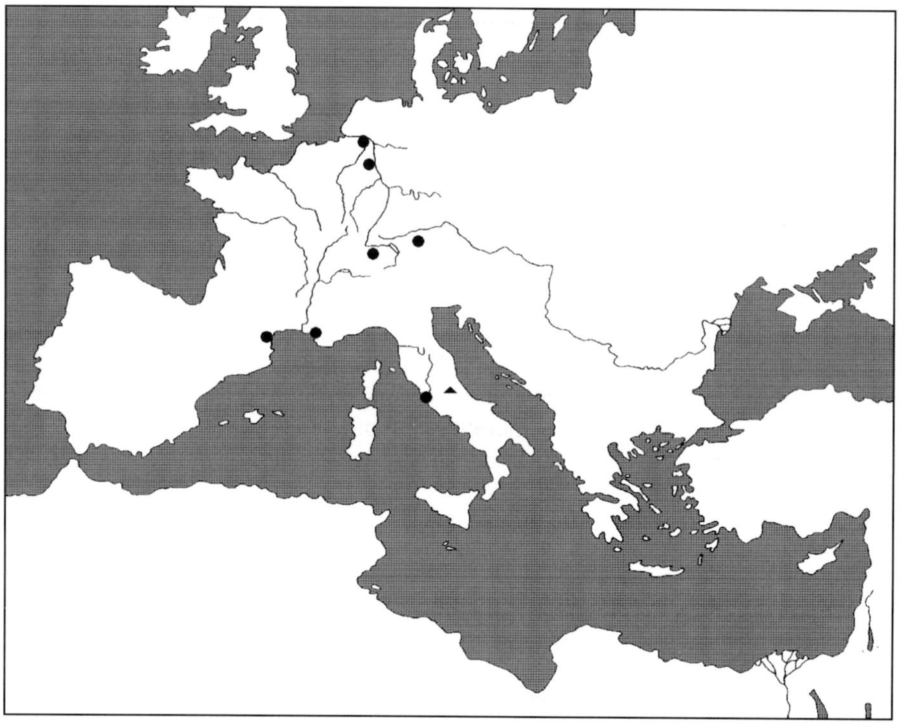

Karte 4 *Cn. Ateius (Arezzo – mögliche Zuweisungen): Augst (1); Augsburg-Oberhausen (2); Marseille (1); Narbonne (1); Neuss (4); Nijmegen (1); Ostia (1); ▲ Italien (3); Unbekannt (6). Summe (20).*

Die Fundpunkte in Italien sind dünn gestreut. Karte 4 mit den „möglichen Zuweisungen" weist nur noch Punkte im Rheinland und an der gallischen Mittelmeerküste auf, Italien ist kaum noch vertreten.

Die Verteilung der Arretina aus der Offizin des Cn. Ateius in Arezzo zeigt eine deutliche Schwerpunktbildung, die sich selbst bei den „unsicheren" und „möglichen Zuweisungen" wiederfindet. Demnach sind Fundpunkte in Italien selten, in der Hauptsache kommen Rom und Ostia vor. Ein Binnenhandel innerhalb Italiens ist kaum zu bemerken, auch Bolsena kann mit nur einem Gefäß nicht dafür sprechen. Die Fundstreuung im Mittelmeergebiet ist auf den bevorzugten Transport per Schiff zurückzuführen, wie auch die sicher aus Arezzo stammenden Funde in Capua, Ostia und Rom nahelegen. Die Fundverteilung zeigt insgesamt, daß die Ateius-Produkte aus Arezzo nur vereinzelt in die Rhein- und Lippelager kamen, ebenso wie in die Hafenstädte Südgalliens und Spaniens. Es gilt demnach zu überprüfen, inwiefern Ateius bereits zur Zeit des Betreibens seiner Offizin in Arezzo über Pisa Gefäße in die entfernter liegenden Gebiete verhandelt hat.

Cn. Ateius (Pisa)

(Taf. 19.20; **HaNr. 34-36; KatNr. 173-222**)

STENICO erwähnte zuerst 1968 den Nachweis eines Ateius-Betriebes in Pisa.[504] Weitere Einzelheiten sowie Abbildungen einiger Fundstücke dieser Offizin wurden von TAPONECCO MARCHINI[505] in aller Kürze dargelegt. Bereits 1965 wurde demnach eine Töpferei des Cn. Ateius in der via Zeno in Pisa gefunden. Es ließen sich u.a. Öfen, Tonklumpen und Fehlbrände nachweisen. Der größte Teil der Fundstücke besteht neben anderen Keramikgattungen aus glatter Terra Sigillata, Modelschüsseln und Reliefkeramik. Zumeist handelt es sich

504 STENICO in: Provincialia [Festschrift R. Laur-Belart] (Basel - Stuttgart 1968) 457 mit Anm. 7.

505 TAPONECCO MARCHINI, Pisa 3-9.

hierbei um Wandscherben. Wenige Gefäßreste konnten zu annähernd vollständigen Profilen ergänzt werden, die allerdings nur die allgemeine Zuweisungen zur Kelchform Drag. 11 zuließen. Verzierte Sigillata ist im Abfall der Offizin in Pisa relativ selten, scheint jedoch durchweg gestempelt zu sein. Bis auf zwei Stempel[506] kommen ausschließlich solche aus der Offizin des Ateius vor: CN.ATEI, CN.ATEI/MAHES (wobei Mahes häufiger als seine Kollegen vorkommt), CN.ATEI/ZOILI und CN.ATEI/HILARUS. Die Stempel sind teilweise ligiert, liegen aber auch ausgeschrieben vor. Sie variieren von der rechteckigen zur kreisförmigen und rhombischen Form.[507] Als Beizeichen finden sich auf den Stempeln fischgrätenartige, wellen- und sternförmige Gebilde. Als Zierstreifen wird ein einfacher Eierstab, bestehend aus einem Kern und zwei umlaufenden Stäbchen, benutzt, unterhalb dessen sich eine einfache Strichelreihe befindet.[508] Auch fünfblättrige Blüten können an dieser Stelle auftauchen. Narrative Szenen kommen anscheinend nicht vor. Meist bilden Akanthusblätter und Lotosblüten, getrennt durch doppelte Kreislinien, einen vegetabilen Dekor. Ein Einfluß der Offizin des M. Perennius Bargathes ist durchaus erkennbar. Es scheint sich hierbei um Produkte im Stile der „gruppo protobargateo" zu handeln. Einzelne Figuren sind ebenfalls selten. Bekannt sind aber Legionäre, orientalische Krieger, Satyrn, weinlesende Amoretten, weibliche Gewandfiguren und Kentauren aus dem Herakles-Omphale-Zyklus, die ebenfalls von Perennius entliehen sind.[509]

Die Mehrheit der verzierten Arretina aus Haltern ist mit dem Namen des Cn. Ateius, einem seiner Sklaven oder Freigelassenen verbunden. Die drei aus Haltern stammenden, hier zusammengefaßten Gefäße entstanden sicher in der Werkstatt des Cn. Ateius in Pisa, die von TAPONECCO MARCHINI beschrieben wurde. Ausschlaggebend für die Bestimmung ist das Motiv des im Kranz eingeschriebenen Blattes, das ebenso auf Fragmenten des Pisaner Töpfereiabfalls vertreten ist.[510] Neben dem Blatt (Punzen-Nr. 168) und dem Kolben (Punzen-Nr. 71) treten die Eierstabtypen 8A und 8B auf, die als Variationen eines für die Ateius-Offizin charakteristischen Grundmusters bekannt sind.

Ein Töpfername kann mit der Verzierungsweise dieser Gefäße (derzeit) noch nicht verbunden werden. Der Innenstempel CN.AEI auf **HaNr. 34** läßt vermuten, daß Gefäße mit diesem Dekor nur mit der Signatur des Cn. Ateius verbunden sind. Möglicherweise handelt es sich dabei um eine direkte Übernahme der Gepflogenheiten des Muttergeschäftes in Arezzo, auf deren Produkten ausschließlich der Name des Firmeninhabers eingestempelt vorkommt. Das erhaltene Randprofil des Kelches **HaNr. 34** kann direkt den Profilen von **HaNr. 25** und **26** gegenübergestellt werden. Sie liegen zeitlich dicht beieinander.

Die Beschreibung des Tons der in Pisa gefundenen Scherben als hell beige-rosafarben und mehlig-schmierig sowie des rot-orangefarbenen Überzuges deckt sich gut mit den am Neusser und Halterner Material gemachten Feststellungen.[511] Qualität II und verwandte Qualitäten stellen den Querschnitt der pisanischen Ware in Haltern dar. Es handelt sich fast ausschließlich um weichen Ton, der meist einen guten, hellrot-bräunlichen Überzug besitzt. Vergleichbare Stücke in Oberaden (**OaNr. 26** und **30**) besitzen ebenso einen mehligen Ton, der Überzug neigt hier allerdings zum streifigen Abplatzen.

Wahrscheinlich sind auch die Stücke **HaNr. 70-73, 75, 76, 78-90, 92** und **94** mit der Offizin des Cn. Ateius in Pisa in Zusammenhang zu bringen. Auf Grund ihrer starken Zerscherbung konnte allerdings keine eindeutige Zuweisung erfolgen.

506 PRISCI, und ein Gemmenstempel.

507 G. PUCCI in: EAA Atlante delle forme ceramiche II (Rom 1985) 369 erwähnt, sich auf TAPONECCO MARCHINI, Pisa beziehend, allerdings ausschließlich Rechteckstempel.

508 Vgl. Eierstab-Typ 8B2.

509 BROWN, Ashmolean Taf. 2,3a; STENICO, Rasinius Taf. 6,12a.

510 TAPONECCO MARCHINI, Pisa Taf. 2,4; vgl. auch Punzen-Nr. 168.

511 ETTLINGER, Novaesium 74 beschreibt einen Wandel in der Herstellungstechnik von einem weichen Produkt zu einem an südgallische Erzeugnisse erinnernden harten Scherben. Die Änderung muß ihrer Meinung nach noch im Haltern-Horizont vonstatten gegangen sein. s. auch EAA I (1958) 757 s.v Ateius (STENICO). ETTLINGER in: Conspectus 26. Späte Ateius-Produkte besitzen einen harten Scherben, dunkles Braunrot und eine feste Verbindung des Überzuges mit dem Tonkern. Diese Beobachtung trifft auf Waren aus Pisa zu. In Haltern konnte kein solches Produkt beobachtet werden.

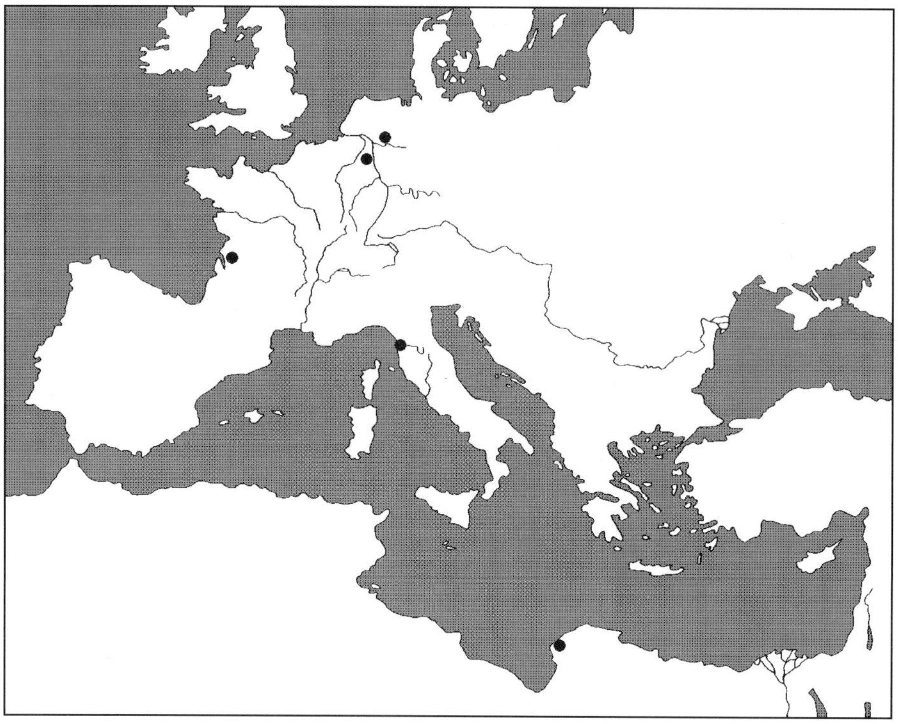

Karte 5 *Cn. Ateius (Pisa – sichere Zuweisungen): Haltern (3); Neuss (4); Pisa (9); Saintes (2); Sidi Krebish (2). Summe (20).*

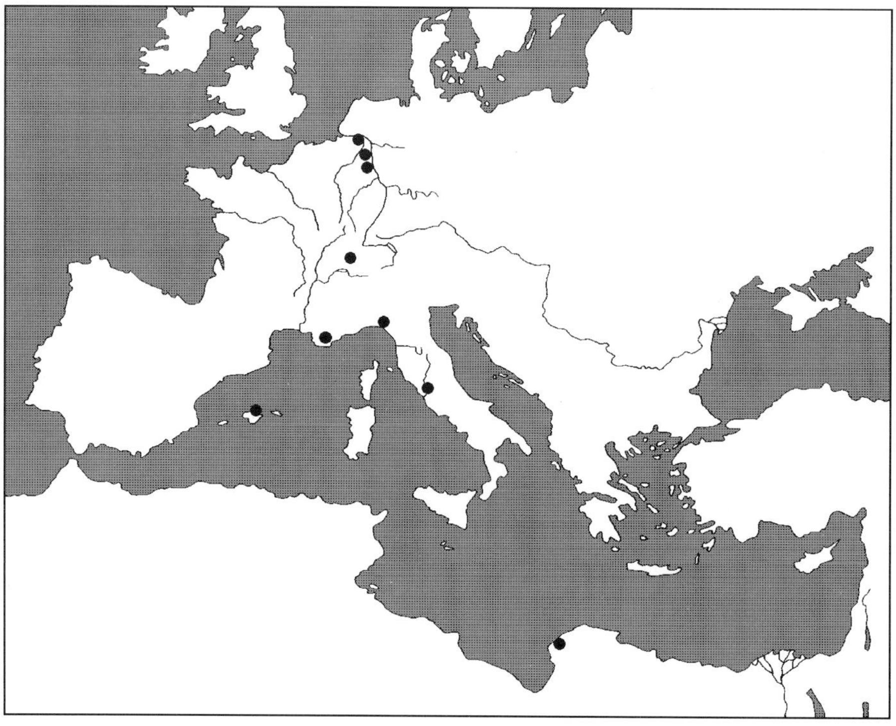

Karte 6 *Cn. Ateius (Pisa – unsichere Zuweisungen): Avenches (1); Frejus (1); Luni (13); Moers-Asberg (3); Neuss (7); Nijmegen (3); Pollentia (1); Rom (1); Sidi Kebish (3). Summe (33).*

Gemessen an der Zahl der bekannten pisanischen Erzeugnisse der Sklaven und Freigelassenen des Ateius sind Gefäße aus Pisa mit dem Stempel des Firmeninhabers allein recht selten. Außer dem Halterner Stück **HaNr. 34** sind noch zwei weitere aus Sidi Krebish (**KatNr. 173** und **175**) und eines aus Saintes (**KatNr. 174**) bekannt. Dazu kommen noch ein Gefäß aus Fréjus (**KatNr. 190**) und eines aus Luni (**KatNr. 191**). Die Zuweisung der beiden letztgenannten Exemplare an Pisa muß allerdings unter Vorbehalt erfolgen, da noch die entsprechend sicheren Parallelen fehlen.

In die Verbreitungskarten (Karte 5 und 6) mit aufgenommen sind die Stücke, die keine Handschrift eines bestimmten Töpfers erkennen ließen, aber wohl aus Pisa stammen dürften. Sie geben damit die Verbreitung indifferenter pisanischer Erzeugnisse wieder. Daher gehören sie in den Zusammenhang mit der anderen Verbreitung der pisanischen Produkte, damit sich ein vollständiges Bild ergibt. Gesondert beachtet werden müssen die oben erwähnten sechs Gefäße mit dem Namen des Ateius, denn die Verbreitung dieser Fragmente ist weit gestreut. Darüber hinaus gehören sie nach den Stempeln und Dekoren unterschiedlichen Zeitstellungen an.

Wegen des Vorkommens „klassischer Gefäßformen" (Service I) legt TAPONECCO MARCHINI den Beginn des Betriebes in Pisa um das Jahr 15 v. Chr. Auf Grund des Einflusses arretinischer Betriebe (M. Perennius Bargathes und P. Cornelius) und der stark entwickelten Gefäßränder datiert sie die Dauer des Betriebes bis in die Jahre 20-30 n. Chr. Insgesamt hätten damit die Ateius-Töpfer 50 Jahre lang in Pisa gearbeitet.[512] Eine etwas kürzere Dauer nimmt ETTLINGER offenkundig an. In einer Übersicht gibt sie eine Zeitspanne von etwa 12 v. Chr. (Beginn im Oberaden-Horizont) bis etwa zum 1. Viertel des 2. Jahrzehntes n. Chr. an.[513]

Für den Beginn der regulären Importe von Reliefkeramik gibt es keine direkten Hinweise. Der kleine Becher **OaNr. 26** kann als vereinzeltes Stück auch auf anderen Wegen nach Oberaden gekommen sein.[514] Die Eröffnung des Filialbetriebs in Pisa ist allem Anschein nach sehr bald nach der Betriebsgündung in Arezzo erfolgt. Cn. Ateius hatte vermutlich schnell die Vorteile einer Hafenstadt für den Handel mit den am Rhein stationierten Truppen erkannt. Zur Zeit des Lagers in Oberaden war er der Konkurrenz von C. Annius und Rasinius jedoch nicht gewachsen, wohingegen er zur Zeit des Hauptlagers von Haltern ohne nennenswerte Konkurrenz ist; Pisa beherrscht nun den Markt.

Keines der verzierten Produkte der Ateius-Töpfer aus Haltern wurde in Gallien hergestellt. Die Untersuchung von Form, Qualität und Dekor sprechen eindeutig für Pisa. Es erhebt sich somit die Frage, ob alle der in Haltern vertretenen Sklaven und Freigelassenen des Ateius in einem Betrieb in Pisa arbeiteten und wie sich ihr zeitliches Verhältnis zueinander gestaltet.[515] Allein für Haltern lassen sich einige wichtige Feststellungen zu den erhaltenen Stempeln machen. Euhodus hat beispielsweise einmal noch als Sklave gestempelt (**HaNr. 37**), bevor er zusammen mit Crestus als Freigelassener mehrere Gefäße signierte (**HaNr. 54, 56, 59, 62, 64, 65, 67** und **68**). Auffällig ist bei ihnen die Abweichung in der Qualitätsgruppe II gegenüber den anderen Produkten aus Pisa. So sind die Gefäße in Ton und Überzug zwar durchaus mit diesen verwandt, sie weisen allerdings einen hellen oder bräunlichen Belag unter dem Überzug auf, der möglicherweise auf eine technische Änderung in der Produktion hinweisen könnte. Es könnte sich auch um eine Verlegung der Produktion innerhalb Pisas handeln, doch fehlt hierzu jeder archäologische Hinweis. Desweiteren sind die Stempel des Xanthus *in tabula ansata* sowie die von ihm hergestellten Gefäßformen nach Vergleichen gegen 9 n. Chr. anzusetzen.

512 TAPONECCO MARCHINI, Pisa 6 und 9.

513 ETTLINGER, RCRF Acta 25/26, 1987, 16 Abb. 12.

514 Möglicherweise stammt auch ein Teller des Service Ic mit Innenstempel ATEI in Dangstetten aus Pisa, wie die Beschreibung des Tons durch FINGERLIN vermuten läßt. FINGERLIN, Dangstetten 1 (Stuttgart 1986) 31 Fst. 52 Nr. 20.

515 ETTLINGER hat für bestimmte Ateius-Töpfer eine relative Chronologie erarbeitet. Ausgangspunkt bilden die Stempel und Gefäßformen glatter Sigillaten: RCRF Acta 25/26, 1987, 16 mit Abb. 12. Die Datierungen werden im Einzelfall in den Besprechungen zu den einzelnen Töpfern behandelt.

Cn. Ateius (Arezzo oder Pisa)
(Taf. 17-19; **HaNr. 27-33; KatNr. 223-260**)

Die Stücke dieser Kategorie bilden insoweit eine heterogene Gruppe, als sie sich nicht eindeutig einem der Herstellungsorte zuweisen ließen.

Neben dem vollständigen Kelch **HaNr. 27** der Fom D.-W. Ic, sind hier ein Randprofil der Form D.-W. Ih, zwei Wandscherben und drei Kelchfüße zusammengefaßt. Die Astragalizusen-Kelche **HaNr. 28-30** sind sicher als Einheit zu betrachten. Von diesen drei Gefäßen ist **HaNr. 30** verschollen, die anderen beiden weisen die Qualität II auf. Das Motiv der Knöchelspielerinnen ist in Arezzo mehrfach belegt. Dieses Thema findet sich auch auf einem Fragment aus Nijmegen-Ubbergen (**KatNr. 259**), bei dem STENICO und PORTEN PALANGE eine „provinziale Enstehung" für möglich halten.[516] Man darf den Begriff der „provinzialen" Entstehung hier wohl als „Pisa" interpretieren, denn es lassen sich vom Ton und vom Überzug keine Unterschiede zu den anderen Produkten des Ateius feststellen, die sicher aus Pisa stammen. Im Gegenteil passen sie gut zu diesen Produkten, so daß eine Entstehung der drei Kelche auf Grund des Materials in Pisa fast wahrscheinlicher ist (vgl. Tab. 7), wohingegen der Dekor eher nach Arezzo verweist.

Die Kelchformen scheinen nach dem bisher bekannten Spektrum in Arezzo nicht vorzukommen. In Haltern ist z.B. die Form D.-W. II mehrfach für Xanthus belegt, der in Pisa gearbeitet hat.[517]

Der Kelch **HaNr. 27** mit dem sehr unsauber geschnittenen Innenstempel ATEI weist das typologisch älteste Randprofil innerhalb des Ateius-Bestandes von Haltern auf. Die Kelchform erinnert stark an solche aus der Offizin des Ateius in Arezzo.[518] Das Motiv des gelagerten Skeletts, das sich auf dem Halterner Kelch an ein Grabmal lehnt, ist auch von einem Xanthus-Kelch bekannt (**KatNr. 357**). Auf Grund der Stempel ist allerdings nur in einem Fall eine eindeutige Töpferzuweisung möglich, die des Xanthus, der in Pisa gearbeitet hat. Im Falle des mit ATEI (**HaNr. 27**) gekennzeichneten Stückes ist eine Scheidung zwischen Arezzo und Pisa kaum möglich. Ähnliche Stempel sind wahrscheinlich für beide Orte zu belegen,[519] wie überhaupt die Variationsbreite gerade dieser Stempelfassung nicht größer sein könnte.[520] Für den Skelett-Kelch konnte die unter der verzierten Arretina seltene Qualität I festgestellt werden.[521] Wahrscheinlich ist dieser Unterschied sowie die frühe Gefäßform eher einer Entstehung in Arezzo als in Pisa zu verdanken.[522] Ist der Kelch tatsächlich in Arezzo entstanden, so müssen die Punzen für den Kelch **KatNr. 357** später von Xanthus benutzt worden sein, und zwar in Pisa.

In gleicher Weise trifft diese Festellung auf die drei Kelchfüße **HaNr. 31-33** zu, die sich auf Grund ihres Erhaltungszustands keiner Formgruppe mehr zuweisen lassen. Zwei der Stücke sind verschollen, für das dritte ließ sich noch die Qualität III? feststellen, es ist zudem sekundär gebrannt. Eine Zuweisung ist daher auch über Ton und Überzug nicht möglich.

Karte 7 zeigt eine auffällige Verbreitung der Ateiusgefäße aus Arezzo oder Pisa am Rhein. Italien dagegen ist nur mäßig vertreten. Die Fundpunkte an Galliens und Spaniens Küste bezeichnen Hafenstädte, die direkt von Pisa aus angesteuert wurden, da von dort aus das gallische Hinterland erreicht werden konnte. So ist etwa Saintes direkt mit Lyon verbunden, wo sich viele Ateius-Produkte aus Pisa fanden. Das Fragment aus Numantia ist singulär.

516 STENICO, Liste 54 Nr. 755 – *M. Perennius o Cn. Ateius di Arezzo??*. PORTEN PALANGE, Ateius 196. Unentschieden ist auch TILHARD, Saintes 153 zu **KatNr. 260**.

517 Dieser Themenkomplex wird nicht nur aus diesem Grunde, sondern auch wegen des Dekores ebenso wie der Skelettkelch **HaNr. 27** noch im Zusammenhang mit dem Töpfer Xanthus zu behandeln sein.

518 s.o. S. 41 Form 2.

519 MAETZKE, RCRF Acta 2, 1959, 25; ETTLINGER, RCRF Acta 4, 1962, 27; PORTEN PALANGE, Ateius 183 mit Anm. 2.

520 Vgl. O.-C. 144.

521 Gut zu erkennen ist der Belag unter dem Überzug im Bereich der Lippe auf dem Farbfoto in: B. TRIER (Hrsg.), 2000 Jahre Römer in Westfalen (Mainz 1989) 55 mit Abb. 34.

522 Nur eine chemische Analyse könnte hier mehr Erfolg versprechen.

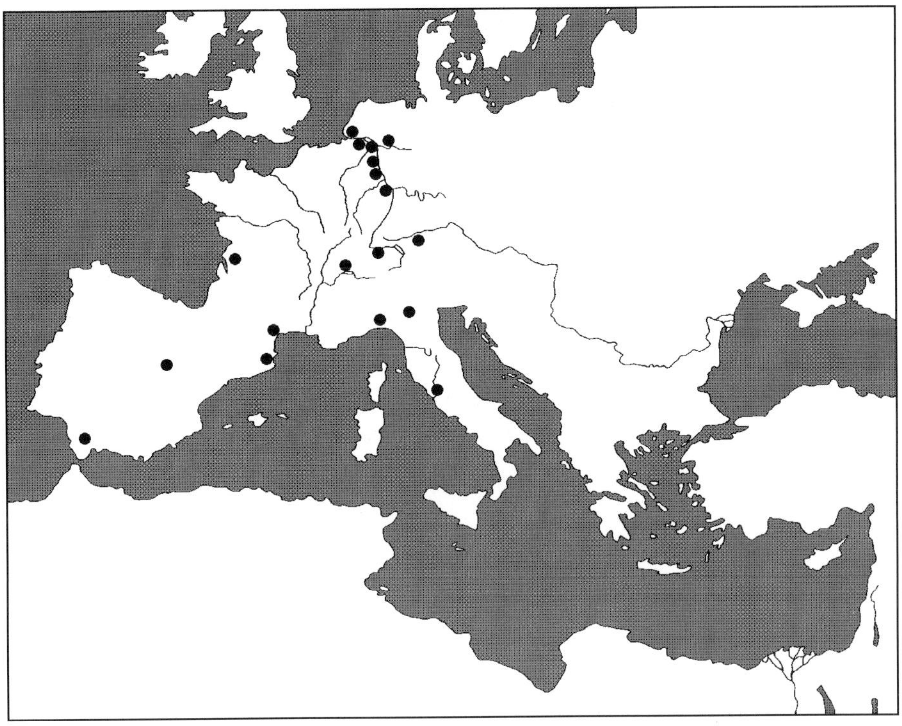

Karte 7 *Cn. Ateius (Arezzo oder Pisa): Augsburg-Oberhausen (1); Augst (1); Ampurias (1); Ferento (1); Haltern (7); Köln (4); Lausanne (1); Mainz (1); Moers-Asberg (4); Narbonne (4); Nijmegen-Ubbbergen (2); Numantia (2); Rom (9); Saintes (1); Sevilla (2); Tortona (1); Vechten (1); Xanten (1); Unbekannt (1). Summe (44).*

Cn. Atei Cresti
(KatNr. 302-310)

In Haltern sind keine ausschließlich von Crestus gestempelten Gefäße, ob verziert oder unverziert, bekannt. Daß er dennoch kurz behandelt werden soll, geschieht in der Absicht, einen Überblick über seine Produkte, ihre Verbreitung und den möglichen Herstellungsort zu gewinnen. Dadurch lassen sich Vergleichsmöglichkeiten zur Bearbeitung der in Haltern häufigen Gefäße mit dem Partnerstempel CRESTI ATEI/EVHODI bzw. CRESTI/EVHODI gewinnen.

Es liegen insgesamt neun verzierte Gefäße vor, von denen acht einen Innenstempel tragen. Fünfmal erscheint Cresti zusammen mit Cn. Atei, zweimal zusammen mit Atei und einmal allein (**KatNr. 308**).

Reliefschmuck ist auf sechs Gefäßen erhalten, von denen fünf gestempelt sind. Es lassen sich einige Parallelen zu leider nicht näher bestimmbaren Fragmenten in Haltern beobachten. Auf dem gut erhaltenen Kelch aus Neuss (**KatNr. 302**) erscheint z.B. ein Baum, der in Haltern von einem verschollenen Wandfragment (**HaNr. 92**) her bekannt ist. Ein weiteres Wandfragment aus Haltern (**HaNr. 82**) zeigt ein Vogelmotiv, das sich auf einer Tasse in Saintes (**KatNr. 303**) wiederholt. Diese Tasse konnte über chemische Analysen Pisa zugeordnet werden.[523]

Der häufige Gebrauch des Eierstabes Typ 8B (vgl. **KatNr. 303, 305, 306** und **309**) läßt sich auch auf den späteren Gefäßen beobachten, die gemeinsam von Crestus und Euhodus signiert wurden (vgl. **HaNr. 56-60, 62** und **65**).

523 TILHARD, Saintes 120 Nr. 32.

Auf dem in Paris befindlichen Kelch unbekannten Fundortes (**KatNr. 305**) tauchen neben kleinen Eroten, die in Haltern auf mehreren Kelchen wiederzufinden sind (z.B. die beiden Xanthus-Kelche **HaNr. 43** und **49**, wobei letzterer durch chemische Analysen Pisa zugewiesen werden konnte), auch Girlanden (vgl. **HaNr. 42** – Xanthus und **HaNr. 59** – CRESTI ATE[I] EVHODI) und eine korinthische Säule (vgl. **HaNr. 53** – Zoelus?) auf.

Die Übernahme von Punzen aus der Perennius-Offizin ist durch die Darstellung dreier Tänzerinnen und eines Tänzers[524] auf einer Tasse aus Périgueux (**KatNr. 306**) belegt.

Auf einem Kelch aus Auterive (**KatNr. 309**) mit dem Innenstempel CN.ATEI/CRES[TI] befindet sich neben Palmetten ein Medusenkopf, an den vier Schlangenköpfe angestempelt worden sind. Wandscherben mit ähnlichen Köpfen sind aus Haltern (**HaNr. 105**) und St. Bertrand-de-Comminges (**KatNr. 310**) bekannt. Die beiden letzteren Köpfe sind durch die Beigabe von Weinblättern in ein bacchantisches Umfeld versetzt worden. Leider ist das Halterner Stück verschollen und nur noch von Fotos bekannt. Eine sichere Bewertung ist damit nicht mehr möglich; es scheint aber eine sehr nahe Verwandtschaft zu den Stücken aus St. Bertrand-de-Comminges und Périgueux vorzuliegen. Abweichend von den anderen, sicher dem Crestus zugewiesenen Produkten, ist der Eierstab (vgl. Typ 11) des Fragments aus St. Bertrand-de-Comminges. Diese Tatsache könnte gegen eine Zugehörigkeit zu den unter dem Oeuvre des Crestus geführten Gefäßen sprechen. Die einzige annähernde Parallele zu dem Eierstab findet sich auf einem unbestimmten Randfragment aus Haltern, dessen Herkunft durch chemische Analysen auf „Italien" festgelegt werden konnte (**HaNr. 74**).

Die erhaltenen Gefäßformen gehören in den „Haltern-Horizont",[525] also von etwa Christi Geburt bis in frühtiberische Zeit. Man gewinnt damit gleichzeitig einen Anhaltspunkt für die weiteren von Crestus benutzten Formen.[526] Der Kelch aus Neuss (**KatNr. 302**) weist beispielsweise die Form D.-W. Ih auf. Diese Form taucht unter den Gemeinschaftsprodukten des Crestus und Euhodus in Haltern mindestens viermal auf (**HaNr. 54, 56, 57 (?)** und **59**). Auch der Kelch **KatNr. 309** aus Auterive scheint dieser Gefäßform zuzuzuzurechnen sein. Leider ist der ausschlaggebende Rand abgebrochen. Form D.-W. I*l* wird durch **KatNr. 305** belegt. Vergleichbar sind die Profile von **HaNr. 14** und **15**. Die Tasse der Form Vindonissa 13 ist in Haltern nicht nachgewiesen, sie ist aber häufig unter den Produkten des Xanthus zu finden. Wohl der Form des Skyphos ist das Fragment aus St. Bertrand-de-Comminges zuzuordnen. Damit deuten selbst die wenigen Stücke ein diverse Gefäßformen umfassendes Repertoire an.

Die Kartierung der Fragmente (Karte 8) zeigt eine gewisse Konzentration in Südwest-Gallien und Aquitanien. Es tauchen wieder die Zielhäfen in der Narbonensis auf. Die beiden Funde von Neuss und Mainz sind singulär. Die von Crestus und Euhodus gemeinsam gefertigten Stücke finden sich dagegen fast ausschließlich in Haltern (vgl. Karte 11).[527]

Ausgehend von den chemischen Analysen und der Verbreitung der Gefäße darf davon ausgegangen werden, daß sich die Produktionsstätte des Crestus in Pisa befand.[528]

524 D.-W. 103 Motiv XXI,6 – M. Perennius Tigranus.

525 Zu diesem Begriff s. ETTLINGER, Novaesium 102. – In diesem Zusammenhang ist der Begriff nur auf die in Haltern existierenden Formen der Reliefkeramik bezogen.

526 Problematisch wird dann die Einordnung der Kelche der Form D.-W. Ih von CRESTI ATEI EVHODI. Der verbleibende Spielraum für eine Datierung dieser Produktionsgemeinschaft wird denkbar knapp.

527 Unverzierte Sigillaten können kaum weiterführen, da der Name Crestus häufig unter den arretinischen Sklaven ist und oft anhand des Stempels nicht die Zugehörigkeit geklärt werden kann. ETTLINGER, RCRF Acta 4, 1962, 27. Vgl. PRACHNER, Sklaven 27, er verzeichnet – unter Vorbehalt – 120 Stempel, die sich auf Italien und Gallien, besonders aber auf Spanien und das Rheingebiet verteilen. – Der Neufund eines Tellers mit dem Innenstempel CRESTI/CN·ATE wurde aus dem Lager bei Marktbreit bekannt. vgl. L. WAMSER in: B. Trier (Hrsg.) Die römische Okkupation nördlich der Alpen zur Zeit des Augustus. Kolloquium Bergkamen 1989. BAW 26 (Münster 1991) 126 Abb. 11.

528 Vgl. VON SCHNURBEIN, Sigillata 131 u. ETTLINGER, Novaesium 74.

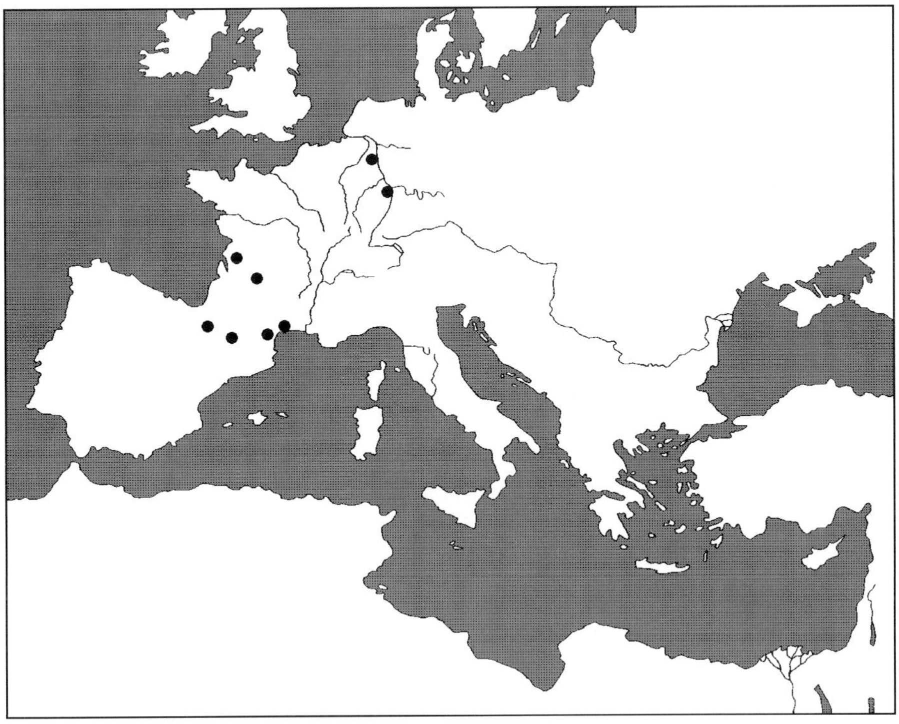

Karte 8 *Cn. Atei Cresti (Pisa): Auterive (1); Lattes (1); Mailhac (1); Mainz (1); Neuss (4); Périgeux (1); Saintes (1); St. Bertrand-de Comminges (1); Unbekannt (1). Summe (9).*

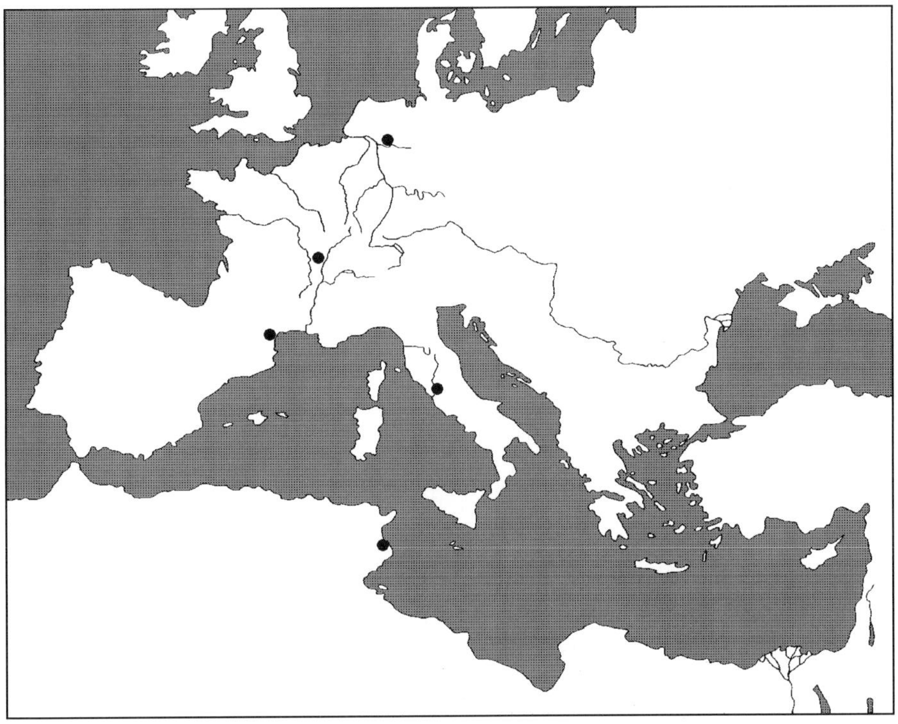

Karte 9 *Cn. Atei Euhodi (Pisa): Autun (1); Haltern (1); Narbonne (1); Rom? (1); Sousse (1). Summe (5).*

Cn. Atei Euhodi
(HaNr. 37; KatNr. 311-314)

Nur ein verschollener Fuß mit dem Innenstempel CN.ATEI/EVHODI verweist in Haltern auf diesen Töpfer. Es lassen sich also hieran keinerlei weitergehende Schlüsse über Reliefschmuck und Herkunft der Produkte entwickeln. Weiterhin sind noch vier Gefäßreste mit dem Innenstempel Cn. Atei Euhodi (**KatNr. 311-314**) bekannt, die aber ebenfalls über Reliefschmuck und Gefäßform nichts vermitteln, da es sich nur um Kelchfüße handelt.[529] Über die von Euhodus in dieser Phase seines Schaffens verwendeten Motive liegen damit keine Informationen vor.

Die Verbreitung der wenigen bekannten Gefäße ist aber auch trotz der kleinen Zahl recht aufschlußreich (Karte 9). Haltern und Autun bezeichnen sozusagen die nördlichsten, zudem weit im Binnenland gelegenen Fundplätze, während die anderen Stücke von mediterranen Fundstellen stammen. Da es sich immer um Einzelstücke handelt, kann man kaum sicher entscheiden, ob es verhandelte Stücke oder eher „Mitbringsel" sind, die zufällig an diesen Ort gekommen sind. Nimmt man jedoch die von ETTLINGER erstellte Fundkarte hinzu, in der die gestempelten, unverzierten und die oben erwähnten verzierten Gefäße aufgeführt sind, so gewinnt die Verteilung doch eine etwas andere Gewichtung.[530] Entlang des Rheins tritt deutlich eine Fundkonzentration auf, ebenso wie Gallien „breitflächig" vertreten ist, mit einem besonderen Schwerpunkt in Südgallien. Wenige Funde stammen aus Südwest-Spanien, ein Fragment ist von Sardinien bekannt.[531] Einen genauen Produktionsort konnte ETTLINGER damals noch nicht angeben, doch sprach sie sich gegen eine von OXÉ vermutete Herkunft dieser Stücke aus Gallien aus und dachte eher an einen Ort in Italien.[532]

Durch chemische Analysen ist eine Tellerbodenscherbe aus Haltern mit dem Stempel ATEI/EVHOD Pisa zugewiesen.[533] Aus Neuss liegen fünf Stempel auf unverzierter Sigillata vor, die Ateius und Euhodus zusammen nennen. ETTLINGER weist zwei von ihnen auf Grund der Beschaffenheit des Tons und des Überzuges Pisa zu.[534] In Moers-Asberg liegen nur zwei solcher Stempel vor.[535]

Es kann kaum ein Zweifel daran bestehen, daß Euhodus in Pisa arbeitete.[536] Die Verbreitungskarten bestätigen diesen Produktionsort dahingehend, daß von Pisa aus per Seehandel gut die Mittelmeeranrainer beliefert werden konnten, wie gerade die Fundkonzentration in Südgallien beweist. Es läßt sich bislang nicht klären, ob die wenigen bekannten Reliefgefäße Zeugen einer nur spärlichen Produktion des Euhodus sind, der später zusammen mit Crestus eine etwas umfangreichere Produktion begann.

Euhodus
(KatNr. 315-317)

Von Euhodus sind nur drei Reliefgefäßfragmente bekannt, die er allein ohne die Nennung des Cn. Ateius signiert hat. Es handelt sich um zwei Stempel in Neuss (**KatNr. 315** und **316**) und einen in Narbonne (**Kat Nr. 317**). Nur auf dem Neusser Kelchfragment **KatNr. 315** sind noch Reste des Reliefschmucks vorhanden. So ist hier eine untere Dekorzone mit einem Palmettenfries verziert worden. Eine Übersicht über den von Euhodus verwendeten Motivschatz läßt sich damit kaum gewinnen.

529 Die Stempel sind nur bei O.-C. wiedergegeben. Weitere Informationen fehlen.

530 ETTLINGER, RCRF Acta 4, 1962, 30 f. Karte 4. Vgl. dazu auch PRACHNER, Sklaven 27.

531 Die kartierten Stempel *in planta pedis*, die ein zeitlich über Haltern hinausgehendes Fundspektrum anzeigen, sind hierbei weniger von Interesse. Sie zeigen eine auf Italien, Nordafrika, Ägypten und Kleinasien bezogene Verteilung auf. Das Niederrheingebiet fehlt ganz. ETTLINGER, RCRF Acta 4, 1962, 30.

532 Ebd. 30 f. Karte 4 mit Bezug auf OXÉ, Haltern (1943) 66.

533 VON SCHNURBEIN, Sigillata 221 Stempel 359 (Qualität II). Insgesamt liegen aus Haltern sechs Stempel (Nr. 357-362) in drei Varianten vor, die Euhodus zusammen mit dem Fabrikherren Ateius nennen. Bis auf das chemisch untersuchte Stück sind alle anderen verschollen. Die Gefäßformen ließen sich nur noch in drei Fällen näher ermitteln: zweimal die Form Haltern 1, einmal Haltern 7 (?). Die restlichen drei Stempel befanden sich auf zwei Tellerbodenstücken und auf einem Plattenbodenrest.

534 ETTLINGER, Novaesium 75 Stempel Nr. 169-173.

535 Asciburgium 172 Nr. 47 (Qualität V); Nr. 48 (Qualität I?/IV?).

536 VON SCHNURBEIN, Sigillata 131; ETTLINGER, Novaesium 74.

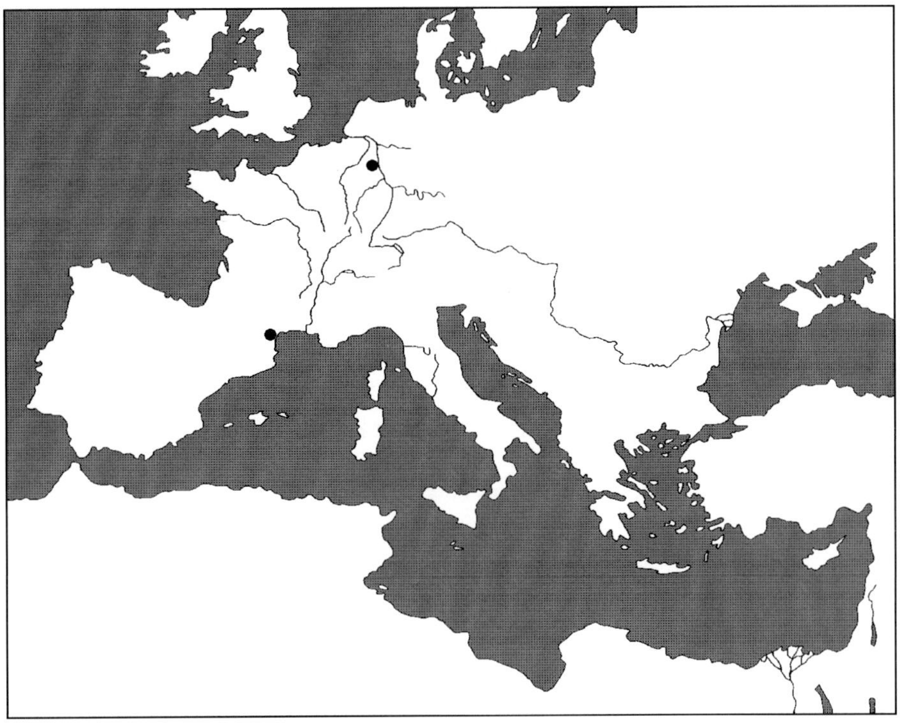

Karte 10 Euhodi (Pisa): Narbonne (1); Neuss (2). Summe (3).

Die Verbreitung dieser wenigen Funde (Karte 10) zusammen mit der von ETTLINGER[537] zusammengestellten Fundkarte von Euhodus-Stempeln auf verzierter sowie unverzierter Arretina verdeutlicht, daß die Fundplätze hauptsächlich entlang des Rheins liegen. Gallien ist im mittleren und südlichen Teil gut vertreten. Auch in Italien (Rom, Sizilien) und in Nordafrika finden sich einige Stücke. Die Verbreitung läuft also parallel zu den Gefäßen mit der Stempelkoppelung Euhodus und Cn. Ateius. Der Produktionsort liegt sicher in Italien, d.h. in Pisa. In Haltern ist der Stempel des Euhodus auf unverzierter Arretina fünfmal vertreten; drei Stücke konnten Pisa zugewiesen werden.[538] In Neuss liegt Euhodus dreimal vor,[539] in Moers-Asberg fehlt er. ETTLINGER datiert die Produktionsphase des Euhodus nach den Stempeln in O.-C. 160-161 in die Zeit von ca. 5 v.-25 n. Chr.[540]

Cresti Atei Euhodi bzw. Cresti Euhodi
(Taf. 25-29; **HaNr. 54-66; KatNr. 428-433**)

Der Produktionsgenossenschaft der beiden Töpfer Crestus und Euhodus lassen sich in Haltern insgesamt 15 Gefäße bzw. Fragmente zuweisen. Möglicherweise stammt die kleine Scherbe **HaNr. 55** von dem Kelch **Ha Nr. 54**, ohne daß man dies wegen der Restaurierung des Kelches genau nachweisen könnte. Unsicher hinsichtlich der Zuweisung sind auch die Stücke **HaNr. 60** und **66**. Einmal gab der Eierstab zusammen mit dem Perlstab den Ausschlag, dann die Art der Randprofilierung. Auf vier Gefäßen befindet sich der Innenstempel CRESTI ATEI EVHODI, auf drei weiteren der Innenstempel CRESTI EVHODI bzw. EVHODI CRESTI.

537 Dies., RCRF Acta 4, 1962, 30 f. Karte 5. Die mit Stempel *in planta pedis* versehenen Stücke zeigen hier eine mehrheitlich südliche Verbreitung: spanische Ostküste, Italien, Kleinasien, Nordafrika, Ägypten, Arikamedu/Ostindien. Die Nordwest-Provinzen und Gallien scheiden völlig aus. s. dazu auch PRACHNER, Sklaven 27.

538 VON SCHNURBEIN, Sigillata 221 Stempel 363-366 (alle auf Tasse Haltern 8) und 367 (auf einem Tellerbodenstück). Die Stempel 365, 366 (beide Qualität I/II) und 367 (Qualität I) konnten durch chemische Analysen Pisa zugeordnet werden.

539 ETTLINGER, Novaesium Stempel Nr. 174-176.

540 Dies., RCRF Acta 25/26, 1987, 16 mit Abb. 12.

Abgesehen vom recht einheitlichen Formengut zeigen die Kelche drei Themenkreise: Erotische Szenen (**Ha Nr. 54** und **55**), pflanzlich-ornamentalen Dekor, der z.B. durch Widderköpfe oder einen Krotalentänzer belebt werden kann (**HaNr. 56, 57, 59, 61-63**), und Szenen aus einer Atellanenkomödie (**HaNr. 65**). Die Kelche **HaNr. 54** und **65** bilden in Haltern die thematisch interessantesten Stücke.

Eindeutig in der Tradition älterer Betriebe Arezzos stehen die erotischen Szenen des Kelches **HaNr. 54.**[541] Neben der drastischen Darstellung der Hauptmotive wird ein erzählerischer Rahmen durch die kleinen Eroten auf den Krateren und den Vogel auf dem Fuß des Mannes gewählt. Die Angabe von Räumlichkeiten und gleichzeitig die Trennung der Szenen erfolgt durch aufgehängte Musikinstrumente und Kratere. Durch die Angabe einer welligen Bodenlinie, auf der sich ein Krotalentänzer bewegt, und die Verwendung von Krateren als Trennelementen zwischen den einzelnen Szenen steht der Kelch **HaNr. 62** dem Kelch **HaNr. 54** nahe. Der Krotalentänzer ist bereits aus dem Betrieb des M. Perennius Tigranus bekannt.[542] Ähnliche Tänzer aus diesem Reigen finden sich auf einer Tasse mit Innenstempel CRESTI/ATEIX in Périgueux (**KatNr. 306**).

Eine Rahmenhandlung darf auch auf dem Atellanenkelch (**HaNr. 65**) vorausgesetzt werden. Im Betrieb des M. Perennius Bargathes sind ähnliche Darstellungen sehr beliebt, wie zahlreiche Gefäße und Formschüsselfragmente belegen.[543] Die Art und Gestaltung des Dekors entsprechen in seiner knappen Art durchaus den von Bargathes bekannten Stücken, ohne daß sich die Figurentypen direkt gleichen. Die Figuren bewegen sich auf einem durch verzahnte Platten angezeigten Bodenniveau. Es gibt keine Hinweise auf Ort und Raum der Handlung. Auch aus dem Betrieb des Ateius in Arezzo ist ein Kelch (**KatNr. 29** – aus Bregenz) mit der Darstellung einer Atellanenkomödie bekannt. Eine genaue Töpferbenennung ist in diesem Fall leider nicht möglich.[544]

Als Eierstab wird durchgehend Typ 8B verwendet (**HaNr. 54, 56, 57, 59, 60, 62, 65, 66**), der schon von den Gefäßen des Cn. Ateius Crestus und verschiedenen anderen Töpfern der Ateius-Gruppe bekannt ist. Neben dem Eierstab finden sich einige weitere Punzen wieder, die innerhalb der Ateius-Offizinen in Gebrauch standen. Der pilzförmige Blütenkelch (Punzen-Nr. 147) auf **HaNr. 56** und **57** ist von Ateius-Produkten aus Arezzo bekannt.[545] Auf Kelchen des Xanthus aus Haltern findet sich zweimal ein Widderkopf (vgl. **HaNr. 42** und **43**). Die 16-teilige Rosette (Punzen-Nr. 85) gehört ebenfalls zum Formenschatz der Ateius-Töpfer.

Neben den Halterner Gefäßen sind sechs weitere von anderen Fundorten bekannt. Vier davon tragen den Innenstempel von Crestus und Euhodus. Nur drei Gefäße weisen Reliefschmuck auf. Aus Moers-Asberg (**KatNr. 431**) kommt der nahezu vollständig erhaltene Kelch der Form D.-W. IIIa. Sein Dekor besteht aus einem oberen Abschlußfries aus 15-teiligen Rosetten, wie sie häufig auch auf Halterner Gefäßen vorkommen (Punzen-Nr. 86 oder 87), einem ornamentalen Hauptdekor und einer durch Palmetten und Rosetten geschmückten, flachen, unteren Dekorzone, die auch auf den Stücken **HaNr. 62** und **63** ausgebildet ist. Überhaupt sind sich der Asberger Kelch und **HaNr. 62** in Formgebung und Proportionierung sehr ähnlich.

Eine innerhalb der arretinischen Produktion seltenere Gefäßform ist vom spanischen Fundort Tossal de Manises (**KatNr. 432**) bekannt. Es handelt sich um eine Olpe, wobei der relieftragende Teil auf eine Modelschüssel für Kelche der Form D.-W. Ih oder Ii zurückgeführt werden kann. Der Dekor ist bis auf kleine Unterschiede identisch mit dem von **HaNr. 59**. Lediglich die Basis der drei Kolben (Punze-Nr. 269a.b) und ihre Verlängerung durch weitere kleinere Kolben fehlt. Die Form ist zudem etwas größer. Es kann demnach kein Zweifel an der Herkunft dieses Stückes aus dem Betrieb des Crestus und Euhodus bestehen, auch wenn kein Stempel vorhanden ist.[546] Ebenso ist ein bisher unpubliziertes Stück aus Ceuta (**KatNr. 433**) zu beurtei-

541 Vgl. Brown, Ashmolean Taf. 1,1 – M. Perennius. Entfernt vergleichbar ist auch die Darstellung auf einem Silberbecher bei A. Maiuri, La casa del Menandro e il suo tesoro di argenteria 2 (Rom 1932) Taf. 35 Nr. 6.

542 D.-W. 103 Motiv XXI,6.

543 z.B. Ars Antiqua. Auktion V. Luzern. 7. Nov. 1964 (1964). 36 Nr. 137 Taf. 38,137. Bargathes (1984) 64 f. Nr. 48; 70 Nr. 52-54.

544 s. hierzu noch die Ausführugen zu Kelch (**KatNr. 412**) unter Cn. Atei/Zoili.

545 z.B. Porten Palange, Antiquarium Taf. 23,101.

546 Es ist müßig zu fragen, warum ein Stempel fehlt. Ließ sich z.B. eine Innenstempelung wegen der ungewöhnlichen Gefäßform nicht mehr bewerkstellen? Das wäre interessant im Hinblick auf die Stempelungspraxis.

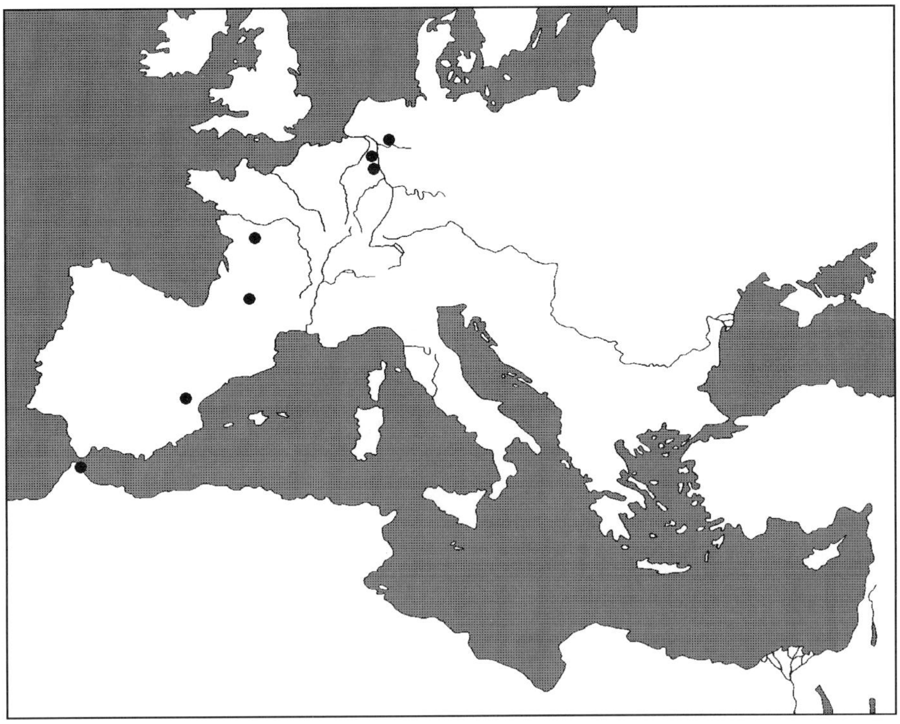

Karte 11 *Cresti Atei Euhodi (Pisa): Cahors (1); Ceuta (1); Haltern (15); Köln (1); Moers-Asberg (1); Tossal de Manises (1); Poitiers (1). Summe (21).*

len,[547] das bis auf geringe Abweichungen den Dekor von **HaNr. 59** und **KatNr. 432** wiederholt. Die Gefäßform ist ebenfalls von D.-W. Ih oder i abhängig, die Lippe setzt dagegen direkt über dem Dekor an. Diese Art der Proportionierung könnte auf eine Schalenform schließen lassen.

Die Gefäßformen aller bekannten Stücke, soweit erhalten, zeigen ein sehr einheitliches Bild. Die vorherrschenden Formen sind Kelche des Typs D.-W. Ih, IIIa und Ii. Diese Formen sind gegen Ende des Hauptlagers in Haltern anzusetzen, wie beispielsweise die Kelche des Xanthus. Cn. Ateius Crestus besaß ein ähnliches, aber erweitertes Formenspektrum.

Geht man von den 21 erhaltenen Gefäßen des Crestus und Euhodus aus, so ergibt die Verbreitung folgendes Bild (Karte 11): Die Mehrzahl der Gefäße stammt aus Haltern, gefolgt von zwei rheinischen Fundorten. Je ein Fund kommt aus Spanien (Ostküste), Aquitanien, Nordafrika und aus der Narbonensis.[548] OXÉ schloß aus der Verbreitung der Stempel, allerdings ohne Kenntnis des spanischen und des afrikanischen Fundes, auf eine provinziale Produktion des Crestus und Euhodus.[549] Allein die Motive verraten eine eindeutig italische Tradition.

In Technik und Aussehen unterscheiden sich die acht Halterner Gefäße des Crestus und Euhodus nicht von anderen Produkten, deren Herkunft aus Pisa feststeht (Tab. 7). Sie weisen eindeutig auf Qualität II bzw. die eng verwandten Qualitäten II mit hellem oder braunem Belag unter dem Überzug hin. Die Entstehung der Beläge ist unklar, auffällig ist jedoch ihr nahezu ausschließliches Vorkommen an Erzeugnissen des Crestus und Euhodus. Qualität II mit einem braunen Belag unter dem Überzug konnte noch an einem Fußfragment (**HaNr. 39**) mit dem Stempel CN. ATEIVS/HILARVS festgestellt werden. Diese Stempelform ist sicher für

547 Freundlicher Hinweis F.P. PORTEN PALANGE.

548 Vgl. PRACHNER, Sklaven 29.

549 OXÉ, Haltern (1943) 64.

Pisa belegt. An unverzierten Sigillaten wurden diese Qualitäten nicht beobachtet. Die Fragmente des Kelches **HaNr. 57** (Qualität II) konnten durch eine chemische Untersuchung der Provenienz „Italien" zugeordnet werden. Vom Dekor her identisch ist **HaNr. 56** (Qualität II, heller Belag). Damit scheidet also sicher ein gallischer Produktionsort aus. Am naheliegendsten ist die Annahme einer Werkstatt in Pisa, wo Crestus und Euhodus noch als Sklaven des Ateius sicher nachgewiesen sind.[550] Inwieweit örtliche Bezüge oder andere Abhängigkeiten der Produktion der beiden Freigelassenen zu den Werkstätten des Ateius in Pisa existierten, kann vorerst nicht entschieden werden. Auch der Kelch aus Moers-Asberg mit dem Innenstempel [C]REST/HEV[OD] (**KatNr. 431**) verweist auf eine italische Entstehung. Bechert und Vanderhoeven stellten die Qualität II/V fest, die in Moers-Asberg an italischen Produkten häufig vorkommt.[551] Den Gefäßformen und den recht engen Dekorbezügen nach dürften Crestus und Euhodus Reliefkeramik nur innnerhalb eines kurzen Zeitabschnitts produziert haben. Diese Möglichkeit sieht auch Prachner.[552]

Das auf der Karte erstellte Verbreitungsbild kann etwas täuschen. Es handelt sich bis auf die Funde aus Haltern um Einzelstücke. Daraus aber zu schließen, daß die beiden Töpfer in der Nähe Halterns produziert hätten, verbietet sich allerdings aus der weiträumigen Verteilung der anderen Stücke. Die Kelche in Haltern stellen wohl eine einzige Lieferung dar, die nur zufällig diesen Fundort gegenüber den anderen heraushebt.

Cn. Ateius Hilarus

(Taf. 20.21; **HaNr. 38-40; KatNr. 318-328**)

Hilarus ist in Haltern mit insgesamt drei Gefäßfragmenten vertreten, von denen der Kelch **HaNr. 38** bis auf den Rand sehr gut erhalten ist. Das Fußfragment **HaNr. 39** und die Wandscherbe **HaNr. 40** belegen weiterhin diese Form für Hilarus. Sowohl der Kelch als auch der Kelchfuß weisen den gleichlautenden zweizeiligen Innenstempel CN.ATEIVS/HILARVS auf. Die Kelchwandscherbe **HaNr. 40** ist durch eine Übereinstimmung der musizierenden Genie mit einer sehr ähnlichen Figur auf einem Neusser Kelchfragment mit dem Außenstempel ATEI/HILAR ebenfalls recht sicher diesem Töpfer zuzuweisen.[553]

Nach der Qualitätsbestimmung scheinen sich die drei Fragmente vehement zu unterscheiden. So findet sich neben Qualität II mit braunem Belag (**HaNr. 39**) Qualität II/IV (**HaNr. 40**) sowie III mit einem orangefarbenen Belag (**HaNr. 38**). Hilfreich zur Bestimmung des Produktionsortes sind diese Feststellungen vorerst kaum, auch wenn es sich um Qualitäten handelt, die sehr häufig an „italischen" Stücken zu beobachten sind. Eindeutig wird die Zuweisung an einen bestimmten Produktionsort, nämlich Pisa,[554] erst durch die Übereinstimmung des Stempelformulars, der Punzen-Nr. 8 (des Schwertkämpfers) und des Eierstabes auf **HaNr. 38** mit Parallelen aus dem Töpfereiabfall einer Ateius-Offizin in Pisa.[555] Auf einem Modelschüsselfragment ist dort auch eine musizierende Genie belegt, die aber eine Variante zu dem Neusser und dem Halterner Exemplar darstellt.[556]

Die Katalogisierung (**KatNr. 318-328**) der dem Hilarus zuzuschreibenden Reliefgefäße – einschließlich der drei Halterner – erbrachte die verhältnismäßig kleine Anzahl von 14 bekannten Exemplaren. Neun davon weisen den Innenstempel CN.ATEIVS/HILARVS auf (**KatNr. 318-326**), das oben erwähnte Neusser Stück besitzt als einziges einen Außenstempel. Reliefs sind nur auf fünf Fragmenten erhalten, wobei der Kelch **HaNr. 38** und die Neusser Kelchscherbe davon als einzige einen Stempel tragen. Demzufolge präsentiert sich das bis jetzt bekannte Œuvre des Hilarus als recht qualitätvoll. Neben einer guten technischen Ausführung des Brandes und der Gefäßgestaltung benutzt er besondere Motive. Der in Haltern (**HaNr. 38**)

550 Nach Prachner, Sklaven 35 ist Crestus wahrscheinlich erst zu Beginn seiner Stempeltätigkeit von Ateius freigelassen worden. Weiter weist Prachner ebd. 31 mit Anm. 7 daraufhin, daß Euhodus möglicherweise zu Anfang noch Sklave des Crestus war und erst im Laufe der Arbeitstätigkeit von diesem freigelassen worden ist.

551 Asciburgium 166.184 Nr. 13.

552 Prachner, Sklaven 32 führt die geringe Anzahl von Partnerstempeln allgemein darauf zurück, daß die Partnerschaften nur kurze Zeit Bestand hatten. Er geht allerdings von südgallischen Offizinen aus.

553 Vgl. Oxé, Rhein Taf. 7,15a.b (= **KatNr. 324**).

554 Vgl. auch Ettlinger, Novaesium 74.

555 Vgl. Taponecco Marchini, Pisa 8 Taf. 1,3 (Stempel); 2,9 (Schwertkämpfer); 2,8.9 (Eierstab).

556 Ebd. Taf. 1,7.

und Pisa (**KatNr. 327**) belegte Schwertkämpfer (Punzen-Nr. 8), zu dem sich ein Reiter (Punzen-Nr. 7) gesellt, ist sehr detailliert ausgearbeitet. Die Proportionierung des Körpers ist geschickt wiedergegeben. Es fallen allerdings beim Reiter einige Ungereimtheiten auf: Der Reiter sprengt nach rechts und hält in seiner erhobenen rechten Hand einen Speer, der jedoch nicht – wie es richtig dargestellt wäre – vor dem Körper verläuft, sondern hinter dem Kopf, um die Wiedergabe des Gesichtes nicht zu beeinträchtigen. Der linke Arm fehlt gänzlich, statt seiner ist nur ein Zügel dargestellt, der direkt mit der linken Schulter verbunden zu sein scheint. Es handelt sich um einen „geschickten Betrug", der erst bei eingehender Betrachtung ins Auge fällt. Reiter und Krieger sind in ihrer Aktionsweise deutlich aufeinander bezogen. Dadurch erschließen sie das Gefäßrund, obwohl es die einzigen beiden Figuren auf dem Gefäß sind und der Töpfer auch auf andere schmückende Beiwerke, wie auf dem Neusser Kelchfragment mit den musizierenden Genien (**KatNr. 324**), die hängende Tafel mit dem Stempel oder ein Tympanon als Angabe des Raumes, verzichtet hat. Neben der technischen Ausführung der Figuren[557] wird in diesem Zusammenspiel des Bildträgers mit der Darstellung die große Fertigkeit des Töpfers deutlich.

Vorbilder aus anderen arretinischen Betrieben lassen sich für den Reiter und seinen Gegner noch nicht beibringen. Anders verhält es sich bei den musizierenden Genien und den Blättchenfriesen. Hier sind deutlich die Vorbilder der Perennius-Offizinen zu erkennen. Die von DRAGENDORFF daraufhin vermutete Verbindung von Hilarus und seinem „Bargathesmeister A" ist nicht haltbar.[558] Bis jetzt sind nur wenige Reliefgefäße des Hilarus bekannt. Parallele Vorgänge sind auf den Produkten des Bargathes zwar erkennbar, doch kann man eine Beeinflussung des Betriebes des Cn. Ateius in Arezzo allgemein konstatieren. Inwieweit Hilarus, der in Pisa Reliefkeramik herstellte, von der Offizin des Bargathes beeinflußt war, läßt sich daher noch nicht klären. Wahrscheinlich handelt es sich aber nur um die Übernahme von Punzen oder Motiven, wie häufig innerhalb der Ateius-Werkstätten zu beobachten ist. Hilarus offeriert anhand der wenigen erhaltenen Erzeugnisse bisher nur ein knappes Bild seiner Produktion, bestehend aus den Motivgruppen „Krieger" und „musizierende Genien". Bemerkenswerterweise sind auch hier zwei unterschiedliche Stempelformen überliefert. Zweifelsfrei handelt es sich aber um ein und dieselbe Person, wie aus den Stempelformularen zu schließen ist: Sie führen Cn. Ateius und Hilarus im gleichen Kasus an, Hilarus erscheint also als Freigelassener.[559]

OXÉ erschloß nach der Verteilung der Stempelfunde eine provinzielle Herkunft der Produkte. Er ging sowohl von verzierter als auch unverzierter Sigillata aus.[560] Das Bild der Verbreitung hat sich seitdem kaum geändert (Karte 12). Es erscheinen Gallien und die Nordwestprovinzen mit dem Schwerpunkt am Niederrhein und an der Lippe. Ausgehend vom Hafen Pisas wurden fast immer die gleichen Zielhäfen um Narbo herum angelaufen, von denen der Handel entweder die Rhône aufwärts oder die Straße nach Aquitanien entlang verlief.

Wahrscheinlich liegen die bis jetzt bekannten Produkte, wie ähnlich lautende Stempelformulare und das knappe Œuvre vermitteln, zeitlich dicht beieinander. Nur ein Randprofil ist durch das Neusser Kelchfragment erhalten.[561] Es läßt sich gut mit Profilen des späten Service Ic aus Haltern verbinden. Die verzierten Produkte des Hilarus werden deshalb um Christi Geburt anzusetzen sein.[562]

557 Die „falsche" Darstellungsweise des Reiters ist nicht auf mangelhaftes Können, sondern auf wohldurchdachte Wiedergabe zugunsten des vollständigen Bildes zurückzuführen.

558 Vgl. OXÉ, Rhein 48; D.-W. 51. DRAGENDORFF hält Hilarus für einen italischen Töpfer, der zusammen mit Eros zu den ältesten der Offizin des Cn. Ateius zu rechnen ist. Die vorsichtig geäußerte Hypothese, daß Hilarus mit dem Hilarus Perenni, der um 20 v. Chr. zu töpfern begann, identisch sei, und dann später u.a bei Cn. Ateius arbeitete, läßt sich schwerlich beweisen. DRAGENDORFF stellt weiter einen Zusammenhang zwischen Hilarus und Bargathesmeister A her. Der Name Hilarus ist häufig unter den arretinischen Sklaven. Vgl. OXÉ, Haltern (1943) 65. Zur Existenz verschiedener Bargathesmeister hat sich bereits STENICO negativ geäußert. STENICO, Liste 16 f. So auch PORTEN PALANGE, Num. Ant. Class. 11, 1982, 193 ff.

559 Vgl. OXÉ, Bonner Jahrb. 101, 1897, 33; ders., Rhein 36; PRACHNER, Sklaven 21 mit Anm. 114.

560 OXÉ, Haltern (1943) 65.

561 Ders., Rhein Taf. 7,15a.b.

562 Ders., Haltern (1943) 65 verzeichnet unter den Gefäßen mit dem Stempelformular Cn. Ateius/Hilarus (in verschiedener Form) u.a. 1 Tasse Haltern 11 (Neuss) und 1 Teller Haltern 2 (Vechten). PRACHNER, Sklaven 27 gibt einmal in Übereinstimmung mit OXÉ die Tasse Haltern 11 an, der Teller aus Vechten fehlt, dafür wird eine Tasse Haltern 8 angeführt. – Die glatten Sigillaten unterstreichen diesen zeitlichen Ansatz.

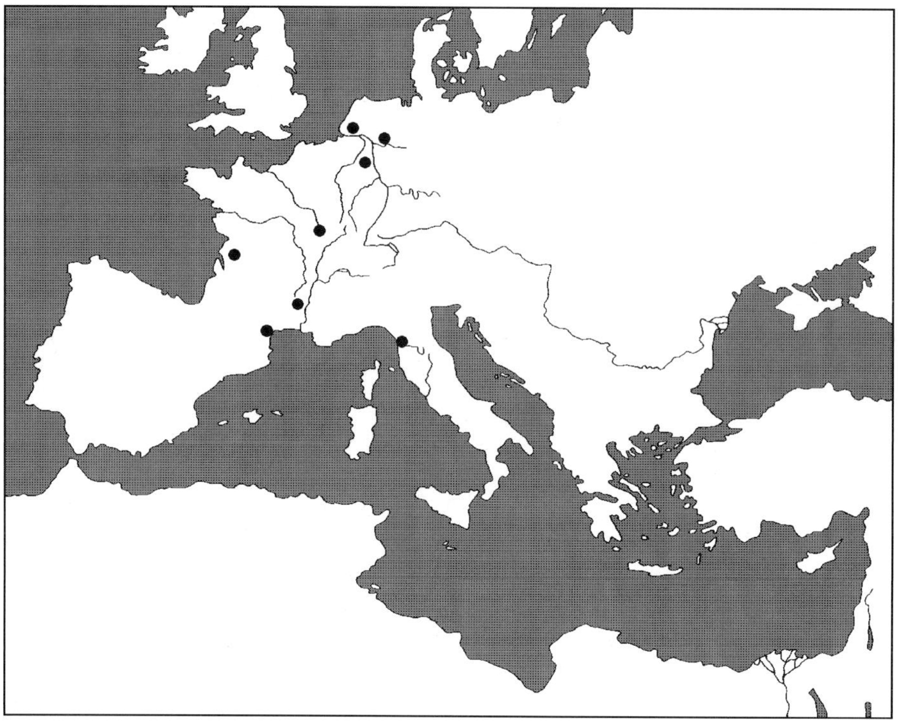

Karte 12 *Cn. Ateius Hilarus (Pisa): Haltern (3); Narbonne (2); Neuss (3); Langrés (1); Pisa (2); Saintes (1); St. Paulien (1); Vechten (1). Summe (14).*

Narcissi Atei
(Taf. 21; **HaNr. 41; KatNr. 329-331**)

Über den Töpfer Narcissus ist äußerst wenig bekannt. Zweizeilige Stempel zusammen mit dem Namen des Fabrikherren Ateius bzw. weiteren Zusätzen finden sich auf insgesamt vier Reliefkelchen. Es ist noch nicht zu beweisen, ob die Stempelfassung NARC auf glatten Sigillaten, wie LOESCHCKE und OXÉ/COMFORT vermuten, demselben Töpfer zugerechnet werden muß.[563]

Reliefteile sind nur aus Moux (**KatNr. 330**) und Haltern (**HaNr. 41**) erhalten. Leider existieren keine Abbildungen des Stückes aus Moux. Zumindest gibt die Beschreibung an, daß auf dem Fragment die Basis einer Säule dargestellt war. In Haltern findet sich ein ähnliches Motiv, und zwar in Form einer Säule auf einer Cista (Punzen-Nr. 248). Dieses Motiv fungiert als Trennelement zwischen einzelnen Szenen und läßt sich häufig auf Kelchen des Cn. Ateius aus Arezzo nachweisen (z.B. **KatNr. 7, 18, 71**). Die Punzen-Nr. 248 ist aber so stark verbreitet, daß sie kaum als ein Indiz für eine Entstehung des Kelches in Arezzo herangezogen werden kann.

Die figürlichen Reste auf dem Halterner Kelch lassen auf tanzende Mänaden schließen, wobei nur einmal das Motiv erkennbar wird (Punzen-Nr. 17).[564] Die ursprüngliche Herkunft dieser Punze läßt sich aber ebensowenig wie die anderen Figurenreste auf dem Kelch bestimmen. Allerdings ist das Motiv der tanzenden Mänade in der römischen Kunst weit verbreitet.

Hinsichtlich der technischen Ausarbeitung lassen sich leichte Verpressungen des Reliefs feststellen, sonst besitzen die Scherben eine gute handwerkliche Qualität. Der Überzug ist dick und deckend, er haftet gut auf

563 LOESCHCKE, Haltern (1909) 171 St. 106 (VON SCHNURBEIN, Sigillata Nr. 630); O.-C. 170 u. 1111. PRACHNER, Sklaven 36. Narcissus hat im Betrieb des Ateius nur als Sklave signiert.

564 D.-W. Taf. 5,46 – DRAGENDORFF hat Bedenken dieses Stück dem M. Perennius zuzuschreiben. STENICO, Liste 67 Nr. 988 zu diesem Fragment: *Non conosco il tipo di menade della quale il frammento conserva parte del paneggio.*

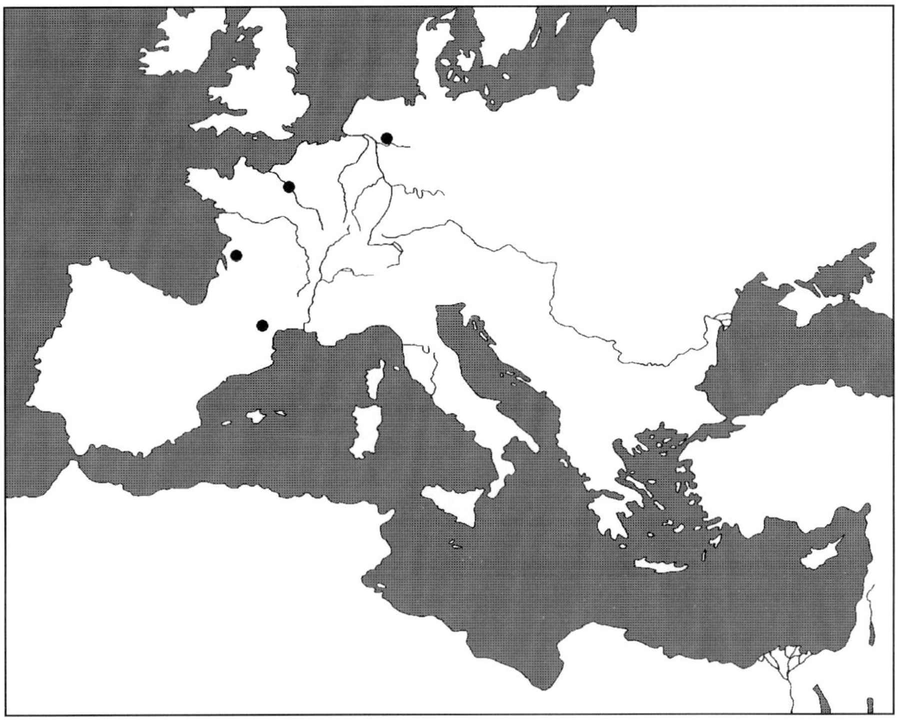

Karte 13 Narcissi Atei („Italien"): Haltern (1); Moux (1); Paris (1); Saintes (1). Summe (4).

dem Tonkern. Ein leichter Glanz liegt auf dem hellbraun-rötlichen Überzug. Der Ton ist beigefarben, sehr fein und nicht gemagert. Aus diesem Grund sind die Scherben der Qualität II zuzuweisen, die durchaus auf eine Entstehung in Pisa verweisen könnte. Zudem gibt es große Übereinstimmungen zu dem Ton und Überzug von Kelchen mit der gesicherten Provenienz Pisa. Ein definitiver Entscheid kann jedoch nicht getroffen werden, denn die über Narcissus existierenden Fakten sind noch zu gering.

Die wenigen bekannten und auch im Detail abweichenden Stempel auf den anderen Reliefkeramiken können keine weitere Hilfe bieten. Auch der in Paris gefundene Stempel NARCIS/ATEI auf einem Kelchfuß (**Kat Nr. 329**) – die direkte Parallele zu dem Halterner Stempel – hilft nicht weiter. Besondere Beachtung verlangt der Stempel NARCIS/CN. ATE/I.SANTI aus Saintes (**KatNr. 331**).[565] FICHES stellt diesem wegen des ähnlich lautenden Formulars den Stempel aus Moux zur Seite. Er vermutet, daß Narcissus ein Sklave des Freigelassenen Santus in einer ‚gallo-römischen' Produktionsstätte war.[566] Leider liegt der Stempel nicht als Faksimile vor, vielleicht handelt es sich dabei um Xanthus. Santus ist bisher nicht für einen Betrieb des Cn. Ateius belegt.

Die Stempel auf den glatten Sigillaten und ihre gänzlich abweichenden Verbreitungsgebiete machen das Bild noch unklarer. In Haltern kommt einmal der Stempel NARCISSI/ATEI auf einem Reliefkelch und ein weiteres Mal als Töpferstempel ohne Fabrikherren auf einer unverzierten Tasse der Form Haltern 8 vor.[567] Stempel auf verzierter Keramik fanden sich nur im Westen des Römischen Reiches (Karte 13). Das Hauptverbreitungsgebiet unverzierter Arretina liegt mit fünf Stempeln in Rom.

565 J.-L. TILHARD, Revue Arch. Est et Centre-Est 11, 1972, 353 u. ders. u.a.; RCRF Acta 31/32, 1992, 253 Nr. 82 – Zuweisung Pisa?

566 J.-L. FICHES, Cahiers Ligures Préhist. et Arch. 22-23, 1973-74, 289.

567 VON SCHNURBEIN, Sigillata Stempel Nr. 630.

Eine Gleichzeitigkeit der verzierten und unverzierten Produkte kann wegen der Stempel in Haltern als wahrscheinlich gelten;[568] ob es sich aber um ein und dieselbe Person gehandelt hat, ist ungewiß. Die Form der Buchstaben der Stempel vermag hierzu nichts beizutragen.

Cn. Atei Xanthi
(Taf. 21-24; **HaNr. 42-51; KatNr. 332-408**)

Xanthus ist durch seine Produkte in Haltern sehr gut vertreten. Fragmente von zehn Gefäßen konnten nachgewiesen werden, von denen sechs eine Stempelung besitzen. Sehr typisch für Xanthus ist die zweifache Namensnennung auf den Gefäßen. Im Inneren werden die Namen des Fabrikherren Cn. Ateius und des Sklaven Xanthus im Genitiv wiedergegeben. Außen erscheint nur der Name des Letzteren im Genitiv.

Die festgestellten Qualitäten vermitteln ein recht klares Bild (Tab. 7). So konnte hauptsächlich die Qualitätsstufe II nachgewiesen werden. Die Qualitäten I?[569] und II/IV, die vereinzelt vorkommen, sind zudem verwandt mit Qualität II. Zwei Fragmente der Qualität II konnten durch eine chemische Analyse Pisa als Produktionsort zugewiesen werden (**HaNr. 49** und **51**).

Sehr einheitlich ist auch das durch den Dekor vermittelte Erscheinungsbild, das zweifelsohne durch die Gefäßform mitbestimmt wird, da es sich vorwiegend um zweizonige Gefäße handelt. Dreimal ist sicher die Form D.-W. IIIa nachzuweisen (**HaNr. 43, 44** und **49**). In zwei weiteren Fällen lassen eine Wandscherbe und ein Fußfragment auf eine ähnliche Kelchform schließen. Zwei Fragmente stammen von der zweizonigen Kelchform D.-W. II (**HaNr. 42** und **45**). Aus dem Rahmen fällt der Kelch **HaNr. 51**, der eine einfache Dekorzone besitzt und der Sonderform des Gefäßtyps nach D.-W. Ic zugerechnet werden muß. Weitgehend unbestimmbar bleiben die Gefäßformen der Wandscherben **HaNr. 47** und **50** sowie des Kelchfußes **HaNr. 48**.

Produkte des Xanthus weisen recht gut zu erkennende Charakteristika auf: So ist der benutzte Eierstab Typ 8B unter den Ateius-Töpfern zwar weit verbreitet, doch scheint er auf den Xanthus-Gefäßen besonders gleichmäßig geschnitten zu sein. Er taucht auf vier Gefäßen auf (**HaNr. 43, 47, 49** und **51**).

Für Xanthus typisch scheint auch der Gebrauch von Appliken zu sein. In Haltern erscheinen ein Widder- und ein Satyrkopf (**HaNr. 44** und **51**).[570] Den Appliken entsprechende Punzen finden sich im Reliefkontext ebenfalls sehr häufig (Widderkopf **HaNr. 42** und **43**). Ähnlich den Widderköpfen werden als Haltepunkte für Girlanden Pferdeprotomen (**KatNr. 349**), Kratere (**HaNr. 49**), Säulen (**KatNr. 356** und **366**)[571] und sogar Keulen (**KatNr. 359**) genutzt, die im Wechsel mit jenen das Gefäßrund umspannen. Kleine Eroten, Vögel oder Insekten beleben den Raum über den Girlanden (**HaNr. 42, 43** und **49**; **KatNr. 343, 344, 350, 359**). Häufig ist auch eine S-förmige Tänie dargestellt, die sich fast ausschließlich auf Produkten des Xanthus nachweisen läßt.[572] Auf dem Kelch **HaNr. 42** hängt sie seitlich des Widderkopfes und ersetzt damit die an dieser Stelle sonst gebräuchlicheren Tänien, wie auf den Kelchen **HaNr. 43** und **49**. Zumeist erscheint sie im Zusammenhang mit einem Lorbeerkranz, der ebenso typisch für Xanthus ist (**HaNr. 44** und **45**; **KatNr. 369, 378, 385, 396-398** und **408**).[573]

568 Kelchränder sind unbekannt. O.-C. 1111 verweisen auf eine Tasse der Form Haltern 8 aus Haltern und eine Tasse der Form Haltern 12 aus Rom. Vgl. dazu Oxé, Haltern (1943) 65 und Prachner, Sklaven 27.

569 Nicht sicher ist, ob es sich eindeutig um einen weißen Belag unter dem Überzug handelt. Kleine weiße Stellen sind jedenfalls sicher zu erkennen.

570 Der Satyrkopf kommt in Haltern noch ein zweites Mal vor, ebenfalls an einem Rand der Sonderform D.-W. Ic (**HaNr. 75**). Vielleicht wurde dieses Gefäß auch von Xanthus erstellt.

571 Die kleine Wandscherbe **HaNr. 53**, die versuchsweise dem Zoelus zugeschrieben wird, kann theoretisch auch von einem Xanthus-Kelch stammen.

572 Auf einer Schüssel Drag. 29 aus Glanum mit dem Innenstempel CN.ATEI/EVRYALVS findet sich eine nahezu identische Tänie. Sie ist als Halterung für drei Anhänger eingesetzt, die den drei Lorbeerblättern auf den Xanthus-Kelchen entsprechen. Bémont, Recherches méthodologiques sur céramique sigillée. Bibl. Écoles Franç. Athènes Rome 227 (Paris 1976) Taf. 18.19.21. Vgl. auch die ähnliche Gestaltung des Dekors auf einer Randscherbe aus Rödgen. Simon, Rödgen 241 Nr. 41 mit Anm. 15 Taf. 47,41; 70,41.

573 Eine sehr ähnliche Kranzgestaltung ist von Modeln für Schüsseln der Form Drag. 29 aus La Graufesenque bekannt; s. Ettlinger, Novaesium Taf. 81a.

Die Gestaltung der oberen Dekorzone ist – zumindest auf den Halterner Exemplaren – immer durch die Wiederholung eines Grundmotivs bestimmt. Die untere Dekorzone schließt sich hier eng und in der Ausführung noch strikter an. Unter einem geriefeltem Wulst werden „gefiederte Fischblasen" oder Voluten rapportiert (**HaNr. 44, 46, 49** und **50**; **KatNr. 349, 365, 374, 401, 405, 407** und **408**). Auf dem Kelch **HaNr. 51** bilden die Voluten sogar den Hauptdekor. Doch nicht nur der ornamentale, sondern auch der figürliche Dekor des unteren Frieses zeigt die stete Wiederholung des gleichen Motivs, wie die Tänzerdarstellung auf dem Kelch **HaNr. 43** verdeutlicht. Daß der Dekor dennoch nicht erstarrt wirkt, liegt an der exzellenten technischen Ausführung und der strengen Eleganz, wie sie z.B. die Lorbeerkränze vermitteln. Eine Imitation von toreutischen Produkten ist hier nicht zu übersehen. Zudem sind die Flächen zwar dicht, allerdings in wohl überlegter Manier besetzt.

Kelche mit rein pflanzlich-ornamentalen und mit von Eroten und Insekten bevölkerten Stilleben bilden den Hauptanteil unter den Xanthus-Produkten. Doch finden sich auch figürliche Motive in erzählerischen Szenen. Figurenreste, die möglicherweise zu einem Kentauren ergänzt werden können, sind von einem Kelchfragment aus Castra Vetera (**KatNr. 345**) bekannt. Vermutlich auf eine Jagdszene weist ein Fragment aus Luni (**KatNr. 389**) hin. Romulus und Remus zusammen mit der römischen Wölfin finden sich auf einem Kelch aus Mariana auf Korsika (**KatNr. 358**).[574] Wahrscheinlich stammen auch die Kalathiskostänzerinnen auf einem Kelch aus Mailhac (**KatNr. 395**) von ihm. Weitaus wichtiger sind aber die Rückgriffe auf Themen, die aus Arezzo bekannt sind,[575] wie die Knöchelspielerinnen auf einem Kelch in Vindonissa (**KatNr. 357**) und die Skelette aus Vidy-Lausanne (**KatNr. 353**). Der gleiche Skelettypus erscheint auch auf einer Randscherbe aus Straßburg (**KatNr. 377**).[576]

Wie oben schon ausgeführt, ist eine Zuweisung der Kelche **HaNr. 27-30** an einen Ateius-Betrieb entweder in Arezzo oder in Pisa ohne eine chemische Analyse kaum möglich. Lediglich der Skelettkelch **HaNr. 27** kann durch den Innenstempel ATEI klar zugewiesen werden. Diese vier Kelche umschreiben möglicherweise das Œvre des Töpfers Xanthus. Bekannt sind Darstellungen von Knöchelspielerinnen auf Kelchen aus Arezzo (**KatNr. 85**), von Fundstücken in Nijmegen (**KatNr. 259**), Saintes (**KatNr. 260**), Vindonissa (**KatNr. 357**) und Haltern (**HaNr. 28-30**). Von den Kelchen aus Arezzo ist nichts näheres bekannt. Da aus Arezzo keine Stempel außer denen des Cn. Ateius selbst belegt sind, müssen diese Stücke direkt mit seinem Namen verbunden werden. Nur der Kelch aus Vindonissa kann über seine Stempel sicher dem Xanthus und damit einer Ateius-Offizin in Pisa zugewiesen werden.

Die genannten Kelche besitzen einen gleichförmigen Dekoraufbau, der sich nur durch den Eierstab und einige kleinere Punzen unterscheidet. Es ist nun innerhalb der Halterner Funde bemerkenswert, daß die dreimal vorkommende Gefäßform D.-W. II zweimal auf eindeutig bestimmbare Gefäße des Xanthus entfällt (**HaNr. 42** und **45**) und einmal auf einen Kelch mit Astragalizusen-Darstellung (**HaNr. 28**).[577] Die Gefäßform D.-W. Ih, wie sie Kelch **HaNr. 29** aufweist, ist allerdings noch nicht unter den Produkten des Xanthus bekannt. Trotzdem besteht die Möglichkeit, daß die Halterner Kelche **HaNr. 28-30** von Xanthus aus Pisa stammen könnten.[578] Über die Herkunft des Fragmentes aus Nijmegen war sich PORTEN PALANGE nicht sicher, sie verzeichnete es nur unter Vorbehalt unter den Stücken aus Arezzo.[579] Somit können die Fragmente aus

574 Der Kelch weist den Außenstempel XANTHI *in tabula ansata* auf, ist innen aber mit L.R.PIS. gestempelt, also von einem Töpfer, der etwa von flavischer bis hadrianischer Zeit in Pisa oder Luni gearbeitet hat. Vgl. K.W. SLANE, RCRF Acta 25/26, 1987, 191 Abb. 1; 193 mit Anm. 11 u. 12. Eine Modelschüssel des Xanthus wurde hier sekundär in einer anderen Manufaktur weiter benutzt. Im strengen Sinne ist dieser Kelch kein Produkt des Xanthus mehr, die Modelschüssel und das Motiv gehen aber eindeutig auf ihn zurück.

575 Aus dem Betrieb des M. Perennius Bargathes: vgl. D.-W. 91 Motiv XVI (Astragalizusen); 101-103 Motiv XX (Skelette); Bargathes (1984) 55 ff. Nr. 35-39 (Astragalizusen); 58 ff. Nr. 41, 43-45 (Skelette).

576 s.u. S. 206.

577 Bis auf **HaNr. 42** mit Qualität I? weisen alle Stücke die Qualität II auf. **HaNr. 30** ist verschollen.

578 Unter den Halterner Kelchen, die allgemein den Betrieben des Ateius zugeschrieben wurden, kann sich noch manches Xanthus-Produkt verbergen, wie z.B. **HaNr. 75**. – Eichenlaubkränze, wie sie auf einigen Tassen der Form Vindonissa 13 (**KatNr. 370** und **387**) auftreten, finden sich auf kleinen, nicht näher zuweisbaren Wandscherben in Haltern (**HaNr. 102** und **131**).

579 PORTEN PALANGE, Ateius 196.

Haltern, Nijmegen und Saintes vorerst nur unter der Rubrik „Arezzo-Pisa“ erscheinen. An einer italischen Herkunft ist aber in keinem Fall zu zweifeln.

Ähnlich steht es um die Skelettkelche aus Vidy-Lausanne (**KatNr. 353**) und Haltern (**HaNr. 27**). Auf beiden Kelchen tauchen wesentliche Übereinstimmungen auf. Das gelagerte Skelett sowie die als Auflager benutzte Amphora erscheinen auch auf dem Ateius-Kelch aus Haltern.[580] Ebenso taucht der sauber geschnittene Eierstab Typ 8B bei dem Kelch von Vidy-Lausanne und beim Halterner Exemplar der Typ 8B1 auf. Die Gestaltung des Grabmals ist in beiden Fällen unterschiedlich: Zwar ist in beiden Fällen ein Kopf in das Bauwerk eingepunzt, allerdings handelt es sich bei dem Halterner Kelch um einen Totenschädel, wohingegen der Kelch aus Vidy-Lausanne einen Frauenkopf in einer Art Torbogen zeigt.[581]

Leider ist der Kelch in Vidy-Lausanne nur teilweise erhalten. Aus den Resten ist zu schließen, daß sich jeweils ein gelagertes Skelett mit einem Grabmal abwechselt und sich somit die Abfolge von vier zechenden Skeletten und vier Grabmälern ergibt. Der ruhigen Situation dieses Kelches entgegengesetzt sind die vier Skelette des Ateius-Kelches aus Haltern. Zwei stehen lässig an ein Grabmal gelehnt, während die anderen beiden sehr bewegt wiedergegeben sind. Die Darstellung wirkt damit wesentlich „lebendiger“.

Findet sich auf dem Xanthus-Kelch aus Vidy-Lausanne nur die Angabe des Bodens in mehreren „Wellen“ übereinander, so gewinnt man auf dem Kelch aus Haltern durch die Angabe von Pflanzen einen ländlichen Eindruck. Die einzelnen Skelettmotive werden durch schildartige Objekte voneinander getrennt.[582]

Alle bekannten Reliefdarstellungen des Xanthus weisen also einen ruhigen Charakter auf, so bei den mehr ornamental ausgerichteten Stilleben oder den figürlichen Stücken wie Romulus und Remus, den Knöchelspielerinnen oder den Skeletten. Dagegen zeigt der Halterner Skelettkelch (**HaNr. 27**) deutlich eine andere Handschrift. Man wird diesen Kelch schwerlich mit Xanthus in Verbindung bringen können.

Anhand der Skelette läßt sich über den Kelch des Ateius (**HaNr. 27**), dessen Herkunft in Arezzo oder Pisa zu suchen ist, eine Verbindung nach Pisa zu Xanthus (**KatNr. 353**) ausmachen. Es sind dies aber Stationen innerhalb der Ateius-Betriebe, die noch nicht geklärt werden können. Über das Gefäßprofil des Ateius-Kelches (**HaNr. 27**) aus Haltern (Service Ic), das zeitlich früher einzustufen ist als die der bekannten Xanthus-Kelche (meist weiterentwickelte Service-II-Ränder), kann immerhin eine relative Abfolge erschlossen werden.

Mit dem Namen Xanthus sind noch drei weitere Kelche mit Skelettdarstellungen aus Luni, Zaragoza und Numantia (**KatNr. 403, 404** und **406**) in Verbindung zu bringen. Der Brückenschlag erfolgte über den Eierstab auf einem mit XANTHI gestempelten Fragment aus Winterthur (**KatNr. 363**) und dem Fragment aus Luni (**KatNr. 403**). Das Motiv des aus einem Rhyton trinkenden Skeletts mit Kithara in der Linken wiederholt sich auch auf den Kelchresten aus Numantia und Zaragoza. Zudem erscheinen hier jeweils zwei weitere Skelette.

Zweifelsohne stammen alle drei Kelche von einer Hand. Ist die Zuweisung dieser drei Fragmente an Xanthus gerechtfertigt, so hätten sich die naturalistischen Skelettdarstellungen zuungunsten summarischer Wiedergaben gewandelt, die vom Stil her nicht mehr an Xanthus erinnern. Ob es sich wirklich um Produkte des Xanthus handelt, wie M.P. Lavizzari Pedrazzini denkt, können erst weitere Funde ergeben.[583]

Die Anzahl der dem Xanthus insgesamt zugewiesenen Gefäße ist im Verhältnis zu anderen Töpfern sehr groß. Sicher konnten ihm die Reste von 68 Gefäßen zugeschrieben werden. Weitere 18 Fragmente lassen starke An-

580 Hier allerdings steht ein Skelett mit überkreuzten Beinen neben einem tanzenden.

581 Auf der Abbildung des Stückes ist dies kaum zu erkennen. R. Laur-Belart, Ur-Schweiz (1967) 18 spricht von einer leicht bekleideten Frau mit aufgelösten Haaren. Ebenso R. Fellmann in: Provincialia [Festschrift R. Laur-Belart] (Basel - Stuttgart 1968) 294 ff. Ein rundes Grabmal mit einem Schädel in einem Torbogen befindet sich auf einem Krater des Puteolaners ATTICVS NAEVI s. A. Mandruzzato, Boll. d'Arte 72, 1987, 38 Abb. 2.

582 In einem unveröffentlichten Vortrag im RGZM Mainz fühlte sich H. Klumbach an die großen Blätter auf den Popilius- und Lappius-Bechern erinnert.

583 M.P. Lavizzari Pedrazzini, Alcune Osservazioni su due frammenti ateiani „provinciali“. In: Studi in Onore di F. Rittatore Vonwiller 2 (Florenz 1980) 195.

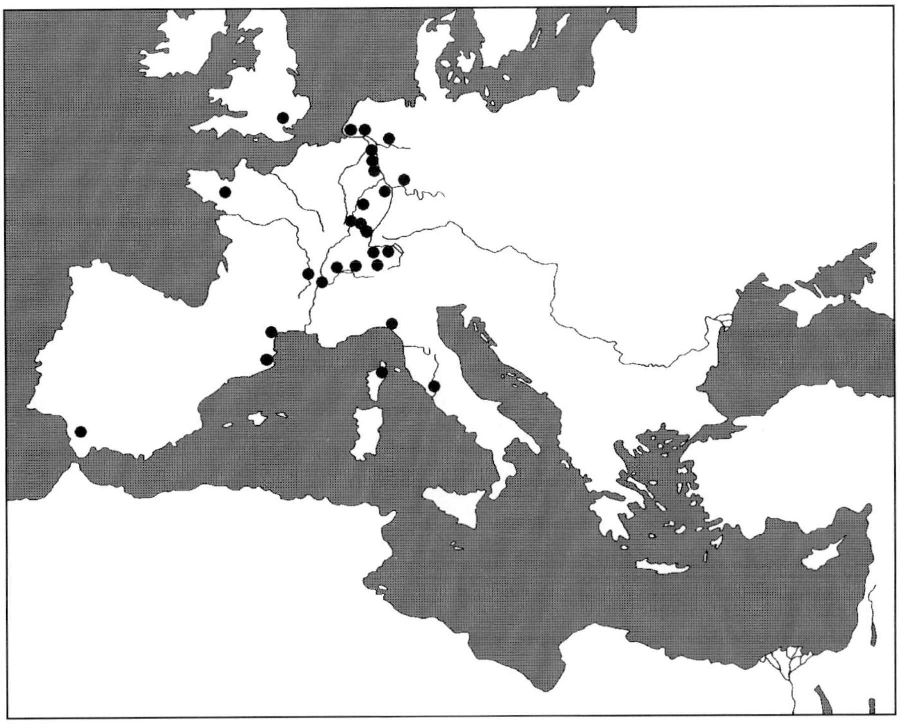

Karte 14 *Cn. Atei Xanthi (Pisa – sichere Zuweisungen): Ampurias (2); Augst (2); Autun (1); Colchester (1); Corseul (1); Friedberg (1); Genf (1); Grand (1); Haltern (10); Luni (4); Lyon (1); Mainz (1); Mariana (1); Metz (1); Moers-Asberg (3); Narbonne (1); Neuss (13); Neuss-Weckhoven (1); Roanne (1); Rom (1); Sevilla (1); Straßburg (1); Trier (1); Vechten (4); Velsen I (2); Vidy-Lausanne (1); Vindonissa (5); Winterthur (2); Xanten (3). Summe (68).*

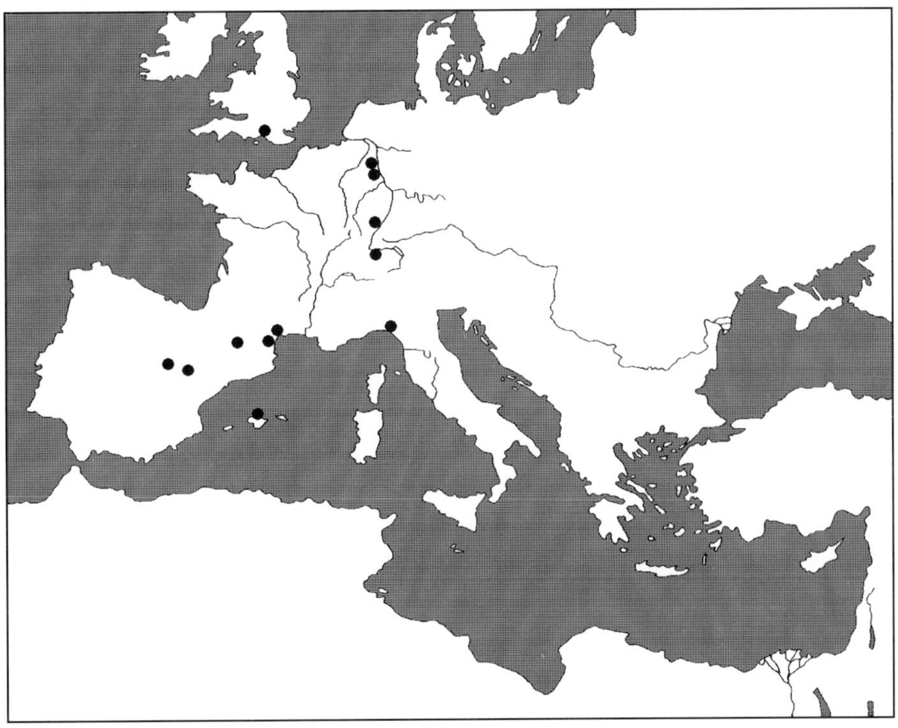

Karte 15 *Cn. Atei Xanthi (sichere Zuweisungen): Augst (3); Fishborne (1); Köln (1); Luni (1); Mailhac (1); Narbonne (1); Neuss (2); Numancia (1); Pollentia (1); St. Bertrand-de-Comminges (1); Straßburg (1); Tarragona (1); Zaragoza (1). Summe (16).*

klänge an seinen Stil erkennen, sie sind aber nicht ganz sicher in der Zuschreibung. 45 Gefäße weisen einen Innen- oder Außenstempel auf. Stempel des Xanthus sind bislang weder aus Arezzo noch aus Pisa bekannt.[584]

Nach den chemischen Analysen von unverzierten Sigillaten aus Haltern mit dem Töpferstempel des Xanthus kommen alle Stücke aus Pisa (Qualitäten II bzw. II/IV).[585] Ebenso verhält es sich bei den Stempeln auf unverzierter Terra Sigillata aus Neuss.[586] Dies läßt zunächst vermuten, daß Xanthus in Pisa auch Reliefgefäße hergestellt hat. Den Beweis für diese Zuweisung können zwei chemisch untersuchte Kelche des Xanthus aus Haltern (**HaNr. 49** und **51**) erbringen, die aus Pisa stammen.

Diesen Schluß legt auch die Verbreitung seiner Produkte nahe (Karte 14 und 15): Die Hauptabsatzgebiete seiner reliefverzierten Ware liegen in Gallien und am Rhein. Die bekannten Fundorte in der Narbonnensis ergeben zusammen mit den spanischen Funden auf dem Festland wie auf Mallorca (Pollentia) Hinweise auf einen ausgedehnten Seehandel. Für einen inneritalischen Handel sprechen die Funde in Luni. Nimmt man die Karten von ETTLINGER hinzu, die auch Stempel auf glatten Gefäßen aufnahm, so verstärkt sich dieser Eindruck.[587] Die Hauptabsatzgebiete liegen ebenfalls in Gallien und am Rhein. Doch sind auch die Küsten Südfrankreichs, Spaniens sowie Mittelitaliens gut vertreten. Es kann sich, wie ETTLINGER feststellt, also kaum um *zufällig verschleppte* oder *gegen das Kulturgefälle, also aus Gallien importierte Waren* handeln.[588] Überraschend gut vertreten sind englische Fundplätze. Vereinzelt steht der Fundplatz Alexandria.

Die Zeitstellung der Produkte des Xanthus ist relativ spät, wie die Durchsicht der Gefäßformen der Reliefkeramik ergibt. Danach hat er in der Zeit nach Christi Geburt bis in tiberische Zeit hinein gearbeitet. Häufig sind Kelche der Form D.-W. IIIa und die Tasse der Form Vindonissa 13, die zeitlich ähnlich einzuordnen ist.[589]

Bei den glatten Sigillaten fehlen die Formen des Service I fast völlig.[590] Der von OXÉ[591] aufgestellten These, daß Xanthus ein in Gallien arbeitender Töpfer sei, stellt VON SCHNURBEIN die Ergebnisse von ETTLINGER[592] entgegen. Die Stempel-Nr. 417-422 auf glatter Sigillata aus Haltern könnten andeuten, daß Xanthus für kurze Zeit eine Filiale in Lyon betrieb.[593] Zusammen mit Zoelus sowie auch allein hat dort nämlich ein Xanthus unverzierte Sigillaten hergestellt.[594]

Die frühesten Stempel dieses Töpfers, die in Germanien gefunden wurden, gehören an das Ende des 1. Jahrzehntes n. Chr. Im allgemeinen sind die Gefäße des Xanthus in das 1. Viertel des 1. Jhs. n. Chr. zu datieren.[595] Die Schüssel der Form Drag. 29 mit dem Stempel CN.ATEI/XANTHI aus Neuss ist sicher in das

584 PRACHNER, Sklaven 30: In Arezzo ist vielleicht ein Stempel des Xanthus vorhanden.

585 VON SCHNURBEIN, Sigillata 77.

586 ETTLINGER, Novaesium 51-52.

587 Dies., RCRF Acta 4, 1962, 32 Karten 8 (Cn. Ateius Xanthus) und 9 (Xanthus). Die auf Karte 9 mit erfaßten Stempel *in planta pedis* zeigen eine Route entlang der Rhône und Saône zum Rhein. Gleichzeitig erscheint eine weiträumige Streuung von Südwestspanien über Südfrankreich, Mittelitalien und Sizilien nach Nordafrika. PRACHNER, Sklaven 28 u. 33. Xanthus ist mit weit über 500 Stempeln wohl der erfolgreichste Töpfer der Ateius-Offizinen.

588 ETTLINGER, RCRF Acta 4, 1962, 32.

589 Vgl. dazu J. DE GROOT in: Archeologie en Historie opgedragen aan H. Brunsting (Bussum 1973) 301 f.

590 VON SCHNURBEIN, Sigillata 77. In Moers-Asberg ist Xanthus gut vertreten. Asciburgium 172 f. Nr. 52-64. Bei Nr. 53 handelt es sich um einen Kelch mit dem Innenstempel [CN.ATEI/X]ANTI. Die Stempel des Xanthus finden sich ausnahmslos auf Gefäßen der Service II und III.

591 OXÉ, Haltern (1943) 62 ff.

592 ETTLINGER, RCRF Acta 4, 1962, 32 Karte 8.9.

593 VON SCHNURBEIN, Sigillata 142 Liste 1. Die chemischen Analysen für die Stempelform Xanthi ergaben als Ergebnis eine Zuweisung an Pisa. Nach Lyon weisen die beiden Stempel Nr. 421 und 422 mit dem Formular Xantus fec. Vgl. A. u. J. LASFARGUES/H. VERTET, Figlina 1, 1976, 39 ff. 82 f. Nr. 39,1.2.

594 Vgl. VON SCHNURBEIN, Sigillata 92 f.; 131. Der Zusatz des *fecit* bei Xanthus ist befremdend. Meist wird dieser Zusatz nur von „Nicht-Arretinern" benutzt. Vielleicht ist es doch eine andere Person. Ebd. 67. Ebenso G. PUCCI, Le terre sigillate italiche, galliche e orientali. In: Instrumentum domesticum di Ercolano e Pompei nella prima etá imperiale. Atti incontro studi Napoli 30 mai - 3 giungno 1973 (Rom 1977) 15.

595 Datierung nach ETTLINGER, RCRF Acta 25/26, 1987, 16 Abb. 12: Xanthus: ca. 5. v. Chr. bis nach 25 n. Chr. Vgl. dies. in: Conspectus 8.

2. Jahrzehnt n. Chr. einzuordnen.[596] Der Depotfund aus Vindonissa[597] bildet jedoch den jüngsten Fundkomplex im Norden. ETTLINGER datiert den Fund um 20 n. Chr.[598]

Cn. Atei Zoeli

(Taf. 25; **HaNr. 52-53; KatNr. 409-418**)

Nur das Kelchfußfragment (**HaNr. 52**) mit dem Innenstempel CN.ATEI/ZOELI kann sicher auf diesen Töpfer in Haltern verweisen. Die kleine Wandscherbe **HaNr. 53** ist nur bedingt an Zoelus zuweisbar, denn die korinthische Säule und die Girlanden kommen auch auf Kelchen des Xanthus (**KatNr. 364**) und des Crestus (**KatNr. 303**) vor.[599] LOESCHCKE hatte diese kleine Scherbe auf Grund einer Parallele in Neuss Zoelus zugewiesen.[600] **HaNr. 52** und **53** weisen die gleiche Qualität auf, wobei **HaNr. 52** einen braunen Belag unter dem Überzug hat. Dieses spärliche Fundmaterial zeigt, daß Zoelus in Haltern nur sehr schwach vertreten ist.

Auf glatter Sigillata fanden sich dagegen in Haltern mehrere Stempel des Zoelus. Sehr ähnlich in der Schreibweise des Namens und der äußeren Form sind zwei zweizeilige Stempelformulare CN.ATEI/ZOELI.[601] Der Name ZOILI erscheint zweimal sowie einmal in der Schreibweise ZOE(LI)?[602] Desweiteren kommen Stempel des Zoilus in Haltern auf Partnerschaftsstempeln zusammen mit Mahes, Stabilio und Xanthus vor.[603] Interessant ist die unterschiedliche Schreibweise von Zoelus bzw. Zoilus. Daß es sich jeweils um den gleichen Töpfer handeln muß, zeigen die Stempel auf Reliefgefäßen. Beide Schreibweisen tauchen auf (**KatNr. 409-418**). Dieser Unterschied kann kaum eine zeitliche Differenz bedeuten, da in Haltern sowohl auf verzierter Keramik als auch auf glatter Sigillata – und hier besonders zusammen mit Mahes – der Name Zoelus erscheint.[604]

Ein Überblick über die von Zoelus verwendeten Motive und Punzen kann nur anhand von Vergleichsstücken anderer Fundorte gewonnen werden. Von den zehn im Vergleichskatalog ihm zugeschriebenen Gefäßen sind neun durch ihren Stempel gesichert.[605] Die ungestempelten Fragmente **HaNr. 53** und **KatNr. 417** (aus Kaiseraugst) verbleiben in ihrer Zuweisung unsicher. Die reliefverzierten Stücke (**KatNr. 412, 415-418**) zeigen einen sehr uneinheitlichen Stil, der sich wahrscheinlich mit der geringen Anzahl an Gefäßen erklären läßt. An einen Kelchrest aus Neuss (**KatNr. 416**) ließe sich das Fragment **HaNr. 53** anschließen, was seine Zuweisung an Zoelus unterstützen könnte. Der Neusser Kelch zeigt eine korinthische Säule, an der seitlich mittels Tänien Girlanden befestigt sind. In den Raum über den Girlanden sind Vögel, ein Tänzer bzw. ein Erot gesetzt. Der von den meisten Ateius-Töpfern her bekannte Eierstab Typ 8B findet hier Anwendung. Ein anderer Eierstab mit Perlstab ist durch einen Kelch aus Vindonissa (**KatNr. 412**) und wahrscheinlich nur noch durch einen weiteren Kelch in Bregenz belegt (**KatNr. 29**). Dieses aus Arezzo stammende Gefäß konnte bislang keinem Töpfer der Ateius-Offizinen zugewiesen werden. Auch auf diesem Kelch tauchen Girlanden auf, die durch Strichelreihen

596 Dies., Novaesium Stempel Nr. 194 (**KatNr. 351**).

597 E. ETTLINGER/R. FELLMANN, Germania 33, 1955, 364 ff.

598 Der Kelch ist von Xanthus *in planta pedis* signiert worden. ETTLINGER in: Conspectus 8: *Es besteht ein hoher Grad an Wahrscheinlichkeit, daß die italischen Gefäße dieses Depots alle aus Pisa kamen.*

599 In diese Diskussion miteinbegriffen soll auch das kleine Wandfragment **KatNr. 417** sein, das die Girlande wiederholt.

600 LOESCHCKE, Haltern (1909) 159. Ebenso vermutete OXÉ, Rhein 47 Taf. 6,14 (= **KatNr. 416**) einen solchen Zusammenhang. In der Tabelle OXÉ, Haltern (1943) 37 werden beide Fragmente als zu einem Kelch gehörig gezählt.

601 VON SCHNURBEIN, Sigillata 223 Nr. 423-424. Der Stempel Nr. 423 ist verschollen. Für Nr. 424 konnte die Qualität II/IV festgestellt werden. Eine chemische Analyse ergab als Produktionsort Pisa. Beide Stempel fanden sich auf Tassen Haltern 8.

602 Ebd. 223 Nr. 425-426 bzw. 427. Nr. 425 ist verschollen. Nr. 426 weist die Qualität V (?) auf. Die chemische Analyse des letztgenannten Stempels verweist auf Pisa. Nr. 425 befand sich auf einem Teller, Nr. 426 auf einem Tassenbodenstück Haltern 8. Nr. 427 ist in der Lesung unsicher. Die Qualität ist nicht bekannt. Der Stempel befand sich auf einer Tasse Haltern 8.

603 Ebd. 223 f. Nr. 428-439 – ATEI.MAHE/ET ZOEL. (Nr. 428 Qualität I; 431, 436-439 Qualität II. Nr. 439 kommt nach chemischer Analyse aus Pisa. Nr. 429: Platte Haltern 1; Nr. 429-439: Tasse Haltern 8.). S. 224 Nr. 440 – (Z)OILI ST(ABILIO). (Qualität IV aus Pisa. Plattenboden). Nr. 441 – XANTH ZOILI. (Verschollen, von einem Tellerboden).

604 Asciburgium 173: *Daß den Schreibweisen ZOELUS und ZOILUS möglicherweise eine zeitliche Differenz zugrundeliegt, ist keineswegs sicher, die Zeitspanne für den möglichen Wechsel ist auf jeden Fall minimal.* s. ebd. Stempel Nr. 66 – CN.ATEI/ZOELI (Qualität II auf Tassenfragment Haltern 8) und Nr. 67 – ZOI (Qualität V auf Tassenfragment).

605 Von einer großen Anzahl von Gefäßen ist nur der Stempel bekannt, der sich wohl ausnahmslos im Inneren befand. (**KatNr. 409-411, 413-414**).

mit stehenden Keulen verbunden sind. Die Gestaltung dieser Girlande läßt sich nicht durch Parallelen weiter belegen. Die kleinen fliegenden Eroten darüber sind von einigen Halterner Kelchen her bekannt: so von **HaNr. 43** und **HaNr. 49** – beide dem Xanthus zugewiesen; **HaNr. 54** – Cresti Atei Euhodi zugewiesen.

Die Randgestaltung des Kelches aus Vindonissa ist ohne Beispiel. Es könnte sich um eine Weiterentwicklung der Form D.-W. Ie handeln, die dem Service II zuzuordnen ist. Eine wichtige Parallele bildet der Bregenzer Kelch (**KatNr. 29**). Bis auf die Lippenausformung, die beim Vindonissa-Exemplar nach außen gezogen ist, sind die Formen nahezu identisch. Leider läßt sich der Töpfer des Bregenzer Kelches nicht mehr ermitteln, da das Bodenstück fehlt. Es stellt sich die Frage, ob nicht Zoelus der Hersteller ist.

Eine gänzlich andere Verzierung weist eine Wandscherbe aus Luni auf (**KatNr. 415**). Der Stempel (CN.)ATEI ZOILI (?) erscheint außen zwischen dem Reliefschmuck, der aus Blattranken und vierblättrigen Blüten besteht. Er ist an kleinen, frei eingezeichneten Bändern an zwei Ranken aufgehängt. Ein Perlstab dient als oberer Dekorabschluß und erinnert somit an die oben besprochenen Gefäße.

Zoelus
(**KatNr. 419-427**)

Neun Reliefgefäße, die Zoelus allein nennen, sind bekannt, allerdings keine aus Haltern. Da sechs Kelche (**KatNr. 419, 420, 423-426**) den Außenstempel ZOILI *in tabula ansata* tragen, ist davon auszugehen, daß diese Gefäße wohl der Zeit nach der Aufgabe Halterns angehören. Diese Folgerung wird durch einen Kelch aus Nora (**KatNr. 427**) mit einem hohen Steilrand gestützt.

Sieben Gefäße weisen noch Reliefschmuck auf (**KatNr. 419, 420, 423-427**). Der Dekor einer Kelchscherbe aus Luni (**KatNr. 423**) kann entfernt mit dem des obengenannten Windischen Kelches (**KatNr. 412**) verglichen werden. Die Girlanden sind hier allerdings nicht an Keulen, sondern an Kandelabern angehängt, wie sie häufig auf Produkten des Cn. Ateius aus Arezzo auftauchen (z.B. **KatNr. 18** und **19**). Der Stempel *in tabula ansata* ist in den Dekor gestempelt worden. Bei dem benutzten Eierstab handelt es sich wohl um den Typ 8B. Der Dekor einer weiteren Wandscherbe aus Luni (**KatNr. 426**) ist versatzstückartig aufgebaut. Hüllblätter flankieren links und rechts einen Kopf im Profil, über dem der Außenstempel ZOILI *in tabula ansata* erscheint. Die kleinen Eroten seitlich des Stempels kommen, mit einer Binnenzeichnung versehen, in Haltern auch auf Kelchen des Xanthus (**HaNr. 43** und **49**) und Cresti Atei Euhodi (**HaNr. 54**) vor und sind darüber hinaus häufig auf Ateius-Produkten zu finden. BERTINO datiert den Kelch sicher zu Recht schon in die tiberische Zeit.[606]

Den Eierstab Typ 8B weist die Wandscherbe einer Schale aus Cordoba (**KatNr. 420**) auf. Über einer welligen Bodenlinie sind ziemlich willkürlich große und kleine Eidechsen eingepunzt worden. Die kleinen Eidechsen tauchen bereits auf dem Halterner Kelch **HaNr. 82** auf. Eine große Gorgo-Maske sowie Bukranien, die den Stempel ZOILI einrahmen, überliefert ein bisher unpublizierter Kelchrest aus Ceuta (**KatNr. 425**).[607]

Im Gegensatz zu den Fragmenten aus Luni, Cordoba und Ceuta weist der Kelch des Zoelus aus Nora auf Sardinien (**KatNr. 427**) noch eine erzählerische Thematik auf. Quadrigen umfahren stereotyp das Bildrund, nur einmal unterbrochen durch drei *metae*. Als Eierstab findet noch der Typ 8B Verwendung. Ein zeitlicher Ansatz in die tiberische Zeit kann sich auf den sehr hohen, mit Appliken versehenen Steilrand gründen.

Die Verbreitung der Produkte des Cn. Atei Zoeli (Karte 16) umfaßt Hafenstädte im nördlichen Mittelmeerraum, in Ostspanien und Südfrankreich sowie in Norditalien. Etwa gleichwertig ist die Belieferung der Lager am Niederrhein und an der Lippe. Das Stück in Vindonissa ist vereinzelt. Ein Vergleich mit der von ETTLINGER erarbeiteten Karte, in der sie Stempel des Formulars Cn. Ateius Zoilus aufnahm, unterstreicht das oben skizzierte Bild. Die Lager am Rhein bilden den Fundschwerpunkt. Zu den Fundplätzen in Ostspanien und

606 A. BERTINO in: I problemi della ceramica romana di Ravenna della valle Padana e dell'alto Adriatico. Atti del Convegno internazionale Ravenna 10-12 mai 1969 (Bologna 1972) 170.

607 Freundlicher Hinweis F.P. PORTEN PALANGE.

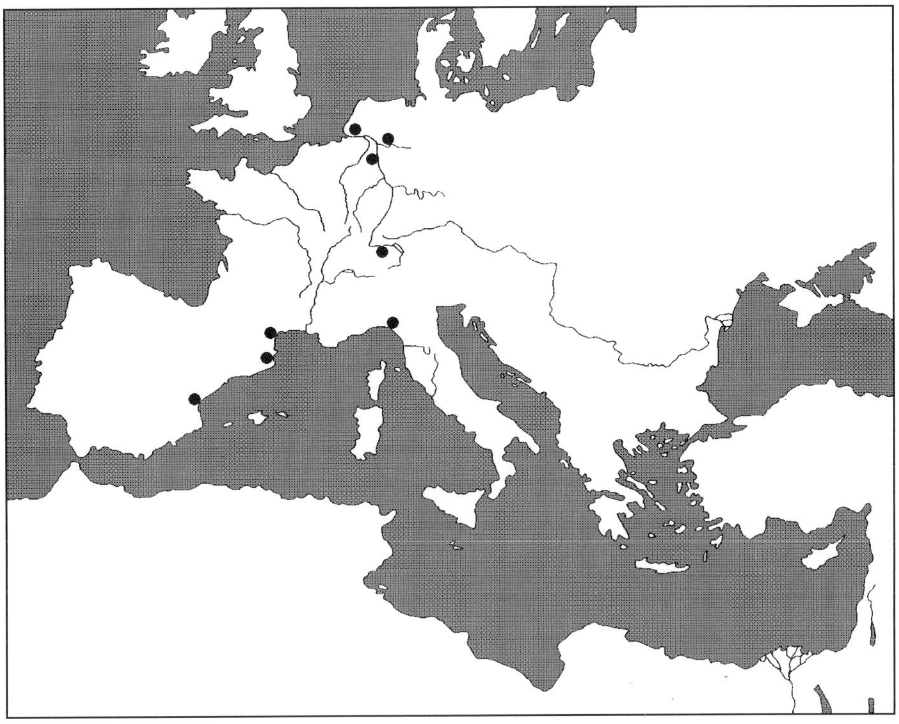

Karte 16 *Cn. Atei Zoili (Pisa): Ampurias (2); Haltern (1/1?); Kaiseraugst (1); Luni (1); Narbonne (1); Neuss (2); Valencia (1); Vindonissa (1). Summe (11+1?).*

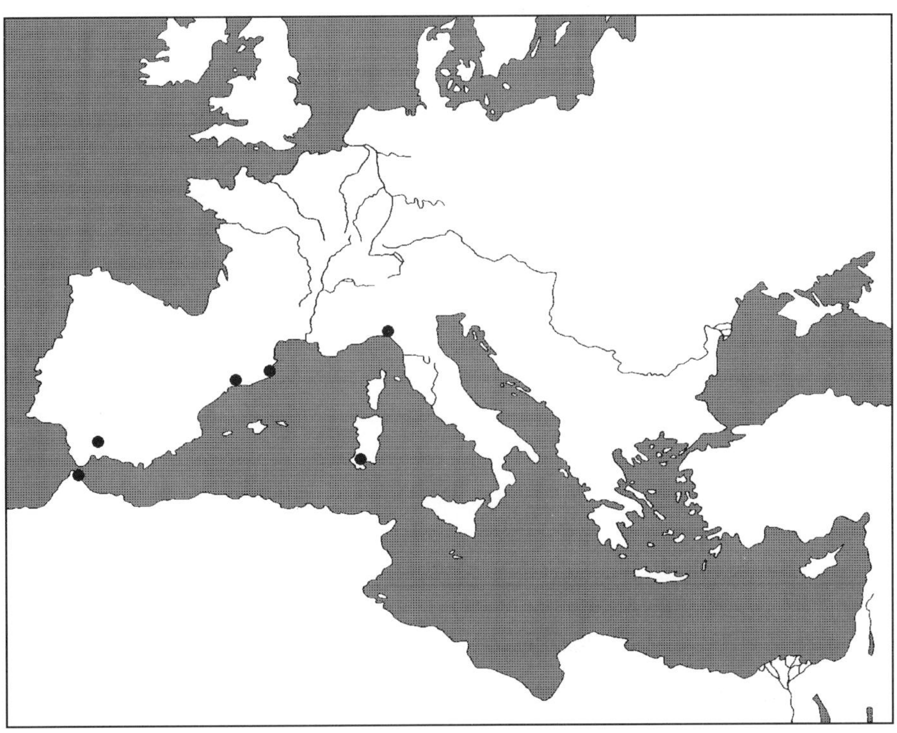

Karte 17 *Zoili (Pisa): Ampurias (3); Ceuta (1); Centcelles (1); Cordoba (1); Nora (1); Luni (2). Summe (9).*

Südfrankreich treten noch solche in England, Rom, Aquileia und Nordafrika hinzu.[608] Während Karte 17 mit der Reliefkeramik nur einen kleinen Ausschnitt der Produktion bietet, ist die Verteilung von Stempeln auf glatter Sigillata, die Zoelus allein nennen, wesentlich weiträumiger. Der westliche Mittelmeerraum mit den Küsten Spaniens, Nordafrikas, Italiens und Südfrankreichs ist dicht besetzt mit Fundpunkten. Zentralgallien ist zwar schwächer als die Küste besetzt, kann aber dennoch eine große Verbreitung aufweisen. Sogar in Griechenland erscheinen einige Stempel. Eine besondere Fundkonzentration besteht entlang des Rheins.[609]

Der Entstehungsort der Zoelus-Produkte ist zweifellos in Italien zu suchen. Chemische Untersuchungen einiger gestempelter, glatter Sigillaten aus Haltern ergaben eine Zuweisung an Pisa.[610] Diese Zuweisung kann sich auch auf Stempelfunde in Pisa stützen.[611]

Zoelus wird nach Ausweis der unverzierten Arretina von etwa Christi Geburt bis nach 30 n. Chr. gearbeitet haben.[612] Die Belegungszeit des Hauptlagers von Haltern wird damit weit überschritten. Sollte der Produktionsbeginn um Christi Geburt eingesetzt haben, so gehört der erhaltene Stempel auf dem Kelchfuß **HaNr. 52** sicher zu seinen früheren Erzeugnissen. Nimmt man die Stempel auf glatter Sigillata aus Haltern dazu, die aus Gemeinschaftsproduktionen zusammen mit Mahes und Xanthus stammen,[613] so muß Zoelus ebenso wie Xanthus nach wenigen Jahren von seinem Herrn freigelassenen worden sein, um eigenständig arbeiten zu können.

Ateius-Zuweisungen

(Taf. 30-33; **HaNr. 69-95; KatNr. 261-282**)

Unter dieser Rubrik erscheinen Gefäßfragmente, deren einzige Übereinstimmung die sichere Zuweisung an eine der Ateius-Offizinen bildet. In einigen Fällen konnte nur noch der Eierstab Typ 8B herangezogen werden (**HaNr. 70-73, 75, 76, 87, 90, 94-95**). Eine ähnliche Zuweisungsmöglichkeit bieten die Rosettenfriese (Punzen-Nr. 85 und 87; **HaNr. 80-82, 85, 86**).

Darüber hinaus bilden die Exemplare keine einheitliche Gruppe. Der Großteil der Stücke wird wohl in Pisa entstanden sein (**HaNr. 69-73, 75, 76, 78-87, 89, 90, 92, 93-95**), was durch Punzenvergleiche (wie Eierstab und Rosetten) und die festgestellten Qualitäten untermauert werden kann. Der Vogel auf **HaNr. 82** kommt auf einer Tasse aus Saintes (**KatNr. 303**) mit dem Innenstempel CRESTI/ATEI vor. Die Tasse wurde der chemischen Analyse zufolge in Pisa hergestellt. Auch das auf **HaNr. 84** und **89** vorkommende Blatt (Punzen-Nr. 168) weist eindeutig nach Pisa. Unter den Qualitäten herrscht II eindeutig vor (Tab. 7). Leider kann **HaNr. 71** mit dem dreiansichtigen Silenskopf nicht genauer bestimmt werden, denn die hier beobachtete Qualität II/IV mit braunem Belag unter dem Überzug fand sich sonst an keinem Kelch in Haltern. Qualität I bzw. I? wiesen **HaNr. 81, 85** bzw. **HaNr. 74** auf. Während **HaNr. 81** und **85** über die Rosettenfriese relativ sicher an Pisa verwiesen werden können, bleibt der Herstellungsort von **HaNr. 74** unklar. Der Eierstab Typ 11 ist unter den Ateius-Eierstäben bisher unbekannt. Den Ausschlag der Zuweisung ergab der Rest eines pflanzlichen Motivs, gebildet aus drei Kolben, die einer gemeinsamen Basis entspringen. Bekannt ist diese Punzenzusammenstellung von einem Kelch aus Haltern (**HaNr. 59**) mit dem Innenstempel CRESTI ATEI/EVHODI. Auf Gefäße im Stile der „gruppo protobargateo" aus Pisa mag **HaNr. 87** hinweisen. Der Herstellungsort ist bei **HaNr. 69, 77** und **91** unbekannt. **HaNr. 69** mit einem schlichten Service-Ic-Profil besitzt nur noch wenige Reste des ehemaligen Dekors. Besonders aufschlußreich ist der Fries aus gerippten Scheiben, wie er häufig an Kelchen aus Arezzo beobachtet werden kann (vgl. u.a. **KatNr. 7, 15, 18** und **45**). Eine chemische Analyse mit dem Ergebnis „Italien" hat keine eindeutige Entscheidung herbeigeführt.

608 ETTLINGER, RCRF Acta 4, 1962, 32 Karte 10; vgl. PRACHNER, Sklaven 29.

609 ETTLINGER, RCRF Acta 4, 1962, 32 Karte 11. Die Stempel *in planta pedis* zeigen eine weiträumige Verbreitung, die allerdings am Rhein nicht mehr so dicht ist. Hier erscheinen mehr die Küsten von Südfrankreich Spanien, Italien und Nordafrika.

610 VON SCHNURBEIN, Sigillata Stempel Nr. 426. Zum gleichen Schluß kommt ETTLINGER, Novaesium Stempel Nr. 235 und 237. Die Zuweisung erfolgte hier über die optische Bewertung von Ton und Überzug.

611 TAPONECCO MARCHINI, Pisa 8 Taf. 2,2.

612 Nach ETTLINGER, RCRF Acta 25/26, 1987, 16 Abb. 12. Vgl. dies. in: Conspectus 8 ohne zeitliche Festlegung.

613 VON SCHNURBEIN, Sigillata Stempel Nr. 428-439 und 441.

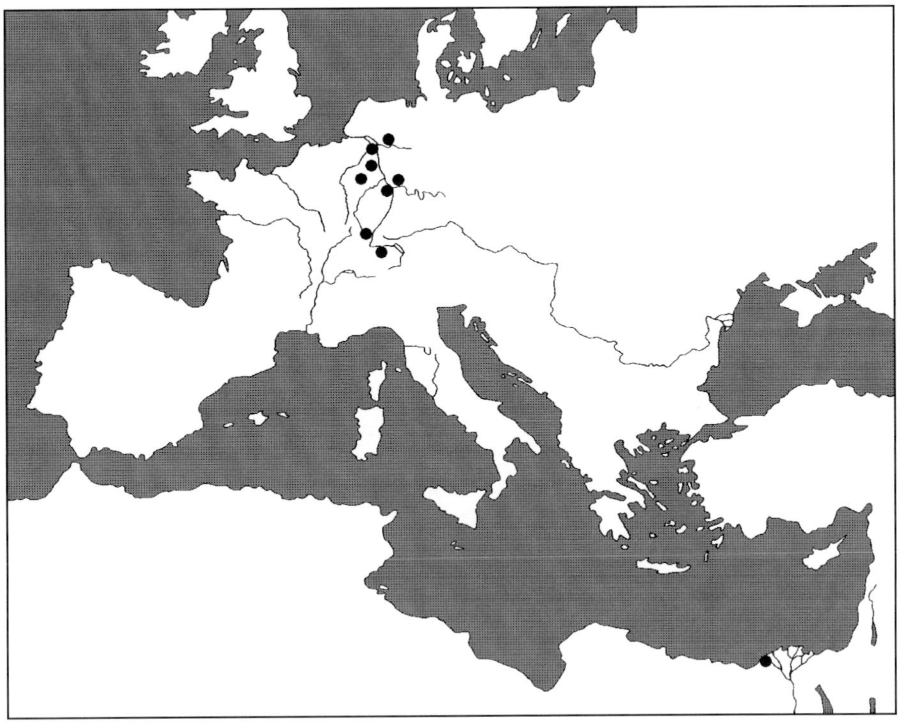

Karte 18 *Cn. Ateius (unsichere Zuweisungen – unbekannter Herstellungsort): Aachen (3); Alexandria (3); Friedberg (1); Haltern (27); Mainz (3); Neuss (9); Straßburg (1); Vindonissa (1); Xanten (1). Summe (49).*

In Frage kommt wahrscheinlich Arezzo, doch muß diese Vermutung hier unter Vorbehalt erfolgen. Im Falle von **HaNr. 77** und **91** kann kaum mehr eine sichere Zuweisung erfolgen, da die Fragmente zu klein sind. Möglicherweise muß **HaNr. 75** dem Xanthus zugerechnet werden. Neben der Randform D.-W. Ic Sonderform findet sich auch eine Satyrkopfapplik und der Eierstab wie auf dem Kelchrest **HaNr. 51** wieder, der einwandfrei diesem Töpfer zuzurechnen ist.

Von 27 Fragmenten entfallen auf Randscherben der Form D.-W. Ic sieben Stück, davon zwei auf die Sonderform dieser Randausbildung. Auf die Form D.-W. Ih entfallen zwei Randscherben und jeweils eine auf die Formen Ii und Ik. Zwei Rand- und eine Wandscherbe gehören zur Form IIIa, woran sich entfernt vier weitere Wandscherben anschließen lassen. Weiter gehören noch neun Wandscherben unbestimmter Gefäßform zu dieser Gruppe.

Die Gefäßformen aller Fundorte spiegeln damit nahezu das gesamte aus Haltern bekannte Gefäßspektrum wider. Recht frühe Formen sind **HaNr. 69** und **70**. Der Hauptbelieferungszeit zuzuordnen sind **HaNr. 71-76** ebenso wie **HaNr. 77**. Gegen Ende des Hauptlagers sind **HaNr. 79-85** anzusetzen.

Eine weitgehende Diskussion der Verbreitung unsicherer Ateius-Produkte erübrigt sich aus methodischen Gründen. Die dennoch wiedergegebene Karte 18 zeigt immerhin auf, daß das Netz der von der Ateius-Gruppe belieferten Orte im Zusammenhang mit den anderen Karten noch dichter gefügt werden kann.

Mögliche Ateius-Zuweisungen
(Taf. 33; **HaNr. 96-107; Kat.Nr. 283-301**)

Nur unter Vorbehalt mit Ateius in Verbindung zu bringen waren die Reste von zwölf Gefäßen. Fünf davon entfallen auf Randprofile: zwei auf die Form D.-W. Ic (**HaNr. 96** und **97**), zwei auf die Sonderform D.-W.

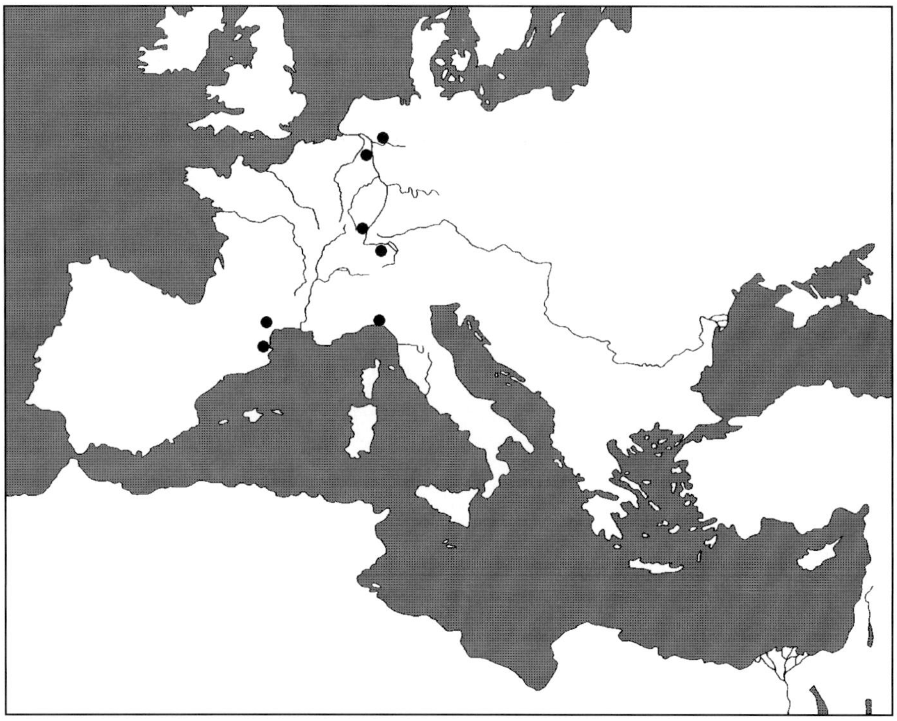

Karte 19 Cn. Ateius (mögliche Zuweisungen – unbekannter Herstellungsort): Ceilhes (1); Haltern (12); Luni (2); Narbonne (6); Neuss (3); Straßburg (2); Vindonissa (3). Summe (29).

Ic (**HaNr. 98** u. **107**) und eines auf die Form D.-W. IIIa (**HaNr. 99**). Bei sechs Fragmenten handelt es sich um Wandscherben verschiedener Gefäßformen. Von Kelchen dürften die Wandscherben **HaNr. 100, 101, 103-105** und **106** stammen. **HaNr. 102** ist wahrscheinlich einem der in Haltern seltenen Becher zuzuschreiben. In sieben Fällen entstand durch den Eierstab der Verdacht, daß es sich um ein Ateius-Produkt handeln könne. Soweit erkennbar befinden sich auf allen Stücken Varianten des Eierstab-Typs 8.

Reliefteile sind nur noch in wenigen Resten erhalten. Die aufwendig gestaltete Palmette auf **HaNr. 103** ist ohne Parallele. Der in den bacchantischen Umkreis übertragene Kopf der Gorgo ist von einigen wenigen Gefäßen bekannt, die dem Ateius nahestehen, aber nicht sicher angesprochen werden können. Das Bein eines tanzenden Skelettes **HaNr. 101** erinnert an die Skelette auf **HaNr. 27**. Die Beeren auf **HaNr. 100** variieren die Punze auf **HaNr. 25**. Auch der Eichenblattkranz mit Eichel auf **HaNr. 102** ist von Ateius-Produkten her bekannt. Ob es sich allerdings um den gleichen Punzentyp handelt, kann nicht mehr sicher festgestellt werden, da das Stück verschollen ist.

Die Aussagekraft der festgestellten Qualitäten ist nur von geringem Nutzen (Tab. 7). Fünf Gefäße sind verschollen, die restlichen sieben weisen drei verschiedene Qualitäten auf, die aber alle in den italischen Raum verweisen. Das Fragment **HaNr. 103** mit der Qualität III ist durch chemische Analyse „Italien" zugewiesen.

Galt für die Ateius-Zuweisungen eine weitgehend eingeschränkte Aussagefähigkeit hinsichtlich der Verbreitungskarte (Karte 19), so gilt dies hier in verstärktem Maße. Lediglich die Anwesenheit an den einzelnen Fundorten kann erkennbar gemacht werden.

11. Unbekannte Töpfer

(Taf. 34-36; **HaNr. 108-155**)

Unter den 48 nicht zuweisbaren Stücken können sich möglicherweise noch eine Reihe von Produkten aus dem Umkreis des Cn. Ateius verbergen (vielleicht **HaNr. 131, 133, 135, 136** und **150**). Auch die Dominanz der Qualität II mag darauf hinweisen (Tab. 7). Unterschiedliche Herkunftsorte und Werkstätten sind in einigen Fällen durch den Verzierungsstil und die Qualität der Scherben zu erkennen. So kommen die Stücke der Qualitäten II/IV und V wahrscheinlich aus Italien. Nicht sicher festzustellen ist der Entstehungsort der Fragmente **HaNr. 142** und **148**. Auf Lyon könnte ihre Qualität IV hinweisen. Da jedoch Dekor und Gefäßform keine weiteren Schlüsse erlauben, muß die Zuweisung offenbleiben. Insbesondere für **HaNr. 148** wäre jedoch eine Herkunftsbestimmung wünschenswert, da es sich um ein Randstück der in Haltern seltenen Reliefbecher handelt. Auch der Entstehungsort eines weiteren Becherrestes (**HaNr. 153**) ist umstritten.

Bedauerlicherweise befinden sich unter den nicht zuweisbaren Fragmenten auch solche, die neue Punzen bringen, wie z.B. **HaNr. 132** und **135**. Nicht näher bestimmbar ist trotz Parallele die Wandscherbe **HaNr. 133**.

Möglicherweise gehört die Wandscherbe **HaNr. 128** in den Umkreis des P. Cornelius. Das als Reliefschmuck überlieferte Löwenfell stellt eine stark verschliffene Form der von **HaNr. 19** und **AnNr. 3** bekannten Punze dar.[614] Der Eierstab ist allerdings unbekannt.[615]

In den Umkreis des Bargathes mögen folgende Stücke gehören: **HaNr. 121** und **122**. Alle anderen sind kaum einzuordnen. Bis auf wenige figürlich verzierte Fragmente (**HaNr. 126, 127, 128, 133** und **135**) sind hier vorwiegend Scherben mit ornamentalem oder pflanzlichem Dekor (**HaNr. 120-122, 125, 127, 131, 132, 136, 142, 150, 152, 153** und **154**) vertreten. Häufig sind nur noch das Randprofil (**HaNr. 108-118, 148, 149**) oder ein Teil der Wandung (**HaNr. 123, 128, 134, 137, 143, 145** und **151**) erhalten.

Die Randprofile spiegeln das gesamte bekannte Spektrum wider, hierunter gliedern sich die Kelchrandscherben folgendermaßen: Drei Exemplare gehören der Form D.-W. Ic an, zwei der Sonderform dieser Ausprägung, jeweils eine der Formen If, I*l* und Ii; zwei Randscherben gehören zur Form IIIa, eine zu IIIc; drei Wandscherben gehören zur Form III.

Hauptsächlich vertreten sind somit bis auf drei Ausnahmen bekannte Gefäßformen. Zu den frühen Kelchrändern der Form D.-W. Ic in Haltern zählt **HaNr. 108**. Anzuschließen sind daran die beiden Ränder von **HaNr. 109** und **110**. Nur als Profilzeichnung überliefert, aber gut zu erkennen, ist ein Randstück (**HaNr. 111**) der Sonderform D.-W. Ic. **HaNr. 112** besitzt bei D.-W. ebenso keine direkte Entsprechung wie **HaNr. 115**. Versuchsweise wurde **HaNr. 112** mit der Form D.-W. If verglichen. Möglicherweise besteht auch ein Zusammenhang mit der Form Ih. Ebenso konnte **HaNr. 115** nur unter Vorbehalt der Form I*l* zugewiesen werden. Die Randscherbe ist zu klein, der untere Wandverlauf fehlt für eine sichere Bestimmung. Nahe Parallelen in Haltern sind die Ränder von **HaNr. 14** und **15**. **HaNr. 116-118** gehören zur Form D.-W. III, wie **HaNr. 113** der Form Ii zuzuweisen ist.

Bemerkenswert sind die Randstücke von **HaNr. 148** (Becher Form 16) und von **149** (Skyphos oder Henkeltasse der Form 17). Anzuschließen sind an den Becher die Wandscherbe **HaNr. 153** und die Henkeltasse **HaNr. 150**. Wohl auf eine frühe Form von Drag. 29 – und damit möglicherweise der früheste Nachweis dieser Form überhaupt – verweist die Randscherbe **HaNr. 129**. Der schlichte Kolben-Dekor ist bisher nicht durch Parallelen bekannt. Die Fragmente **HaNr. 146** und **147** stammen von Kelchfüßen, wobei eine Klassifizierung jedoch nicht mehr möglich ist.

614 s. auch STENICO, Rasinius Taf. 1,1a-d – Rasinius. Diese Punze ist allerdings eine Fälschung, wie F.P. PORTEN PALANGE, Arch. Korrbl. 19, 1989, 94 Nr. 36 festellte.

615 Ein ähnlicher Eierstab findet sich in der Offizin des Bargathes: Bargathes (1984) Taf. 2,5.

V. Töpfer in Anreppen

(Taf. 38; **AnNr. 1-3**)

Innerhalb des Fundinventars des augusteischen Lagers bei Anreppen gehört die reliefverzierte Arretina zu den selteneren Funden. Bisher sind trotz großflächiger Grabungen im Lagerzentrum[616] nur die Überreste von drei Gefäßen gefunden worden (**AnNr. 1-3**). Zwei Kelchfragmente (**AnNr. 1** und **2**) können auf Grund ihres Eierstabes bzw. Dekors mit Produkten aus einem der pisanischen Betriebe des Cn. Ateius in Verbindung gebracht werden. **AnNr. 2** wurde möglicherweise von Xanthus gefertigt, wie die benutzte Palmette und die von ihm bevorzugte Kelchform (D.-W. III) nahelegen.

Das dritte Stück (**AnNr. 3**) wurde eindeutig im Betrieb des P. Cornelius in Cincelli bei Arezzo hergestellt. Dekor und Kelchform sind bereits in leicht modifizierter Weise von einem Halterner Stück (**HaNr. 19**) bekannt. Es mag nun ein Zufall sein, daß in beiden Lagern so nahe Parallelen vorhanden sind, doch gehören Stücke des P. Cornelius nördlich der Alpen – und besonders in Niedergermanien – zu den seltenen Funden. An einem gleichzeitigen Bestehen des Anreppener Lagers und des Hauptlagers von Haltern ist nicht zu zweifeln. So darf als Arbeitshypothese erlaubt sein, beide Kelche (**HaNr. 19** u. **AnNr. 3**) einer einzigen Lieferung an die Lippe zuzuschreiben.

616 Zu den ersten Grabungen ab 1968 s. H. Beck, Germania 48, 1970, 60 ff.; A. Doms, Westfalen 48, 1970, 160 ff.; ders., Arch. Korrbl. 1, 1971, 215 ff.; S. von Schnurbein, Ber. RGK 62, 1981, 29 ff.; J.-S. Kühlborn, in: H.-G. Horn (Hrsg.) Die Römer in Nordrhein-Westfalen (Stuttgart 1987) 392 f. – Zu den Grabungen ab 1988 J.-S. Kühlborn in: B. Trier (Hrsg.) 2000 Jahre Römer in Westfalen (Mainz 1989) 59-63; ders. in: H. Hellenkemper/H.-G. Horn/H. Koschik/B. Trier (Hrsg.) Archäologie in Nordrhein-Westfalen. Schr. zur Bodendenkmalpflege in Nordrhein-Westfalen 1 (Köln 1990) 175 ff.; ders. in: B. Trier (Hrsg.) Die römische Okkupation nördlich der Alpen zur Zeit des Augustus. BAW 26 (Münster 1991) 129 ff.

VI. Fundstellenübersicht

1. Oberaden

Grabungen der Jahre 1906-14, 1937-38, 1962-92

Die Fundstellen der Relief-Sigillaten aus den Grabungen von 1906-14 sind nur bedingt sicher zu ermitteln. Eine Korrelierung zwischen Fundstellenbezeichnung und auf den Plänen genannten Gruben ist nicht immer möglich.[617] Als problematisch erweist sich die Vertauschung der Flurbezeichnungen auf den von C. ALBRECHT gegebenen Übersichten.[618] Betroffen sind hauptsächlich die Flächen südlich des Praetoriums. So sind auf den beiden genannten Plänen die Bezeichnungen Berse II und IV vertauscht worden.[619]

Weitere Pläne, die den jeweiligen Stand der Ausgrabungen in Oberaden in der Lagermitte dokumentieren, verzeichnen außer den Grubennummern keine weiteren Fundstellenbezeichnungen.[620] Doch läßt sich noch ein Indiz in bezug auf die Fundstellenbezeichnung durch einen Plan gewinnen, der den Stand Ende 1908 festhält.[621] Dieser unbefriedigende Zustand läßt sich kaum ändern, da keinem der zwischen 1907-1913 in verschiedenen Zeitschriften erschienen Kurzberichte Detailangaben zu den Flurbezeichnungen zu entnehmen sind.[622]

So scheint es am sinnvollsten sich, wegen der größten Übereinstimmung, an die von ALBRECHT (in: Oberaden I Taf. 34) publizierte Einteilung zu halten, auch wenn nicht mehr alle Gruben zu lokalisieren sind. Demnach stammen die gesamten Altfunde aus Gruben an der *via principalis* bzw. dem Kreuzungsbereich der östlich und westlich ansetzenden, benachbarten Straßen.[623]

Die Funde mit der Bezeichnung „Vogt" können nach Ausweis der Flurbezeichnung nur in der Südostecke des Lagers gefunden worden sein (vgl. Plan 1); da jedoch zwei Parzellen dieser Bezeichnung existieren, kann eine schärfere Lokalisierung nicht vorgenommen werden. Die in diesen Bereichen eingezeichneten Befunde sind sehr unsicher. Fundamentspuren sind anscheinend nicht entdeckt oder erkannt worden. Die Gruben und

617 G. KROPATSCHECK, Röm.-Germ. Korrbl. 2, 1909, 1-8 Abb. 1 u. 2; A. BAUM/G. KROPATSCHECK, Röm.-Germ. Korrbl. 3, 1910, 36-40 Abb. 10; ALBRECHT in: Oberaden I Taf. 34 u. Plan 1 u. 2; vgl. A. BAUM, Mannus 5, 1913, Plan 2.

618 ALBRECHT in: Oberaden I Taf. 34 bzw. auf Plan 1.

619 Die übrigen Bezeichnungen Berse I (westlich vom *praetorium*) und Berse III (östlich vom *praetorium*) sind einheitlich wiedergegeben. Orientiert man sich an dem bei ALBRECHT wiedergegebenen Übersichtsplan in: Oberaden I Taf. 34, der durch die von G. KROPATSCHECK, Röm.-Germ. Korrbl. 2, 1909, 5 Abb. 2 und A. BAUM, Mannus 5, 1913, Plan 2 publizierten Pläne ergänzt werden muß, so wird man feststellen, daß z.B. die Fundortbezeichnung Berse IV 24 nicht mehr zu lokalisieren ist. Eine Änderung der Fundstellenbezeichnungen auf Tafel 34 nach der von ALBRECHT in: Oberaden I auf Plan 1 wiedergegebenen Einteilung bringt hingegen noch größere Ungereimtheiten mit sich. Berse II würde danach im Norden, Berse IV im Südwesten des Praetoriums liegen. Für Berse I würde sich nichts ändern, wohingegen sich für Berse III zwei parallellaufende Grubenzählungen ergäben.

620 G. KROPATSCHECK, Röm.-Germ. Korrbl. 2, 1909, 3 Abb. 1 (Stand 1908); A. BAUM/G. KROPATSCHECK, Röm.-Germ. Korrbl. 3, 1910, 38 Abb. 10 (Stand Ende 1909); A. BAUM, Mannus 5, 1913, Taf. 2 (Stand 1910).

621 G. KROPATSCHECK, Röm.-Germ. Korrbl. 2, 1909, 5 Abb. 2. – Nur die in der Grube Berse IV 1 gefundenen Stücke weisen unter den Altfunden ein Fundjahr auf, nämlich 1908. Um das *praetorium* sind bis auf das südöstliche Gebiet, wo nur Grube 1 und 2 ergraben sind, sämtliche Gruben verzeichnet, die auch auf späteren Plänen erscheinen. Geht man von der Einteilung ALBRECHT in: Oberaden I Tafel 34 aus, so müßte es sich um die beiden einzigen Gruben südöstlich des Praetoriums – nämlich die Gruben Berse IV 1 und 2 – handeln. Dem Gang der Arbeiten entsprechend ergäbe sich dann auch eine Durchnumerierung von Berse I bis IV, wobei Berse IV logischerweise zuletzt ergraben wurde, nämlich begonnen Ende 1908 und abgeschlossen 1909.

622 Vgl. G. KROPATSCHECK, Korrbl. Westdt. Zeitschr. 60, 1907, 133 ff.; ders., Röm.-Germ. Korrbl. 2, 1909, 1 ff.; A. BAUM/G. KROPATSCHECK, Röm.-Germ. Korrbl. 3, 1910, 36 ff.; G. KROPATSCHECK, Röm.-Germ. Korrbl. 4, 1911, 59; H. DRAGENDORFF, Ber. RGK 2, 1906, 48 ff.; ders., Ber. RGK 3, 1909, 159 ff.; ders., Ber. RGK 5, 1911, 25 u. 79 ff.; ders., Ber. RGK 6, 1913, 279; C. SCHUCHHARDT, Prähist. Zeitschr. 1, 1909, 1; C. SCHUCHHARDT/G. KROPATSCHECK, Prähist. Zeitschr. 2, 1910, 90 u. 95 ff.; G. KROPATSCHECK/C. SCHUCHHARDT/R. BELTZ, Ber. RGK 3, 1911, 194 f.; 366; 369.

623 G. KROPATSCHECK, Röm.-Germ. Korrbl. 2, 1909, 4 u. 7; A. BAUM/G. KROPATSCHECK, Röm.-Germ. Korrbl. 3, 1910, 36.

Brunnen lassen allerdings eine streifenförmige Anordnung wie in der Nordwestecke des Lagers erkennen. Sicher ist hier mit Unterkünften von Mannschaften zu rechnen.[624]

Die Grabungen von 1937-38 lassen sich nicht mehr fassen, da sämtliche Unterlagen im Zweiten Weltkrieg vernichtet worden sind.[625] Über Funde reliefierter Arretina ist nichts bekannt. Die Situation ändert sich mit der Wiederaufnahme der Grabungen im Jahre 1962. Der einzige Fund verzierter Arretina dieser Grabung stammt aus einer Grube nördlich eines Gebäudekomplexes (Plan 1).[626] Im Bereich der Nordwestecke des Lagers (Plan 1), in der 1963 und 1976-1986 gegraben wurde, fanden sich insgesamt Reste von fünf Gefäßen, die relativ dicht beieinander in der Grubenzeile einer Gasse zwischen den Unterkünften zweier Manipel lagen (**OaNr. 10, 18, 20, 31, 38**).[627] Zwei weitere Gefäßreste kommen aus einer zwischen 1906 und 1914 ergrabenen Fläche im östlichen Lagerteil, nördlich der *via principalis*, die 1983 nachuntersucht wurde (Plan 1).[628] Es ergaben sich keine Spuren einer festen Bebauung in diesem Lagerareal; lediglich verschiedene Gruben konnten beobachtet werden (**OaNr. 6, 21**).

Der Grabungsschwerpunkt in Oberaden liegt seit 1985[629] in der Lagermitte (Plan 1). Der Grundriß des Praetoriums mit westlich und östlich angrenzenden Bauten sowie der Nordfront der *principia* konnten bisher ermittelt werden. Es läßt sich anhand der neuen Ergebnisse nachvollziehen, daß zumindest die Lage des Praetoriums durch die Altgrabungen ermittelt worden war.[630] Es konnten sogar einige Gruben mit dem neuen Grabungsbefund zur Deckung gebracht werden.[631]

Die Neufunde kommen vorwiegend aus Gruben der zwischen *praetorium* und *principia* verlaufenden *via principalis*. Wem der Inhalt dieser Gruben ursprünglich zuzuordnen ist, läßt sich kaum beantworten. Es ist allerdings nicht anzunehmen, daß Abfall von weiter entfernt liegenden Gebäuden oder Zelten gerade hierher transportiert wurde, doch kann auch nicht unbedingt davon ausgegangen werden, daß die Gefäße ausschließlich aus dem Besitz des *legatus legionis* oder eines Tribunen stammen. Nur ein Gefäßrest (**OaNr. 40**) stammt aus einer eindeutig innerhalb des Praetoriums liegenden, mit Holz verschalten Grube.

Die hohe Funddichte in der Lagermitte ist bemerkenswert (Abb. 14). Insgesamt konnten die Fundstellen von 27 Stücken ermittelt werden. Recht unsicher mußte die Fundstellenangabe von sechs Fragmenten verbleiben, während sich neun Stücke nicht mehr lokalisieren ließen.

624 s. dazu jetzt: Oberaden III 61 ff. 85.

625 Einen kurzen Grabungsbericht gibt C. ALBRECHT in: VI. Internationaler Kongress für Archäologie Berlin 21.-26. August 1939 (Berlin 1940) 550-555.

626 H. ASCHEMEYER, Prähist. Zeitschr. 41, 1963, 210-212; 211 mit Abb. 1; Oberaden III 79.

627 J.-S. KÜHLBORN, Germania 60, 1982, 507 f. Beil. 8; ders., AFWL, 2, 1984, 223; ders., AFWL 3, 1985, 238-242; ders., AFWL 4, 1986, 339-340; ders., AFWL 5, 1987, 651. Vgl. dazu auch H. ASCHEMEYER, Westfäl. Forsch. 19, 1966, 127; 130; NJG 1977, 17 f.; NJG 1978, 22-27; NJG 1979, 33-36; NJG 1980, 33 f.; NJG 1981, 37-41; NJG 1982, 35-38; NJG 1983, 22-23; NJG 1984, 34-36; NJG 1985, 43; NJG 1986, 42; Oberaden III 80 ff.

628 Ders., AFWL 3, 1985, 238; Oberaden III 82.

629 J.-S. KÜHLBORN/H.G. SCHARDT/G. SCHWITALLA, AFWL 4, 1986, 125 ff.; KÜHLBORN, AFWL 5, 1987, 651; vgl. auch NJG 1986, 40-42; NJG 1987, 42-44; NJG 1988, 43-45; NJG 1989, 42; NJG 1990, 47 f.; Oberaden III Beilage 1 (Lagerplan).

630 Vgl. die Gegenüberstellung der Pläne: J.-S. KÜHLBORN in: B. TRIER (Hrsg.), 2000 Jahre Römer in Westfalen (Mainz 1989) 48 Abb. 30; 49 Abb. 31.

631 So entsprechen die Gruben Berse II 15 der Grube 75/1986; Berse I° der Grube 108/1986. Grube Berse IV 1 und Grube 2/1988 sind identisch. Aus diesen Gruben kommen die meisten verzierten Sigillaten aus dem Bereich *via principalis* (**OaNr. 1, 7, 8, 11, 14, 15, 17** und **34**). Da die Gruben meist nur „angegraben" waren und dann wieder mit dem Aushub verfüllt wurden, besteht die Möglichkeit, daß einige der Neufunde der Grabungen von 1985-89 ursprünglich zu Gefäßen gehörten, die teilweise bereits zwischen 1906-1914 entdeckt worden waren. Durch den großen Grad der Zerscherbung und den Verlust der Altfunde läßt sich dieser Sachverhalt jedoch nicht mehr überprüfen. Die Gefahr, daß zwei oder mehrere Scherben ein und desselben Gefäßes im Katalog separat gezählt werden, läßt sich daher nicht völlig ausschließen.

Fundstelle	**sicher**	**vermutet**	**unbekannt**
via principalis	1,4,5,7,8,9,11-15,17,22,26,34,37,41,42	35	24,25,28,32
Praetorium	40		
östl. Praetorium	19		
nördl. Praetorium	39		
westl. Praetorium	16,27,36		
Gebäude westl. Principia	23		
Südostbereich			2,29,30
Nordwestbereich	10,18,20,31,38		33
Ostbereich	6,21		
Unbekannt			3
Summe	**32**	**1**	**9**

*Abb. 14 Oberaden: Fundstellenzuweisungen (Nummern = **OaNr.**)*

1906-1914

OaNr. 1: 1908 Berse IV 1 (= Grube 2/1988).
OaNr. 2: Vogt 94 (aus dem Südostteil des Lagers).
OaNr. 3: Fundstelle unbekannt.
OaNr. 7: 1908 Berse IV 1 (= Grube 2/1988).
OaNr. 8: 1908 Berse IV 1 (= Grube 2/1988).
OaNr. 11: 1908 Berse IV 1 (= Grube 2/1988).
OaNr. 24: Berse IV 24 (Lage unbekannt).
OaNr. 25: Berse IV 24 (Lage unbekannt).
OaNr. 26: Berse II 15 (= Grube 75/1986).
OaNr. 28: Berse I 14 (Lage unbekannt).
OaNr. 29: Vogt 2 (aus dem Südostteil des Lagers).
OaNr. 30: Vogt 2 (aus dem Südostteil des Lagers).
OaNr. 32: Berse IV 24 (Lage unbekannt).

1962 – Grabung Burgschule, nordöstlich des Praetoriums

OaNr. 39: Grube 18/1962. Wenige Meter nördlich eines Gebäudes.[632]

1963 – Grabung an der Westfront

OaNr. 33: 1963 Planum. Lesefund (+20/140) aus der *via sagularis* an der Westseite des Lagers.

1977 – Grabung an der Westfront

OaNr. 20: Oa 77 A 27. Grube 31.
OaNr. 31: Oa 77 A 24. Grube 1.

632 Vgl. H. ASCHEMEYER, Prähist. Zeitschr. 41, 1963, 211 Abb. 1. Die Grube liegt in der nordöstlichen Ecke der Grabungsfläche. – Oberaden III 79.

1978 – Grabung an der Westfront

OaNr. 10: Oa 78.015/a1. Grube 23 in Grubenzeile Z 1.
OaNr. 20: Oa 78.045/a1. Grube 23 in Grubenzeile Z 1.
OaNr. 38: Oa 78.042. Grube 54 in Grubenzeile Z 1.
OaNr. 18: Oa 78.042. Grube 54 in Grubenzeile Z 1.

1983 – Grabung Preinstr. 15 (Nähe Ostfront)

OaNr. 6: Oa 83.030/a1. Grube 1.
OaNr. 21: Oa 83.030/a1. Grube 1.

1986 – Grabung Praetorium

OaNr. 9: Oa 86.034/a5; 86.034/a6. Grube 89.
OaNr. 16: Oa 86.047/a1. Grube 108 (= Grube Berse I°).
OaNr. 36: Oa 86.047/a1. Grube 108 (= Grube Berse I°).
OaNr. 35: Oa 86.116. Lesefund vor der Nordfront der *principia* (zwischen 45-75 N und 145-165 W).

1988 – Grabung Principia und östliche Randbebauung

OaNr. 40: Oa 88.020/a20. Grube 152[633] (Südwestecke Praetorium).
OaNr. 14: Oa 88.115/a1. Grube 2.
OaNr. 17: Oa 88.115/a2. Grube 2.
OaNr. 34: Oa 88.115/a3. Grube 2.
OaNr. 15: Oa 88.115/a4. Grube 2.
OaNr. 13: Oa 88.119/a1. Grube 1.

1989 – Grabung Principia mit via principalis

OaNr. 22: Oa 89.002/a8; Oa 89.002/a9; Oa 89.002/a10. Grube 11b.
OaNr. 37: Oa 89.029/a4. Grube 2.
OaNr. 41: Oa 89.029/a4. Grube 2.
OaNr. 42: Oa 89.029/a3. Grube 2.

1990 – Grabung Principia

OaNr. 4: Oa 90.007/a1. Grube 8.
OaNr. 5: Oa 90.012/a1. Graben 6.
OaNr. 12: Oa 90.007/a1. Grube 8.
OaNr. 23: Oa 90.028/a1. Abschnitt D2: Graben 9.

1990 – Grabung Preinstraße 32 (östlich Praetorium)

OaNr. 19: Oa 90.310/a1. Abschnitt C4: westl. Graben 1

1991 – Grabung Principia

OaNr. 27: Oa 91.057/a1. Grube 40.

633 Eine kursorische Beschreibung der Gruben und ihres Inhaltes findet sich in NJG 1989, 42.

2. Haltern

Grabungen der Jahre 1899-13, 1925-40 und 1949-92

In Haltern lassen sich die Fundortzuweisungen teilweise recht gut durchführen. Während die Grabungsunterlagen der Jahre 1901-1913 weitgehend erhalten sind, gingen die Grabungsakten von 1925-45 im Zweiten Weltkrieg fast vollständig verloren.[634]

Bedingt durch die Entdeckungsgeschichte der römischen Anlagen in Haltern, kamen die Fundstücke der Jahre 1899-1913 „Am Wiegel“ sowie im Feld- und Hauptlager zutage. Neben den oben genannten Grabungsunterlagen stehen besonders für die frühen Jahre eine Reihe von Publikationen zur Verfügung, die manche Aufschlüsse über die Fundstellen der verzierten Arretina ermöglichen.[635] Die verzierte Arretina der Grabungen zwischen 1925-1937 stammt wohl ausnahmslos aus dem Bereich des Hauptlagers. Eine nähere Dokumentation fehlt in den meisten Fällen, nur wenige Fundstellen lassen sich überhaupt ermitteln. Über die Grabungen aus dem Jahre 1940 liegen keine Informationen vor. Hier kann also nicht einmal gesagt werden, ob überhaupt verzierte Arretina gefunden wurde.[636]

Fundnummern sind für die meisten Funde bekannt, doch hilft diese Tatsache nur in wenigen Fällen weiter, da die Bezüge zu Grubennummern und Feldplänen oder Grabungstagebüchern nicht in allen Fällen gegeben sind. Nach Wiederaufnahme der Grabungen ab 1949 ändert sich das Bild.[637] Zwar handelt es sich bei einigen Scherben um Lesefunde, doch lassen sich die meisten Fragmente einer bestimmten Grabungsfläche zuweisen.

Kartierungsversuche spezieller keramischer Funde aus Haltern sind bereits unternommen worden, doch unterblieb ihre Publizierung.[638] Die Annahme, daß reliefverzierte Arretina – als besonderer Fund – besser dokumentiert worden wäre, trifft zwar in vielen Fällen zu, doch war ein ursprünglicher Bezug von Fundstück und Befund trotzdem nicht immer zu ermitteln. Die ehemaligen Besitzer bleiben damit unbekannt.

Etwa die Hälfte (79 Exemplare) der verzierten Arretina aus Haltern läßt sich noch einer bestimmten Fundstelle zuweisen. Ein Teil (25 Fragmente) darf darüber hinaus noch als Lesefund einer speziellen Grabungsfläche zugewiesen werden. Zusätzlich kann bei 28 Funden eine Vermutung zur Fundstelle ausgesprochen werden. Die restlichen 26 Stücke bleiben ohne Befundzuweisung.

Es lassen sich vier großräumige Fundareale innerhalb der römischen Anlagen Halterns ermitteln, wobei sich die Funde aus dem Feldlager und Hauptlager auf Grund der Flächenüberschneidungen nicht voneinander trennen lassen:

634 Im Provinzialrömischen Referat des Westfälischen Museums für Archäologie, Münster, sind die Fundbücher I (Fund-Nr. 01.1-08.0) und II (08.1-13.25) der Jahre 1901-1913 sowie mehr oder minder vollständig die Grabungstagebücher von 1904-1907, 1910 und 1912 vorhanden. Aus den Jahren 1925-1940 existieren dort noch Feldbücher der einzelnen Jahre 1925-27 (Feldbuch 1), Herbst 1927 (Feldbuch 2), 1927 (Feldbuch 3); 1928-29 (Feldbuch 4); 1932 (Feldbuch 6); 1931-32 (Feldbuch 7) und 1937-1940 (Feldbuch 8). Die dort gemachten Eintragungen geben jedoch keinen lückenlosen Überblick über die damaligen Aktivitäten.

635 F. Koepp, MAK 2, 1901, 55-106; ders. MAK 3, 1903, 1-50; Ritterling, Haltern (1903) 135; Dragendorff, Haltern (1903) 74-78; ders. u.a., MAK 4, 1905, 1-29; 33-79; F. Koepp, MAK 5, 1909, 1-89; Loeschcke, Haltern (1909) 156-162; F. Koepp, MAK 6, 1912, 1-32; Hähnle, Haltern (1912) 67-100; F. Koepp, MAK 7, 1922, 1-10.

636 Vgl. von Schnurbein, Haltern 45 f.

637 Eine knappe Übersicht über die Grabungen von 1949-1973 ebd. 46. Vgl. desweiteren J.-S. Kühlborn, AFWL 1, 1983, 303 f.; ders., AFWL 2, 1984, 339; ders., AFWL 3, 1985, 386-389; ders., AFWL 4, 1986, 463; ders., AFWL 5, 1987, 779 f.

638 Von Schnurbein, Sigillata 134-136: Die Fundorte der Jahre 1903, 1904, 1908, 1912 und 1913 sind unsicher, die Grabungsunterlagen von 1925-45 sind verloren. B. Galsterer, Die Graffiti aus Haltern. BAW 20 (Münster 1983) 20 mit Anm. 84. Sie verzichtete aus methodischen Gründen auf die Publikation einer Fundkarte.

Fundort	sicher	unsicher	vermutet
Am Wiegel	18, 88	111, 152	48, 63, 64, 72, 91, 100-102, 125, 154
Feldlager(graben)	5, 6, 13, 19, 50, 52, 67, 95, 107, 119, 129, 140, 149, 157		
Gräberfeld	2		
Summe	**17**	**2**	**10**

Abb. 15 Haltern: Fundstellen (Hauptlager s. Abb. 16; Nummern = ***HaNr.****).*

Am Wiegel

Die Fundortangabe „Am Wiegel" birgt Unsicherheitsfaktoren (Plan 3). Nur zwei Stücke sind ganz sicher hier einzuordnen.[639] Sehr zweifelhaft muß die Fundortangabe von 12 weiteren Stücken bleiben.

Feldlager

14 Stücke stammen aus dem Bereich der Nordwestecke bzw. dem westlichen Grabenbereich des Feldlagers. (Plan 3). Die Stücke aus dem Feldlagergraben sind im Zusammenhang mit dem Hauptlager zu sehen, da der Feldlagergraben mit Abfallmaterial des Hauptlagers einplaniert wurde.[640]

Hofestatt, Annaberg und Gräberfeld

Interessanterweise sind aus den verschiedenen Phasen des Uferkastells an der „Hofestatt" keine verzierten Sigillaten bekannt geworden, ebensowenig wie von dem nicht unumstrittenen Kastell auf dem Annaberg. Aus den zwischen 1982-1992 durchgeführten Grabungen im Bereich des Gräberfeldes liegt nur eine einzige verzierte Wandscherbe vor (**HaNr. 2**).

Hauptlager

Die Kartierung der Fundstellen ergab, daß die überwiegende Menge der verzierten Arretina (129 Gefäße) im Hauptlager gefunden wurde.[641] (s. Plan 2). Es zeigt sich hierbei eine recht ungleichmäßige Verteilung. Die westliche *praetentura* und *retentura* weisen die höchste Verbreitungsdichte auf, während von der Lagermitte mit *principia* und *praetorium* so gut wie keine Funde bekannt sind. Die östliche *praetentura* bleibt praktisch fundleer, was sicherlich auf die schlechten Grabungsbedingungen in den zwanziger und dreißiger Jahren dieses Jahrhunderts zurückzuführen ist.[642] Funde im Bereich der östlichen *via principalis* sind ausgesprochen selten. Die östliche *retentura* weist im Bereich der *via quintana*[643] und einer Kaserne eine größere Fundanzahl auf.

639 Das hierzu gehörende Stück mit dem Außenstempel P. CORNELIVS gehört sicherlich nicht zu den ältesten verzierten Arretina aus Haltern. Für die Fundstelle „Am Wiegel" ergibt sich dadurch kein Datierungsanhalt.

640 J.-S. KÜHLBORN, AFWL 4, 1986, 463.

641 Eine im Hinblick auf frühe Stücke (**HaNr. 1, 3-5**) interessante Trennung nach Gruben aus der Zeit des Feld- bzw. Hauptlagers ließ sich nicht durchführen.

642 Sowohl die Grabungen vor dem Ersten Weltkrieg, die sich hauptsächlich auf die Lagermitte konzentrierten, als auch die Grabungen nach 1949 konnten großflächiger und intensiver durchgeführt werden als die Grabungen zwischen 1925 und 1945. Besonders in den Jahren 1933-1945 war im „römischen" Haltern aus politischen Gründen nur das Allernötigste unternommen worden. Im östlichen Lagerteil wurden häufig nur in Suchschnitten die Fundamente untersucht.

643 **HaNr. 76** vgl. dazu VON SCHNURBEIN, Sigillata 135 mit Anm. 546; das Haus ist jünger als die Grube.

Fundstellen	sicher	unsicher	vermutet
Praetorium			82
Tribunenhäuser	11, 40, 147,150, 151	45	117, 124
Gassen an den Tribunenbauten	3, 4, 79		
Centurionenbauten	84, 85	78, 110, 114, 143, 145	44, 116
Kasernenbauten	22, 26, 39, 41, 42, 70, 71, 97, 127, 135	86, 118, 132, 133, 144, 146, 148	12, 36, 38, 57, 108, 137, 141, 156
„fabrica“	7, 8, 17, 25, 29, 31, 37, 54, 56, 58, 59, 62, 65, 90, 99		
via praetoria	1, 27, 83, 106	104	
via principalis	20, 47, 74, 75	113	87
via sagularis	9, 93, 134, 138, 139		
via quintana	76		
via decumana	35, 61, 122		
Südtor		16	115
Nordtor			53, 73
Bauten ungeklärter Funktion	23, 24, 49, 55, 69, 81, 96, 103	94, 98, 109, 123, 128, 136, 142	
Summe	**60**	**23**	**17**

Abb. 16 Haltern: Fundstellen im Hauptlager (Nummern = ***HaNr.****).*

Es wird sich hier zweifellos um den Besitz einfacher Soldaten handeln. Die sog. Grube der Reliefkelche aus einem kasernenartigen Gebäude im südlichen Teil der *fabrica* könnte den Rest eines truppeneigenen Depots an Versorgungsgütern darstellen, wobei neben der Menge auch die Fundstelle an sich eine solche Interpretation stützen könnte.[644]

Im weiteren Verlauf der *via quintana* treten vier Gefäßfragmente auf, die aber nur in einem Fall (**HaNr. 45**) mit einem Tribunenhaus in Verbindung gebracht werden können. Die Funde an der *via praetoria* kamen in einem Gebiet mit bisher ungedeuteten Baustrukturen südlich zweier Tribunenhäuser zutage. Nur ein Fund kann eindeutig einem der beiden Offiziersbauten zugewiesen werden (**HaNr. 147**). Die Konzentration kann nicht ausschließlich damit erklärt werden, daß alle Funde infolge der Hanglage abgerutscht sind und ursprünglich zur Ausstattung der Tribunenhäuser gehörten. In der westlichen *retentura* wurden einige Fragmente in den Gassen zwischen den Offiziersbauten gefunden (**HaNr. 4, 4** und **79**). Aus den Häusern selbst dürften die Stücke **HaNr. 11, 38** und **40** stammen. Auch die Funde **HaNr. 47** und **74** können den Offizieren zugeordnet werden. Deutlich aber ist die Konzentration im Gebiet der westlich anschließenden Kasernen, denen die Funde an der *via sagularis* am Westtor zuzurechnen sind. Ein Gefäß **HaNr. 57** ist auf Grund der starken Zerscherbung über eine größere Fläche verteilt und macht damit die Schwierigkeiten bei der Fundortzuweisung offensichtlich. In den nördlich gelegenen Kasernenkomplexen können vier Funde eindeutig den Centurionenquartieren zugeordnet werden (**HaNr. 84, 85, 150** und **151**). Möglicherweise sind die Streufunde **HaNr. 78, 110, 143** und **138** ähnlich zu interpretieren, da in der kleinen Grabungsfläche nur die Fundamente

644 Ebd. 120.

der Centurionenbauten lagen. Über die Kasernenbauten der *retentura* verstreut lagen zahlreiche Lesefunde, die in gewisser Weise zu diesen Unterkünften gezählt werden können. Eine kleine Anzahl von unsicheren Funden kommt wahrscheinlich aus den Grabungsarealen am Nordtor.

Weitreichende Rückschlüsse auf Besitzverhältnisse lassen sich nicht vornehmen. Die Zahl der ungeklärten oder nicht sicheren Fundstellenangaben ist sehr hoch. Eine geringe Anzahl an Funden kann den Tribunen- und Centurionenbauten zugewiesen werden, es gibt aber auch überraschend viele Funde, die eindeutig aus den Mannschaftsunterkünften stammen. Verzierte Arretina scheint danach nicht auf bestimmte Ränge beschränkt gewesen zu sein. Unklar ist jedoch, wer die höheren Anteile besaß. Die sog. Grube der Reliefkelche muß gesondert betrachtet werden und kann vorerst keinem speziellen Personenkreis zugesprochen werden. Der beigefügten Fundkarte (Plan 2) sind die Fundstellen im Hauptlager abzulesen; dagegen gibt Abb. 16 einen Überblick über die Fundhäufigkeit innerhalb bestimmter Straßenzüge oder bestimmbarer Baukomplexe wieder, wie bei den Kasernen, Centurionen- oder Tribunenhäusern.

Ohne Fundstellenangabe, aber eindeutig dem Hauptlager zugehörig sind folgende Nummern: **HaNr. 10, 14, 15, 21, 28, 30, 32, 33, 34, 43, 46, 51, 60, 66, 68, 77, 80, 89, 105, 112, 126, 130, 131, 153, 155** und **158**.

1899-1902

C. SCHUCHHARDT erwähnt unter den Funden an der sog. CONRADschen Stelle (Stelle I) von 1899 im Wiegel auch ein Stück verzierter Arretina mit einem Rosettenfries. Eine Abbildung dieses Stückes existiert nicht, jedoch kann nach der Beschreibung keines der beiden unten angeführten Stücke **HaNr. 111** und **152** gemeint sein.[645] Die Fundnummer bzw. das Fundjahr verweisen die nachfolgenden Fragmente mit relativ hoher Wahrscheinlichkeit in den Bereich der sog. Anlagen am Wiegel:

HaNr. 152: 1899/1900.

HaNr. 111: 99/00LXXX A Gr(ube) 4.[646]

Die von RITTERLING vorgelegten Stücke lassen sich nicht mehr genau lokalisieren, da er Funde aus dem Wiegel und vom Annaberg und vielleicht auch schon solche vom Hauptlager ohne erkennbare Trennung bespricht.[647] Wahrscheinlich stammt aber der Großteil der Funde vom Wiegel, da die Grabungsaktivitäten an den anderen Fundstellen erst am Anfang standen:[648]

HaNr. 48, 63, 64, 72, 91, 92, 100, 101, 125.

HaNr. 18: März 1901 in den Anlagen am Wiegel gefunden. KOEPP gibt eine schematische Zeichnung der Grube wieder.[649]

HaNr. 102: 1901 gefunden.[650]

HaNr. 154: 1902 gefunden. Weitere Angaben fehlen.

645 C. SCHUCHHARDT, Sitzber. d. Königl. Preuss. Akad. d. Wiss. Berlin 19 (Berlin 1900) 308 und Plan I (Stelle I); s. auch RITTERLING, Haltern (1901) 75 mit Anm. 1.

646 Wird zwar bei LOESCHCKE, Haltern (1909) 158 angeführt, bezieht sich aber auf die Grabung am Wiegel 1899/1900.

647 RITTERLING, Haltern (1901) 107 ff.

648 VON SCHNURBEIN, Haltern 24; ders., Sigillata 31 f.

649 F. KOEPP, MAK 3, 1903, 38 mit Anm. 2 (Grabung März 1902 - Fundnummern 530-537). Es wurden mehrere Stücke verzierter Terra Sigillata gefunden. Auf einem Stück befand sich der Stempel des P. Cornelius. Vgl. auch DRAGENDORFF, Haltern (1903) 75. Das im Museum in Münster befindliche Fundbuch I (1901-1907) verzeichnet jedoch unter den Fundnummern 02.533 und 02.534 *zwei Scherben aus terra sigillata (?) ornamentiert* und unter der Fundnummer 02.535 *mehrere Stücke t. sigillata, darunter Bodenstücke und Randstück von einem Teller mit Stempel P.CORNELI (02.535a).*

650 Nach F. KOEPP, MAK 3, 1903, 38 mit Anm. 2 und DRAGENDORFF, Haltern (1903) 75 im Bereich des Wiegel gefunden. Im Fundbuch I wird jedoch unter der Fund-Nr. 02.585 ein *stückchen Sigillata mit Eichenlaub* gefunden im Hauptlager bei der *porta praetoria* verzeichnet; ob es sich um **HaNr. 102** handelt, ist nicht eindeutig ersichtlich, aber im Rahmen des Möglichen. Die Fundortbezeichnung bei der „porta praetoria“ ist sicherlich auf das Osttor zu beziehen, da man damals von einer anderen Lagerorientierung ausging. Die eigentliche *porta praetoria*, das Südtor, wurde erst 1905 teilweise ergraben.

1905

Nach den Eintragungen im Fundbuch I lassen sich die Fundstellen der verzierten Sigillaten des Jahres 1905 nicht mehr genau lokalisieren.

HaNr. 115: 05.57 aus der „Broncegrube" im Hauptlager.[651]

HaNr. 16: 05.203. Das Fundbuch I bezeichnet die Fundstelle als „Abdeckung an Südmauer, östliches Südtor". Diese Bezeichnung ist unverständlich, da am Südtor in diesem Jahre nur der westliche Teil ergraben wurde.

HaNr. 112: 05.226. Laut Fundbuch I „Falsches Nordtor". Wahrscheinlich steht diese Bezeichnung im Zusammenhang mit der Suche nach dem Nordtor des Hauptlagers.[652]

1906

Die Funde des Jahres 1906 lassen sich zum großen Teil zumindest als Lesefunde einem bestimmten Grabungsareal zuweisen, dessen Lage selbst nicht immer eindeutig zu lokalisieren ist. So ist z.B. die Fundstellenbezeichnung „Brachfeld" nicht mehr nachvollziehbar.[653]

HaNr. 53: 06.70. Fundbuch I: „südlich vom Nordtor".[654]

HaNr. 73: 06.70. Fundbuch I: „südlich vom Nordtor".[655]

HaNr. 28: 06.130. Fundbuch I: „sog. Brachfeld".

HaNr. 105: 06.155. Fundbuch I: „Brachfeld östlich von Mitte".

HaNr. 80: 06.391d. Fundbuch I: „zwischen den Gruben ‚Straße' (Brachfeld)".[656]

HaNr. 46: 06.117c. Fundbuch I: „Abdeckung in Nord-Süd [es folgt eine unleserliche Abkürzung] nördl. von Mitte im nördlichen Teil des Kartoffelfeldes (Ecke) gef.[unden] 6. bis 8. Sept." und 06.427b „Grube 8". Die Eintragung wird durch eine von anderer Hand vorgenommene Beischrift ergänzt, die das Fundstück 06.391c (**HaNr. 80**) hiermit in Verbindung bringt.

1907

Die Funde von 1907 stammen wohl aus dem Nordwestbereich des Feldlagers.[657]

HaNr. 19: 07.6 Fundbuch I: „Grabenschnitte des Feldlagers in der Fortmannschen Heide".[658]

HaNr. 52: 07.4 Fundbuch I: „Grube C im Feldlager in Fortmanns Eigen(tum)".

1908

HaNr. 67: 08.0. Das Fundbuch I bezeichnet keine genaue Fundstelle: „23.4. Grabungen an der Westseite (canabae im Feldlagergraben) aus Anlaß der Verbandstagung. – Hervorgehoben seien z.B. Kelchfuß mit Spl.

651 Im Grabungstagebuch des Jahres 1906 S. 51 ist unter dem Datum des 31.08. eine „Broncegrube" im Zusammenhang mit dem Südtor erwähnt. In seiner Beschreibung des Südtores erwähnt KOEPP keine solche Grube. Vgl. F. KOEPP, MAK 5, 1909, 8 ff.

652 Vgl. Ebd. 21 ff. u. Plan II.

653 Sicher ist damit keine Flurbezeichnung gemeint, sondern, wie es häufig in den Fund- und Tagebüchern jener Jahre vorkommt, eine nur für den Grabungsbeteiligten bestimmte, temporäre Bezeichnung des Areals. So wird z.B. in einer kleinen Skizze aus dem Jahre 1912 das Grabungsareal westlich der *principia*, also der drei Tribunen-Häuser, als „Brachfeld" bezeichnet. Häufig taucht der Begriff „Brachfeld" auch in KOEPPs Grabungsbericht auf. Vgl. F. KOEPP, MAK 5, 1909, 24. Hier wird die Bezeichnung „Brachacker" in Verbindung mit der Grabung am Nordtor genannt. S. 36 u. 40 bezeichnen mit „Brachfeld" eine östlich der Lagermitte befindliche Grabungsfläche über der *via principalis*, auf der 1906 noch mit den Ausgrabungen begonnen wurde. Vgl. ebd. 52 mit Planausschnitt 10. Die Eintragungen zu **HaNr. 80** findet sich im Fundbuch I zwischen Funden aus dem Nordtor; ob damit ein Zusammenhang zu dieser Fläche besteht oder der Hinweis *zwischen den Gruben ‚Straße' (Brachfeld)* auf die *via principalis* hinweist, bleibt demnach spekulativ.

654 Fund vom 02.08.06.

655 Fund vom 02.08.06.

656 Im Fundbuch I ist für dieses Stück die Fund-Nr. 06.391d angegeben und nicht 06.391c wie bei LOESCHCKE, Haltern (1909) 158.

657 Das Eigentum des Bauern Forthmann liegt im Bereich der Westseite des Feldlagers. Vgl. F. KOEPP, MAK 5, 1909, Plan 1.

658 Vgl. Ha 84.071/a2, 84.236/a1, 84.243/a1, 84.251/a2, 84.254/a1, 84.271/a1, 84.588/a1. Es handelt sich um Fragmente desselben Kelches. Der Grabenverlauf wurde damals durch Suchschnitte weiterverfolgt, die während der Grabungen in diesem Areal zwischen 1984 und 1985 gut beobachtet werden konnten. s. zu den Altgrabungen den Plan in MAK 5, 1909, Plan 2.

EVHOD/CRESTI, hübsches Wandstück d. F. Drgff. 27, gr. Randscherbe eines der groß Exempl. d. Typus Ritterlg. 1."[659]

HaNr. 87: 08.25. Fundbuch II: „Grube 126b".[660]

1909

Bei der 1909 entdeckten sog. Grube der Reliefkelche wurden in der Publikation versehentlich Grubennummer und Fundnummer vertauscht.[661] Es handelt sich aber um die Grube 21. Alle Fundstücke[662] dieser Grube tragen die Fundnummer 09.25. Die Lage der Grube ist nach den Angaben von DRAGENDORFF und KOEPP einigermaßen sicher in unmittelbarem Bezug zu einem parallel zur *via principalis*, in der östlichen *retentura* liegenden kasernenartigen Bau zu lokalisieren.[663] Die Fundstelle wird durch spätere Grabungen noch einmal berührt.[664] Die Funktion des Baus ist nicht geklärt, wahrscheinlich muß ein Zusammenhang mit der nördlich davon gelegenen *fabrica* angenommen werden. Die Interpretation des Fundes ist unmittelbar mit der Deutung des Baukomplexes verbunden:[665]

HaNr. 7, 8, 17, 25, 29, 31, 37, 54, 56, 58, 59, 62, 65, 90,[666] **99, 120, 121**

HaNr. 113: 1909.27. Fundbuch II: Grube 26. „Im Wäldchen westlich von Grube 21, cr. 3 m entfernt."

Aus anderem, aber nicht nachvollziehbarem Zusammenhang stammen die nachfolgenden zwei Stücke: **HaNr. 77** und **155**

1910

HaNr. 82: 10.24.[667] Fundbuch II: „Beim Ausschachten nördlich vom *praetorium* und bei dem Ausfahren der Erde des von dort östlich gezogenen Versuchsgraben fanden sich ein Mittelerz italischer Prägung (...). Sodann mehrere Sigillatascherben mit einem Boden eines Tellers und dem Innenstempel CLARI, sodann eine Scherbe von einem Sigillatareliefbecher mit einem schönen Rosettenrand, sowie der Darstellung eines Vogels, der nach einer Eidechse pickt."[668]

1912

Gearbeitet wurde in diesem Jahr westlich der *principia* im Bereich dreier Tribunenhäuser:[669]

659 Vgl. F. KOEPP, MAK 5, 1909, 3 mit Anm. 3: *Als der Besitzer dieses Heidegrundstückes im Frühjahre 1908 das Land umbrach, um es anzubauen, kam eine Reihe dunkler Stellen mit reichen Scherbenfunden zutag. Durch die ansehnlichste von ihnen wurde bei Gelegenheit des Besuches der in Dortmund tagenden Verbände der süd- und nordwestdeutschen Vereine am 23. April 1908 ein Querschnitt gemacht, und es zeigte sich, daß hier ebenso wie auf der Nordseite Wohnstellen der späteren Zeit über dem halb zugefüllten Graben des ältesten Lagers lagen.* Die Grabung an der Nordwestseite des Feldlagers fand 1907 unter DRAGENDORFF statt; ebd. 4 mit Anm. 2. Der Befund wird als hauptlagerzeitliche *canabae* vor dem Nord- und Westtor gedeutet. Vgl. H. DRAGENDORFF, Ber. RGK 4, 1909, 155 f. Dagegen VON SCHNURBEIN, Haltern 40 hält diese Deutung für zu weitgehend.

660 Die Lokalisierung von **HaNr. 87** ist nicht möglich, doch spricht die hohe Grubennummer für die Grabungsflächen im Bereich der Lagermitte und der via principalis.

661 F. KOEPP, MAK 6, 1912, 32 spricht von Nr. 21; HÄHNLE, Haltern (1912) 41 vertauschte Fund- und Grubennummer.

662 Nach Fundbuch II: ebd. Nr. 1-7; 9-16; 18-20.

663 H. DRAGENDORFF, Ber. RGK 1911 5, 78; F. KOEPP, MAK 6, 1912, 32. Vgl. dazu VON SCHNURBEIN, Sigillata 157: Die Grube erscheint nicht auf den Plänen in MAK 6, 1912. Die Grube liegt danach in der *via principalis* in Höhe der *fabrica*.

664 A. VON SALIS, Germania 9, 1925, 98.

665 VON SCHNURBEIN, Sigillata 120 glaubt hier die Reste eines truppeneigenen Depots vor Augen zu haben.

666 Das kleine Fragment paßte an später gefundene Fragmente; s. dazu OXÉ, Haltern (1943) R 21.

667 Die von HÄHNLE, Haltern (1912) 78 angegebene Fund-Nr. 10.14 stimmt nicht mit der Eintragung im Fundbuch II überein.

668 Das Grabungstagebuch vermerkt unter der Eintragung vom 29.08.1910 den Fundort als *östlichen Abschluß des Legatenbaus* und zwar im Bereich *der nördlichen Abschlußfundamentgrube.* F. KOEPP, Röm.-Germ. Korrbl. 4, 1911, 19: *Nur ein kleines Fragment eines Reliefbechers erinnert an den in derselben Strasse im Jahre 1909 gemachten reichen Fund, (...).* Gemeint ist die sog. Grube der Reliefkelche Nr. 21.

669 Zu den Grabungsaktivitäten des Jahres 1912 vgl. ders., Westfalen 4, 1912, 106 f.; ders., MAK 7, 1922, 1-6 Abb. 1; HÄHNLE, Röm.-Germ. Korrbl. 6, 1913, 26 f.

HaNr. 20: 1912.10. In einer Grube an der *via principalis* westlich vom sog. *praetorium* zusammen mit **HaNr. 75** gefunden.[670]

HaNr. 75: 1912.10. In einer Grube an der *via principalis* westlich vom sog. *praetorium* zusammen mit **HaNr. 20** gefunden.

HaNr. 124: 1912.16. Gefunden in einer Grube hinter dem Haus des Legaten bzw. des *praefectus castrorum*.[671] Das Fundbuch II verzeichnet die Fundstelle auf einem leider verlorenen Plan B 5.[672]

1925-31

STIEREN teilt im Anhang an die Besprechung der verzierten Arretina aus Haltern durch OXÉ[673] einige Fundstellen mit, doch ergeben sich Ungereimtheiten. Ein in Münster befindliches und von STIEREN handschriftlich korrigiertes Manuskript nennt teilweise andere Bezeichnungen. Während dieser Jahre fanden nur im Hauptlager Grabungen statt. Die Grabungsflächen können zum größten Teil lokalisiert werden, doch ist die Numerierung der Gruben nicht vollständig. Folgende Stücke dieser Grabungsjahre bleiben ohne Angabe des genauen Fundjahres und der Fundstelle:
HaNr. 10, 15, 21, 30, 32, 33, 34, 43, 51, 60, 66, 68, 89, 130, 131, 158

1925

HaNr. 14: 25.15 und 25.16. „Aus Versuchsgraben IV: Fragmente eines Reliefkelches mit Efeublättern, Scherben von Amphoren und Krügen, Nägel." R 10.[674]

HaNr. 44: 25.118. „Aus Versuchsgraben N: In einem Centurionenquartier[675] der Cohortenkaserne östlich des valetudinariums[676] ein fast ganz erhaltener belgischer Kochtopf, der mit einem Reliefkelch in guter Erhaltung zugedeckt war." R 1.

1926

HaNr. 153: 1926. „Grube 83. Runde Grube von 0,70 m Tiefe, fast schwarze Füllung. Inhalt: S-Teller [Stempel-Nr. 365][677]...(Steilrand), 2 kleine Scherbchen aus feinem rotem Material mit hübscher Verzierung, leider brüchig. Grobe Scherben von Amphoren, eine leicht gebrannte schwarze Scherbe, anscheinend prähistorisch, ein halber Rand eines Kochtopfes, Schlacken und einige unbestimmbare Eisenteile (Acobecher)." R 20.[678]

HaNr. 156: 1926. „Grube 26/131. 1 m lang, 45 cm tief, dunkle Füllung, unten lagert eine rot-schwarz melierte Brandschicht. In dieser befand sich an Inhalt: große Amphorenscherben, 1/2 Reibschale, 1/2 Reliefkelch (figürlich u. viele Bruchstücke des Kelches. Eisen wenige Beschlagstücke."[679]

Die Fundstelle eines Relieffragmentes wird durch das Feldbuch 1, S. 64 für das Jahr 1926 übermittelt. Doch ließ sich damals schon, wie eine handschriftliche Bemerkung von STIEREN vom 06.03.1940 im Feldbuch 1

670 Das Fundbuch II vermittelt zu dieser Fundnummer keine Fundortangabe; sie stammt von HÄHNLE, Haltern (1912) 99.

671 Die Benennung ist unklar vgl. C.M. WELLS, Britannia 8, 1977, 464; S. VON SCHNURBEIN, Ber. RGK 62, 1981, 52.

672 Eine Skizze im Grabungstagebuch des Jahres 1912 bezeichnet das Grabungsareal der südlichen Hälfte des zunächst westlich neben den *principia* liegenden Tribunenhauses als Blatt 5. 1912 wurde nur in dem Bereich westlich der *principia* gegraben, wahrscheinlich ist dort der Fundort zu suchen.

673 OXÉ, Haltern (1943) 75 f.

674 Ebd. 75. Die Angabe Versuchsgraben IV läßt sich nicht mehr nachvollziehen, Feldbuch 1, S. 5.

675 A. VON SALIS, Germania 9, 1925, 98 *aus der Grube eines Centurionenbaus*. Das von STIEREN korrigierte Manuskript gibt an: *in einem Offiziersgemach in der Kaserne südlich der via pricipalis gefunden*. Das Feldbuch 1, S. 5 f. gibt keinen genaueren Hinweis über die Lage des Versuchsgraben I.

676 Das *valetudinarium* wurde erst 1926 ergraben! Feldbuch 1, S. 51 ff.

677 Jetzt VON SCHNURBEIN, Sigillata 164 Liste 19 Stempel-Nr. 332.

678 OXÉ, Haltern (1943) 75. Die genaue Lage der Grube läßt sich nicht mehr erschließen. Möglicherweise ist sie in der Nähe eines Centurionenbaus nördlich des östlichen Teils der *via principalis* zu suchen, wo die Grube 80/1926 lokalisiert werden kann. Die Gruben 80-85/1926 werden im Feldbuch 1, S. 67 f. zusammen besprochen, so daß der Eindruck entsteht, daß es sich um beieinanderliegende Gruben handeln könne. Es bleibt aber eine Vermutung.

679 Feldbuch 1, S. 69. – Die Grube gehört vermutlich zu einem Kasernenkomplex in der östlichen *praetentura*.

zeigt, kein Scherben mehr mit der folgenden Fundstellenangabe in Übereinstimmung bringen: „Grube 26/106: Tiefe 80 cm, Länge 1,50 außer einem kl. Reliefscherben keine Einschlüsse."

1927

HaNr. 26: 1927 „Grube 11: Grubentiefe 0,90 m, Durchmesser 1,30 m, Boden muldenartig, unregelmäßig, meist grau-schwarz gefärbte Füllung. Inhalt: Bruchstücke eines S.-Kelches, reliefiert mit Acanthusblattmuster, Bruchstücke eines TS.-Tellers, Reste einer pompejanisch-roten Platte, Reibschalenbruchstücke, TS.-Tassenbruchstücke, eiserne Helmwange, eisernes Messer?, Nagel, Knopf oder Knauf von Bronze mit Eisenkern, formloses Bleibruchstück." R 8.[680]

1928

HaNr. 76: 1928 „Grube 51a: Große Grube an der Nordwest-Ecke des in der Via Quintana gelegenen Gebäudes, oval von 2x1 m, 1 m Tiefe, grau-schwarze Füllung. Inhalt: Große Scherben, Bruchstücke einer TS.-Tasse, eine kleine gallische Münze, anscheinend Silber, Prägung unkenntlich, 1 Lyoner Altarmünze, 1 Reliefkelchbruchstück, oben Rand mit Eierstab. Die die Grube anschneidende Nordwest-Ecke des Gebäudes ist in die Grube eingeschnitten, also jünger."[681] R 15?[682]

1929

HaNr. 71: „Grube 44. 1,7 m Tiefe, 6 Schichten, davon die gelbe Sandschicht auf 2 Holzkohleschichten, unten flach. Inhalt: Reliefkelchbruchstück, Silengesicht mit Weinranken, Fußbruchstücke fehlen. 2 S(igillata)-Tassenbruchstücke, S(igillata)-Tellerbruchstück, ein Räucherkelchfragment, grobes Geschirr, Krughenkel, Krughals, 1 Eisenklammer, 2 Nägel, 1 Stück Blei. R 7."[683]

HaNr. 127: 1929 „Grube 58. flache Grube, Einfüllung grau mit Holzkohleresten, Staklehm in der Brandschicht. Inhalt: 1 Reliefkelchbruchstück mit Ranken, 1 eisernes Schlackenstück. R 23."[684]

HaNr. 26: 1929 „Grube 59. 0,60 m tief, mit grauer Füllung, unten flach. Inhalt: ein eiserner Nagel, Bruchstück eines Reliefkelches mit Akanthusblättern und Rundkartuschen R 8."[685]

1931

Wohl aus der *via decumana* hinter dem „Doppeltribunenhaus" stammen die Funde dieses Jahres:

HaNr. 61: 1931 „Der untere Teil eines dickwandigen Kelches mit noch erhaltenem Rest des Ornamentes läßt auf ein Ornament schließen wie **HaNr. 59**. R 25."

HaNr. 35: 1931 „Grube 125. Mehrere Randscherben von TS-Gefäßen, Wandscherben von einem Kelch (Rosetten), mehrere große Wandfragmente von 2 Amphoren aus rotem Ton, mehrere Wandscherben von einem rötlichen Krug, Boden- und Randfragmente von einem grau-schwarzen Kochtopf, Fragmente von einer Lampe aus rotem Ton. R 22[a]."

HaNr. 35: 1931 „Grube 102. Fragmente von 2 Rillenbechern, Fragment von 1 konischem Becher, Henkel- und Fußfragment von einer Amphore (Typ 66), Mündung- und Henkelansatz von roten Krügen (Typ 50), Randfragment von einem Eßnapf (Typ 56), Fragment von einer TS-Tasse mit Stempel Xanti, 3 Bruchstücke von

680 OXÉ, Haltern (1943) 75.

681 Ebd.; vgl. dazu VON SCHNURBEIN, Sigillata 135 mit Anm. 546: Der Fund würde gut zur Interpretation des Hauses passen, nur die Grube und damit der Inhalt sind älter als das Haus.

682 STIEREN war sich bei der genauen Ansprache dieses Stückes nicht im klaren, wie das Fragezeichen vermittelt.

683 Diese Angaben fehlen in der Veröffentlichung von 1943, sie beziehen sich auf das Manuskript von STIEREN. Die gleiche Eintragung befindet sich im Feldbuch 4, S. 17.

684 Ist im Feldbuch 4, S. 19 angeführt.

685 Feldbuch 4, S. 19. s. 1927 Grube 11. Nach der Beschreibung muß es sich um Scherben desselben Gefäßes handeln, eben **HaNr. 26**, lediglich aus zwei verschiedenen Gruben.

Reliefkelchen, einer mit Fries von Rosetten, er zeigte einen Kranz von Blättern und Fruchtkolben. Das dritte zeigt das gleiche Stabornament wie“ **HaNr. 121**.

HaNr. 122: 1931 Grube 102. R 24.[686]

1932

Ein Kelchfuß aus einer Grube 70, gefunden im Jahre 1932, wird im Feldbuch 7, S. 6 erwähnt. Scherben von Krügen und Kochtöpfen bildeten die Beifunde. Das Fragment ist verschollen, Abbildungen oder sonstige Beschreibungen fehlen.

1934

HaNr. 126: 1934. Lesefund. R 26.

1937

Im Feldbuch 8 unter der Eintragung vom 12.4.-15.5.37 werden unter Grube 2 neben Amphoren, Kochtöpfen, einer halbierten Münze aus Bronze und einem gut erhaltenen Öllämpchen auch Scherben von Sigillata-Gefäßen mit Ornamenten erwähnt. Es existieren keine weiteren Hinweise weder über die Lage der Grube noch über die erwähnten Fundstücke.

1949

Die in diesem Jahr aufgedeckten Flächen mit Resten von Kasernenbauten liegen direkt nördlich der *via quintana*. Die verzierten Sigillaten sind Lesefunde ohne genaue Fundstellenangabe.

HaNr. 144: Ha 49 westl. Arminiusstr. Grabung Bleker.
HaNr. 146: Ha 49 westl. Arminiusstr. Grabung Bleker.

1953 – Flächen A-C

Die Funde dieses Jahres stammen aus einem Gebiet mit Fundamentspuren von Kasernenbauten nördlich der Mitte der *via quintana*.[687]

HaNr. 22: Ha 53 C Gr 7. Grube 7.
HaNr. 39: Ha 53 A Gr 25. Grube 25.
HaNr. 41: Ha 53 B Gr 13. Grube 13.
HaNr. 42: Ha 53 A Gr 26. Grube 26.
HaNr. 132: Ha 53 B BI. Lesefund.
HaNr. 133: Ha 53 B BI. Lesefund.

1954 – Flächen A-D – 1956

Zwischen 1954 und 1956 wurden die Trasse der heutigen Arminiusstraße sowie einige direkt westlich von dieser Straße liegende Grundstücke in der *praetentura* des Lagers ergraben.[688] Auf Fläche 1954 A an der *via sagularis* im Norden des Lagers kamen die Reste von zwei Centurionenbauten zutage. Ein großes Peristylhaus in der südwestlichen Ecke der *via principalis* und der *via praetoria* konnte ebenfalls in diesem Jahr aufgedeckt werden (Fläche 1954 B). Fläche C erbrachte den südlichen Abschluß des sog. Armamentariums, das 1912 schon im nördlichen Teil ergraben worden war. Südlich des großen Peristylhauses fanden sich die Spuren von Kasernenbauten (Fläche D).

HaNr. 47: Ha 54 C Gr 1a. Grube 1a.
HaNr. 55: Ha 54 D/128. Grube 8.

686 Vgl. **HaNr. 121**, gleiche Fundstelle.
687 H. Aschemeyer, Germania 37, 1959, 287 ff.
688 Ebd. 287 ff. 288 Abb. 1.

HaNr. 69: Ha 54 D 121/114/Lf. Grube 4, 11, 17 und ein Lesefund.
HaNr. 77: Ha 54 A. Westlich Grabung Bleker.
HaNr. 78: Ha 54 A.
HaNr. 94: Ha 54 D. Lesefund.
HaNr. 98: Ha 54 D. Lesefund.
HaNr. 103: Ha 54 D/129. Grube 19.
HaNr. 110: Ha 54 A. Westlich Grabung Bleker.
HaNr. 117: Ha 54. Lesefund.
HaNr. 123: Ha 54 D. Lesefund.
HaNr. 128: Ha 54 D. Lesefund.
HaNr. 143: Ha 54 A.
HaNr. 145: Ha 54 A. Westlich Grabung Bleker.
HaNr. 147: Ha 54/135. Grube 25.

1956

HaNr. 1: Ha 56 Gr 231. Grube 231 aus der *via praetoria*.
HaNr. 3: Ha 56 Gr 479. Grube 479 an der Südwestecke des Tribunenhauses westlich der *principia*.
HaNr. 27: Ha 56 Gr 276. Grube 276 aus der *via praetoria*.
HaNr. 83: Ha 56 Gr 264a. Grube 264a aus der *via praetoria*.
HaNr. 104: Ha 56. Lesefund aus der *via praetoria*.
HaNr. 134: Ha 56 Gr 342. Grube 342 aus der *via sagularis*.

1961 – Fläche A

HaNr. 109: Ha 61 A. Lesefund auf einer Fläche ohne Fundamentspuren; in der *praetentura*, westlich der *via praetoria*.

1962

Die Funde stammen aus einem Ceturionenhaus eines direkt über der Lagermitte liegenden Kasernenkomplexes.[689]
HaNr. 84: Ha 62 Gr 55. Grube 55.
HaNr. 85: Ha 62 Gr 55. Grube 55.

1963

Die Grabung schloß südlich an die des Jahres 1962 an, wodurch größtenteils die Aufdeckung von Kasernenbauten gelang.[690]
HaNr. 118: Ha 63. Lesefund.
HaNr. 135: Ha 63 Gr 36; 63 Gr 44. Gruben 36 und 44.

1964 – Fläche A-B

Im östlichen Bereich der *via principalis* über dem *valetudinarium* wurde 1964 gegraben; die Fläche ist mit A bezeichnet. Die hart nördlich des Südtores befindliche Fläche 1964 B brachte neben Bauspuren auch den besonderen Fund der Modelschüsseln zur Herstellung von Reliefkeramik.[691]
HaNr. 23: Ha 64 A Gr 27. Grube 27 (Gebäude unbekannter Funktion).
HaNr. 24: Ha 64 A Gr 27. Grube 27 (Gebäude unbekannter Funktion).
HaNr. 136: Ha 64 B. Lesefund.
HaNr. 142: Ha 64 B. Lesefund.

689 K. GÜNTHER, Westfäl. Forsch. 19, 1966, 127.
690 Ebd. 130.
691 Ebd. 132; vgl. **ImNr. 1-6**.

1965

An die Grabungen von 1962 und 1963 östlich anschließend, wurde 1965 ein weiterer Kasernenbau einer Centurie ergraben. Auch hier stammen die Funde bemerkenswerterweise direkt aus dem Centurionengebäude.[692]

HaNr. 86: Ha 65 A. Lesefund.
HaNr. 148: Ha 65 A. Lesefund.
HaNr. 150: Ha 65 Gr 24. Grube 24 aus einem Centurionenquartier.
HaNr. 151: Ha 65 Gr 29. Grube 29 aus einem Centurionenquartier.

1967-1968

Das großflächige Grabungsareal nördlich der *via principalis* und westlich der *via decumana*, brachte die Grundrisse von Kasernenbauten und eines als Doppeltribunenhaus gedeuteten Baukomplexes.[693] Die Arretina-Funde kommen zum größten Teil aus den westlichen Kasernenbauten. Einige Stücke wurden in Gruben in der *via decumana* gefunden, die links und rechts von Offiziershäusern flankiert wird. Ob die Stücke aus dem Besitz der Offiziere sind, läßt sich nicht zweifelsfrei klären. Doch bleibt zu fragen, wie weit Abfälle innerhalb des Lagers verschleppt wurden, nur um sie einzugraben. Die Verfüllung des Feldlagergrabens scheint beispielsweise auf eine großangelegte Sauberhaltung zu verweisen. Nur ein Fund kommt sicher aus dem Eingang eines Tribunenhauses (**HaNr. 40**).

1967

HaNr. 36: Ha 67 Lf 39. Lesefund.
HaNr. 57: Ha 67 Lf 19/48/72/130. Lesefunde.
HaNr. 70: Ha 67 Gr 215. Grube 215.
HaNr. 79: Ha 67 Lf 134; 67 Gr 291; 67 Gr 123. Lesefund, Gruben 291 und 123.
HaNr. 97: Ha 67 Lf 107. Lesefund.
HaNr. 108: Ha 67 Lf 56. Lesefund.
HaNr. 114: Ha 67 Lf 73. Lesefund.
HaNr. 116: Ha 67 Lf 131. Lesefund.
HaNr. 137: Ha 67 Gr 44. Grube 44.

1968

HaNr. 4: Ha 68 Gr 371; 68 Gr 379. Gruben 371 und 379 aus einer Lagergasse der westlichen *retentura* neben einem Tribunenhaus.
HaNr. 11: Ha 68 Gr 361a/b. Grube 361a/b.
HaNr. 12: Ha 68 Gr 58. Grube 58.
HaNr. 38: Ha 68 Gr 361c. Grube 361c.
HaNr. 40: Ha 68 Gr 430. Grube 430 bei 26N/416W.
HaNr. 74: Ha 68 Gr 417d. Grube 417d an der Südostecke eines Tribunenhauses in der *retentura* direkt an der *via principalis*.
HaNr. 141: Ha 68 LF 74. Lesefund.

1971

Die Funde stammen aus der *via sagularis*, nördlich des Westtores. Über die östlich angrenzenden Bauten gibt es bislang keine Bauaufschlüsse, jedoch sind hier wohl weitere Kasernenkomplexe zu vermuten.[694]

HaNr. 9: Ha 71 Gr 1. Grube 1.
HaNr. 93: Ha 71 Gr 15. Grube 15.

692 K. Günther/K. Wilhelmi, Westfäl. Forsch. 19, 1966, 134.
693 K. Wilhelmi, Westfäl. Forsch. 20, 1967, 115 f.; ders., Westfäl. Forsch. 21, 1968, 182 f.; NJG 1987, 45.
694 S. von Schnurbein, Westfäl. Forsch. 24, 1972, 83 f. Grabungsplan s. ders., Haltern 50 Abb. 6.

HaNr. 138: Ha 71 Gr 2. Grube 2.
HaNr. 139: Ha 71 Gr 22. Grube 22.

1973 und 1974

Im Jahre 1973 fanden Grabungen sowohl im Haupt- als auch im Feldlager statt.[695] Die Funde im Hauptlager kommen aus dem Bereich eines Gebäudes ungeklärter Funktion westlich des Doppeltribunenhauses. Die Fundstellenverteilung der Funde aus den Jahren 1973 und 1974 im Bereich des nördlichen Feldlagergrabens zeigt eine deutliche Verschleppung. Entweder handelt es sich um Gruben aus dem Bereich des ehemaligen Feldlagergrabens oder sogar nördlich davon, also außerhalb der römischen Anlagen. Eine ähnliche Fundsituation hatte man schon 1908 beobachten können.[696]

1973 – Fläche A – Hauptlager

HaNr. 49: Ha 73 A Gr 118. Grube 118.
HaNr. 96: Ha 73 A Gr 160. Grube 160.

Fläche E – Feldlager

HaNr. 5: Ha 73 E 5. Große Grube bis Planum 1 (371-376 N/473-476 W).
HaNr. 140: Ha 73 E 8. Bis Planum 1 (378-381 N/474-480 W).
HaNr. 157: Ha 73 E 17. (368-371 N/476-478 W); E 24.

1974 – Feldlager

HaNr. 157: Ha 74 E 24. Unter Planum 1 (außerhalb des Feldlagergrabens (394-401 N/478-482 W).
HaNr. 149: Ha 74 E 4. Unter Planum 2 (375-382 N/478-481 W).

1979 – Am Wiegel

HaNr. 88: Ha 79.032/a1. Sog. Graben am Ost- und Südprofil.

1980

Auf der direkt östlich neben der *via praetoria* des Hauptlagers gelegenen Grabungsfläche (Arminiusstraße 22) wurden nur Gruben festgestellt.[697]
HaNr. 81: Ha 80.005/a1. Grube 4c.
HaNr. 106: Ha 80.021. Streufund in einem neuzeitlichen Weg.

1982-84

Alle Fragmente dieser Jahre wurden während der Grabungen im Bereich der Nordwestecke des Feldlagers gefunden.[698] Die Funde stammen hauptsächlich aus dem in römischer Zeit verfüllten Feldlagergraben.
HaNr. 129: Ha 82.118. Lesefund im Bereich des ehemaligen *vallums*.
HaNr. 119: Ha 82.142. Lesefund.
HaNr. 107: Ha 82.144. Lesefund südlich des Feldlagergrabens.
HaNr. 50: Ha 83.074/a3. Aus dem Feldlagergraben.

695 Ders., Westfäl. Forsch. 26, 1974, 89 f.; ders., Westfäl. Forsch. 27, 1975, 39 f.; ders., Haltern 39 f. 46.

696 Vgl. **HaNr. 19** und **52**.

697 NJG 1981, 37.

698 J.-S. KÜHLBORN, AFWL 2, 1984, 339; ders., AFWL 3, 1985, 386 f.; ders., AFWL 4, 1986, 463; ders., AFWL 5, 1987, 779 f.; NJG 1983, 23; NJG 1984, 36-38; NJG 1985, 40; NJG 1986, 38-39.

HaNr. 19: Ha 84.236/a1; Ha 83.071/a2; Ha 84.251/a2; Ha 84.588/a1; Ha 84.243/a1; Ha 84.254/a1; Ha 84.271/a1. Feldlagergraben bzw. südlich angrenzender Bereich.[699]
HaNr. 95: Ha 84.548/a1. Südlich des Feldlagergrabens.
HaNr. 6: Ha 84.548/a1; Ha 84.561/a1; 84.608/a2; 84.638/a3. Feldlagergraben bzw. südlich angrenzender Bereich.
HaNr. 13: Ha 84.615/a1. Feldlagergraben.

1985

Die hart südlich der *via quintana* liegende Grabungsfläche brachte Fundamentspuren, die auf mindestens drei Umbauphasen hindeuten. Wahrscheinlich handelt es sich um die Rückseiten weiterer Tribunenhäuser.[700]
HaNr. 45: Ha 85.502/a6. Lesefund.

1990 – Fläche III. Gräberfeld

HaNr. 2: Ha 90.1633/a1. Quadrant C1.

Sigillata-Imitationen aus Haltern

Bis auf **ImNr. 7-9** stammen alle anderen Stücke aus einem Grubenkomplex eines Töpfereibetriebes innerhalb des Hauptlagers (Plan 2). Die Fundstelle liegt etwa 20 m nördlich der *porta praetoria* am Westrand der *via praetoria*.[701] Die Gefäßfragmente **ImNr. 8** stammen von einer etwas nördlicher gelegenen Fläche, ebenfalls auf der Westseite der *via praetoria*. Die dort gefundenen Fundamentspuren lassen sich bisher nicht deuten. Im Feldlagergraben wurde **ImNr. 9** gefunden. Aus einem neugefundenen Töpfereibezirk vor der Südfront des Hauptlagers stammt **ImNr. 7**.

ImNr. 1: Ha 64 B Grube 1.
ImNr. 2: Ha 64 B Grube 1.
ImNr. 3: Ha 64 B Grube 1.
ImNr. 4: Ha 64 B Grube 1.
ImNr. 5: Ha 64 B Grube 1.
ImNr. 6: Ha 64 B Grube 1.
ImNr. 7: Ha 92.1032/a5. Ofen 6 – Töpferbezirk südlich des Hauptlagers.
ImNr. 8: Ha 54 D 118/128. Grube 8.
ImNr. 9: Ha 84.525/a1. Südlicher Feldlagerbereich, Schnitt XI, Grube 34.

3. Anreppen

Grabungen der Jahre 1988-92

AnNr. 1 und **2** stammen aus einer Lagergasse neben einem wohl als *fabrica* zu bezeichnenden Gebäude. Die im Westen angrenzenden Bauten sind erst zur Hälfte ergraben, so daß hier noch keine genaue Benennung der Strukturen vorgenommen werden kann. Die langgestreckten Bauten scheinen aber auf Kasernen, denen seitliche Bauten vorgelagert sind, zu verweisen. An Centurionenquartiere erinnern die Bauten, in deren unmittelbarer Nachbarschaft **AnNr. 3** gefunden wurde. Auch hier müssen weitere Grabungen abgewartet werden.

699 Vgl. die Randscherbe 07.6 der Grabung 1907.
700 J.-S. Kühlborn, AFWL 5, 1987, 780; NJG 1986, 39.
701 K. Günther, Westfäl. Forsch. 19, 1966, 132; von Schnurbein, Haltern 77; ders., RCRF Acta 17/18, 1977, 38 ff.

1990

AnNr. 1: An 90.089/a5. Grube 137.[702]
AnNr. 2: An 90.162/a. Graben 5 zwischen 155-165 N.[703]

1992

AnNr. 3: An 92.003/a1; a4. Grube 94.[704]

702 NJG 1991, 49 ff.
703 Ebd.
704 NJG 1993, 45 f.

VII. Handelsbeziehungen

Zur Frage des Keramiknachschubes der Truppen am Rhein und an der Lippe ist oft und von verschiedenen Blickwinkeln aus Stellung genommen worden.[705] Wie die vorangegangenen Untersuchungen zeigten, stammt die Reliefkeramik der Lager Oberaden, Haltern (und Anreppen) aus Italien, so daß es im folgenden gilt, diese Handelsbeziehungen näher zu betrachten.

Aus den Katalogen zu Oberaden und Haltern geht eindeutig hervor, daß beide Standorte von verschiedenen Töpfern beliefert worden sind. Überschneidungen kommen nur in geringem Maße vor. Der in Oberaden vorherrschende Töpfer C. Annius ist in Haltern nur durch zwei Fragmente belegt.[706] Rasinius ist in Oberaden mit sechs Gefäßen ebenfalls prozentual besser vertreten als in Haltern mit drei Stücken. Der Hauptlieferant Halterns, Cn. Ateius, ist dagegen in Oberaden durch Firmenstempel nicht belegt. In Dangstetten kommt ein Ateiusstempel vor, der damit immerhin einen Beleg für die Aktivität dieser Firma in der Zeit Oberadens darstellt.[707] In Oberaden existiert wahrscheinlich mit dem Becher **OaNr. 26** ein Hinweis auf die pisanische Werkstatt des Ateius.

Haltern wurde mit unverzierter Arretina hauptsächlich aus Lyon, gefolgt von Pisa, versorgt. Der Anteil Arezzos ist dabei verschwindend gering (Abb. 17,1).[708] Interessanterweise läßt sich dieses Bild nur bedingt mit dem Ergebnis der verzierten Sigillaten in Einklang bringen (Abb. 17,2). Verzierte Produkte aus Arezzo sind im Vergleich zu den glatten Sigillaten stärker vertreten, die Menge machen allerdings die pisanischen Erzeugnisse der Ateii aus. Lyoner Ware ist dagegen nur durch zwei Kelche (**HaNr. 156** und **157**) sicher nachgewiesen. Selbst wenn es sich bewahrheiten sollte, daß der Stempel ELEVTERF (**HaNr. 158**) und die beiden Kelche **HaNr. 14** und **15** aus Lyon kommen, sind verzierte Produkte von dort im Verhältnis zu den unverzierten Sigillaten mehr als unterrepräsentiert. Die verzierten Sigillaten Oberadens sind weitgehend in Arezzo entstanden (Abb. 17,3). Dem Ton und dem Dekor nach stammen aber wahrscheinlich einige Stücke schon aus Pisa (**OaNr. 26, 27** und **28**). Die unverzierten Sigillaten aus Oberaden sind dahingehend noch nicht untersucht worden. Der größte Teil der mit Stempeln versehenen Neufunde (1962-92) stammt sicherlich aus Arezzo, doch können sich auch schon wenige Stücke aus Lyon darunter befinden.[709] Nur chemische Untersuchungen können hier Sicherheit geben.

705 RITTERLING, Haltern (1902) 142-146; LOESCHCKE, Haltern (1909) 128-136.187; HÄHNLE, Haltern (1912) 40.87-90; OXÉ, Haltern (1943) 50 ff.; ETTLINGER, RCRF Acta 4, 1962, 27-44; dies., RCRF Acta 25/26, 1987, 5-19; GOUDINEAU, Les Dossiers l'Archéologie 6, 1974, 103-109; D. BREEZE, The fort at Bearsden and the supply of pottery to the Roman army. In: Roman pottery studies in Britain and beyond. BAR Suppl. 30 (Oxford 1977) bes. 136 ff.; K. GREENE, Invasion and Response: Pottery and Roman Army. In: B.C. BURNHAM/H.B. JOHNSON (Hrsg.), Invasion and Response. The case of Roman Britain. BAR 73 (Oxford 1979) 99 ff. u. ebd. P. MIDDLETON, Army Supply in Roman Gaul. S. 81 ff.; GECHTER, Bonner Jahrb. 179, 1979, 24 ff.; VON SCHNURBEIN, Sigillata 117 ff.; H.P. KUHNEN, Gnomon 56, 1984, 535-541 (Rezension zu VON SCHNURBEIN, Sigillata); H. VON PETRIKOVITS in: K. DÜWEL/H. JANKUHN/H. SIEMS/D. TIMPE (Hrsg.), Untersuchungen zu Handel und Verkehr in der vor- und frühgeschichtlichen Zeit in Mittel- und Nordeuropa. Abhandl. d. Akad. d. Wiss. Göttingen. Phil.- Hist. Kl. 3. Folge Nr. 143 (Göttingen 1985) 321 ff.

706 Auf glatter Sigillata sind Produkte des C. Annius in Haltern zehnmal vertreten; vgl. VON SCHNURBEIN, Sigillata Stempel Nr. 32-42 (?). Zwei Teller gehören typologisch zu den ältesten Stücken des Halterner Bestandes (Service Ib). Weitgehend darf ein Ursprung der Stücke in Italien und hier insbesondere in Arezzo angenommen werden. VON SCHNURBEIN ist sich nicht sicher in der Zuweisung der Stempel Nr. 34 u. 35. Er schwankt zwischen Arezzo und Lyon.

707 FINGERLIN, Dangstetten 1 (Stuttgart 1986) 31 Fst. 52,20. Teller des Service Ic; die Beschreibung des Tons könnte eine Entstehung des Tellers in Pisa wahrscheinlich machen.

708 LASFARGUE/PICON in: VON SCHNURBEIN, Sigillata 15 f. Der Anteil der Stempel aus Lyon an der Gesamtzahl der chemisch analysierten Stempel beträgt 48% (davon 14% Ateius), der von Pisa 36% (davon 30% Ateius) und der von Arrezo nur knappe 2%. Italien allgemein wurden 5% zugewiesen. Weitere 9% verblieben unbestimmt (s. Abb. 17,1).

709 Vgl. auch OXÉ in: Oberaden I Taf. 48,1-46. Aus Lyon wohl Stempel-Nr. 8-9.

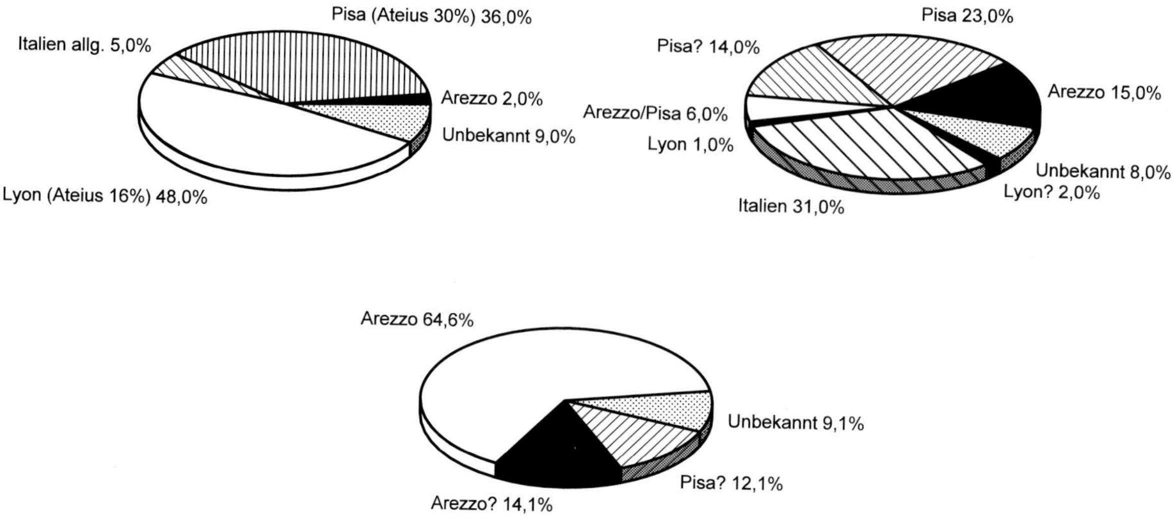

Abb. 17 1. Haltern – Produktionsorte der unverzierten Sigillata (nach LASFARGUE/PICON *in:* VON SCHNURBEIN, *Sigillata 16). 2. Haltern – Produktionsorte der verzierten Sigillata. 3. Oberaden – Produktionsorte der verzierten Sigillata.*

Zeitliche Kriterien spielen sicher neben den verschiedenen Produktionsorten und den Betrieben die Hauptrolle für die unterschiedliche Belieferung der beiden Lager. Zusätzlich stellen sich jedoch noch andere Fragen:

- Lassen sich etwa „Marktabsprachen" oder besondere Interessensphären erkennen?
- Kann eine vorausschauende Sicht der Produzenten in Hinblick auf die Entwicklung der Frontprovinzen angenommen werden, wie PRACHNER[710] schreibt?
- Wer verhandelte die Ware? Ein selbständiger Händler oder ein von der Offizin bestellter Agent?
- Gab es wegen der Länge des Weges Zwischenhändler?
- Wie sah der Transportweg aus, d.h. welche Verkehrswege und welche Transportmittel wurden benutzt?
- Welche Rolle spielte das Militär als Auftraggeber und als Abnehmer der Ware?

Zum Verlauf des Transportweges vom Produzenten zum Käufer bieten sich vornehmlich die reliefverzierten Produkte aus den Betrieben des Cn. Ateius an. Allein zahlenmäßig stellen sie eine gute Grundlage dar. Darüber hinaus empfiehlt sich eine derartige Untersuchung auch wegen des hohen Anteils an Ateius-Stücken in Haltern, von denen auch zumeist Produktionsort und Töpfer bekannt sind. Daß der Fundort nicht unbedingt auch der erklärte Zielort des Handels von verzierter Arretina gewesen sein muß, kann durch vereinzelte Stücke bewiesen werden, die offensichtlich im Gepäck der Soldaten mitgeführt wurden.[711] Die große Menge der Arretina scheint aber regelrecht mit Ziel auf die Rhein- und Lippelager verhandelt worden zu sein.

Ein Blick auf die Verbreitungskarten (Karten 2-19) der verschiedenen Ateius-Produkte offenbart unterschiedliche Verteilungen. Die Produkte der Offizin Arezzo sind demnach stärker in Italien vertreten als die des Betriebes in Pisa.[712]

Die Produktion in Italien war eher auf lokale Märkte ausgerichtet, wie verschiedene Fundpunkte hier angeben. Auch diesbezüglich ergeben sich interessante Unterschiede in der Belieferung: Nach Bolsena scheinen kaum pisanische Produkte des Cn. Ateius gelangt zu sein, während M. Perennius dort offensichtlich einen

710 PRACHNER, Sklaven 200-202.

711 Zu denken wäre beispielsweise an die Kelche des C. Annius, des Rasinius und des M. Perennius Tigranus aus Haltern (**HaNr. 1-9**).

712 ETTLINGER, RCRF Acta 25/26, 1987, 15 hält es – unter Bezugnahme auf die Karten ihres Aufsatzes in RCRF Acta 4, 1962 – für möglich, daß jeder Ateius-Sklave über ein eigenes Verteilernetz verfügte.

größeren Absatz erzielt hat.[713] In Luni hingegen bilden die pisanische Produkte des Cn. Ateius den Hauptanteil der Belieferung. Die Perennier, C. Annius und Rasinius sind nur mit Einzelstücken vertreten.[714] P. Cornelius fehlt ganz. Sicher ist es von einiger Bedeutung, daß Luni bequem von Pisa aus mit dem Schiff zu erreichen war.[715]

Neben dem eher als geringfügig zu bezeichnenden Lokalhandel spielte der auf Export ausgerichtete Fernhandel für die pisanische Offizin des Cn. Ateius eine weitaus größere Rolle. Ausgehend von der günstigen Lage der Betriebe in der Hafenstadt Pisa konnten mit Schiffen überseeische Ziele in Nordafrika (Sidi Krebish)[716] und Ägypten (Alexandria)[717] sowie die Küsten Ostspaniens mit den Balearischen Inseln (Pollentia)[718] und schließlich die Häfen an der Rhônemündung gut erreicht werden. Gerade die Häfen an der Rhônemündung sind für die Kontakte zu den Rhein- und Lippelagern von besonderer Bedeutung. Auf der Strecke bis zu diesen entfernten Zielen mußte das Transportmittel mehrfach gewechselt werden, und es stellt sich dann die Frage, ob ein Händler den ganzen Transport allein organisierte oder ob Zwischenhändler anzunehmen sind. ETTLINGER geht davon aus, daß bereits im Hafen die Waren an einen *navicularius*[719] verkauft wurden, von wo aus die Sigillaten mehr als Beifracht[720] denn als Haupthandelsgut ihre Ziele erreichten.[721]

713 Eine Aufteilung des Marktes in Italien suggeriert der Befund in Bolsena. Von 92 Stempeln der frühaugusteischen bis claudischen Zeit ist nur einer dem Ateius zuzuschreiben. Ein ähnliches Bild vermitteln die verzierten Sigillaten, sie stammen ausschließlich von den Perenniern und von Rasinius. Ein bezeichnendes Licht auf die Rolle des Lokalhandels zu werfen vermag die Tatsache, daß sich beispielsweise unter den 90 unverzierten Sigillaten der Zone Süd-Ost nur ein einziges reliefiertes Stück fand. Unter den Stempeln der glatten Sigillaten Bolsenas dominieren die des Rasinius und des Tettius; s. GOUDINEAU, Mélanges École Franç. Rome 80, 1968, 185 f. – Ordona VI,1, 85 äußert sich ähnlich, wenn auch vorsichtiger. Es sind noch zu wenige Stadtzentren Italiens bekannt genug, um derart weitreichende Schlüsse ziehen zu können. In Ordona überwiegen reliefverzierte Arretina aus den Offizinen der Perennier (19 Exemplare). C. Annius (2); Rasinius (4); Ateius – Arezzo (1); ATEI.DI – Arezzo (1); P. Cornelius (3); Cn. Tellius (1) ?; „gruppo protobargateo“ (1); Unbekannt (30). Vgl. dazu auch Tab. 12. – ETTLINGER stellt Bolsena und Dangstetten als Beispiele für den Lokal- bzw. Fernhandel gegenüber. In Bolsena sind die bekannten 61 Stempel insgesamt 32 Töpfereien zuzuordnen, während in Dangstetten die 137 Stempel auf nur 27 Fabriken zurückgehen, d.h. eine Auswirkung des Fernhandels im Gegensatz zum Lokalhandel ist die Beschränkung auf wenige auf Export ausgerichtete Firmen. ETTLINGER, RCRF Acta 25/26, 1987, 10. Vgl. auch dies., Pollentia 70 f. und 69 mit Tab. 4, mit einem Vergleich der Fundplätze Pollentia, Bolsena und Korinth.

714 LAVIZZARI PEDRAZZINI, RCRF Acta 19/20, 1979, 138 ff. Von insgesamt 175 Stempeln auf glatter Sigillata stammen 136 von Ateius und seinen Töpfern. Diese Gewichtung ist auch für die Reliefkeramik festzustellen.

715 Vermutungen über die Herkunft der Ateius-Produkte in Sidi Krebish und Luni äußert KENRICK, Berenice 183 zu Nr. 244: Es ist bemerkenswert, daß die in Luni gefundenen „provinziellen“ Ateius-Stücke oft technische „Abnormitäten“ zeigen. – Vgl. z.B. LAVIZZARI PEDRAZZINI, Luni I 283 Nr. 4. Die Stücke aus Sidi Khrebish zeigen keinerlei Unterschiede in der Technik zu anderen italischen Funden. Dies läßt vermuten, daß die Werkstatt des Ateius in Pisa, von der wir weiter nichts wissen, die Quelle der „provinziellen“ Ateius-Stücke ist, so daß die technisch minderwertigen Stücke (dieser Offizin) in den lokalen Markt gelangten, wie es die Funde von Luni verdeutlichen. Erstklassige Ware hingegen kam in den Export. Daß Pisaner Produkte auch in größerer Menge nach Gallien gelangte, ist bereits erkannt worden.

716 KENRICK, RCRF Acta 25/26, 1987, 144 ff. Pozzuoli besitzt in Sidhi Krebish etwa einen Marktanteil von 20-30%. Die Anteile von Pisa werden als hoch eingeschätzt. Da noch keine sichere Ansprache möglich war, konnte KENRICK keine exakte Zahl angegeben. Das Spektrum der Töpfer aus Arezzo ist ein anderes als das der Nordwestprovinzen. KENRICK kommt insgesamt zu dem Schluß, daß Spezialisierung auf bestimmte Märkte vorliegen müsse.

717 KADOUS, Die Terra Sigillata in Alexandria (Diss. Trier 1988) 52 ff. Produkte des Cn. Ateius sind unter der gestempelten, unverzierten Terra Sigillata mit 22 % vertreten. Nur drei Fragmente verweisen bei der verzierten Ware auf Cn. Ateius, während die Perennier, C. Annius, Rasinius und P. Cornelius mit wesentlich mehr Exemplaren belegt sind; ebd. 104 ff. – Vgl. dazu auch Tab. 12.

718 ETTLINGER, Pollentia 71. Ateius verkaufte seine Waren mehr in den Westen. Ein ähnlicher Trend kann für P. Cornelius notiert werden. Es scheint, daß die Belieferung Pollentias mit dekorierter Ware die Theorie stützt, daß viele der großen Firmen von Arezzo ihr eigenes Verteilernetz besaßen.

719 O. SCHLIPPSCHUH, Die Händler im römischen Kaiserreich in Gallien, Germanien und den Donauprovinzen, Raetien, Noricum und Pannonien (Amsterdam 1987) 95: *Der Begriff navicularius scheint auch die Tätigkeit des Handelns auf eigene Rechnung mit eingeschlossen zu haben, (...).*

720 D.W. RATHBONE, Journal Rom. Stud. 73, 1983, 164 spricht vom „pick-a-back“-Verfahren. So konnten die Transportkosten niedrig gehalten werden. Vgl. dazu auch KUHNEN, Gnomon 56, 1984, 540 mit Anm. 25.

721 ETTLINGER, RCRF Acta 25/26, 1987, 10.

Es müßte dann im Ermessen der Schiffseigner gelegen haben, wohin die Waren geliefert wurden und an wen sie weiter verkauft werden sollten. Man wird dabei an „eingespielte Handelsketten" denken dürfen.[722]

Der Weg in den Norden läßt sich gut anhand der Fundverteilung nachvollziehen. Die Verbreitung der Sigillaten im näheren Umfeld der Hafenstädte der Narbonennsis belegen, daß ein Teil der Waren direkt ins Umland verkauft wurde. Der größte Teil aber dürfte wahrscheinlich von Flußschiffern weiter in Richtung Lyon,[723] also die Rhône aufwärts, transportiert worden sein.[724] Durch die Verbreitungskarten wird dieses Bild zumindest nahegelegt. Einzelstücke an den Hauptverkehrslinien nach Nordwest-Gallien und nach Aquitanien lassen sicher mehr auf zivile Abnehmer schließen.[725] Die Funddichte ist geringer, was zum einen wohl auf eine geringere Anzahl verkaufter Gefäße, zum anderen aber auch auf eine Verteilung innerhalb eines größeren Gebietes zurückgeführt werden könnte. Sicher sind auch die Forschungslage und die unterschiedlichen Forschungsbedingungen zu berücksichtigen. In die Lager, die die Hauptabnehmerschaft bildeten,[726] müssen größere, vor allem aber geschlossene Lieferungen erfolgt sein.

Auf Grund seiner vorteilhaften Lage wurde Lyon zu dem entscheidenden Verkehrsknotenpunkt und Verteiler innerhalb Galliens. Von hier aus gingen Straßenverbindungen in den Nordwesten Galliens und nach Aquitanien.[727] Eine Strecke führte nach Norden, sie gabelte sich bei Langrés. Eine zweite Straße führte zur Kanalküste, die dritte über Trier an den Rhein. Weite Strecken konnten im Landesinneren auch per Schiff zurückgelegt werden.

Eine weitere Straße führte in Richtung auf das Rheinknie über die Colonia Iulia Equestris (Nyon) auf die Colonia Augusta Raurica zu, die allerdings erst durch die Alpenfeldzüge ab 16 v. Chr. an Bedeutung gewann.[728] Alle Wege sind – wie aus den Verbreitungskarten (Karten 2-19) hervorgeht – durch Funde von Reliefkeramik aus den Offizinen des Ateius belegt, wobei die Route in Richtung auf Augst mehr Fundpunkte als die westlichen Strecken aufweist. Besonders geballt sind diese an der Strecke von Lyon über Trier an den Rhein.[729] Der hohe an Anteil Lyoner Sigillaten in Haltern,[730] Neuss,[731] Moers-Asberg[732] und in den

722 Vgl. O. Schlippschuh (Anm. 719) 96 ff. Die *navicularii* waren eindeutig für die Seeschiffahrt zuständig. In Häfen wie Narbo und später Arelate übernahmen dann Flußschiffer (*nautae*) die Waren. Transporte zu Land scheinen nach Möglichkeit vermieden worden zu sein. Ebd. S. 105 ff. *muliones*, also Fuhrleute, werden nur sehr selten genannt. Schlippschuh vermutet, daß sie mehrheitlich in Diensten der Händler standen.

723 Ettlinger, RCRF Acta 25/26, 1987, 10.

724 O. Schlippschuh (Anm. 719) 96 ff. zu den *nautae rhodanici*.

725 z.B. Saintes: Tilhard et. al., RCRF Acta 31/32, 1992, 231 ff.

726 C.M. Wells, RCRF Acta 17/18, 1977, 135 sieht direkte Zusammenhänge zwischen den Betriebsgründungen in Lyon und den Truppen am Rhein. Ebenso Ettlinger, RCRF Acta 25/26, 1987, 6. – Kuhnen, Gnomon 56, 1984, 536 richtet sich gegen die Rolle des Militärs als „Hauptabnehmer". Zu wenig sei über den gallischen Binnenmarkt bekannt. Daß das Militär eine wichtige Abnehmerrolle gespielt hat, wird nicht bestritten; eine Verlagerung der Produktion, nur um näher an Militärstützpunkten produzieren zu können, sei aber nicht anzunehmen. S. von Schnurbein, Germania 64,1, 1986, 56 mit Anm. 45 weist Kuhnens Kritik zurück. – Bezeichnend sei es, daß die Ateii weiter in Pisa Reliefkeramik produzierten und nicht dem Militär nachzogen.

727 Auf die Zeit um 38 v. Chr. geht der Ausbau eines Gallien erschließenden Straßennetzes zurück, der von Agrippa initiiert wurde; s. Strabo IV p. 208; K. Kraft, Jahrb. RGZM 4, 1956, 87 Karte 3; 88 ff.; Gechter, Bonner Jahrb. 179, 1979, 35 ff. Ettlinger, RCRF Acta 25/26, 1987, 6; 7 Abb. 3.

728 Kraft, Jahrb. RGZM 4, 1956, 92.

729 Von Schnurbein, Sigillata 83 mit Anm. 284: die von E. Ettlinger zusammengestellten Karten lassen deutlich einen Weg von der Narbonensis Rhône aufwärts verfolgen. *Freilich sind hier die Ateius-Produkte von Arezzo, Pisa und Lyon noch nicht zu trennen gewesen, was aber auch heute noch nicht durchgeführt werden kann.* S. auch Ettlinger in: Conspectus 7. – Bezogen auf die verzierte Arretina ist hier eine Trennung zwischen Pisa und Arezzo weitgehend möglich, so daß sich durchaus differenzierte Karten ergeben. Zu berücksichtigen ist allerdings der unterschiedliche zeitliche Ansatz der verschiedenen Ateius-Töpfer. Vgl. dazu dies., RCRF Acta 25/26, 1987, 16 Abb. 12.

730 Von Schnurbein, Sigillata 170 Tabelle 4: Verhältnis der italischen Waren zu den Lyoner Produkten ca. 380:665. – Ebd. 128 u. ders. in: Conspectus 17 f. setzt das rasche Einsetzen des Töpferbetriebes in Lyon, La Muette gegen 10 v. Chr. sowie das Ende gegen 10 n. Chr. mit der dort etwa gleichzeitig beginnenden Münzprägung am Ort gleich. Der Einfluß des Militärs scheint greifbar. Reine „Legionstöpfer", wie Oxé, Haltern (1943) 54-58 sie für möglich hält, werden jedoch abgelehnt. Ablehnend gegen eine Gleichsetzung von Münzprägung und Keramikproduktion in Lyon äußerte sich Kuhnen, Gnomon 56, 1984, 536.

731 Ettlinger, Novaesium 73.103 f. datiert die *vom Export her bestimmbare Produktion* in Lyon etwa in die Jahre von 15 v.-10 n.

anderen Rheinlagern[733] belegt deutlich die wirtschaftlichen Verbindungen der Lager mit dieser Stadt.[734] Epigraphische Quellen, die *negotiatores cretariae* nennen, stammen nicht aus augusteischer Zeit und können hier nur mit Vorsicht gewertet werden.[735] Auf Grabsteinen aus Lyon werden ein *negotia[to]r lugdunensis artis c[re]tariae*, dann ein *n[egotiat]or vina[rius et art]is creta[riae]* erwähnt (CIL XIII, 1906 u. 2033). Obwohl die beiden Grabsteine nicht in die augusteische Zeit datieren, muß man auch zu diesem Zeitpunkt mit spezialisierten Keramikhändlern in Lyon rechnen. Wie sonst sollte die Verteilung innerhalb Galliens vonstatten gegangen sein, da nicht ausschließlich militärische Anlagen als Fundorte erscheinen? Beim Militär gab es wahrscheinlich, wie ETTLINGER vermutet, sog. Quartiermeister, die in Lyon zentral für das Militär am Rhein einkauften.[736] Abgesehen von den möglicherweise günstigeren Einkaufsbedingungen bei größeren Mengen bestand der Bedarf römischer Truppen ja nicht nur aus Töpfen, sondern auch aus Waffen, Kleidung und Nahrungsmitteln.[737] Wein-, Öl- und Saucenamphoren in Haltern und Weinfässer in Oberaden belegen eine Belieferung mit Waren aus Italien, der Narbonensis und Spanien. Gewürze, wie u.a. Pfeffer, der in Oberaden nachgewiesen werden konnte,[738] zeigen weitreichende Handelskontakte auf, die nur durch übergeordnete Einkaufs- und Handelsstrukturen aufgebaut werden konnten. Die verzierten Gefäße aus Pisa, Arezzo und Lyon stellen dabei wegen ihrer geringen Menge möglicherweise nur eine Beifracht dar.[739]

In Haltern gibt es einige Gefäße, die auf Grund ihres Dekors und der Gefäßform auf einen gemeinsamen Versand zu ihrem Zielort schließen lassen.[740] Sehr ähnlich sind **HaNr. 14-15**, die zwar nicht aus derselben Modelschüssel stammen, von Form und Ornamentik her aber so verwandt sind, daß sie vom selben Töpfer stammen müssen. Es liegt nahe, daß diese Stücke in einem Warenpaket nach Haltern kamen. Zum Teil stark zerscherbt sind die Stücke **HaNr. 34-36**, die untereinander ebenfalls einen verwandten Dekor aufweisen. Sie könnten auch aus einer Produktionsphase stammen und folglich gemeinsam an die Lippe gelangt sein. Besonders aber trifft diese Feststellung auf die Kelche **HaNr. 56-57** zu. Sie stammen höchstwahrscheinlich aus demselben Model und damit aus einer bestimmten Produktionsphase eines pisanischen Ateius-Betriebes.

Chr. Das Schwergewicht der Produktion lag zwischen 5 v.-5 n. Chr.

732 s. die Stempelliste Asciburgium 166 ff.

733 VON SCHNURBEIN, Sigillata 170 Tabelle 6.

734 Die wirtschaftliche Bedeutung dieser Stadt wird nicht zuletzt durch die Ansiedlung keramischer Betriebe unterstrichen, die Sigillaten in italischer Technik herstellten. Innerhalb des Imperium Romanum zu augusteischer Zeit bilden diese Betriebe einen Sonderfall, zu dem es bisher keine weiteren Parallelen gibt. Vgl. S. VON SCHNURBEIN, Germania 64,1, 1986, 56 mit Anm. 45. Reliefsigillaten wurden in Lyon produziert, wie die Modelschüsseln in Lyon selbst zeigen. Anhand der chemischen Analysen am Halterner Material konnten sicher zwei Kelche nachgewiesen werden. Ein weiterer Kelch aus Lyon findet sind in Mainz. Eine Produktion von Reliefkeramik aus dem Hause Ateius kann für Lyon nach der Durchsicht der Funde bislang nicht angenommen werden.

735 Vgl. dazu die Beispiele bei O. SCHLIPPSCHUH (Anm. 719) 61 ff. Die hier angeführten Nachweise von *negotiatores cretariae* aus Mainz-Castel, Bonn, Köln (2x), Domburg, Bordeaux und Lyon (2x) reichen vom 1. Jh. bis ins 3. Jh. n. Chr.

736 ETTLINGER, RCRF Acta 25/26, 1987, 13. Vgl. VON SCHNURBEIN, Sigillata 120. – OXÉ, Haltern (1943) 54 vermutet einen Vertrag zwischen dem Heer und Ateius. WELLS, Figlina 2, 1977, 6 nimmt diesen Kontrakt fast schon als sicher an. J.-P. MOREL, Das Handwerk in augusteischer Zeit. In: Augustus und die verlorene Republik. (Mainz 1988) 88 fragt sich, *ob die Verlegung italischer Werkstätten nach Lyon nicht auf eine staatliche Entscheidung zurückgeht und ob nicht die Entwicklung der Sigillatawerkstätten in augusteischer Zeit insgesamt ein Ergebnis der augusteischen Militärpolitik ist.* Ebenso VON SCHNURBEIN in: Conspectus 17 f.

737 Vgl. L. WIERSCHOWSKI, Das römische Heer in der Prinzipatszeit als Wirtschaftsfaktor (Bonn 1984) 112 ff. 151 ff.

738 D. KUČAN, Zeitschr. Arch. 15, 1981, 149 ff.; dies., AFWL 2, 1984, 51 ff.; dies. in: Oberaden III 242 ff.; J.-S. KÜHLBORN in: F.-J. SCHULTE-ALTHOFF (Hrsg.). Haltern. Beiträge zur Stadtgeschichte (Dülmen 1988) 61 f. 68 mit Abb. 40.

739 Ausschlaggebend ist die Verpackung der Objekte. Gut gepolstert und in Kisten verpackt können wegen der Möglichkeit der Stapelung entweder nur Teller oder nur Tassen angeliefert worden sein. So passen z.B. die Kelche der Form 8 (D.-W. Ih; vgl. die Kelche **HaNr. 54, 56, 59** – Crestus und Euhodus) hervorragend ineinander und bilden gepolstert eine gut zu transportierende Ware. Zudem dürften große Teile der Anlieferung auf dem Wasserwege erfolgt sein. – Haltern verfügte über einen Flußhafen. J.-M.A.W. MOREL, AFWL 5, 1987, 221-249 u. ders. in: B. TRIER (Hrsg.) Die römische Okkupation nördlich der Alpen zur Zeit des Augustus. Kolloquium Bergkamen 1989. BAW 26 (Münster 1991) 159 ff. – Lieferungen von unverzierter Sigillata in Paketen: ETTLINGER, Novaesium 38; dies., RCRF Acta 25/26, 1987, 6. – VON SCHNURBEIN, Sigillata 120: Ein truppeneigenes Depot könnten die Funde aus der sog. Grube der Reliefkelche bilden.

740 Gleiche Stempel sind allein nicht ausreichend, da sie häufig auf verschiedenen Kelchformen gesetzt werden konnten.

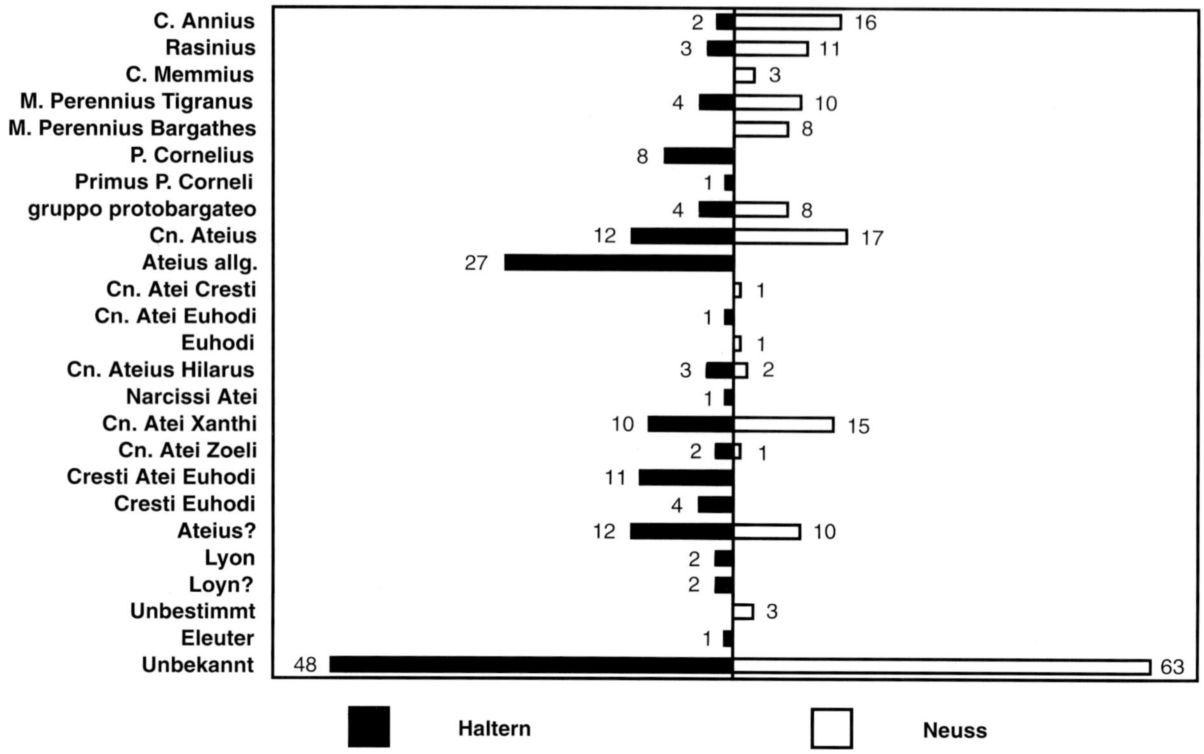

Abb. 18 Vergleich der in Haltern und Neuss nachgewiesenen Relieftöpfer.

Die beiden Xanthus-Kelch-Pendants in Neuss[741] und in Haltern (**HaNr. 43**) lassen darüber hinaus den Eindruck entstehen, daß Lieferungen bis Neuss gelangten und von dort aus noch weiter verteilt wurden, wobei ein Teil der Lieferung in Neuss verblieb.[742]

Schwer zu beantworten ist die Frage nach der Höhe des tatsächlichen Bedarfs und des Gesamtbestandes an verzierter Arretina. Geht man von den Anlagen in Haltern aus, so besitzt man die Nachweise von rund 158 Gefäßen. In Neuss fanden sich die Reste von 169 Gefäßen. Neben einigen interessanten Übereinstimmungen gibt es aber auch eklatante Unstimmigkeiten (vgl. Abb. 18). Frühe Töpfer, wie C. Annius und Rasinius sind in Haltern kaum belegt. Gut gegenüberstellen lassen sich hingegen Oberaden (vgl. Abb. 12) und Neuss. Für beide Orte liegen ähnliche Belieferungsverhältnisse vor. C. Memmius ist nur in Neuss vertreten. Er fehlt sonst im Rhein-Lippe Gebiet (Tab. 11). Die Rolle der Perennier ist schwer zu beurteilen. In Neuss kommen sie in größerer Anzahl vor als in Haltern. Gemessen an der Gesamtmenge, sind sie aber auch in Neuss von untergeordneter Bedeutung. Produkte der „gruppo protobargateo" finden sich dagegen an beiden Fundorten. Da die Gruppe nicht genau zugeordnet werden kann, ist sie kaum zu bewerten. Bemerkenswerterweise fehlen Produkte des P. Cornelius in Neuss gänzlich, während er in Moers-Asberg und Vechten wenigstens einmal vorkommt; in Haltern liegen von ihm sogar zehn Exemplare vor. Ist es purer Zufall, daß Erzeugnisse des

741 ETTLINGER, Novaesium Taf. 56,2.

742 Über einen Handel der Lager untereinander sind wir durch die in Haltern erstellten Produkte im näherem Umfeld römischer Rheinlager unterrichtet. Vgl. S. VON SCHNURBEIN, Germania 64,1, 1986, 46 ff. 53 Abb. 3. An fünf linksrheinischen Fundorten konnten keramische Produkte aus Haltern nachgewiesen werden. Es ließ sich bei keinem der Fundstücke klären, ob der Besitzer Soldat oder Zivilist war. Damit läßt sich keine vom Militär organisierte Lieferung aus Haltern in die rheinischen Stützpunkte nachweisen. Man muß davon ausgehen, daß in spätaugusteischer Zeit eine strikte Trennung zwischen militärischem und zivilen Bereich kaum anzunehmen ist.

P. Cornelius in Haltern in so großer Anzahl vertreten sind? Die Gefäßformen sind zu unterschiedlich, als daß man von vornherein an eine einzige geschlossene Lieferung denken könnte.[743]

Deutliche Übereinstimmungen ergeben sich bei den Ateius-Töpfern. Insgesamt waren für Haltern 84 und für Neuss 48 Fragmente diesem Kreis zuzuweisen. Eine ungefähre zahlenmäßige Übereinstimmung gibt es bei den Produkten des Hilarus, des Zoelus und besonders des Xanthus. Hilarus und Zoelus sind nur durch wenige Stücke überliefert, dagegen ist Xanthus durch so viele Stücke belegt, daß sich eindeutig eine gezielte Belieferung der Lager von Neuss und Haltern durch diesen Töpfer ergibt. Xanthus ist daneben auch in anderen Lagern am Nieder- und Mittelrhein recht gut vertreten (vgl. Tab. 11). Cn. Atei Cresti (Neuss) und Cn. Atei Euhodi (Haltern) bzw. Euhodi (Neuss) sind nur mit Einzelstücken vertreten. Lediglich in Haltern sind gemeinsame Produkte der Freigelassenen Crestus und Euhodus in größerer Zahl vorhanden. In Moers-Asberg und in Köln findet sich je ein Kelch aus ihrer Produktion. Weitere Funde sind zudem noch aus Spanien und Westgallien bekannt (Karte 11). Die Verbreitung widerspricht nicht unbedingt einer Herkunft der Gefäße aus Pisa. Wie weiter oben ausgeführt (s. S. 102 ff.), besitzen gerade die Kelche von Crestus und Euhodus in Haltern sehr ähnliche Gefäßformen. Möglicherweise handelt es sich also um eine geschlossene Lieferung, die Haltern erreichte. Damit wäre die hohe Fundzahl erklärbar.

Produkte der Perennier und des P. Cornelius unterliegen eher einer zufälligen oder zumindest kaum sicher zu deutenden Verbreitung, während die Produkte des C. Annius und des Rasinius zur Zeit des Lagers Oberaden auf eine regelrechte Belieferung der Militärlager am Rhein schließen lassen.

Zur Zeit des Hauptlagers von Haltern spielen Cn. Ateius und besonders sein Töpfer Xanthus die Rolle, die vorher C. Annius – und hier vor allem Pantagathus – und Rasinius in Oberaden wahrnahmen. Es ergeben sich, wie im Fall des Xanthus, Anzeichen auf eine Marktspezialisierung, aber auch eine Streuung läßt sich wie bei Crestus und Euhodus oder P. Cornelius nachweisen. Vielleicht ist dies einerseits ein Indiz für eine Beeinflussung des Handels von militärischer Seite aus (z.B. Xanthus und allgemein die Ateius-Produkte), auf der anderen Seite kann auch Privatinitiative hinter der Anwesenheit von Produkten des P. Cornelius stecken.

Haltern besitzt im Gegensatz zu Neuss zum einen den Vorteil der günstigeren Grabungssituation und entsprechender Grabungsbefunde, zum anderen einen besser faßbaren Belegungszeitraum. Generell erscheint es aber problematisch, anhand der Fundmenge einer bestimmten Gattung im Verhältnis zur ergrabenen Fläche eine hypothetische Zahl der wahrscheinlich anzunehmenden Gesamtmenge zu errechnen.[744] Mit sehr vielen Lieferungen verzierter Arretina nach Oberaden, Neuss und Haltern ist nicht zu rechnen. Dazu sind die Fundmengen zu gering.[745] Dies gilt entsprechend auch für die Funde aus den anderen augusteischen Lagern.[746]

743 Die Kelche des P. Cornelius in Anreppen (**AnNr. 3**) und Haltern (**HaNr. 19**) sind Pendants. Der Anreppener Kelch mag über Haltern weiter in den Osten gekommen sein.

744 VON SCHNURBEIN, Sigillata 132 ff. geht – bei allen Vorbehalten gegen dieses recht spekulative Vorgehen – bei einer höchstens 5000 Mann umfassenden Gesamtstärke des Hauptlagers in Haltern von ca. 15000 unverzierten Gefäßen in 15 Jahren aus. Insgesamt rechnet er mit einem Gesamtbestand von 25000-30000 Gefäßen. 350-400 Stücke würden danach bei einer Bruchrate von einem Gefäß pro Tag jährlich als Ersatz benötigt worden sein. – KUHNEN, Gnomon 56, 1984, 536 rechnet diese Rate von 350-400 Gefäßen pro Jahr auf die Lager im Rhein-Lipperaum um und kommt so auf einen Jahresbedarf von ca. 6000 Exemplaren. Für ihn eine zu geringfügige Zahl, um damit das Militär beispielsweise zum Hauptabnehmer der Töpfereien in Lyon zu erklären.

745 Überhaupt scheint die Produktion von Reliefkeramik im Verhältnis zur glatten Sigillata eine eher untergeordnete Rolle gespielt zu haben.

746 GECHTER, Bonner Jahrb. 179, 1979, 24 f. u. Abb. 6,1.2 berechnet nach damaligen Stand für die Fundorte Vechten, Nijmegen-Kopseplateau, Vetera, Haltern, Oberaden, Moers-Asberg, Neuss, Köln, Bonn und Mainz insgesamt 193 Reliefgefäße verschiedener Formgebung, wobei die Kelchformen dominieren. Darunter befinden sich auch 15 ACO-Becher. Besonders gut vertreten waren danach mit 22 Gefäßen die Perennier und mit 38 Cn. Ateius. Der Bestand hat sich seitdem durch verstärkte Grabungstätigkeiten und Publikationen erweitert. Für die gleichen Fundorte ergibt sich damit nach Tabelle 6 eine Anzahl von 442 Gefäßen. (ACO-Becher sind hierbei nicht kartiert worden). 33 davon sind den Perenniern zuzuweisen, dagegen aber 166 Gefäße dem Ateius und seinen Filialen. Auf insgesamt 57 Stücke kommen C. Annius und Rasinius, P. Cornelius auf zwölf. Damit ist das von GECHTER beschriebene Verhältnis zwischen M. Perennius und Cn. Ateius stark relativiert worden. Die Perennier gehören mit P. Cornelius zu den am Rhein seltenen Töpfern.

Nach vorsichtigen Schätzungen dürfte die Anzahl der in Haltern zu vermutenden Gesamtmenge wohl kaum mehr als die doppelte Menge (also ca. 300 Gefäße) übersteigen. Für eine Besatzung von 4000 bis max. 5000 Soldaten ist das eine sehr geringe Menge. Danach könnte maximal jeder 13. oder 16. ein reliefverziertes Gefäß besessen haben.[747]

Die Verteilung der verzierten Arretina innerhalb des Hauptlagers Haltern läßt keine absolut sicheren Schlüsse über die ehemaligen Besitzer zu. Allerdings deutet sich an, daß ebenso Mannschaften wie Offiziere derartige Gefäße benutzt haben. In Oberaden wurde in der *via principalis* zwischen dem *praetorium* und den *principia* erheblich mehr verzierte Arretina gefunden als in Haltern. Die wenigen Stücke in den Lagergassen an der Nordwestecke Oberadens warnen allerdings davor, vorschnell die Arretina ausschließlich mit den Offizieren im Lagerzentrum in Verbindung zu bringen. Verzierte Sigillata findet sich in augusteischer Zeit fast ausnahmslos an Plätzen, die in militärischem Kontext stehen.[748] Besonders am Rhein und an der Lippe deuten Sigillatafunde sofort die Anwesenheit römischen Militärs an.

Cn. Ateius hatte im Militär einen sicheren Käufer, dem er sehr verpflichtet war. Die Verteilung seiner Produkte über das Imperium Romanum beweist aber, daß er nicht nur ausschließlich an den Rhein lieferte, wo die Truppen stationiert waren. Neben dem zielgerichteten Fernhandel gibt es eindeutig einen kleineren Lokalhandel sowie den Handel über Dritte.

747 Verglichen mit der unverzierten Sigillata wird man etwa mit einem Reliefkeramikanteil von 7-12% zu rechen haben. Haltern: VON SCHNURBEIN, Haltern 106 Tabelle 1; Neuss: ETTLINGER, Novaesium 108 u. Abb. 9 (hier erscheinen die 112 neuen Exemplare, dazu kommen noch 57 Altfunde); Moers-Asberg: Asciburgium 187 ff. Aus Oberaden liegen noch keine neuen Bearbeitungen der unverzierten Sigillaten vor, deshalb erscheint der Fundort hier nicht.

748 Wenn MOREL nun folgert, daß die arretinische Glanztonkeramik zwar *im Gepäck der Soldaten laufend auftaucht, aber sich bei den wohlhabenden Schichten überhaupt nicht durchsetzte*, so hat er durchaus nicht Unrecht. J.-M.A.W. MOREL in: Augustus und die verlorene Republik (Mainz 1988) 88.

VIII. Zusammenfassung

Die Untersuchung der verzierten Arretina aus Oberaden und Haltern ist vor allem hinsichtlich der Bedeutung dieser Lager von großem Interesse. Durch historische Begebenheiten, dendrochronologische und numismatische Untersuchungen ist die Datierung beider Fundplätze festgelegt. Der zeitlich fest abgesteckte Rahmen wird durch den Beginn des Lagers Oberaden im Spätherbst 11 v. Chr. und das Ende des Hauptlagers von Haltern 9 n. Chr. markiert. Während die Auflassung Oberadens durch historische Schlüsse und dendrochronologische Untersuchungen etwa gegen 8/7 v. Chr. angesetzt werden kann, läßt sich der Beginn des Hauptlagers von Haltern nicht näher eingrenzen. Nach dem keramischen Bestand muß es eine zeitliche Lücke zwischen beiden Lagern gegeben haben.[749]

Von diesen Gegebenheiten ausgehend galt es zunächst, die Herkunft der verzierten Sigillata aus Oberaden und Haltern zu klären. Dies geschah mit Hilfe naturwissenschaftlicher, epigraphischer und kunsthistorischer Arbeitsmethoden. Die Bestimmung des Tons und des Überzugs zur Feststellung des Produktionsortes erfolgte zum größten Teil über eine optische Bewertung der Stücke. Die Tragfähigkeit dieser auf einer rein subjektiven Beurteilung basierenden Untersuchungsergebnisse konnte durch Vergleiche mit chemisch analysierten Proben aus Haltern und Neuss erhärtet werden. Unterscheidungen anhand der einzelnen Qualitätsstufen ermöglichten hiermit Zuweisungen an bestimmte Produktionsorte wie Arezzo, Arezzo-Cincelli, Pisa oder Lyon, die in vielen Fällen durch epigraphische oder stilistische und motivische Untersuchungen bestätigt werden konnten.[750]

Ziel der Arbeit war es – neben der Vorlage der beiden Fundserien von Oberaden und Haltern – einen Überblick über das Formengut und die verwendeten Motive bestimmter Töpfer innerhalb eines fest umrissenen Zeitraums und Fundgebietes zu gewinnen.

Den Töpfereien des Ateius in Arezzo und in Pisa galt eine verstärkte Aufmerksamkeit. Das zahlreiche Vorkommen pisanischer Erzeugnisse konnte hier wichtige Einblicke in Produktion und Handel gewähren. Zu Fragen der Belieferung des Rhein- und Lippegebietes mit verzierter Arretina wurden die Bestände ausgewählter Fundplätze im Mittelmeerraum, Spanien, Gallien und im Ober- und Niederrheingebiet hinzugezogen.

Für Oberaden ergab sich ein deutliches Übergewicht von C. Annius und seinem Töpfer Pantagathus (s. Abb. 12) gegenüber den anderen Töpfern. Nur Rasinius ist noch mit einem nennenswerten Anteil vertreten. Deutlich sind die Übereinstimmungen mit den Reliefsigillaten aus Neuss.[751] Der Werkstatt des Ateius in Pisa wurde der Becher **OaNr. 26** versuchsweise zugeschrieben.[752] Unberührt von diesem Ergebnis bleibt allerdings die Frage nach dem Beginn regelmäßiger Belieferungen des Rhein-Lipperaums mit Produkten dieser Offizin. Man geht allgemein von einem Datum um 5 v. Chr. aus.

Haltern mit seinem hohen Prozentsatz an Ateius-Produkten stellt die Hauptbelieferungsphase der Ateius-Offizinen in Pisa dar.[753] Diese Datierung erscheint nach den Kelchen der Form D.-W. Ic in Haltern (Haltern Formen 3a.b) angemessen zu sein.

Weitaus differenzierter präsentiert sich der übrige Bestand in Haltern. C. Annius und Rasinius spielen keine erkennbare Rolle mehr. In Einzelfällen handelt es sich hierbei um Altstücke, die im Privatbestand nach Haltern kamen. Wahrscheinlich ähnlich zu beurteilen sind die wenigen Stücke des Perennius. P. Cornelius

749 s. dazu jetzt auch die Diskussion in: Oberaden III 65 mit Anm. 233; 130.132 mit Anm. 513.

750 Unterschiede oder Übereinstimmungen zu den Töpferzuweisungen von DRAGENDORFF, HÄHNLE, LOESCHCKE, OXÉ, RITTERLING können den Listen 4 und 5 entnommen werden.

751 ETTLINGER, Novaesium 101 spricht vom sog. Oberadener Horizont.

752 Auch **OaNr. 27** scheint aus Pisa zu kommen. Über die Qualität II? sind auch **OaNr. 33** und **40** verdächtig.

753 Ebenso ETTLINGER, Novaesium 42.

ist in Haltern gut vertreten, einmal konnte sein Sklave Primus durch einen Außenstempel nachgewiesen werden. Seine Erzeugnisse gehören nach Ausweis der Randformen der Kelche mit zu den spätesten Gefäßen, die Haltern erreicht haben dürften.

Der sog. gruppo protobargateo waren drei Gefäßreste zuzuweisen. Nach Aussage des Dekors und des Eierstabes kommen allerdings nur M. Perennius Bargathes oder Cn. Ateius in Frage.

Chemische Analysen ermöglichten die Zuweisung von zwei Kelchen an eine bislang unbekannte Offizin in Lyon. An diese Kelche können ein Randfragment in Mainz und ein Kelch in Arlon angeschlossen werden. Vermutlich kommen noch drei weitere Kelchreste in Haltern ebenfalls aus Lyon. Im Fall von zwei Kelchen gab die beobachtete Qualität den Ausschlag zu einer solchen Annahme. Der Stempel des Eleuter mit der Zugabe des *f* für *fecit* macht eine solche Zuweisung wahrscheinlich, da auch viele Stempel der Betriebe in Lyon diese Besonderheit aufweisen. Die überwiegende Masse der Funde aber stammt aus den Offizinen des Cn. Ateius. Aus Arezzo sind nur sehr wenige Stücke nach Haltern und an den Rhein gelangt, Pisa hat sehr schnell den Markt in Gallien und am Rhein übernommen. Eine Trennung nach den Töpfereiorten war nur sehr schwer durchzuführen. Eine Unterteilung konnte nur auf Grund der Forschungen von STENICO und PORTEN PALANGE zu den Funden aus Arezzo durchgeführt werden. Der Töpfereifund von Pisa lieferte wichtige Übereinstimmungen zu Stempeln und zum Dekor einiger Fragmente aus Haltern. Chemische Analysen und Punzenkoppelungen konnten die Basis erweitern. Die so vorgenommenen Zuweisungen der Halterner Stücke sowie der Aufbau eines Vergleichskataloges waren die Grundlage für die Verbreitungskarten und die Übersicht der Gefäßformen. War eine Trennung nach Töpfer und besonders nach Töpferort nicht immer möglich, so ergaben sich doch einige wichtige Folgerungen. Nur wenige Gefäße aus Arezzo wurden außerhalb Italiens verhandelt. Bei den Gefäßen im Norden und an anderen „überseeischen" Fundorten handelt es sich mehrheitlich um Einzelstücke. Die günstig gelegene Hafenstadt Pisa ersetzte Arezzos Produktion schnell. Die Becher in Oberaden sowie die Zusammenstellung der Gefäßformen zeigen, daß der Betrieb in Pisa nur wenige Jahre nach Aufnahme der Produktion in Arezzo gegründet worden sein muß. Arezzo wird kurz vor 15 v. Chr. anzusetzen sein (damit sind auch die vielen reziproken Übereinstimmungen zur Offizin des M. Perennius Tigranus zu erklären), während der Betrieb in Pisa zur Zeit Oberadens schon gearbeitet hat. Aus Arezzo sind keine signierenden Sklaven auf Reliefkeramik belegt. Die Töpfer Euhodus, Hilarus, Xanthus und Zoelus haben sicher nur in Pisa Reliefkeramik hergestellt. Crestus ist hier anzuschließen. Von ihm allein signierte Produkte liegen in Haltern nicht vor. Von Narcissus sind noch zu wenige Funde bekannt, um ihn sicher fassen zu können, doch hat auch er wahrscheinlich in Pisa gearbeitet. Die von Crestus und Euhodus gemeinsam signierten Kelche wiesen zu den pisanischen Fabrikaten nur eine kleine Abweichung auf. Sie besitzen einen bräunlichen oder hellen Belag unter dem Überzug. Es ist auch hier davon auszugehen, daß Crestus und Euhodus in Pisa produzierten. Vermutlich sind die Beläge unter den Überzügen auf eine nur leicht geänderte Herstellungsweise zurückzuführen. Nur wenige Gefäße von Crestus und Euhodus sind bekannt. Die stattlichste Anzahl kommt aus Haltern. Da hier nur Gefäße der Form D.-W. Ih oder i sowie nur zwei verschiedene Stempelformulare und ein recht einheitlicher Dekor vorliegen, kann man von einer kurzen gemeinsanem Produktionszeit ausgehen.

Neben Crestus und Euhodus ist nur Xanthus noch mit einer größeren Anzahl an verzierter Arretina in Haltern vertreten. Besonders stark fällt im Gegensatz zu jenen aber auf, daß Xanthus auch in Neuss und Moers-Asberg und weiteren Rheinlagern gut belegt ist. Xanthus war der produktivste von allen Ateius-Töpfern. Er gehört zu den späten Ateii in Haltern.

Gefäßfragmente ohne Töpferstempel konnten anhand bestimmter Charakteristika zugewiesen werden. Besonders die Eierstäbe der pisanischen Produktion sind hier als gutes Zuweisungskriterium zu nennen. Der Versuch der Einordnung in verschiedene Untertypen bedarf in Anbetracht der ständig zunehmenden Neufunde sicher noch einer späteren Revision.

Keines der in Haltern gefundenen Gefäße bzw. -fragmente des Cn. Ateius oder eines seiner Freigelassenen ist in Lyon produziert worden. Alles deutet auf Pisa hin. Während glatte Sigillaten auch in Lyon hergestellt wurden – wohl um in der Nähe der Absatzmärkte zu sein – wurde augenscheinlich bis auf kleine, unbedeutende Ausnahmen Reliefkeramik nur in Arezzo und hauptsächlich in Pisa produziert. Man kann auch wegen der im Vergleich zur unverzierten Arretina nur geringen Fundmengen insgesamt von einer untergeordneten Produktion reden. Verhandelt wurden die Erzeugnisse wohl meistens als Beifracht, die schon im Hafen von

Pisa vom Töpfer verkauft wurde. Nach den Verbreitungskarten muß man allerdings davon ausgehen, daß die Verteilung der Töpferprodukte neben zeitlichen Unterschieden auch durch bestimmte Verteilernetze zu erklären ist. Es galt diesbezüglich zu untersuchen, ob Xanthus immer mit denselben Händlern und *navicularii* zusammenarbeitete und die Anlaufstellen Quartiermeister in Lyon waren, die dort zentral für die Lager am Rhein und an der Lippe einkauften. Direkte Beweise fehlen zwar, doch hat es den Anschein, daß man sich die Belieferung in dieser Weise vorstellen muß. Gleiche Gefäßformen und Dekore an Kelchen in verschiedenen Lagern, wie z.B. Neuss und Haltern, beweisen nicht nur eine Belieferung innerhalb einer kurzen Zeitspanne, sondern womöglich einer einzigen Lieferung, die von einem bestimmten Punkt aus verteilt wurde. Ähnliche Verhältnisse können in der mittelaugusteischen Zeit zwischen Neuss und Oberaden beobachtet werden. Gleichförmige Gefäß- und Dekorformen an einem einzigen Fundort belegen weiter die Lieferung von geschlossenen Sendungen. Die Ateius-Töpfer müssen besonders gute Vertriebsverbindungen gehabt haben. Die Rolle des Militärs als Vermittler oder Initiator des Sigillata-Handels kann nur hypothetisch eingeschätzt werden.

Weitere Arbeitsschwerpunkte bildeten die Bestimmung der einzelnen Töpfer und die Auswertung der Gefäßformen. Gesondert betrachtet wurden die Produkte des Cn. Ateius, seiner Sklaven und Freigelassenen.

Unproblematisch gestaltete sich die zeitliche Einordnung der Gefäßformen Oberadens. Neufunde belegen zwar für Oberaden jetzt auch sicher Kelchformen, doch herrschen die Becherformen eindeutig vor, während in Haltern Kelchformen den Bestand dominieren. Drei unterschiedliche Bechertypen waren in Oberaden in Umlauf. Während sich die Formen 1a und 1b verschiedenen Töpfern zuweisen lassen, nämlich C. Annius und Rasinius (1a) und Cn. Ateius (1b), blieb die Randscherbe der Form 1c unbestimmbar. Die neuen Kelche – C. Annius bzw. Rasinius – erweitern das bisher bekannte Spektrum an Kelch- bzw. Kraterrandprofilierungen. Zusammen mit den zwei bekannten, aber verschollenen Randstücken bilden sie eine gute Parallele zu dem frühen Neusser Horizont.

Die Formenspektren der Lager in Oberaden und Haltern unterscheiden sich erheblich. Zu Halterns Formenbestand ergeben sich nur wenige Anknüpfungspunkte. Becher sind dort nur viermal – und darüber hinaus unsicher – nachgewiesen. Nur zwei Kelchränder aus der Werkstatt des Rasinius bilden die einzige Überschneidung. Die Anfangsdatierung des Hauptlagers von Haltern wird dadurch nicht näher gefaßt. Späte Stücke, die gegen 9 n. Chr. anzusetzen sind, können gut von dem Gros der eher indifferenten Kelchformen D.-W. Ic separiert werden, die nur wenig Ansatzmöglichkeiten zu einer genauen zeitlichen Einordnung bieten. So muß hier festgestellt werden, daß sich die Reliefsigillaten nicht dazu eignen, Beiträge zum Beginn des Hauptlagers zu liefern, wie überhaupt eine Feintypologie der Formen kaum erstrebenswert erscheint,[754] solange nicht die Funde aus Arezzo oder Pisa publiziert sind.

Die Unterschiedlichkeit der Formenbestände ist sicherlich von zeitlichen wie von markttechnischen Bedingungen abhängig. Der Formenbestand Halterns zeigt deutlich eine kontinuierliche Entwicklung der Kelchformen auf. Bedingt lassen sich Randformen des Service Ic und Service II glatter Sigillaten zu Vergleichen heranziehen. Die jeweiligen Randausprägungen der Reliefsigillaten sind allerdings individueller und komplizierter aufgebaut. Nicht unterschieden werden kann in Haltern in einen frühen oder späten Bestand. Auch Fundstücke aus dem Wiegel oder aus den Feldlagergräben lassen keine zeitlich Differenzierung zu.

Kaum in nennenswerter Anzahl vertreten sind Becher, Skyphoi oder Schalen. Letztere Form stellt allerdings eine Besonderheit dar. Wahrscheinlich handelt es sich schon um eine zur Schüssel Drag. 29 überleitende Form, deren Aufkommen bisher in den Zeithorizont nach dem Ende Halterns gesetzt wurde.

Die Kartierung der Fundstellen in Oberaden und Haltern läßt keine eindeutigen Besitzergruppen erkennen. In Oberaden liegen zwar die meisten Fundorte in der *via principalis* zwischen *praetorium* und *principia*, doch verweisen auch Funde in den Gassen zwischen den Mannschaftsunterkünften auf Besitzer, die nicht von vornherein dem Offiziersstand zuzuordnen sind. Auffällig ist, daß sich die Becherfunde hauptsächlich im Lagerzentrum konzentrieren, während Kelche aus dem Randbereich des Lagers stammen. Eine Erklärung hierfür kann nicht gegeben werden.

754 Zu berücksichtigen ist auch der Zeitraum der Entwicklung. Er umfaßt maximal 15 Jahre.

Die Verbreitung im Hauptlager von Haltern läßt auf eine Besitzerschaft schließen, die sowohl unter den höheren Chargen als auch unter den einfachen Legionären zu suchen ist. Relativierend wirkt sich aus, daß die Auswertung sich bei vielen Stücken nicht mehr auf eine genaue Befundanalyse stützen kann. Antike Verschleppung einzelner Scherben eines Gefäßes über ein größeres Areal waren zu beobachten (z.B. **HaNr. 57**). Klare Befunde stammen aus den Centurionenquartieren an der nördlichen *via sagularis*.

Die Besonderheit der Fundplätze Oberaden[755] und Haltern[756] wird durch die hohen Anteile an Reliefsigillata sowie durch die Eigenproduktion derartiger Gefäße unterstrichen. Die Grabungen im Zentrum des Lagers Oberaden haben in den letzten Jahren neben den *principia* auch ein *praetorium* freigelegt, daß nach seinen Ausmaßen nur auf eine sehr hochgestellte Person hinweisen kann.[757] In Haltern war ein langfristiger Standort – ein emporium – geplant. Der Versuch mußte durch die Varus-Niederlage aufgegeben werden.

755 Vergleichbare Lager wie Rödgen und Dangstetten haben nur geringe Mengen ergeben.

756 Nur Neuss weist eine größere Funddichte auf. – Die Grabungen in Marktbreit haben bisher noch keine Reliefsigillata gebracht.

757 Die Fundanhäufung verzierter Becher im Lagerzentrum muß nicht unbedingt damit verbunden sein. In Haltern bleibt dieses Areal allerdings praktisch fundleer.

Summary

For various reasons it had become necessary to examine the ornamental Arretine ceramics from Oberaden and Haltern. The last time a find of this type was examined was over 50 years ago (Oxé, Haltern [1943] and Loeschcke in: Oberaden II). In the ensuing period a substantial increase in available material was made possible through systematic excavating activity, with the result that it became necessary to review Oxé's and Loeschke's results. For example, it was only recently that the finds of Arretine sigillata at the Neuss and Moers-Asberg sites were reported. These show very close parallels to the items found in the encampments on the Lippe. It has only recently been possible, since von Schnurbeins publication on the undecorated terra sigillata from Haltern, to perform typological studies and to determine the origin of the items found. Further opportunities for comparison presented themselves in 1988 when the excavations in Anreppen were restarted.

The settlement periods of the encampments at Oberaden (11-8/7 BC) and at Haltern (abandoned 9 AD) are the main criteria used for dating ornamental sigillata; in this case there is also the rare opportunity to compare the series of finds from two Roman encampments, which are separated by a period of only a few years. Because it is not known when the settlement of the main encampment at Haltern began, the ornamental Arretine ceramics could not provide any useful dating information. Although the typological examination revealed variations between the cups found at Oberaden and Haltern, the edge profiles of this type of cup are subject to different development criteria as are comparable non-ornamental cups (p. 35 ff.). The changes within the range of cups at Oberaden and Haltern is striking. The main form found in Oberaden is the beaker, whereas in Haltern this form is almost completely absent.

The first thing that had to be done in the case of the Arretine ware from Oberaden and Haltern was to determine the supplying potters, where they carried out their production, and what proportion of the total amount of production was manufactured by them. Various procedures were used to this end: the optical analysis of the body (p. 7 f.); chemical analysis (p. 15 f.); the epigraphic examination of the potters'signatures (p. 17 f.) and finally a comparative study of the punches used and of their motifs (p. 26 f.; for the punches see chapter IX.6).

The results of these studies are concurrent in that they show the different delivery patterns of the Oberaden and Haltern encampents (the three pieces from Anreppen **AnNr. 1-3** can for this purpose be included in the finds from Haltern). While C. Annius could be established as the main supplier in Oberaden (over 42%; cf. ill. 12), in Haltern it was Cn. Ateius, together with his slaves and freedmen, who enjoyed this priority position (52%; cf. ill.13). Other potteries are comparatively rare.

Arezzo (64%) and very probably Pisa (12%) were established as the places of production of the Oberaden Arretine ceramics (ill. 2). Most of the products to reach Haltern were from Pisa (22.8%; cf. ill.3). Only a small proportion of the goods supplied came from Arezzo. The proportion of relief ceramics from Lyon is surprisingly small (1.2%; cf. **HaNr. 156 and 157**).

There is a causal connection between the high proportion of products from Pisa and the potteries of Cn. Ateius. Cn. Ateius probably began setting up a pottery in Pisa shortly before Drusus' Germanic offensive. Provisionally allocating a beaker from Oberaden (**OaNr. 26**) to an Ateius pottery in Pisa, and taking into account the large amount of these goods supplied to Haltern, there is evidence that the period of production of these potteries was from the end of 1 cent. BC until the beginning of 1 cent. AD.

The stamps provide evidence of numerous potters working at the Ateius workshops (cf. ill. 4). These comprised slaves on the one hand and freedmen on the other. A precise picture of the internal structure of the enterprise cannot be gained until the finds from the potteries in Arezzo and Pisa are examined.

By producing catalogue lists of the potters from the various Ateius workshops (**HaNr. 37-68** and **KatNr. 302-433**) and maps of the locations of the finds (maps 2-19) it was possible to deduce the trade routes. It could be shown that the ornamental Arretine ceramics of Ateius were mainly used in a military context. It is possible that the trade in these items was controlled, or at least heavily influenced, by the military.

Mapping the finds in the plans of the military camps of Oberaden and Haltern (maps 1-3) provided the first opportunity to gain information on the customers within the camps. As Arretine ceramics are classed as luxury items it was expected that the finds would be located in those areas of the camps where the higher ranking officers lived (eg the camp centre and the tribune residences). This distribution could be verified in the Oberaden camp, whereas the picture in Haltern was different. Here the centre of the camp provided almost no finds whereas much Arretine ware could be found in the barracks.

A small number of items provide evidence of relief ceramic production in Haltern itself (**ImNr. 1-9**). It is certain that this was an attempt at the independent production of more sophisticated ceramics.

Altogether, on account of their usefulness for dating purposes, their allocation to potters and places of production, their enabling the deduction of trade reations and customers, the ornamental terra sigillata from Oberaden and Haltern provide a sound basis for further research, something which would be especially desirable in the case of Arezzo and Pisa, these being the places of production.

Translation: Richard Brightbart

Résumé

Une révision de la céramique arétine ornée trouvée à Oberaden et à Haltern était devenue nécessaire pour plusieurs raisons. Les derniers travaux sur ce sujet dataient déjè de plus de 50 ans (OXÉ, Haltern [1943] et LOESCHCKE in: Oberaden II). Entre-temps les fouilles systématiques avait élargi considérablement l´ensemble des données de sorte qu´un contrôle des résultats obtenus par OXÉ et LOESCHCKE paraissait indispensable, surtout depuis la publication récente des sigillées arétines des sites de Neuss et Moers-Asberg, lesquelles présentent de grandes affinités avec le matériel trouvé dans les camps de la vallée de la Lippe. Les analyses typologiques et d´identification de provenance, enfin, étaient possibles depuis la parution des travaux de VON SCHNURBEIN sur la sigillée non décorée de Haltern. La reprise des fouilles à Anreppen, en 1988, apportait par ailleurs de nouvelles possibilités de comparaison.

La durée d´occupation des camps d´Oberaden (11-8/7 av. J.-C.) et de Haltern (abandon en 9 ap. J.-C.) constituent la base de toute datation d´arétine ornée; d´autant plus qu´il existe ici la rare possibilité de comparer les séries découvertes dans deux camps qui ne sont séparés que par quelques années. Le début, toujours inconnu, du camp principal de Haltern n´a pas pu être fixé à l´aide de l´arétine ornée. Les études typologiques ont certes mis en évidence des différences entre les calices d´Oberaden et ceux de Haltern mais l´évolution des profils d´ouverture des calices ne correspond pas à celle des tasses non décorées (p. 33 sq.). Tout à fait remarquable est le changement qui s´est produit entre les échantillonnages typologiques d´Oberaden et de Haltern. Les gobelets dominent à Oberaden et sont pratiquement absents à Haltern.

L´arétine d´Oberaden et de Haltern a d´abord été examinée du point de vue des potiers fournisseurs, de leurs lieux de production et de la proportion de leur vaisselle par rapport à l´ensemble de l´arétine. Pour ce faire on a eu recours à plusieurs procédés: l´analyse optique de la pâte (p. 7 sq.), l´analyse chimique (p. 15 sq.) ainsi que les études épigraphique pour les signatures de potiers (p. 17 sq.) et comparative pour les poinçons et leurs motifs décoratifs (p. 26 sq.; cf. chapitre IX.6 pour les poinçons.).

Ces diverses approches montrent de façon unanime que les camps d´Oberaden et de Haltern n´ont pas eu les mêmes fournisseurs et que les tessons d´Anreppen **AnNr. 1-3** sont apparentés à ceux de Haltern. Alors qu´à Oberaden C. Annius se révèle avoir été le fournisseur principal (plus de 42 %; cf. fig. 12), à Haltern ce sont Cn. Ateius, ses esclaves et ses affranchis qui dominent (52 %; cf. fig. 13). Les autres officines sont attestées beaucoup plus rarement.

Les centres de production de l´arétine d´Oberaden furent surtout Arezzo (64 %) et très probablement Pise (12 %; cf. fig. 2). La vaisselle arrivant à Haltern provenait plutôt de Pise (22,8 %; cf. fig. 3), et beaucoup moins d´Arezzo (15,2 %). Surprenante est l´insignifiance quantitative de la céramique à décor en relief originaire de Lyon (1,2 %; cf. **HaNr. 156** et **157**).

L´importance de la production pisane est liée aux ateliers de Cn. Ateius. Celui-ci semble avoir débuté par l´ouverture d´une entreprise à Pise peu avant l´offensive de Drusus en Germanie. L´attribution probable d´un gobelet d´Oberaden (**OaNr. 26**) à un atelier pisan d´Ateius et l´importance de cette marchandise constatée à Haltern prouvent qu´elle fut produite dans ces officines de la fin du Ier siècle av. J.-C. au début du Ier siècle après J.-C.

Grâce aux estampilles, on a pu attester pour les ateliers d´Ateius un grand nombre de potiers (cf. fig. 4). Il s´agit aussi bien d´esclaves que d´affranchis. Une image précise des structures internes de l´entreprise ne pourra pourtant être atteinte que par l´étude du matériel trouvé dans les poteries d´Arezzo et de Pise.

La saisie de toutes traces des potiers des diverses ateliers d´Ateius (**HaNr. 37-68** et **KatNr. 302-433**) et la cartographie de leurs lieux de découverte (cartes 2-19) nous ont permis d´esquisser le réseau de commercialisation. On a pu noter à cette occasion que l´arétine ornée d´Ateius apparaissait surtout en contexte militaire. L´armée en a probablement dirigé ou au moins fortement influencé le commerce.

La répartition des tessons à l´intérieur des camps d´Oberaden et de Haltern (plans 1-3) fournit pour la première fois des renseignements sur la personalité des acheteurs à l´intérieur d´un camp. L´arétine étant à considérer comme une vaisselle de luxe, on pouvait s´attendre à en trouver les traces dans les parties du camp réservées aux hautes charges (centre du camp et maisons des tribuns, p. ex.). Pourtant, si cette répartition est bien confirmée à Oberaden, cela n´est pas le cas à Haltern. Le centre de ce camp reste en effet presque vide et l´arétine s´y trouve aussi dans les casernes.

A Haltern même, la production de céramique à décor en relief est prouvée par quelques pièces (**ImNr. 1-9**). Mais cette auto-production de vaisselle de prix ne resta certainement que tentative.

De bonnes conditions de datation, l´identification des potiers ou des lieux de productions, la mise en évidence des relations commerciales et de la catégorie des acheteurs, tout cela fait de la céramique sigillée trouvée à Oberaden et à Haltern und base solide à partir de laquelle de nouvelles recherches pourraient être entreprises, comme celles, si souhaitables, sur les centres de production d´Arezzo et de Pise.

Traduction: Daniel Bérenger

Riassunto

Una nuova approfondita analisi del materiale aretino decorato proveniente da Oberaden e Haltern si era resa necessaria per diversi motivi. Gli ultimi esami condotti su questo genere di reperti risalivano addirittura a più di 50 anni fa (OXÉ, Haltern [1943] e LOESCHCKE in Oberaden II). Nel periodo successivo il materiale stesso poté essere considerevolmente ampliato grazie a lavori di scavo sistematici, cosicché una revisione delle conclusioni a cui erano giunti OXÉ e LOESCHCKE era divenuta irrinunciabile. Recentemente inoltre sono stati pubblicati i pezzi aretini (Terra-sigillata) provenienti da Neuss e Moers-Asberg, i quali rivelano diretti parallelismi con i reperti provenienti dagli insediamenti sul fiume Lippe. Ricerche di carattere tipologico o volte a determinare il luogo di provienenza poterono essere intraprese ultimamente da VON SCHNURBEIN a partire dalla pubblicazione della Terra sigillata senza decorazioni proveniente da Haltern. La ripresa degli scavi ad Anreppen nell'anno 1988 ha infine offerto nuove possibilità di confronto.

Il lasso di tempo in cui sono documentati gli insediamenti di Oberaden (11-8/7 a. C.) e di Haltern (abbandonato nel 9 d. C.) fornisce le colonne portanti per la datazione dei pezzi aretini decorati; qui si ha inoltre la rara possibilità di poter confrontare tra loro le serie di reperti di due insediamenti distanti nel tempo l'uno dall'altro solo pochi anni. Per quanto concerne la datazione dell'insediamento principale di Haltern, il cui inizio è ignoto, i pezzi aretini decorati non hanno potuto fornire alcun punto di riferimento preciso. E' vero che le indagini tipologiche hanno fatto emergere delle differenze tra i calici di Oberaden e quelli di Haltern, però i contorni dei calici sottostanno ad altri criteri di sviluppo rispetto alle tazze senza motivi ornamentali che si possono utilizzare per il confronto (p. 33 ss.). Quello che colpisce è il cambiamento nella gamma tipologica tra Oberaden e Haltern. Le forme a calice predominano a Oberaden, mentre ad Haltern mancano praticamente del tutto.

Riguardo ai pezzi aretini di Oberaden e Haltern si doveva innanzitutto procedere all' identificazione dei vasi forniti, del loro luogo di produzione e della percentuale da essi occupata nel fondo complessivo degli aretini. Per queste ricerche sono stati utilizzati diversi metodi: l'analisi ottica dei frammenti (p. 7 ss.); l'analisi chimica (p. 15 ss.); la ricerca epigrafica delle sigle presenti sui vasi (p. 17 ss.) e infine un'indagine comparativa dei bulini utilizzati e dei loro motivi (p. 26 ss; sui bulini cfr. il capitolo IX.6).

I risultati di queste ricerche hanno mostrato concordemente una fornitura distinta per gli insediamenti di Oberaden e Haltern (i tre pezzi provenienti da Anreppen **AnNr. 1-3** si possono invece assegnare al fondo di Haltern). A Oberaden C. Annius è risultato essere il fornitore principale (oltre il 42%; cfr. figura 12), mentre ad Haltern il primato spetta a Cn. Ateius insieme con i suoi schiavi e liberti (52%; cfr. figura 13). Al confronto con queste, altre officine di ceramica compaiono raramente.

Come luoghi di produzione dei pezzi aretini di Oberaden sono stati individuati Arezzo (64%) e molto verosimilmente Pisa (12%; cfr. fig. 2). Ad Haltern arrivarono soprattutto prodotti di Pisa (22,8%; cfr. fig. 3). La parte di Arezzo nella fornitura è limitata (15,2%). Sorprendentemente bassa è la percentuale della ceramica a rilievi proveniente da Lione (1,2%; cfr. **HaNr.156** e **157**).

L'alta percentuale dei prodotti pisani è dovuta alle fabbriche di ceramica di Cn. Ateius. Molto probabilmente Cn. Anteius cominciò l'attività di uno stabilimento a Pisa poco prima dell'offensiva di Druso contro i Germani. Attraverso l'attribuzione (peraltro con qualche riserva) di un calice di Oberaden (**OaNr. 26**) a un'officina di Ateius in Pisa e grazie alla fornitura di tali prodotti soprattutto ad Haltern, è possibile documentare il periodo di produzione di queste officine di ceramica dalla fine del I sec. a. C. fino all'inizio del I sec. d. C.

Sulla base dei formulari presenti nei marchi è stato possibile individuare numerosi vasai delle officine di Ateius (cfr. fig. 4). Si tratta da un lato di schiavi, dall'altro di liberti. Un quadro preciso delle strutture interne alle officine, tuttavia, potrà essere fornito solo dopo un'analisi del materiale delle officine di ceramica in Arezzo e Pisa.

La catalogazione dei vasai dalle diverse officine di Ateius (**HaNr. 37-68** e **KatNr. 302-433**) assieme ad una rappresentazione cartografica dei luoghi di ritrovamento (carte 2-19) ha consentito di tracciare un quadro delle rotte di commercio. A tal proposito è emerso che i pezzi aretini decorati provengono principalmente da ambienti militari. E' possibile che il commercio fosse diretto dall'esercito o quantomeno da esso fortemente influenzato.

Le carte realizzate in base ai ritrovamenti negli insediamenti di Oberhaden e di Haltern hanno offerto per la prima volta la possibilità di raccogliere informazioni sugli acquirenti all'interno di un insediamento. Dato che la ceramica aretina deve essere catalogata come oggetto di lusso, ci si potevano aspettare luoghi di ritrovamento all'interno dell'insediamento, là dove abitavano le persone più ragguardevoli (ad esmpio al centro del sito o nelle case dei tribuni). Questa suddivisione del materiale ha trovato conferma nell' insediamento di Oberaden, mentre Haltern ha presentato un quadro differente. Là il centro dell'insediamento è rimasto piuttosto privo di ritrovamenti e la ceramica aretina è stata trovata anche nelle caserme.

La produzione di ceramica a rilievi in Haltern stessa è documentata da pochi pezzi (**ImNr. 1-9**). Si tratta con sicurezza di un tentativo di produzione di ceramica di qualità superiore *in loco*.

Nel complesso la Terra-sigillata proveniente da Oberaden e da Haltern, grazie alle buone possibilità di datazione, all'attribuzione a vasai e a precisi luoghi di produzione, così come per l'accertamento delle relazioni commerciali e degli acquirenti, offre una buona base per ulteriori ricerche, che sarebbero auspicabili soprattutto per i luoghi di produzione Arezzo e Pisa.

Traduzione: Patrizia Carmassi

IX. Kataloge

Der Besprechung der einzelnen Stücke wurde bewußt ein breiterer Raum gewidmet, um bei der Beschreibung der Punzen, Motive und des Aufbaues der Gefäßform und der Lippe die jeweiligen Besonderheiten deutlich werden zu lassen.

Nach Möglichkeit wurden zu den einzelnen Stücken die weiterführenden Publikationen angeführt. Die aufgeführten Parallelen können nicht immer erschöpfend sein. Sie geben aber stets die wichtigsten Vergleichsstücke an und ermöglichen so zumindest in der Tendenz eine Töpferansprache.

Die Nennung der Stempel und die der festgestellten Qualitäten von Ton und Überzug vervollständigen die Angaben zum Gefäß. Größenverhältnisse und Maße können direkt von den Tafeln abgenommen werden. Die Abbildungen der Gefäße besitzen grundsätzlich ein Maßverhältnis von 1:2. Die Stempel und die Punzen sind dagegen im Maßstab von 1:1 wiedergeben.[758] Aus diesem Grunde wurde auf Maßangaben im Text verzichtet. Über die Katalognummern kann schnell Zugang zu den Einzelbesprechungen der verschiedenen Töpfer, Stempel, Qualitäten oder Fundorte in Oberaden, Haltern oder Anreppen gefunden werden.

OaNr.	Verweis auf den Katalog der Funde aus Oberaden
HaNr.	Verweis auf den Katalog der Funde aus Haltern
ImNr.	Verweis auf den Katalog der Sigillata-Imitationen aus Haltern
AnNr.	Verweis auf den Katalog der Funde aus Anreppen
Punzen-Nr.	Verweis auf den Katalog der Punzen
KatNr.	Verweis auf den Katalog der Vergleichsfunde zu den Ateius-Produkten
WS	Wandscherbe
BS	Bodenscherbe
RS	Randscherbe
FS	Formschüssel
WMfA	Westfälische Museum für Archäologie, Münster
FO	Fundort
AO	Aufbewahrungsort

Aufbewahrungsorte

Haltern, Westfälisches Römermuseum Haltern:

HaNr.	**14, 15, 21, 25, 27-29, 34, 38, 43, 44, 51-54, 56, 59, 62, 65, 71, 75, 82, 153, 156.**
ImNr.	**1, 2.**

Münster, Westfälischen Museums für Archäologie:

OaNr.	**4-6, 9, 10, 12-23, 27, 31-42.**
HaNr.	**1-6, 9, 11-13, 19, 22-24, 33, 35, 36, 39-42, 45, 47, 49, 50, 55, 57, 61, 69, 70, 74, 77-79, 81, 83-86, 88, 93-98, 103, 104, 106-110, 114, 116-119, 122, 123, 132-151, 157.**

758 Problematisch war die Ermittlung des richtigen Maßstabes einiger Altfunde aus den Jahren 1902-1943, da viele der Funde von Haltern und Oberaden im Krieg zugrunde gingen. Besonders in der Publikation von Oxé, Haltern (1943) haben sich die Maßstabsverhältnisse durch eine andere Publikationsform verschoben. Vorgesehen war eine Drucklegung als 8. Band der Mitteilungen der Altertumskommission für Westfalen. Die Druckvorlagen waren soweit schon vorbereitet, der Druck erfolgte dann jedoch in den Bodenaltertümern Westfalens. Nur durch Vergleiche mit noch existenten Stücken konnten hier die annähernd originalen Größen ermittelt werden.

ImNr. **3-9**.
AnNr. **1-3**.

Dortmund, Museum für Kunst- und Kulturgeschichte:
OaNr. **1**, **26**.

Bergkamen, Stadtmuseum:
OaNr. **2**

1. Verzierte Arretina aus Oberaden

C. Annius.

OaNr. 1
Becher der Form 1a (Form Oberaden 13A). Außenstempel: [PANTA]GATHVS/C. ANNI. Qualität V? (Taf. 1).
Publiziert: OXÉ in: Oberaden I 43 f. Nr. 1 Taf. 47a.a[1]; 48,2. C. ALBRECHT, Neue Ausgrabungen im Römerlager Oberaden. VI. Internat. Kongress für Archäologie. Berlin 21.-26. August 1939 (Berlin 1940) 554, Taf. 61a; LOESCHCKE in: Oberaden II 27 Taf. 2,1a; G. LANGEMEYER (Hrsg.), Museumshandbuch. Museum für Kunst- und Kulturgeschichte der Stadt Dortmund. 1 (Dortmund 1983) Abb. S. 100; B. TRIER (Hrsg.), 2000 Jahre Römer in Westfalen (Mainz 1989) 148 Abb. 167.
Der Becher wurde aus 18 Scherben zusammengesetzt. Die leicht verdickte Lippe liegt direkt auf der oberen Wandung auf. Darunter wird durch einen Absatz oben und zwei Rillen unten ein schmaler, glatter Streifen begrenzt. Der Reliefschmuck besteht zunächst oben aus einem Fries achtblättriger Rosetten, darunter zieht sich ein Blattkranz entlang. Von einem Mittelgrat gehen nach oben und unten jeweils paarig zwei Blätter oder zwei Rosetten an kurzen Stengeln aus. Die Blätter und Rosetten sind alternierend gesetzt. Ein Fries aus Efeublättern schließt die obere Reliefzone ab. Schräg gesetzte Stäbe teilen die untere Dekorzone in acht stehende und acht hängende Dreiecke auf. Die Ausgangspunkte der Stäbe befinden sich oben am Efeublattfries (sie werden von kleinen Masken verdeckt) und unten an einem horizontalen, umlaufenden Grat. Hier verdecken kleine Rosetten die Berührungspunkte. In den stehenden Dreiecken blühen achtblättrige Rosetten, die nicht mit denen des Frieses identisch sind, an leicht geschlängelten Stengeln, die frei in die Modelschüssel gezeichnet sind. Große sechsblättrige Blüten wachsen in den hängenden Dreiecken auf ähnlichen Stengeln, die ihrerseits auf Rosetten stehen. Der Stempel wurde unterhalb des Efeublattfrieses in eines der hängenden Dreiecke in die Modelschüssel eingepunzt. Zwischen dem Dekor und dem Bodenumbruch bleibt ein unverzierter Streifen frei.
Vgl. CHASE, Loeb Taf. 13,228 – Annius (?); 13,239.241 – Rasini Memmi oder Annius; 14,368 – Memmius (?); Efeublattfries und Blattkranz: ALEXANDER, Metropolitan Taf. 34,2 – Annius (?); ähnliches Blatt: ETTLINGER, Novaesium Taf. 62,4 – C. Annius; **OaNr. 10**; sechsblättrige Blüte bei Quartio Rasini: CHASE, Boston Taf. 21,102; MARABINI MOEVS, Mem. Am. Acad. Rome 34, 1980, 272 Taf. 10,1 – ohne Zuweisung.
Durch den Stempel sicher dem Pantagathus aus dem Betrieb des C. Annius aus Arezzo zugewiesen.

OaNr. 2
Schale der Form 2 (Form Oberaden 14). Qualität V. (Taf. 1.52,2).
Publiziert: OXÉ in: Oberaden I 45 Nr. 1 Taf. 47c; LOESCHCKE in: Oberaden II 28 Taf. 4,1; C. ALBRECHT, Neue Ausgrabungen im Römerlager Oberaden. VI. Internat. Kongress für Archäologie. Berlin 21.-26. August 1939 (Berlin 1940) 554 Taf. 61c; G. LANGEMEYER (Hrsg.), Museumshandbuch. Museum für Kunst- und Kulturgeschichte der Stadt Dortmund. 1 (Dortmund 1983) Abb. S. 100.
Das halbkugelige Gefäß steht auf einem schmalen Standring. Die Lippe springt leicht vor, ist im Profil dreieckig, da sie auf der Innenseite schräg abgestrichen ist. Sie ist nicht unterschnitten. Eine Rille darunter leitet zum schmalen, glatten Wandstreifen über, der unten durch zwei Rillen begrenzt wird. Der Reliefschmuck besteht oben aus einem Fries aus achtblättrigen Rosetten, unter dem sich ein umlaufender Kranz befindet. Liegende „Palmetten" (es sind eigentlich sechsblättrige Ornamente, die in einem tordierten Stab enden) bilden gewissermaßen den Mittelgrat, von dem aus nach oben und unten jeweils paarig zwei Blätter oder zwei Rosetten an kurzen Stengeln befestigt sind. Ein weiterer Rosettenfries schließt die Dekorzone ab. Um das Gefäßrund wachsen ganz unten am Bodenumbruch Akanthusblätter, zwischen denen die Blüten auf freigezeichneten Stengeln gesetzt sind.
Vgl. CHASE, Loeb Taf. 17,184 – Annius; OXÉ, Rhein Taf. 67,295 – C. Annius; ders., Oberaden (1938) 45, Taf. 49,1; 52d; Blatt: **OaNr. 1 u. 10**; Blattkranz: ALEXANDER, Metropolitan Taf. 34,2 – Annius (?); ähnliches Blatt: ETTLINGER, Novaesium Taf. 62,4 – C. Annius; zur Gefäßform: G. ULBERT, Der Lorenzberg bei Epfach. Die frührömische Militärstation. Münchener Beitr. zur Vor- und Frühgesch. 9 (München 1965) Taf. 9,3a.b – P. Cornelius.
Sicher aus dem Betrieb des C. Annius. Wahrscheinlich sogar wie **OaNr. 1** von Pantagathus.

OaNr. 3
Außenstempel: [...]ANNI. Verschollen. (Taf. 39).
Publiziert: OXÉ in: Oberaden I 47 Taf. 43,3.
Der Stempel kann keinem der vorhandenen Gefäße mit Sicherheit zugeordnet werden. OXÉ [in: Oberaden I 47; s. dazu auch O.-C. 83bb.12 vermutet einen Zusammenhang zu den Bechern **OaNr. 1, 7 u. 8**, die er dem Pantagathus zuweist.

OaNr. 4
Zwei Rand- und 26 Wandscherben eines Bechers der Form 1a (Oberaden 13A). Qualität V. Außenstempel: [...] C·ANNI. (Taf. 2).
Unpubliziert. Fund-Nr. Oa 90.007/a1.
Der Rand ist leicht trichterförmig nach außen gezogen. Darunter verläuft eine recht schmale, relieffreie Zone über zwei Rillen. Der Dekor ist in zwei übereinanderliegende Zonen aufgeteilt. Die obere Zone wird jeweils oben und unten durch einen Rosettenfries beschlossen. Zweiteilige, alternierend gesetzte Girlanden, die sich am Scheitelpunkt an einer kleiner Kugel berühren, stehen mit den Enden auf kleinen Krateren. Direkt über den Krateren erheben sich kleine Palmetten. Geringe Dekorreste unter den Palmettenbögen verweisen möglicherweise auf kleine Eroten wie bei **OaNr. 10**. Die untere Dekorzone ist durch Stege in dreieckige Felder aufgeteilt, in denen sich jeweils auf freihändig gezeichneten Stengeln Blüten befinden. Dabei

fällt auf, daß große Blüten in die auf der Spitze stehenden Dreiecke gepunzt sind. Die Spitzen dieser Felder werden durch kleine Scheiben gebildet. Der Dekor im unteren Wandbereich ist leicht verpreßt.

Vgl. zum Rosettenfries: Punzen-Nr. 97; Girlande: STENICO, Rasinius 64 Nr. 178 u. 179; große Blüte: ETTLINGER (1984a) Taf. 62,1a - Annius; kleine Blüte: Punzen-Nr. 93; Krater: Punzen-Nr. 254.

Der Dekor verweist eindeutig auf ein Produkt des Pantagathus C. Anni aus Arezzo; s. dazu etwa **OaNr. 1**.

OaNr. 5
Zwei Bodenscherben eines Bechers der Form 1a (Oberaden 13A). Qualität V. (Taf. 2).
Unpubliziert. Fund-Nr. Oa 90.012/a1.
Erhalten ist der untere Bereich der Dekorzone. In Dreieckfelder sind jeweils Blüten auf frei gezeichnete Stengel gesetzt. Kleine Scheibchen markieren die unteren Spitzen der Dreiecke.
Vgl. **OaNr. 1** u. **4** – PANTAGATHVS C·ANNI.
Sicher aus dem Betrieb des C. Annius aus Arezzo. Wahrscheinlich aus der Hand des Pantagathus.

OaNr. 6
Wandscherbe eines Bechers mit dem Rest eines Außenstempels: C·[...] Qualität I? (Taf. 2).
Unpubliziert. Fund-Nr. Oa 83.030/a1.
In der Gefäßmitte eines Bechers läuft ein Fries aus 14-teiligen Rosetten um. Wahrscheinlich war das Bildfeld in eine obere und eine untere Zone aufgeteilt. Ein Krater in der oberen Bildhälfte steht auf einer der Rosetten. Blumen wachsen aus ihm empor. Der Krater steht auf einem gewundenen, frei in die Modelschüssel eingezeichnetem Schaft. Seitlich des Stengels befinden sich noch spärliche Reliefreste. Der Stempel ist außen über den Rosettenfries eingepunzt.
Vgl. Rosette: **OaNr. 1, 10**; D.-W. 154 Abb. 23,2 – C. Annius; BROWN, Ashmolean 17,68 – Annius; ETTLINGER, Novaesium Taf. 62,1.2 – Annius; Krater: OXÉ, Oberaden (1938) Taf. 51,1a.b – Pantagathus Rasini Memmi.
Der verbliebene Buchstabe **C·** des Stempels deutet wahrscheinlich auf das Praenomen des Annius. Nach den Parallelen und dem Stempelrest kann kein Zweifel daran bestehen, daß das Stück aus dem Betrieb des C. Annius kommt.

OaNr. 7
Zwei Fragmente eines Bechers der Form 1a (Form Oberaden 13A). Verschollen. (Taf. 2).
Publiziert: OXÉ in: Oberaden I 44 Nr. 2 Taf. 52a; LOESCHCKE in: Oberaden II 27 mit Anm. 2.
Die Lippe des sehr dünnwandingen Gefäßes ist nach innen hin leicht abgeflacht und dadurch ganz leicht nach außen gedrückt. Eine Rille läuft direkt unter der Lippe um und begrenzt damit einen relieffreien Streifen nach oben hin, der unten ebenfalls durch eine Rille abgeschlossen wird. Wie bei Becher **OaNr. 1** scheint der Dekor in eine obere und eine untere Zone aufgeteilt worden zu sein. Im oberen Bereich wurden zwischen neunblättrigen Rosetten, die die Funktion eines Frieses übernehmen, Anhänger eingepunzt. Diese bestehen aus einem glatten und einem tordierten Ende, an dem sich zudem noch eine Öse befindet. OXÉ denkt hierbei zu Recht an Frauenschmuck der frühen Kaiserzeit. Ähnlich wie bei **OaNr. 1** wird die Dekorzone durch schräg verlaufende Stäbe in Dreiecke unterteilt. Die Spitzen der so entstandenen Felder werden von Komödien-Masken verdeckt, die sich in einem umlaufenden Efeublattfries befinden.
Vgl. CHASE, Loeb Taf. 14,368 – Memmius (?); **OaNr. 1**; OXÉ in: Oberaden I Taf. 49,1.2; 47a; Rosetten und Anhänger: etwa wie D.-W. 154 Abb. 23,2 (Rosette) u. 23,4 (Anhänger) – C. Annius; komische Maske: ebd. Taf. 32,460 – Annius (?).
Wahrscheinlich aus dem Betrieb des C. Annius in Arezzo.

OaNr. 8
Fünf Wandscherben eines Bechers der Form 1a (Form Oberaden 13A). Verschollen. (Taf. 2).
Publiziert: OXÉ in: Oberaden I 44 Taf. 52b; LOESCHCKE in: Oberaden II 27 (zu Form 13A).
Die Art des Dekors – Anhänger, Efeublattfries, Rosetten und die schräg gesetzten Stäbe – läßt auf eine ähnliche Zweiteilung des Relieffeldes schließen, wie sie von **OaNr. 1** und **7** bekannt ist. Der Efeublattfries scheint hier den oberen Bildfeldabschluß der oberen Zone gebildet zu haben, vorausgesetzt, daß die Anhänger mit ihren Ösen und dem tordiertem Ende nach oben zur Mündung ausgerichtet waren.
Vgl. **OaNr. 1 u. 7**; Efeublattfries und Anhänger: **OaNr. 7** – Annius; D.-W. 154 Abb. 23,4 – C. Annius; Rosette: OXÉ, Rhein Taf. 4.11 – Quartio Rasini; STENICO, Rasinius Taf. 34,180 – Rasinius.
Wohl aus dem Betrieb des C. Annius.

OaNr. 9
Eine Boden- und zwei Wandscherben eines Bechers. Qualität V. (Taf. 2).
Unpubliziert. Fund-Nr. Oa 86.034/a5/a6.
Erhalten sind Teile von Anhängern, die den Becher wohl als oberen Fries verzierten. Darunter in leichtem Abstand ein schwach sichtbarer, erhöhter Steg. Der annähernd vollständig erhaltene Boden läßt auf ein ursprünglich recht großes Gefäß schließen.
Vgl. Anhänger: D.-W. 154 Abb. 23,4 – C. Annius; **OaNr. 22**.
Wohl aus dem Betrieb des C. Annius.

OaNr. 10
Zwei Rand- und sechs Wandscherben eines Kelches der Form 4b (Form Oberaden 16; D.-W. Ia). Qualität V. (Taf. 3.53,2).
Unpubliziert. Fund-Nr. Oa 77.262; 78.015/a1; 78.041.
Die stark unterschnittene Lippe wird außen durch eine flache Kehle leicht profiliert. Mäßige Ausladung des Randes. Von der oberen Wandung hat sich nur der glatte, unten durch zwei Rillen begrenzte Streifen erhalten. Darunter beginnt direkt die Dekorzone. Unter breiten, durch Kerbschnitte rautierte Halbbögen, befinden sich kleine geflügelte Eroten auf einer umlaufenden Bodenlinie. Ein stehender Erot hält ein Kästchen in den Händen, ein zweiter sitzt auf einem Schwan. Die Halbbögen ruhen auf hori-

zontalen Plättchen, die selbst siebenteiligen Palmetten aufliegen. Darüber sind in den Zwickeln Blattmotive mit nach oben sich verjüngenden Scheibchen eingepunzt. Unter der Bodenlinie befand sich eine weitere wohl rein vegetabil mit gezackten Blättern und Rosetten verzierte Bildzone.

Vgl. Rosette: D.-W. 154 Abb. 23,2 – Annius; BROWN, Ashmolean Taf. 17,68 – Annius; ETTLINGER, Novaesium Taf. 62,1.3 – Annius; Blatt: ALEXANDER, Metropolitan Taf. 34,2 – Annius (?); D.-W. Taf. 29,481 – Annius; 29,588a – P. Cornelius; **OaNr. 1 u. 2**; STENICO, Rasinius 67 Nr. 263 – Rasinius; Taf. 26,125. Halbbogen: D.-W. Taf. 32,493 – Annius. Zu den Eroten gibt es bisher keine Parallele.

Wohl aus dem Betrieb des C. Annius.

OaNr. 11

Bodenscherbe eines Bechers der Form 1a (Form Oberaden 13A? Verschollen. (Taf. 3).

Publiziert: OXÉ in: Oberaden I 44 Nr. 4 Taf. 52c; LOESCHCKE in: Oberaden II 27.

Die Reliefzone befindet sich über einem umlaufendem Grat, der diese nach unten hin begrenzte. Über dem Bodenumbruch entsteht so ein freier Wandstreifen. Vom Dekor sind noch die Reste zweier nach oben strebender Blätter und ein senkrechter, auf die untere Begrenzung gesetzter Stab (?) erhalten.

Vgl. Blatt: D.-W. Taf. 32,454 – Pantagathus C. Anni; 32,455 – C. Annius; ETTLINGER, Novaesium Taf. 62,6.7 – C. Annius.

Vermutlich handelt es sich um ein Produkt des C. Annius.

OaNr. 12

Drei Wandscherben eines Bechers unbestimmter Form. Qualität V. (Taf. 3).

Unpubliziert. Fund-Nr. Oa 90.007/a1.

Der glatte Randbereich über der Dekorzone ist sehr hoch. Zwei parallel verlaufende Rillen, die auf der Unterseite von einem Rosettenfries begleitet werden, sind der einzige erhaltene Reliefschmuck.

Vgl. zu den Rosetten: Punzen-Nr. 97 – C. Annius.

Wahrscheinlich aus dem Betrieb des C. Annius.

OaNr. 13

Wandscherbe eines Bechers. Qualität II. (Taf. 3).

Unpubliziert. Fund-Nr. Oa 88.119/a1.

Ein Fries aus waagerecht eingepunzten Efeublättchen bildet den oberen Dekorabschluß. Der Wandungsverlauf läßt auf eine Becherform schließen. An der Innenseite Drehrillen.

Vgl. **OaNr. 1 u. 24**; Efeublatt: D.-W. 154 Abb. 23, 4 – Annius; Taf. 32,480 – Annius; Beil. 8,66 – Rasinius; ALEXANDER, Metropolitan Taf. 34,2 – Annius (?). Wahrscheinlich benutzte Annius von allen bekannten Arretinern am häufigsten horizontale Blattreihen: H. COMFORT, Am. Journal Arch. 86, 1982, 494 Nr. 31; s. auch die Zusammenstellung ähnlicher Efeublattfriese bei A. BALIL, Bol. Seminario estudios arte y arqu. Valladolid 52, 1986, 244 Abb. 4B.

Wahrscheinlich stammt das Stück aus dem Betrieb des C. Annius.

OaNr. 14

Wandscherbe eines Bechers? Qualität II. (Taf. 3).

Unpubliziert. Fund-Nr. Oa 88.115/a1.

Ein Fries aus waagerecht eingepunzten Efeublättchen, der entweder als oberer Reliefabschluß oder als Zonenteiler diente, ist auf der sehr dünnwandigen Scherbe noch erhalten.

Vgl. **OaNr. 1, 2 u. 13**; D.-W. 134 Abb. 18,11 – Rasinius.

Möglicherweise aus dem Betrieb des C. Annius.

OaNr. 15

Wandscherbe eines Bechers? Qualität II. (Taf. 3).

Unpubliziert. Fund-Nr. Oa 88.115/a4.

Die Krümmung der Wandung und die dünne Wandungsstärke sprechen für einen Becher. Das Relief ist zu stark bestoßen, um eine sichere Zuweisung zu ermöglichen. Am oberen Rand der Scherbe sind noch Reste eines Efeublattfrieses wie bei **OaNr. 2** und **24** erhalten. Die völlig verschliffenen weiteren Reste könnten von einer großen Blüte wie ETTLINGER, Novaesium Taf. 62,1 – C. Annius oder **OaNr. 4** stammen.

Möglicherweise aus dem Betrieb des C. Annius.

OaNr. 16

Wandscherbe eines Bechers. Qualität II? (Taf. 3).

Unpubliziert. Fund-Nr. Oa 86.047/a1.

Auf dem Wandfragment ist ein Blattrest wie bei **OaNr. 11** zu erkennen. Möglicherweise kann es sich aber auch um ein „Dreiblatt“ handeln, wie bei D.-W. 47 Abb. 6,26, das DRAGENDORFF auf den Betrieb des M. Perennius Bargathes bezog. Auch eine Zuweisung an die „gruppo protobargateo“ scheint nicht ausgeschlossen.

Vgl. dazu **OaNr. 11**, **OaNr. 26** und **28**, **HaNr. 12**.

Aus dem Betrieb des C. Annius?

OaNr. 17

Wandscherbe eines Bechers. Qualität II. (Taf. 3).

Unpubliziert. Fund-Nr. Oa 88.115/a2.

Sehr dünnwandige Scherbe eines Bechers. Zwei Rosetten eines Frieses befinden sich unter einer kaum sichtbaren umlaufenden Rille.

Vgl. Rosette: **OaNr. 1** und **8**.

Vermutlich aus dem Betrieb des C. Annius.

OaNr. 18

Wandscherbe eines Bechers. Qualität V. (Taf. 3).

Unpubliziert. Fund-Nr. Oa 78.042.

Unter einer Rille ist vom Dekor noch eine Rosette zur Hälfte erhalten.

Vgl. **OaNr. 1**.

Vermutlich aus dem Betrieb des C. Annius.

Rasinius

OaNr. 19

Sieben Rand-, 15 Wand- und sieben Bodenscherben eines Bechers der Form 1a (Oberaden 13A). Qualität V. Außenstempel: ...]SIN[... (Taf. 4).

Unpubliziert. Fund-Nr. Oa 90.310/a1.

Die Lippe ist leicht nach außen gezogen. Die obere relieffreie Zone über zwei umlaufenden Rillen ist recht schmal. Am besten erhalten sind die Reliefs – des sonst stark verschliffenen Dekors – kurz über dem Boden. Hier befand sich offenbar ein Blattkranz. Von der oberen Zone hat sich noch ein waagerecht liegendes Blatt, das auf den fast verlorenen Außenstempel zeigt, erhalten. Die Lesung des Stempels ist nicht eindeutig, doch ist der untere Teil eines **S** und eines **I** gesichert. Das **N** ist aus den geringen Resten erschlossen.

Vgl. zum unteren Blattkranz etwa: STENICO, Rasinius 67 Nr. 265; OXÉ in: Oberaden I Taf. 49,191 – Annius?

Dekor und Stempelrest weisen eindeutig auf eine Entstehung in der Werkstatt des Rasinius in Arezzo hin.

OaNr. 20

Rand-, Wand- und Bodenscherben eines Kelches der Form 4b (Form Oberaden 16; D.-W. Ia). Qualität II. (Taf. 5).

Unpubliziert. Fund-Nr. Oa 77 A 27; 78.075/a1.

Die unterschnittene Hängelippe wird außen durch eine umlaufende Kehle profiliert. Keine Riefelung. Der Rand schwingt leicht aus. Zwischen Rillen eingefaßt bilden waagerecht gelegte Kolben im Wechsel mit jeweils einer sechsblättrigen Blüte den oberen Abschluß des Bildfeldes. Die untere Bildbegrenzung ist identisch aufgebaut. Vom eigentlichen Bildfeld ist sicher ein nach links gewendeter Kopf eines Eroten zu erkennen. Wahrscheinlich handelt es sich bei den auf drei weiteren Fragmenten befindlichen, nicht näher bestimmbaren Reliefresten um einen nach rechts gewendeten Eroten. Ein riefelverzierter Reifen schließt den Dekor nach unten hin ab.

Vgl.: D.-W. Beil. 4,31 – PANTAGATHUS (Rasini Memmi?); Kolben: STENICO, Rasinius 68 Nr. 283 – Rasinius.

Der Kelch stammt entweder aus dem Betrieb des Rasinius oder der gemeinschaftlich von Rasinius und Memmius geführten Offizin.

OaNr. 21

Rand-, Wand- und Bodenfragmente eines Bechers der Form 1a (Form Oberaden 13A). Qualität II? (Taf. 6).

Unpubliziert. Fund-Nr. Oa 83.030/a1.

Das Randstück besitzt eine vorspringende, nicht unterschnittene Lippe. Der Wandstreifen darunter ist glatt belassen. Zwei umlaufende Rillen begrenzen ihn zum Bildfeld hin. Der erhaltene Dekor ist von schlechter Qualität, da die einzelnen Ornamente stark verpreßt sind. Anstelle von Rosetten oder eines Eierstabes läuft oben eine doppelte Strichellinie im Fischgrätmuster um, darunter Anhänger. Eine umlaufende Leiste schließt diese obere Zone ab. Auf dem stark gebogenen Wandstück des unteren Gefäßteils wachsen Akanthusblätter und kleine gerippte Kolben zwischen senkrechten Stäben hoch, die die Dekorzone untergliedern.

Vgl. ähnlicher Dekoraufbau: CHASE, Boston Taf. 29,18.62 – Rasinius; OXÉ, Rhein Taf. 4,7a.b – ohne sichere Zuweisung; D.-W. Taf. 32,454 – Pantagathus C. Anni; STENICO, Rasinius Taf. 33, 175-178 – (Formschüsseln für Becher) Rasinius; Anhänger: **Ha Nr. 3** – Rasinius; Akanthusblätter: CHASE, Loeb Taf. 13,239.241 – aus dem Umkreis des C. Annius, Rasinius oder Rasini Memmi; OXÉ in: Oberaden I Taf. 49,5a – Pantagathus C. Anni; ähnliche Randform: **OaNr. 1**.

Wahrscheinlich aus dem Betrieb des Rasinius.

OaNr. 22

Vier Wandscherben eines Kelches (Form Oberaden 16). Qualität V. (Taf. 6).

Unpubliziert. Fund-Nr. Oa 89.002/a8/a9/a10.

Unter zwei umlaufenden Rillen befinden sich noch Reste eines stark verpreßten Eierstabes. Auf den weiteren Wandscherben sind noch Teile von Anhängern und Teile eines Akanthusblattes zu erkennen. Die Anhänger sind sicherlich einem Fries im oberen Wandbereich zuzuordnen, während das Akanthusblatt wohl zur unteren Wandung gehört.

Vgl. Eierstab: Typ 2; HÄHNLE, Reliefkeramik Nr. 20 = STENICO, Rasinius 53 Nr. 3 – Rasinius; s. auch ETTLINGER, Novaesium Taf. 62,13 – Rasinius. Anhänger: D.-W. 154 Abb. 23,4 – C. Annius. Randprofil: OXÉ in: Oberaden I Taf. 50a.d – Annius; G. ULBERT, Der Lorenzberg bei Epfach (1965) Taf. 9,1.

Wahrscheinlich von Rasinius.

OaNr. 23

Eine Randscherbe einer Schale? Form 2? (Form Oberaden 14). Qualität II. (Taf. 6.52,1).

Unpubliziert. Fund-Nr. Oa 90.028/a1.

Eine halbrunde Lippe bekrönt die Gefäßmündung. Innen verläuft knapp darunter eine einfache Rille. Außen bleibt zunächst ein schmaler Streifen des oberen Randes relieffrei, bis zwei parallel verlaufende Rillen den Übergang zum Dekor markieren. Die unterste Rille wird auf der Unterseite von einem kleinen Perlstab begleitet. Etwas darunter sind an einem umlaufenden Lorbeerblattfries – offenbar in regelmäßigen Abständen – an Tänien runde Gegenstände (Tympana?) aufgehängt. Zwischen den Tänien befanden sich wahrscheinlich menschliche Figuren. Von einer stark verschliffenen Figur ist nur noch der in Dreiviertelansicht gezeigte Oberkörper vorhanden. Der rechte Arm ist angewinkelt und vor die Brust gezogen. Ob ein Gegenstand (Syrinx?) in der rechten Hand liegt ist nicht eindeutig auszumachen. Vom linken Arm ist nur der Unterarm sichtbar. Von dem angewinkelten linken Arm läuft ein stabförmiger Gegenstand schräg zur linken Schulter. Der Kopf ist zur rechten Schulter gedreht und leicht geneigt, so daß das völlig zerstörte Gesicht ursprünglich en face zu sehen war. Wahrscheinlich handelt es sich um einen Satyrn.

Vgl. Tympana an Tänien: A. VANNINI, Museo Nazionale Romano. Le Ceramiche V,2 (Rom 1988) 51 cat. 10a – M. Perennius; Satyr: C. GOUDINEAU, Archeologia Classica 20, 1968, 266 ff. Taf. 105,2 bes. Taf. 108,7 – Rasinius. Diese Punze weist nahezu gleiche Maße auf. An einem, ebenfalls ähnlich gebildeten Lorbeerblattfries hängen Tänien, die einmal den Stempel RASIN halten.

Nach dem Satyrn ist eine Entstehung der Schale in der Werkstatt des Rasinius sehr wahrscheinlich.

OaNr. 24

Wandscherbe eines Kelches? Verschollen. (Taf. 6).

Publiziert: OXÉ in: Oberaden I 45 Nr. 2 Taf. 52e (rechts); LOESCHCKE in: Oberaden II 27 mit Anm. 2; 30.

Auf der erhaltenen Wandscherbe ist ein Panther zu erkennen, der sich an einem dreibeinigen Tisch aufrichtet. Die

Bodenlinie wird durch eine Rille angedeutet.

Vgl. Panther (-weibchen?) und Tisch: J. DÉCHELETTE, Les vases céramiques ornées de la Gaule romaine 1 (Paris 1904) 23 Abb. 5 u. 6 – Rasinius; CHASE, Loeb Taf. 8,305 – Pantagathus Rasini [bei diesem Stück handelt es sich um eine Fälschung. s. F.P. PORTEN PALANGE, Arch. Korrbl. 19, 1989, 97 Nr. 84]; OXÉ, Rhein Taf. 4,11 – Rasinius oder Cn. Ateius aus Arezzo; ders. in: Oberaden I Taf. 51.6-8 – Pantagathus Rasini Memmi; 52g – Pantagathus C. Anni; C. GOUDINEAU, Arch. Class. 20, 1968, 268; zur inhaltlichen Deutung: H.-U. CAIN, Bonner Jahrb. 188, 1988, 168.

Wohl aus dem Betrieb des Rasinius.

M. Perennius

OaNr. 25

Wandscherbe eines Kelches? Verschollen. (Taf. 7).

Publiziert: OXÉ in: Oberaden I 45 Nr. 2 Taf. 52e (links); LOESCHCKE in: Oberaden II 27 mit Anm. 2; 30.

Erkennbar sind Blattrankenmotive, wie sie häufig in der Offizin des M. Perennius vorkommen.

Vgl. M. HARTMANN, Jahresber. Ges. Pro Vindonissa 1979/80 (1981) 6 Abb. 1,11 – M. Perennius 1. Phase.

Wohl aus der Werkstatt des M. Perennius.

„Gruppo protobargateo" – Cn. Ateius (?)

OaNr. 26

Becher der Form 1b (Form Oberaden 13B). Qualität II? (Taf. 7).

Publiziert: OXÉ in: Oberaden I 44 Nr. 7 Taf. 47b; LOESCHCKE in: Oberaden II 27; C. ALBRECHT, Neue Ausgrabungen im Römerlager Oberaden. VI. Internat. Kongress für Archäologie. Berlin 21.-26. August 1939 (Berlin 1940) Taf. 61b; G. LANGEMEYER (Hrsg.), Museumshandbuch. Museum für Kunst- und Kulturgeschichte der Stadt Dortmund. 1 (Dortmund 1983) Abb. Seite 100; B. TRIER (Hrsg.), 2000 Jahre Römer in Westfalen (Mainz 1989) 148 Abb. 167.

Die Lippe besteht aus einem leicht ausladenden, außen vierfach gerillten Band. Der glatte Wandstreifen nimmt etwa ein Drittel der Gefäßhöhe ein. Drei Rillen und ein Eierstab mit Perlstab begrenzen den freien Wandstreifen zum Dekor hin. Der Dekor wird durch einen Perlstab in zwei Hälften unterteilt. Vier Halbbögen sind in der oberen Hälfte so gesetzt, daß der Mittelpunkt eines Halbbogens den Berührungspunkt der rechts und links neben diesem liegenden Halbbögen bildet. Dieser Berührungspunkt ist durch eine sechsblättrige Rosette verdeckt und ist zudem der Ausgangspunkt von jeweils zwei schräggesetzten Stäbchen, die die untere Hälfte in vier hängende und vier stehende Dreiecke aufteilt. In den solchermaßendie begrenzten Flächen ober- und unterhalb des Perlstabes sind verschiedene Ornamente gesetzt. In den stehenden Dreiecken befindet sich zuunterst, direkt am Bodenumbruch, jeweils eine neunblättrige, unvollständige Blüte. Darüber hängt eine siebenblättrige Palmette, deren Ausgangspunkt die Rosette auf dem Perlstab ist. Weiter darüber, im Zwickel zweier Halbbögen, schließt sich ein kleeblattförmiges Ornament an, das aus einem lanzettförmigen Blattansatz hervorgeht. Zwei Stengel, an denen links und rechts je eine vierblättrige Blüte hängen, wachsen aus dem „Kleeblatt" heraus. Drei einzelne Punkte stehen senkrecht übereinander zwischen den Stengeln. In den hängenden Dreiecken entspringt aus einem dreiblättrigen Blütenkelch ein kräftiger Stengel, der von einer Kugelblüte unterbrochen, in einer fünfblättrige Palmette endet. Vier Punkte begleiten innen die Halbbögen. Die beiden durch den Perlstab gegliederten Dekorhälften werden über die vegetabilen Ornamente miteinander verzahnt und der Eindruck von zwei Dekorzonen verwischt.

Vgl. CHASE, Loeb Taf. 15,349 – „gruppo protobargateo"; ders. Boston Taf. 1,128 – M. Perennius Bargathes; ähnlicher Eierstab und Dekoraufbau: OXÉ, Rhein Taf. 22,110.112 – Cn. Ateius (?); vierblättrige Blüte: PORTEN PALANGE, Antiquarium Taf. 23,101 – Cn. Ateius; kleine Palmette: ETTLINGER, Novaesium Taf. 61,11 – ohne Zuweisung (wahrscheinlich aus Pisa); zur weiteren Einordnung: ALEXANDER, Metropolitan Taf. 39,2a.b – Ateius; W.H. KAM, Numaga 9, 1965, Abb. S. 150 u. 151 – Ateius (?); H. COMFORT, RCRF Acta 7, 1965, 18 f. Abb. 1; Eierstab: Typ 7, eine Variante von HÄHNLE, Reliefkeramik Nr. 12 (?); ähnliche Randform: ETTLINGER, Novaesium Taf. 61,17.

Die Zuweisung bereitet einige Probleme. OXÉ sprach sich gegen eine Herkunft des Bechers aus Arezzo aus. Auch LOESCHCKE hatte seine Zweifel [in: Oberaden I 28: *die auffallende Höhe mag provinziale Zutat sein [...] Die gelbliche Farbe des Tones und das Gelbrot des Überzuges erinnern lebhaft an die von L.S.G. gestempelten Gefäße. Vielleicht war er der abformende Meister des Reliefgefäßes]*. ETTLINGER denkt mit allem Vorbehalt an ein Produkt des Cn. Ateius aus Pisa [Novaesium 41 f.]. Die Gegenüberstellung von anderen Bechern zeigt gewisse Tendenzen auf, die sich aber nicht deutlich fassen lassen. Sicher ist die Zugehörigkeit des Bechers zur sog. „gruppo protobargateo". Eine Entstehung des Bechers in einem pisanischen Betrieb des Cn. Ateius scheint möglich zu sein.

OaNr. 27

Eine Wandscherbe eines Bechers der Form 1b (Oberaden 13B?) Qualität II. (Taf. 7).

Unpubliziert. Fund-Nr. Oa 91.057/a1.

Unter einer Rille setzt ein wohl für die Offizin des Ateius typischer Eierstab an. Die Ovuli bestehen jeweils aus einem Kern mit umgelegtem Stäbchen und einem rechts angelegten Stäbchen. Das Stäbchen ist längsgeschlitzt. Darunter folgt eine einfache Strichelreihe. Reste des Reliefschmucks verweisen auf eine Felderaufteilung des Dekors durch sich überschneidende Halbkreislinien, in denen sich senkrechte, von Blättern eingerahmte Kolben befanden.

Vgl. Eierstab: Typ 7; **OaNr. 26** u. **28**.

Möglicherweise aus einer Offizin des Ateius in Pisa?

OaNr. 28

Zwei Wandscherben eines Bechers der Form 1b (Form Oberaden 13B). Verschollen. (Taf. 7).

Publiziert: OXÉ in: Oberaden I 44 Nr. 6 Taf. 52f; LOESCHCKE in: Oberaden II 27 mit Anm. 2.

Eine sehr breite Rille setzt deutlich den glatten Rand vom

Bildfeld ab. Unmittelbar darunter befindet sich ein unterhalb von einem Perlstab begleiteter Eierstab. Senkrecht gesetzte Stäbchen scheinen das Bildfeld in „Metopen" aufgeteilt zu haben. OXÉ vermutet vier solcher Felder. Der Hauptdekor bestand aus gefiederten Ranken mit großen Blüten.

Vgl. Eierstab: Typ 7, vielleicht eine kleinere Variante von HÄHNLE, Reliefkeramik Nr. 12; wie **OaNr. 26**; gefiederte Ranke: HARTMANN, Jahresber. Ges. Pro Vindonissa 1979/80 (1981) Abb. 1,6 – M. Perennius; ALEXANDER, Metropolitan Taf. 39,2a.b – Ateius; D.-W. 47 Abb. 6,37 – Ornamente des „Bargathesmeister A"; W.H. KAM, Numaga 9, 1962, Abb. S. 150 u. 151 – Ateius.

Das Stück ist wahrscheinlich ähnlich zu beurteilen wie **OaNr. 26**.

Nicht zugewiesene Fragmente

OaNr. 29

Zwei Randscherben und ein Wandfragment eines Kraters der Form 3 (Form Oberaden 15; D.-W. IV). Verschollen. (Taf. 7).

Publiziert: LOESCHCKE in: Oberaden II 28 f. Taf. 25,15.

Das Fragment besitzt außen einen geriefelten Reif, der innen im Gefäß als Hohlkehle erkennbar ist. LOESCHCKE spricht von dem bei metallenen Krateren auftretenden Lötring. Dieser befindet sich meist am Übergang des Dekors zum Rand hin. LOESCHCKEs Rekonstruktionsvorschlag (Taf. 25,15) gibt im Profil eine dreieckige, durch zwei umlaufende Rillen profilierte Hängelippe wieder. Sie saß über einer stark ausladenden Wandung.

Vgl. ETTLINGER, Novaesium Taf. 59,3.4.

OaNr. 30

Randscherbe eines Kelches der Form 4a (Form Oberaden 16; D.-W. Ia). Verschollen. (Taf. 7.53,1).

Publiziert: OXÉ in: Oberaden I 41 Taf. 41,21; LOESCHCKE in: Oberaden II 29 f. Taf. 5,12; 25,16 [LOESCHCKE sah eine Wandscherbe mit einem Akanthusblatt wie bei OXÉ in: Oberaden I Taf. 8,22b.d.e, die er diesem Randfragment zuzuordnen geneigt ist. Dieses Stück ist verschollen].

OXÉ hatte die Randscherbe irrtümlich seinem Tassentypus 9 zugerechnet [in: Oberaden I 41]. Die stark bestoßene Hängelippe ist kräftig unterschnitten. Nach innen bildet eine zweifache Abtreppung den Übergang von der Lippe zur Wandung. Außen läuft auf der Lippe eine feine Rille um. Eine Riefelung fehlt. Die Reste des Reliefdekores befinden sich unter dem durch drei Rillen begrenzten, glatten oberen Wandstreifen, ohne daß sie jedoch zu deuten wären. Vielleicht handelt es sich um eine Girlande.

Vgl. OXÉ, Rhein Taf. 8,22 – C. Annius; ETTLINGER, Novaesium Taf. 59,3.4.

Eine sichere Zuweisung läßt sich aus den erhaltenen Resten nicht mehr vornehmen. Möglicherweise kommt die Werkstatt des C. Annius in Betracht.

OaNr. 31

Kelchboden (Form Oberaden 16). Qualität V? (Taf. 8).

Unpubliziert. Fund-Nr. Oa 77 A 24.

Im intakten Inneren findet sich kein Stempel, was wahrscheinlich auf eine Außenstempelung hinweist. Vom Dekor sind nur winzige unkenntliche Reste erhalten. Der Fußansatz weist eine leichte Profilierung durch drei Rillen auf.

OaNr. 32

Zwei Wandscherbenfragmente unbestimmter Gefäßform. Verschollen. (Taf. 8).

Publiziert: OXÉ in: Oberaden I 44 Nr. 5 Taf. 52d; LOESCHCKE in: Oberaden II 27 [OXÉ in: Oberaden I 44 rechnet die Fragmente zu seinem Bechertypus 13. Dagegen LOESCHCKE in: Oberaden II 27 mit Anm. 2.: *die Rillenkurven der Abbildung OXÉ in: Oberaden I Taf. 52d scheinen für Bruchstücke der Formen 13A.B überraschend stark gewölbt zu sein und auf eine stärker gewölbte Gefäßform zu deuten]*.

Zwei Drehrillen trennen den glatten Rand vom Bildfeld ab. Ein Perlstab begrenzt den oben fragmentarisch erhaltenen Dekor: eine dünne, wellenförmig verlaufende Ranke, an der neunblättrige Rosetten befestigt sind. Darunter eine doppelte Strichelreihe. Unter der Strichelreihe befand sich wahrscheinlich eine weitere Reliefzone.

Bisher sind keine Parallelen bekannt. Möglicherweise findet die Wellenranke eine Entsprechung auf einem Skyphos des C. Annius in Ampurias: H. COMFORT, Archivo Español Arqu. 34, 1961, 16 Abb. 18.

OaNr. 33

Randscherbe eines Bechers der Form 1c. Qualität II? (Taf. 8).

Unpubliziert. Fund-Nr. Oa 1963 Planum.

Die stark bestoßene Lippe ist durch einen leichten Absatz schwach von einem schmalen relieffreien Wandstreifen zurückgesetzt. Zwei Rillen begrenzen diesen Streifen nach unten. Vom Dekor ist eine einfache umlaufende Strichellinie über einer fragmentierten Rosette erhalten. Die Farbe des Tons und des Überzuges erinnern sehr an **OaNr. 26**.

OaNr. 34

Wandscherbe eines Bechers? Qualität II. (Taf. 8).

Unpubliziert. Fund-Nr. Oa 88.115/a3.

Der steile Wandverlauf sowie die geringe Stärke der Wandung lassen wahrscheinlich auf eine Becherform schließen. Die erhabenen Teile des Reliefs, eine Rosette an einem Stengel und ein senkrecht verlaufender Grat, sind stark bestoßen. Die Reliefteile stammen wahrscheinlich aus dem unteren bis mittlerem Bereich eines Relieffeldes.

Vgl. Rosette: D.-W. Taf. 30,458 – ohne Zuweisung; STENICO, Rasinius Taf. 36,192 – Rasinius.

OaNr. 35

Wandscherbe eines Bechers. Qualität II? (Taf. 8).

Unpubliziert. Fund-Nr. Oa 86.116.

Das stark bestoßene Wandfragment zeigt noch deutlich die ehemalige Einteilung des Dekors in dreieckige Felder durch leicht erhabene Stege. In diese Felder waren weitere Ornamente eingepunzt, wie sich aus der sehr fragmentierten, fünfblättrigen Rosette schließen läßt.

OaNr. 36

Wandscherbe eines Bechers. Qualität V. (Taf. 8).

Unpubliziert. Fund-Nr. Oa 86.047/a1.
Das Fragment stammt wohl aus dem oberen Wandbereich. Zwei übereinanderliegende Rillen sind noch erhalten.

OaNr. 37
Wandscherbe eines Bechers. Qualität II. (o. Abb.).
Unpubliziert. Fund-Nr. Oa 89.029/a4.
Aus der oberen Wandung des Gefäßes. Erkennbar ist eine Rille, die wohl den oberen relieffreien Streifen von der Dekorzone trennte.

OaNr. 38
Scherbe eines Kelches? Qualität II. (Taf. 8).
Unpubliziert. Fund-Nr. Oa 78.042.
Die Reliefreste lassen sich nicht mehr bestimmen. Vermutlich stammt das Fragment wegen der Krümmung und der Wandstärke aus dem unteren Wandbereich eines Kelches.

OaNr. 39
Wandscherbe eines Bechers. Qualität II. (o. Abb.).
Unpubliziert. Fund-Nr. Oa 1962 Gr 18.
Der Überzug ist von der Außenseite bis auf einen kleinen Fleck völlig verschwunden. Innen zeigen sich deutlich Drehrillen unter dem Überzug.

OaNr. 40
Zwei Bodenscherben eines Bechers. Qualität II? (Taf. 8).
Unpubliziert. Fund-Nr. Oa 88.020/a20.
Die Wandung wird unten mit einer Rille kurz über dem Boden abgeschlossen. Die Wandzone darüber ist glatt belassen. Ton und Überzug erinnern stark an Becher **OaNr. 26**.

OaNr. 41
Zwei Wandscherben eines Bechers. Qualität II. (o. Abb.).
Unpubliziert. Fund-Nr. Oa 89.029/a4.
Aus dem unteren Wandbereich eines Bechers.

OaNr. 42
Scherbe einer unbekannten Gefäßform. Qualität II. (Taf. 8).
Unpubliziert. Fund-Nr. Oa 89.029/a3.
Die ursprüngliche Gefäßform läßt sich nicht mehr eindeutig ermitteln. Auf einer Seite der Scherbe befinden sich wenige unkenntliche Reliefreste auf einem kreisförmig verlaufendem Wulst, zu dem auf der anderen Seite der Scherbe ein schmaler, ebenfalls kreisförmiger Steg korrespondiert. Man kann deutlich in eine Ober- und eine Unterseite unterscheiden. Überzug befindet sich auf beiden Seiten.
Parallelen sind nicht bekannt.

2. Verzierte Arretina aus Haltern

C. Annius (?) und Rasinius.

HaNr. 1
Wandscherbe eines Kelches (?). Qualität II. (Taf. 9).
Unpubliziert. Fund-Nr. Ha 56 Gr 231.
Die wenigen erhaltenen Reliefteile sind verpreßt und unscharf. Lanzettförmige und vielfach gelappte Blätter im Wechsel bildeten die untere Dekorzone. Darüber befindet sich eine Girlande aus waagerecht liegenden Efeublättchen.
Vgl. lanzettförmiges Blatt: CHASE, Loeb Taf. 13,239.241; 14,36 – Rasinius; lanzettförmiges und gelapptes Blatt: D.-W. Taf. 29,459 – Annius (?); 32,457 – Rasinius (?); STENICO, Pisani-Dossi Taf. 5,108 – C. Tellius; ders., Rasinius Nr. 280; PORTEN PALANGE, Antiquarium Taf. 11,66 – Rasinius; A. BALIL, Bol. Seminario estudios arte y arqu. Valladolid 52, 1986, 236 Abb. 2 E; Rasini Memmi oder Annius. Blattdekor: STENICO, Pisani-Dossi 443 Nr. 100; Taf. 4,100 – Annius.
Aus dem Betrieb des C. Annius.

HaNr. 2
Drei Wandscherben eines Kelches unbestimmter Form. Qualität II. Taf. 9).
Unpubliziert. Fund-Nr. Ha 90.1633/a.
Ein stark verpreßter Efeublattfries umläuft das Gefäßrund etwa auf halber Dekorhöhe. Die übrigen Reliefreste sind kaum zu erkennen. Über dem Efeublattfries sind nur noch äußerst spärliche Ansätze zu erahnen. Offenbar alternierend gesetzt waren senkrecht stehende, doppelkonturig ausgepreßte Blätter mit jeweils einer kleinen Kugel über dem obersten Blättchen.
Vgl. zum Efeufries: **HaNr. 1** C. Annius; **HaNr. 4** – Rasinius; **OaNr. 11** – C. Annius (?); zu den Blättern: möglicherweise STENICO, Rasinius 67 Nr. 263.
Wahrscheinlich aus dem Betrieb des C. Annius.

HaNr. 3
Scherbe aus dem unteren Wandansatz eines Kelches (?). Qualität III. (Taf. 9).
Unpubliziert. Fund-Nr. Ha 56 Gr 479.
Eine Rille trennt oberes und unteres Bildfeld. Während von der oberen Zone nichts erhalten ist, zieht sich von der unteren eine Reihe aus Rosetten mit zwölf Blättchen um das Gefäß. Kolbenförmige Anhänger hängen an Ringen zwischen den Rosetten.
Vgl. Anhänger: STENICO, Rasinius 64 Nr. 170 – Rasinius; A. STENICO in: Arte in Europa. Raccolta di Studi di Storia dell' Arte in Onore di W. Arslan (Mailand 1965) 32 Abb. 4.6.8.10 – Rasinius; ETTLINGER, Novaesium Taf. 54,3 – (die Rosetten sind hier gleich, der Anhänger ist jedoch anders gestaltet) – Rasinius.
Sicher aus dem Betrieb des Rasinius in Arezzo.

HaNr. 4
Drei Wand- und Randscherben eines Kelches der Form 1 (D.-W. Ic). Qualität II. (Taf. 9).
Unpubliziert. Fund-Nr. Ha 68 Gr 371/379.
Das Gefäß gehört nach der Ausprägung der Lippe und der teilweise erhaltenen Wandung zu den frühen Reliefgefäßen aus Haltern. Die Lippe wird zwar außen durch eine Kehle gegliedert, eine Riefelung der beiden Wulste liegt aber noch nicht vor. Im Profil wirkt die weit vorkragende, unterschnittene Lippe dreieckig. Der Rand schwingt weit nach außen aus. Der glatte Streifen über den zwei Rillen

oberhalb des Dekors ist mäßig hoch. Ein länglicher, schmaler, sehr plastisch wirkender Eierstab setzt unmittelbar an die unterste der zwei Rillen an. Die Reste zweier Rosetten und einer kleineren Blüte als Endstück eines Anhängers sind erhalten.

Vgl. Eierstab: STENICO, Rasinius 53 Nr. 7 – Rasinius; D.-W. Abb. 18,3 – Rasinius; Taf. 29,422 – Quartio Rasini; STENICO, Rasinius Taf. 53,7; 65,188 – Rasinius; ein direkter Parallelfund stammt aus Neuss: ETTLINGER, Novaesium Taf. 54,3 – Rasinius; STENICO, Pisani Dossi Taf. 3,67 zeigt ein ähnliches Dekorationsschema unter Verwendung des gleichen Eierstabes und der großen Rosetten – RASINI[MEMMI].

Aus dem Betrieb des Rasinius oder aus der Offizin, die Rasinius und Memmius eine zeitlang gemeinsam in Arezzo führten.

HaNr. 5

Wandscherbe eines Kelches?. Qualität V. (Taf. 9).

Unpubliziert. Fund-Nr. Ha 73 E 5.

Waagerechte, zum Teil sich überlappende Efeublättchen bilden unter zwei Rillen einen umlaufenden Kranz anstelle eines Eierstabes. Eine Fruchtkapsel an einem Stengel hat sich auf dem Fragment erhalten.

Vgl. Efeublattkranz: D.-W. Taf. 34,554a.b – Rasinius; ETTLINGER, Novaesium Taf. 54,3 – Rasinius.

Wahrscheinlich ein Produkt des Rasinius aus Arezzo.

M. Perennius Tigranus.

HaNr. 6

Elf Wandscherben eines Kelches der Form D.-W. I. Qualität II. Außenstempel: M.PERENI. (Taf. 9).

Unpubliziert. Fund-Nr. Ha 84.548/a1; 84.608/a2; 84.638/a3.

Zwei Fragmente bewahren noch Reste eines unter einer umlaufenden Rille ansetzenden Eierstabes. Der zungenförmige Eierstab besteht aus einem Kern und einem umlaufenden Stäbchen. Eine doppelte Strichelreihe begleitet den Eierstab an der Unterseite. Ein stark verpreßter Kopf reicht an den Eierstab und unterbricht hart die Strichelreihe. Auf drei zusammenpassenden Scherben sind die Reste eines Pferdes vom Halsansatz bis zu den beiden Hinterläufen zu erkennen. Erhalten sind von einem, wohl zweirädrigen Wagen das halbe linke Speichenrad sowie Teile des Wagenkastens. Auf einem gepolsterten Sitz saß ursprünglich eine Figur, von der nur noch das nackte linke Bein bis zum Ansatz der Hüfte, der nackte rechte Unterarm und die Hand mit dem Zügel zu sehen ist. Nach erhaltenen Parallelen lief direkt hinter der sitzenden Figur, vom Wagen verdeckt, eine weitere Figur neben dem Wagen her. Noch gut zu erkennen ist der Skyphos, den diese Figur in der linken vor der Brust trug, während die ausgestreckte rechte Hand mehrere Zügel hielt. Unmittelbar hinter dem Wagen, wie der Rest eines Wagenrades bezeugt, marschieren zwei Jünglinge mit einem über die linke Schulter geworfenen Mantel. Die angewinkelten linken Arme halten Keulen, die der linken Schulter aufliegen. Die beiden aneinanderpassenden Scherben mit dem Außenstempel zeigen noch einen ausgestreckten Arm mit Zügel in der Hand. Es handelt sich eindeutig um die Reste einer Darstellung aus dem Herakles-Omphale-Zyklus (D.-W. XI,2). Hier ist das von zwei Kentauren gezogene Gespann der Omphale erhalten.

Vgl. Eierstab Typ 4; zum Pferd D.-W. Taf. 8,88 – M. Perennius („appartiene alla fase bargatea"); Wagen und Gespann: T.L. SHEAR, AJA 30, 1926, 446 Abb. 2 –] TIGRAN; OXÉ, Rhein Taf. 27,118a – M. Perennius Tigranus; Taf. 27-28,117 – Perennius Tigranus; Taf. 53,231 – M. Perennius Tigranus; Taf. 53,233 – M. Perennius; D.-W. Taf. 7,79 – M. Perennius. Neben dem gleichen Eierstab durchbrechen auch hier die Figuren die Strichelreihe, um bis an den Eierstab heranzureichen. Jünglinge: PORTEN PALANGE, Antiquarium Taf. 4,22 – Perennius Tigranus.

Sicher aus der Töpferei des M. Perennius. Nach den Parallelen bei OXÉ muß der zweite Namensteil als Tigranus ergänzt werden.

HaNr. 7

Rand- und Wandscherben eines Kelches der Form 3b (D.-W. Ic). Verschollen. (Taf. 10.55-57).

Publiziert: HÄHNLE, Haltern (1912) 72-75 Taf. 5 C,6.7.9.10.13.15; 6,2; 7,3a.b; 11,2.

Der Rand schwingt leicht aus. Die nicht unterschnittene Lippe hängt etwas über und ist durch eine umlaufende Kehle gegliedert. Die dadurch entstandenen beiden Wulste sind geriefelt. Der Übergang vom Rand zur reliefierten Wand wird außen wieder durch zwei Rillen akzentuiert. Auf Grund des Gefäßaufbaus, der Randform und des Reliefschmuckes (Nike vor Apollo, Leto und Artemis) rechnet OXÉ [Rhein 27] den Kelch zu den älteren Halterner Reliefkelchen. Der Eierstab ist sehr regelmäßig gesetzt. Er besteht aus einem Kern mit einem Stäbchen und rechts angelehntem Zwischenstäbchen. Leider ist der Abbildung bei HÄHNLE, Haltern (1912) Taf. 6,2 nur wenig Detailliertes zu entnehmen, so daß die Beschreibung weitgehend HÄHNLE folgen muß. Zu erkennen ist eine nach links gewendete Nike, die mit der rechten erhobenen Hand aus einer Kanne wahrscheinlich in eine von der linken gehaltene Opferschale eingoß. Rechts von der Nike steht eine Frau im rechten Profil. Diese trägt einen ärmellosen, feingefältelten Chiton und einen Mantel. Das Haar ist am Hinterkopf zu einem Knoten aufgebunden. In den Händen trägt sie einen Thyrsos (HÄHNLE spricht von einer brennenden Fackel). Zwischen den beiden Figuren befinden sich Girlanden aus einfachen Strichelreihen. Zwei weitere Gefäßfragmente machen deutlich, daß das Motiv wiederholt wurde. Direkt links hinter dieser weiblichen Gestalt ist noch ein Rest des Nikeflügels erkennbar (Taf. 10,7a). Die Füße und den Rest des Gewandes hat eine weitere Scherbe bewahrt (Taf. 10,7c.e). Zwei kleinere, nicht abgebildete Scherben sollen noch weitere Teile von Gewand und Flügel der Nike getragen haben. HÄHNLE rekonstruiert demzufolge: Die Thyrsos-Trägerin wiederholt sich viermal, die Nike zweimal. Der auf einem Fragment erhaltene Dreifuß (Taf. 10,7f) könnte vor einer der Niken gestanden haben. Nach der Taf. 10,7a stand der Flügel der Nike enger bei der Thyrsos-Trägerin. Der dadurch entstandene Freiraum könnte gut mit dem Dreifuß gefüllt werden, wie es von anderen Kelchen her bekannt ist.

Vgl. DRAGENDORFF, Terra Sigillata 63 f.; CHASE, Loeb Taf. 9,62 – M. Perennius „fase pretigranea" nach STENICO, Liste Nr. 195. Der Eierstab (s. Typ Nr. 3) scheint dem Typ HÄHNLE, Reliefkeramik Nr. 9 angenähert zu sein. Er kommt bei M. Perennius Tigranus, aber auch bei Bargathes vor. Ähnlicher Dreifuß und Altar: CHASE, Boston Taf. 3,1 – M. Perennius Tigranus; Dreifuß ohne Leisten zwischen den Beinen und gleicher Altar OXÉ, Rhein Taf. 24,113 – M. Perennius Tigranus; auf sog. Campanareliefs: A.H. BORBEIN, Campanareliefs. Mitt. Archäol. Inst. Röm. Abt. 14. Erg.heft (Heidelberg 1968) Taf. 41,3. Zur spendenden Nike: ALEXANDER, Metropolitan Taf. 19,1a – Pilemo M. Perennius und Taf. 21,1 – Tigranus [bei beiden Stücken handelt es sich vermutlich um Fälschungen: F.P. PORTEN PALANGE, Arch. Korrbl. 19, 1989, 97 Nr. 91 u. 92]; CHASE, Boston Taf. 3,1 (hier auch die Mänade mit Thyrsos); Apollo mit Kithara: CHASE, Loeb Taf. 3,53 – Cerdo M. Perenni [vermutlich Fälschung: PORTEN PALANGE a.O. 97 Nr. 81]; CHASE, Boston Taf. 4,2 – M. Perennius Tigranus [vermutlich Fälschung: PORTEN PALANGE a.O. 96 Nr. 38]; zu dem Fragment Taf. 6,5c: H. COMFORT in: F.O. WAAGÉE, Antioch-on-the-Orontes 4,1. Ceramics and Coins (Princeton – London – Den Haag 1948) 64, Abb. 37,2 – M. Perennius Tigranus (er datiert die Scherbe aus Antiochia in die spätaugusteische Zeit).

Vermutlich aus dem Betrieb des M. Perennius Tigranus aus Arezzo, doch ist auch eine Entstehung in einem Ateius-Betrieb nicht auszuschließen [OXÉ, Rhein 60: ... *da die Halterner Kelche mit der Götterdreiheit und Niken nicht eindeutig einer Fabrik zugewiesen werden können, müssen wir damit rechnen, daß sie von Ateius sind*].

HaNr. 8

Wandscherbe eines Kelches? Verschollen. (Taf. 9.55).

Publiziert: HÄHNLE, Haltern (1912) 75 Taf. 5 C,16.

Über dem Relieffeld laufen wohl zwei mit einem Rädchen eingetiefte Punktreihen um. Der Eierstab setzt unmittelbar unter einer den Rand vom Reliefdekor trennenden Rille an. Zwischen den einzelnen Eiern gibt es kleine Abstände. Vom Dekor sind lediglich Reste einer Ranke erkennbar.

Vgl. Eierstab (s. Typ 4) möglicherweise wie HÄHNLE, Reliefkeramik Nr. 1 [ders., Haltern (1912) 75 Abb. 5 bildet zum Vergleich ein Randstück mit diesem Eierstab als Parallele ab], der für M. Perennius Tigranus belegt ist.

Wahrscheinlich von M. Perennius Tigranus.

HaNr. 9

Fünf Rand- und Wandscherben eines Kelches der Form 8 (D.-W. Ih). Qualität II. (Taf. 10).

Unpubliziert. Fund-Nr. Ha 71 Gr 1.

Die Lippe besteht aus einem breiten, riefelverzierten Wulst, der unten durch eine umlaufende Rille begrenzt wird. Der ausladende Rand wird unten durch zwei Rillen begrenzt, wobei die untere der Rillen den statt eines Eierstabes gewählten Rosettenfries leicht beschneidet. Die doppelte Strichelreihe ist nur noch an den Fehlstellen des Überzuges zu erkennen. Ein Arm mit einem Stab oder einer Lanze und Blattreste (?) sind die spärlichen Reste des Bildfeldes.

Vgl. Rosette: G. FRANCIOSI, Arezzo. Italia artistica 41 (Bergamo 1909) 18 mit Abb. rechts unten – M. Perennius; ALEXANDER, Metropolitan Taf. 26,1a-c – M. Perennius Tigranus; D.-W. Taf. 7,77.84; 9,126 – M. Perennius Tigranus bzw. M. Perennius; PORTEN PALANGE, Antiquarium Taf. 1,5 – Nicephorus Perenni; C. Goudineau, Céramique áretine à Reliefs de Bolsena. Mélanges École Franç. Rome 80, 1968, 187 Taf. 1,1 – Nicephorus Perenni; Bargathes (1984) Taf. 2 Nr. 25 – M. Perennius Bargathes. Zum Arm: vielleicht ALEXANDER, Metropolitan Taf. 25,1c – M. Perennius Tigranus; PORTEN PALANGE, Antiquarium Taf. 4,22 – M. Perennius Tigranus; vgl. dazu D.-W. 82 Motiv XI,3 – aus dem Herakles- und Omphale-Zyklus: Satyr mit Peitsche führt die Kentauren an.

Wahrscheinlich von M. Perennius Tigranus.

Gefäße der „gruppo protobargateo"

HaNr. 10

Wandscherbe eines Kelches (?). Verschollen. (Taf. 10.58).

Publiziert: OXÉ, Haltern (1943) 42 Taf. 3 K 9; 10 R 9; 11 R 9.

Unter den beiden Rillen des Randabschlusses befindet sich ein länglich-schmaler Eierstab. Die doppelte Strichelreihe setzt wie bei **HaNr. 27** ebenfalls nicht direkt darunter an. Zwischen friesartig angeordeneten Pelten, unter denen sich fünfblättrige Blüten befinden, wurden Anhänger eingepunzt.

Vgl. Pelta: FABRONI, Storia Taf. 3,1 – M. Perennius; CHASE, Boston Taf. 1,128 – M. Perennius Bargathes; OXÉ, Rhein Taf. 43,157 – M. Perennius Bargathes, „protobargateo" aus der Filiale in Cincelli; D.-W.47 Abb. 6,2 – Motive des „Bargathesmeister A"; BROWN, Ashmolean Taf. 12,51 – M. Perennius; Eierstab: s. Typ Nr. 5; HÄHNLE, Reliefkeramik Nr. 12; Bargathes (1984) 15 und Taf. 2,1.

Der Eierstab ist sowohl für Cn. Ateius aus Arezzo als auch für M. Perennius Bargathes belegt. Die Zusammenstellung der Motive läßt auf eine Entstehung im Umkreis der „gruppo protobargateo" schließen, zu der die beiden Töpfer gehören. Sehr häufig findet sich die doppelte Strichelreihe („trattini manoscritti") auf Ateius-Produkten. Eine weitere Bestimmung ist nicht möglich [vgl. STENICO, Liste 16; Bargathes (1984) 15].

HaNr. 11

Zwei Scherben aus dem unteren Wandungsbereich eines Kelches (?). Qualität II. (Taf. 10).

Unpubliziert. Fund-Nr. Ha 68 Gr 361a/b.

Das Bildfeld wird unten größtenteils durch eine einfache Rille begrenzt. An einigen Stellen ist jedoch noch eine zweite Rille vorhanden. Der Dekor darüber setzt sich abwechselnd aus einer Pelta und einer hängenden Palmette zusammen. Die Palmette besitzt vier Blätter um ein kolbenförmiges Mittelstück, an dem eine sechsblättrige Rosette hängt. Am oberen Ende wächst die Palmette aus einem unbestimmbaren Ornament.

Vgl. Pelta und Palmette: D.-W. 47 Abb. 6,2.23 – „Bargathesmeister A"; ähnlicher Ornamentaufbau: ebd. Taf. 27,393 – „protobargateo"; OXÉ, Rhein Taf. 47,169 – mit anderer Blüte – „protobargateo"; s. auch **HaNr. 10**.

Sicher ein Produkt aus dem Umkreis der „gruppo protobargateo" aus Arezzo.

HaNr. 12
Wandscherbe eines Kelches (?). Qualität II/IV. (Taf. 10).
Unpubliziert. Fund-Nr. Ha 68 Gr 58.
Die Reste eines Eierstabes sind erkennbar. Um den Kern läuft ein Stäbchen. Das Zwischenstäbchen ist rechts angelehnt, es läuft spitz aus. Eine doppelte Strichelreihe bildet den oberen Abschluß des Bildfeldes. Sich schneidende Halbkreise teilen die Dekorzone in Felder auf, in die Ornamente eingepunzt waren. Ein spitzzulaufendes, dreiteiliges Blatt und ein gelapptes Blatt sind noch erhalten.
Vgl. dreiteiliges Blatt: CHASE, Boston Taf. 1,128 – M. Perennius Bargathes; OXÉ, Rhein Taf. 43,157; 46,162; 47,170-173 – Ateius; D.-W. 47 Abb. 6,26 – „Bargathesmeister A"; Taf. 27,484 – Ateius; A. BALIL, Archivo Español Arqu. 32, 1959, 72 Abb. 2 – „protobargateo"; BROWN, Ashmolean Taf. 13,53 – dort M. Perennius zugeordnet; ETTLINGER, Novaesium Taf. 60,17 – Ateius; Eierstab: s. Typ 5; vgl. HÄHNLE, Reliefkeramik Nr. 12.
Die Zuweisung ist problematisch. Der Oberbegriff „gruppo protobargateo" kann nach STENICO [Liste 16] Produkte des M. Perennius Bargathes, Cn. Ateius oder P. Cornelius umfassen.

HaNr. 13
Wandscherbe eines Bechers der Form 16 (D.-W. XIII). Qualität unspezifisch; gelblich-bräunlicher, mehliger Ton mit einem bräunlich matten Überzug. (Taf. 11).
Unpubliziert. Fund-Nr. Ha 84.615/a1.
Die Scherbe mit Ansätzen des flachen Bodens stammt aus dem unteren Wandbereich. Da der Überzug größtenteils verloren gegangen ist, sind die Reliefteile nur noch undeutlich erkennbar. Dreiecke aus breiten und gefurchten Stegen teilten den unteren Gefäßkörper in Felder ein, in denen lediglich senkrecht stehende, gerippte Kolben den weiteren Dekor bildeten. An den Spitzen der nach unten gerichteten Dreiecke befanden sich kleine runde Scheibchen.
Vgl. Felderaufteilung: **OaNr. 1; 5; 6; 20; 28** u. **KatNr. 153**; s. auch das nicht zugewiesene Modelfragment bei A. VANNINI, Museo Nazionale Romano. Le Ceramiche V,2 (Rom 1988) 365 cat. 409a.b.
Eine Zuweisung fällt ohne entsprechende Parallelen schwer. Möglicherweise gehört der Becher zur „gruppo protobargateo".

Produkte aus Lyon (?)

Die Zuweisung der nachfolgenden beiden Kelchfragmente konnte nicht eindeutig geklärt werden. Durch die besondere Kelchform und die abweichende Ton- und Überzugsqualität lassen sie sich nicht mit den oben angeführten Produkten der „gruppo protobargateo" gleichsetzen. Der Dekor legt jedoch zumindest eine Fabrikation oder eine Beeinflussung durch diese Gruppe nahe. Der Qualität von Überzug und Ton nach darf eine Entstehung der beiden Gefäßfragmente in Lyon vermutet werden.

HaNr. 14
Rand- und Wandscherben eines Kelches oder Kraters der Form 13 (ähnlich D.-W. I*l*). Qualität IV. (Taf. 11.61,1).
Publiziert: OXÉ, Haltern (1943) 42; 75 Taf. 7 R 10; 11 R 10 (Rand- und Wandscherbe); Taf. 3 K 11; 12 R 11 a.b (Bodenscherbe).
Das Gefäßprofil ist vom Bodenansatz bis zur Lippe gesichert, der Fuß ist modern ergänzt. Den Rand beschreibt OXÉ als gleichsam in „sechs Stockwerken" aufgebaut. Die geriefelten Wulste wechseln mit zwei Kehlen. Der Wandungsverlauf unter der Randzone verläuft gleichmäßig halbkugelig. Anstelle eines Eierstabes beginnt unmittelbar unter dem unteren Wulst ein waagerechtes Blattschuppenmuster. Der weitere Dekor ist ebenso rein pflanzlich-ornamental. Achtmal wurden zwei Motive rapportiert. Die Mitte des Bildfeldes markiert eine Abfolge von liegenden Blättern, die paarig an der Basis gegeneinander gestellt sind. Zwei kleine Perlen sitzen neben den Ansatzstellen. Darüber steht jeweils eine Palmette. Das zweite Motiv wird aus einem gelappten Blatt gebildet, das sich über einem „Kleeblatt" erhebt und seitlich von schräggesetzten Kolben begleitet wird. Unter den Kolben befindet sich jeweils eine „Kugelblüte". Die untere Reliefzone wird durch einen Efeurankenfries bestimmt. Während die Blätter eingepunzt wurden, sind die Stile frei in die Formschüssel eingezeichnet worden. Eine auf einem kleinen Fragment erkennbare Rille schloß das Bildfeld zum Fußansatz hin ab. Der Dekor wirkt insgesamt unorganisch. Besonders die ungleichmäßig gesetzte Efeuranke hebt sich stark vom symmetrischen Dekor der oberen Bildzone ab.
Vgl. zum Blattschuppenfries: OXÉ, Rhein Taf. 52,220 – Hilari L. Avilii Surae. Zu den Kolben, Blättern, Kugelblüten und zum Efeublatt gibt es bisher keine direkte Parallelen: ähnlich H. COMFORT, Mem. Am. Acad. Rome 24, 1956, 49 ff. Taf. A 8 – ohne Zuweisung. Zur Gefäßform: E. ETTLINGER, Jahresber. Ges. Pro Vindonissa 1962 (1963) 5 Abb. 4. Vergleichbar von der Randprofilierung und der Gefäßproportionierung ist ein Kelch des Cn. Ateius Eurialus aus Königsfelden, den ETTLINGER auf Grund des Tons und des Stempels als „italisches" Produkt bezeichnet. Sie ordnet die Form als quasi verdoppeltes Service-II-Profil ein und bringt sie versuchsweise in die Nähe der Form D.-W. I*l*, die wohl zu den „barocken" Formen der tiberischen Zeit gehört. Das Profil des Halterner Kelches ist diesem sehr ähnlich, allerdings sind die Kehlen zwischen den Wulsten nicht so stark betont.
Bisher ist dieser Kelch nicht zuweisbar. Die Tonqualität könnte auf eine „provinzielle" Entstehung hinweisen. Vom Dekor her ist zumindest an eine Abhängigkeit von Gefäßen der „gruppo protobargateo" zu denken.

HaNr. 15
Randstück eines Kelches oder Kraters der Form 13 (ähnlich D.-W. I*l*). Qualität IV. (Taf. 12.55.58).
Publiziert: OXÉ, Haltern (1943) 43 Taf. 3 K 12; 10 R 12; 12 R 12a.b.
Das Randprofil ähnelt dem von **HaNr. 14**, unterscheidet sich jedoch leicht in der Ausführung. Die Blätter des Frieses sind unregelmäßig gesetzt. Identisch sind die auf Blüten stehenden Palmetten.
Ebenso wie **HaNr. 14** läßt sich dieses Randstück keinem bestimmten Töpfer oder Herstellungsort zuweisen. Beide Gefäße stammen sicher aus demselben Betrieb und wahrscheinlich auch von derselben Hand.

P. Cornelius

HaNr. 16

Ein Rand- und zwei Wandstücke eines Kelches mit Steilrand. Form 14. Verschollen. (Taf. 12.54,5).

Publiziert: LOESCHCKE, Haltern (1909) 160 Taf. 17,5.

Die Lippe ist auf der Außenseite durch zwei horizontale Rillen leicht gegliedert. Sie ist mit Riefeln verziert und setzt sich leicht von der steil nach oben verlaufenden Wand ab. Eine vorspringende, geriefelte Leiste bildet, wie häufig bei Produkten des P. Cornelius, den Übergang vom glatten Rand zum Relieffeld. Typologisch ist diese Rand- und Lippenbildung ein Variante der Form D.-W. Ic. Anstelle eines Eierstabes oder Rosettenfrieses gibt es nur eine Reihe flacher Perlen. LOESCHCKE beschreibt einen nach *links stehenden Amor, eine Fruchtgirlande haltend.* Erhalten sind von der Figur nur noch der Kopf im Profil und die beiden die Girlande haltenden Arme.

Vgl. zum Randprofil: ALEXANDER, Metropolitan Taf. 45,7 mit Stempel des RODO; Girlande: FABRONI, Storia Taf. 8 Erot nach rechts – Antiocus P. Corneli; OXÉ, Rhein Taf. 50,200 – P. Cornelius; D.-W. Taf. 35,513 – P. Cornelius; Taf. 36,509.511. 512.516 – alle P. Cornelius; ETTLINGER, Augster Thermen Taf. 40,2 – wie Cn. Ateius Zoilus; A. BALIL, Archivo Español Arqu. 32, 1959, 71 ff. Abb. 15; 16 – P. Cornelius; BROWN, Ashmolean Taf. 22,95 – P. Cornelius; ähnlicher Erot: P. ZAMARCHI GRASSI/D. BARTOLI, Museo Archeologico G. Cilnio Mecenate di Arezzo (Florenz 1988) 26 Abb. links – Formschüssel des P. Cornelius.

Auf Grund der typischen Girlande kann eine Zuweisung an P. Cornelius als sicher gelten.

HaNr. 17

Randscherbe eines Kelches der Form 7a (D.-W. IIIa). Verschollen. (Taf. 12.55.56,7).

Publiziert: HÄHNLE, Haltern (1912) 87 Taf. 6,7; L. OHLENROTH, Italische Sigillata mit Auflagen aus Raetien und dem römischen Germanien. Ber. RGK 24/25, 1934/45 (1937) 235 Nr. 40.

Der Rand wird durch eine Kehle gegliedert. Die so entstandenen beiden kleinen Wulste sind geriefelt. Eingefaßt sind die Wulste von leichten Drehrillen. Die Gefäßwand läuft stark konisch zu. Der sehr plastisch wirkende Eierstab setzt unter einem leichten Grat (Hilfslinie) an. Er wird an seiner Oberseite von einer Perlreihe begleitet. Vom Reliefdekor ist wenig erhalten. Eine Widderkopfapplik ist derart am Rand befestigt, daß vom ungehörnten Kopf bis fast zur Lippe des Gefäßes zwei „Doppelschleifenhenkel“ aufsteigen. Von der Bartspitze des Widders gehen seitlich je zwei dreilinige Bögen ab.

Vgl. Eierstab: Typ 9; HÄHNLE, Reliefkeramik Nr. 28; Widderkopf: L. OHLENROTH, Ber. RGK 24/25, 1934/45 (1937) 235 Nr. 40. (unser Stück) mit weiteren Vergleichen. STENICO, Arch. Class. 6, 1954, 43 ff. Taf. 12,39.41.42; Bögen: F. BEHN in: Festschrift zur Feier des 75jährigen Bestehens des Römisch-Germanischen Centralmuseums zu Mainz 1927 (Mainz 1927) Taf. 9,2 k – P. Cornelius.

Auf Grund des Eierstabes und der Applik kann das Stück dem P. Cornelius zugeschrieben werden.

HaNr. 18

Zwei Wandscherben eines Kelches. Außenstempel: P. CORNEL. Verschollen. (Taf. 12.67,1).

Publiziert: DRAGENDORFF, Haltern (1903) 74 f. Abb. 6,1; S. 76 Nr. 6; S. 38 mit Anm. 2: zum Grabungsbericht; HÄHNLE, Haltern (1912) 174 Taf. 28,128; OXÉ, Rhein Taf. 68,302; O.-C. 478,49.

Unter einer geriefelten Leiste bildet ein Perlstab auf einer „derben Hilfslinie“ den oberen Abschluß des Dekors. Eine an einer waagerechten Stange verknotete Löwentatze ist der Rest eines Löwenfells. Der Stempel wurde im Rechteckrahmen leicht erhaben über einer 14-teiligen Rosette eingepunzt. HÄHNLE [Haltern (1912) 75] rechnete diese Scherbe seiner Form A zu, womit er aller Wahrscheinlichkeit nach nur den Gefäßkörper, kaum aber den Rand bezeichnen kann, der wahrscheinlich als Steilrand zu rekonstruieren ist.

Vgl. Ergänzungen des Bruchstückes: LOESCHCKE, Haltern (1909) 159 Abb. 8 Taf. 17,3 (**HaNr. 19**), die sich aber durch die Zugabe des Eierstabes von diesem Stück unterscheiden. OXÉ, Rhein Taf. 51,207.211 – P. Cornelius.

Ein Produkt des P. Cornelius aus Cincelli [STENICO, Liste Nr. 742 – sicher P. Cornelius].

HaNr. 19

Rand-, Wand- und Fußscherben eines Kelches mit Steilrand. Form 14. Qualität V. (Taf. 12.13.54,3).

Unpubliziert. Fund-Nr. Ha 84.271/a1.

Auf dem ungegliederten Steilrand ist die Lippe wulstförmig abgesetzt. Darunter folgt ein dem Wulst in der Höhe entsprechender glatter Streifen, der durch eine Rille von einer vorspringenden Leiste getrennt ist. Hierauf läuft eine Rille um. Die Wandung zieht darunter leicht ein und verläuft danach senkrecht weiter. Es folgen eine Perlreihe und ein Eierstab. An einer unmittelbar unter dem Eierstab sichtbaren waagerechten Stange sind Löwenfelle und Bänder geknotet. In der Mitte der Stange findet sich eine freigezeichnete, in zwei Bänder auslaufende Schlaufe, neben der noch die Reste eines menschlichen Kopfes und eines Armes erkennbar sind, ebenso ein sich im Sprung zurückwendender Rehbock. Frei eingezeichnete Kerben bilden den unteren Abschluß. Die von LOESCHCKE, Haltern (1909) 160 Taf. 17,3 u. OXÉ, Rhein Taf. 68,303 publizierte Randscherbe gehört nach Dekor und Profil eindeutig zu diesem Kelch. Die Fußscherbe stammt aus dem Bereich der Fußplatte. Eine breite Wulst wird unten von einem Steg begleitet, der oben in eine Kehle mündet, von der aus sich der Fuß weiter aufwulstet.

Vgl. Löwenfell: FABRONI, Storia Taf. 6,9; F. BEHN in: Festschrift zur Feier des 75jährigen Bestehens des Römisch-Germanischen Centralmuseums zu Mainz 1927 (Mainz 1927) 108 Abb. 29,7 Taf. 9,2; CHASE, Boston Taf. 27,113 – P. Cornelius; ALEXANDER, Metropolitan Taf. 45,5 – P. Cornelius; ETTLINGER, Augster Thermen 57 Nr. 1 – P. Cornelius; STENICO, Pisani-Dossi Taf. 6,140 – P. Cornelius; ETTLINGER, Augster Thermen Taf. 40,1 – P. Cornelius; BROWN, Ashmolean Taf. 21,94 – P. Cornelius; D.-W. 162 Taf. 35,533 – P. Cornelius; Eierstab: Typ 9; HÄHNLE, Reliefkeramik Nr. 28.

Es handelt sich hier eindeutig um einen Kelch aus dem Betrieb des P. Cornelius in Cincelli.

HaNr. 20
Wandscherbe eines Kelches? Verschollen. (Taf. 14).
Publiziert: HÄHNLE, Haltern (1912) 99 f. Abb. 16; OXÉ in: Schuhmacher-Festschrift (Mainz 1930) 305 Taf. 34 A 3; OXÉ, Rhein Taf. 68,305.
Unter einer noch erkennbaren Rille setzt eine Perlreihe an, an der sich der für P. Cornelius typische Eierstab anschließt. Ein aus drei Punkten gebildeter Fries umschließt oben und unten eine durch vierblättrige Blüten unterbrochene Reihung von schräggestellten „Fischblasen". – *Es ist in der Tat ein dürftiges Hauptornament*, wie OXÉ feststellt.
Vgl. Eierstab: Typ 9; HÄHNLE, Reliefkeramik Nr. 28; dreifache Punktreihe: HÄHNLE, Haltern (1912) 91 – Kelch des Cornelius (= Tübingen InvNr. 1951); Fischblase: CHASE, Loeb Taf. 23,423 – P. Cornelius; OXÉ, Rhein Taf. 44,158 – M. Perennius Bargathes; Taf.72,101; 51,216 – beide P. Cornelius; vierteilige Blüte: HÄHNLE, Haltern (1912) Abb. 6,3.
Auf Grund des Eierstabes eindeutig ein Produkt des P. Cornelius [STENICO, Liste Nr. 745 – P. Cornelius].

HaNr. 21
Wandstück eines Kelches. Vermutlich mit Steilrand. (Form 14?). Qualität V. (Taf. 14.58).
Publiziert: OXÉ, Haltern (1943) 43 f. Taf. 10 R 14.
Auf dem sonst glatten Rand findet sich eine Applik in Form zweier durch Heraklesknoten verknüpfter Schlangen. Die Schlangenköpfe sind abgebrochen, doch weist die mit feinen Strichen angegebene Schuppung der Schlangenhaut auf eine sorgsame Arbeit hin. Der Rand wird durch eine Rille unten begrenzt. Wahrscheinlich setzt dann eine vorkragende, geriefelte Leiste an, unter der sich ursprünglich eine weitere Rille befand. Der Eierstab ist typisch für Produkte des P. Cornelius. Eine Perlreihe begleitet ihn oben in unregelmäßigen Abständen.
Vgl. Applik: FABRONI, Storia Taf. 6,1; CHASE, Loeb Taf. 22,276.335 – P. Cornelius; D.-W. Taf. 35,531 – P. Cornelius; Eierstab: Typ 8; HÄHNLE, Reliefkeramik Nr. 29.
Ein Produkt aus dem Betrieb des P. Cornelius in Cincelli.

HaNr. 22
Randscherbe eines Skyphos. Form 17. Qualität II. (Taf. 14.66,2).
Unpubliziert. Fund-Nr. Ha 53 C Gr 7.
Der Rand des Gefäßes ist glatt, die Lippe nach innen abgeschrägt. Unter zwei umlaufenden Rillen beginnt das Relieffeld. Ein Fries aus achtblättrigen Rosetten um einen Mittelpunkt übernimmt den oberen, ein zweiter aus konzentrischen Kreisen den unteren Reliefabschluß. Links steht eine bärtige Figur in gegürtetem Chiton und Stiefeln. Auf der linken Schulter liegt ein langer, tordierter Stab. In der rechten Hand trägt der Mann eine Kanne. Um den Arm ist ein Mantel geschlungen. Ganz rechts auf der Scherbe sind noch Reste einer nach rechts gewendeten, sitzenden Figur erhalten, vor der sich senkrecht ein länglicher Gegenstand befindet. Die Figuren trennt ein Motiv: als Heraklesknoten verbundene Löwentatzen über einer Keule. Die Szene ist nicht schwer zu deuten. Die männliche Figur wurde zunächst von DRAGENDORFF als Hymenäus gedeutet. WATZINGER bezeichnete ihn dann aber treffender als den Iakchos [D.-W. 165 mit Anm. 2] aus den eleusinischen Mysterien. Die nur in Resten erhaltene sitzende Figur der Halterner Scherbe entspricht der auf einem Formschüsselfragment im Römisch-Germanischen Zentralmuseum in Mainz sitzenden Demeter mit der vor ihr stehenden Kore. Die Keule und der Heraklesknoten verweisen ebenso auf den eleusinischen Kreis [KLUMBACH, Jahrb. RGZM 22, 1975, 52].
Vgl. F. BEHN in: Festschrift zur Feier des 75jährigen Bestehens des Römisch-Germanischen Centralmuseums zu Mainz 1927 (Mainz 1927) 107 ff.; ALEXANDER, Metropolitan Taf. 46,1 – P. Cornelius; D.-W. 165 Taf. 3,18; 36,523.524; Beil. 10,86 – alle P. Cornelius. Direkte Parallele (Skyphos in Besançon): KLUMBACH, Jahrb. RGZM 22, 1975, 22. 48 ff. Abb. 1-3 – P. Cornelius.
Eindeutig aus dem Betrieb des P. Cornelius in Cincelli.

HaNr. 23
Wandfragmente eines Kelches. (Form 14?). Außenstempel: PRIMV. Qualität V. (Taf. 14.66,1).
Unpubliziert. Fund-Nr. Ha 64 A Gr 27.
Die Wandscherben belegen eine halbkugelige Gefäßform. Über einem Perlstab ist der Rand leicht nach außen gewulstet. Neben einer tordierten Säule mit dem Stempel PRIMV ist eine nackte männliche Figur erhalten. Seitlich des Stempels flattern Tänien herab. Auf dem größten Fragment steht ein nackter Mann mit dem Oberkörper in Frontalansicht. Sein Kopf ist im linken Profil wiedergegeben. Er schaut auf einen länglichen Gegenstand in der Rechten, der leider derart beschädigt ist, daß er nicht mehr bestimmt werden kann. In der Linken hält er ein Füllhorn, aus dessen Öffnung unterschiedliche Gegenstände hervorquellen; es handelt sich wohl um die Punze einer bei P. Cornelius beliebten Girlande. Über der linken Schulter scheint ein Mantelzipfel zu hängen. Ein Schwertgriff hängt an einem Balteus auf der linken Seite. Die Beine fehlen unterhalb der Knie, doch ist sicher, daß die Beine parallel nebeneinander auf dem Boden standen.
Vgl. Figur: CHASE, Loeb Taf. 10,91 hält den Gegenstand in der Rechten für ein Ährenbündel; F. BEHN in: Festschrift zur Feier des 75jährigen Bestehens des Römisch-Germanischen Centralmuseums zu Mainz 1927 (Mainz 1927) 109 zu Taf. 9,2 deutet den Gegenstand in der Rechten der Figur als Blitzbündel; ALEXANDER, Metropolitan Taf. 37,1.b – P. Cornelius, der Gegenstand in der Rechten wird hier als Fackel gedeutet; Säule: OXÉ in: Schumacher Festschrift (Mainz 1930) 302 f. Die Figur kann als Herakles mit Füllhorn gedeutet werden. Vgl. dazu eine Wandmalerei aus dem Limeskastell Echzell: D. BAATZ, Germania 46, 1968, 40.
Auf Grund des Stempels und der häufig für P. Cornelius belegten Figur ist die Entstehung des Gefäßes in der Offizin des P. Cornelius in Cincelli eindeutig.

HaNr. 24
Randfragment eines Kelches. Form 3. (Form zwischen D.-W. Ic und d). Qualität V. (Taf. 14).
Unpubliziert. Fund-Nr. Ha 64 A Gr 27.
Die Lippe ist bandförmig ausgebildet und unterschnitten. Die darauf umlaufenden Rillen sind zu schwach, um die Lippe stärker zu profilieren. Eine Riefelung ist nur spärlich vorhanden. Der Wandverlauf wird durch eine

starke Einziehung betont, die kurz vor dem Reliefdekor wieder zurückschwingt, was durch eine umlaufende kleine Rille kenntlich gemacht wird. Die braune Färbung des Tons und der stumpfe Überzug sind identisch mit dem Ton und Überzug von **HaNr. 23**. Ein Zusammenhang kann jedoch durch den andersartigen Wandverlauf ausgeschlossen werden.

Vgl. zum Randprofil: OXÉ, Rhein Taf. 20,95 – Bargathes; Taf. 39,121a – M. Perennius; Taf. 51,207 – P. Cornelius; A. JODIN, Un vase arétin de Publius Cornelius à Mogador. In: Mélanges d'Archéologie et d'Histoire offerts à A. Piganiol 1 (Paris 1966) 519 ff. Taf. 2 – P. Cornelius (hier auch eine Einziehung der Wand); ETTLINGER, Novaesium Taf. 59,12.

Wahrscheinlich ein Produkt des P. Cornelius aus Cincelli.

Cn. Ateius (Arezzo)

HaNr. 25

Wand- und Randscherben eines Kelches oder Kraters der Randform 3a (D.-W. Ic). Qualität II. (Taf. 15.55.56.61,2).

Publiziert: HÄHNLE, Haltern (1912) 70-72 Taf. 6,1; 11,1.

Bis auf wenige Fragmente ist das Gefäß im Zweiten Weltkrieg verloren gegangen.

Die durch eine breite, horizontale Kehle gegliederte Lippe setzt sich vom Rand ab. Sie ist geriefelt und gehört damit der Form D.-W. Ic an. Über einem halbkugligen Gefäßkörper (die untere Gefäßform fehlte zwar, ist aber sicher mit rundem Abschluß zu rekonstruieren) schwingt der glatte Rand, der mit zwei Doppelrillen über dem Eierstab abgeschlossen wird, leicht aus. Unter dem Eierstab zieht sich eine Doppelstrichelreihe – Lorbeerblattmotiv – entlang. Der Reliefdekor wird aus drei Punzen gebildet: eine für das Efeublatt, eine für die „Kugelblüte" und eine für den Eierstab. Die Ranken wurden freihändig in die Formschüssel graviert. Der untere Reliefabschluß wird durch eine freihändig gezeichnete Wellenlinie markiert. HÄHNLE nimmt einen ähnlich gedrungenen Stengelfuß wie beim Mainzer Kranichkelch an [HÄHNLE, Haltern (1912) 88 Abb. 12,1]. Insgesamt handelt es sich bei diesem Gefäß um eine sehr gute handwerkliche Ausführung.

Vgl. Efeuranken: FABRONI, Storia Taf. 2,7; DRAGENDORFF, Terra Sigillata Taf. 5,51 – puteolanisch. Zum Eierstab: Typ 5; DRAGENDORFF, Terra Sigillata Taf. 4,4; 5,49 – beide „gruppo protobargateo"; HÄHNLE, Haltern (1912) 71 Abb. 3 Formschüssel aus Arezzo mit Stempel des Bargathes. HÄHNLE wies dieses Gefäß dem M. Perennius Bargathes zu. Kugelförmige Blüte: ETTLINGER, Pollentia Taf. 15,331 (die frei eingezeichneten Rankenenden, die aus der Blüte kommen und die Staubgefäße der Blüten andeuten, scheinen typisch für Ateius-Produkte zu sein) – wohl Ateius; Blatt: H. COMFORT, Mem. Am. Acad. Rome 24, 1956, 57 Taf. A Nr. 8 – Ateius/Arezzo; Porten Palange, Antiquarium Taf. 7,41 – verweist mit aller Vorsicht auf M. Perennius Bargathes. Desweiteren vgl. D.-W. Taf. 30,398.399; 38,429 – Cn. Ateius aus Arezzo; OXÉ, Rhein Taf. 16,72 – Cn. Ateius aus Arezzo; Taf. 4,8 zeigt die Blüten mit den frei eingezeichneten Ranken und das Efeublatt. STENICO, Liste Nr. 453 weist diesen Becher dem Cn. Ateius in Arezzo zu. Versetzte „trattini manoscritti" sind ebenfalls häufig auf Ateius-Produkten anzutreffen [PORTEN PALANGE hält den Kelch für ein Ateius-Produkt aus Arezzo. Freundliche Mitteilung vom 26.08.91].

Eine Zuweisung an Cn. Ateius aus Arezzo ist sehr wahrscheinlich, doch darf M. Perennius Bargathes [Asciburgium 182 zu Nr. 1 sind davon überzeugt, daß es sich hierbei um ein Gefäß des M. Perennius Bargathes handelt] aus Arezzo oder auch die „gruppo protobargateo" nicht ganz ausgeschlossen werden. Sicher scheint eine Entstehung in Arezzo zu sein.

HaNr. 26

Rand- und Wandscherben eines Kelches der Form 3a (D.-W. Ic). Verschollen. (Taf. 16).

Publiziert: OXÉ, Haltern (1943) 42. 75 Taf. 8 R 8; 9 R 8.

Die überhängende, leicht unterschnitte Lippe wird außen durch eine umlaufende Kehle gegliedert. Eine Riefelung fehlt. Zwei umlaufende Rillen markieren unter dem glatten Rand den Umbruch der Gefäßwand und den Beginn der Dekorzone. Direkt unter dem Eierstab verläuft eine doppelte Strichelreihe. Vier große Akanthusblätter scheinen das Hauptornament gebildet zu haben. Die nach vorn überhängenden Blattspitzen, überdecken teilweise die doppelte Strichelreihe. Sie sprießen aus zwei seitlichen „Wurzelblättern". Im Zwischenraum der großen Akanthusblätter findet sich jeweils ein kleineres, über dem sich nach zwei Seiten Helices aufrollen, die in 16-teiligen Rosetten enden. Frei gezeichnete Ranken neben den kleineren Akanthusblättern enden in einer „gerippten" Scheibe oder einer fünfblättrigen Blüte. Der kleine Querstrich über einer sich teilenden, dünnen Ranke ist ebenso wie diese selbst für OXÉ ein Hinweis auf eine Offizin des Ateius. Die kleine Beere (gerippte Scheibe) verbindet er ebenfalls damit.

Vgl. Eierstab: Typ 6 – eine Variante von HÄHNLE, Reliefkeramik Nr. 12; OXÉ, Haltern (1943) 34; gerippte Scheibe: SIMON, Rödgen 130 Nr. 241; dünne Ranken: OXÉ, Rhein Taf. 16,72; 35,133.135; 55,283 – alle Cn. Ateius aus Arezzo; F.P. PORTEN PALANGE, Num. Ant. Class. 11, 1982, 204 mit Anm. 46 – verschiedene Zuweisungen; Rosette: OXÉ, Rhein Taf. 42,167.169 – „gruppo protobargateo"; ähnliches Akanthusblatt und gerippte Scheibe: H. MÖBIUS, Alexandria und Rom. Abhandlungen der Bayerischen Akademie 59 (München 1964) Taf. 7,3.4 – Formschüssel des Cn. Ateius aus Arezzo. Auch hier liegen wieder die häufig auf Ateius-Produkten vorkommenden „trattini manoscritti".

Das Stück stammt aller Wahrscheinlichkeit nach aus einem Betrieb des Cn. Ateius aus Arezzo.

Produkte des Cn. Ateius aus Arezzo oder Pisa

HaNr. 27

Kelch der Form 2 (D.-W. Ic). Innenstempel: ATEI. Qualität I. (Taf. 16.17.62).

Publiziert: VON SCHNURBEIN, Sigillata Taf. 86; J.-S. KÜHLBORN, Jahrb. Westfalen 1989, 102; B. TRIER (Hrsg.), 2000 Jahre Römer in Westfalen (Mainz 1989) 55 Abb. 34.

Der Kelch ist bis auf den Fuß erhalten. Die leicht unterschnittene Lippe gehört zu den unter D.-W. Ic verzeichneten Randformen. Außen wird die Lippe durch eine umlaufende Kehle profiliert. Die so entstandenen beiden Wulste sind noch nicht geriefelt. Der Rand schwingt aus. Unter den beiden Rillen, die den Rand vom Relieffeld abtrennen, verläuft die Wandung annähernd halbkugelig, wobei der Boden etwas gestaucht erscheint. Der Eierstab wird von der untersten Rille der Randbegrenzung im oberen Teil angeschnitten. Unten begrenzt ihn eine einfache Strichellinie. Stabförmige, ineinander verzahnte Punzen bilden eine Bodenlinie, auf der vier Skelette zwischen „scutum"-ähnlichen Objekten sowie zwei Grabbauten tanzen. Zwischen den Skeletten deuten aus verschiedenen Punzen kombinierte Pflanzengebilde einen „ländlichen" Hintergrund an. Eine auf dem Boden liegende Weinamphora und ein Kranz um den Nacken eines Skelettes machen deutlich, daß es sich hier um ein ausgelassenes Gelage handeln muß. Zwei verschiedene Skeletttypen treten in Erscheinung: Jeweils ein tanzendes Skelett wechselt sich mit einem stehenden ab. Sie sind anatomisch recht exakt wiedergegeben, wobei jedoch auf die Wiedergabe der Fuß- und Handknochen verzichtet wurde. Brustkorb und Schädel bestehen jeweils aus einer Punze, die Arme und Beine sind durch weitere einzelne Punzen frei gestaltet. Vom Motiv ausgehend stammen zwei der mit überkreuzten Beinen stehenden Skelette eindeutig aus einem Symposiumszusammenhang, sie sind auf der linken Seite gelagert und hier auf die „Füße gestellt" zu denken. Dies weist gleichzeitig darauf hin, daß der Unterkörper aus einer kompletten Punze besteht; R. FELLMANN in: Provincialia. [Festschrift R. Laur-Belart] (Basel - Stuttgart 1968) 293 Abb. 1 zeigt das gleiche Skelett. Lediglich der rechte Arm ist unterschiedlich eingepunzt. Um die Hüften tragen die Skelette einen Schurz. Von den beiden „bewegten" Skeletten ist das eine nahe der Amphore in die Knie gesunken und streckt beide Arme in die Höhe. Es ist bekränzt und zeigt offensichtlich einen vom Weingenuß erzeugten Rauschzustand. Das andere Skelett ist in tänzerischer Haltung vor einem Grabbau wiedergegeben. Die beiden stehenden Skelette lehnen sich jeweils an Gebäude an, die im Unterbau einige Unterschiede erkennen lassen. Das vollständig erhaltenen Gebäude scheint auf einem Felsensockel zu stehen, über dem sich ein zinnenbekröntes erstes Stockwerk mit Fenstern erhebt. Darüber befindet sich ein zweites aus Ziegeln errichtetes Stockwerk mit eingepunztem Schädel. Es ist ebenfalls von Zinnen bekrönt. Den oberen Abschluß bilden zwei Zinnen und ein Pinienzapfen in der Mitte. Der zweite Bau ist nur noch im Unterbau erhalten. Er scheint ebenfalls einen Felsensockel zu besitzen, davor ist allerdings ein runder, aus Ziegeln aufgemauerter Altar zu erkennen. FELLMANN hat in diesen Gebäuden runde Grabbauten ähnlich denen des Munatius Plancus in Gaeta oder der Caecillia Metella an der Via Appia bei Rom erkannt: R. FELLMANN in: Provincialia [Festschrift R. Laur-Belart] (Basel - Stuttgart 1968) 296. Die Schädel aller Skelette sind nach links gerichtet. Sie stehen in einem erzählerischen Gesamtzusammenhang: Darstellungen von Skeletten sind auf Trinkbechern häufig und heben mit den Attributen immer den diesseitigen Genuß des Lebens hervor. Der gesamte Themenkomplex ist von K. DUNBABIN [Jahrb. DAI 101, 1986, 185-255] exemplarisch behandelt worden, dort findet sich auch die neueste Literatur. Vier „scutum"-förmige Gegenstände mit verschiedenen Rosetten im Inneren, einem tordierten Mittelgrat und jeweils drei gerippten Kolben über dem oberen Rand wirken als unorganische Trennelemente zwischen den einzelnen Szenen, ihre Bedeutung ist unklar. KLUMBACH denkt an *pflanzliche Ornamente (...), wie die grossen Blätter mit überfallenden Spitzen auf megarischen Bechern* [unpubl. Vortrag von H. KLUMBACH, freundlicherweise durch S. VON SCHNURBEIN zugänglich gemacht].

Vgl. Skelette: OXÉ, Haltern (1943) Taf. 9,31 – M. Perennius Bargathes; 19,86 – Ateius; R. FELLMANN in: Provincialia. Festschrift R. Laur-Belart (Basel - Stuttgart 1968) 293 Abb. 1 – Xanthi; C. GOUDINEAU, Mélanges École Franç. Rome 80, 1968, 167 ff. Taf. 7a; Bargathes (1984) Nr. 41; 43-45 – M. Perennius Bargathes; Grabbauten: D.-W. Taf. 27,492; FELLMANN a.O. 293 Abb. 1.; LAVIZZARI PEDRAZZINI, Luni II Taf. 240, 3; Amphora: FELLMANN a.O. 293 Abb. 1; Bodenlinie: A. BERTINO, La ceramica romana di Luni. In: I problemi della ceramica romana di ravenna della valle Padana e dell'alto Adriatico. Atti del Convegno internazionale Ravenna 10-12 mai 1969 (Bologna 1972) 170 Abb. 9. Eierstab: Typ 8B1. Wie bei den beiden vorauf besprochenen Kelchen finden sich hier wieder die „trattini manoscritti".

Auf Grund des Stempels aus dem Betrieb des Cn. Ateius.

HaNr. 28

Vier Wand- bzw. Bodenscherben eines Kelches. Form 12. Qualität II (Teilweise verschollen). (Taf. 18.54,1.1a)

Publiziert: LOESCHCKE, Haltern (1909) 158 f. Taf. 17,1.1a.

Unter einer Rille finden sich statt eines Eierstabes Ornamente, die LOESCHCKE als eine *große und eine schmale geknotete Binde* bezeichnet. Doch scheint es sich eher um waagerecht eingepunzte Anhänger zu handeln. Vom Reliefdekor sind ein nach rechts gewendetes, auf einem Hocker sitzendes Mädchen sowie die Hände und Beine zweier weiterer Mädchen erhalten. Sie saßen sich paarweise gegenüber. Zwischen ihnen sind noch vier Astragale zu sehen. Das sitzende Mädchen trägt einen hochgegürteten, ärmellosen Chiton; der linke Arm ist ausgestreckt. Die Figur ist unvollständig; die Unterschenkel fehlen. Ein umlaufender unterer Wulst, als Bodenlinie aufgefaßt, bildet den Übergang vom Dekor zum Fuß des Gefäßes. Im Inneren des Gefäßes verläuft eine geriefelte Leiste.

Vgl. Zum Typus der Astragalizusen: HÄHNLE, Haltern (1912) 80 ff. Taf. 8,12 (= **HaNr. 29**); ders., Reliefkeramik 53 ff.; J. BREUER, Oudheidkde. Mededel. 12, 1931, 31 Nr. 4: BREUER diskutiert die Zuweisung des Stückes **HaNr. 29**. HÄHNLE weist es Ateius zu, BREUER eher dem Cornelius. WALTERS, BM Taf. 7 L 55 (bei WALTERS fälschlich L 57 !) – Antiocus P. Cornelius; OXÉ, Rhein Taf. 72,100 – Ateius; D.-W. 91 Motiv XVI,2; Taf. 3,110-111 – M. Perennius Bargathes. DRAGENDORFF weist die Fragmente von Haltern und Nijmegen dem Cn. Ateius zu. E. ETTLINGER/R. FELLMANN, Germania 33, 1955, 368 Abb. 3 Kelch mit Stempel XANTHI; PORTEN PALANGE, Ateius 196 rechnet die oben angeführten Stücke dem Ateius zu, sie ist allerdings unsicher, ob sie aus Arezzo oder aus der „Provinz" stammen. Vgl. auch TILHARD, Saintes Abb. 34,4.

Sicher aus einem Betrieb des Cn. Ateius. Zu denken wäre an eine Entstehung in Pisa oder sogar Arezzo. PORTEN PALANGE, Ateius 195 f. bezeichnet die bei D.-W. 91 Motiv XVI,1.2 aufgeführten Perennius-Punzen als Varianten des Cn. Ateius aus Arezzo; s. dazu auch EAA I (1958) 757 s.v. Ateius (STENICO); TAPONECCO MARCHINI, Pisa 3-9 nennt in ihrem (allerdings knapp gehaltenen) Bericht über die Ateius-Funde aus Pisa keine Astragalizusen.

HaNr. 29

Rand-, Wand- und Bodenscherben eines Kelches der Form 8 (D.-W. Ih). Qualität II. (Taf. 18.60,1).

Publiziert: F. KOEPP, Röm.-Germ. Korrbl. 4, 1911, 19 Abb. 8c; HÄHNLE, Haltern (1912) 80-82 Taf. 5 A,12; 8,12.

Die Lippe wird durch einen geriefelten Wulst gebildet. Die darunter befindliche glatte Zone wird durch zwei Rillen zum Dekor hin begrenzt. Direkt daran schließt der sehr unregelmäßig eingepunzte Eierstab an. Eine einfache Strichelreihe bildet den Übergang zum Reliefdekor. Zwei auf Schemeln sitzende, sich den Rücken zuwendende Mädchen sind noch erhalten. Zwei weitere sich gegenübersitzende und vier Astragale werfende Mädchen sind heute verschollen und lassen sich nur noch über die von HÄHNLE vorgelegte Abbildung beurteilen: Ein Tisch mit drei in Löwentatzen auslaufenden Füßen steht zwischen ihnen. Als Trennelement ist jeweils ein großer Krater zwischen den zwei Paaren aufgestellt. Über den Rand des Kraters quellen Trauben und Ranken. Die Schemel der Mädchen stehen auf einer den Boden markierenden Wellenlinie, wohingegen der dreibeinige Tisch, diese durchbrechend, auf einer unteren steht. Die Wellenlinien wurden frei in die Formschüssel eingezeichnet. Vierteilige Palmetten bilden einen Fries zwischen den beiden Wellenlinien und damit auch gleichsam den unteren ornamentalen Abschluß des Gefäßes. Der Fuß ist nicht erhalten.

HÄHNLE weist diesen Kelch auf Grund der Kelchform, der Tonfarbe, der Form des Eierstabes und des Kraters dem Ateius zu. Es gibt jedoch hierzu unterschiedliche Meinungen: HÄHNLE, Haltern (1912) 81 mit Anm. 3 Abb. 9 (= Tübingen InvNr. 280) – ein Vergleichsstück, das er dem P. Cornelius zuweist; J. BREUER, Oudheidkde. Mededel. 12, 1931, 31 Nr. 4 – P. Cornelius; PORTEN PALANGE, Ateius 196 weist dieses Stück sicher dem Ateius zu, hält es aber für eine möglicherweise „provinzielle" Arbeit. Zum Typus der Astragalizusen: D.-W. 91 Motiv XVI,2; HÄHNLE, Reliefkeramik 53 ff. Kelch aus Vindonissa: E. ETTLINGER/R. FELLMANN, Germania 33, 1955, 364 ff. Abb. 3 Taf. 36,1 – mit Stempel XANTHI; **HaNr. 28**; TILHARD, Saintes Abb. 34,4. Palmette: entfernt vergleichbar LAVIZZARI PEDRAZZINI, Luni II Taf. 100,3 – Ateius. Eierstab: Typ 8C.

Aus einem Betrieb des Cn. Ateius. Vgl. auch **HaNr. 28**.

HaNr. 30

Zwei Wandscherben eines Kelches. Verschollen. (Taf. 18.59).

Publiziert: OXÉ, Haltern (1943) 40 Taf. 9 R 4.

Zwei jeweils auf einem Schemel sitzende, einander den Rücken zukehrende, mit einem Chiton bekleidete Mädchen sind teilweise erhalten. OXÉ geht von ursprünglich insgesamt vier Paaren dieser schon von **HaNr. 28** und **29** her bekannten Astragalizusen aus. Ganz links ist noch der Fuß eines weiteren Mädchens zu erkennen. Zwischen diesem und dem Mädchen in der Mitte liegen zwei Astragale [OXÉ, Haltern (1943) 40 spricht von drei Knöcheln oder Würfeln] auf dem Boden, der hier frei als wulstige Wellenlinie wiedergegeben ist (s. Taf. 59 R4).

Vgl. **HaNr. 28** und **29**; OXÉ hält die drei Stücke für „provinzielle" Arbeiten des Ateius. OXÉ, Rhein Taf. 72,100 – Ateius.

Sicher aus einem Betrieb des Cn. Ateius.

Trotz der vielen Übereinstimmungen und dem Gebrauch der gleichen Punzen für die einzelnen Astragalizusen ist es sicher, daß die drei Halterner Kelche aus verschiedenen Formschüsseln kommen.

HaNr. 31

Kelchfuß mit Bodenstück. Innenstempel: ATEI. Verschollen. (Taf. 39.55).

Publiziert: HÄHNLE, Haltern (1912) 86 Nr. 287 Taf. 5 B,20.

Der Schaft des Fußes ist durch drei in etwa gleichem Abstand umlaufende Ringe gegliedert. Insgesamt ist der Fuß sehr hoch. Wahrscheinlich gehört er zu den Kelchen, die zur Form HÄHNLE A oder D.-W. Ia-c gerechnet werden müssen.

Vgl. WALTERS, BM Taf. 7 L 57; gleicher Fuß bei einer kleineren Form: ein Kantharos mit großen Henkeln.

Das Fußfragment stammt aus einem Betrieb des Cn. Ateius in Arezzo oder in Pisa. Das Stempelformular läßt eine genauere Zuordnung nicht zu.

HaNr. 32

Kelchfuß mit Bodenstempel: ATEI im Doppelrahmen. Verschollen. (Taf. 19) .

Publiziert: OXÉ, Haltern (1943) 21 Nr. 542; S. 47 R 29 (o. Abb).

Stempelformulare nur mit dem Gentilnamen **ATEI** fanden sich in Arezzo und Pisa. OXÉ verglich den Stempel mit dem auf **HaNr. 31** und vermutete eine „provinzielle" Entstehung. Vgl. HÄHNLE, Haltern (1912) 43. 86 Nr. 287 Taf. 5 B,20 auf einem Stengelfuß, der dem hier vorgestellten Stück entsprechen soll.

Vgl. G. MAETZKE, RCRF Acta 2, 1959, 25; EAA I (1958) 757 s.v. Ateius (STENICO); PORTEN PALANGE, Ateius 183 mit Anm. 2 und TAPONECCO MARCHINI, Pisa 8, eine sichere Zuweisung an Arezzo oder Pisa ist nur durch chemische Analysen zu erreichen.

HaNr. 33

Kelchfuß mit Bodenstempel: CN.ATEI. Qualität III? (sekundär durch Kriegseinwirkung verbrannt). (Taf. 19).

Publiziert: OXÉ, Haltern (1943) 47 R 30 Taf. 16 Nr. 550.

Um den Rechteckstempel läuft eine Kreisrille. Der Fuß setzt mit einem leichten Wulst an. Der Mittelteil besteht lediglich aus einem konvex eingezogenem Schaft. Die Fußplatte ist vollständig weggebrochen.

Vgl. G. MAETZKE, RCRF Acta 2, 1959, 25 zu den Stempelformularen aus Arezzo, ebenso TAPONECCO MARCHINI, Pisa 8 zu den Stempeln aus Pisa. Eine eindeutige Zuweisung könnte nur durch chemische Analyse erreicht werden. s. auch **HaNr. 32**.

Cn. Ateius (Pisa)

HaNr. 34

Rand- und Wandfragmente eines Kelches der Form 15 (Randform 3a). Bodenstempel: CN. AEI. Qualität II/IV. (Taf. 19.60,2).

Publiziert: Oxé, Haltern (1943) 39 f. Taf. 5 R 3 (mit rekonstruiertem Stengelfuß); Taf. 12 R 3 (mit Standring).

Das Profil ist von der Lippe bis zur unteren Wand gesichert. Typologisch ist das Profil der Lippe eine Variante der Form D.-W. Ic. Sie ist durch eine Kehle gegliedert und unterschnitten. Eine Riefelzier liegt nicht vor. Der Rand schwingt weit aus; in Höhe der zwei Rillen über dem Relieffeld fällt er ziemlich senkrecht nach unten ab, um dann vermutlich halbkugelförmig das Gefäßunterteil zu beschließen. Ein Perlstab ist über den Eierstab gesetzt. Zwei Friese aus 16-teiligen Rosetten mit Innenkreis zwischen jeweils zwei als Hilfslinien dienenden Rillen fassen oben und unten den Hauptdekor ein. Dieser besteht aus einem rechtsläufigen Kranz aus eingeschnittenen, spitz zulaufenden Blättern, die durch quergerillte Kolben begleitet werden. Rekonstruktionen des Fußes sind spekulativ, Oxé vermutet einen flachen Standring. Aus den Gefäßresten selbst geht nicht hervor, ob ein Stengelfuß oder ein Standring vorhanden war. Vgl. z.B. die Olpe aus Tossal de Manises (**KatNr. 432**), die aus einem Model für Kelche der Form Hähnle C stammt. Die Ausbildung der Lippe ist für typologische Vergleiche immer noch bedeutender.

Vgl. Eierstab: Typ 8B; Rosette: **HaNr. 35, 51, 59, 61-63, 71 u. 83**; Ulbert, Augsburg 17 Nr. 4; Kranz: ähnlich **HaNr. 35**; Oxé, Rhein Taf. 12,42 - Ateius; Blatt: **HaNr. 76** u. **89**; Oxé, Rhein Taf. 69,309.310 – P. Cornelius; 70,314.320.323 – puteolanisch; Chase, Loeb Taf. 23,395 – P. Cornelius; Chase, Boston Taf. 28,124 – P. Cornelius; Dragendorff, Terra Sigillata Taf. 6,59. 60.63.64.73 – puteolanisch; **HaNr. 36** – Blatt und Kolben; A.S. Fava, Bull. Comm. 80, 1965-67, 73 ff. Taf. 19,60 – mit Zuweisungen des Blattes an Rasinius, Bargathes, C. Annius, P. Cornelius; die Autorin gibt aber der „provinziellen" Produktion des Ateius den Vorzug; Asciburgium Taf. 60,20 – Ateius; ähnliches Blatt mit schräggeripptem Mittelsteg: Lavizzari Pedrazzini, Luni I Taf. 101,5 – Ateius; genaue Übereinstimmung: Taponecco Marchini, Pisa Taf. 2,4 – aus dem Töpfereiabfall des Ateius aus Pisa.

Sicher ein Produkt aus einem Betrieb des Cn. Ateius, wahrscheinlich aus Pisa.

HaNr. 35

Fünf Wandstücke eines Kelches. Bis auf eine Scherbe verschollen. Qualität II. (Taf. 20.59).

Publiziert: Oxé, Haltern (1943) 45 f. Taf. 9 R 22a-e.

Die Lippe ist weggebrochen. Auf dem glatten Streifen darunter ist oben nur noch eine kleine Leiste zu erkennen. Zwei Drehrillen begrenzen den glatten Rand. Der sauber gepunzte und klar gegliederte Eierstab setzt direkt darunter an. Typisch für Ateius-Produkte ist die friesartig verwendete Rosette mit 16 Blättchen. Jeweils oben und unten von einer einfachen Strichelreihe eingefaßt begrenzen die Rosettenfriese einen Kranz, der aus einem Blatt und einem quergerippten Kolben gebildet wird.

Vgl. Eierstab: Typ 8A; Rosettenfries und Blätterkranz: **HaNr. 34**. Blatt: Taponecco Marchini, Pisa Taf. 2,4 – Cn. Ateius aus Pisa.

Sicher aus einem Betrieb des Cn. Ateius. Der Blattkranz verweist auf eine Entstehung in Pisa.

HaNr. 36

Zwei Wandscherben einer nicht näher bestimmbaren Gefäßform. Qualität II. (Taf. 20).

Unpubliziert. Fund-Nr. Ha 67 Lf 39.

Geschlitzte Bätter und quergerippte Kolben bilden einen losen Blattkranz.

Vgl. **HaNr. 34**; Oxé, Rhein Taf. 14,61 – „provinzielles" Ateiusprodukt; Blatt: Taponecco Marchini, Pisa Taf. 2,4 – Cn. Ateius aus Pisa.

Wahrscheinlich aus einem Betrieb des Cn. Ateius in Pisa.

Cn. Atei Euhodi (Pisa)

HaNr. 37

Fuß eines Kelches wohl der Form 15 (D.-W. V). Innenstempel: CN.ATEI/EVHODI. Verschollen. (Taf. 55).

Publiziert: Hähnle, Haltern (1912) 75 Nr. 290 Taf. 5 B,5.

Das Profil des Fußes ist dreigeteilt. Der obere und untere Wulst sind durch eine leichte Drehrille verziert. Zwischen ihnen liegt eine Hohlkehle. Der Übergang vom Fuß zum Gefäß ist durch eine Einschnürung kenntlich gemacht; es handelt sich um eine weniger häufige Fußform. Auf Grund des Stempels sicher aus einem Betrieb des Cn. Ateius, wohl von Euhodus. Wahrscheinlich aus Pisa.

Ähnlicher Kelchfuß in Moers-Asberg: Asciburgium Taf. 60,30 – ohne Zuweisung.

Cn. Ateius Hilarus (Pisa)

HaNr. 38

Kelch der Form 15 (D.-W. V). Zweizeiliger Innenstempel: CN. ATEIVS/HILARVS. Qualität III. (Taf. 20.63).

Publiziert: von Schnurbein, Sigillata Taf. 94; J.-S. Kühlborn in: H.-G. Horn (Hrsg.), Die Römer in Nordrhein-Westfalen (Stuttgart 1987) 570 Abb. 487; ders. in: Augustus und die verlorene Republik (Mainz 1988) 594 Nr. 435; ders. in: F.-J. Schulte-Althoff (Hrsg.), Haltern. Beiträge zur Stadtgeschichte (Dülmen 1988) 64 Abb. 34.

Der ursprünglich angedrehte obere Gefäßrand ist gänzlich abgebrochen. Bis auf wenige Teile aus dem Relieffeld ist der Kelch vom Fuß bis zum Randansatz komplett. Unter dem Eierstab wurden alternierend zwei Reiter und zwei stehende Figuren eingepunzt. Beide tragen einen Muskelpanzer mit Pteryges. Die Ausführung der Figuren ist sehr detailliert. Sie sind aufeinander bezogen; der Reiter kämpft mit der Lanze gegen den Schwertkämpfer. Letzterer kniet mit dem linken Bein auf einem Felsblock, zudem stützt er sich mit der linken Hand auf einen Rundschild. Er schaut nach rechts auf den Reiter und holt mit dem Schwert zum Schlag aus. Die rechte Körperseite des Schwertkämpfers bildet eine glatte senkrechte Linie, während die linke gänzlich geöffnet ist. Bis auf den linken

Arm scheint die Figur aus einer Punze zu bestehen. Eine sehr enge Parallele zum bärtigen Fußkämpfer bietet ein unter einem Kentauern liegender Krieger auf einer der Reliefplatten des Mausoleums von Belevi [B. SISMONDO RIDGWAY, Hellenistic Sculpture I (Bristol 1990) Taf. 91 W 4]. Auf dem Boden liegend und gegen einen Reiter kämpfend darf man ihn sich kaum denken, da diese qualitätvoll gearbeitete Punze dann eher steif wirken würde. Der Reiter ist nicht mit ebensolcher Sorgfalt gearbeitet. Der linke Arm fehlt, die Zügel des Pferdes laufen zur rechten Schulter. Die Lanze in der Rechten wird hinter dem Kopf hergeführt. Das Paludamentum geht in den Schweif des Pferdes über, die Verbindung zu den Schultern des Mannes fehlt. Der Kopf scheint separat angepunzt worden zu sein. Ton und Überzug sind von guter Qualität, jedoch befindet sich ein größeres Steinchen in der Wandung, das den Wert des Gefäßes sichtlich gemindert haben dürfte. Das Gesamtmotiv des Kelches eines von einem Reiter überwältigten Fußkämpfers ist ein in der griechischen Kunstgeschichte immer wiederkehrendes Motiv, zu dem die Grabstele des Dexileos in Athen nur als ein Beispiel genannt werden soll [W. FUCHS, Die Skulptur der Griechen [2](München 1979) 495 mit Abb. 577].

Vgl. Eierstab: Typ 8B2; Schwertkämpfer und Eierstab: TAPONECCO MARCHINI, Pisa Taf. 2,9 – aus dem Töpfereiabfall der Offizin des Cn. Ateius in Pisa; der Stempel CN.ATEIUS/HILARUS findet sich ebenso in Pisa (ebd., Taf. 1,3). Zum Reiter gibt es bislang keine Parallele auf Arretina.

Der Krater ist eindeutig dem Hilarus aus der Offizin des Cn. Ateius in Pisa zuzuweisen.

HaNr. 39

Fußfragment eine Kelches mit dem Bodenstempel: C(N). ATEIVS/HILARVS. Qualität II (mit braunem Belag). (Taf. 21).

Unpubliziert. Fund-Nr. Ha 53 A Gr 25.

Um den zweizeiligen Stempel wurden zwei Drehrillen gezogen. Gefaßt ist der Stempel durch einen rechteckigen Rahmen. Vom Fußansatz ist nur der oberste Teil erhalten. Wahrscheinlich zog der Schaft konvex ein, bevor die Fußplatte ansetzte.

Vgl. Zum Stempel: TAPONECCO MARCHINI, Pisa Taf. 1,2 – Pisa.

Es handelt sich eindeutig, wie dem Stempelformular zu entnehmen ist, um einen Kelch des Hilarus aus der Offizin des Cn. Ateius in Pisa.

HaNr. 40

Wandscherbe eines Kelches?. Qualität II/IV. (Taf. 21.68,2).

Unpubliziert. Fund-Nr. Ha 68 Gr 430.

Unter zwei umlaufenden Rillen befindet sich ein Fries aus waagerecht liegenden, dreizipfeligen Blättern, der unten durch eine doppelte Strichelreihe beschlossen wird. Eine nach links gewendete, geflügelte und unbekleidete weibliche Figur ist bis zur Hüfte erhalten. Der Kopf mit dem zu einem Knoten aufgebundenen Haar ist leicht geneigt. Die Hand des angewinkelten rechten Armes ging ursprünglich wohl zu einer Kithara hin. Die Federn des Flügels sind sehr detailliert wiedergegeben. Das Fragment gehörte sicher zu einem sehr qualitätvoll gearbeiteten Kelch.

Vgl. G. FRANCIOSI, Arezzo. Italia artistica 41 (Bergamo 1909) Abb. S. 18 links in der Mitte – TIGRANI; OXÉ, Rhein Taf. 2,1d – gleiche Figur (ohne Flügel) mit Kithara – M. PERENNI/ TIGRANI. OXÉ weist den Kelch dem „Meister mit den Zahnlücken" zu; ebd. Taf. 7,15a.b – ATEI/HILARI; COMFORT, Am. Journal Arch. 46, 1942, 90 ff. Abb. 3 – gleiche Figur, jedoch hier ohne Flügel – M. Perennius Tigranus (Stempelrest]G[); ALEXANDER, Metropolitan Taf. 39,4 – M. Perennius; A. STENICO in: Studi in Onore di A. Calderini e R. Paribeni 3 (Mailand 1956) 416 ff.; A. BERTINO, La ceramica romana di Luni. In: I problemi della ceramica romana di ravenna della valle Padana e dell'alto Adriatico. Atti del Convegno internazionale Ravenna 10-12 mai 1969 (Bologna 1972) 170 Abb. 7 – musizierende Genie. SIMON, Rödgen 241 Nr. 40 Taf. 47,40 – Genie mit Tibia. Cn. Ateius aus Arezzo. Der Eierstab der Form HÄHNLE, Reliefkeramik Nr. 12 wird von Cn. Ateius und M. Perennius Bargathes benutzt. BERTINO weist dieses Stück dem M. Perennius Tigranus oder Bargathes zu; dies ist unsicher, es könnte auch von Cn. Ateius sein. TAPONECCO MARCHINI, Pisa Taf. 1,7 – leicht abgewandelte Figur – aus dem Töpfereiabfall eines Betriebes des Cn. Ateius in Pisa. Zum dreizipfeligen Blatt: Ordona VI,1, 94 Taf. 42,49 – M. Perennius (?); HOFFMANN, Formgebung Taf. 85,3-4 – Cn. Ateius aus Arezzo. OXÉ, Rhein 8 f. Taf. 2,1c.d; 7,15: *Es ist schwer zu beurteilen, ob die Töpfereien das Motiv bei einem 'Stempelschneider' oder voneinander entliehen haben.* Die Figur der musizierenden Genie ist ursprünglich eine Schöpfung des M. Perennius Tigranus s. D.-W. 65-67 Motiv V,3 – musizierende Genie; Taf. 2,24 – M. Perennius. Das Neusser Stück (= OXÉ, Rhein Taf. 7,15a.b) besitzt ebenso wie das Halterner eine doppelte Strichellinie. D.-W. 171 nehmen zu OXÉ, Rhein Taf. 7,15 folgendermaßen Stellung: Ateius und die Perennierwerkstatt traten wohl in *persönliche Beziehung*. Der Neusser Kelch mit dem Stempel ATEI/HILARI ist für sie vom „Bargathesmeister A", der damit nicht nur in den Betrieben des M. Perennius und des C. Vibienus, sondern auch bei Cn. Ateius gearbeitet haben soll. EAA I (1958) 757 s.v. Ateius (STENICO) verzeichnet für das Œuvre des Ateius aus Arezzo u.a. Kalathiskostänzerinnen, geflügelte Musikanten, erotische Gruppen, Astragalizusen, kleine Tänzer, Nereiden mit den Waffen Achills. Das Vorkommen der geflügelten Musikantin ist durch das oben erwähnte Modelschüsselfragment und das von Hilarus gestempelte Kelchfragment für Pisa belegt.

Eine Entstehung des Halterner Kelchfragmentes in einem der Betriebe des Cn. Ateius ist sehr wahrscheinlich, vielleicht sogar, wie das Neusser Exemplar, von der Hand des Hilarus, der in Pisa gearbeitet hat.

Narcissi Atei (Pisa?)

HaNr. 41

Drei Wand- und Bodenscherben eines Kelches. Zweizeiliger Bodenstempel: NARCISSI/[ATEI]. Qualität II. (Taf. 21.69,2).

Unpubliziert. Fund-Nr. Ha 53 B Gr 13.

Sichtbar sind auf einem umlaufenden, als Bodenlinie dienenden Steg noch die Reste einiger Figuren, eines Altares und offensichtlich eines Böckchens. Außen links ist ein nacktes Bein bis zum Knieansatz erhalten. Der Fuß berührt einen frei in die Modelschüssel als Felsen eingezeichneten Block, auf dem ein flach rechteckiger Gegenstand liegt; im Ansatz ist noch eine Einziehung zu erkennen, so daß es sich hier möglicherweise um ein Gefäß (Krater) gehandelt hat. Rechts davon steht eine sich auf Zehenspitzen nach rechts auf eine Cista zubewegende Figur. Reste des Gewandes lassen auf einen Chiton schließen. Die Fältelung ist reich, durch eine schlechte Pressung aber flau und zum Teil undeutlich wiedergegeben. Diese Feststellung trifft auf alle anderen Figuren ebenso zu. Das Böckchen steht mit den Vorderläufen auf einer Cista mit Binnenzeichnung. Wahrscheinlich dient diese hier als Basis für eine Säule. Von rechts außen schreitet eine Figur, ihrem Gegenstück links entsprechend, auf den Altar zu. Sie geht ebenfalls auf Zehenspitzen. Die wehenden Falten des Gewandes verraten die Schnelligkeit der Bewegung. In Ansätzen sind noch die Parallelfalten eines hochgezogenen Mantels zu erkennen. Wahrscheinlich ist hier eine tanzende Mänade anzunehmen.

Vgl. tanzende Mänade: D.-W. Taf. 5,46 – ohne Zuweisung. DRAGENDORFF erschien die Zugehörigkeit zum Perenniuskreis fraglich; Cista als Basis: OXÉ, Rhein Taf. 32,132a.b.c – Horenkelch des Ateius; 35,133 – Cn. Ateius aus Arezzo; J. METZLER, Publ. Section hist. Inst. Luxembourg 91, 1977, Abb. 26 – Cn. Ateius; K. ROTH-RUBI, H. Arch. Seminars Bern 4, 1978, 19 Nr. 5 – Ateius; Böckchen: C. SIMONETT, Jahresber. Ges. Pro Vindonissa 1945/46 (1946) Taf. 7,7 – Rasinius; D.-W. Taf. 12,200 – M. Perennius Tigranus; Beilage 2,12.13 – Cn. Ateius aus Arezzo.

Auf Grund des Stempels eindeutig von Narcissus. Aus einem Betrieb des Cn. Ateius. Die Qualität II könnte auf Pisa hinweisen.

Cn. Atei Xanthi (Pisa)

HaNr. 42

Drei Rand- und Wandstücke eines zweizonigen Kelches der Form 12 (D.-W. II?). Außenstempel XANTHI. Qualität I? (Taf. 21.65,1).

Unpubliziert. Fund-Nr. Ha 53 A Gr 26.

Der Rand wird durch zwei geriefelte Wulste und eine Kehle profiliert. Der Übergang zum Reliefdekor erfolgt mittels einer schmalen, glattbelassenen Einziehung unter dem unteren Wulst. Ein noch vorhandener geriefelter Wulst trennt das Relieffeld in eine obere und eine untere Zone, wobei der noch erhaltene obere Relieffries einer konkav gewölbten Wandung aufliegt. Der Reliefdekor wird oben und unten von einem Perlstab eingefaßt. An den Hörnern von Widderköpfen sind links und rechts Girlanden mit einer S-förmigen Tänie befestigt. Der Stempel des XANTHI (in tabula ansata) ist über einer Girlande mitten ins das Relief gesetzt. Ebenso ist über einer Girlande ein nicht eindeutig bestimmbares Objekt eingepunzt worden. Möglicherweise handelt es sich um ein Insekt.

Vgl. Widderkopf: OXÉ, Rhein Taf. 40,143 – Cn. Ateius Xanthus; L. OHLENROTH, Ber. RGK 24/25, 1934/35 (1937) 252 Nr. 39. Girlande und Widderkopf: **HaNr. 59**. Insekt: OXÉ, Rhein Taf. 17,63 – Cn. Atei Xanthi; S-förmige Tänie: **HaNr. 44** u. **45**. Gefäßform: OXÉ, Rhein Taf. 3,2 – mit dem Außenstempel XANTHI.

Eindeutig ein Produkt des Xanthus aus einem Betrieb des Cn. Ateius. Wahrscheinlich aus Pisa.

HaNr. 43

Rand- und Wandscherben eines zweizonigen Kelches der Form 7b (D.-W. IIIa). Außenstempel: XANTHI. Qualität II. (Taf. 22.65,2).

Publiziert: OXÉ, Rhein Taf. 40,143; OXÉ, Haltern (1943) 43 Taf. 6 R 13; 13 R 13.

Den Rand bilden zwei geriefelte, von einer Kehle getrennte Wulste. Der Eierstab ist von anderen Halterner Ateiusprodukten bekannt. Von gehörnten, bärtigen Widderköpfen auf Rosetten gehen seitlich Girlanden aus. Breite Tänien hängen an den Seiten der Widderköpfe bzw. von der Mitte der Girlanden herab. Über den durchhängenden Girlanden schwebt nach links ein Eros. Eine einfache Strichelreihe zieht sich girlandenartig über den Eroten zum Horn des Widders. Auf der anderen Seite wird nun anstelle des Eroten in erhabenem Rechteckstempel mit vertieften Buchstaben der Name XANTHI wiedergegeben. Ein von Doppelrillen gesäumter, geriefelter Wulst trennt die obere von der unteren Bildzone. Gleichzeitig beginnt hier der Wandumbruch vom konischen oberen Bereich zum flachkugeligen unteren. Medaillons, aus zwei Halbbögen zusammengesetzt, umrahmen einen mit einem Schurz bekleideten Tänzer, der die Hände über dem Kopf zusammenschlägt. Zwischen den Medaillons stehen senkrecht zwei aufeinander gesetzte, gerippte Kolben. OXÉ hält die Medaillons für die frühesten auf Arretina bekannten.

Vgl. Eierstab: Typ 8B; Widderkopf: OXÉ, Rhein Taf. 37,138; **HaNr. 42** – Xanthus; L. OHLENROTH, Ber. RGK 24/25, 1934/35 (1937) 252 Nr. 39; ders., Germania 30, 1952, 415 f.; Erot: OXÉ, Rhein Taf. 36,137 – Ateius Crestus; **HaNr. 48**. Tänie: **HaNr. 71**; OXÉ, Rhein Taf. 10,32 – Ateius Xanthus; tanzende Figur: **HaNr. 127**; HÄHNLE, Reliefkeramik 66; Girlande: OXÉ, Rhein 17,74 – „provinzielles" Ateiusprodukt; 36,137. Beste Parallele: ETTLINGER, Novaesium Taf. 56,2 – mit Stempel XANTHI. Zu den „trattini manoscritti" vgl. **HaNr. 27-29**.

Auf Grund der Parallele aus Neuss darf eine Entstehung des von Xanthus gestempelten Kelches in einem Betrieb des Cn. Ateius in Pisa angenommen werden [STENICO, Liste Nr. 582 – „provinzielle" Arbeit des Xanthus]. Von Picon wurde das Stück nach einer chemischen Analyse Pisa zugewiesen.

HaNr. 44

Zweizoniger Kelch der Form 7b (D.-W. IIIa). Bodenstempel: CN.ATEI/XANTHI und Außenstempel: XANTHI. Qualität II. (Taf. 23).

Publiziert: A. STIEREN, BAW 1 (Münster 1929) 17 Abb. 9; OXÉ, Rhein Taf. 37,138; ders., Frühgallische Reliefgefäße vom Rhein. Mat. zur Röm.-Germ. Keramik 6 (Frankfurt a.M. 1934) 8; ders., Haltern (1943) 38 f. 75 Taf. 4 R 1; B. TRIER (Hrsg.), 2000 Jahre Römer in Westfalen (Mainz 1989) 152 Abb. 174.

Die Lippe besteht aus zwei geriefelten und durch eine Kehle getrennten Wulsten. Die Wandung zieht etwas ein und verläuft annähernd konisch. An den Rand aufgesetzt ist eine gehörnte Widderkopfapplik (mit Bart und Rosette), die den unteren Abschluß eines gerillten Schleifenhenkels bildet. Ein Eierstab fehlt. Stattdessen findet sich eine Rille über dem Hauptornament, das aus einem Lorbeerkranz besteht. Drei lanzettförmige Blätter werden durch ein S-förmiges Band zusammengehalten. Auf paarigen Stengeln, die aus einzelnen Stricheln bestehen, sitzt jeweils eine Lorbeerfrucht zwischen den Blättern. Der Außenstempel im erhabenen Rechteck ist mit vertieften, wohlgeformten Buchstaben mitten in den Dekor gestempelt. Ein geriefelter Wulst leitet zur unteren Zone über. Sechzehn durch eine Leiste eingefaßte und gefiederte Fischblasen ergeben das einzige Ornament. Die untere Kontur der Fischblasen bildet die von anderen Kelchen bekannte wellige Bodenlinie. Der Fußansatz wird durch eine umlaufende Leiste markiert. Der Fuß ist niedrig und besteht im mittleren Teil nur aus einem kurzen, eingezogenen Schaft. Die Fußplatte ist durch zwei Abtreppungen gegliedert und überschreitet mit ihrem unteren Umfang kaum den Durchmesser der Bodenlinie der unteren Gefäßhälfte, wodurch die sich nach oben erweiternde Form des Kelches betont wird.

Vgl. zur Applik: L. OHLENROTH, Ber. RGK 24/25, 1934/35 (1937) 252 Nr. 39 Abb. 2,2; ders., Germania 30, 1952, 415 f.; **HaNr. 62**; Kranz bzw. S-förmige Tänie: DRAGENDORFF, Terra Sigillata Taf. 6,59 – puteolanisch; OXÉ, Rhein Taf. 72,102 – „provinzielles" Produkt des Cn. Ateius; M. LABROUSSE, Gallia 12, 1957, 317 Nr. 6 Abb. 11; Klassieke Kunst uit Particulier Bezit. Rijksmuseum van Oudheden Leiden (Leiden 1975) Nr. 614 - XANTHI; ETTLINGER, Novaesium Taf. 58,7 – Schüssel Drag. 29 – aus Pisa; **HaNr. 42** u. **45**; zur Fischblase: OXÉ in: Schuhmacher Festschrift (Mainz 1930) 305; D. HAUPT, Die Kleinfunde eines römischen Landhauses bei Neuss-Weckhoven. Ausgrab. im Rheinland 3 (Bonn 1968) 163, Abb. 4 – mit Stempel des XANTHI; LAVIZZARI PEDRAZZINI, Luni II Taf. 240,4.

Auf Grund des Stempels sicher dem Xanthus aus einem Betrieb des Cn. Ateius zugewiesen. Das Stück kommt wahrscheinlich aus Pisa [STENICO, Liste Nr. 577 – sicher eine „provinzielle" Arbeit des Cn. Ateius Xanthus].

HaNr. 45

Randscherbe der Form 12 (D.-W. II?). Qualität II. (Taf. 22).

Unpubliziert. Fund-Nr. Ha 85.502/a6.

Das Profil der Scherbe ist S-förmig geschwungen. Der Rand wird aus einem geriefelten Wulst gebildet. Eine Kehle schnürt darunter die Wandung ein. Wahrscheinlich besaß der Kelch zwei Dekorzonen, von denen die untere nicht mehr erhalten ist. Die obere sich leicht hervorwölbende Hälfte zeigt einen Lorbeerkranz. Drei lanzettförmige Blätter sind mit einem S-förmigen Band zusammengehalten. Zwischen den Blättern befinden sich an gestrichelten Stengeln Fruchtkapseln.

Vgl. **HaNr. 44**; Asciburgium Taf. 59,16a-e – wahrscheinlich Cn. Ateius Xanthus.

Der Kranz ist charakteristisch für Produkte des Xanthus. Der Kelch stammt aus einem Betrieb des Cn. Ateius, wahrscheinlich aus Pisa.

HaNr. 46

Eine Wand- und Bodenscherbe eines zweizonigen Kelches (ähnlich der Form D.-W. III?) Innenstempel: CN.ATEI/ XANTHI. Verschollen. (Taf. 24.54,6).

Publiziert: LOESCHCKE, Haltern (1909) 160 Taf. 17,6; S. 170 Nr. 110; OXÉ in: Schuhmacher Festschrift (Mainz 1930) 306 f. Abb. 3.

Von der oberen Bildzone sind nur noch minimale, unbestimmbare Reste erkennbar. Ein riefelverzierter Streifen scheidet die obere von der unteren Reliefzone, die ornamental durch Voluten gestaltet wird. LOESCHCKE spricht von einer *weniger feinen Ausführung*; der Fuß sei z.B. *rücksichtslos angedreht* worden.

Vgl. zur Volute **HaNr. 49** u. **51** – nach der chemischen Analyse stammen beide aus Pisa. ETTLINGER, Augster Thermen Taf. 40,3 Xanthus (?); OXÉ, Rhein Taf. 10,34a – Ateius; LAVIZZARI PEDRAZZINI, Luni I Taf. 101,1 – dem Xanthus zugeschrieben.

Nach OXÉ in: Schuhmacher Festschrift (Mainz 1930) 307 stammt das Stück von Cn. Ateius Xanthus, und zwar aus einem „provinzialen" Betrieb. Durch den Stempel sicher dem Xanthus aus einem Betrieb des Cn. Ateius zugewiesen. Der Herstellungsort ist nach den chemisch untersuchten Parallelen aus Haltern in Pisa zu suchen.

HaNr. 47

Wandfragment eines Kelches? Außenstempel: XANTHI. Qualität II. (Taf. 24).

Unpubliziert. Fund-Nr. Ha 54 C Gr 1a.

Über dem exakt auf einer noch schwach sichtbaren Hilfslinie gepunzten Eierstab ist eine umlaufende Rille erkennbar. Der rechteckige, erhabene Außenstempel XANTH mit vertieften, sehr gleichmäßigen Buchstaben ist mitten in das Bildfeld gestempelt. Aus einfachen Strichelreihen gebildete Girlanden und Tänien machen den Dekor aus.

Vgl. Eierstab: Typ 8B.

Eindeutig von Xanthus, wahrscheinlich aus einem Betrieb des Cn. Ateius in Pisa.

HaNr. 48

Kelchfußfragment. Innenstempel: CN.ATEI/XANTHI. Verschollen. (Taf. 39).

Publiziert: RITTERLING, Haltern (1901) 138 Nr. 43 Taf. 28,43; LOESCHCKE, Haltern (1909) 160 Nr. 109; HÄHNLE, Haltern (1912) 86 Nr. 109.

Zu diesem Stück existiert neben dem Faksimile nur die Umschrift des zweizeiligen Bodenstempels: CN.ATEI/ XANTHI. Weitere Angaben fehlen.

Durch den Stempel sicher dem Xanthus zugewiesen; wohl aus einem Betrieb des Cn. Ateius in Pisa.

HaNr. 49

Sieben Wand-, zwei Boden- und fünf Fußfragmente eines zweizonigen Kelches der Form D.-W. III? Qualität II. Pisa [VON SCHNURBEIN, Sigillata 175 Tab. 8 Probe 198]. (Taf. 24).

Unpubliziert. Fund-Nr. Ha 73 A Gr 118.

Unter einem „Ateiuseierstab" befindet sich eine einfache Strichelreihe, an der eine Girlande hängt; darüber schwebt ein kleiner Erot. Links neben der Girlande ist das Oberteil eines Kraters erhalten. Enden breiter Tänien hängen bis zum das Bildfeld teilenden, geriefelten Mittelwulst herab. Ein Fries aus großen Voluten bildet den Dekor der unteren Zone. Die Fußplatte war etwa in der Mitte von einem großen Wulst gegliedert; vom Schaft ist nichts erhalten.

Vgl. Eierstab: Typ 8B; Erot: **HaNr. 54** – Cresti Atei Euhodi; Girlande: **HaNr. 43** – Xanthus; Volute: **HaNr. 41** u. **51** – Cn. Ateius Xanthus.

Nach Dekor und chemischer Analyse sicher aus einer Offizin des Cn. Ateius in Pisa, vermutlich von Xanthus.

HaNr. 50

Wandscherbe aus dem unteren Wandungsbereich eines Kelches? Qualität II/IV. (Taf. 24).

Unpubliziert. Fund-Nr. Ha 83.074/a3.

Die Reste zweier großer Voluten sind erhalten.

Vgl. **HaNr. 49** und die dort aufgeführten Beispiele.

Möglicherweise handelt es sich um ein in Pisa entstandenes Produkt des Xanthus.

HaNr. 51

Rand- und Wandscherben eines Kelches der Form 5 (D.-W. Ic Sonderform). Qualität II. Pisa [VON SCHNURBEIN, Sigillata 175 Tab. 8 Probe 195]. (Taf. 24.70,2).

Publiziert: OXÉ in: Schuhmacher Festschrift (Mainz 1930) 306 Abb. 3; ders., Haltern (1943) 40 f. Taf. 6 R 5; 13 R 5.

Die Lippe ragt weit über die fast senkrecht verlaufende Wand. Eine breite, von Rillen gesäumte Kehle läuft innen auf der Lippe um. Außen wird sie fascienartig abgestuft. Oben befindet sich eine glatte Leiste, dann eine tiefer gedrehte und darunter, durch eine Rille abgesetzt, eine geriefelte Leiste. Die Lippe ist rechtwinklig stark unterschnitten. OXÉ rechnet die sonst steil verlaufende Lippe schon zum Service II. Es handelt sich aber um eine Übergangsform zwischen Service I und II. Der glatte Streifen darunter ist durch zwei Rillen von der Reliefzone abgesetzt. Der Eierstab wird unten von einer einfachen Strichelreihe begleitet. Eine bärtige Satyrkopfapplik, auf der sich ein heute verlorener schlaufenartiger Bandhenkel mit rundem Querschnitt befand, ist dem Eierstab aufgesetzt. Sechs aufrechtgestellte, nach links ausgerichtete Voluten sind teilweise erhalten; sie wachsen aus einem Fries kugeliger Früchte (Himbeeren?). OXÉ rekonstruiert insgesamt 16 Voluten. Eine wellige Bodenlinie bildet den Gefäßabschluß.

Vgl. Applik: **HaNr. 75** (vgl. auch den Eierstab und besonders die Form der Lippe); P. DUCATI, Storia di Bologna. I Tempi antichi (Bologna 1928) 410 Abb. 164; L. OHLENROTH, Ber. RGK 24/25, 1934/35 (1937) 252 Nr. 38; Beeren: **HaNr. 100**; DRAGENDORFF, Terra Sigillata Taf. 5,50 – puteolanisch ; OXÉ, Rhein Taf. 69,309 – P. Cornelius; Volute: OXÉ, Rhein Taf. 10,34; 12,52; 15,69; 38,139 – Cn. Atei Xanthi. Eierstab: 8B. Randform: ETTLINGER, Novaesium 40 Taf. 60,1-2.

Aus einer Offizin des Cn. Ateius in Pisa. Möglicherweise von Xanthus.

Cn. Atei Zoeli (Pisa)

HaNr. 52

Bodenscherbe mit Ansatz des Kelchfußes. Innenstempel: CN. ATEI/ZOELI. Qualität II (mit bräunlichem Belag). (Taf. 25).

Publiziert: LOESCHCKE, Haltern (1909) 172 Nr. 114; HÄHNLE, Haltern (1912) 84 Nr. 114.

Vgl. TAPONECCO MARCHINI, Pisa 8 Taf. 2,2 über das Vorkommen des Stempels in Pisa.

Von einem Kelch des Zoelus aus einem Betrieb des Cn. Ateius. Wahrscheinlich aus Pisa.

HaNr. 53

Wandscherbe eines Kelches? Qualität II. (Taf. 25.54,2).

Publiziert: LOESCHCKE, Haltern (1909) 159 Taf. 17,2.2a. Verschollen ist das kleine Fragment Taf. 17,2a.

Das Relief hat durch Absplittern des Überzuges stark gelitten. Eine tordierte Säule mit feingezeichnetem Kapitell, an dem nach links und rechts „girlandenartig schwere Fruchtgehänge“ mit Binden befestigt sind, nimmt die Mitte der Scherbe ein. Über der linken Girlande befindet sich ein Vogel. LOESCHCKE weist bei der Erstpublikation des Stückes auf eine Parallele in Neuss (**KatNr. 416** – Cn. Atei Zoili). Den Stempel CN. ATEI/ZOELI verbindet er [LOESCHCKE, Haltern (1909) 172 Nr. 114. = **HaNr. 52**] deshalb mit dem hier besprochenen Stück. Nach den unten angeführten Beispielen können aber auch andere Töpfer des Cn. Ateius in Frage kommen. Daher ist eine genauere Zuordnung nicht möglich.

Vgl. ETTLINGER, Die Keramik der Augster Thermen (Augst 1949) 57 Taf. 40,2 – wie Cn. Ateius Zoilus; dies., Novaesium Taf. 57,1 – identische Säule und Girlande – mit Stempel XANTHI. Girlande: TILHARD, Saintes Abb. 34,14 eine Henkeltasse mit Stempel CRESTI/ATEI; die chemische Analyse ergab Pisa als Entstehungsort.

Die Zuweisung an einen Betrieb des Cn. Ateius in Pisa ist sehr wahrscheinlich. Die Zuweisung an Zoelus erfolgt unter Vorbehalt.

Cresti Atei Euhodi

HaNr. 54

Kelch der Form 8 (D.-W. Ih). Innenstempel: CRESTI ATE(I)/EVHODI Qualität II (mit hellem Belag). (Taf. 25.55.64,2).

Publiziert: HÄHNLE, Haltern (1912) 82-83 Nr. 292 Taf. 9, 13a.b; J.-S. KÜHLBORN in: Augustus und die verlorene Republik (Mainz 1988) 594 Nr. 433; B. TRIER (Hrsg.), 2000 Jahre Römer in Westfalen (Mainz 1989) 152 Abb. 173.

Ein breiter, geriefelter Wulst bildet den Kelchrand. Durch zwei Rillen wird der darunter befindliche glatte Randbereich abgeschlossen. Der sehr breite Eierstab ist nicht immer regelmäßig gesetzt, es gibt sehr häufig Überschneidungen. Eine einfache Strichellinie bildet den Abschluß. Zwei erotische Szenen wiederholen sich auf dem Kelch. Versatzstücke, wie eine quergehängte Leier an einem langen Band, darunter ein Tympanon und ein Krater, auf dem sich Eroten befinden, begrenzen links und rechts eine Gruppe auf einer Kline. Die Beine der Kline sind fein gedrechselt. Ein Polster liegt am Kopfende, auf dem Klinenende ein faltenreiches Tuch. Vor der Kline steht ein kleiner Schemel mit runden Füßen, auf dem ein nackter Mann nach rechts gewendet zwischen den Beinen einer nackten Frau steht, die rücklings auf der Kline liegt. Sie ist im Profil von der linken Seite abgebildet. Mit dem linken Arm stützt sie ihren leicht erhobenen Oberkörper auf. Ihr linkes Bein hängt leicht von der Kline herab, das rechte wird von dem Mann angehoben. Rechts neben dieser Szene befindet sich, durch den Krater getrennt, eine weitere erotische Szene. Das Zentrum des Motivs bildet wieder eine Kline, unter der ein Schemel mit einem Korb steht. Eine nach links gewendete nackte Frau hockt auf der Kline über einem Mann, von dem nur noch die Beine erhalten sind. Die linke Hand der Frau liegt in ihrem Schoß, die rechte hält sie nach vorn vom Körper weg. Auf den Zehen des Mannes sitzt ein Vogel, der im Profil nach rechts abgebildet ist. Eine weitere Szene, von der jedoch nur noch der Kopf einer Frau und Eroten auf einem Krater erhalten sind, schloß sich rechts an. Der Boden wird durch eine frei eingezeichnete Wellenlinie markiert.

Vgl. Eierstab: Typ 8B. U. PASQUI, Not. Scavi 1884, 369 ff. Taf. 9,2 M. Perennius; CHASE, Loeb Taf. 10,80-82 – M. Perennius Tigranus; Vogel: OXÉ, Rhein Taf. 17,73 – Cn. Atei Xanthi; **HaNr. 83**; Eroten: DRAGENDORFF, Terra Sigillata Taf. 5,51; 6,72 – puteolanisch; hockende Frau: **HaNr. 55**; D.-W. 167 Beil. 11,92; CHASE, Boston Taf. 47,Res=8.33h; 45,53.109.

Auf Grund des Stempels eindeutig ein Produkt aus einem Betrieb des Cn. Ateius. Die Qualitätszuweisung wie das Stempelformular weisen auf eine Entstehung außerhalb Arezzos hin. Vielleicht aus Pisa.

HaNr. 55

Wandscherbe einer nicht mehr zu bestimmenden Gefäßform. Qualität II. (Taf. 25).

Unpubliziert. Fund-Nr. Ha 54 D Gr 128.

Eine nackte Frau hockt in seitlicher Ansicht mit leicht gedrehtem Oberkörper über einem liegendem Mann.

Vgl. **HaNr. 54** – CRESTI ATEI/EVHODI; CHASE, Boston Taf. 24,37.52 – P. Cornelius; D.-W. 150 f. Typ V,1 Taf. 13,9 Beil. 11,167 – M. Perennius; BROWN, Ashmolean Taf. 14,62.63.64 – C. Annius.

Durch die genaue Übereinstimmung der Punze mit der Parallele auf **HaNr. 54** ist von einer Entstehung in demselben Betrieb des Cn. Ateius auszugehen.

HaNr. 56

Kelch der Form 8 (D.-W. Ih). Innenstempel: CRESTI ATE(I)/EVHODI. Qualität II (heller Belag). (Taf. 26.55).

Publiziert: F. KOEPP, Röm.-Germ. Korrbl. 4, 1911, 19 Abb. 8b; HÄHNLE, Haltern (1912) 83 Nr. 293 Taf. 10,14.

Die Lippe ist wie bei **HaNr. 54** von einem breiten, geriefelten Wulst umgeben. Darunter ist der Rand glatt belassen und durch zwei Rillen abgeschlossen. Der Eierstab setzt unmittelbar an der untersten Rille an. Er ähnelte dem Eierstab von **HaNr. 54**, ist aber nicht ganz so breit angelegt. Eine sehr regelmäßig gesetzte Perlreihe begleitet den Eierstab unten. Der Reliefdekor wird durch ein ursprünglich achtmal wiederkehrendes vegetabiles Ornament bestimmt. Es ist noch fünfmal ganz und einmal teilweise erhalten. HÄHNLE beschreibt das Ornament folgendermaßen: *Aus einem kleinen Akanthuskelch entspringt ein größeres Blatt, nach rechts und links biegen Zweige ab, die eine aus einem Kelchblatt hervorkommende, sechsteilige palmettenartige Blüte tragen. Über dem größeren Doppelakanthusblatt steht eine dicke Fruchtkapsel, über der sich eine Blüte erhebt, die rechts und links von einer kleinen Kreisblüte über gegenständigen Kelchblättern an langen Stilen flankiert ist.* Sieben verschiedene Punzen waren für die Herstellung dieses Ornaments notwendig. Ein leicht tordierter Wulst gibt die Bodenlinie an.

Vgl. Eierstab: Typ 8B; kleine Kreisblüte: HÄHNLE, Haltern (1912) Abb. 10 (Formschüsselfragment in Tübingen InvNr. 87 mit Stempel des Bargathes); Ranke: OXÉ, Rhein Taf. 17.73 – Cn. Atei Xanthi; **HaNr. 57**.

Von Crestus und Euhodus signiert, aus einem Betrieb des Cn. Ateius in Pisa?

HaNr. 57

Sieben Wandfragmente eines Kelches. Vermutlich der Form 8 (D.-W. Ih). Qualität II. „Italien“ [VON SCHNURBEIN, Sigillata 175 Tab. 8 Nr. 197]. (Taf. 26).

Unpubliziert. Fund-Nr. Ha 67 Lf. 19/48/72/130.

Der Rand war, wie an einem Fragment festzustellen ist, etwas nach außen gewölbt. Von der eigentlichen Randgliederung selbst ist nichts erhalten. Unter den zwei Rillen des Randes setzt der Eierstab mit einer Perlreihe an der Unterseite an. Ranken- und Blütenornamente ziehen sich wie bei **HaNr. 56** um das Gefäßrund.

Vgl. Die Stücke dürften aus derselben Modelschüssel wie **HaNr. 56** stammen: Eierstab: Typ 8B; großer Blütenkelch: D.-W. 47 Abb. 6,29 – Ornamente des „Bargathesmeister A“; PORTEN PALANGE, Antiquarium Taf. 23,101 – Cn. Ateius; A. STENICO, RCRF Acta 2, 1959, 51 ff. Taf. 1,1c – Cn. Ateius aus Arezzo.

Sicher ein Produkt aus einem Betrieb des Cn. Ateius von Crestus und Euhodus. Wohl aus Pisa.

HaNr. 58

Großes Wandbruchstück eines Kelches. Verschollen. (o. Abb).

Publiziert: HÄHNLE, Haltern (1912) 83 (o. Abb).

Nach der Beschreibung von HÄHNLE muß es sich um eine Wiederholung des Ornamentes wie auf dem Kelch **HaNr. 56** handeln. Der Eierstab jedoch scheint etwas größer und, im Gegensatz zu der Perlreihe, von einer Strichelreihe abgeschlossen zu sein. Das Wandfragment ordnet er der Kelchform C zu.

Vgl. **HaNr. 56** und das dort zu diesem Kelch Gesagte.

HaNr. 59

Kelch der Form 8 (D.-W. Ih; bis auf den Rand des Fußes ist das Profil gesichert). Innenstempel: CRESTI ATE(I)/ EVHODI. Qualität II (mit braunem Belag). (Taf. 27.55.66,3).

Publiziert: F. KOEPP, Röm.-Germ. Korrbl. 4, 1911, 19 Abb. 8a; HÄHNLE, Haltern (1912) 83 f. Nr. 294 Taf. 10,16.

Das Randprofil wird durch den breiten, geriefelten Wulst bestimmt. Der Rand mit den nach unten begrenzenden zwei Rillen ist glatt. Die Ähnlichkeiten des Eierstabes mit denen von **HaNr. 54** und **56** sind unverkennbar. Ebenso wie dort wurde auch dieser unregelmäßig gesetzt. Die anschließende Perlreihe kommt auch auf **HaNr. 56** vor. Ein ornamentaler Dekor bestimmt die Reliefzone. Acht

Widderköpfe, deren Bärte auf einer 16-blättrigen Rosette aufliegen, bilden das Zentralmotiv. An den Hörnern der Widder sind Girlanden sowie seitlich herabhängende Tänien befestigt. Unter den Girlanden zeigen sich ornamentale Gebilde, die aus einem mittleren, großen, längsgerippten Blatt und zwei seitlichen, kleineren Blättern bestehen. Sie entspringen einem, wie HÄHNLE sagt, *schlecht ausgepreßtem Blatt*. Die drei Blätter enden oben jeweils in einem Doppelvolutenornament, aus dem bei den seitlichen Blättern schräggerillte Fruchtkolben entspringen. Aus dem Volutenornament des mittleren Blattes entsteht nur ein kurzer, glatter Kolben. Die Bodenlinie wird durch eine breite, frei eingezeichnete Linie angegeben.

Vgl. Eierstab: Typ 8B; zum Widderkopf: **HaNr. 42** u. **43** – XANTHI; **HaNr. 62** – CRESTI ATEI EVHODI; CHASE, Loeb Taf. 14,474 – Model für Applikationen; L. OHLENROTH, Ber. RGK 24/25, 1934/35 (1937) 252 Nr. 3. Zur Gesamtkomposition: REGINARD, Saguntum 10, 1970, 155 ff. Taf. 1 mit gleichem Eierstab, Widder, Tänie und Girlande; ETTLINGER, Novaesium Taf. 56,2 – Xanthus. Rosette: ebd. Taf. 59,20 – Ateius.

Auf Grund des Stempels sicher von Crestus und Euhodus. Vielleicht aus einem Betrieb des Cn. Ateius in Pisa.

HaNr. 60

Wandstück eines Kelches. Verschollen. (Taf. 27.59).

Publiziert: OXÉ, Haltern (1943) 44 Taf. 9 R 17.

Der obere Rand mit der Lippe fehlt. Erhalten blieb der untere Teil des glatten Streifens mit zwei Drehrillen, dem Eierstab und darunter liegendem Perlstab. Beides ist typisch für Produkte des Ateius.

Vgl. Eierstab: Typ 8B; **HaNr. 56** und **59**. OXÉ vermutet, daß das Stück von einem der beiden Kelche stammt. Wegen der unterschiedlichen Lage der Rillen ist dies aber auszuschließen.

Sicher ein Produkt des Cn. Ateius, nach der Randform möglicherweise wie **HaNr. 56** und **59** zu beurteilen.

HaNr. 61

Zwei Fragmente der unteren Wandung eines Kelches. Form 8? Qualität II, teilweise verschollen. (Taf. 27.59).

Publiziert: OXÉ, Haltern (1943) 46 Taf. 9 R 25.

Auf einer wulstigen Bodenlinie wächst aus einer „Basis" ein ornamentales Gebilde, das aus der dreifachen Anordnung eines längsgerippten Kolbens zusammengesetzt ist. Auf der Spitze eines jeden Kolbens sitzt ein sich zu beiden Seiten einrollendes kleines Blatt. Eine 16-teilige Rosette ist zwischen die Kolben gesetzt.

Vgl. **HaNr. 59**. Die Rosette ist von vielen Ateiusstücken her bekannt: ETTLINGER, Novaesium Taf. 59,20 – Cn. Ateius; OXÉ, Rhein Taf. 17,73.

OXÉ verweist zu Recht auf den Kelch **HaNr. 59** von Crestus Ateius Euhodus. Wahrscheinlich stammen beide Kelche aus derselben Modelschüssel.

HaNr. 62

Kelch der Form 7a (D.-W. IIIa). Innenstempel: CRESTI ATEI/EVHODI. Qualität II (mit braunem Belag). (Taf. 28.55.57,6a-c).

Publiziert: HÄHNLE, Haltern (1912) 76 f. Nr. 291 Taf. 7,6a-c; 5 C,14.

Das Profil des Gefäßes ist annähernd gesichert. Die Randform gehört zu den Steilrändern des Service II. Zwei Wulste werden durch eine Kehle getrennt. Der obere Wulst ist riefelverziert, während der untere den Eierstab trägt. Dieser ist breit angelegt, zudem dicht gesetzt. Der Kern ist relativ schwach ausgebildet, die zwei umlaufenden Stäbchen um so deutlicher. Das rechts angelegte Zwischenstäbchen wurde durch das rechts folgende Ei im oberen Bereich überstempelt. Ein schmaler Grat unter dem Wulst mit dem Eierstab bildet den Übergang zum eigentlichen Reliefdekor. Die Wandung steigt konisch auf, ist dabei leicht konvex eingezogen. Beherrscht wird diese Zone durch die mehrfache Wiederholung der Figur eines nach links schreitenden Tänzers, der den Kopf nach rechts wendet und mit beiden Händen über dem Kopf die Krotalen zusammenschlägt. Er steht auf einer wellenförmigen Bodenlinie, die das gesamte Gefäß umgibt. Zwischen den Tänzern, die sich viermal wiederholen, finden sich Gebilde aus Bögen (HÄHNLE spricht von Girlanden mit Blättern an den Seiten) über den Hörnern eines Widderkopfes, dessen Bart auf einer Rosette aufsitzt. Von dieser steigen schräg nach beiden Seiten tordierte Fruchtkolben mit Rosetten auf. Diese Ornamentgruppe wiederholt sich zweimal im Wechsel mit zwei Krateren. Ein mit schrägen Einkerbungen verzierter Wulst trennt die obere von der unteren Reliefzone. Sie wird von einer siebenteiligen Palmette bestimmt, die an einer Rosette aufgehängt ist. Zwischen den Palmetten befinden sich 16-blättrige Rosetten.

Vgl. Eierstab: Typ 8B; Tänzer: DRAGENDORFF, Terra Sigillata Taf. 5,49 – „gruppo protobargateo"; WALTERS, BM Abb. 26,5, L 103 – M. Perennius Tigranus; CHASE, Loeb Taf. 9,126 – Cn. Ateius aus Arezzo oder M. Perennius Tigranus; D.-W. 103 Motiv XXI,6; H. DRAGENDORFF, Terra Sigillata. In: Greifswalder Antiken. Gedächtnisgabe für E. Pernice (Berlin 1961) 94, Nr. 434 f. Widderkopf: vgl. **HaNr. 42**, **43** und **59**; HÄHNLE, Haltern (1912) Abb. 6,1-4 aus Arezzo (= Tübingen InvNr.: 201; 314.); L. OHLENROTH, Ber. RGK 24/25, 1934/35 (1937) Nr. 39.

Auf Grund des Stempels sicher CRESTI ATEI/EVHODI. Wahrscheinlich aus Pisa.

HaNr. 63

Scherbe vom unteren Wandumbruch eines Kelches der Form 7a (D.-W. IIIa). Verschollen. (Taf. 28.53,3).

Publiziert: RITTERLING, Haltern (1901) Taf. 33,11.

Eine 16-teilige Rosette mit Innenkreis wird von zwei Palmetten gerahmt, die an zwei kleinen konzentrischen Ringen aufgehängt sind. Die Palmetten sind siebenteilig. Der Gefäßumbruch wird über dem Reliefdekor durch eine Rille und einen breiteren, geriefelten Wulst markiert.

Vgl. **HaNr. 62** – Kelch der gleichen Form mit dem Stempel CRESTI ATEI/EVHODI. Es findet sich hier derselbe Gebrauch von Rosette und Palmette als Dekor des unteren Bildfeldes.

Wahrscheinlich aus einem Betrieb des Cn. Ateius. Möglicherweise von Crestus und Euhodus.

HaNr. 64

Kelchfuß mit Bodenansatz. Verschollen. (Taf. 28).

Publiziert: RITTERLING, Haltern (1901) 138 Nr. 38 Taf.

28,38; LOESCHCKE, Haltern (1909) 160 f. Nr. 92; HÄHNLE, Haltern (1912) 86 Nr. 92.
RITTERLING gibt den zweizeiligen Bodenstempel im Faksimile und in Umschrift wieder: CRES[...] ATE(I)/ EVHOD(I).
Durch den Stempel eindeutig Crestus und Euhodus aus einem Betrieb des Cn. Ateius zugewiesen. Möglicherweise aus Pisa.

Crestus und Euhodus

HaNr. 65 und 65a
Kelch der Form 10 (D.-W. Ii). Das Profil ist bis auf ein Stück des Fußansatzes gesichert. Innenstempel: CREST/ EVHOD. Qualität II (brauner Belag). (Taf. 29.55.64,1).
Publiziert: HÄHNLE, Haltern (1912) 85 f. Nr. 295 Taf. 5 C,8; 8,19.
Die Lippe besteht aus einem schmalen Wulst, unter dem von einer Rille abgetrennt ein breiter, riefelverzierter Reif umläuft. Diese Zone schwingt leicht nach außen aus. Eine Hohlkehle leitet zu dem von **HaNr. 56** und **59** bekannten Eierstab über. Das Zwischenstäbchen ist im oberen Bereich teilweise überstempelt. Auch die Perlreihe kommt auf den oben genannten Kelchen vor. Ein zweistabiger, im oberen Teil spiralig gerollter und am unteren Ende in einer Palmette endender Griff wurde an den Rand gesetzt. Die Palmette ist eine separat erstellte Applik. Auf einer aus plattenförmigen Punzen verzahnt gesetzten Bodenlinie bewegen sich drei ausgemergelte Gestalten mit großen Phalloi und spitzen Hüten. Zwei Figuren sind ganz erhalten. Von einer Figur existieren nur noch die dünnen Beine und der Phallos. Die mittlere Gestalt bewegt sich nach rechts. Sie hat mit der Linken einen ruderförmigen Gegenstand geschultert, mit der anderen Hand hält sie eine Kanne. Der Körper der zweiten Figur ist stark über die linke Schulter nach hinten gedreht. In ihrer Rechten scheint sie eine Flöte zu halten. Der rundliche Gegenstand in der Linken ist nicht näher zu identifizieren. Häufig kommen diese Spitzhuttänzer oder Atellane in der Offizin des M. Perennius Bargathes vor. W. BINSFELD, Grylloi (Köln 1956) 48: auf der Arretina sind zumeist Schauspieler des Mimus dargestellt. s. auch P. FRASSINETTI, Fabula Atellana (Genua 1953) 65 ff.
Vgl. U. PASQUI, Not. Scavi 1896, 458 ff.; D.-W. 109. Der „Atellanen-Kelch" aus Bregenz = OXÉ, Rhein Taf. 21,96a-c, konnte durch eine chemische Analyse dem Herstellungsort Arezzo zugewiesen werden: s. Brigantium 28 Nr. 1 Abb. 1 – Ateius aus Arezzo. Bargathes (1984) Nr. 48 ff. – M. Perennius Bargathes; zum Griff mit der Palmettenapplik vgl. L. OHLENROTH, Ber. RGK 24/25, 1934/35 (1937) 252 Nr. 41 Abb. 2; 4; Eierstab: Typ 8B.
Der Kelch ist ein Produkt von Crestus und Euhodus, beide Freigelassene des Cn. Ateius. Aus Pisa?

HaNr. 66
Randstück eines Kelches der Form 10 (D.-W. Ii). Verschollen. (Taf. 29.58).
Publiziert: OXÉ, Haltern (1943) 44 Taf. 10 R 16.
Die durch eine Rille abgeschnürte Lippe liegt über einem breiten, riefelverzierten Wulst. Der glatte Streifen darunter ist sehr schmal; er wird durch zwei Rillen gesäumt. Vom Reliefdekor ist nur noch der obere Teil des Eierstabes erhalten. OXÉ vermutet, daß es sich um ein Stück des Kelches **HaNr. 65** handelt.
Vgl. Eierstab: Typ 8B.

HaNr. 67
Kelchfuß mit Innenstempel: EVHODI/CRESTI. Verschollen. (Taf. 39).
Publiziert: LOESCHCKE, Haltern (1909) 71 Nr. 93; S. 160; HÄHNLE, Haltern (1912) 86 Nr. 93.
Abbildungen des Stückes sind nicht erhalten.
Durch den Stempel eindeutig zugewiesen. Wohl aus Pisa.

HaNr. 68
Kelchboden mit Bodenstempel: CRESTI/HEVODI. Verschollen. (Taf. 39).
Publiziert: OXÉ, Haltern (1943) 21. 47 Taf. 14 Nr. 377.
Vom Relief ist nur ein winziger Rest erhalten, schrieb OXÉ, Haltern (1943) 21, ohne weiter auf das Stück einzugehen. Abbildungen sind unbekannt.
Das Fragment ist dem Stempel nach eindeutig Crestus und Euhodus zugewiesen.

Cn. Ateius – Zuweisungen (verschiedene Herstellungsorte)

Randform D.-W. Ic

HaNr. 69
Rand- und Wandstücke eines Kelches der Form 3b (D.-W. Ic). Qualität II. Italisches Produkt [VON SCHNURBEIN, Sigillata 175 Tab. 8 Probe 191]. (Taf. 30).
Unpubliziert. Fund-Nr. Ha 54 D 114/121/Lf.
Eine außen umlaufende Kehle profiliert die leicht unterschnittene Lippe. Die so entstandenen Wulste sind nicht geriefelt. Der glatte Rand ist über den beiden Rillen sehr hoch. Gerippte Scheiben bilden einen Fries unter den Rillen, von denen die untere Rille einige Scheiben anschneidet. Links sitzt auf einem mehrfach gelappten Blatt ein Vogel. In der Mitte drehen sich die Reste einer Ranke auf, die oben in einer Rosette endet. Ein frei gezeichnetes Stäbchen, dessen unteres Ende aus übereinandergelegten Scheibchen besteht, steigt schräg von der Ranke nach oben auf. Ganz rechts außen befindet sich ein aufrechtstehendes, palmettenförmiges Blatt.
Vgl. zu den gerippten Scheiben: OXÉ, Rhein Taf. 32,132; 35,134 – beide Cn. Ateius aus Arezzo; G.M. KAM, Numaga 9, 1962, 150 mit Abb. – Cn. Ateius; H. MÖBIUS, Alexandria und Rom. Abhandlungen der Bayerischen Akademie 59 (München 1964) Taf. 7,3.4 – Cn. Ateius aus Arezzo; PORTEN PALANGE, Antiquarium Taf. 23,98 – Cn. Ateius; SIMON, Rödgen 75 Abb. 75 Nr. 241a – Cn. Ateius (?); Ordona VI,1, 89 Taf. 40,21 – Cn. Ateius; F.P. PORTEN PALANGE, Num. Ant. Class. 11, 1982, 204 mit Anm. 46 Taf. 6,2 – Vibienus; Asciburgium Taf. 60,24 – vermutlich Cn. Ateius; M.T. MARABINI MOEVS, Boll. d'Arte 72, 1987, Abb. 50; 51; 58. Ranke: OXÉ, Rhein Taf. 11,41 – ohne Zuweisung.
Wahrscheinlich aus einem Betrieb des Cn. Ateius. Eine genaue Festellung des Herstellungsortes ist nicht möglich. In Betracht kommen entweder Arezzo oder Pisa.

HaNr. 70

Randscherbe eines Kelches der Form 3b (D.-W. Ic). Qualität II. (Taf. 30).

Unpubliziert. Fund-Nr. Ha 67 Gr 215.

Die kaum unterschnittene, aber leicht abgesetzte Lippe wird außen durch eine umlaufende Kehle profiliert. Die so entstehenden Wulste sind geriefelt. Die Wandung schwingt zunächst nach außen aus. In Höhe der beiden Rillen über dem Eierstab ändert sie ihre Richtung und gab dem Gefäß wahrscheinlich – wie aus den Resten zu entnehmen ist – eine spitzovale Form. Der Eierstab ist von Produkten des Cn. Ateius bekannt. Er wurde genau über eine in die Formschüssel eingedrehte Hilfslinie gesetzt. Die sonst erhaltenen Reliefreste lassen sich nicht mehr deuten.

Vgl. Eierstab: Typ 8B.

Auf Grund des Eierstabes sicher aus einem Betrieb des Cn. Ateius in Arezzo oder Pisa, wobei möglicherweise Pisa wegen des Eierstabes zu favorisieren ist.

HaNr. 71

Rand- und Wandscherben eines Kelches der Form 3a (D.-W. Ic Sonderform). Qualität II/IV (mit braunem Belag). Teilweise verschollen. (Taf. 30.68,1).

Publiziert: Oxé, Rhein Taf. 48,175; ders., Haltern (1943) 41 f. Taf. 5 R 7; 13 R 7.

Der Rand lädt etwas aus. Die steile Lippe ist stark unterschnitten und wird außen durch eine Kehle gegliedert. Der untere Wulst ist geriefelt. Oxé rechnet den Rand schon dem Service II zu; es scheint sich aber eher noch um eine Übergangsform zu handeln. Der Eierstab wird unten von einer einfachen Strichelreihe begleitet. Eine dreigesichtige, bärtige Silensmaske, die wahrscheinlich viermal wiederholt wurde, bildet das Hauptmotiv. Nach beiden Seiten gehen Girlanden ab, die aus den Stricheln für die Ranken, Weintrauben und frei gezeichneten, teilweise in breiten Tänien endenden Bändern zusammengesetzt sind. Über den Silensköpfen befinden sich halbkreisförmig eingepunzt je sechs Efeublätter. Ein Rosettenfries aus der bekannten 16-teiligen Rosette beschließt das Bildfeld.

Vgl. Silensmaske: Chase, Loeb Taf. 19,252 – dazu Stenico, Liste Nr. 287: kommt auch auf Scherben in Arezzo, wie auf „provinziellen" Stücken des Cn. Ateius vor. Oxé, Rhein Taf. 3,4 – Cn. Ateius/Xanthus; 9,29; 48,174.175 – alle Ateius; Tänie: vgl. **HaNr. 53** u. **59**; Rosette: **HaNr. 34**; A. Stenico, Athaeneum Pavía N.F. 33, 1955, 201-202 Taf. 5,74 – ohne Zuweisung; Ulbert, Augsburg 17 Nr. 4; Eierstab: Typ 8B; zu den gestrichelten Ranken: **HaNr. 44**.

Sicher aus einem Betrieb des Cn. Ateius, möglicherweise aus Pisa [Stenico, Liste Nr. 615 – „provinzielle" Arbeit des Cn. Ateius].

HaNr. 72

Randscherbe eines Kelches der Form 3b? (D.-W. Ic). Verschollen. (Taf. 31.53,3).

Publiziert: Ritterling, Haltern (1901) Taf. 33,7.

Das Randstück zeigt eine leicht gerundete Lippe. Sie liegt wie ein Halbstab über zwei Rillen, die durch einen Grat unterbrochen sind. Die darunter ansetzende, relieffreie Zone ist recht schmal. Zwei weitere Rillen bilden den Übergang zum Reliefdekor, von dem auf diesem Stück nur noch der Eierstab und der direkt darunter befindliche Perlstab erhalten sind.

Vgl. Eierstab Typ 8B.

Wahrscheinlich aus einem Betrieb des Cn. Ateius. Möglicherweise aus Pisa.

HaNr. 73

Randstück eines Kelches der Form 3b (D.-W. Ic). Verschollen. (Taf. 31.69,1).

Publiziert: Loeschcke, Haltern (1909) 158 Abb. 7,2.

Die Lippe ist durch eine horizontale Rille gegliedert, im Profil erscheint sie leicht dreieckig. Der untere Wulst der Lippe setzt sich noch stark von der Wandung ab. Eine Unterschneidung ist nur angedeutet. Innen wird der Rand im Bereich der Lippe durch eine konkave Profilierung, die in einen kleinen Grat ausläuft, vom übrigen Wandungsverlauf abgesetzt. Der Rand schwingt nur leicht nach außen aus. Eine Riefelung ist noch nicht vorhanden. Die Lippenform gehört zur frühen Ausprägung der Form D.-W. Ic. Unter den zwei Rillen, die den Rand vom Relieffeld trennen, befindet sich der Eierstab, bestehend aus einem Kern, zwei Stäbchen und einem links anliegendem Zwischenstäbchen.

Vgl. Ulbert, Augsburg 15 Abb. 18,1 – Eierstab und Profilierung sind identisch. Der Eierstab Typ 8B ist typisch für Ateius-Produkte.

Aus einem Betrieb des Cn. Ateius. Aus Pisa?

HaNr. 74

Vier Rand- und Wandscherben eines Kelches der Form 3a (D.-W. Ic). Qualität I? (Taf. 31.71,1).

Publiziert: von Schnurbein, Sigillata Taf. 97.

Die unterschnittene, durch eine Kehle und zwei geriefelte Wulste gegliederte Lippe, verläuft recht steil. Der Rand lädt stark nach außen aus. Außen wird der Umbruch durch zwei Rillen über einem Eierstab markiert, der aus Haltern sonst nicht bekannt ist. Ein länglicher, leicht gewölbter Kern wird einfach umfaßt. Das Zwischenstäbchen ist rechts angelehnt. Eine einfache Strichelreihe verläuft unter dem Eierstab. Der Dekor ist teilweise bis zur Unkenntlichkeit abgeplatzt. Das Ornament rechts ähnelt dem von **HaNr. 59**. Um einen mittleren, längsgerillten Kolben sind links und rechts kleine, schräg tordierte Stäbe auf einen Volutenkelch gestellt. Auf dem mittleren Kolben steht, ebenfalls auf einem Volutenkelch, ein kleinerer, tordierter Stab. Die bis zur Unkenntlichkeit abgestoßenen Reliefteile links auf der Scherbe könnten möglicherweise nach Form und Binnenzeichnung als Panther oder Löwe gedeutet werden.

Vgl. pflanzliches Ornament: **HaNr. 59**; Panther/Löwe: eventuell Chase, Boston Taf. 26,80 – M. Perennius (fase pretigranea) – die Löwin ist hier nach rechts ausgerichtet. Eierstab: Typ 112 M. Labrousse, Céramiques ornées d'Arezzo trouvées dans la région de Toulouse. In: Mélanges d'Archéologie et d'Histoire offerts à A. Piganiol 1 (Paris 1966) 540 Abb. 1 – ohne Zuweisung; eine gute Parallele bietet ein Kelchrest aus Vechten: A.W. Mees, Verzierte Terra Sigillata aus den Ausgrabungen bei Vechten in den Jahren 1920-1927. Oudheidkde. Mededel. 70, 1990, 120; 152 mit Abb. 1,1 – ohne Zuweisung.

Nach dem pflanzlichen Ornament wahrscheinlich aus einem Betrieb des Cn. Ateius.

HaNr. 75
Randstück eines Kelches der Form 5 (D.-W. Ic Sonderform). Qualität II. (Taf. 31.70,1).
Publiziert: HÄHNLE, Haltern (1912) 99 Abb. 15a.b.
Die durch eine Kehle gegliederte Lippe ist auf beiden Wulsten geriefelt. Sie biegt weit nach außen aus. Von einer Hängelippe im eigentlichen Sinne kann dennoch nicht gesprochen werden, da der Überhang zu stark ist. Innen ergibt sich ein schräger Ablauf, über dem eine Kehle den Übergang von der Wandung zur steil verlaufenden Lippe markiert. Der unten durch eine einfache Strichelreihe begrenzte breite Eierstab sitzt direkt unter zwei Rillen an. Auf den Eierstab gesetzt, bildet eine Satyrkopfapplik den unteren Abschluß einer freigeformten Henkelschlinge, die oben an den freien Streifen der Wand geklebt wurde. Vom Reliefdekor ist nur noch ein nach links fliegender Vogel erhalten.
Vgl. zur Applik: **HaNr. 51**; CHASE, Loeb Taf. 13,230 – M. Perennius Bargathes; L. OHLENROTH, Ber. RGK 24/25, 1934/35 (1937) 252 Nr. 38-41; zur Henkelschlinge: OXÉ in: Schuhmacher Festschrift (Mainz 1930) 306 Abb. 3. Zur Randform: ETTLINGER, Novaesium Taf. 60,1-2; **HaNr. 51** u. **98**. Eierstab: Typ 8B.
Der Eierstab sowie die Applik lassen eine Zuweisung an einen Betrieb des Cn. Ateius zu. Wahrscheinlich ein Produkt aus Pisa, vielleicht sogar von Xanthus.

Randscherben der Formen 8, 10 und 11
(D.-W. Ih; i; k)

HaNr. 76
Randstück eines Kelches der Form 8? (D.-W. Ih?). Verschollen. (Taf. 31.58).
Publiziert: OXÉ, Haltern (1943) 44 Taf. 10 R 15.
Über dem riefelverzierten Wulst, der oben und unten von einer Rille begleitet wird, ist die Lippe noch durch eine unverzierte, umlaufende Leiste hervorgehoben. Der breite Eierstab setzt unmittelbar unter einer Doppelrille an. Um den Kern laufen zwei Stäbchen, der links angelehnte Zwischenstab fehlt bisweilen. Darunter befindet sich eine einfache Strichelreihe. Eine Blattspitze und eine „kugelige" Frucht sind die noch erhaltenen Teile des Dekors.
Vgl. ähnliches Blatt: **HaNr. 34, 35** und **89**; TAPONECCO MARCHINI, Pisa Taf. 2,4 – Cn. Ateius aus Pisa. Eierstab: Typ 8B.
Wahrscheinlich ein Produkt des Cn. Ateius. Möglicherweise aus Pisa.

HaNr. 77
Randscherbe eines Kelches der Form 8 (D.-W. Ih). Qualität II. (Taf. 31).
Unpubliziert. Fund-Nr. Ha 54 A westl. Grabung Bleker.
Die Lippe wird aus einem Halbstab gebildet, der auf einem geriefelten Wulst umläuft. Unterhalb des Wulstes zieht die Wandung ein und wird nach einem mäßig hohen, glatten Streifen unten durch zwei umlaufende Rillen beschlossen. Der direkt darunter befindliche Eierstab scheint einen flachen Kern, zwei umlaufende Stäbchen und ein Zwischenstäbchen zu besitzen. Möglicherweise handelt es sich um einen Ateiuseierstab, der sich aber hier nicht mehr genau bestimmen läßt.
Vgl. zur Randform: **HaNr. 29**.

HaNr. 78
Eine Rand- und eine Wandscherbe eines Kelches der Form 10 (D.-W. Ii). Qualität II. (o. Abb.).
Unpubliziert. Fund-Nr. Ha 54 A.
Der Rand besteht aus einem breiten, geriefelten Wulst, der leicht nach außen vorgewölbt ist. Die eigentliche Lippe liegt als Halbrundstab obenauf. Der erhaltene Reliefdekor besteht aus einem typischen Ateiuseierstab mit darunter verlaufendem Perlstab.
Vgl. Eierstab: Typ 8B; zur Randform: **HaNr. 65**.
Wahrscheinlich aus einem Betrieb des Cn. Ateius. Möglicherweise aus Pisa?

HaNr. 79
Fünf Rand- und Wandfragmente eines Kelches der Form 11 (D.-W. Ik?). Qualität II. (Taf. 32).
Unpubliziert. Fund-Nr. Ha 67 Lf. 134; 67 Gr 123; 67 Gr 291.
Rand und obere Wandung werden durch ein S-förmiges Profil bestimmt. Die Lippe läuft auf einem geriefelten, oberen Wulst als dreieckiger Steg um. Eine breite Kehle trennt diesen von einer breiten, sich stark über den Durchmesser der Mündung vorwölbenden oberen Reliefzone ab. Die Dekorzone ist nach unten durch eine flache Kehle von der unteren Gefäßhälfte abgegrenzt. Anhänger bilden den Dekor der oberen Zone, während sich auf der unteren nur noch die Blattspitzen eines Kranzes (?) erhalten haben. Auf der Innenseite findet sich ein geriefeltes Band in mittlerer Höhe der oberen Reliefzone. Ein ähnliches Band findet sich bei der recht spät aufkommenden Tasse der Form Haltern 11.
Vgl. Anhänger: OXÉ, Rhein Taf. 8,27 – Naevius aus Puteoli s. dazu STENICO, Liste Nr. 472 – er kennt nur ein Beispiel aus Arezzo: L. Sarius Samia; J.-L. FICHES, Cahiers Ligures Préhist. et Arch. 22-23, 1973-74, 290 Abb. 13,110 – ohne Zuweisung; ETTLINGER, Novaesium Taf. 59,20 – Ateius; zur Kelchform und Anhänger: 400 Jaar Romeinse Bezetting. Noviomagus Batavorum. Ausstellungskatalog Nr. 3 Rijksmuseum van Leiden (Leiden 1961) Nr. 1 – Cn. Ateius; D. CASTELLA/C. FLUTSCH, Arch. Schweiz 13, 1990, 11 Abb. 10 A 27.
Nach den Parallelen aus Nijmegen (**KatNr. 216**) und Avenches (**KatNr. 222**) sicherlich ein Produkt aus einem Betrieb des Cn. Ateius, wahrscheinlich aus Pisa.

Randform 7a (D.-W. IIIa)

HaNr. 80
Zwei Randstücke eines Kelches der Form 7a (D.-W. IIIa). Verschollen. (Taf. 32.69,1).
Publiziert: LOESCHCKE, Haltern (1909) 158 Abb. 7,3.3a.
Der Randaufbau entspricht dem des gegliederten Steilrandes von Service II. Die beiden Wulste des Randes sind außen durch Riefel verziert. Unmittelbar daran anschließend beginnt der Reliefdekor. Erhalten sind 15-teilige Rosetten, die anstelle eines Eierstabes das Relieffeld nach oben abschließen.
Vgl. die für Ateius-Produkte typischen Rosetten: OXÉ, Rhein Taf.

9,30a-d – Ateius; A.S. FAVA, Bull. Comm. 80, 1965-67, 73 ff. Taf. 19,60 b.c.d – „provinzielles" Ateiusprodukt; ETTLINGER, Novaesium Taf. 59,20 – Ateius; **HaNr. 81, 85** u. **86**.

Aus einem Betrieb des Cn. Ateius, möglicherweise Pisa.

HaNr. 81

Eine Wand- und drei Randscherben eines Kelches der Form 7a? (D.-W. IIIa?). Qualität I. (Taf. 32).

Unpubliziert. Fund-Nr. Ha 80.005/a1.

Der steil verlaufende Rand wird durch eine Kehle und zwei Wulste bestimmt. Der obere Wulst ist geriefelt, der untere mit einem Rosettenfries versehen. Die 15-teilige Rosette ist typisch für Ateius. Die noch erhaltenen Dekorreste, eine Eichel und ein quergerippter Kolben, lassen auf eine pflanzliche Ornamentik des Gefäßes schließen.

Vgl. OXÉ, Rhein Taf. 9,30a.b – Ateius; A.S. FAVA, Bull. Comm. 80, 1965-67, 73 ff. Taf. 19,60b.c.d – Ateius aus Pisa; **HaNr. 80** u. **85**.

Die Rosette wird in den Betrieben des Cn. Ateius verwendet. Auch ähnliche Gefäßprofile, besonders mit dem Rosettenfries auf dem unteren Wulst, lassen sich dort finden. Eine Zuweisung an Cn. Ateius aus Pisa kann durchaus vorgenommen werden.

Wandscherben der Form 7 (D.-W. III)

HaNr. 82

Wandscherbe eines Kelches der Form 7 (D.-W. III?). Qualität II. (Taf. 32.55).

Publiziert: HÄHNLE, Haltern (1912) 78 f. Taf. 5 C,2.

16-teilige Rosetten mit Innenkreis bilden einen oberen Fries, der unten durch eine einfache Strichellinie abgeschlossen wird. Ein nach einer Eidechse pickender Vogel ist erhalten. Diese Szene wird unten wiederum durch eine einfache Strichelreihe ergänzt, unter der sich die Reste einer „Kugelblüte" wie bei **HaNr. 25** erhalten haben. Analog zum oberen Rosettenfries wird sich demnach hier ein Fries aus Kugelblüten befunden haben.

Vgl. Rosette: HÄHNLE, Haltern (1912) Abb. 6,4 (= Tübingen Nr. 1931); OXÉ, Rhein Taf. 17,73 – Cn. Ateius Xanthus; J.W. HAYES, Roman Pottery in the Royal Ontario Museum (Toronto 1976) Taf.7,54 – FELIX/..E...; LAVIZZARI PEDRAZZINI in: Studi in Onore di F. Rittatore Vonwiller 2 (Florenz 1980) 193 ff.; A. BALIL, Bol. Seminario estudios arte y arqu. Valladolid 52, 1986, 244 f. – Ateius; Vogel/Eidechse: ähnlicher Vogel: **HaNr. 39**; CHASE, Loeb 8,305 – Pantagathus Rasini. Vogel: OXÉ, Rhein Taf. 3,2; 17,73.75 – alle Cn. Ateius Xanthus; TILHARD, Saintes Abb. 34,14 – Henkeltasse mit Stempel CRESTI/ATEI, eine chemische Analyse ergab hierfür Pisa als Herstellungsort.

Das Stück kommt aller Wahrscheinlichkeit aus einem Betrieb des Cn. Ateius wie, HÄHNLE vermutet [Haltern (1912) 79]. Vermutlich stammt der Kelch sogar aus Pisa.

HaNr. 83

Wandscherbe eines zweizonigen Kelches der Form 7 (D.-W. III?). Qualität II. (Taf. 32).

Unpubliziert. Fund-Nr. Ha 56 Gr 264a.

Ein quergekerbter Wulst, der oben und unten von einem Perlstab begleitet wird, beherrscht dieses Fragment. Ein Rankenornament mit einer 15-teiligen Rosette bildet die obere Reliefzone. Die Reliefreste der unteren Zone sind sehr spärlich; möglicherweise handelt es sich um Voluten.

Vgl. Rosette: **HaNr. 42, 43** u. **44**; OXÉ, Rhein Taf. 8,24 – Annius (?); E. ETTLINGER/R. FELLMANN, Germania 33, 1955, 364 ff. Taf. 35,12.13 – Xanthi. sehr ähnliche Ranke: ETTLINGER, Novaesium Taf. 58,5 – auf südgallischer Drag. 29; vgl. dazu OXÉ, Rhein Taf. 15,59 – M. Perennius Bargathes.

Wahrscheinlich aus einem Betrieb des Cn. Ateius. Möglicherweise aus Pisa.

HaNr. 84

Zwei Wandscherben eines zweizonigen Kelches der Form 7 (D.-W. III?). Qualität II. (Taf. 32).

Unpubliziert. Fund-Nr. Ha 62 Gr 55.

Auf der Wandscherbe sind noch die Reste eines Kranzes aus Blättern und frei eingezeichneten Ranken zu erkennen. Einige Ranken enden in Trieben, die aus einzelnen Stricheln zusammengesetzt sind; solche Stengel sind von Gefäßen des Cn. Ateius Xanthus bekannt vgl. **HaNr. 44**. Ein geriefelter Wulst bildet den unteren Wandumbruch der konisch verlaufenden Wandung. Die untere Zone scheint sehr flach gewesen zu sein.

Vgl. Blatt: **HaNr. 31** – Ateius; TAPONECCO MARCHINI, Pisa Taf. 2,4 – Cn. Ateius aus Pisa.

Sicher aus einem Betrieb des Cn. Ateius aus Pisa.

HaNr. 85

Zwei Wandscherben der Form 7 (D.-W. III?). Qualität I. (Taf. 32).

Unpubliziert. Fund-Nr. Ha 62 Gr 55.

15-blättrige Rosetten bilden einen umlaufenden Fries auf einem Wulst, der möglicherweise der obere Abschluß der Dekorzone war. An der Innenseite läuft ein geriefelter Wulst um.

Vgl. OXÉ, Rhein Taf. 9,30a.b – Ateius; ETTLINGER, Novaesium Taf. 59,20 mit dem gleichen Rosettenfries auf einem Wulst. – Ateius; A.S. FAVA, Bull. Comm. 80, 1965-67, 73 ff. Taf. 19,60b.c.d – Ateius. Geriefelter Innenwulst: **HaNr. 28 u. 79**.

Wahrscheinlich aus einem Betrieb des Cn. Ateius, möglicherweise aus Pisa.

HaNr. 86

Wandstück eines Kelches der Form 7 (D.-W. IIIa?). Qualität II. (Taf. 32).

Unpubliziert. Fund-Nr. Ha 65 A Lf.

Die beiden Wulste des Steilrandes werden durch eine Kehle getrennt. Der obere Wulst ist riefelverziert, der untere dagegen trägt einen Fries aus 15-blättrigen Rosetten unter zwei umlaufenden Rillen.

Vgl. ETTLINGER, Novaesium Taf. 59,20 – Ateius; **HaNr. 80, 81** u. **85**.

Wahrscheinlich ein Produkt aus einem Betrieb des Cn. Ateius in Pisa.

Wandscherben unbestimmbarer Gefäßform

HaNr. 87

Wandscherbe eines Kelches. Verschollen. (Taf. 32.55).

Publiziert: HÄHNLE, Haltern (1912) 84 Taf. 5 C,4.

Der Eierstab beginnt unmittelbar unter einer noch erkennbaren Rille. Unter dem Eierstab ist anscheinend eine relieffreie Zone gelassen worden, die durch einen schmalen Reif abgeschlossen wird. Eine waagerecht ins Bildfeld gepunzte siebenteilige Palmette ist auf dem sonst stark beschädigten Stück zu erkennen; der Überzug ist teilweise abgesplittert. In Ansätzen ist unter einer Bogenstellung noch eine Rosette wie bei **HaNr. 62** zu erkennen. HÄHNLE zog zur Rekonstruktion ein Modelschüsselfragment aus Arezzo heran [HÄHNLE, Haltern (1912) 84 Abb. 11 (= Tübingen InvNr. 283)]. Drei einfache Bögen sind in „Dreiecksform" angeordnet. Aus der oberen Ecke gehen horizontal je zwei kleine Palmetten aus; von der unteren Ecke erheben sich nach den Seiten zwei lanzettförmige Blätter sowie dazwischen senkrecht ein Blattstab aus Blättern und Blüten.

Vgl. Eierstab: Typ 8B; zur Palmette: **HaNr. 62** – Cresti Atei Euhodi u. **HaNr. 63**; Rosette: **HaNr. 91**; zu den Bögen: TAPONECCO MARCHINI, Pisa Taf. 1,8; 2,11 – Cn. Ateius aus Pisa. OXÉ, Rhein Taf. 46,160.164 – Cn. Ateius aus Arezzo. Solche Bögen kommen auch auf Produkten der „gruppo protobargateo" aus Arezzo vor: OXÉ, Rhein Taf. 46,161.162.163.165.

Im Stil der „gruppo protobargateo". Der Eierstab und die Palmette erlauben eine Zuweisung des Fragmentes an einen Betrieb des Cn. Ateius. Möglicherweise aus Pisa.

HaNr. 88

Eine Wandscherbe eines Kelches unbestimmter Form. Qualität II. (Taf. 32).

Unpubliziert. Fund-Nr. Ha 79.032/a1.

Die Scherbe stammt aus dem unteren Gefäßdrittel. Unter einem – wohl als Halbbogen zu deutenden – Steg befinden sich die Reste einer waagerecht liegenden Palmette.

Vgl. zur Palmette: Punze Nr. 51; **HaNr. 62** – CRESTI ATEI EVHODI; **HaNr. 63 u. 87**.

Die spärlichen Dekorreste verweisen auf ein Produkt aus dem Umkreis der sog. „gruppo protobargateo", doch kommt die Palmette auch auf Produkten des Ateius vor, so daß eher ein Zusammenhang mit dessen Betrieben gesucht werden sollte. Möglicherweise aus Pisa.

HaNr. 89

Wandscherbe eines zweizonigen Kelches? Verschollen. (Taf. 32.59).

Publiziert: OXÉ, Haltern (1943) 44 Taf. 9 R 18.

Vier auf der Spitze stehende Blätter eines Frieses sind noch erhalten. OXÉ rekonstruiert insgesamt 32 Blätter. Eine einfache Strichelreihe bildet den unteren Abschluß.

Vgl. Blattfries: **HaNr. 34, 35** u. **76**; – alle Cn. Ateius; TAPONECCO MARCHINI, Pisa Taf. 2,4 – Cn. Ateius aus Pisa.

Wahrscheinlich ein Produkt aus einem Betrieb des Cn. Ateius in Pisa.

HaNr. 90

Drei Wandfragmente eines zweizonigen Kelches. Verschollen. (Taf. 33.55.59).

Publiziert: HÄHNLE, Haltern (1912) 84 Taf. 5 C,5; OXÉ, Haltern (1943) 45 Taf. 9 R 21a-b.

Unter zwei Drehrillen sind ein Eierstab und ein Perlstab erkennbar. Es folgt ein Rankenfries. Seitlich drehen sich nach links und rechts je eine Ranke ein. Zwischen den Ranken steht ein blütenartiges Objekt. Eine Rosette hängt an einem Stil mit zwei Blättchen von der Ranke herunter. Der Dekor wird durch einen Perlstab in zwei Zonen getrennt. Vom Fries der unteren Zone haben sich nur noch die oberen Teile zweier Anhänger erhalten.

Vgl. Eierstab und Perlstab: Typ 8B; Blütenornament: OXÉ, Rhein Taf. 38,139 – Cn. Atei Xanthi. Das Ornament gleicht dem oberen Akanthusornament mit dem Pferdeköpfchen bei OXÉ, Rhein Taf. 13,56.57 – „provinzielle" Ateiusprodukte; Anhänger: ders. (1933) Taf. 8,27 – ohne Zuweisung; Rosette: **HaNr. 56**; OXÉ, Rhein Taf. 14,73 – Cn. Ateius Xanthus.

Wegen des Eierstabes ein Produkt aus einem Betrieb des Cn. Ateius, möglicherweise aus Pisa [STENICO, Liste Nr. 616 – „provinzielles" Ateiusprodukt].

HaNr. 91

Wandscherbe einer nicht näher bestimmbaren Gefäßform. Verschollen. (Taf. 33.53,3).

Publiziert: RITTERLING, Haltern (1901) Taf. 33,12.

Das Wandscherbchen ist kurz unter den Eierstab zu plazieren, von dem sich nur der unterste Teil, nämlich zwei umlaufende Stäbchen, erhalten hat. Ein Rosettenfries (außen 28, innen 13 oder 14 Blättchen), oben und unten durch eine einfache Strichelreihe begleitet, schließt unmittelbar unter dem Eierstab an.

Vgl. OXÉ, Rhein Taf. 12,48 – Ateius. **HaNr. 83** – Cn. Ateius.

Wohl aus einem Betrieb des Cn. Ateius.

HaNr. 92

Wandscherbe eines Reliefgefäßes von nicht mehr bestimmbarer Form. Verschollen. (Taf. 33.53,3).

Publiziert: RITTERLING, Haltern (1901) Taf. 33,8.

Auf der Wandscherbe sind nur die Reste eines Baumes erhalten.

Vgl. ETTLINGER, Novaesium Taf. 55,2 – Kelch des Cn. Atei Cresti mit vermuteter Herkunft aus Pisa.

Möglicherweise von einem Gefäß aus einem Betrieb des Cn. Ateius – aus Pisa?

HaNr. 93

Scherbe vom unteren Wandungsbereich eines Kelches. Qualität II. (Taf. 33).

Unpubliziert. Fund-Nr. Ha 71 Gr 15.

Drei neunteilige, hängende Palmetten in einer friesartigen Anordnung bilden den unteren Reliefabschluß.

Vgl. CHASE, Loeb Taf. 14,349 – „protobargateo"; OXÉ, Rhein Taf. 13,58a.b – Ateius (?); C. BÉMONT, Recherches méthodologiques sur la céramique sigillée. Les vases estampillés de Glanum. BEFAR 227 (Paris 1976) Abb. 18,19.21 – Schüssel Drag. 29 mit dem Stempel des CN. ATEIUS/EVRYALUS.

Möglicherweise aus einem Betrieb des Cn. Ateius.

HaNr. 94

Wandfragment (Form 7?). Qualität II? (sekundär verbrannt). (Taf. 33).

Unpubliziert. Fund-Nr. Ha 54 D Lf.

Die Lippe ist abgebrochen. Der Rand darunter scheint ursprünglich leicht abgeschnürt und zum Relieffeld durch einen geriefelten Wulst abgegrenzt gewesen zu sein. Dar-

unter beginnt unmittelbar ein für Ateiusprodukte typischer Eierstab. Die Wandung verlief wahrscheinlich konisch.
Vgl. Eierstab: Typ 8B.
Wahrscheinlich aus einem Betrieb des Cn. Ateius. Möglicherweise aus Pisa.

HaNr. 95
Eine Wandscherbe eines Kelches unbestimmter Form. Qualität II? (sekundär verbrannt). (Taf. 33).
Unpubliziert. Fund-Nr. Ha 84.548/a1.
Unter zwei umlaufenden Rillen befinden sich die Reste eines sehr feingeschnittenen Eierstabes des Typs 8B. Teilweise sind die unteren Partien der umlaufenden Stäbchen von einer weiteren Rille angeschnitten. Direkt darunter schließt sich ein geriefelter Wulst an.
Vgl. zum Eierstab: Typ 8B.
Der Eierstab gehört sicher in eine der Töpfereien des Cn. Ateius in Pisa.

Ateius – unsichere Zuweisungen

HaNr. 96
Kelchrandstück der Form 4 (D.-W. Ic). Qualität II. (Taf. 33).
Unpubliziert. Fund-Nr. Ha 73 A Gr 160.
Die Lippe biegt von der steil verlaufenden Wandung abrupt ab. Sie hängt weit über und ist leicht unterschnitten. Ein längsgeriefeltes Band teilt die Lippe in einen oben umlaufenden Halbrundstab und in einen unteren, durch eine kleine Rille zweigeteilten Wulst auf. Der Eierstab ist plastisch gebildet und sauber gesetzt. Zwei Stäbchen laufen um den gewölbten Kern. Das Zwischenstäbchen scheint links angelehnt zu sein.
Vgl. Eierstab: Typ 8C; ähnliche Randformen: LAVIZZARI PEDRAZZINI, Luni I Taf. 98,2.3 – M. Perennius Bargathes; Asciburgium Taf. 58,2 – Bargathes; Bargathes (1984) Nr. 98; 108 – beide M. Perennius Bargathes.
Wahrscheinlich handelt es sich auf Grund des Eierstabes um ein Fragment aus einer Offizin des Cn. Ateius. Die Randform verweist auf eine relativ späte Entstehung.

HaNr. 97
Randscherbe eines Kelches der Form 3? (D.-W. Ic?). Qualität I. (Taf. 33).
Unpubliziert. Fund-Nr. Ha 67 Lf 107.
Eine umlaufende Kehle profiliert die kaum unterschnittene Lippe. Leider ist diese so stark bestoßen, daß nicht mehr gesagt werden kann, ob sie riefelverziert war. Der glatte Randstreifen unter der Lippe ist hoch. Unter zwei Rillen befinden sich noch Reste des Eierstabes, die auf einen Eierstab mit Kern, zwei Stäbchen und einem linksanliegendem Zwischenstäbchen hindeuten.
Vgl. Eierstab: Typ 8B.
Möglicherweise von einem Gefäß aus einem Betrieb des Cn. Ateius.

HaNr. 98
Zwei Randstücke eines Kelches der Form 5 (D.-W. Ic Sonderform). Qualität II. (Taf. 33).
Unpubliziert. Fund-Nr. Ha 54 D Lf.
Die Lippe springt stark vor, ist zwar unterschnitten, jedoch nicht als Hängelippe zu bezeichnen. Der äußere Rand wird durch eine kleinere, umlaufende Rille oben und eine breitere unten profiliert. Im Inneren läuft eine Hohlkehle um, so daß die Lippe auch hier stark akzentuiert und von der ansonsten geradlinig verlaufenden Wand abgetrennt erscheint. Der glatte Streifen außen unter der Lippe ist verhältnismäßig schmal. Zwei Rillen setzen ihn vom Eierstab ab. Eine einfache Strichelreihe beschließt diese Zone. Vom Reliefdekor ist nichts erhalten.
Vgl. zur Randform: **HaNr. 75** u. **112**; ETTLINGER, Novaesium Taf. 60,1.2. Eierstab: Typ 8A.
Möglicherweise ein Produkt aus einem Betrieb des Cn. Ateius.

HaNr. 99
Randstück eines Kelches der Form 7a (D.-W. IIIa). Verschollen. (Taf. 33.55).
Publiziert: HÄHNLE, Haltern (1912) 79 Taf. 5 C,3.
Das Stück ist von der Abbildung her sehr schwer zu beurteilen. Die Aufteilung des Randes in zwei durch eine Kehle getrennte Wulste ist jedoch eindeutig erkennbar. Der obere Wulst ist geriefelt, während der untere mit waagerecht gelegten Anhängern verziert ist und nicht mit Girlanden, wie HÄHNLE vermutet. Häufig ist bei dieser Kelchform der untere Wulst mit Rosetten oder einem Eierstab verziert.
Die Abbildung ist zu schlecht, um den Anhänger näher einordnen zu können. Die mit Astragalizusen verzierte Scherbe **HaNr. 28** (aus einem Betrieb des Cn. Ateius) trägt einen ähnlichen Fries, der aus Anhängern gebildet wird.
Möglicherweise aus einem Betrieb des Cn. Ateius.

HaNr. 100
Wandscherbe eines Kelches? Verschollen. (Taf. 33.53,3).
Publiziert: RITTERLING, Haltern (1901) Taf. 33,10.
Ein Wulstring bildet den unteren Reliefabschluß. Darüber befinden sich noch fünf kugelförmige Blüten, die wohl friesartig um das Gefäß unten liefen. Vom restlichen Dekor ist nichts erhalten.
Vgl. **HaNr. 25** – Cn. Ateius.
Möglicherweise aus einem Betrieb des Cn. Ateius.

HaNr. 101
Wandscherbe eines Kelches? Verschollen. (Taf. 33.53,3).
Publiziert: RITTERLING, Haltern (1901) Taf. 33,13.
Soweit erkennbar besteht der Eierstab aus einem Kern mit zwei umlaufenden Stäbchen. Es ist nicht eindeutig festzustellen, ob ein Zwischenstäbchen vorhanden war. Eine einfache Strichelreihe bildet den Übergang zum Bildfeld, auf dem sich das rechte Bein eines Skelettes befindet.
Vgl. zum Skelett. **HaNr. 27** – mit dem Stempel ATEI. Eierstab: Typ 8B.
Möglicherweise aus einem Betrieb des Ateius.

HaNr. 102
Wandscherbe eines Bechers? Verschollen. (Taf. 67,1).
Publiziert: DRAGENDORFF, Haltern (1903) 75 Abb. 6,2; vgl. S. 38 mit Anm. 2 [OXÉ, Haltern (1943) 34. Das Fragment

ist zu klein, um die Form genau festlegen zu können]. DRAGENDORFF deutet die Scherbe als Überrest eines Bechers mit fast geradlinig verlaufender Wandung. Der Reliefdekor besteht aus *einer sehr feinen Eichengirlande in naturalistischer Ausführung*. Ein gezacktes Eichenblatt ist zu erkennen, unter dem sich eine Eichel mit Hütchen befindet. LOESCHCKE, Haltern (1909) 161 rechnet diese Scherbe seinem Typ Haltern 20 zu. Reste eines Eierstabes, die er erkannt haben will, sind auf der Abbildung jedoch nicht auszumachen, lediglich zwei Rillen, die womöglich den oberen Abschluß bildeten.

Vgl. ähnliches Blatt und Eichel: LAVIZZARI PEDRAZZINI, Luni I Taf. 101,4 mit der Zuweisung an einen Ateiusbetrieb. Zum Blatt: OXÉ, Rhein Taf. 14,61 – Cn. Ateius. Kranz aus Blatt und Eicheln: CABOTSE/PERICHON, Gallia 24, 1966, 36 Abb. 5,1 – Henkeltasse mit Stempelrest [XAN]THI.

Möglicherweise aus einem Betrieb des Cn. Ateius.

HaNr. 103

Wandscherbe eines Kelches? Qualität III. Italisches Produkt [VON SCHNURBEIN, Sigillata 175 Tab. 8 Probe 194]. (Taf. 33.67,3).

Unpubliziert. Fund-Nr. Ha 54 D/129.

Die unteren Reste des Eierstabes mit der darunter verlaufenden einfachen Strichelreihe sind erhalten. An einem Bündel von drei frei gezeichneten Bändern, die seitlich von je zwei weiteren Bändern flankiert werden, hängt eine neunteilige, große Palmette, deren Blätter von zwei feinen umlaufenden Leisten gerahmt werden. Ein Halbbogen aus zwei kleinen Leisten fängt die Blätter an der Basis auf. Darüber rollen sich zu beiden Seiten Ranken auf. In deren Mitte sitzt ein fünfblättriger Kelch der den Anschluß an die oben beschriebenen drei Bänder hält. Rechts befinden sich noch Reste einer weiteren Palmette, so daß davon ausgegangen werden kann, daß der Dekor des Gefäßes aus den Palmetten gebildet wurde.

Vgl. zur Eingrenzung: STENICO, Rasinius 68 Nr. 286-289 – Rasinius; Eierstab: Typ 8A.

Bisher gibt es keine direkte Parallele zu dieser Palmette. Rasinius verwendet ähnlich qualitätvolle Palmetten in seinem Betrieb in Arezzo. Der Eierstab jedoch könnte auf einen Betrieb des Cn. Ateius hinweisen.

HaNr. 104

Wandscherbe eines Kelches? Qualität II. (Taf. 33).

Unpubliziert. Fund-Nr. Ha 56 Lf.

Der Eierstab mit einfacher Strichelreihe befindet sich direkt unter den zwei Rillen des Randes. Den Übergang zum Relieffeld scheint ein geriefelter Reif gebildet zu haben.

Vgl. Eierstab: Typ 8A.

Möglicherweise aus einem Betrieb des Cn. Ateius.

HaNr. 105

Wandscherbe eines Kelches? Verschollen. (Taf. 33.54,4).

Publiziert: LOESCHCKE, Haltern (1909) 160 Taf. 17,4.

Der Eierstab ist noch in den unteren Partien erhalten. Er setzt sich aus einem Kern, zwei umlaufenden Stäbchen und einem links angelehnten Zwischenstäbchen zusammen. Eine einfache Strichelreihe befindet sich darunter. Neben einem Weinblatt und zwei quergerippten Kolben ist die linke Hälfte eines menschlichen Gesichtes zu erkennen. Das Haar ist über der Stirn mit einer Binde zusammengefaßt, so daß zwei seitlich fallende Haarbüschel entstehen. Fünf schlangenförmige Strähnen befinden sich auf der erhaltenen linken Kopfseite; für die verlorene rechte müssen weitere ergänzt werden. Das großflächige, pausbäckige Gesicht ist stark bestoßen; es handelt sich um ein Gorgoneion. Die Kopfflügel sind in den zwei Haarbüscheln über der Stirn angedeutet. Durch das Hinzufügen von Weinblättern und Kolben wird der Kopf in einen bacchantischen Umkreis gesetzt.

Vgl. Eierstab: Typ 8B; M. LABROUSSE, Gallia 12, 1957, 306 f. Abb. 2; HOFFMANN, Formgebung 89 ff. Abb. 2 Taf. 91,2.3.5; A. BALIL, Archivo Español Arqu. 32, 1959, Abb. 11.

Sehr wahrscheinlich aus einem Betrieb des Cn. Ateius.

HaNr. 106

Eine Wandscherbe einer unbestimmten Kelchform. Qualität II. (Taf. 33).

Unpubliziert. Fund-Nr. Ha 80.021.

Auf dem kleinen Fragment ist nur noch der Rest eines Eierstabes zu erkennen. Er besteht aus einem flachen Kern, zwei umlaufenden Stäbchen und einem links anliegenden Zwischenstäbchen.

Vgl. zum Eierstab Typ 8A – Ateius.

Wohl aus einem Ateiusbetrieb in Pisa.

HaNr. 107

Eine Rand- und Wandscherbe eines Kelches der Form 5 (Sonderform D.-W. Ic). Qualität II. (Taf. 33).

Unpubliziert. Fund-Nr. Ha 82.144.

Der Rand mit der Lippe lädt weit aus, eine Unterschneidung fehlt. Die Lippe knickt fast im rechten Winkel vom oberen Rand weg. Außen konturiert eine kleine umlaufende Rille die Lippe, während sie im Inneren von zwei kleinen Rillen gegliedert wird. Der freie Bereich des oberen Randes bis zu den zwei umlaufenden Rillen über dem noch erhaltenen Eierstab ist nur mäßig hoch. Der U-förmige Eierstab wird aus einem Kern und einem umlaufenden Stäbchen gebildet. Ein langes Zwischenstäbchen ist links angelegt. Unmittelbar über dem Eierstab befindet sich ein Perlstab, der sich auf einem kleineren erhaltenen Wandscherbchen auch unter dem Eierstab wiederholt.

Vgl. sehr ähnlicher Eierstab: OXÉ, Rhein Taf. 13,55a.c – Ateius/Pisa unsicher.

Möglicherweise aus einer Offizin des Ateius.

Nicht zugewiesene Gefäßfragmente

Randscherben

HaNr. 108

Randscherbe eines Kelches der Form 2 (D.-W. Ic). Qualität II. (Taf. 34).

Unpubliziert. Fund-Nr. Ha 67 Lf 56.

Die unterschnittene Hängelippe ist außen durch zwei eng beieinander liegende Rillen leicht profiliert. Eine Riefelung der Lippe liegt noch nicht vor. Der Rand schwingt stark aus. Es handelt sich hier um ein relativ frühes Profil.

HaNr. 109
Randstück eines Kelches der Form 3b (D.-W. Ic). Qualität II. (Taf. 34).
Unpubliziert. Fund-Nr. Ha 61 A Lf.
Die Lippe wird außen durch eine umlaufende Kehle profiliert. Eine Riefelung der Wulste liegt noch nicht vor. Der Querschnitt der leicht unterschnittenen Lippe erscheint annähernd dreieckig. Der glatte Streifen unter der Lippe bis zu den noch vorhandenen zwei Rillen ist sehr schmal. Vom Dekor ist nichts erhalten.

HaNr. 110
Drei Randscherben eines Kelches der Form 3 (?) (D.-W. Ic). Qualität II. (Taf. 34).
Unpubliziert. Fund-Nr. Ha 54 A westlich Grabung Bleker.
Die stark bestoßene Lippe wird außen durch eine Kehle profiliert. Die Lippe ist nicht riefelverziert. Es handelt sich hier um eine recht einfache Ausführung der Form D.-W. Ic.

HaNr. 111
Randscherbe der Form 5 (D.-W. Ic Sonderform). Verschollen. (Taf. 34.69,1).
Publiziert: LOESCHCKE, Haltern (1909) 158, Abb. 7,1.
Die Hängelippe ragt stark nach außen über. Dadurch ergibt sich innen ein Absatz, der mit einer umlaufenden Rille versehen ist. Eine horizontale Rille gliedert die Lippe außen. Der Wandverlauf der Scherbe verweist auf eine halbkugelige Gefäßform. Vom Reliefdekor ist nichts erhalten.
Vgl. zur Lippenform: ETTLINGER, Novaesium Taf. 60,1.2, die sie als Sonderform bezeichnet. Leider gibt es zu dieser Gefäßform bisher nur unzugewiesene Randscherben; s. dazu auch: **HaNr. 51**, **75** u. **98**.

HaNr. 112
Randstück der Form 9 (Möglicherweise wie D.-W. If (?). Verschollen. (Taf. 34.69,1).
Publiziert: LOESCHCKE, Haltern (1909) 158 Abb. 7,4.
Bis auf die ausschwingende, geriefelte Lippe verläuft die Wandung steil nach oben. Abgesetzt wird die Lippe vom Rand durch einen glatt belassenen Streifen. Es folgt ein geriefelter Wulst als Übergang zu dem aus einer Doppelstrichelreihe bestehenden Dekor. Nach der Umzeichnung des Profils, zieht in Höhe des Doppelstrichelmotivs die Wandung ein. Die doppelten Strichel kommen bei den unterschiedlichsten Töpfern vor. Die Randform ist bisher ein Einzelfall, vielleicht gehört sie in den Umkreis der Form D.-W. If.

HaNr. 113
Randstück eines Kelches der Form 10 (D.-W. Ii). Verschollen. (Taf. 34).
Publiziert: LOESCHCKE, Haltern (1909) 150-151 Abb. 4,11; vgl. HÄHNLE, Haltern (1912) 40; LOESCHCKE in: Oberaden II 30 mit Anm. 4.
LOESCHCKE schreibt: *Charakteristisch für die nahe Verwandtschaft von Tassen und Kelchen ist es, daß MAK VI, 40 die Randscherbe 09.27 irrtümlich zum Tassentypus 11 gerechnet wird, während sie zum Kelchgefäß des Typus 11 (Taf. VIII,19) gehört, was infolge des Fortbrechens des Eierstabes nicht bemerkt wurde.* Leider ist das Stück verschollen, so daß diese Beobachtung LOESCHCKEs nicht mehr nachgeprüft werden kann. Ein Vergleich mit dem Kelch **HaNr. 65** zeigt jedoch, daß LOESCHCKEs Zuweisung durchaus richtig sein kann.

HaNr. 114
Randscherbe eines Kelches der Form 10 (D.-W. Ii). Qualität II. o. Abb.
Unpubliziert. Fund-Nr. Ha 67 Lf 73.
Die Lippe ist weggebrochen, doch scheint kurz darunter eine Rille umgelaufen zu sein. Der glatte Streifen zwischen Lippe und zwei abschließenden Rillen ist schmal. Vom Eierstab haben sich nur äußerst geringe, unbestimmbare Spuren erhalten.

HaNr. 115
Randstück der Form 13. Vgl. D.-W. I*l*? Verschollen. (Taf. 34.69,1).
Publiziert: LOESCHCKE, Haltern (1909) 158 Abb. 7,5.
LOESCHCKE bezeichnet die Gliederung dieses Randstücks als besonders auffällig. Er verweist auf ein ähnliches Stück bei O. RAYET/M. COLLIGNON, Histoire de la Céramique Greque (Paris 1888) Taf. 13,1 [= OXÉ, Rhein Taf. 36,137 – Cn. Atei/Cresti]. Drei riefelverzierte Wulste gliedern den steil verlaufenden Rand. Etwa in Höhe des mittleren Wulstes zieht der Wandungsverlauf derart ein, daß wahrscheinlich mit einer halbkugeligen Gefäßform zu rechnen ist. Die Entwicklung dieser Randform ist bei D.-W. 27 Abb. 2 nicht verzeichnet. Die Form I*l* scheint die nächste Parallele zu sein. Dragendorff wußte um die Problematik der Einordnung gerade dieser Form. Er hält sie für eine späte „barocke" Profilbildung, die „namentlich in der Töpferei des Cornelius und Ateius" auftrat. – Vom Reliefdekor ist nichts erhalten.
Vgl. zur Randform: **HaNr. 14** und **15**; E. ETTLINGER, Jahresber. Ges. Pro Vindonissa 1962, 5 Abb. 4 – Kelch des Cn. Ateius/Eurialus. Hier sind die drei geriefelten Wulste des Randes durch Kehlen getrennt, die Gefäßform ist halbkugelig.

HaNr. 116
Randscherbe der Form 7 (D.-W. IIIa). Qualität II. (o. Abb.).
Unpubliziert. Fund-Nr. Ha 67 Lf 131.
Ein riefelverzierter Wulst bildet die Lippe, die unten durch eine Rille gegen eine Kehle abgegrenzt wird. Unter der Kehle scheint noch eine weitere Rille umgelaufen zu sein.

HaNr. 117
Randstück eines Kelches der Form 7a (D.-W. IIIa). Qualität II/IV. (Taf. 34).
Unpubliziert. Fund-Nr. Ha 54 Lf.
Das Randprofil ist S-förmig geschwungen. Oberer und unterer Wulst sind geriefelt. Unmittelbar unter dem unteren Wulst lassen sich noch Reste eines Eierstabes erkennen, der aber zu stark beschädigt ist, um ihn exakt bestimmen zu können. Den Kern umgeben wahrscheinlich zwei Stäbchen. Von einem Zwischenstäbchen ist nichts zu sehen.

Ähnliche Profile wurden in Haltern bislang nur aus den Betrieben des Cn. Ateius und des P. Cornelius gefunden. Da sich die Reste des Eierstabes nicht weiter zuordnen lassen, ist eine sichere Zuweisung nicht möglich.

HaNr. 118
Randstück eines Kelches der Form 7b (D.-W. IIIb). Qualität I. (Taf. 34).
Unpubliziert. Fund-Nr. Ha 63 Lf.
Das für zweizonige Kelche typische Randprofil setzt sich aus zwei geriefelten Wulsten und einer Kehle zusammen. Der in Resten erhaltene Eierstab setzt direkt unter dem zweiten Wulst an. Die im Ansatz noch erkennbare Wandung scheint konisch verlaufen zu sein.
Zweizonige Kelche aus Haltern stammen aus den Betrieben des Cn. Ateius oder des P. Cornelius. Produkte des P. Cornelius sind meist dunkler in Tonfarbe und Überzug. Vielleicht ist dieses Exemplar Cn. Ateius zuzuordnen.

HaNr. 119
Eine Wandscherbe eines Kelches der Form D.-W. III (?). Qualität II. (Taf. 34).
Unpubliziert. Fund-Nr. Ha 82.142.
Erhalten ist eine Scherbe aus dem unteren Wandumbruch eines Kelches, der wahrscheinlich der Form D.-W. III zugeschrieben werden kann. Der Umbruch wird durch einen geriefelten, durch Rillen gefaßten Wulst markiert. Die darüber liegenden Reliefreste lassen am ehesten auf die Unterseiten von stehenden Kolben schließen.
Vgl. zum Kolben etwa Punzen-Nr. 160 bzw. **HaNr. 79**.

Wandscherben

HaNr. 120
Wandscherbe eines Kelches von der Form 7 (?) (D.-W. III (?). Verschollen. (Taf. 34.55).
Publiziert: HÄHNLE, Haltern (1912) 79 f. Taf. 5 C,17.
Über einem geriefelten Wulst, der das Gefäß in eine obere und eine untere Reliefzone unterteilt, befindet sich ein friesartig gesetztes Hängeornament. HÄHNLE spricht von einem Spiralstabornament, dessen Herleitung von einem Frauenschmuck durch OXÉ [in: Oberaden I 44] allerdings überzeugender gedeutete wurde.
Die Anhänger sind zu undeutlich, um sie genau zuordnen zu können. Ähnliche Typen sind bei vielen Relieftöpfern in Gebrauch: z.B. OXÉ, Rhein Taf. 8,24b – C. Annius (?); 9,30b – Cn. Ateius; 31,123 – M. Perennius Tigranus.

HaNr. 121
Zwei Wandscherben aus dem unteren Wandungsbereich eines zweizonigen Kelches der Form 7 (?) (D.-W. III (?). Verschollen. (Taf. 34.55).
Publiziert: HÄHNLE, Haltern (1912) 78 Taf. 5 C,11.12.
Auf Grund eines geriefelten Wulstes kann die Scherbe eindeutig der Form D.-W. III zugeordnet werden. Das aus der Toreutik übernommene Stabzungenmotiv findet sich häufig auf Kelchen des M. Perennius Bargathes, ist aber auch bei Produkten des Cn. Ateius zu treffen.
Vgl. HÄHNLE, Haltern (1912) Abb. 8 (= Tübingen InvNr. 312) – Bargathes; OXÉ, Rhein Taf. 19,89 – Cn. Ateius Xanthus; LAVIZZARI PEDRAZZINI, Luni II Taf. 98,2.3 – Bargathes.

HaNr. 122
Zwei Scherben der unteren Wandzone eines Kelches der Form 7 (?) (D.-W. III (?). Qualität II/IV. (Taf. 34.58).
Publiziert: OXÉ, Haltern (1943) 46 Taf. 10 R 24.
Der untere Teil eines ursprünglich zweizonigen Kelches wird duch ein umlaufendes Zungenmuster beherrscht. Die einzelnen Zungen werden von einer Leiste eingefaßt. Reste einer Perlenreihe über diesem Ornament weisen auf den unteren Teil eines Reifens oder Wulstes hin, der das Bildfeld dieses Kelches unterteilte. Ein einfacher kleiner Reif bildet den untersten Reliefabschluß unter den Zungen.
Vgl. Zungenornament: **HaNr. 121**; HÄHNLE, Haltern (1912) 79 Abb. 8 – M. Perennius Bargathes; OXÉ, Rhein Taf. 19,89 – Cn. Ateius Xanthus; G. ULBERT, Der Lorenzberg bei Epfach (München 1965) Taf. 9,2; LAVIZZARI PEDRAZZINI, Luni I Taf. 98,2.3 – mit Perlreihe über den Blattzungen – M. Perennius Bargathes.
Vielleicht kommt M. Perennius Bargathes in Betracht.

HaNr. 123
Wandscherbe eines zweizonigen Kelches. Qualität II. (Taf. 35).
Unpubliziert. Fund-Nr. Ha 54 D Lf.
Wie ein breiter, geriefelter Wulst belegt, wurde das Relieffeld in eine obere und eine untere Zone geteilt. Eine nähere Zuweisung kann auf Grund des verlorenen Dekors nicht mehr erfolgen.
Vgl. **HaNr. 119**.
Zweizonige Gefäße sind häufig von M. Perennius Bargathes, Cn. Ateius und P. Cornelius hergestellt worden, wobei letzterer wahrscheinlich wegen der Qualität II auszuschließen ist. In Haltern kommen zweizonigen Gefäße bis auf wenige Ausnahmen (z.B. **HaNr. 17**) immer aus einer Offizin des Cn. Ateius.

HaNr. 124
Kleines (Wand-?) Bruchstück eines nicht näher bestimmbaren Gefäßtypes. Verschollen. (o. Abb).
Publiziert: HÄHNLE, Haltern (1912) 100 (o. Abb).
HÄHNLE beschreibt *ein kleines, gut modelliertes, breit angelegtes ‚Fischblasenornament'*. Dieses Ornament ist in Haltern von einigen Kelchen des Cn. Ateius Xanthus bekannt (s. **HaNr. 49-51**). Eine derartige Zuordnung bleibt aber in diesem Fall unsicher.

HaNr. 125
Wandscherbe. Die Stellung innerhalb des Reliefkontextes ist ungewiß, ebenso die Gefäßform. Verschollen. (Taf. 35.53,3).
Publiziert: RITTERLING, Haltern (1901) Taf. 33,9.
Eine 16-teilige Rosette wird von Ranken flankiert.
Bisher sind keine Vergleichsstücke bekannt.

HaNr. 126
Wandfragment einer nicht näher bestimmbaren Form. Verschollen. (Taf. 35.58).
Publiziert: OXÉ, Haltern (1943) 46 Taf. 10 R 26.
Der Eierstab (Typ 13) besteht aus einem leicht gewölbten Kern mit zwei umlaufenden Stäbchen; das links angelehnte Zwischenstäbchen ist längsgeschlitzt. Der Kopf einer nach links gewendeten Figur mit Helm (Apex?) oder

Kapuze und einem geschulterten, mit Bändern verzierten Stab ist noch erhalten.
Parallelen zu dem Stück sind nicht bekannt.

HaNr. 127
Wandscherbe eines Kelches (?). Verschollen. (Taf. 35.58).
Publiziert: OXÉ, Haltern (1943) 46 Taf. 10 R 23.
Vom Eierstab ist kaum noch etwas erhalten. Unter einer aus verschiedenen Blättern und Früchten bestehenden Girlande ist rechts noch eine Figur zu erkennen. Über dieser hängen die Reste der Tänie, an der die Girlande befestigt ist. Ein viereckiger Kasten, mit Binnenzeichnung, wohl eine Cista, steht auf einer den Boden markierenden Leiste.
Vgl. Figur „barocker" Tänzer: OXÉ, Rhein Taf. 40,141 – „gruppo protobargateo"; 40,144.145 – Cn. Ateius aus Arezzo; 49,183.185 – M. Perennius Tigranus; **HaNr. 27** u. **67**.

HaNr. 128
Wandscherbe eines Kelches (?). Qualität II. (Taf. 35.67,2).
Unpubliziert. Fund-Nr. Ha 54 D Lf.
Reste eines Eierstabes mit länglichem, erhöhtem Kern, zwei Stäbchen und einem rechts angelehnten Zwischenstäbchen sind auf diesem verwaschenen Stück erkennbar. Direkt unter dem Eierstab hängt ein gespanntes Löwenfell herab, dessen Schwanz zu einem Heraklesknoten gebunden ist.
Vgl. zum Löwenfell: D.-W. Taf. 17,317 – Bargathes; STENICO, La Ceramica Arretina II (Mailand - Varese 1966) Taf. 1,1a; BROWN, Ashmolean Taf. 21,94 – P. Cornelius; Bargathes (1984) Nr. 109; 110 – beide Bargathes; **HaNr. 19** – P. Cornelius; Schwanz: A. VANNINI, Il Museo Nazionale Romano. Le Ceramiche V,2 (Rom 1988) 248 cat. 241 – P. Cornelius. Zu dem groben Eierstab (s. Typ 11) fehlen bisher Parallelen. Vgl. zur Eingrenzung: Bargathes (1984) Taf. 2,5 – Bargathes.
Gespannte Löwenfelle kommen häufig in den Betrieben des Rasinius, P. Cornelius und Bargathes vor. Das Halterner Stück ist für detaillierte Vergleiche zu beschädigt. Der grobe Eierstab spricht weder für Rasinius noch P. Cornelius. Bargathes verwendet einen ähnlichen Eierstab, doch kann dieses Stück nicht mit Sicherheit seiner Werkstatt zugewiesen werden.

HaNr. 129
Zwei Fragmente aus dem Rand- und Wandbereich einer nicht genau bestimmbaren Gefäßform (wahrscheinlich von einer Schüssel – Form 18). Qualität II. (Taf. 35).
Unpubliziert. Fund-Nr. Ha 82.118.
Das obere Bildfeld wird an beiden Seiten durch je einen glatten Wulst begrenzt. Der Dekor dieser Reliefzone besteht aus kleinen und großen, quergerillten Kolben. Der große Kolben besitzt als Besonderheit eine zweiblättrige Basis. Das untere Bildfeld entspricht in der anspruchslosen Aneinanderreihung von Anhängern dem oberen Dekor. Ein Grat schließt unten diese Zone ab. Vom Fußansatz ist nichts erhalten.
Vgl. ähnliche Anhänger: HOFFMANN, Formgebung Taf. 8,3 – M. Perennius Bargathes oder „gruppo protobargateo"; große quergerillte Kolben: G. PUCCI, La ceramica aretina: „Imagerie" e Correnti artistiche. In: Collection de l'École Francaise de Rome. Á la fin de la Republique et au Début du Principat (Rom 1981) 105 Abb. 2-3 – Kelch des Zoelus. Die Kolben sind dort als *metae* eingesetzt. Bargathes (1984) Nr. 11 – M. Perennius Bargathes.
Eine sichere Bestimmung ist nicht möglich.

HaNr. 130
Wandscherbe eines Kelches (?) Verschollen. (Taf. 58).
Publiziert: OXÉ, Haltern (1943) 41 Taf. 10 R 6.
Die oberen Enden zweier nach links gerollter Voluten sind erhalten. Von einer einfachen Strichelreihe waren noch Reste erkennbar. Damit steht fest, daß sich darüber der Eierstab befand und die Voluten somit den Hauptdekor ausmachten. OXÉ schloß eine Herstellung in einem der Betriebe des Cn. Ateius oder des M. Perennius Bargathes aus. Er dachte wegen der Volutenform eher an eine Entstehung in einer Werkstatt, *die den gallischen Töpfereien besonders nahestand* [vgl. auch OXÉ in: Schuhmacher Festschrift (Mainz 1930) Taf. 35 Abb. 1.2.4].
Vgl. zur Eingrenzung: A. OXÉ, Frühgallische Reliefgefäße vom Rhein. Mat. zur Röm.-Germ. Keramik 6 (Frankfurt a.M. 1934) Taf. 6,22. ETTLINGER, Pollentia Taf. 15,328 – vielleicht Cn. Ateius aus Pisa.

HaNr. 131
Wandscherbe eines Kelches (?). Verschollen. (Taf. 35.58).
Publiziert: OXÉ, Haltern (1943) 44 Taf. 10 R 19.
Auf dem kleinem Fragment sind – stark verrieben – eine Eichel und ein Blatt erhalten.
Vgl. Eichel: OXÉ, Rhein Taf. 11,42 – Cn. Ateius aus Pisa.

HaNr. 132
Fragment aus dem unteren Wandungsbereich eines Kelches (?). Qualität II. (Taf. 35).
Unpubliziert. Fund-Nr. Ha 53 B BI Lf.
Den Boden markiert ein Ring. Darüber erhebt sich anscheinend ein runder Gegenstand mit einer aus drei umlaufenden Wulsten und Kehlen bestehenden Basis. Denkbar wäre ein Rundaltar, von dem wohl stoffähnliche Falten herabhängen. Vorn auf dem Objekt befindet sich eine fünfblättrige Blüte mit vier Innenblättern. Die Auspressung der Ornamente ist unscharf und verrutscht.
Bislang sind keine Parallelen bekannt.

HaNr. 133
Zwei Wandfragmente eines Kelches (?). Qualität II. (Taf. 35.68,3).
Unpubliziert. Fund-Nr. Ha 53 B BI Lf.
Die Bodenlinie ist von drei übereinanderliegenden Stegen gebildet. Darauf steht rechts eine große, nach links gewendete Figur im Ausfallschritt. In der vorgestreckten Rechten hält sie einen Kantharos. Ein auf einem Schemel hockender Satyr (?) füllt in den Kantharos aus einem großen Schlauch Wein.
Vgl. M. CAZURRO, Anuari de l'Institut d'Estudis catalans 3, 1909-10, 314 Abb. 9 – ohne Zuweisung.

HaNr. 134
Wandfragment eines Kelches (?). Qualität II/IV. (Taf. 35).
Unpubliziert. Fund-Nr. Ha 56 Gr 342.
Unter den zwei Rillen, die den Rand vom Dekor trennen, sind spärliche Reste des Eierstabes erhalten. Er scheint

einen Kern und mindestens ein umlaufendes Stäbchen gehabt zu haben.

HaNr. 135
Drei Wandscherben eines Kelches (?). Qualität II. (Taf. 35.68,4).
Unpubliziert. Fund-Nr. Ha 63 Gr 36.
Ein leicht gebeugter Mann in Rückenansicht steht nach links gewendet auf dem rechtem Bein. Um den angewinkelten rechten Arm ist ein Mantel geschlagen. Die linke Hand führt anscheinend eine Trinkschale zum Mund. Auf einer weiteren Scherbe befindet sich das Unterteil einer nicht mehr zu deutenden, mit einer Chlamys (?) bekleideten Figur, die vor einem Baumstumpf o.ä. steht. Sie wirkt wie die Darstellung eines Kultbildes, möglicherweise einer Herme. Frei eingezeichnete Bänder und Ovale erinnern an ein Kerykeion, links daneben ein Baumstamm oder eine Keule. Die Figuren sind zum Teil leicht verdrückt. Technisch ist das Produkt von guter Qualität.
Parallelen sind bisher unbekannt.

HaNr. 136
Scherbe aus dem unteren Wandbereich eines zweizonigen Kelches (?). Qualität II. (Taf. 35).
Unpubliziert. Fund-Nr. Ha 64 B Lf.
Geringe Reste eines waagerecht verlaufenden Perlstabes lassen eine zweizonige Gefäßform vermuten. Das darunter versetzt gepunzte Blattschuppenmuster aus parallelrippigen Blättern kommt in verschiedenen Töpfereien vor.
Vgl. CHASE, Loeb Taf. 14,353 – L. Pomponius Pisanus (?); OXÉ, Rhein Taf. 12,52c – Ateius; ALEXANDER, Metropolitan Taf. 35,1 – Eros P. Corneli; D.-W. Taf. 37,561 – P. Cornelius; ULBERT, Der Lorenzberg bei Epfach (München 1965) Taf. 9,3a.b – P. Cornelius; PORTEN PALANGE, Antiquarium Taf. 15,80 – L. Pomponius Pisanus; 17,89.90 – P. Cornelius; **HaNr. 150**.
Möglicherweise dem P. Cornelius zuzuweisen.

HaNr. 137
Zwei Bodenscherben eines Kelches (?). Qualität I. (o. Abb.).
Unpubliziert. Fund-Nr. Ha 67 Gr 44.
Möglicherweise handelt es sich um die frei gezeichneten Teile einer welligen Bodenlinie.

HaNr. 138
Wandscherbe einer nicht bestimmbaren Gefäßform. Qualität II. (o. Abb.).
Unpubliziert. Fund-Nr. Ha 71 Gr 2.
Die Scherbe ist zu stark bestoßen, um noch bestimmbar zu sein.

HaNr. 139
Wandscherbe einer nicht bestimmbaren Gefäßform. Qualität II. (o. Abb.).
Unpubliziert. Fund-Nr. Ha 71 Gr 22.
Lediglich zwei Rillen des unteren Randabschlußes sind erhalten.

HaNr. 140
Wandscherbe einer nicht bestimmbaren Gefäßform. Qualität V. (o. Abb.).
Unpubliziert. Fund-Nr. Ha 73 E 8.
Auf dem Fragment ist eine umlaufende Rille erkennbar.

HaNr. 141
Wandscherbe eines Kelches (?). Qualität II. (o. Abb.).
Unpubliziert. Fund-Nr. Ha 68 Lf 74.
Auf der Außenseite befinden sich nicht mehr zu deutende Reliefreste. Innen läuft ein zwischen zwei schmalen Rillen eingefaßtes, schräg eingeschnittenes Band um. Ein ähnliches Band findet sich auch auf **HaNr. 28**.

HaNr. 142
Wandscherbe einer nicht näher bestimmbaren Gefäßform. Qualität IV. (Taf. 35).
Unpubliziert. Fund-Nr. Ha 64 B Lf.
Reste von scharf gezeichneten Efeublättern haben sich erhalten; sie bildeten einen umlaufenden Kranz.
Bisher ohne Parallelen.

HaNr. 143
Fünf Wandscherben eines Kelches. Qualität II. (o. Abb.).
Unpubliziert. Fund-Nr. Ha 54 A westlich Grabung Bleker.
Die Reliefreste sind größtenteils unkenntlich. An einer Scherbe lassen sich unter den zwei umlaufenden Rillen des Randes noch die Reste eines umlaufenden Efeublattfrieses erkennen. Die Oberflächen der anderen Fragmente sind nahezu ganz zerstört.
Eventuell lassen sich die Efeublättchen dieser Kelchfragmente mit denen vom Kelch **HaNr. 155** aus Lyon vergleichen.

HaNr. 144
Wandscherbe. Die Gefäßform ist nicht mehr bestimmbar. Qualität II. (o. Abb.).
Unpubliziert. Fund-Nr. Ha 49 westlich Arminiusstr.
Die Oberfläche der Scherbe ist zu stark beschädigt, um sie noch bestimmen zu können.

HaNr. 145
Drei Bodenscherben eines Reliefkelches. Qualität II. (o. Abb.).
Unpubliziert. Fund-Nr. Ha 54 A westlich Grabung Bleker.
Die spärlichen Reste des Reliefs lassen sich nicht mehr zuordnen. Eindeutig ist nur noch die umlaufende Bodenlinie zu erkennen, die aus einzelnen Punzen zu bestehen scheint.

HaNr. 146
Fußfragment eines Kelches. Qualität II. (Taf. 35).
Unpubliziert. Fund-Nr. Ha 49 westlich Arminiusstr.
Boden und Fußplatte sind abgebrochen. Der Schaft besteht aus einer konvexen Einziehung und ist sonst ungegliedert. Die Fußplatte scheint mindestens einmal abgestuft gewesen zu sein. Zwei Rillen schnüren einen flachen Wulst mit umlaufender, flacher Rille ab.

HaNr. 147
Fußplattenfragment. Qualität V. (Taf. 35).
Unpubliziert. Fund-Nr. Ha 54/135 Grube 25.
Auf der Kante der unteren Stufe der Fußplatte läuft eine Rille um. Die untere Stufe ist leicht eingezogen.

HaNr. 148
Randscherbe eines Bechers der Form 16 (D.-W. XIII). Qualität IV. (Taf. 36).
Publiziert: VON SCHNURBEIN, Sigillata 64 Taf. 70 Nr. 1648.
Das bei VON SCHNURBEIN unter „Einzelformen" angeführte Randstück ließ sich nicht an die Form Haltern 15 anschließen und war auch keinem anderen Typ ähnlich, so daß er am ehesten an das Randstück eines Reliefbechers ähnlich **OaNr. 26** dachte. Die Lippe wird durch umlaufende Rillen vom Rand abgeteilt, sie ist außen riefelverziert. Die Wandung fällt senkrecht ab. Die Rille unter dem glatten Randstreifen könnte die Begrenzung zu einem Relieffeld gewesen sein. Der Durchmesser der Mündung liegt bei 14 cm. Der Oberadener Becher **OaNr. 1** besitzt einen oberen Durchmesser von 11,2 cm bei einer Höhe von 16 cm. Setzt man die gleiche Proportionierung des Halterner Gefäßes voraus, so könnte man mit einer Höhe von ca. 20 cm rechnen. Die Wandstärke läßt auf ein schweres Gefäß schließen.

HaNr. 149
Randscherbe einer Henkeltasse oder eines Skyphos. Form 17. Vgl. D.-W. IX (?). Qualität V. (Taf. 36).
Unpubliziert. Fund-Nr. Ha 74 E 4.
Unter einem Griffansatz befindet sich unter einem Grat eine umlaufende Punktreihe. Darunter sind noch Reste einer Ranke erhalten.

HaNr. 150
Wandscherbe einer Henkeltasse oder eines Skyphos. Form 17. Qualität II. Sekundär verbrannt. (Taf. 36).
Unpubliziert. Fund-Nr. Ha 65 A Gr 24.
Stark bestoßenes Wandfragment mit einem Blattschuppenmuster wie **HaNr. 136**. Möglicherweise weist das Stück auf einen Henkelansatz hin.

HaNr. 151
Bodenscherbe einer nicht näher bestimmbaren Gefäßform. Qualität II. (Taf. 36).
Unpubliziert. Fund-Nr. Ha 65 A Gr 29.
Der noch erhaltene Reliefdekor besteht aus unregelmäßig frei eingezeichneten Stricheln.

HaNr. 152
Wandscherbe eines dünnwandigen Bechers der Form D.-W. XIII (?) [Form Haltern 20 (?) dazu OXÉ, Haltern (1943) 34: das Fragment ist zu klein, um sicher die Gefäßform bestimmen zu können]. Verschollen. (Taf. 36.54,7).
Publiziert: LOESCHCKE, Haltern (1909) 161 Taf. 17,7.
Der Dekor scheint aus feingezeichneten Ranken und neunblättrigen Blüten bestanden zu haben.
Vgl. **HaNr. 102**; LOESCHCKE, Haltern (1909) 161 Abb. 9 – vom Mont Beuvray; D.-W. Taf. 30,458 – ohne sichere Zuweisung; Taf. 30,270 – M. Perennius in der Spätphase des Betriebes; Blüte vielleicht wie: KAM, Numaga 9, 1965, Abb. S. 150 – Becher des Ateius; M.T. MARABINI MOEVS, Mem. Am. Acad. Rome 34, 1980, 272 Taf. 10,1 – ohne Zuweisung.

HaNr. 153
Wandscherbe eines Bechers. Form 16. Sehr dünnwandig, gelbroter Ton. Innen tongrundig, außen aber sigillataähnlicher Überzug. (Taf. 36.58).
Publiziert: OXÉ, Haltern (1943) 44 f. Taf. 10 R 20.
Zwischen zwei Hilfslinien wurde ein Rosettenfries als oberer Bildabschluß eingepunzt. Darunter befindet sich eine große 15-blättrige Rosette mit seitlichen Girlanden. Eine breite Tänie hängt unter der Rosette. Ferner ist noch eine sechsblättrige Blüte über der Mitte der Girlande erkennbar. OXÉ vermutete, daß es sich bei diesem Stück um Scherben eines Aco-Bechers handele. Der Dekor sowie die Technik läßt sich aber durchaus an Sigillaten anschließen.
Vgl. Rosette: M. PICON, Dossiers de Archeologie 9, 1975, Abb. S. 93 links unten – ohne Zuweisung; R. STEIGER, Forsch. in Augst 1 (Augst 1977) Abb. 55,1 – Ateius.

HaNr. 154
Wandscherbe. Verschollen. (Taf. 55).
Publiziert: HÄHNLE, Haltern (1912) Taf. 5 C,1.
Die Reliefreste lassen sich nicht mehr sinnvoll deuten. Anscheinend handelte es sich ursprünglich nur um einen rein pflanzlichen Dekor.

HaNr. 155
Randstück einer Schale (?). Verschollen. (o. Abb.).
Publiziert: DRAGENDORFF, Haltern (1903) 75 (o. Abb).
DRAGENDORFF erwähnt ein Randstück einer Schale, die eine Vorstufe zu der Form Drag. 29 gebildet haben könnte. Er merkt aber ausdrücklich an, daß die Scherbe noch nicht den harten, dunkelroten Ton und die stark glänzende, kirschrote Glasur aufweise wie die späteren südgallischen Produkte, die nicht mehr nach Haltern gelangten. Leider wurde das Stück nicht abgebildet, so daß sich Überlegungen jeder Art verbieten.

Reliefgefäße aus Lyon

HaNr. 156
Kelch der Form 6 (D.-W. Ic). Qualität II/IV. Lyon [VON SCHNURBEIN, Sigillata 175 Tab. 8 Probe 196]. (Taf. 36.37.71,2.3).
Publiziert: OXÉ, Rhein Taf. 49,140; OXÉ, Haltern (1943) 39. 75 Taf. 7 R 2.
Die durch eine Kehle gegliederte Lippe gehört typologisch zur Form D.-W. Ic. Sie ist noch nicht mit Riefeln verziert. Der Rand schwingt nur leicht aus und zieht dann ein, verläuft aber ziemlich senkrecht bis zu den beiden Rillen über einem stark verpreßten Fries aus hängenden, herzförmigen Blättern. Vier aus den Blättern des Frieses gebildete Bögen, umgeben den Kelch. Unkenntliche Gebilde liegen unter den Bögen; OXÉ vermutet Masken. Zwischen den Bögen steht jeweils eine weibliche Gewandfigur auf nicht zu deutenden Gegenständen, die sich viermal wiederholen. Dasselbe gilt für die zwei Figuren auf den Bögen, die teilweise mit ihren Köpfen den Blattfries überdecken. – OXÉ bezeichnet diesen Kelch nicht umsonst als ein „Ungeheuer provinzialer Reliefkeramik", so OXÉ,

Rhein 82. Der Fußansatz wird durch einen Grat erkennbar. Zwei Ringe lockern den Schaft auf. Die Fußplatte ist einfach abgestuft. Ein Stempel fehlt.

Vgl. OXÉ, Rhein Taf. 14,62 – Cn. Ateius, nicht aus Arezzo; 19,84 – nicht arretinisch. Die weibliche Gewandfigur (Punzen-Nr. 31) besitzt allerdings eine direkte Parallele auf einem Becher, den A. VANNINI, Il Museo Nazionale Romano. Le Ceramiche V,2 (Rom 1988) 343 f. cat. 388 u. Taf. XXXIII,339 dem Ateius zuweist. – OXÉ, Haltern (1943) 39 hält den Kelch für eine provinziale Arbeit, jedoch noch vor der Zeit des Cn. Ateius; STENICO, Liste Nr. 579 – kein arretinisches Produkt.

Die Einordnung der Gefäßform ist problematisch; zu beachten ist, daß das Formengut von in Lyon hergestellten Kelchen so gut wie unbekannt ist.

HaNr. 157

Zwei Wandscherben eines Kelches. Qualität III. Lyon [VON SCHNURBEIN, Sigillata 175 Tab. 8 Probe 192]. (Taf. 36).

Unpubliziert. Fund-Nr. Ha 73 E 17. E 24.

Unter zwei Rillen laufen ein Rad- und ein Rosettenfries oben durch eine Perlreihe und unten durch eine Punktreihe mit Außenkreis um das Gefäß. Das Radornament besitzt sieben innere und sieben äußere Segmente.

Bisher sind Parallelen unbekannt.

Unbekannter Entstehungsort

HaNr. 158

Fußfragment. Bodenstempel: ELEV/TER F. Verschollen. (Taf. 39).

Publiziert: OXÉ, Haltern (1943) 47 Taf. 15 Nr. 388.

Zu diesem Stück kann nichts Neues über OXÉ hinaus mitgeteilt werden, da dieses Stück im Krieg verloren gegangen ist und Vergleichsfunde bislang fehlen. OXÉ, Haltern (1943) 24 Nr. 388 beschreibt den Scherben folgendermaßen: *Kelchboden, Firnis innen rotgelb, außen mattrot und stark abgeschabt, keine arretinische Farbweise.*

3. Imitationen verzierter Arretina

Bisher sind vier Modelschüsseln sowie zwei Kelche aus Haltern bekannt geworden, die offensichtlich Dekor und Überzug echter Arretina nachahmen. Sämtliche Stücke sind bereits gut publiziert worden, so daß hier auf eine genaue Beschreibung der Einzelheiten verzichtet werden kann [VON SCHNURBEIN, Germania 52, 1974, 77-88; ders. RCRF Acta 17/18, 1977, 38-50; ders., Ber. RGK 62, 1981, 69-71].

ImNr. 1

Formschüssel für halbkugelige Gefäßform mit flachem Boden. (Taf. 40).

Publiziert: VON SCHNURBEIN, Germania 52, 1974, 77-80 Taf. 14; 15,1a.b; ders. RCRF Acta 17/18, 1977, 42 und Abb. 5,2; ders., Sigillata 175 Tab. 8 Probe 206; J.-S. KÜHLBORN in: Augustus und die verlorene Republik (Mainz 1988) 594 f. Nr. 435; B. TRIER (Hrsg.), 2000 Jahre Römer in Westfalen (Mainz 1989) 160 Abb. 192.

Aus 19 Fragmenten konnte die Form annähernd vollständig zusammengefügt werden. – Drei horizontale Rillen dienen als Hilfslinien für den aus einem herzförmigen Blatt und einer weiblichen Figur bestehenden Reliefdekor. Das Blatt besitzt eine schwache Binnenzeichnung. Die 21 mal wiederholte Figur wird oben und unten von einem aus dem Blatt gebildeten Fries begleitet. Die Blattspitzen zeigen beim oberen Fries nach oben, beim unteren nach unten. Die Figur wurde überzeugend durch VON SCHNURBEIN als Erinnye aus der Abstimmungsszene mit Athena über Orest gedeutet. Die gleiche Figur findet sich auf Lampenspiegeln in Neuß und in Haltern. Zwei „Produktionsfehler“ konnten in der Modelschüssel nachgewiesen werden: versehentlich wurde ein Blatt in den Figurenfries gestempelt, das dann nur oberflächlich verwischt wurde. Eine Figur wird zudem durch das Loch eines herausgefallenen Steinchens beeinträchtigt.

ImNr. 2

Formschüssel für halbkugelige Gefäßform mit flachem Boden. (Taf. 40).

Publiziert: VON SCHNURBEIN, Germania 52, 1974, 80-81 Taf. 17,2a.b; 18,2a.b; ders., Sigillata 175 Tab. 8 Probe 199.

Aus neun Fragmenten konnte die halbe Modelschüssel, aus der sich aber gut die ursprüngliche Form erkennen läßt, ergänzt werden. Der Dekor ist ebenso schlicht gehalten wie bei **ImNr. 1**. Wiederum dienten drei Hilfslinien beim Einsetzen der Punzen, die aus zwei verschiedenen Blattmotiven bestehen. Das herzförmige Blatt vom vorhergehenden Stück wurde zwischen eine Abfolge von aufrechtstehenden Weinblättern mit der Spitze nach oben gesetzt. Der untere Blattfries wird wiederum aus demselben Weinblatt wie für den oberen Fries gebildet. Die Blätter der oberen und der unteren Zone wurden gegeneinander versetzt eingestempelt.

ImNr. 3

Formschüssel für halbkugelige Gefäßform mit flachem Boden. (Taf. 40).

Publiziert: VON SCHNURBEIN, Germania 52, 1974, 81 Taf. 17,1a.b; ders., Sigillata 175 Tab. 8 Probe 200.

Nur drei Fragmente sind erhalten, das Profil der Formschüssel läßt sich aber noch rekonstuieren. – Der Dekor ist kaum noch zu erkennen. Den oberen Abschluß des Dekors bildet ein „schmales Band aus Kreuzkerben.“ Wahrscheinlich fanden auch hier die beiden, in der Formschüssel **ImNr. 2** benutzten Blattpunzen Verwendung. Das Herzblatt ist mit der Spitze nach oben zwischen zwei Weinblättern eingestempelt. Da der Platz zu knapp bemessen war, ergeben sich Überschneidungen.

ImNr. 4
Wandscherbe einer Modelschüssel. (Taf. 40).
Unpubliziert. Ha 64 B Gr 1.
Das stark beschädigte und innen verschliffene Bruchstück weist nur noch rudimentäre Reste eines wohl pflanzlich-ornamentalen Dekors auf. Wahrscheinlich handelt es sich nach den erkennbaren zackenförmigen Konturen um Blattränder. Links könnte sich ein spitzzulaufendes Blatt mit flacher Basis befunden haben. – Der Ton des Fragmentes ist identisch mit dem von **ImNr. 1-3**. Außen sind Schmauchspuren zu erkennen. Unbestimmt ist die Gefäßform, die einmal aus diesem Model entstehen sollte. Da nur eine leichte Krümmung an der Innenseite zu beobachten ist, kann mit einer halbkugeligen Form wie bei **ImNr. 1-3** gerechnet werden.

ImNr. 5
Randscherbe einer Modelschüssel für steilwandige Gefäßkörper. Gelblich-beigefarbener, ungemagerter Ton. (Taf. 40).
Unpubliziert. Ha 64 B Gr 1.
Über der stark verschliffenen Dekorzone schließt ein umlaufender Wulst am oberen Rand der Modelschüssel ab. Vom Dekor hat sich bis auf geringfügige Reste nichts erhalten. Nur im Streiflicht zu erahnen sind die Umrisse eines Blattes.

ImNr. 6
Kelch mit bandartiger Lippe. (Taf. 40).
Publiziert: VON SCHNURBEIN, Germania 52, 1974, 82-83 Abb. 1; ders., Germania 64,1, 1986, 50-51 mit Anm. 19; ders., Sigillata 175 Tab. 8 Probe 204.
Der bis auf die Fußplatte vollständige Kelch weist eine bandartige Lippe mit Unterschneidung auf. Ihr Verlauf ist steil, nur eine umlaufende Rille profiliert die Lippe außen. Der Aufbau erinnert stark an einige Lippenausprägungen echter Arretina-Kelche aus Haltern (z.B. **HaNr. 71** u. **74**). Im Inneren ist die Lippe hinterkehlt. Der recht hohe, obere Wandteil ist ganz leicht nach innen eingezogen. Er endet unten in zwei durch Einkerbungen verzierte Bänder, die durch eine schmale Rille getrennt sind. Eine flache Kehle bildet den Übergang zum unteren Gefäßkörper, der gleichmäßig halbrund verläuft. Kein Reliefschmuck.

ImNr. 7
Randscherbe eines Kelches der Form D.-W. I. Hellbräunlicher, hart gebrannter, feiner Ton mit schwacher Glimmerbeimengung. (Taf. 40).
Unpubliziert. Ha 92.1032/a5.
Randscherbe einer Kelchimitation. Die außen durch eine umlaufende Rille profilierte Lippe springt vor, ist aber nicht unterschnitten. Nach innen läuft die Lippe bis zu einem schwachen Absatz schräg aus. Die übrige Wandung verläuft recht steil. Nach einer glatten Zone außen zeigt eine vorspringende Leiste mit darunter liegender Rille den Übergang zum unteren Gefäßkörper an. Reliefdekor war offenbar nicht vorgesehen, doch nach dem Profilverlauf sind die nächsten Parallelen bei Formen der Reliefkeramik zu suchen.
Vgl. etwa das Profil von **ImNr. 6**.

ImNr. 8
Eine Rand- und drei Wandscherben eines Kelches. (Taf. 40).
Publiziert: VON SCHNURBEIN, RCRF Acta 17/18, 1977, 42 u. Abb. 7; ders., Ber. RGK 62, 1981, 71 Abb. 18; ders., Sigillata 175 Tab. 8 Probe 193.
Dieser bislang einzige, die Ausformung von Sigillata Imitationen in Haltern belegende Kelch, besitzt eine ungewöhnliche Form. Die Lippe wird außen durch zwei umlaufende Rillen markiert. Im Inneren ist sie schräg nach außen hin glatt gestrichen. Durch eine markante Einschnürung der oberen Gefäßwand wirkt der Rand ausladend, ohne daß er den Durchmesser der unteren Gefäßhälfte überschreitet. Die Dekorzone beginnt unterhalb der Einschnürung mit einem Fries aus kleinen, quadratischen Blöcken, die offensichtlich ein Zahnschnittmotiv nachahmen. Grob geschnitte Rosetten an freigezeichneten Ranken bilden einen umlaufenden, sehr schlichten Schmuck. Die untere Gefäßhälfte ist nicht erhalten. Wahrscheinlich verlief aber die untere Wandung halbkugelförmig, wie sich den erhaltenen Scherben entnehmen läßt.

ImNr. 9
Kelchfußfragment der Form Drag. 11. Tongrundig. Gelbbräunlicher Ton. Im Kern etwas dunkler. (Taf. 40).
Unpubliziert. Ha 84.525/a1.
Der Kelchfuß ist bis auf ein kleines Stück der verlorenen Fußplatte vollständig bis zum Ansatz des oberen Gefäßkörpers erhalten. Die Fußplatte selbst ist flach. In einer leichten Einziehung bildet sich der obere Plattenbereich zum Schaft zurück. Eine sanfte Stufe markiert den Übergang. Der Schaft selbst wird vom Gefäßansatz wiederum durch eine kleine Stufe getrennt.

4. Verzierte Arretina aus Anreppen

AnNr. 1
Wandscherbe eines Kelches der Form D.-W. I. Qualität II (Taf. 38).
Unpubliziert. Fund-Nr. An 90.089/a5.
Unter einer umlaufenden Rille befindet sich ein feingeschnittener Eierstab, bestehend aus einem leicht gewölbten Kern, zwei umlaufenden Stäbchen und einem links angelegten, zipfelförmigen Zwischenstäbchen. Auf der Unterseite begleitet eine einfache Strichelreihe den Eierstab.
Vgl. Eierstab: Typ 8B.
Wohl aus einer Offizin des Ateius aus Pisa.

AnNr. 2
Wandscherbe eines Kelches der Form D.-W. III (?). Qualität II. (Taf. 38).
Unpubliziert. Fund-Nr. An 90.162/a1.

Das kleine Fragment zeigt einen umlaufenden Astragal unter dem sich eine waagerechte Palmette befindet. Seitlich der Palmettenbasis zweigen jeweils ein kleines Blättchen nach oben und nach unten ab. Die charakteristische Krümmung des Scherbenprofils gestattet die vorbehaltliche Zuweisung an die Form D.-W. VII.

Vgl. zur Palmette: R. FELLMANN/E. ETTLINGER, Germania 33, 1955, 369 Taf. 35,13a-c – XANTHI; s. auch A. VANNINI, Il Museo Nazionale Romano. Le Ceramiche V,2 (Rom 1988) 290 cat. 308a – P. Cornelius.

Wohl aus einer Offizin des Ateius aus Pisa.

AnNr. 3

Eine Randscherbe und vier Wandscherben eines Kelches mit Steilrand. Haltern Form 14. Qualität V. (Taf. 38.67,4).

Unpubliziert. Fund-Nr. An 92.003/a1/a4.

Auf dem ungegliederten Steilrand ist die geriefelte Lippe wulstförmig abgesetzt. Der darunter folgende glatte Rand springt mittels einer Leiste weit über den halbkugeligen, reliefverzierten Gefäßkörper vor. Eine Palmettenapplik (ursprünglich wohl vier) hat sich erhalten. Die eigentliche Dekorzone beginnt unter der vorspringenden Leiste mit einem auf eine Hilfslinie gesetzten Perlstab; darunter folgt ein Eierstab, der von zahlreichen Produkten des P. Cornelius bekannt ist. Um einen leicht erhöhten Kern laufen zwei Stäbchen. Auf der linken Seiten lehnt ein Zwischenstäbchen an. Der Hauptdekor besteht aus einem gespannten Löwenfell, das an den Hinterpfoten mittels Heraklesknoten an eine waagerechte Stange geknotet ist. Der Schwanz liegt verknotet obenauf. Tatzenreste links neben diesem Fell deuten auf weitere hin. Vier Kügelchen unter der Schnauze des erhaltenen Fells verweisen auf weiteren Reliefschmuck, der jedoch nicht näher zu bestimmen ist.

Vgl. zur Palmette: D.-W. Taf. 39,590 – P. Cornelius; A. BALIL, Ampurias 21, 1959, 318 Abb. 6; 319 Abb. 7; Eierstab: Typ 10; Löwenfell: D. PAUNIER, La Céramique Gallo-Romaine de Genève. Mémoirs et Documents publiés par la Société d'Histoire et d'Archéologie de Genève Serie IN-4 IX (Genf 1981). 322 Nr. 92 – P. Cornelius; **HaNr. 19** und die dort aufgeführten Beispiele.

Sicher aus der Offizin des P. Cornelius aus Cincelli.

5. Vergleichsfunde zu den Ateius-Produkten

Die Bearbeitung dieses Materials stieß häufig auf Probleme, die nicht immer gänzlich zufriedenstellend gelöst werden konnten. Der Katolog stellt daher einen ersten Versuch dar, Ateius-Produkte nach den verschiedenen Herstellungsorten und Töpfern zu scheiden. Dabei muß bewußt bleiben, daß zukünftige Funde diese Ergebnisse durchaus modifizieren können. Zu berücksichtigen ist ferner, daß die unterschiedlichen Qualitäten der Abbildungen (Fotografie oder Zeichnung) durchaus zu einer Fehlzuweisung geführt haben können. Nur ein geringer Anteil der Stücke konnte durch Autopsie begutachtet werden.

Der Katalog bildet die Grundlage für die Einordnung der Halterner Stücke. Dies gilt besonders für die Produkte mit den Stempeln des Ateius (Cn. Ateius, Ateius), Cn. Atei Euhodi, Cn. Atei Xanthi, Cn. Ateius Hilarus, Cn. Atei Zoeli, Narcissi Atei, der Cresti Atei Euhodi, des Crestus und Euhodus. Die Halterner Funde bilden allerdings wegen der engen Datierungsmöglichkeit und der geschlossenen Fundserie den einzigen sicheren Ausgangspunkt.

Wichtig bleibt die Erfassung des Fundortes für Verbreitungskarten, mit denen sich Belieferungsschwerpunkte ermitteln lassen. Nicht immer ließ sich jedoch der Fundort genau erfassen. Leider galt dies oft für besonders gut erhaltene, meist aus dem Kunsthandel stammende Gefäße. Viele Vergleichsstücke stammen aus verkauften oder zerstreuten Sammlungen. Von diesen Stücken gibt es meist nur kleine Abbildungen oder lediglich Beschreibungen. Hier konnte nur global „Italien“ als Fundortbezeichnung angegeben werden.

Die Vielzahl an Punzen, insbesondere ihre Variationsmöglichkeiten und Abhängigkeiten von Punzen anderer Töpfer, stellten der Bestimmung große Schwierigkeiten entgegen. Differenzierungsmöglichkeiten konnten hier durch die Bewertung der technischen Ausführung und des Stils gewonnen werden. Undurchführbar war eine Klassifizierung der Vergleichsstücke hinsichtlich ihres Tons und Überzugs, so daß die Angaben der jeweiligen Autoren übernommen wurden, soweit nicht gewichtige Gegengründe eine andere Zuordnung wahrscheinlicher machen.

Um die Problematik in der Provenienzangabe zu verdeutlichen, ist das Material auf verschiedene Rubriken, wie „sichere“, „unsichere“ oder „mögliche Zuweisung“ aufgeteilt worden. Produkte, die sich nicht sicher „Arezzo“[759] oder „Pisa“ zuweisen ließen, weil ähnliche Stempelformulare oder Punzen an beiden Orten be-

759 Der Versuch der Anfertigung einer Verbreitungskarte anhand der im Katalog aufgelisteten Funde stößt auf einige Probleme. Eine zeitliche Abfolge der Produkte aus Arezzo läßt sich bislang nicht geben. Stempelformen konnten nur selten berücksichtigt werden,

legt sind, wurden der Kategorie „Arezzo-Pisa" zugeteilt. Hier bleibt noch abzuwarten, ob sich durch weitere Forschungsergebnisse eine eindeutige Trennung vornehmen läßt. Fragmente oder Gefäße, die sich als ein Produkt des Ateius zu erkennen gaben, sich aber weder „Arezzo" noch „Pisa" noch der Gruppe „Arezzo-Pisa" zuordnen ließen, wurden unter der Gruppe „Unbekannter Herstellungsort" geführt.[760] Die Strukturierung des Katalogs richtet sich einmal nach den Herstellungsorten, dann aber auch nach den Töpfernamen in der von O.-C. vorgelegten Abfolge.

Der Übersichtlichkeit halber, wurden nur die in Haltern nachgewiesenen Töpfer aufgelistet. Nicht aufgenommen wurden Cn. Atei Cn.L Dei; Atei.Di; DysiAtei; Cn. Atei Eurialus; Cn. Atei Eros; Cn. Atei Mahes und Atei Rufi. Von den meisten dieser Töpfer – eine Ausnahme bildet Cn. Ateius Eurialus – sind jeweils nicht mehr als drei Gefäße bekannt.[761]

CN. ATEIUS
(Arezzo – sichere Zuweisungen)

Mit Stempel: O.-C. 144

KatNr. 1. O.-C. 144,7: Innenst. ATEI; BS; FO Arezzo.
KatNr. 2. O.-C. 144,22: Innenst. ATEI; BS; FO Arezzo?
KatNr. 3. O.-C. 144,28: Innenst. ATEI; BS; FO Arezzo?
KatNr. 4. Oxé, Rhein Taf. 7,18a.b = O.-C. 144,479: Innenst. ATEI; Tänzer und Tänzerinnen, vgl. Oxé, Rhein Taf. 19,85; 40,143; **HaNr. 62**; Tasse Vindonissa 13?; FO Neuss.
KatNr. 5. Oxé, Rhein Taf. 16,72a.b = O.-C. 144,407: Innenst. ATEI; gerippte Scheiben; Rosettenfries; Kraniche; gelappte Blätter; Kelch D.-W. Ib; FO Mainz.
KatNr. 6. Oxé, Rhein Taf. 18,76 = O.-C. 144,412e?: Innenst. [A]TEI; Atellane; Rosette; Palmette; BS Drag. 11; FO Mainz.
KatNr. 7. Oxé, Rhein Taf. 32.33.34,132a-f: Innenst. ATE[I], vgl. O.-C. 144,44; Fries aus Scheiben und waagerecht gelegten dreizipfligen Blättchen; Rosette; Strichelreihe; Horen; Säulen auf Basen; Kelch D.-W. Ia; FO Capua.
KatNr. 8. Il Museo Archeologico Nazionale G.C. Mecenate in Arezzo (1987) 95 mit zwei Abbildungen: Innenst. ATEI; Eierstab Typ 6; Strichelreihe; Musikinstrumente an Girlande; Horenzyklus; „phytomorphe" Dekorelemente; Amphore auf einer Säule; Krater; Cista; Tänzer; Viktorie; Muse; Kelch D.-W. I; FO Arezzo, Via Nardi (Grabung 1954-55), InvNr. 96292.
KatNr. 9. Ettlinger, Novaesium Taf. 55,1: Innenst. ATEI ähnlich O.-C. 144,52b; Eierstab Typ 5; Strichelreihe; Kraniche und gelappte Blätter, vgl. Oxé, Rhein Taf. 72a.b (nicht aus dem gleichen Model); Kelch D.-W. I?; Ton und Überzug verweisen auf Arezzo; FO Neuss.
KatNr. 10. Ettlinger, Novaesium Taf. 57,3: Innenst. ATEI, vgl. O.-C. 144; Fußfragment; chemische Analyse: Arezzo; FO Neuss.

Mit Stempel O.-C. 145

KatNr. 11. Oxé, Rhein Taf. 35,133 = O.-C. 145,349: Innenst. CN. ATEI; Horen; WS BS Drag. 11; FO unbekannt.
KatNr. 12. Oxé, Rhein Taf. 35,134 = O.-C. 145,56: Außenst. CN. ATEI; Hore; WS; FO Italien.
KatNr. 13. Oxé, Rhein Taf. 35,135 = O.-C. 145,58: Außenst. CN. ATEI; Eierstab Typ 5; Erot; Ranken; WS; FO Italien.
KatNr. 14. D.-W. Taf. 38,570 u. Abb. 25 = O.-C. 145, 348: Innenst. CN.ATEI; Kelchboden Drag. 11; FO Italien.
KatNr. 15. Porten Palange, Antiquarium Taf. 23,98: Außenst. [CN.AT]EI, vgl. O.-C. 145,24; Eierstab Typ 5; gerippte Scheiben, fünfblättrige Blüte; Blatt; Nereide auf Ketos; WS eines Kelches; FO unbekannt. –, vgl.: D.-W. 69 Motiv VI,13 – M. Perennius: Nereiden mit den Waffen Achills.
KatNr. 16. A. Stenico, RCRF Acta 2, 1959, 51 ff. Taf. 1,1c: Innenst. CN.ATEI, vgl. O.-C. 145; Blütenkelch; Ranke; Hore; WS Drag. 11; FO unbekannt.
KatNr. 17. O.-C. 145,57: Außenst. CN.ATEIUS; Dionysos?; WS BS; FO Rom.
KatNr. 18. P. Zamarchi Grassi/D. Bartoli (Hrsg.) Museo

da über die Stempel aus dem Fund von 1954 lediglich Beschreibungen und wenige Vergleichsbeispiele von anderen Fundorten bekannt sind. Fundorte ließen sich nicht immer oder mit einer angemessenen Sicherheit angeben. Dies führt zwar nicht unbedingt zu einer Verfälschung des Bildes, schmälert aber die Grundlage sehr. Die Angabe des Fundortes mit „Italien" bedeutet nur eine Hilfskonstruktion, die nicht überinterpretiert werden darf; sie kann aber noch zu einer Aussage über die großräumige Verteilung von Ateius-Produkten im Imperium Romanum mit aller gebotenen Vorsicht herangezogen werden.

760 Die Angaben im Katalog folgen dem Schema: Publikation; Außen- oder Innenstempel bzw. ohne Stempel; Punzen für Eierstab, Ornamente und andere Motive; zugehörige Gefäßform des Fragmentes; Rand-, Wand-, Boden- oder Fußscherbe; Herstellungsort oder Indizien für die Zuweisung; Fundort.

761 O.-C. 164,1-6.8-10 verzeichnen insgesamt neun Innenstempel auf Reliefkeramik des Eurialus dazu kommt noch je ein Gefäß aus Glanum, Königsfelden, Merida und Tossal de Manises (s. C. Bémont, Recherches méthodologiques sur la céramique sigillée. Les vases estampilles de Glanum. Bibl. Écoles Franç. Athènes Rome 227 (Paris 1976) Abb. 18.19.21; E. Ettlinger, Jahresber. Ges. Pro Vindonissa 1962 (1963) 5 ff. Abb. 4; B. Perez Outeiriño, Sellos de Alfarero en Terra Sigillata Italica encontrados en Merida (Merida 1990) 30 Nr. 24; A. Ribeira i Lacomba, Marcas de Terra Sigillata del Tossal de Manises. Lucentum 7-8, 1988-1989, 178; 174 mit Abb. 3,29). – Eurialus ist zeitlich um das Ende von Haltern anzusetzen.

Archeoligico Nazionale. Guida di Museo G.C. Mecenate di Arezzo (Arezzo 1988) 54 mit Abb. oben links: Außenst. CN. ATEI, vgl. O.-C. 145,58; Eierstab Typ 5; gerippte Scheiben; bärtiger Silen; Mänaden; Kandelaber; Krater auf kleiner Basis; „Kultpfeiler"; diverse kleine Becken; Kränze und Pelta; Kelch D.-W. Ic; FO Arezzo.

Mit Stempel?

KatNr. 19. P. ZAMARCHI GRASSI/D. BARTOLI (Hrsg.) Museo Archeologico Nazionale. Guida di Museo G.C. Mecenate di Arezzo (Arezzo 1988) 27 mit Abb.: wohl Stempel des Cn. Ateius; Eierstab Typ 5; doppelte Strichelreihe; Kalathiskostänzerinnen; Kandelaber; Girlanden; Kelch D.-W. Ic; FO Arezzo.

KatNr. 20. P. ZAMARCHI GRASSI/D. BARTOLI (Hrsg.) Museo Archeoligico Nazionale. Guida di Museo G.C. Mecenate di Arezzo (Arezzo 1988) 28 mit Abb.: wohl Stempel des Cn. Ateius; Fries aus gerippten Scheiben zwischen Strichelreihen; Kentauromachiedarstellung; Kelch (Randform läßt sich nach Fotografie nicht näher bestimmen – wohl D.-W. I?); FO Arezzo.

Ohne Stempel

KatNr. 21. PORTEN PALANGE, Ateius 188: div. Fragmente zum Horenzyklus; FO Arezzo. s. dazu **KatNr. 8**.

KatNr. 22. OXÉ, Rhein Taf. 41,150: Jüngling auf Basis; Pansmaske; Alter; WS Drag. 11; FO Italien.

KatNr. 23. H.E. D. THOMPSON, Hesperia 17, 1948, Taf. 69,1: Eierstab Typ 5; doppelte Strichelreihe; Dionysos?; Thyrsosstab aus Dreierpunze für die Korymben und die kleinen Efeublättchen; RS D.-W. Ic; FO Agora, Athen.

KatNr. 24. D.-W. Taf. 27,484: Halbkreise teilen die Dekorzone in Felder auf; Palmetten, Ähren und Dreiblatt, vgl. D.-W. 47 Abb. 6,24.26.27; WS D.-W. III?; FO Arezzo.

KatNr. 25. R. PAGENSTECHER, Niobiden. Sitzber. Heidelberg (Heidelberg 1910) 3 ff. Taf. 2,b = H. DRAGENDORFF, Arretina. Sitzber. Heidelberg (Heidelberg 1935/36) 3 ff. Taf. 1,1: Kentauromachie; WS; FO Italien.

KatNr. 26. PORTEN PALANGE, Ateius 185: diverse Fragmente mit Kentauromachiedarstellungen; Formen unbekannt; FO Arezzo.

KatNr. 27. H. DRAGENDORFF, Terra Sigillata. In: Greifswalder Antiken. Gedächtnisgabe für E. Pernice (Berlin 1961) Taf. 55,438: Kentauromachie; WS D.-W. III?; FO unbekannt.

KatNr. 28. H. DRAGENDORFF, Arretina. Sitzber. Heidelberg (Heidelberg 1935/36) 3 ff. Taf. 1,4 = ALEXANDER, Metropolitan Taf. 46,7: Kentauromachie; WS; FO Italien.

KatNr. 29. Brigantium 21 Nr. 1; S. 40 Nr. 1 [die chemische Untersuchung durch G. Schneider, Berlin ergab Arezzo aus Herstellungsort] = OXÉ, Rhein Taf. 21,96a.b.c.: länglicher Eierstab mit flachem Kern, zwei umlaufenden Stäbchen und einem langen, links anliegenden Zwischenstäbchen; Perlstab; Atellanendarstellung; Service II Sonderform; FO Bregenz.

KatNr. 30. D.-W. Taf. 30,398: Eierstab Typ 5; Efeublatt; WS; FO Italien, Arezzo?

KatNr. 31. OXÉ, Rhein Taf. 55,281: Stierschädel; Blatt; WS; FO Italien.

KatNr. 32. H. DRAGENDORFF, Arretina. Sitzber. Heidelberg (Heidelberg 1935/36) 3 ff. Taf. 1,5: Kentauromachie; WS; FO unbekannt.

KatNr. 33. A. TONIOLO, Arch. Veneta 5, 1982, 121-133 Abb. 1-7 Taf. 1: Eierstab nach der Abbildung nicht zu bestimmen; Strichelreihe; 15-blättrige Rosette; Blätter; Niobiden und Kentauromachie; Kelch D.-W. IIIa (Fuß und BS fehlen); FO Este.

KatNr. 34. WALTERS, BM 25 L 78 Abb. 17: Jüngling mit Schwert; WS; FO unbekannt.

KatNr. 35. DUMOULIN, Gallia 23, 1965, 62-73 Abb. 76.68: Eierstab Typ 5?; Amazonomachie; Kelch D.-W. Ic ohne Boden und Fuß; FO Cavaillon, Vaucluse.

KatNr. 36. PORTEN PALANGE, Antiquarium Taf. 25,102: Herakles im Garten der Hesperiden; D.-W. Ic (Fuß fehlt); FO Arezzo.

KatNr. 37. PORTEN PALANGE, Antiquarium 68 mit Anm. 236: Herakles im Garten der Hesperiden; Form nach Abbildung nicht bestimmbar; FO Arezzo; via della Chimera. Aus dem Töpfereiabfall des Cn. Ateius.

KatNr. 38. E. ETTLINGER in: Gestalt und Geschichte [Festschrift K. Schefold] 4. Beiheft zu „Antike Kunst" (Bern 1967) 115 ff. Taf. 39,1: Herakles im Garten der Hesperiden; WS; FO unbekannt (Kunsthandel).

KatNr. 39. PORTEN PALANGE, Antiquarium Taf. 24,99: Eierstab Typ 5; Strichelreihe; Herakles bei den Hesperiden; RS, WS D.-W. Ia; FO Rom, Palatin.

KatNr. 40. ALEXANDER, Metropolitan Taf. 47,2: Herakles im Garten der Hesperiden; WS; FO unbekannt.

KatNr. 41. Pieghevole dell'Ente Provinciale Turismo di Arezzo 1973 e 1981: Hermes und Demeter; Form unbekannt; FO Arezzo?

KatNr. 42. D.-W. Taf. 38,568: Horen; WS; FO Italien.

KatNr. 43. D.-W. Beil. 6,45: sitzende Hore; WS; FO unbekannt.

KatNr. 44. C. GOUDINEAU, Mélanges École Franç. Rome 80, 1968, 167 ff. Taf. 14,43: sitzende Hore mit Girlande; WS; FO Bolsena.

KatNr. 45. H. MÖBIUS, Alexandria und Rom. Abhandlungen der Bayerischen Akademie 59 (München 1964) Taf. 7,3-4: Apotheose des Homer; sitzende Hore; Adler; großes Akanthusblatt; Ranken; 15-blättrige Rosette; fünf- und siebenteilige Blüte; FS-Bruchstück; FO unbekannt.

KatNr. 46. OXÉ, Rhein Taf. 55,283: Eierstab Typ 5; sitzende Hore; WS Drag. 11; FO Italien.

KatNr. 47. D.-W. Taf. 3,33: Nereide mit Seepanther; RS Kelch D.-W. Ia; FO Italien. –, vgl.: D.-W. 69 Motiv VI,13 – M. Perennius.

KatNr. 48. Bargathes (1984) 34 zu Nr. 4: diverse Stücke mit Nereiden; Formen unbekannt; FO Arezzo, via Nardi (Grabung 1955); AO Florenz, Magazin InvNr. 100102-100103; 109300-109301. –, vgl.: D.-W. 69 Motiv VI,13.14 – M. Perennius: Nereiden mit den Waffen Achills.

KatNr. 49. F. BEHN, Römische Keramik. Kat. 2 des Röm.-Germ. Central Museums Mainz (Neuss 1910) 146

Nr. 1029 Abb. 9: Kranich; gerippte Scheibe; Rosette; WS; FO unbekannt.
KatNr. 50. D.-W. Taf. 38,566: Kranich; WS; FO Italien.
KatNr. 51. CHASE, Loeb Taf. 19,212: Storch; WS; FO unbekannt.
KatNr. 52. CHASE, Loeb Taf. 19,213: Kranich; WS; FO unbekannt.
KatNr. 53. CHASE, Loeb Taf. 19,214: Kranich; WS; FO unbekannt.
KatNr. 54. ALEXANDER, Metropolitan Taf. 29,2a-b: Palmetten; Kranich; Becher D.-W. XIII; FO unbekannt.
KatNr. 55. H. COMFORT, RCRF Acta 7, 1965, 18 f. Abb. 1: Eierstab Typ 5; Strichelgirlanden; Kolben; Palmetten; Blüten;, vgl. dazu etwa D.-W. 47 Abb. 6,12(?).18.19; Becher DW XIII; FO Italien.
KatNr. 56. Il Museo Archeologico Nazionale G.C. Mecenate in Arezzo (Florenz 1987) 96 mit Abb.: Eierstab Typ 7; Aufteilung des Dekors durch Halbkreise; Helme; Blatt- und Palmettenmotive; Becher D.-W. XIII; FO Arezzo, via Nardi (Grabung 1954-55), InvNr. 10090.
KatNr. 57. A. VANNINI, Museo Nazionale Romano. Le ceramiche V,2 (Rom 1988) 343 f. Nr. 388: Hore (VANNINI Taf. XXXIII,338, vgl. OXE [1933] Taf. 33,132f); weibliche Figur (VANNINI Taf. XXXIII,339); Reste einer dritten Figur; Modelschüsselfragment; FO unbekannt.
KatNr. 58. A. STENICO, I figli di Agamemnone a Sminthe. Toreutica e ceramica aretina in: Arte in Europa. Raccolta di Studi di Storia dell'Arte in Onore di Wart Arslan (Mailand 1965) Nr. 8 Abb. 11b: Pylades; WS; FO unbekannt.
KatNr. 59. STENICO a.O. Nr. 2 o. Abb.: Iphigenie; Orest; Modiolus D.-W. X; FO unbekannt.
KatNr. 60. STENICO a.O. Nr. 21 Abb. 12o: Thoas; WS; FO unbekannt.
KatNr. 61. STENICO a.O. Nr. 20 o. Abb.: bärtiger Mann im Profil (Leibwächter des Thoas); WS; FO unbekannt.
KatNr. 62. PORTEN PALANGE, Ateius 191: diverse Fragmente zum Zyklus „Agamemnon auf Sminthe"; Formen unbekannt; FO Arezzo, via Nardi (Grabung 1954-55).
KatNr. 63. Bargathes (1984) 33 zu Nr. 1: diverse Fragmente mit Kalathiskostänzerinnen; Formen unbekannt; FO Arezzo, via Nardi (Grabung 1955); AO Florenz, Magazin InvNr. 96308, 96324, 96326, 96335, 96343, 96401 und viele nicht inventarisierte Stücke. –, vgl.: D.-W. 55 Motiv I,1.2 – M. Perennius.
KatNr. 64. PORTEN PALANGE, Antiquarium Taf. 27,103a-b: Eierstab Typ 5; Kandelaber; spendende Niken; WS Drag. 11; FO unbekannt. –, vgl.: D.-W. 61 Motiv II,1 M. Perennius.
KatNr. 65. OXÉ, Rhein Taf. 53,224 (keine sichere Zuweisung): Genie; WS Drag. 11; FO Italien. –, vgl.: D.-W. 61 Motiv II,1 – M. Perennius.
KatNr. 66. The Sumna Galleries. Catalogue 4. Ancient Vases (Beverly Hills 1978) Nr. 40: Eierstab Typ 5; Genien; Kandelaber; Kelch D.-W. Ic?; FO unbekannt (Kunsthandel). –, vgl.: D.-W. 65 Motiv V,1.2 – M. Perennius.
KatNr. 67. Bargathes (1984) 34 zu Nr. 3: geflügelte Genie mit Tibia; FO Arezzo, via Nardi (Grabung 1955); AO Florenz, Magazin InvNr. 109312. –, vgl.: D.-W. 65 Motiv V,1.2 – M. Perennius.
KatNr. 68. D.-W. Taf. 28,401: sitzende Genie mit Tibia; Kelch D.-W. Ia; FO Italien. –, vgl.: D.-W. 66 Motiv V,4 – M. Perennius.
KatNr. 69. OXÉ, Rhein Taf. 18,80: sitzende Niken; BS mit Wandansatz Drag. 11; FO Mainz.
KatNr. 70. ETTLINGER, Novaesium Taf. 60,16: 75,16: musizierende Genien; WS; FO Neuss. –, vgl. D.-W. 66; Motiv V,3 – M. Perennius.
KatNr. 71. K. ROTH-RUBI, H. Arch. Seminars Bern 4, 1978, 18 Nr. 1 Taf. 31,1-2: Eierstab Typ 5; Strichelreihe; Satyr und Mänade mit Thyrsos; Krater auf Basis; Säule mit tuskanischem Kapitell; RS WS Kelch D.-W. Ia; FO unbekannt.
KatNr. 72. ALEXANDER, Metropolitan Taf. 41,4: Die kleinen Reste lassen eine sichere Trennung von Perennius nicht zu, vgl. STENICO, Liste Nr. 869; Satyr; WS; FO Rom? –, vgl.: D.-W. 76-77 Motiv IX,2.3 – M. Perennius.
KatNr. 73. H. DRAGENDORFF, Terra Sigillata. In: Greifswalder Antiken. Gedächtnisgabe für E. Pernice (Berlin 1961) Taf. 55,434: Satyr; Palmetten; Krater; WS; FO unbekannt.
KatNr. 74. OXÉ, Rhein Taf. 46,160: hängende Blättchen; Jüngling; Kuh; Rosetten; Ranken; RS WS D.-W. Ic; FO Italien.
KatNr. 75. OXÉ, Rhein Taf. 42,156b: Blättchenfries; Kranz; Daduche und gefesselter Kentaur; WS; FO Italien. –, vgl.: D.-W. 81 f. Motiv XI,1.4 – M. Perennius; das Motiv des gefesselten Kentauren ist auch in der Pisaner Filiale des Cn. Ateius vorhanden: TAPONECCO MARCHINI, Pisa 3 ff. Taf. 2,7 (**KatNr. 181**).
KatNr. 76. Bargathes (1984) 42-43 zu Nr. 14: diverse Fragmente zum Herakles- und Omphale-Zyklus; Formen unbekannt; FO Arezzo, via Nardi (Grabung 1955); AO Florenz, Magazin InvNr. 96281, 96283, 96409 und 100192. –, vgl.: D.-W. 79 Motiv X,7 – M. Perennius.
KatNr. 77. A. BALIL, Archivo Español Arqu. 70, 1964, 178 ff. Abb. 4,304 (Mitte rechts): Muse; WS; FO Rom, aus dem Kunsthandel. –, vgl.: D.-W. 82 Motiv XI,8; 85 und XII,10 – M. Perennius. Herakles und die Musen.
KatNr. 78. Bargathes (1984) 48 zu Nr. 22: Herakles und die Musen; Form unbekannt; FO Arezzo, via Nardi (Grabung 1955); AO Florenz, Magazin InvNr. 100127. –, vgl.: D.-W. 85 Motiv XII,8 – M. Perennius und M.T. MARABINI MOEVS, BdA 66, 1981, 31-32. Das Motiv ist eine Variante von D.-W. 82 Motiv XI,8 des M. Perennius, vgl. ebd. 128 Motiv VII,3 - Rasinius und S. 87 Motiv XIII,2.6 – M. Perennius.
KatNr. 79. D.-W. Beil. 5,38: Herakles und die Musen; WS; Form unbekannt; FO unbekannt.
KatNr. 80. OXÉ, Rhein Taf. 41,152: Eierstab Typ 5; doppelte Strichelreihe; hängende Maske; Symposiumsszene; WS; FO Italien. –, vgl.: D.-W. 87 Motiv XIII,8 – M. Perennius.
KatNr. 81. OXÉ, Rhein Taf. 41,153: Eierstab Typ 5; Symposiumszene – drei auf einer Kline gelagerte Männer, vgl. OXÉ, Rhein Taf. 41,149 – M. Perennius; WS; FO Italien.
KatNr. 82. OXÉ, Rhein Taf. 53,239: auf einer Kline gelagerte Frau; WS, FO Italien.

KatNr. 83. D. BRENTCHAROFF/G. ROGERS, Archéologia 133, August 1979, Taf. gegenüber S. 30 links unten: Eierstab nach Fotografie nicht zu beurteilen; gelagerte Frau; WS; FO Frejus.
KatNr. 84. HOFFMANN, Formgebung Taf. 85,3-4: erotische Szenen; WS; FO Arezzo. –, vgl.: D.-W. 89 Motiv XIV,6 – M. Perennius.
KatNr. 85. Bargathes (1984) 55 zu Nr. 36: Fragmente mit Astragalizusen, vgl. OXÉ, Rhein Taf. 72,100; **HaNr. 28-30; KatNr. 259, 260 und 357**; MAETZKE, RCRF Acta 2, 1959, 27; Formen unbekannt; FO Arezzo, via Nardi (Grabung 1955); AO Florenz, Magazin InvNr. 109307, 109313. –, vgl.: D.-W. 91 Motiv XVI,1.2 – M. Perennius.
KatNr. 86. DRAGENDORFF, Terra Sigillata Taf. 4,15: Jagdszenen; WS; FO Arezzo. –, vgl.: D.-W. 91-96 Motiv XVII,3 – M. Perennius.
KatNr. 87. Bargathes (1984) 81-82 zu Nr. 72: Jagdszenen; Form unbekannt; FO Arezzo, via Nardi (Grabung 1955); AO Florenz, Magazin InvNr.: 100177. –, vgl.: D.-W. 91-96 Motiv XVII,3 – M. Perennius.
KatNr. 88. STENICO in: Studi in Onore di A. Calderini e R. Paribeni 3 (Mailand 1956) 427 Nr. 20: Jagdszene; nackter Mann; kleine WS; FO unbekannt. –, vgl.: D.-W. 91-96 Motiv XVII,10 – M. Perennius.
KatNr. 89. CHASE, Loeb Taf. 11,126: Tänzerinnen und Musikanten; Strichel; Blüte; Pinienzapfen; WS; FO unbekannt. –, vgl.: D.-W. 103 Motiv XXI,3.4 – M. Perennius.
KatNr. 90. OXÉ, Rhein Taf. 40,144: Eierstab Typ 5; Strichelreihe; Tänzer und Frau; Kandelaber; Tasse Vindonissa 13; FO Italien.
KatNr. 91. OXÉ, Rhein Taf. 40,145: Tänzer; Kandelaber; Tasse Vindonissa 13; FO Italien.
KatNr. 92. P. MINGAZZINI, Catalogo dei vasi della Collezione Augusto Castellani 2 (Rom 1971) 334-335 Taf. 246,3/914: Eierstab Typ 5; Tänzer und Musikanten; Fries aus fünfblättrigen Blüten; WS Drag. 11; FO unbekannt.
KatNr. 93. Bargathes (1984) 61 zu Nr. 46: diverse Fragmente mit Tänzern und Musikanten, vgl. OXÉ, Rhein Taf. 40,144-45; LAVIZZARI PEDRAZZINI, Luni I Taf. 99,1-5; Formen unbekannt; FO Arezzo, via Nardi (Grabung 1955); AO Florenz, Magazin InvNr. 100117, 109308, 109310. –, vgl.: D.-W. 103 Motiv XXI,6.8.9 – M. Perennius.
KatNr. 94. M. LABROUSSE, Gallia 12, 1954, 304 Abb. 1: Eierstab Typ 5; doppelte Strichelreihe; Philoktet; WS; FO St. Bertrand de Comminges.
KatNr. 95. OXÉ, Rhein Taf. 41,154: Strichelreihe; Dionysos?; Lyra; WS; FO Italien. –, vgl. D.-W. 110 Motiv XXV,8 – M. Perennius.
KatNr. 96. D.-W. Beil. 2,13: Dionysos?; Cista; Krater; WS Drag. 11; FO unbekannt.
KatNr. 97. ETTLINGER, Pollentia Taf. 13 Nr. 312: Dionysos?; kleine WS; FO Pollentia.
KatNr. 98. ETTLINGER, Pollentia Taf. 15 Nr. 331: Blatt; kleine WS Drag. 11; FO Pollentia.
KatNr. 99. A. BALIL, Archivo Español Arqu. 37, 1964, 178 ff. Abb. 4,305 (oben rechts): Hermes; Kandelaber; WS Drag. 11; FO Rom, aus dem Kunsthandel. –, vgl.: D.-W. 110 Motiv XXV,6; 114 und XXVII,20 – M. Perennius.
KatNr. 100. PORTEN PALANGE, Ateius 198: Hermes?; WS; FO unbekannt.
KatNr. 101. ALEXANDER, Metropolitan Taf. 45,6: Dionysos?; Rosetten; RS D.-W. Ic; FO unbekannt.
KatNr. 102. D.-W. Taf. 38,567: Dionysos?; WS, BS; FO Arezzo?
KatNr. 103. ALEXANDER, Metropolitan Taf. 43,1: Tänzer; WS; FO unbekannt.
KatNr. 104. PORTEN PALANGE, Antiquarium Taf. 23,100: Tänzer; WS; FO Rom, Palatin. –, vgl.: D.-W. 124 Motiv II,13 – Rasinius.
KatNr. 105. D.-W. Beil. 4,25: Eierstab Typ 5; Strichel; Tänzer; RS Kelch D.-W. Ic; FO unbekannt.
KatNr. 106. D.-W. Beil. 4,26: Eierstab Typ 5; Tänzer mit Tympanon; WS; FO unbekannt.
KatNr. 107. PORTEN PALANGE, Ateius 199: Tänzer; Form unbekannt; FO Ostia; AO Ostia InvNr. 15342, unpubliziert.
KatNr. 108. PORTEN PALANGE, Ateius 199: Tänzer; Fragmente und Kelch, unpubliziert; FO unbekannt. –, vgl.: D.-W. 124 Motiv II,14 – Rasinius.
KatNr. 109. PORTEN PALANGE, Antiquarium Taf. 23,101 = D.-W. 49 Abb. 7: Satyr; Ranken; Blütenkelche; WS Drag. 11; FO Rom, aus dem Tiber.
KatNr. 110. OXÉ, Rhein Taf. 40,142: Kandelaber; sitzende Frau; zweizonige WS D.-W. III?; FO Italien.
KatNr. 111. HOFFMANN, Formgebung Taf. 50,1: sitzende Frau; Kelch D.-W. III?; FO Arezzo; AO Florenz, Magazin InvNr. 96248.
KatNr. 112. MORRAL et al., Excavacions a la Villa romana de Can Bosch de Basea, Terrassa (1980) Abb. 9,2: weibliche Figur (Apoptygma) mit erhobenen Händen; Form unbekannt; FO Terrassa, Villa Can Bosch. –, vgl.: D.-W. 114 Motiv XXVII,24 – M. Perennius.
KatNr. 113. D.-W. Beil. 2,16: Strichel; weibliche Figur; WS; FO unbekannt.
KatNr. 114. G. FRANCIOSI, Arezzo. Italia artistica 41 (Bergamo 1909) 18 oben links. Der Kelch ist beschrieben in: U. PASQUI, NSc 1884, 381 f.: Eierstab Typ 5: Ranken; Blätter; Rosetten; zu den zahlreichen „ateischen" Masken, vgl. OXÉ, Rhein Taf. 32-34,132; 41,150.152; 46,165; PORTEN PALANGE, Antiquarium Taf. 24,99; K. ROTH-RUBI, H. Arch. Seminars Bern 4, 1978,11 ff. Taf. 3,1.3; Kelch D.-W. Ia; FO Arezzo.
KatNr. 115. D.-W. Taf. 25,384: Sphinx; hängende Blättchen; Formschüssel-Bruchstück; FO Arezzo?
KatNr. 116. HOFFMANN, Formgebung Taf. 44,2: Delphine; Kelch D.-W. I?; FO Arezzo?
KatNr. 117. ETTLINGER, Novaesium Taf. 60,14; 78,14: Delphine; WS; FO Neuss.
KatNr. 118. SIMON, Rödgen 241 Nr. 40 mit Anm. 15 Taf. 47,40; 70,40: Eierstab Typ 5; Nike, vgl. OXÉ, Rhein Taf. 7,21b und PORTEN PALANGE, Antiquarium Taf. 24,99; Tympanon, vgl. OXÉ, Rhein Taf. 23,113; Kandelaber, vgl. ebd. Taf. 35,135; WS Drag. 11; FO Friedberg.

KatNr. 119. STENICO, Liste Nr. 1932: ins Knie gebrochener Kämpfender; Vorderläufe eines Pferdes; Reste einer Figur in persischer Tracht?; Qualität II?; WS Kelch D.-W. VII; FO Petra; AO Jerusalem, Rockefeller Museum North Gallery, Vitrine T, Nr. 1343.
KatNr. 120. H. COMFORT, Mem. Am. Acad. Rome 24, 1956, 49 ff. Taf. A Nr. 18: Eierstab: Kern mit zwei umlaufenden Stäbchen und rechts angelegtem Zwischenstäbchen; Fries: stehende Dreiecke; WS; FO Rom, Gianicolo.

Punzen

KatNr. 121. A. STENICO, La ceramica aretina II (Mailand - Varese 1966) Taf. 10,22a-b: Hore; Punze; FO unbekannt. –, vgl.: D.-W. 130 Motiv X,16 – Rasinius.
KatNr. 122. STENICO a.O. Taf. 33-34,22^{bis} a-e: sitzender Satyr (Punze); FO Arezzo, via Nardi (Grabung 1955).
KatNr. 123. STENICO a.O. Taf. 10,23a-c: Kranich-Punze; FO Arezzo, via Nardi (Grabung 1955).
KatNr. 124. STENICO a.O. Taf. 11,24a-d: Mänaden-Punze; FO Arezzo, via Nardi (Grabung 1955). –, vgl.: D.-W. 71 Motiv VII,3 A.4 B – M. Perennius.
KatNr. 125. STENICO a.O. Taf. 34,24^{bis}: Mann mit Böckchen? (Punze); FO Arezzo, via Nardi (Grabung 1955).
KatNr. 126. STENICO a.O. Taf. 11,25a.b: schildförmige Punze mit länglichem Umbo; FO Arezzo, via Nardi (Grabung 1955)
KatNr. 127. STENICO a.O. Taf. 34,25^{bis}a-c: Punze für eine siebenteilige Palmette; FO Arezzo, via Nardi (Grabung 1955).
KatNr. 128. STENICO a.O. Taf. 11,26: Handhabe einer Punze (der Reliefteil ist verloren); FO Arezzo, via Nardi (Grabung 1955).
KatNr. 129. STENICO a.O. Taf. 18,52a-c: Stempel mit dem Fabriknamen ATE und einem Grafitto MARINI; FO Arezzo, via Nardi (Grabung 1955).
KatNr. 130. STENICO a.O. Taf. 23,67a-b: Medusa-Punze, FO Arezzo, via Nardi (Grabung 1955).
KatNr. 131. STENICO a.O. Taf. 34,81^{bis}a-b: Satyrpunze; FO Arezzo, via Nardi (Grabung 1955).

CN. ATEIVS (Arezzo – unsichere Zuweisungen)

KatNr. 132. A. BERTINO, La ceramica romana di Luni. In: I problemi della ceramica romana di Ravenna della Valle Padana e dell'alto Adriatico. Atti del convegno internazionale Ravenna 10-12 mai 1969 (Bologna 1972) 170 f. Abb. 10: Eierstab, vgl. OSWALD/PRYCE, An Introduction to the Study of Terra Sigillata (London 1920 ND 1965) Taf. 30,11; Krater, vgl. A. STENICO, RCRF Acta 2, 1959, 36 Taf. 1 Abb. 1c – Ateius (Arezzo); Satyr mit Doppelflöte; Bacchus gestützt von einem Satyr; WS; FO Luni.
KatNr. 133. D.-W. Taf. 30,400: Eierstab HÄHNLE, Reliefkeramik Nr. 18?; RS Kelch D.-W. Ic; FO Italien.
KatNr. 134. D.-W. Taf. 38,428: Eierstab HÄHNLE, Reliefkeramik Nr. 18?; Efeublätter; Korymben; WS; FO Italien.
KatNr. 135. D.-W. Beil. 1,5: Eierstab Typ 5; Nereide auf Ketos; WS Modiolus D.-W. X; FO unbekannt.
KatNr. 136. Asciburgium Taf. 60,24: Eierstab Typ 5; gerippte Scheibe; Insekt; Blatt; Qualität II; WS; FO Moers-Asberg (Grabungsbereich I, 1957-64).
KatNr. 137. LAVIZZARI PEDRAZZINI, Luni I 292 Nr. 21 Taf. 101,13: Rosetten, vgl. OXÉ, Rhein Taf. 32,132; RS WS Drag. 11; FO Luni – Foro E Zona Sud del Foro.
KatNr. 138. LAVIZZARI PEDRAZZINI, Luni II 128 Nr. 9 Taf. 104,1: Eierstab Typ 5, vgl. LAVIZZARI PEDRAZZINI, Luni II Taf. 103,10 – Ateius (Arezzo); WS; FO Luni.
KatNr. 139. LAVIZZARI PEDRAZZINI, Luni II 128 Nr. 10 Taf. 104,2: Kandelaber, vgl. OXÉ, Rhein Taf. 32,132; PORTEN PALANGE, Antiquarium Taf. 27,103 – beide Ateius; WS Schale oder Kelch; FO Luni.
KatNr. 140. H. COMFORT, RCRF Acta 7, 1965, 24 Nr. 13: Winterhore; WS; FO Ampurias.
KatNr. 141. LAVIZZARI PEDRAZZINI, Luni II 128 Nr. 7 Taf. 103,9: Strichel; Muse, vgl. D.-W. Beil. 5,38; WS; FO Luni.
KatNr. 142. LAVIZZARI PEDRAZZINI, Luni II 128 Nr. 6 Taf. 103,8: großes Efeublatt, vgl. D.-W. Taf. 38,428; WS; FO Luni.
KatNr. 143. LAVIZZARI PEDRAZZINI, Luni II 128 Nr. 10 Taf. 103,10: Eierstab Typ 5; WS; FO Luni.
KatNr. 144. A.S. FAVA, Bull. Comm. 80, 1965-67, 73 ff. Taf. 16,17.61: Hore?; sehr kleine WS; FO Rom, Palatin (Casa di Livia).
KatNr. 145. J.-L. FICHES, Cahiers Ligures Préhist. et Arch. 22-23, 1973-74, 273 Nr. 19 Abb. 4: Niken oder musizierende Genien; Kandelaber; WS Drag. 11; FO Agde.
KatNr. 146. J.-L. FICHES, Cahiers Ligures Préhist. et Arch., 22-23, 1973-74, 289 Nr. 10 9 Abb. 13: Krater; WS; FO Narbonne.
KatNr. 147. SIMON, Rödgen 75; 130 Abb. 5 Nr. 241 a.b: Eierstab, vgl. OXÉ, Rhein Taf. 40,144; gerippte Scheiben, vgl. PORTEN PALANGE, Antiquarium Taf. 23,98; Walters, BM Taf. 6; OXÉ, Rhein Taf. 35,134; KAM, Numaga 9, 1962, 150 Abb. Mitte; **HaNr. 27**; Palmette, vgl. OXÉ, Rhein Taf. 47,173; 66,284; WS Drag. 11; FO Rödgen. Ttrifft die Zuweisung an Ateius zu, dann wäre dies ein weiteres Argument für die Frühdatierung des Mainzer Kranichkelches (10-5 v. Chr.) durch OXÉ, Rhein 63 und ders. in: Oberaden I 61 ff., die von D.-W. 173 angezweifelt wurde. Der Kelch des Ateius vom Titelberg wird ähnlich zu datieren sein; J. METZLER, Publ. Section hist. Inst. Luxembourg 91, 1977, 49 Nr. 89 = **KatNr. 150**, vgl. TAPONECCO MARCHINI, Pisa 6; 9. Sie datiert die Offizin des Ateius in Pisa ab ca 15 v. Chr. bis ca. 35 n. Chr.
KatNr. 148. W.H. KAM, Numaga 9, 1962, 150 Abb. Mitte: Eierstab ähnlich Typ 5; Palmetten; Kolben; Becher D.-W. XIII; FO Nijmegen.
KatNr. 149. A. LISSI, Riv. Stud. Liguri 39, 1963, 57 Abb. 6,1: Eierstab Typ 5; Strichel; Baum mit Eicheln; WS; FO Rom, Castra Praetoria.
KatNr. 150. J. METZLER, Publ. Section hist. Inst. Luxembourg 91, 1977, 49 Nr. 89 Abb. 26,89: Eierstab vielleicht Typ 4 (nach der Zeichnung kaum zu beurteilen); Fries aus

dreizipfligen Blättern; Horen, Krater, Säule auf Cista, Girlanden, Schellen und Tympana, vgl. OXÉ, Rhein Taf. 32, 132; Kelch D.-W. Ia (Service Ib); FO Titelberg, Keller 8.
KatNr. 151. J.-L. FICHES, Cahiers Ligures Préhist. et Arch. 22-23, 1973-74, 286 Nr. 88 Abb. 11: Eierstab, vgl. OXÉ, Rhein Taf. 20,92 – Xanthus; Kalathiskostänzerinnen; RS D.-W. III?; FO Mailhac.
KatNr. 152. J.-L. FICHES, Cahiers Ligures Préhist. et Arch. 22-23, 1973-74, 287 Nr. 89 Abb. 12: Kalathiskostänzerinnen; BS Drag. 11; FO Mailhac.

CN. ATEIVS (Arezzo – mögliche Zuweisungen)

KatNr. 153. R. STEIGER, Forsch. in Augst 1 (Augst 1977) 167 Abb. 54,4: Rosetten; Palmetten und Kolben in Felder, die durch Stäbe rautenförmig unterteilt sind; WS, BS eines Bechers; FO Augst, Insula 31
KatNr. 154. ULBERT, Augsburg 15 Nr. 2 Abb. 2,2: Eierstab OXÉ, Rhein Taf. 9.29; 12,45; 20,93; Rosetten, vgl. ebd. Taf. 8.24.26 – Annius; WS; FO Augsburg-Oberhausen.
KatNr. 155. ULBERT, Augsburg 17 Nr. 7 Abb. 2,7: Blatt; Kolben, vgl. OXÉ, Rhein 14,61; D.-W. Taf. 34,549; WS; FO Augsburg-Oberhausen.
KatNr. 156. J.-L. FICHES, Cahiers Ligures Préhist. et Arch. 22-23, 1973-74, 289 Nr. 110 Abb. 13: Anhänger; WS; FO Narbonne.
KatNr. 157. CHASE, Loeb Taf. 20,225 (Nr. 226 ist ein kleines Fragment hiervon und nicht abgebildet): große Masken; Blüte; Formschüsselfragment; FO unbekannt.
KatNr. 158. OXÉ, Rhein Taf. 4,8a.b: Fries aus hängenden Dreiecken; Efeublatt; Kugelblüte; Becher D.-W. XIII; FO Neuss.
KatNr. 159. OXÉ, Rhein Taf. 6,13: Eierstab Typ 5; Eros; Vögel; Palmetten; Kolben; Kelch D.-W. Id; FO Neuss.
KatNr. 160. OXÉ, Rhein Taf. 7,17: Tänzer; BS Tasse Vindonissa 13; FO Neuss.
KatNr. 161. OXÉ, Rhein Taf. 11,38a.b.c: Palmetten; Rosetten; Kolben; Strichelgirlanden; WS Drag. 11; FO Neuss.
KatNr. 162. OXÉ, Rhein Taf. 22,110: Eierstab Variante Typ 5?, vgl. **OaNr. 26**; Palmetten; Becher ohne Rand D.-W. XIII; FO Marseille.
KatNr. 163. OXÉ, Rhein Taf. 22,112: Eierstab Variante Typ 5, vgl. **OaNr. 26**; Palmetten; Becher ohne Rand D.-W. XIII; FO Italien.
KatNr. 164. OXÉ, Rhein Taf. 47,173: Palmetten; dreilappiges Blatt, vgl. D.-W. 47 Abb. 6,26; WS; FO Italien.
KatNr. 165. OXÉ, Rhein Taf. 54,262: dreilappiges Blatt, vgl. D.-W. 47 Abb. 6,26; Metae; Rest eines Wagens; WS; FO Italien.
KatNr. 166. OXÉ, Rhein Taf. 72,98: Eierstab; Jagdszene; RS Sonderform D.-W. Ic; FO Nijmegen, Ubbergen.
KatNr. 167. ALEXANDER, Metropolitan Taf. 43,4: Blüte; Hüllblätter; kleine WS; FO unbekannt.
KatNr. 168. D.-W. Taf. 29,430: sog. squama, vgl. CHASE, Loeb Taf. 23,427 – Rasinius; TILHARD, Saintes Abb. 34.13 – ATEI; lanzettförmige Blätter; WS; FO unbekannt.
KatNr. 169. D.-W. Taf. 30,270: Palmetten; Rosetten; kleine WS; FO unbekannt.
KatNr. 170. D.-W. Beil. 5,38: Muse mit Masken in der Hand; WS; FO unbekannt.
KatNr. 171. STENICO, Pisani-Dossi Taf. 4,72: floreale Komposition; Modiolusfragment D.-W. X; FO unbekannt.
KatNr. 172. C. GASPARRI, Strato V. Sigillata italica. Terra sigillata tardo-italica. In: F. BERTI et al., Ostia II. Le Terme del Nuotatore. Scavo dell'ambiente I. Studi Miscellanei 16 (Rom 1970) 172 Taf. 51,690: vegetabiler Dekor; Blätter; Rosetten; sehr kleine WS; FO Ostia.

CN. ATEIVS (Pisa – sichere Zuweisungen)

Mit Stempel

KatNr. 173. KENRICK, Berenice 184 Abb. 34 Taf. 11 B 245: Außenst. ATEI [linksläufig, erhaben], vgl. O.-C. 144 (ohne Parallele); 16-blättrige Rosetten; Baum; jagende Tiere, wie Bär und Hunde; Fabric 2 [zu den verschiedenen Ton- und Überzugsqualitäten (fabrics) s. KENRICK, Berenice 128 f.]; WS Drag. 11; FO Sidi Krebish, Deposit 57.
KatNr. 174. TILHARD, Saintes Nr. 13 Abb. 34,13: Innenst. ATEI, vgl. O.-C. 144,76; Eierstab Typ 8B; Strichel; „squama"; Tasse Vindonissa 13, vgl. E. ETTLINGER/R. FELLMANN, Germania 33, 1955, 364 ff. Taf. 35,13; DE GROOT in: Archeologie en Historie ogedragen aan H. Brunsting (Bussum 1973) 301-302; FO „Ma Maison" Saintes.
KatNr. 175. KENRICK, Berenice 182 f. Abb. 34 Taf. 10 B 242: Außenst. CN.ATEI, vgl. O.-C. 145,33 (Variante); Eichenblätter; Eicheln, vgl. OXÉ, Rhein Taf. 11,42; Perlreihe; Eidechse, vgl. ebd. Taf. 17,73.75; E. VOGT, Frühe Sigillaten im Schweizerischen Landesmuseum [Festschrift A. OXÉ] (Darmstadt 1938) 33 Abb. 1,2; Weintrauben; Weinblätter; Fabric 2, WS Drag. 11 mit ausladendem Rand; FO Sidi Krebish, Deposit 51.

Ohne Stempel

KatNr. 176. TAPONECCO MARCHINI, Pisa Taf. 1,7: geflügelte Genie; gerippte Scheibe; Strichel; Formschüssel-Bruchstück; FO Pisa.
KatNr. 177. TAPONECCO MARCHINI, Pisa Taf. 1,8: Eierstab Typ 5?; Palmetten; Rosetten; Halbkreise teilen die Dekorzone in Felder auf; Formschüssel-Bruchstück; FO Pisa.
KatNr. 178. TAPONECCO MARCHINI, Pisa Taf. 2,3: hängende Blättchen; Strichel; Kolben; Palmetten; WS D.-W. VII oder IX; FO Pisa.
KatNr. 179. TAPONECCO MARCHINI, Pisa Taf. 2,4: Blatt, vgl. **HaNr. 34, 35, 36, 84 und 89?**; Ranken; WS; FO Pisa.
KatNr. 180. TAPONECCO MARCHINI, Pisa Taf. 2,6: Figur nach rechts; WS; FO Pisa.

KatNr. 181. TAPONECCO MARCHINI, Pisa Taf. 2,7: gefesselte Kentauren; WS; FO Pisa.
KatNr. 182. TAPONECCO MARCHINI, Pisa Taf. 2,8: Eierstab Typ 8B2; Vogel; „Bogenornament"; WS; FO Pisa.
KatNr. 183. TAPONECCO MARCHINI, Pisa Taf. 2,10: Palmetten; Rosetten; WS; FO Pisa.
KatNr. 184. TAPONECCO MARCHINI, Pisa Taf. 2,11: Halbkreise; Rosetten; Palmetten; Hunde?; WS; FO Pisa.
KatNr. 185. OXÉ, Rhein Taf. 11,42: Blatt; Eichel; WS; FO Neuss.
KatNr. 186. ETTLINGER, Novaesium Taf. 60,20: Palmetten und Rosetten wie **HaNr. 62**; lanzettförmiges Blatt, vgl. **HaNr. 44**; zweizonige WS D.-W. III; FO Neuss.
KatNr. 187. ETTLINGER, Novaesium Taf. 60,22: Kranz wie OXÉ, Rhein Taf. 14,61; WS D.-W. III?; FO Neuss.
KatNr. 188. ETTLINGER, Novaesium Taf. 60,24: Eierstab (verpreßt) Typ 8B; Perlstab; „Bogenornament"; Kolben; Krater; WS; FO Neuss.
KatNr. 189. TILHARD, Saintes 153 Nr. 8 Fig 34,8: Eierstab aus Kern mit einem Stäbchen und einem linksangelegtem Zwischenstäbchen; Kolben; freigezeichnete Ranken; Blatt wie TAPONECCO MARCHINI, Pisa Taf. 2,4; WS Drag. 11?; FO „Ma Maison" Saintes.

CN. ATEIVS
(Pisa – unsicher)

Mit Stempel

KatNr. 190. BRENTCHAROFF/ROGERS, Archéologia 133, August 1979, Abb. S. 30: Innenst. CN.ATEI (schräg oben und unten von Zweigen begleitet); keine Parallele bei O.-C. 145; Eierstab (nach Zeichnung nicht bestimmbar); Anhänger?; Blattpalmette; Kelch D.-W. IIIa; FO Frejus.
KatNr. 191. LAVIZZARI PEDRAZZINI Luni I 288 Nr. 3 Taf. 99,1-5, vgl. PORTEN PALANGE, Ateius 196 mit Anm. 26: Es ist zweifelhaft, ob der Kelch ein arretinisches oder provinziales Produkt ist. PORTEN PALANGE denkt eher an die letztere Möglichkeit: Innenst. CN.ATEI [in planta pedis], vgl. O.-C. 145,6; Atellane; Tänzer, vgl. **HaNr. 43**; Kelch RS mit Steilrand; FO Luni.

Ohne Stempel

KatNr. 192. ETTLINGER, Novaesium Taf. 61,10: Eierstab Typ 5; Palmetten; dreilappiges Blatt; Kugelblüten; Fries aus hängenden Dreiecken; RS WS Becher D.-W. XIII; FO Neuss.
KatNr. 193. ETTLINGER, Novaesium Taf. 61,11: kleine Palmette, vgl. **OaNr. 26**; kleine WS; FO Neuss.
KatNr. 194. ETTLINGER, Pollentia Taf. 15 Nr. 328: Eierstab Typ 8B2; Volute; RS WS D.-W. Ic?; FO Pollentia.
KatNr. 195. A.S. FAVA, Bull. Comm. 80, 1965-67, 73 ff. Taf. 19,60: Fries aus 15-blättrigen Rosetten; Eicheln; Blatt, vgl. TAPONECCO MARCHINI, Pisa Taf. 2,4; RS WS D.-W. Ic; FO Rom, Palatin (Casa di Livia).
KatNr. 196. ETTLINGER, Novaesium Taf. 59,20: Fries aus 16-blättrigen Rosetten; Anhänger; WS D.-W. III?; FO Neuss.
KatNr. 197. ETTLINGER, Novaesium Taf. 60,2: Eierstab Typ 8B?; Strichel; RS D.-W. Ic Sonderform; FO Neuss.
KatNr. 198. ETTLINGER, Novaesium Taf. 60,17: Eierstab Typ 5; doppelte Strichel; Palmetten; dreilappiges Blatt; Kolben; WS; FO Neuss.
KatNr. 199. Asciburgium Taf. 59,19: Eierstab, vgl. OXÉ, Rhein Taf. 36,137; RS D.-W. Ic?; Qualität V; FO Moers-Asberg.
KatNr. 200. KENRICK, Berenice 182 Taf. 10 B 241: Eierstab und Atellane, vgl. zu beidem OXÉ, Rhein Taf. 21,96; Fabric 2; WS; FO Sidi Krebish.
KatNr. 201. KENRICK, Berenice 183 Taf. 10 B 243: Weinranke; Fabric 2; WS; FO Sidi Krebish, Deposit 69.
KatNr. 202. KENRICK, Berenice 183 Taf. 11 B 244: Winkel, vgl. OXÉ, Rhein Taf. 13,57.58; Fabrica 2; WS; FO Sidi Krebish, Deposit 67.
KatNr. 203. LAVIZZARI PEDRAZZINI, Luni I 289 Nr. 8 Taf. 100,5-6: Eierstab, vgl. OXÉ, Rhein Taf. 20, Typ 8B); verschiedene Rosetten; Girlande; tordierte Säule, vgl. OXÉ, Rhein Taf. 36,137; WS Drag. 11; FO Luni – Foro E Zona Sud del Foro.
KatNr. 204. LAVIZZARI PEDRAZZINI, Luni II 130 Nr. 14 Taf. 104,6: Eierstab, vgl. OXÉ, Rhein Taf. 6,14 - Zoelus (Typ 8B); kleine WS; FO Luni.
KatNr. 205. LAVIZZARI PEDRAZZINI, Luni II 130 Nr. 15 Taf. 104,7: Eierstab, vgl. OXÉ, Rhein Taf. 36,137 (Typ 8B); RS (Form nach dem Foto nicht bestimmbar); FO Luni.
KatNr. 206. LAVIZZARI PEDRAZZINI, Luni I 288 Nr. 4, Taf. 98,5: Rosetten; Winkel; Girlande; RS WS Steilrand Drag. 11; FO Luni – Foro E Zona Sud del Foro.
KatNr. 207. LAVIZZARI PEDRAZZINI, Luni I 288 Nr. 6 Taf. 100,1: Wagen; Winkel; Wagenlenker; WS Drag. 11; FO Luni – Foro E Zona Sud del Foro.
KatNr. 208. LAVIZZARI PEDRAZZINI, Luni I 288 Nr. 5 Taf. 98,4: Rosetten; Girlande; RS Steilrand; FO Luni Foro E Zona Sud del Foro.
KatNr. 209. LAVIZZARI PEDRAZZINI, Luni I 289 Nr. 9 Taf. 100,2: Winkel; Säule; Girlande; kleiner Erot, vgl. D.-W. Taf. 35,574 und OXÉ, Rhein Taf. 3,2 – beide Xanthus; WS Drag. 11; FO Luni - Foro E Zona Sud del Foro.
KatNr. 210. LAVIZZARI PEDRAZZINI, Luni I 290 Nr. 12 Taf. 100,10: Hirsch und ein Baum?; WS; FO Luni – Foro E Zona Sud del Foro.
KatNr. 211. LAVIZZARI PEDRAZZINI, Luni I 291 Nr. 19 Taf. 101,5: Eierstab Typ 8A; Rosetten; Blatt; WS; FO Luni – Foro E Zona Sud del Foro.
KatNr. 212. Asciburgium Taf. 60,20: Blatt, vgl. TAPONECCO MARCHINI, Pisa Taf. 2,4; Eicheln; WS; Qualität II; FO Moers-Asberg (Grabungsbereich I, 1957-64).
KatNr. 213. Asciburgium Taf. 60,23: Ringhenkel, vgl. **Ha Nr. 44**; Blatt TAPONECCO MARCHINI, Pisa Taf. 2,4; WS; Qualität II; FO Moers-Asberg (Grabungsbereich I, 1957-64).
KatNr. 214. ETTLINGER, Novaesium Taf. 59,14: Eierstab,

vgl. OXÉ, Rhein Taf. 6,14 und 36,137 (Typ 8B); Strichelreihe; RS Service II, vgl. ETTLINGER, Novaesium 40: Wahrscheinlich handelt es sich bei diesem Rand um einen typischen Ateius-Rand; FO Neuss.
KatNr. 215. ETTLINGER, Novaesium Taf. 58,13: Blattreste wie TAPONECCO MARCHINI, Pisa Taf. 2,4 Becherboden Vindonissa Form 13, vgl. OXÉ, Rhein Taf. 11,44; 40,144.145; E. ETTLINGER/R. FELLMANN, Germania 33, 1955, 364 ff. Taf. 35,13; FO Neuss.
KatNr. 216. 400 Jaar Romeinse Bezetting. Noviomagus Batavorum. Ausstellungskatalog Nr. 3 Rijksmuseum van Leiden (Leiden 1961) Abb. 1: ohne Stempel; Anhänger; Girlanden; tordierte Säule; Kelch D.-W. II; FO Nijmegen.
KatNr. 217. LAVIZZARI PEDRAZZINI, Luni I 289 Nr. 10 Taf. 100,8: Eierstab (nach Foto nicht zu bestimmen); lanzettförmiges Blatt; gerippter Kolben, vgl. OXÉ, Rhein Taf. 14, 61; WS Drag. 11; FO Luni – Foro E Zona Sud del Foro.
KatNr. 218. LAVIZZARI PEDRAZZINI, Luni I 291 Nr. 18 Taf. 101,4: konzentrische Ringe; Eicheln; Blattkranz, vgl. OXÉ, Rhein Taf. 11,42; WS Drag. 11; FO Luni – Foro E Zona Sud del Foro.
KatNr. 219. LAVIZZARI PEDRAZZINI, Luni I 290 Nr. 14 Taf. 100,7: Erot nach rechts, vgl. OXÉ, Rhein Taf. 6,14; sehr kleine WS; FO Luni – Foro E Zona Sud del Foro.
KatNr. 220. J.E. BOGAERS/J.K. HAALEBOS, Oudheidkde. Mededel. 56, 1975, 143, Taf. L,2: ohne Stempel, Eierstab Typ 8B, einfache Strichelreihe, Tänzerin; RS D.-W. IIIa; FO Nijmegen, Ubbergen.
KatNr. 221. J.E. BOGAERS/J.K. HAALEBOS, Oudheidkde. Mededel. 56, 1975, 143, Taf. L,3: ohne Stempel, Eierstab Typ 8B, einfache Strichelreihe, Korb?; RS D.-W. IIIa; FO Nijmegen, Ubbergen.
KatNr. 222. D. CASTELLA/C. FLUTSCH, Arch. Schweiz 13,1, 1990, 10 f Abb. 10 A 27: ohne Stempel; Anhänger, Blatt (vgl. Punzen-Nr. 155), vgl. **KatNr. 216**; Kelchfragment D.-W. II; FO Avenches.

CN. ATEIVS
(Arezzo oder Pisa)

Mit Stempel O.-C. 144

KatNr. 223. O.-C. 144,52: Innenst. ATEI; BS; FO Rom.
KatNr. 224. O.-C. 144,55: Innenst. ATEI; BS; FO Rom.
KatNr. 225. O.-C. 144,61: Innenst. ATEI; BS; FO Rom.
KatNr. 226. O.-C. 144,76: Innenst. ATEI; BS; FO Rom.
KatNr. 227. O.-C. 144,79: Innenst. ATEI; BS?; FO unbekannt.
KatNr. 228. O.-C. 144,241: Innenst. ATEI; BS; FO Narbonne.
KatNr. 229. O.-C. 144,648: Innenst. ATEI; BS; FO Vechten.
KatNr. 230. OXÉ, Rhein Taf. 14,61 = O.-C. 144,440a: Innenst. ATEI; Eierstab 6C?; Kranz aus gelappten Blättchen und quergerippten Kolben; Weinblattkranz; Kelch D.-W. Ih (tordierter Mittelwulst); FO Köln.
KatNr. 231. OXÉ, Rhein Taf. 14,62 = O.-C. 144,440b: Innenst. ATEI; stark verpresster Eierstab, vgl. OXÉ, Rhein Taf. 20,92.93; Kalathiskostänzerinnen; Eroten; Stierschädel; Leto oder Artemis; Kelch D.-W. Ie; FO Köln. –, vgl.: D.-W. 61 Motiv II,3.5 – M. Perennius.
KatNr. 232. O.-C. 144,574b: Innenst. X.ATEI.X; Kelchfuß Drag. 11; FO Xanten.
KatNr. 233. A. LAUFFER in: H. BÖGLI u.a. (Hrsg.) Lousonna. Bilbiotheque Historique Vaudoise 42 (Lausanne 1969) Taf. 26,29: Innenst. ATEI, vgl. O.- C. 144,245?; FO Vidy-Lausanne.
KatNr. 234. M.V. ROMERO CARNICERO, Terra sigillata decorado de la Péninsula Iberica I. Numancia. Studia Archeologica 35 (Madrid 1985) 21 Abb. 1,4: Innenst. ATEI, vgl. O.-C. 144,423a; BS mit Fuß Drag. 11; FO Numantia.
KatNr. 235. ROMERO CARNICERO a.O. 21 Abb. 1,5: Innenst. ATEI, vgl. O.-C. 144,423a; BS eines Kelches Drag. 11; FO Numantia.
KatNr. 236. PH. FILTZINGER, Kölner Jahrb. Vor- u. Frühgesch. 6, 1962/63, 51 f. Abb. 15,98: Innenst. ATEI, vgl. O.-C. 144,138; Fußfragment Drag. 11; FO Köln, Domklostergrabung (1950).

Mit Stempel O.-C. 145

KatNr. 237. O.-C. 145,17: Innenst. CN.ATEI; BS; FO Tortona.
KatNr. 238. O.-C. 145,24: Außenst. CN.ATEI; BS?; FO Rom.
KatNr. 239. O.-C. 145,37: Außenst. CN.ATEI; BS?; FO Rom, Tiberufer.
KatNr. 240. O.-C. 145,53: Außenst. CN.ATEI; BS?; FO Rom.
KatNr. 241. O.-C. 145,38: Innenst. CN.ATEI; BS; FO Rom.
KatNr. 242. O.-C. 145,44; Innenst. CN.ATEI; BS; FO Rom.
KatNr. 243. O.-C. 145,119: Innenst. CN.ATEI; BS; FO Ampurias.
KatNr. 244. O.-C. 145,140: Innenst. CN.ATEI; BS; FO Sevilla.
KatNr. 245. O.-C. 145,141: Innenst. CN.ATEI; BS; FO Sevilla.
KatNr. 246. O.-C. 145,226 = 231: Innenst. CN.ATEI; BS; FO Mainz.
KatNr. 247. O.-C. 145,308 = J. BREUER, Oudheidkde. Mededel. 12, 1931, 98 Taf. 13, 17-25: Innenst. CN.ATEI; BS; FO Nijmegen, Ubbergen.
KatNr. 248. G. BARRIERI, Riv. Stud. Liguri 52, 1986, 322 Nr. 3 Abb. 1,3: Innenst. CN.ATEI, vgl. O.-C. 145,28 (Variante); Fuß mit BS?; FO Ferento.
KatNr. 249. J.-L. FICHES, Cahiers Ligures Préhist. et Arch. 22-23, 1973-74, 288 o. Nr.: Innenst. ATE, vgl. O.-C. 144; BS Drag. 11; FO Narbonne.
KatNr. 250. J.-L. FICHES, Cahiers Ligures Préhist. et Arch. 22-23, 1973-74, 288 o. Nr.: Innenst. ATE, vgl. O.-C. 144; BS Drag. 11; FO Narbonne.
KatNr. 251. J.-L. FICHES, Cahiers Ligures Préhist. et Arch. 22-23, 1973-74, 288 o. Nr.: Innenst. CN.ATEI, vgl. O.-C. 145,57?; BS Drag. 11; FO Narbonne.

Ohne Stempel

KatNr. 252. Asciburgium Taf. 59,14: Palmette; WS D.-W. III?, Qualität II; FO Moers-Asberg (Grabungsbereich I, 1957-64).
KatNr. 253. Asciburgium Taf. 59,15: Eierstab Typ 8A?; Rosettenfries; WS, Qualität II; FO Moers-Asberg (Grabungsbereich I, 1957-64).
KatNr. 254. Asciburgium Taf. 60,25: Weinblatt; WS; Qualität II; FO Moers-Asberg (Grabungsbereich I, 1957-64).
KatNr. 255. Asciburgium Taf. 60,26: Eierstab Typ 8A?; Strichelreihe; Mann im Profil; WS; Qualität II; FO Moers-Asberg (Grabungsbereich I, 1957-64).
KatNr. 256. PH. FILTZINGER, Kölner Jahrb. Vor- u. Frühgesch. 9, 1962-63, 31 Abb. 6,1.1a: Eierstab Typ 8B; Strichelreihe; RS, WS Kelch D.-W. Ic; FO Köln, Domklostergrabung 1948/49.
KatNr. 257. ULBERT, Augsburg 15 Nr. 1 Abb. 2,1 Taf. 10, 2: Eierstab Typ 8B, vgl. OXÉ, Rhein Taf. 6,14; 10,34; 17, 73 f.; 19,86; 20,94; 36,137; 38,139; 40,143; 48,175 f. – Ateius, RS D.-W. Ic, vgl. **HaNr. 73**; FO Augsburg-Oberhausen.
KatNr. 258. ETTLINGER, Augster Thermen 57 Nr. 2 Taf. 40,2: Girlande, vgl. OXÉ, Rhein Taf. 6,14 – Cn. Atei Zoili, vgl. auch **HaNr. 53**; WS Drag. 11; FO Augst (38.2339).
KatNr. 259. OXÉ, Rhein Taf. 72,100 [s. dazu PORTEN PALANGE, Ateius 196 *certamente ateiano, probabilmente però provinciale*. Die drei Kelchfragmente **HaNr. 28-30** sind aus diesem Grunde ebenfalls nicht näher einzuordnen. Die zweimal hierfür festgestellte Qualität II (ein Fragment ist verschollen) unterscheidet sich kaum von rein pisanischen Produkten. Möglicherweise stammen diese Stücke doch aus Pisa]: Astragalizusen, vgl. **HaNr. 28-30; KatNr. 85**; WS; FO Nijmegen, Ubbergen.
KatNr. 260. TILHARD, Saintes 153 Nr. 4 Abb. 34,4: Astragalizusen, vgl. **HaNr. 28-30; KatNr. 85**; WS Drag. 11; FO „Ma Maison“ Saintes.

CN. ATEIVS (Unsichere Zuweisung – unbekannte Herkunft)

KatNr. 261. ETTLINGER, Novaesium Taf. 56,1: Eierstab Typ 8B; Tänzer; Krater; Kranz; Tänien; Anhänger; Kelch ohne BS D.-W. Ih; FO Neuss.
KatNr. 262. E. KADOUS, Die Terra Sigillata in Alexandria (Diss. Trier 1988) 114 Abb. 124,7 Taf. 106,3: tanzende Figur; Kranich; Kelch ohne Rand D.-W. Ih oder i?; Qualität A [zu den Qualitäten, vgl. ebd. 8]; FO Alexandria.
KatNr. 263. E. KADOUS a.O. 114 f. Abb. 124,8 Taf. 106,4: Eierstab Typ 8B; Delphine; Eber?; WS; Qualität A; FO Alexandria.
KatNr. 264. E. KADOUS a.O. 114 f. Abb. 125,1 Taf. 107,1: Krater zwischen Pflanzen; Reste einer Figur mit Chiton (geflügelte Genie?); Qualität B; WS; FO Alexandria.
KatNr. 265. SIMON, Rödgen 241 Nr. 41 mit Anm. 15 [Brief von A. STENICO vom 11.3.1972: *Il fragmento 12.1554 (?) me pare de possa essere attribuito ad un officina ateiana provinciale]*: Perlstab; gerippter Kolben, vgl. OXÉ in: Oberaden I Taf. 50b; der Kolben scheint an seiner Basis durch ein S-förmig geschwungenes Band gehalten zu sein, wie es auf Kelchen des Xanthus vorkommt, vgl. **HaNr. 44**. Das gleiche Ornament findet sich auch auf einer Schüssel Drag. 29 mit Innenst. CN. ATEI EVRYALVS s. C. BÉMONT, Recherches méthodologiques sur la céramique sigillée. Les vases estampilles de Glanum. BEFAR 227 (Paris 1976) Abb. 18.19.21; RS eines Kelches D.-W. IIIb; FO Friedberg.
KatNr. 266. OXÉ, Rhein Taf. 3,4: dreiansichtiger Silenskopf; WS; FO Xanten.
KatNr. 267. OXÉ, Rhein Taf 9,29a.b: Eierstab ähnlich OXÉ, Rhein Taf. 20,93; Girlande; dreiansichtiger Silenskopf; WS; FO Neuss.
KatNr. 268. OXÉ, Rhein Taf. 10,34a.b: Eierstab Typ 8B; Delphine; Voluten; zweizonige WS; FO Neuss.
KatNr. 269. OXÉ, Rhein Taf. 12,45a.b: Eierstab ähnlich OXÉ, Rhein Taf. 9,29; 20,92.93; Blatt; Vogel, vgl. OXÉ, Rhein Taf. 17,78 und **HaNr. 54**; RS Steilrand (Service II); FO Neuss.
KatNr. 270. OXÉ, Rhein Taf. 12,48: Eierstab Typ 8A?; Rosette; RS D.-W. If?; FO Neuss.
KatNr. 271. OXÉ, Rhein Taf. 12,51: Ranken; WS eines zweizonigen Kelches; FO Neuss.
KatNr. 272. OXÉ, Rhein Taf. 13,56: Eierstab Typ 8B und Perlstab; Ranken; RS D.-W. Ic; FO Neuss.
KatNr. 273. OXÉ, Rhein Taf. 13,57: Ranken; Blattfries; Winkel; WS; FO Neuss.
KatNr. 274. OXÉ, Rhein Taf. 13,58a.b: Palmetten; Winkel; WS einer Schüssel; FO Neuss.
KatNr. 275. OXÉ, Rhein Taf. 19,85: Eierstab Typ 8B?; „barocker“ Tänzer; Tassenrand mit Henkelansatz – Vindonissa 13; FO Strassbourg.
KatNr. 276. OXÉ, Rhein Taf. 20,92: Eierstab, vgl. OXÉ, Rhein Taf. 20,92; Kranich; WS; FO Mainz.
KatNr. 277. OXÉ, Rhein Taf. 17,74: Eierstab Typ 8B; bärtige Maske; Girlande; RS D.-W. IIIa; FO Mainz.
KatNr. 278. OXÉ, Rhein Taf. 17,75: Eidechse; Akanthusranken; WS eines zweizonigen Kelches D.-W. III?; FO Mainz.
KatNr. 279. OXÉ, Rhein Taf. 21,104a-d: lanzettförmiges Blatt, vgl. OXÉ, Rhein Taf. 72,102; Kugelblüte; WS eines zweizonigen Kelches; FO Aachen.
KatNr. 280. OXÉ, Rhein Taf. 72,102: lanzettförmiges Blatt, vgl. OXÉ, Rhein Taf. 21,104; WS; FO Aachen.
KatNr. 281. OXÉ, Rhein Taf. 72,103: Fries aus konzentrischen Ringen; Altar; Atellane; WS vielleicht D.-W. Ih oder i?; FO Aachen.
KatNr. 282. C. SIMONETT, Jahresber. Ges. Pro Vindonissa 1945/46 (1946) Taf. 7,5: quergerippte Kolben; Ährenkranz; Perlreihe; WS Tasse Vindonissa 13; FO Vindonissa, Keltengraben.

Cn. ATEIVS (Mögliche Zuweisungen – unbekannte Herkunft)

KatNr. 283. C. SIMONETT, Jahresber. Ges. Pro Vindonissa 1945/46 (1946) Taf. 6,2: Musikanten, vgl. OXÉ, Rhein Taf. 19,87 – P. Cornelius; RS WS; FO Vindonissa, Breite, Grube 8.
KatNr. 284. C. SIMONETT a.O. Taf. 7,4: langer, schmaler Eierstab, bestehend aus einem Kern mit zwei Stäbchen und einem rechts angelehnten Zwischenstäbchen; Perlstab; Pinienzapfen; kleine WS; FO Vindonissa, Spillmann.
KatNr. 285. C. SIMONETT a.O. Taf. 7,6: stark bestoßener Rosettenfries; RS D.-W. IIIa?; FO Vindonissa, Schutthügel.
KatNr. 286. OXÉ, Rhein Taf. 19,87: Perlstab; Muschel; Erot; weibliche Büste; Vogel; RS Steilrand ähnlich D.-W. If; FO Strassbourg.
KatNr. 287. OXÉ, Rhein Taf. 12,49: Dreiblatt; WS eines zweizonigen Kelches; FO Neuss.
KatNr. 288. OXÉ, Rhein Taf. 12,50: quergerippte Kolben; WS eines zweizonigen Kelches; FO Neuss.
KatNr. 289. OXÉ, Rhein Taf. 13,55a.b.c: Eierstab mit flachem Kern und einem umlaufenden Stäbchen und einem links angelegten Zwischenstäbchen; Perlstab; Palmetten; geschuppte Blätter; RS WS D.-W. Ic? Kelches; FO Neuss.
KatNr. 290. OXÉ, Rhein Taf. 19,88: Atellane; WS; FO Straßburg.
KatNr. 291. J.-L. FICHES, Cahiers Ligures Préhist. et Arch. 22-23, 1973-74, 288 Nr. 90 Abb. 12: Eierstab Typ 8B; Lorbeerkranz, vgl. **HaNr. 44**; WS Drag. 11; FO Narbonne.
KatNr. 292. J.-L. FICHES a.O. 288 Nr. 91 Abb. 12: Ranken, vgl. OXÉ, Rhein Taf. 3,2; WS Drag. 11; FO Narbonne.
KatNr. 293. J.-L. FICHESa.O. 288 Nr. 92 Abb. 12: Eierstab Typ 8B; WS; FO Narbonne.
KatNr. 294. J.-L. FICHES a.O. 288 Nr. 93 Abb. 12: Eierstab Typ 8B; RS D.-W. Ic; FO Narbonne.
KatNr. 295. J.-L. FICHES a.O. 288 Nr. 94 Abb. 12: Blätter wie OXÉ, Rhein Taf. 11,42; WS; FO Ceilhes.
KatNr. 296. J.-L. FICHES a.O. 288 Nr. 95 Abb. 12: 15-blättrige Rosetten, vgl. OXÉ, Rhein Taf. 9,30a; 15,69; sehr kleine WS; FO Narbonne.
KatNr. 297. J.-L. FICHES a.O. 288 Nr. 96 Abb. 12: 15-blättrige Rosette; sehr kleine WS; FO Narbonne.
KatNr. 298. LAVIZZARI PEDRAZZINI, Luni I 291 Nr. 16 Taf. 101,2: Fischblase; WS; FO Luni – Foro E Zona Sud del Foro.
KatNr. 299. LAVIZZARI PEDRAZZINI, Luni II 129 Nr. 12 Taf. 104,4: Krater; WS; FO Luni.
KatNr. 300. M. VANDERHOEVEN, De Terra Sigillata te Tongeren 3. De italische Terra Sigillata (Tongeren 1968) 13 ff. Nr. 2: stark verpreßter Eierstab, vgl. OXÉ, Rhein Taf. 20,92.93; WS; FO Tongeren.
KatNr. 301. M. VANDERHOEVEN a.O. 13 ff. Nr. 1: stark verpreßter Eierstab und Kreisornament; RS vielleicht D.-W. III?; FO Tongeren.

CN. ATEI CRESTI (Pisa)

KatNr. 302. ETTLINGER, Novaesium Taf. 55,2: Innenst. C[N.ATEI]/C[RESTI], vgl. O.-C. 155,27; Eierstab ähnlich OXÉ, Rhein Taf. 20,92; Erot; Tierkopf; Baum, vgl. **HaNr. 92**; stabförmige Punze für die Angabe der Bodenlinie; Kelch D.-W. Ih; FO Neuss.
KatNr. 303. TILHARD, Saintes 154 Nr. 14 Fig 34,14: Innenst. CRESTI/ATEI, vgl. O.-C. 155,27; Eierstab Typ 8B; Strichel; Girlande, vgl. OXÉ, Rhein Taf. 6,14; D.-W. Taf. 35.513 – P. Cornelius; 35,514.542; 36,507-509.511-512; Beil. 11,95-96; ETTLINGER, Novaesium Taf. 57,1 – XANTHI; 60,9; Vögel, vgl. OXÉ, Rhein Taf. 6,14; 17,73; CHASE, Boston Taf. 28,126 und **HaNr. 82**; Tasse Vindonissa 13; chemische Analyse: Pisa; FO „Ma Maison" Saintes.
KatNr. 304. O.-C. 155,17: Innenst. CN. ATEI/CRESTI; Form unbekannt; FO Mainz.
KatNr. 305. OXÉ, Rhein Taf. 36,137 = O.-C. 155,27: Innenst. CN.ATEI/CRESTI; Eierstab Typ 8B; tordierte Säulen Masken; Girlanden; kleine Eroten; Rosetten; Steilrand D.-W. I/; FO unbekannt.
KatNr. 306. C. CHEVILLOT in: Actes du 104e Congrès Nat. des Soc. Savantes, Bordeaux 104, 1979 (Paris 1982) 212 Abb. 4-5 Nr.1: Innenst. CRESTI/ATEIX, vgl. O.-C. 155,8; Eierstab Typ 8B; Strichel; drei Tänzerinnen und ein Tänzer, vgl. D.-W. 103 Gruppe XXI; Tasse Vindonissa 13; FO Périgueux.
KatNr. 307. J.-L. FICHES, Cahiers Ligures Préhist. et Arch. 22-23, 1973-74, 288 ohne Nr.: Innenst. CN.ATEI/CRESTI, vgl. O.-C. 155; BS Drag. 11; FO Mailhac.
KatNr. 308. J.-L. FICHES a.O. 288 ohne Nr.: Innenst. CHRES [HRE ligiert], vgl. O.-C. 155; BS Drag. 11; FO Lattes.
KatNr. 309. M. LABROUSSE, Gallia 22, 1964, 436 Abb. 12.13: Innenst. CN.ATEI/CRES[TI], vgl. O.-C. 155,27; Eierstab Typ 8B; Medusenkopf, vgl. **HaNr. 105**; Fuß und WS Drag. 11; FO Auterive, Haute Garonne.

Ohne Stempel

KatNr. 310. M. LABROUSSE, Gallia 12, 1957, 306 f. Abb. 2: Eierstab Typ 11; Medusenkopf, vgl. **HaNr. 105**; Weinblätter und quergerippte Kolben; WS eines Skyphos?; FO St. Bertrand de Comminges.

CN. ATEI EVHODI (Pisa)

KatNr. 311. O.-C. 160,1b: Innenst. CN.ATEI/EVHODI; Form unbekannt; FO Rom?
KatNr. 312. O.-C. 160,6a: Innenst. CN.ATEI/EVHODI; Form unbekannt; FO Sousse.
KatNr. 313. O.-C. 160,19: Innenst. CN.ATEI/EVHODI; Form unbekannt; FO Narbonne.
KatNr. 314. O.-C. 160,26: Innenst. CN.ATEI/EVHODI; Kelchfuß; FO Autun.

EVHODI
(Pisa)

KatNr. 315. ETTLINGER, Novaesium Taf. 57,2: Innenst. EVHO[DI], vgl. O.-C. 161,49; Palmette wie **HaNr. 89**; konzentrische Ringe; BS mit Fußansatz; FO Neuss.
KatNr. 316. O.-C. 161,49: Innenst. EVHODI; Form unbekannt; FO Neuss.
KatNr. 317. J.-L. FICHES, Cahiers Ligures Préhist. et Arch. 22-23, 1973-74, 288 ohne Nr.: Innenst. EVHO, vgl. O.-C. 161; BS Drag. 11; FO Narbonne.

CN. ATEIVS HILARVS
(Pisa)

KatNr. 318. TAPONECCO MARCHINI, Pisa 8 Taf. 2 Nr. 3 [ob es sich bei diesem Stück überhaupt um Reliefkeramik handelt, ist unsicher. Die Stempelform entspricht derjenigen, die auf verzierten Stücken vorkommt]: Innenst. CN.ATEIVS/HILARVS, vgl. O.-C. 166,8; FO Pisa.
KatNr. 319. O.-C. 166,1: Innenst. CN.A[TEIVS]/HILAR[VS]; Gefäßform unbekannt; FO Narbonne.
KatNr. 320. O.-C. 166,3: Innenst. CN.ATEIVS/HILARVS; Gefäßform unbekannt; FO Langrés.
KatNr. 321. O.-C. 166,4: Innenst. CN.ATEIVS/HILARVS; Gefäßform unbekannt; FO St. Paulien.
KatNr. 322. O.-C. 166,8: Innenst. CN.ATEIVS/HILARVS; Gefäßform unbekannt; FO Neuss.
KatNr. 323. O.-C. 166,13: Innenst. CN.ATEI/HIL[AR]; Form unbekannt; FO Vechten.
KatNr. 324. OXÉ, Rhein Taf. 7,15a.b.c = O.-C. 166,10: Außenst. ATEI/HILAR; Fries aus hängenden Blättchen; Strichel; musizierende Genie; Stierschädel; Kithara; Krater; RS D.-W. Ic?; FO Neuss.
KatNr. 325. J.-L. FICHES, Cahiers Ligures Préhist. et Arch. 22-23, 1973-74, 288 o. Nr.: Innenst. CN.A[...]/HILAR, vgl. O.-C. 166,10?; BS Drag. 11; FO Narbonne.
KatNr. 326. TILHARD, Saintes 154 Nr. 20 Abb. 35,20: Innenst. CN.[....]/Hilarv[, vgl. O.-C. 166,8; BS Drag. 11; FO „Ma Maison“ Saintes.

Ohne Stempel

KatNr. 327. TAPONECCO MARCHINI, Pisa Taf. 2,9: Eierstab Typ 8B2; Krieger wie **HaNr. 38**; WS; FO Pisa.
KatNr. 328. ETTLINGER, Novaesium Taf. 60,25: hängende Blättchen; Schleife, vgl. OXÉ, Rhein Taf. 7,15 – Cn. Ateius Hilarus; WS; FO Neuss.

NARCISSI ATEI
(„Italien“)

KatNr. 329. O.-C. 170: Innenst. NARCISS AEI; Kelch?; FO Paris?
KatNr. 330. J.-L. FICHES, Cahiers Ligures Préhist. et Arch. 22-23, 1973-74, 289 Nr. 98 Abb. 12,98: Innenst. NARCIS/[]SVATE[]/NTI; Strichel und Basis einer Säule; Kelchfuß; FO Moux.
KatNr. 331. J.-L. TILHARD, Revue Arch. Est et Centre-Est 11, 1972, 353: Stempel NARCIS/CN.ATEI.SANTI (Pisa?); BS Drag. 11; FO Saintes.

CN. ATEI XANTHI
(Pisa)

Mit Stempel O.-C. 176 und 177

KatNr. 332. O.-C. 176,7: Innenst. CN.ATEI/XANTHI; Form unbekannt; FO Ampurias.
KatNr. 333. O.-C. 176,8: Innenst. CN.ATEI/XANTHI; Form unbekannt; FO Ampurias.
KatNr. 334. O.-C. 176,15: Innenst. CN.ATEI/XANTHI; Form unbekannt; FO Genf.
KatNr. 335. O.-C. 176,21: Innenst. CN.ATEI/XANTHI; Form unbekannt; FO Lyon.
KatNr. 336. O.-C. 176,26: Innenst. CN.ATEI/XANTHI; Form unbekannt; FO Autun.
KatNr. 337. O.-C. 176,36: Innenst. CN.ATEI/XANTHI; Form unbekannt; FO Corseul.
KatNr. 338. O.-C. 176,39: Innenst. CN.ATEI/XANTHI; Form unbekannt; FO Metz.
KatNr. 339. O.-C. 176,42: Innenst. CN.ATEI/XANTHI; Form unbekannt; FO Vindonissa.
KatNr. 340. O.-C. 176,43: Innenst. CN.ATEI/XANTHI; Form unbekannt; FO Vindonissa.
KatNr. 341. O.-C. 176,52: Innenst. CN.ATEI/XANTHI; Form unbekannt; FO Trier.
KatNr. 342. O.-C. 176,56: Innenst. CN.ATEI/XANTHI; Form unbekannt; FO Grand.
KatNr. 343. OXÉ, Rhein Taf. 17,73 = O.-C. 176,62 bzw. 177,202: Innenst. CN.ATEI/XANTHI Außenst. XANTHI; Eierstab Typ 8B; Rosetten; Ranken; Insekten; Eidechsen; Kelch D.-W. IIIa; FO Mainz.
KatNr. 344. OXÉ, Rhein Taf. 10,32a.f = O.-C. 176,74: Innenst. CN.ATEI/XANTHI; Eierstab Typ 8B; Erot; Schwan; Girlande; Tänie; zweizonige WS D.-W. III; FO Neuss.
KatNr. 345. OXÉ, Rhein Taf. 3,3 = O.-C. 176,97: Innenst. [CN.AT]EI/[XANTH]I; Amphora?; Fuß eines Kentauren?; BS mit Fuß Drag. 11; FO Xanten.
KatNr. 346. O.-C. 176,98: Innenst. CN.ATEI/XANTHI; Kelchfuß; FO Xanten.
KatNr. 347. O.-C. 176,3: Innenst. CN.ATEI/XANTHI; Form unbekannt; FO Rom, Tiberufer.
KatNr. 348. O.-C. 176,103: Innenst. CN.ATEI/XANTHI; Kelch Drag. 11?; FO Vechten.
KatNr. 349. OXÉ, Rhein Taf. 38,139a-c = O.-C. 176,110 bzw. 177,341: Innenst. CN.ATEI/XANTHI und Außenst. XANTHI; Eierstab Typ 8B; Strichelreihe, Pferdeprotomen in Tänien; Blütenkelch; Thymiaterion; Fischblase; Kelch D.-W. IIIa; FO Foxton.
KatNr. 350. ETTLINGER, Novaesium Taf. 56, 2: Innenst. CN.ATEI/XANTHI und Außenst. XANTHI, vgl. O.-C. 176,7 bzw. 177,10; Eierstab Typ 8B; Widderköpfe; Tänien; Girlanden; Vogel; Medaillons; Tänzer; RS WS D.-W. IIIa; FO Neuss.

KatNr. 351. ETTLINGER, Novaesium 51 Stempel Nr. 194 o. Abb.; CN.ATEI/XANTHI, vgl. O.-C. 176,7; von einer Reliefschüssel?; FO Neuss.
KatNr. 352. R. STEIGER, Forsch. in Augst 1 (Augst 1977) 299 mit Abb. 49,4; 302 mit Abb. 52,4: Innenst. CN.ATEI/XANTHI, vgl. O.-C. 176,7; Kelchfuß; Qualität II; FO Augst, Insula 31.
KatNr. 353. R. LAUR BELART, Ur-Schweiz 1967, 17 f. Abb. 13 = R. FELLMANN in: Provincialia [Festschrift R. Laur-Belart] (1968) 293 Abb. 1: Außenst. XANTHI und Innenst. ATEI XANTHI, vgl. O.-C. 177,10 bzw. 176; Skelett vor Grabbau, vgl. **HaNr. 26; KatNr. 377**; WS Drag. 11; FO Vidy Lausanne.
KatNr. 354. ETTLINGER, Novaesium Taf. 57,4: Innenst. ATEI XANTHI, vgl. O.-C. 176,1; BS mit Fuß Drag. 11; FO Neuss.
KatNr. 355. R. STEIGER, Forsch. in Augst 1 (Augst 1977) 299 mit Abb. 49,3: 302 mit Abb. 52,3: Innenst. ATEI XANTHI, vgl. O.-C. 176,66; Kelchfuß; Qualität II; FO Augst, Insula 31.
KatNr. 356. ETTLINGER, Novaesium Taf. 57,1: Außenst. XANTH, vgl. O.-C. 177,10; Eierstab Typ 8B, vgl. OXÉ, Rhein Taf. 13,56; 20,94; Perlreihe; Girlande; Tänien; tordierte Säule; wellige Bodenlinie; WS (innen Riefelband) und Fußfragment – vielleicht D.-W. II; FO Neuss.
KatNr. 357. E. ETTLINGER/R. FELLMANN, Germania 33, 1955, 368 ff. Taf. 35,12a.b: Außenst. XANTHI und Innenst. XANTHI (in planta pedis), vgl. O.-C. 177,10 bzw. 177,14 (Variante); Eierstab Typ 8B; Astragalizusen, vgl. **HaNr. 28-30**; **KatNr. 85, 259, 260**; Kelch mit Steilrand; FO Vindonissa, Legionslager (54.124).
KatNr. 358. G. PUCCI in: Collection de l'Ecole Française de Rome. Á la fin de la Republique et au Début du principat (Rom 1981) 104 Abb. 1: Außenst. XANTHI und unsicherer Innenst. L.R.PIS, vgl. O.-C. 177,10 bzw. 1558; Eierstab Typ 8B?; Wölfin mit Romulus und Remus; Baum; Kelch mit hohem Steilrand; FO Mariana, I Ponti.
KatNr. 359. E. VOGT, Der Lindenhof in Zürich (Zürich 1938) 33 Abb.1,2 = O.-C. 177,157: Außenst. XANTHI; Girlanden an Keulen, die oben in Gorgoneia laufen, dazwischen Insekten und Eidechsen; WS; FO Oberwinterthur.
KatNr. 360. Asciburgium Taf. 60,31: Innenst.]NTHI [, vgl. O.-C. 176,84; BS eines Kelches; Qualität II; FO Moers-Asberg (Grabungsbereich I, 1957-64).
KatNr. 361. OXÉ, Rhein Taf. 3,2 = O.-C. 177,273: Außenst. XANTHI; Eroten; Ranken; Amphora oder Krater; RS WS D.-W. II; FO Xanten.
KatNr. 362. OXÉ, Rhein Taf. 10,33: Außenst. XA[NTHI], vgl. O.-C. 177,10; Eierstab Typ 8B; Girlande; WS; FO Neuss.
KatNr. 363. OXÉ, Rhein Taf. 20,93 = O.-C. 177,153: Außenst. XANTHI; Eierstab, vgl. OXÉ, Rhein Taf. 14,61; 20,92; RS aus mehreren Wulsten aufgebauter Steilrand; FO Winterthur.
KatNr. 364. OXÉ, Rhein Taf. 20,94 = O.-C. 177,312: Außenst. XANTHI (in Tab. ansata), Eierstab Typ 8B; Kuh; Böckchen; RS D.-W. Ie; FO Vechten.
KatNr. 365. D. HAUPT, Die Kleinfunde eines römischen Landhauses aus Neuss-Weckhoven. Ausgrab. im Rheinland 3 (Bonn 1968) 161 ff. Abb. 3,11; 4,3: Außenst. XANTHI, vgl. O.-C. 177,10?; Eierstab Typ 8B; gefiederte Fischblase, vgl. **HaNr. 44**; WS; FO Neuss-Weckhoven.
KatNr. 366. J.-L. FICHES, Cahiers Ligures Préhist. et Arch. 22-23, 1973-74, 288 Nr. 97 = O.-C. 177,79: Außenst. XANTHI; tordierte Säule; Form unbekannt; FO Narbonne.
KatNr. 367. C.F.C. HAWKES/M.R. HULL, Camulodunum (Oxford 1947) 169 Taf. 41,26: Außenst. XA[NTHI], vgl. O.-C. 177,202; kleine WS Drag. 11; FO Colchester (Periode I Stratum near ditch IIa in area H).
KatNr. 368. SIMON, Rödgen 164 f.: Außenst. XA[NTHI], vgl. O.-C. 177,3; Ranken, Blatt, vgl. OXÉ, Rhein Taf. 3,2; RS D.-W. Id [jüngere Lippenform, die schon zu gegliedertem Steilrand überführt]; FO Friedberg, Grube 1 1936.
KatNr. 369. Klassieke Kunst uit Particulier Bezit. Rijksmuseum van Oudheiden Leiden (Leiden 1975) Nr. 614: Außenst. XANTHI, vgl. O.-C. 177,10; Lorbeerkranz wie **HaNr. 44**; Kelch D.-W. IL?; FO Vechten außerhalb des Lagers (Grabung 1937).
KatNr. 370. J. CABOTSE/R. PERICHON, Gallia 24, 1966, 34 Abb. 5,1: Außenst. [XAN]THI, vgl. O.-C. 177; konzentrische Ringe; Blätter; Eicheln, vgl. DRAGENDORFF, Terra Sigillata Taf. 5,44 – puteolanisches Produkt?; Tasse Vindonissa 13; FO Roanne.
KatNr. 371. E. ETTLINGER/R. FELLMANN, Germania 33, 1955, 368 ff. Taf. 35,13a.b: Außenst. XANTHI, vgl. O.-C. 177; konzentrische Ringe; Palmette mit je zwei Seitenblättern; 15-blättrige Rosette; Tasse Vindonissa 13; FO Vindonissa, Legionslager.
KatNr. 372. C. MEYER-FREULER, Das Praetorium und die Basilika von Vindonissa. Veröffentlichungen der Gesellschaft Pro Vindonissa IX (Brugg 1989) 18 Taf. 32,14 (Stempel); Taf. 33,14; 36 Mit Abb. 17: Außenst. XANTHI in *tabula ansata*, vgl. O.-C. 177,10.25; Eierstab Typ 8B; Perlreihe; Fischblase wie **HaNr. 44**; Kandelaber oder Thymiaterion wie OXÉ, Rhein Taf. 38, 139b; gewellte Bodenlinie; Kelch, vgl. D.-W. Ie; FO Vindonissa; Baugrube B1 (Garage Baur 1967), Grube VIII InvNr. FK 1001.
KatNr. 373. W. GLASBERGEN/S.M.E. VAN LITH, RCRF Acta 17/18, 1977, 7 und Stempelliste Nr. 17: Außenst. XANTHI, vgl. O.-C. 177; Perlstab und Anhänger; WS Tasse Vindonissa 13; FO Velsen I.
KatNr. 374. LAVIZZARI PEDRAZZINI, Luni I 290 Nr. 15 Taf. 101,1: Rest eines Außenst. X[ANTHI]?; vierblättrige Blüte, vgl. OXÉ, Rhein Taf. 13,59 – Bargathes; Volute, vgl. ebd. Taf. 10,34; 21,52 15,69; 38,139 – alle Xanthus; WS; FO Luni – Foro E Zona Sud del Foro.

Innenstempel

KatNr. 375. O.-C. 177,3: Innenst. XANTHI; Form unbekannt; FO Luni.
KatNr. 376. O.-C. 177,56: Innenst. XANTHI; Form unbekannt; FO Sevilla.

Ohne Stempel

KatNr. 377. OXÉ, Rhein Taf. 19,86: Eierstab Typ 8B; Perlstab; Skelett; RS D.-W. IIIa?; FO Straßburg.
KatNr. 378. ETTLINGER, Novaesium Taf. 58,7: Lorbeerkranz; S-förmige Tänie wie **HaNr. 44**; WS einer Schüssel; FO Neuss.
KatNr. 379. ETTLINGER, Novaesium Taf. 60,6: Voluten; Tier; Stabwerk; zweizonige WS D.-W. III?; FO Neuss.
KatNr. 380. ETTLINGER, Novaesium Taf. 60,21: Wellenranke, vgl. OXÉ, Rhein Taf. 17,73.75 – Xanthus; WS D.-W. III?; FO Neuss.
KatNr. 381. ETTLINGER, Novaesium Taf. 61,5: Girlande über Altar; WS; FO Neuss.
KatNr. 382. ETTLINGER, Novaesium Taf. 61,6: Eierstab Typ 8B, Tänie; Strichel; WS; FO Neuss.
KatNr. 383. ETTLINGER, Novaesium Taf. 61,7: Eierstab Typ 8B?; Strichel; WS; FO Neuss.
KatNr. 384. ETTLINGER, Novaesium Taf. 61,4: Eierstab, vgl. OXÉ, Rhein Taf. 20,92; Baum?; WS; FO Neuss.
KatNr. 385. Asciburgium Taf. 59,16: Lorbeerblatt; S-förmige Tänie; gestrichelte Ranken; Lorbeerfrucht; Qualität II; RS Service II – vielleicht D.-W. Ih; FO Moers-Asberg.
KatNr. 386. Asciburgium Taf. 60,28: Eierstab, vgl. OXÉ, Rhein Taf. 9,29a.b; 20,92; WS; Qualität II; FO Moers-Asberg (Grabungsbereich I, 1957-64).
KatNr. 387. J. DE GROOT in: Archeologie en Historie opgedragen aan H. Brunsting (Bussum 1973) 302 mit Abb. 1a.b: Fries aus konzentrischen Ringen; Strichelreihen fassen die Dekorzone ein; Kranz aus Blättern und Eicheln; freigezeichnete Ranken; RS, WS Tasse Vindonissa 13; FO Vechten.
KatNr. 388. GLASBERGEN/VAN LITH, RCRF Acta 17/18, 1977, 7 f. Abb. 1,5: Fries aus konzentrischen Ringen; Perlstab, vgl. **KatNr. 387**; WS Tasse Vindonissa 13; FO Velsen I.
KatNr. 389. LAVIZZARI PEDRAZZINI, Luni I 290 Nr. 11 Taf. 100,9: Eierstab, vgl. OXÉ, Rhein Taf. 20,94 – Xanthus; Hunde; Arm mit Lanze; WS Drag. 11; FO Luni – Foro E Zona Sud del Foro.
KatNr. 390. LAVIZZARI PEDRAZZINI, Luni I 290 Nr. 13 Taf. 100,3: Eierstab Typ 8B?; „Palmetten"; WS Drag. 11; FOLuni – Foro E Zona Sud del Foro.

CN. ATEI XANTHI
(unsichere Stücke)

KatNr. 391. OXÉ, Rhein Taf. 19,89: Blattzungenornament; WS eines zweizonigen Kelches; FO Straßburg.
KatNr. 392. R. STEIGER, Forsch. in Augst 1 (Augst 1977) 166 Abb. 55,1; 56,1a.b; Farbtafel 1: Fries, Rosetten (zwischen zwei Hilfslinien), darunter Kranz aus Kolben und geschlitzten Blättern; RS, WS Becher; FO Augst, Insula 31.
KatNr. 393. M.J. GUTIÉRREZ, Las cerámicas aretinas expuestas en el Museo de la catredal de Tarragona. In: Homenaje a García y Bellido 5 (Madrid 1988) 247 f.; 248 m. Abb. 5: Eierstab mit Perlreihe; Blattgirlande; WS Kelch – nicht Drag. 29 wie beschrieben; FO Tarragona, InvNr. 1.017.
KatNr. 394. R. STEIGER, Forsch. in Augst 1 (Augst 1977) 169 Abb. 57,1; 57a,1a.b: Eierstab Typ 8B; Perlstab; Schuppenblätter; WS Kelch Drag. 11; FO Augst, Insula 31.
KatNr. 395. J.-L. FICHES, Cahiers Ligures Préhist. et Arch. 22-23, 1973-74, 286 f. Nr. 88 Abb. 11,88: Eierstab, vgl. OXÉ, Rhein Taf. 20,94 – Xanthus (Typ 8B); Strichel; Kalathiskostänzerinnen; WS D.-W. III?; FO Mailhac.
KatNr. 396. J.-L. FICHES a.O. 288 Nr. 90: Eierstab Typ 8B; Lorbeerblätter wie **HaNr. 44**; WS Drag. 11; FO Narbonne.
KatNr. 397. M. LABROUSSE, Gallia 12, 1957, 317 f. Abb. 11: Lorbeerkranz wie **HaNr. 44**; kleine WS; FO St. Bertrand de Comminges.
KatNr. 398. OXÉ, Rhein Taf. 11,44: lanzettförmige Blätter, Fruchtkapseln, vgl. **HaNr. 44**; BS Tasse Vindonissa 13, FO Neuss.
KatNr. 399. G.B. DANNELL in: B. Cunliffe. Excavations at Fishbourne 1961-1969. 2 (Leeds 1971) 264 Abb. 121 Nr. 1: Eierstab aus Kern mit zwei umlaufenden Stäbchen; Lorbeerblatt, vgl. OXÉ, Rhein Taf. 12,45 – Cn. Ateius; WS Drag. 11; FO Fishbourne.
KatNr. 400. ETTLINGER, Pollentia 70 Nr. 329: Anhänger; WS; FO Pollentia.
KatNr. 401. ETTLINGER, Augster Thermen 57 Nr. 3 Taf. 40,3: Volute, vgl. OXÉ, Rhein Taf. 10,34a; WS Drag. 11; FO Augst (39.4669).
KatNr. 402. LAVIZZARI PEDRAZZINI, Luni I 291 Nr. 17 Taf. 101,3: Thyrsos, vgl. OXÉ, Rhein Taf. 21,104; WS; FO Luni – Foro E Zona Sud del Foro.
KatNr. 403. LAVIZZARI PEDRAZZINI, Luni II 459 Nr. 3 Taf. 240,3: Skelett mit Rhyton; Eierstab, vgl. OXÉ, Rhein Taf. 9,29; 12,45 – Xanthus; WS; FO Luni.
KatNr. 404. A. BALIL, Bol. Seminario estudios arte y arqu. Valladolid 50, 1984, 172-176 Taf. 1: Skelett, vgl. LAVIZZARI PEDRAZZINI, Luni II Taf. 240,3; WS; FO Zaragoza.
KatNr. 405. LAVIZZARI PEDRAZZINI, Luni II 459 Nr. 4 Taf. 240,4: gefiederte Fischblase, vgl. **HaNr. 44**; WS; FO Luni.
KatNr. 406. ROMERO CARNICERO, Terra sigillata decorado de la Péninsula Iberica 1. Studia Archeologica 35 (Madrid 1985) 8-12 Abb. 2-4: Perlstab; zwei Skelette, vgl. LAVIZZARI PEDRAZZINI, Luni I Nr. 3 Taf. 240,3; RS WS; FO Numantia.
KatNr. 407. OXÉ, Rhein Taf. 15,69: Rosette; Volute; WS eines zweizonigen Kelches; FO Köln.
KatNr. 408. OXÉ, Rhein Taf. 12,52 a.b.c: Voluten; Reste von lanzettförmigen Blättern, vgl. **HaNr. 44**; WS eines zweizonigen Kelches D.-W. III?; FO Neuss.

CN. ATEI ZOILI
(Pisa)

KatNr. 409. O.-C. 180,7: CN.ATEI/ZOILI; Form unbekannt; FO Ampurias.
KatNr. 410. O.-C. 180,8: CN.ATEI/ZOILI; Form unbekannt; FO Ampurias.

KatNr. 411. O.-C. 180,13: CN.ATEI/ZOILI; Form unbekannt; FO Narbonne.

KatNr. 412. C. Simonett, Jahresber. Ges. Pro Vindonissa 1945/46 (1946) Taf. 7,3 = O.-C. 180,16: Innenst. CN. ATEI/ZOILI; länglicher Eierstab mit Kern, zwei Stäbchen und einem langen, links angelehnten Zwischenstäbchen; Girlanden an stehenden Herakleskeulen; Eroten, vgl. **HaNr. 54**; den unteren Abschluß bilden doppelt gelegte, flache Scheibchen; Kelch mit stark profiliertem Steilrand (Service II), vielleicht eine Weiterentwicklung von D.-W. Ie?; FO Vindonissa, Breite 1935, Grube 8.

KatNr. 413. O.-C. 180,24: CN.ATEI/ZOILI; Form unbekannt; FO Neuss.

KatNr. 414. O.-C. 180,28: CN.ATEI/ZOILI; Form unbekannt; FO Vechten.

KatNr. 415. Lavizzari Pedrazzini, Luni I 291 Nr. 20 Taf. 101,8: Außenst. CN.ATEI/ZOILI?, vgl. O.-C. 180; Blatt; Akanthusranke; Rosetten; D.-W. 172 Abb. 25 Taf. 38,570 – Ateius (Arezzo); Oxé, Rhein Taf. 66,285 – Ateius (Arezzo); WS Drag. 11; FO Luni – Foro E Zona Sud del Foro.

KatNr. 416. Oxé, Rhein Taf. 6,14 = O.-C. 180,25: Innenst. CN. ATEI/ZOELI; Eierstab Typ 8B; Girlanden; tordierte Säule; Tänzer; Erot; Drag. 11, Stengelfuß ohne RS; FO Neuss.

KatNr. 417. E. Deschler-Erb/M. Peter/S. Deschler-Erb, Das frühkaiserzeitliche Militärlager in der Kaiseraugster Unterstadt. Forsch. in Augst 12 (Augst 1991) 111 Nr. 4; 112 mit Abb. 73,4: Girlande wie **HaNr. 53 u. KatNr. 416**; 2 WS Kelch?; Ton lachsrosa, Überzug orangebräunlich; FO Kaiseraugst, InvNr. 1990.01.C06336.1 u. 1990.01.C06338.2.

KatNr. 418. Ribeira Lacomba, Saguntum 16, 1981, 212-218 Nr. 6: Innenst. CN.ATEI/ZOILI, vgl. O.-C. 180,7?; BS mit Fußteil Drag. 11; FO Valencia.

ZOELVS
(Pisa)

KatNr. 419. H. Comfort, RCRF Acta 7, 1965, 21 Nr. 11: Außenst. ZOILI in *tabula ansata*; Perlstab; stehende „Blattzungen" mit konkav eingezogener Oberseite; Palmetten; Kugelblüten; WS; FO Ampurias.

KatNr. 420. A. García y Bellido, Los Hallazgos Ceramicos del Area del Templo Romano de Cordoba (Madrid 1970) 12 Nr. 16 u. Abb. 11 u. 12: Außenst. [ZO]ILI? in *tabula ansata*; Eierstab Typ 8B, umlaufender Fries aus großen und kleinen Eidechsen, zu den kleinen, vgl. etwa Punzen-Nr. 196a.b bzw. **HaNr. 82**; wellige Bodenlinie; WS einer Schale?; FO Cordoba.

KatNr. 421. O.-C. 181,79: ZOILI; Form unbekannt; FO Ampurias.

KatNr. 422. O.-C. 181,80: ZOILI; Form unbekannt; FO Ampurias.

KatNr. 423. Lavizzari Pedrazzini, Luni I 289 Nr. 7 Taf. 100,4: Außenst. ZOILI in *tabula ansata*, vgl. O.-C. 181 ohne Parallele; Eierstab, vgl. Oxé, Rhein Taf. 6,14 (Typ 8B); Kandelaber; Girlande, vgl. Oxé, Rhein Taf. 9,29a.b; WS Drag. 11; FO Luni – Foro E Zona Sud del Foro.

KatNr. 424. H.G. Niemeyer/Ch. Rüger, Madrider Mitt. 3, 1962, 106 Taf. 22,10: Außenst. ZOIL[I] in *tabula ansata*; Perlreihe, WS Kelch?; FO Centcelles, Grabungen 1959-61.

KatNr. 425. Unpubl.: Außenst. ZOILI in *tabula ansata*; verpreßter Eierstab; Gorgomaske, zwei Bukranien reihen den Stempel ein; Blattreste, WS Kelch?; FO Ceuta, Plaza de Africa.

KatNr. 426. Bertino in: I problemi della ceramica romana di Ravenna della valle Padana e dell'alto Adriatico. Atti del Convegno internazionale Ravenna 10-12 mai 1969 (Bologna 1972) 169 Abb. 9: Außenst. ZOILI in *tabula ansata*: O.-C. 181 ohne Parallele; Rosettenfries; Eroten wie **HaNr. 54**; Kopf in Seitenansicht; Hüllblätter, Stäbchenpunze für Bodenangabe; WS Drag. 11; FO Luni.

KatNr. 427. G. Pucci in: Collection de l'École Française de Rome. A la fin de la Republique et au Début du Principat (Rom 1981) 105 Abb. 2-3: Stempel des ZOILVS?; Eierstab Typ 8B; Quadriga, applizierter Steilrand; FO Nora.

CRESTI ATEI EVHODI
(Pisa)

KatNr. 428. O.-C. 182,c: Innenst. IIVHODI/CRESTI; Form unbekannt; FO Poitiers.

KatNr. 429. O.-C. 182,d: Innenst. CRESTI/HEVOb; Form unbekannt; FO Cahors.

KatNr. 430. O.-C. 182,f: Innenst. EVHOD/CRESTI; Form unbekannt; FO Köln.

KatNr. 431. Asciburgium Taf. 59,13: Innenst. [C]REST/HEV[OD], vgl. O.-C. 182,h^{1-2}; Strichel; 15-blättrige Rosette; Palmetten und Blüten von seitlichen Bögen eingefaßt; unterer Fries wie **HaNr. 63**; Kelch D.-W. IIIa; Qualität II/IV; FO Moers-Asberg.

KatNr. 432. Reginard, Saguntum 10, 1970, 155-158 Abb S. 157 Taf. I: Eierstab Typ 8B; gleicher Dekor wie **HaNr. 59**; Olpe; FO Tossal de Manises.

KatNr. 433. Unpubl.: Eierstab Typ 8B; Perlreihe; übriger Dekor nahezu identisch mit **HaNr. 59 u. KatNr. 432**, nur die Enden der drei Kolben sind einfacher gestaltet; RS WS Kelch oder Schale, die gewulstete, geriefelte Lippe beginnt direkt über dem Eierstab; FO Ceuta, Plaza de Africa.

6. Punzen aus Oberaden, Haltern und Anreppen

Ein Punzenkatalog wird im Rahmen dieser Arbeit hauptsächlich durch die große Anzahl von Ateius-Produkten in Haltern gerechtfertigt. Der Vollständigkeit halber werden alle Punzen im Maßstab 1:1 wiedergegeben (s. Taf.41-51). Die Punzen von verlorenen Stücken wurden, soweit dies möglich war, nach Fotografien oder Zeichnungen umgezeichnet. Die Originalgröße konnte dabei nicht in allen Fällen genau ermittelt werden. Eine thematische Ordnung der Punzen erschien aus Gründen der Übersicht sinnvoller als eine Anordnung nach Töpfer und Produktionsort. Zu jeder Punze erscheinen die entsprechenden Katalognummern (**HaNr.**, **OaNr.** oder **AnNr.**). Der Produktionsort und der Töpfer treten nach Maßgabe hinzu. In wenigen Fällen werden wichtige Parallelen genannt.

Menschliche Figuren

Nr. 1 Astragalizuse auf Hocker nach links. Cn. Ateius. **HaNr. 29**.

Nr. 2 Astragalizuse auf Hocker nach rechts. Cn. Ateius. **HaNr. 29**.

Nr. 3 Astragalizuse auf Hocker nach rechts. Wie **Nr. 2**. Unterschiedlich ausgebildet ist aber der Kopf. Die Falten des Kopftuches stehen über der Stirn nach oben hin ab. Abweichend ist auch der Stirn-Nasen-Kontur. **HaNr. 28**.

Nr. 4 Nackter Mann in Rückenansicht. In der rechten Hand hält er einen Mantel seitlich des Körpers. Der linke Arm ist in der Ellenbeuge angewinkelt, die Hand wahrscheinlich zum Mund geführt. Möglicherweise hielt er eine Trinkschale in der Hand. Ohne Zuweisung. **HaNr. 135**.

Nr. 5 Männliche Figur mit Kantharos. Andeutung von Fellstiefeln (?) am rechten Bein. Ohne Zuweisung. **HaNr. 133**.

Nr. 6 Einschenkender Satyr auf einen Hocker (?) gekniet. Unter dem rechten Arm ist ein Weinschlauch eingeklemmt. Ohne Zuweisung. **HaNr. 133**.

Nr. 7 Reiter im Muskelpanzer. Die Figur scheint aus mehreren Einzelpunzen zusammengesetzt zu sein. Separate Punzen sind der Kopf, der rechte Arm, das rechte Bein und das nach hinten wehende Paludamentum. Der Speer ist wohl frei gezeichnet. Das Pferd besteht aus einer einzigen Punze. Cn. Ateius/Hilarus. **HaNr. 38**. Pisa.

Nr. 8 Schwertkämpfer im Muskelpanzer. Die Figur ist mit Ausnahme des linken Armes aus einem Stück. Cn. Ateius/Hilarus. **HaNr. 38**, vgl. TAPONECCO MARCHINI, Pisa Taf. 2,9 – Pisa.

Nr. 9 Herakles mit Füllhorn. Primus/P. Corneli. **HaNr. 23**.

Nr. 10 Erotische Gruppe. Mann und Frau auf einer Kline. **HaNr. 54**.

Nr. 11a.b Erotische Gruppe. Hockende Frau über einem Mann auf einer Kline. **HaNr. 54** und **55**.

Nr. 12 Bärtiger Mann im Chiton mit Schaftstiefeln. Sog. Iakchos. P. Cornelius. **HaNr. 22**.

Nr. 13 Demeter auf Thron. P. Cornelius. **HaNr. 22**.

Nr. 14 Kithara spielende, geflügelte Genie. Cn. Ateius (Hilarus). **HaNr. 40**.

Nr. 15 Spendende Nike nach links. M. Perennius Tigranus. Nach Zeichnung von K. Lottmann im WMfA. **HaNr. 7**.

Nr. 16 Mänade nach rechts mit Thyrsos. Nach Zeichnung von K. Lottmann im WMfA. M. Perennius Tigranus. **HaNr. 7**.

Nr. 17 Tanzende Mänade im Chiton nach links. Narcissus. **HaNr. 41**.

Nr. 18 Tanzende Mänade nach rechts. Narcissus. **HaNr. 41**.

Nr. 19 Arm des Kentaurenführers aus dem Herakles- und Omphalemythos. M. Perennius. **HaNr. 6**.

Nr. 20 Kopffragment aus dem Herakles- und Omphalemythos. M. Perennius. **HaNr. 6**.

Nr. 21 Jüngling aus dem Herakles- und Omphalemythos. M. Perennius. **HaNr. 6**.

Nr. 22 Bein und Arm der Omphale aus dem Herakles- und Omphalemythos. M. Perennius. **HaNr. 6**.

Nr. 23 Figur mit Skyphos aus dem Herakles- und Omphalemythos. M. Perennius. **HaNr. 6**.

Nr. 24 Kentaur aus dem Herakles- und Omphalemythos. M. Perennius. **HaNr. 6**.

Nr. 25 Bein eines Satyrn? Narcissus. **HaNr. 41**.

Nr. 26 Stehende Figur (?) nach rechts. Ohne Zuweisung. **HaNr. 135**.

Nr. 27 Rechter Unterarm mit Lanze? M. Perennius? **HaNr. 9**.

Nr. 28a.b Oberkörper eines Satyrn mit Syrinx. Rasinius. **OaNr. 23**, vgl. C. GOUDINEAU, Arch. Class. 20, 1968, Taf. 105,2 (= **Nr. 28b**).

Nr. 29 Krotalentänzer. **HaNr. 62**.

Nr. 30 Tänzer nach rechts. **HaNr. 43**, vgl. **KatNr. 350** – Cn. Atei/Xanthi – Pisa.

Nr. 31a.b.c Weibliche Gewandfigur. Durch unpräzise Einpressung der Punze in die Modelschüssel ist die Figur unscharf. Die Frau scheint an einen imaginären Gegenstand gelehnt zu sein, wie die Körperhaltung vermittelt. Das linke Bein ist angewinkelt vor das rechte gezogen. Das um den Körper geschlungene Obergewand fällt an der linken Körperseite in Steilfalten herab. Mit der angewinkelten rechten Hand wird ein Mantelzipfel über die rechte Schulter gezogen. Lyon. **HaNr. 156**, vgl. auch VANNINI, Il Museo Nazionale Romano. (Rom 1988) Taf. XXXIII,339 (= **Nr. 31c**).

Nr. 32 Weibliche Figur mit Kithara (?). Die Arme der nach rechts gewendeten Figur scheinen eine Kithara zu halten. Schräg verlaufende Falten im Beinbereich verweisen auf das Obergewand. Die Figur ist ebenso wie **Nr. 31** sehr unscharf. Lyon. **HaNr. 156**.

Nr. 33 Tanzender Mann? Die gedrehte Körperhaltung, die dicht nebeneinander stehenden Beine mit den nach rechts zeigenden Fußspitzen und dem nach links ausgerichteten nackten Oberkörper verweisen auf eine tanzende Figur. Die leicht gewinkelten Arme sind zudem seitlich des Körpers ausgestreckt. Bekleidet ist der Mann mit einem wohl auf die Hüften gerutschten Hymation. Lyon. **HaNr. 156**.

Nr. 34 Dreiansichtige Silensmaske. **HaNr. 71**.
Nr. 35 Kopf der Medusa. Seitlich des Kopfes flattern Haare in einzelnen Strähnen, während über der Stirn das Haar durch ein Band büschelartig gehalten wird. Die Angabe von Kopfflügeln fehlt, doch scheinen die Haarsträhnen über der Stirn dieses Kennzeichen wiederzugeben. **HaNr. 105**.
Nr. 36 Kopf eines Mannes mit Apex. **HaNr. 126**.
Nr. 37 Kleine Maske in Frontalansicht. **OaNr. 7**.
Nr. 38 Kleine Maske in Frontalansicht. **OaNr. 1**.
Nr. 39 Atellane nach links mit Systrum (?) in der Rechten. Der knochige Körper ist stark überzeichnet wiedergegeben. **HaNr. 65**.
Nr. 40 Atellane nach rechts. Aus Resten der rechten Hand ergibt sich eine nach vorn ausgestreckte, erhobene Armhaltung. **HaNr. 65**.
Nr. 41 Atellane nach rechts mit Ruder über der linken Schulter und Kanne in der Rechten. **HaNr. 65**. Ähnlich **KatNr. 29** – Arezzo.
Nr. 41a Beine eines Atellanen wie **Nr. 41**? **HaNr. 65**.
Nr. 42 Skelett oder Atellane mit Flasche in der Linken. Reste der Bekleidung scheinen sich in den Parallelfalten unterhalb des linken Armes anzudeuten. **HaNr. 65**.
Nr. 43a.b.c Drei verschiedene, von der linken Seite gesehene Schädel. Unterschiede ergeben sich in der Kopf- und Kieferform. Es ist aber nicht auszuschließen, daß die Variationen auf unterschiedlicher Einpressung der Punzen in die Modelschüssel beruhen. Ateius. **HaNr. 27**.
Nr. 43d.e Thoraxpunzen. Die Form der Rippen scheint zu differieren, aber auch hier ist die unterschiedliche Einpressung der Punzen zu berücksichtigen. Ateius. **HaNr. 27**.
Nr. 43f Schlüsselbeinpartie. Ateius. **HaNr. 27**.
Nr. 43g Beckenknochen. Ateius. **HaNr. 27**.
Nr. 43h Verschiedene Langknochen. Ateius. **HaNr. 27**.
Nr. 43i Wirbel. Ateius. **HaNr. 27**.
Nr. 43k Hüfttuch. Ateius. **HaNr. 27**.
Nr. 43l Gewandzipfel. Ateius. **HaNr. 27**.

Eroten

Nr. 44a.b.c Geflügelter Erot nach links. Einer Grundform folgend, verliert die Wiedergabe des Eroten zusehends an Feinheit. Binnenzeichnungen, wie Angabe der Federn, verschwinden langsam, die Körperformen werden schematisiert. **HaNr. 43** und **49**. Pisa.
Nr. 45 Sitzender, geflügelter Erot. **HaNr. 54**.
Nr. 46 Geflügelter Erot (?) nach rechts. Figur ist unvollständig. Der rechte Flügel ist noch erkennbar. Um die Hüfte ist ein Tuch geschlungen. Ohne Zuweisung. **HaNr. 122**.
Nr. 47 Erot nach links. Nur der Kopf und die zwei nach vorn gestreckten Hände sind erhalten. P. Cornelius? **HaNr. 16**.
Nr. 48 Stehender Erot mit Kästchen in den vorgestreckten Armen. C. Annius. **OaNr. 10**.
Nr. 49 Auf einem Schwan reitender Erot. C. Annius. **OaNr. 10**.
Nr. 50 Kopf und Flügel eines nach links gewendeten Eroten. Rasinius. **OaNr. 20**.

Voluten bzw. „gefiederte Fischblasen"

Nr. 51 Nach links geöffnete Volute mit nach innen und außen gerollten Enden. **HaNr. 46 (48 ?), 49** – Pisa, **50** und **51** – Pisa.
Nr. 52 Nach links geöffnete Volute mit eingerolltem Ende. Ohne Zuweisung. **HaNr. 130**.
Nr. 53 Gefiederte Fischblase. Der Mittelteil ist einfach gesäumt. Cn. Atei/Xanthi. **HaNr. 44**.
Nr. 54 Fischblase. Der wulstige Mittelteil ist einfach gesäumt. P. Cornelius. **HaNr. 20**.

Palmetten

Nr. 55 Palmette aus zehn Blättchen, die aus einer Volute entspringen. Ohne Zuweisung. **HaNr. 103**. „Italien".
Nr. 56 Um ein gerade aus einer Basis entsprießendes Mittelblatt gruppieren sich links und rechts je drei an den Enden gerollte Seitenblätter, an denen jeweils drei Zwischenblättchen sitzen. Ohne Zuweisung. Lyon? **HaNr. 14**.
Nr. 57 Palmette aus einem geraden Mittelblatt und jeweils drei leicht eingerollten Seitenblättern. Cresti Atei Euhodi. **HaNr. 62** und **63**.
Nr. 58 Palmette aus sieben Blättern. Um ein überlängtes, gerades Mittelblatt legen sich links und rechts je drei verkümmerte, z.T. leicht eingerollte Seitenblätter. Ateius. **HaNr. 26**.
Nr. 59 Palmette aus neun Blättern, die aus einer dreigeteilt erscheinenden Basis entspringen. Ateius? **HaNr. 93**.
Nr. 60 Palmette aus wahrscheinlich je zwei Seitenblättern und einem lanzettförmigen Mittelblatt. Ateius? **AnNr. 2**.
Nr. 61 Spitze Palmette aus fünf Blättern. „gruppo protobargateo". Ateius? **OaNr. 26**.
Nr. 62 Palmette aus einem gerippten Kolben in der Mitte und je zwei seitlichen glatten Hüllblättern. „gruppo protobargateo". **HaNr. 11**, vgl. D.-W. 47 Abb. 6,23.
Nr. 63 Kleine Palmette aus sieben Blättchen. Die beiden äußeren sind eingerollt. „gruppo protobargateo". Ateius? **OaNr. 26**, vgl. Ettlinger, Novaesium Taf. 61,11 – ohne Zuweisung (wohl aus Pisa).
Nr. 64 Vierblättrige Palmette. Cn. Ateius. **HaNr. 29**.
Nr. 65 Kleine Palmette mit einem Mittelblatt und je drei Seitenblättern. C. Annius. **OaNr. 10**.
Nr. 66 Kleine Palmette aus mehreren kleinen Blättchen. C. Annius. **OaNr. 4**.
Nr. 67 Palmette aus einem lanzett- und vier kleeblattförmig angeordneten Blättchen. „gruppo protobargateo". Ateius? **OaNr. 26**.
Nr. 68 Sechsteilige Halbpalmette mit Öffnung nach links. Cresti Atei Euhodi. **HaNr. 56** und **57**.
Nr. 69 Sechsteilige Halbpalmette mit Öffnung nach rechts. Cresti Atei Euhodi. **HaNr. 56** und **57**.

Kolben

Nr. 70 Schräggerippter Kolben mit zwei spitzen Enden. Cresti Atei Euhodi. **HaNr. 62**.

Nr. 71 Kurzer, quergerippter Kolben mit einem spitzen Ende. **HaNr. 34** Ateius, Pisa und **HaNr. 105**? Ateius?
Nr. 72 Gerippter Kolben mit angesetzter Basis. **HaNr. 129** – unbekannte Herkunft.
Nr. 73 Langgezogener, quergerippter Kolben. Ateius bzw. Ateius? **HaNr. 26, 74, 82**?
Nr. 74 Leicht schräg gerippter Kolben mit einem spitzen Ende. Ohne Zuweisung. Lyon? **HaNr. 13**? und **14**.
Nr. 75a.b Längsgerippter Kolben mit geschnürten Enden. Nr. 75a zeigt eine häufige Kombination des Kolbens mit einem Volutenaufsatz. **HaNr. 43** Cresti Atei Euhodi. **HaNr. 59, 61** und Ateius? **HaNr. 74**.
Nr. 76 Längsgerippter Kolben mit fischschwanzähnlichem Ende. Rasinius. **OaNr. 20**, vgl. Stenico, Rasinius 68 Nr. 283 – Rasinius.
Nr. 77 Kleiner, quergerippter Kolben. Ateius? **HaNr. 74**.
Nr. 78 Kleiner, quergerippter Kolben. C. Annius. **OaNr. 2**.
Nr. 79 Kleiner, quergerippter Kolben. Ateius. **HaNr. 69**. „Italien".
Nr. 80 Kleiner, schräggerippter Kolben. P. Cornelius. **HaNr. 17**. Nach einer Zeichnung von K. Lottmann im WMfA.
Nr. 81 Kleiner, quergerippter Kolben. Rasinius **OaNr. 21**.

Rosetten und Scheiben

Nr. 82 Große, sechsblättrige Blüte mit acht Innenblättchen um einen erhöhten Mittelpunkt. Pantagathus C. Anni. **OaNr. 1**, vgl. Stenico, Rasinius 65 Nr. 195. 196.
Nr. 83 Große Rosette mit 28 Außenblättchen um eine Innenrosette. Ateius? **HaNr. 91**.
Nr. 84 16-blättrige Rosette mit Innenkreis um einen Mittelpunkt. Die einzelnen Blättchen sind etwas länger ausgeprägt als bei Punzen-Nr. 85. Ateius? **HaNr. 86**, vgl. **KatNr. 196** – Ateius, Pisa.
Nr. 85 16-blättrige Rosette mit Innenkreis um einen Mittelpunkt. Ateius, Pisa, Cresti Atei Euhodi bzw. Ateius? **HaNr. 34, 59** und **82**.
Nr. 86 15-blättrige Rosette mit Innenkreis um einen Mittelpunkt. Ateius, Pisa bzw. Ateius? **HaNr. 35** (?) und **83**.
Nr. 87 15-blättrige Rosette mit einem Mittelpunkt. Ateius? **HaNr. 84**.
Nr. 88 14-blättrige Rosette ohne Mittelpunkt. P. Cornelius. **HaNr. 18**.
Nr. 89 14-blättrige Rosette mit einen Mittelpunkt. Ateius. **HaNr. 27**.
Nr. 90 14-blättrige Rosette mit einem Mittelpunkt. Cresti Atei Euhodi. **HaNr. 56** und **57**. „Italien".
Nr. 91 Rosette mit 12 Blättern um einen Mittelpunkt. Rasinius. **HaNr. 3**.
Nr. 92 Achtblättrige Rosette mit Innenkreis. P. Cornelius. **HaNr. 22**.
Nr. 93 Achtblättrige Blüte um Mittelpunkt. Pantagathus C. Anni. **OaNr. 1** u. **4**.
Nr. 94 Große Blüte aus neun rhombischen Blättern mit einem Mittelpunkt. Ohne Zuweisung. **HaNr. 152**.
Nr. 95 Fragmentierte Blüte mit 10 oder 11 Blättchen. Ohne Zuweisung. **OaNr. 34**.
Nr. 96 Kleine, 12-blättrige Rosette mit einem Mittelpunkt. Cresti Atei Euhodi bzw. Ateius. „Italien". **HaNr. 62, 69**.
Nr. 97 Kleine, 14-blättrige Rosette mit Mittelpunkt. C. Annius und Rasinius. **OaNr. 6**.
Nr. 98 16-blättrige Rosette mit vierteiliger Innenblüte. Ateius, Arezzo. **HaNr. 26**.
Nr. 99 Rosette aus acht Blättern ohne Mittelpunkt. M. Perennius? **HaNr. 9**.
Nr. 100 Sechsblättrige, kleine Rosette um einen Mittelpunkt. Ateius. **HaNr. 27**.
Nr. 101 Große Blüte aus acht Blättchen um Mittelpunkt. C. Annius. **OaNr. 8**, vgl. Stenico, Rasinius 65 Nr. 183 – Rasinius.
Nr. 102 Große Blüte mit herzförmig ansetzendem Blütenstengel. C. Annius. **OaNr. 4**.
Nr. 103 17-blättrige Blüte mit 12 Innenblättchen um einen Mittelpunkt herum. Rasinius. **HaNr. 4**.
Nr. 104 Blüte mit wahrscheinlich neun großen Blättchen um Mittelpunkt. „gruppo protobargateo". Ateius? **OaNr. 26**.
Nr. 105 Sechsblättrige Blüte um Mittelpunkt: „gruppo Protobargateo". **HaNr. 10**.
Nr. 106 Fragmentierte Blüte mit rundlichen Blättchen. Ateius, Arezzo. **HaNr. 26**.
Nr. 107 Fragmentierte Blüte mit spitzzulaufenden Blättchen. „gruppo protobargateo". Ateius? **OaNr. 28**.
Nr. 108 Fünfblättrige Blüte um Mittelpunkt. Pantagathus C. Anni bzw. ohne Zuweisung. **OaNr. 1** und **35**?
Nr. 109 Sechsblättrige Rosette mit Mittelpunkt. „gruppo protobargateo". **HaNr. 11**.
Nr. 110 Sechsblättrige Blüte um Mittelpunkt. Ohne Zuweisung. **OaNr. 20**.
Nr. 111 Vierblättrige Blüte um Mittelpunkt. „gruppo protobargateo". Ateius?. **OaNr. 26**.
Nr. 112 Vierblättrige Blüte mit Mittelpunkt. „gruppo protobargateo". Ateius? **OaNr. 26**.
Nr. 113 Sechsblättrige Blüte um Mittelpunkt. „gruppo protobargateo". Ateius? **OaNr. 26**.
Nr. 114 Kleeblattförmige Blüte. Cresti Atei Euhodi und Ateius? **HaNr. 59, 61** und **74**.
Nr. 115 „Gerippte" Scheibe. Durch Einschnitte verziert. Ateius. **HaNr. 69** „Italien", vgl. Porten Palange, Num. Ant. Class. 11, 1982, 204 mit Anm. 46.
Nr. 116 Kleine, „gerippte" Scheibe. Ateius, Arezzo. **HaNr. 26**.
Nr. 117 Rosette mit mehreren Außenblättchen und einem Mittelpunkt. Ohne Zuweisung. Lyon. **HaNr. 157**.
Nr. 118 Rosette aus zwei konzentrischen Kreisen. P. Cornelius. **HaNr. 22**.
Nr. 119 Kreispunze mit Vertiefung in der Mitte. Ateius. **HaNr. 27**.
Nr. 120 Rosette aus sieben Außensegmenten und sieben Innenblättchen. Ohne Zuweisung. Lyon **HaNr. 157**.

Girlanden

Nr. 121 Beidseitig mit Blättern versehener, rechtsläufiger Girlandenbogen. Cn. Atei/Xanthi. **HaNr. 42**.
Nr. 122 Beidseitig mit Blättern versehener, rechtsläufiger Girlandenbogen. Die Krümmung ist etwas schwächer als bei Punzen-Nr. 121. Cresti Atei Euhodi. **HaNr. 59**.

Nr. 123 Stark gebogener, beidseitig mit Blättchen versehener Girlandenbogen. Cresti Atei Euhodi. **HaNr. 62**.
Nr. 124 Beidseitig mit Blättern versehener, rechtsläufiger Girlandenbogen. Jedoch stärker gebogen als die Punzen-Nr. 121 und **122**. Cn. Atei/Xanthi. **HaNr. 43** und **49**, Pisa, vgl. **KatNr. 350** – Cn. Atei/Xanthi, Pisa.
Nr. 125 Rechtsläufige Girlande aus Blättchen seitlich einer Mittelrippe. C. Annius. **OaNr. 4**, vgl. auch STENICO, Rasinius 64 Nr. 179 – Rasinius.
Nr. 126 Linksläufige Girlande aus Blättchen seitlich einer Mittelrippe. C. Annius. **OaNr. 4**, vgl. auch STENICO, Rasinius 64 Nr. 178 – Rasinius.
Nr. 127 Girlande aus verschiedenen Früchten, Blättern und Zapfen. P. Cornelius. **HaNr. 16**.
Nr. 128 Stark beschädigte Girlande, wohl aus verschiedenen Blättern und Früchten zusammengesetzt. Ohne Zuweisung. **HaNr. 127**.
Nr. 129 Girlande aus verschiedenen Früchten zusammengesetzt. Cn. Atei/Zoeli? **HaNr. 53**, vgl. **KatNr. 345** – Cn. Atei/Xanthi, Pisa.
Nr. 130 Girlandenversatz bestehend aus Früchten. P. Cornelius. **HaNr. 23**.

Ranken

Nr. 131 Nach rechts drehende Akanthusranke mit Hüllblatt. Cresti Atei Euhodi. **HaNr. 56** und **57**, „Italien".
Nr. 132 Nach links drehende Akanthusranke mit Hüllblatt. Cresti Atei Euhodi. **HaNr. 56** und **57**. „Italien".
Nr. 133 Nach rechts drehende Ranke mit zweigeteiltem Hüllblatt. Ateius? **HaNr. 83**.
Nr. 134 Schlaufenartig gebildete Ranke? Ateius. **HaNr. 69**. „Italien".
Nr. 135 Nach rechts sich öffnender Rankenwedel. M. Perennius. **OaNr. 25**.
Nr. 136 Nach links sich öffnender Rankenwedel. M. Perennius. **OaNr. 25**.
Nr. 137 Nach rechts gerollte Akanthus-Helix. Das zweigeteilte, kelchartige Endblatt ist gelappt. Ateius, Arezzo. **HaNr. 26**.
Nr. 138 Nach links gedrehte Akanthus-Helix. Die Enden des zweigeteilten Blattkelches sind gerollt. Ateius, Arezzo. **HaNr. 26**.

Blüten- und Fruchtteile

Nr. 139 Kugelförmige Blüte. Die einzelnen Kugeln weisen jeweils eine kleine Vertiefung auf. Ateius, Pisa, Cn. Atei/Xanthi. **HaNr. 25**, **51** – Pisa und Ateius? **HaNr. 100**.
Nr. 140 Kleine kugelförmige Blüte. „gruppo protobargateo". **HaNr. 14**, vgl. **KatNr. 192** – wohl Ateius – „gruppo protobargateo" – Pisa.
Nr. 141 Dreigeteilte Weintraube. Cresti Atei Euhodi und Ateius? **HaNr. 62** und **71**.
Nr. 142 Mohnkopfartige Fruchtkapsel. Cn. Atei/Xanthi. **HaNr. 44** und **45**, vgl. ETTLINGER, Novaesium Taf. 58,7 – Pisa auf Drag. 29.
Nr. 143 Kleine Fruchtkapsel. Rasinius. **HaNr. 5**.
Nr. 144 Eichel mit Hütchen. Ohne Zuweisung. **HaNr. 131**.
Nr. 145 Eichel mit durch Einschnitte verziertem Hütchen. Ateius? **HaNr. 102**.
Nr. 146 Aus vier Teilen gebildete Frucht oder Blüte. „gruppo protobargateo". **HaNr. 14**.
Nr. 147 Pilzkopfartiger Blütenkelch, aus lamellenartigen Blättchen zusammengesetzt. Cresti Atei Euhodi. **HaNr. 56** und **57**. „Italien", vgl. **KatNr. 109** – Cn. Ateius, Arezzo.
Nr. 148 Blütenkelch mit seitlich je zwei Blättchen. Cresti Atei Euhodi. **HaNr. 56** und **57**. „Italien".
Nr. 149 Blattkelch aus einem mittleren oben eingeschnittenen und zwei seitlichen Blättern. Ateius. **HaNr. 27**.
Nr. 150 Blütenkelch (?) mit zwei seitlichen, unteren Hüllblättern und zwei oberen seitlich eingerollten und gelappten Blättern. Ateius. **HaNr. 27**.
Nr. 151a.b Blütenkelch auf kurzem, oben ringförmig geschnürtem Schaft. Die oberen Blütenblätter sind unregelmäßig angelegt. Vier glatte, leicht überlappende Blättchen bilden den linken und den mittleren Bereich. Das rechte Blättchen besitzt an der oberen Außenkontur drei kleine Auslappungen. Cresti Atei Euhodi. **HaNr. 56** und **57**. „Italien".
Nr. 152 Dreiteiliger Blattkelch. Das mittlere Blatt weist eine Mittelrippe auf. „gruppo protobargateo" – Ateius? **OaNr. 26**.
Nr. 153 Kleiner Blütenkelch aus zwei geschlitzten Seitenblättern. Cresti Atei Euhodi. **HaNr. 56** und **57**. „Italien".
Nr. 154 Kleiner Blattkelch aus einem mittleren und zwei seitlichen Blättchen. Cresti Atei Euhodi. **HaNr. 54**.
Nr. 155 Kleiner Blattkelch (bildet zusammen mit Rosette Punzen-Nr. 90 und einem kurzen, freigezeichneten Blütenstil eine kleine Blume). Cresti Atei Euhodi. **HaNr. 56** und **57**. „Italien".
Nr. 156 Kleiner Blattkelch? P. Cornelius. **HaNr. 23**.
Nr. 157 Blütenkelch (?). Aus einem kurzen Schaft entspringt ein kugelförmiger Kelch, der aus dicht angelegten Blättchen besteht. Oben wird er durch eine flache Scheibe beschlossen. Drei übereinanderliegende, nach oben kleiner werdende Scheibchen, liegen darüber. Rasinius. **OaNr. 20**.
Nr. 158 Blattkelch aus zwei seitlichen, leicht überhängenden Blättchen und einem nur angedeuteten Innenblättchen. Ohne Zuweisung. Lyon. **HaNr. 157**.

Anhänger

Nr. 159 Keulenförmiger Anhänger mit zwei flachen Enden. Der breitere obere Bereich ist durch waagerechte Einschnitte verziert. Ateius. **HaNr. 28**.
Nr. 160 Keulenförmiger Anhänger. Das obere Ende imitiert durch kleine Kügelchen die Granulation metallener Schmuckanhänger. Die untere Hälfte wird durch sich zum Teil kreuzender Fäden betont. Zwei Scheibchen über einem Knopf bilden das untere Ende. Ateius. **HaNr. 79** möglicherweise **HaNr. 119**, vgl. **KatNr. 196** – Ateius, Pisa.
Nr. 161 Anhänger mit Ringende und verziertem oberen und glattem unteren Teil. C. Annius. **OaNr. 5-9**.
Nr. 162 Kolbenförmiger Anhänger mit profiliertem oberen Ende. „gruppo protobargateo" **HaNr. 10**.
Nr. 163 Spindelförmiger Anhänger mit knopfartigem

unteren und dreifach geripptem oberen Ende. Unbekannte Herkunft. **HaNr. 9**.
Nr. 164 Schlichter Anhänger. Das obere Ende ist ringförmig gebildet. Der keulenförmige Schaft läuft unten in zwei kleinen Knoten aus. Rasinius. **HaNr. 3** u. **OaNr. 21**.
Nr. 165 Keulenförmiger Anhänger mit einem blütenartigen oberen Ende. Rasinius. **HaNr. 4**.

Blätter

Nr. 166 Großes, gelapptes Akanthusblatt mit Mittelrippe. Ateius, Arezzo. **HaNr. 26**.
Nr. 167 Mehrfach gelapptes Akanthusblatt. Ateius, Arezzo. **HaNr. 26**.
Nr. 168 Spitzzulaufendes, gezacktes Blatt (mit 16 Blattzaken). Die Blattzacken sind doppelkonturig, sie laufen von einer Mittelrippe aus. Ateius, Pisa, **HaNr. 34** und **35**, Ateius **HaNr. 76, 85** und **89**, vgl. **KatNr. 179** – Ateius, Pisa.
Nr. 169 Gezacktes Blatt mit leicht erhöhter Mittelrippe. Ohne Zuweisung. Lyon? **HaNr. 14**.
Nr. 170 Spitzes, gesägtes Blatt mit Mittelrippe. C. Annius. **OaNr. 21**, vgl. Stenico, Rasinius 67 Nr. 263 – Rasinius.
Nr. 171 Gesägtes Blatt mit Angabe der Mittelrippe. P. Cornelius. **HaNr. 17**.
Nr. 172 Kleines, mehrfach gesägtes Blatt mit Mittelrippe. Pantagathus C. Anni. **OaNr. 1**, vgl. Stenico, Rasinius 67 Nr. 264 – Rasinius.
Nr. 173 Kleines, spitzzulaufendes, mehrfach gesägtes Blatt mit Mittelrippe. Ateius? **HaNr. 102**.
Nr. 174 Kleines, stark eingeschnittenes Blatt auf waagerechter Basis. Pantagathus C. Anni. **OaNr. 1** u. **2**.
Nr. 175 Rechts gedrehtes Akanthusblatt? Rasinius. **OaNr. 19, 22**.
Nr. 176 Links gedrehtes Akanthusblatt? Rasinius. **OaNr. 19, 22**.
Nr. 177 Großes, gelapptes Weinblatt. Die einzelnen Blattrippen sind deutlich angegeben. Ateius? **HaNr. 105**.
Nr. 178 Schuppenförmiges Blatt mit schräg von der Basis nach außen verlaufenden Parallelrippen. Eine Mittelrippe trennt das Blatt in zwei Hälften. Ohne Zuweisung. **HaNr. 136** und **150**.
Nr. 179 Herzförmiges Efeublatt mit schwach angegebenen Blattrippen und eingezogener Basis. Ateius, Arezzo. **HaNr. 25**.
Nr. 180 Kleines, herzförmiges Efeublatt mit Mittelrippe und eingezogener Basis. Ohne Zuweisung. Lyon?. **HaNr. 14**.
Nr. 181 Dreizackiges Efeublatt mit schwach angegebener Mittelrippe. Ohne Zuweisung. **HaNr. 142**.
Nr. 182 Herzförmiges Efeublatt mit Mittelrippe. Ohne Zuweisung. Lyon? **HaNr. 14**.
Nr. 183 Großes, gelapptes Blatt mit Angabe der Blattrippen. Die Innenfläche ist leicht vertieft. Ateius. **HaNr. 69**. „Italien".
Nr. 184 Herzförmiges Blatt mit Angabe der Blattrippen. Die Innenfläche ist leicht vertieft. Ateius. **HaNr. 69**. „Italien".
Nr. 185 Vielfach gelapptes, längliches Blatt. C. Annius. **HaNr. 1**.
Nr. 186 Lanzettförmiges Blatt mit parallel verlaufenden Blattrippen. C. Annius. **HaNr. 1**.
Nr. 187 Gestreckte Blattzunge mit doppeltem Außenkontur. Ohne Zuweisung. **HaNr. 122**.
Nr. 188 Drei lanzettförmige Lorbeerblätter ohne Binnenzeichnung. Cn. Atei/Xanthi. **HaNr. 44** und **45**.
Nr. 189 „Dreiblatt" aus scheibchenförmiger Basis entspringend. „gruppo protobargateo" **HaNr. 12**, vgl. D.-W. 47 Abb. 6,23; **KatNr. 192** – Ateius? „gruppo protobargateo" – Pisa.
Nr. 190a.b Kleines, herzförmiges Efeublatt mit eingezogener Basis und Mittelrippe. Jeweils zwei Blattrippen gehen schräg von der Mittelrippe nach außen. Ein Blattstil fehlt. Ateius. **HaNr. 71**. – Punzen-Nr. 190b = Stenico, Rasinius 67 Nr. 255 – Rasinius.
Nr. 191 Kleines Efeublatt. Pantagathus C. Anni. **OaNr. 1**.
Nr. 192 Kleines Efeublatt. C. Annius. **OaNr. 13**.
Nr. 193 Kleines, herzförmiges Efeublatt mit Blattstil. Keine Binnenzeichnung. Ohne Zuweisung. Lyon. **HaNr. 157**.
Nr. 194 Kleines, gesägtes Blatt mit Innenrippe. Ohne Zuweisung. Lyon? **HaNr. 14**.
Nr. 195 Baum mit dreieckigen und z.T. mehrfach gelappten Blättern. Ateius. **HaNr. 92**, vgl. **KatNr. 302** – Cresti Euhodi, Pisa.

Tiere

Nr. 196a.b Kleine Eidechse in Aufsicht. Ateius. **HaNr. 82**, vgl. Behrens, Mainzer Zeitschr. 12/13, 1917/18, 37 Abb. 23 - Cn. Atei/Xanthi (**= Nr. 196b**).
Nr. 197 Spechtvogel (?) mit langen Schwanzfedern. Ateius. **HaNr. 83**, vgl. **KatNr. 303** – CRESTI ATEI, Pisa.
Nr. 198 Vogel mit aufgestellten Schwingen. Cn. Atei/Zoeli? **HaNr. 53**. Ähnlicher Vogel mit zurückgewendetem Kopf: Ettlinger, Novaesium Taf. 56,2 – Cn. Atei Xanthi, Pisa.
Nr. 199 Raubvogel. Cresti Atei Euhodi. **HaNr. 54**.
Nr. 200 Vogel mit angelegten Schwingen und kurzem Schwanz. Ateius. **HaNr. 69**. „Italien".
Nr. 201 Vogel mit aufgerichteten Schwingen und erhobenem Kopf. Ateius. **HaNr. 75**.
Nr. 202 Springendes Böckchen? Narcissi Atei. **HaNr. 41**.
Nr. 203 Nach links springender Rehbock mit zurückgebogenem Kopf. P. Cornelius. **HaNr. 19**.
Nr. 204 Nach rechts springender Rehbock. P. Cornelius. **HaNr. 19**.
Nr. 205a.b Insekt in Aufsicht? Cn. Atei/Xanthi. **HaNr. 42**, vgl. Behrens, Mainzer Zeitschr. 12/13, 1917/19, 37 Abb. 23 – Cn. Atei Xanthi. (**= Nr. 205b**).
Nr. 206a.b Gespanntes Löwenfell. Schwanz zu einem Heraklesknoten verknüpft. Unbekannte Herkunft. **HaNr. 288**.
Nr. 207 Gespanntes Löwenfell. Falten- und Haarangaben werden durch eine reichhaltige Binnenzeichnung vermittelt. Der Kopf ist sehr naturalistisch wiedergegeben. Das Fell ist mit den Hinterpfoten an eine Querstange gebunden. P. Cornelius. **HaNr. 18, 19** und **AnNr. 3**.
Nr. 208 Panther im Sprung. Rasinius. **OaNr. 24**.
Nr. 209 Zwei durch Heraklesknoten verbundene Löwentatzen. P. Cornelius. **HaNr. 22**.
Nr. 210 Löwe oder Panther? Ateius? **HaNr. 74**.

Appliken

Nr. 211 Zwei durch Heraklesknoten verschlungene Schlangen. P. Cornelius. **HaNr. 21**.
Nr. 212 Bärtiger Satyrkopf Cn. Atei/Xanthi. **HaNr. 51** – Pisa und **HaNr. 75** Ateius.
Nr. 213 Widderkopf mit leicht geschwungenem Gehörn und zwei gedrehten Bartenden. Cn. Atei/Xanthi. **HaNr. 44**, vgl. **KatNr. 350** – Cn. Atei/Xanthi, Pisa.
Nr. 214 Wie Applik **Nr. 213**; hier allerdings als Punze im Reliefkontext verwandt. Cresti Atei Euhodi. **HaNr. 62**.
Nr. 215 Widderkopf mit nach unten gebogenem Gehörn und herabhängenden Ohren. Der Bart hängt in zwei gedrehten Enden herab. Cn. Atei/Xanthi. **HaNr. 42** und **43**.
Nr. 216 Widderkopf mit zweifach gedrehtem Bart. P. Cornelius. **HaNr. 17**. Nach einer Zeichnung von K. Lottmann im WMfA.
Nr. 217 Große Palmettenapplik. P. Cornelius. **AnNr. 3**.
Nr. 218 Palmettenapplik. Cresti/Euhodi. **HaNr. 65**.

Tänien

Nr. 219 P. Cornelius. **HaNr. 23**.
Nr. 220 Cresti Atei Euhodi. **HaNr. 59**.
Nr. 221 Cn. Atei/Xanthi. **HaNr. 43**.
Nr. 222 Cn. Atei/Xanthi. **HaNr. 49** – Pisa, vgl. **KatNr. 350** – Cn. Atei/Xanthi, Pisa.
Nr. 223 Cn. Atei/Zoeli? **HaNr. 53**.
Nr. 224a.b S-förmig geschlungene Tänie mit Furche in der Mittelachse. Cn. Atei/Xanthi. **HaNr. 42, 44** und **45**.
Nr. 225 Kordelartiges Band mit quastförmigem Ende. Cn. Atei/Zoeli? **HaNr. 53**.

Staffage (Waffen, Mobiliar, Kratere etc.)

Nr. 226 Lyra. Cresti Atei Euhodi. **HaNr. 54**.
Nr. 227 Tympanon? Cresti Atei Euhodi. **HaNr. 54**.
Nr. 228 Tympanon? Rasinius. **OaNr. 23**.
Nr. 229 Öllämpchen? Cresti Atei Euhodi. **HaNr. 54**.
Nr. 230 Fußbank. Cresti Atei Euhodi. **HaNr. 54**.
Nr. 231 Schild. Cn. Ateius/Hilarus, Pisa. **HaNr. 38**.
Nr. 232 Rundaltar? Ohne Zuweisung. **HaNr. 132**.
Nr. 233 Felssockel. Cn. Ateius/Hilarus, Pisa. **HaNr. 38**.
Nr. 234 Sitzpolster. M. Perennius. **HaNr. 6**.
Nr. 235 Schild aus frei eingezeichneter Umrahmung und zwei Kolben **Nr. 64** als Mittelrippe. Ateius. **HaNr. 27**.
Nr. 236 Keule. P. Cornelius. **HaNr. 22**.
Nr. 237 Pelta. „gruppo protobargateo". **HaNr. 11**, vgl. D.-W. 47 Abb. 6,2.
Nr. 238 Kranz. Ateius. **HaNr. 27**, vgl. **KatNr. 261** – Ateius.
Nr. 239 Wagenkasten mit Speichenrad. M. Perennius. **HaNr. 6**.
Nr. 240 Dreifuß. M. Perennius Tigranus. **HaNr. 7**. (Nach Foto).

Architekturteile

Nr. 241 Zinnen aus Ziegelmauerwerk. Ateius. **HaNr. 27**.
Nr. 242 Zinnen mit Pinienzapfen dazwischen. Ateius. **HaNr. 27**.
Nr. 243 Ziegelmauerwerk mit flacher Zinnenbekrönung. Ateius. **HaNr. 27**.
Nr. 244 Ziegelmauerwerk. Ateius. **HaNr. 27**.
Nr. 245 Runder Ziegelbau über einer dreifachen Basis. Ateius. **HaNr. 27**.
Nr. 246 Tordierte Säule mit korinthischem Kapitell. Cn. Atei/Zoeli? **HaNr. 53**, vgl. **KatNr. 364** – Xanthi, Pisa.
Nr. 247 Tordierte Säule mit tuskanischem Kapitell. P. Cornelius. **HaNr. 23**.
Nr. 248 Cista mit Innenzeichnung, hier als Postament verwendet. Narcissi Atei. **HaNr. 41**, vgl. Roth-Rubi, H. Arch. Seminars Bern 4, 1978, 19 Nr. 5 – Ateius, Arezzo.
Nr. 249 Wie Punzen-Nr. 248 nur kleiner. Ohne Zuweisung. **HaNr. 127**.
Nr. 250 Basis einer Säule? Narcissi Atei. **HaNr. 41**.
Nr. 251 Plinthe oder Basis. Narcissi Atei. **HaNr. 41**.

Gefäße

Nr. 252 Großer Krater mit wulstigem Zungenmuster am Bauch und seitlicher Handhabe. Die Lippe ist durch eine umlaufende Rille akzentuiert. Cresti Atei Euhodi. **HaNr. 54**.
Nr. 253 Großer Krater mit zweifach geschnürtem Fußschaft, Zungenmuster am Bauch, starker Einziehung der oberen Gefäßhälfte und einer profilierten Lippe. Cn. Atei/Xanthi und Cresti Atei Euhodi. **HaNr. 49** und **62**?
Nr. 254 Krater mit dünnem Fuß, oben durch einen Wulst abgeschlossen. Auf dem Körper ein Blattzungenmuster; die obere Gefäßhälfte ist eingezogen und in der Mitte durch ein verziertes Band untergliedert. Die bandartige Lippe ist geriefelt. C. Annius. **OaNr. 4** u. **6**.
Nr. 255 Spitzamphora. Ateius. **HaNr. 27**.

Kreise und Bögen

Nr. 256 Aus zwei Halbkreisen zusammengesetztes Kreismedaillon. Cn. Atei/Xanthi. **HaNr. 43**.
Nr. 257 Freimodellierter (?) Halbbogen mit eingeschnittenem Muster. C. Annius. **OaNr. 10**.
Nr. 258 Zwei übereinander gestempelte Halbbögen mit Rippen. P. Cornelius. **HaNr. 17**.

Zierstreifen

Viele Rosetten sind auch als Zierfries eingesetzt, sie sind deshalb hier nicht noch einmal speziell aufgeführt.
Nr. 259 Fries aus waagerecht übereinandergelegten Efeublättchen? Rasinius. **HaNr. 5**.
Nr. 260 Fries aus verpreßten Efeublättchen? C. Annius. **HaNr. 1**. u. **2**.
Nr. 261 Fries aus waagerecht gelegten Blättchen. Ohne Zuweisung. Lyon? **HaNr. 14**.
Nr. 262 Fries aus senkrecht stehenden Blättchen wie **Nr. 237**. Ohne Zuweisung. Lyon? **HaNr. 15**.
Nr. 263 Fries aus Rosette Punzen-Nr. 99 mit doppelter Strichelreihe darunter. M. Perennius Tigranus? **HaNr. 9**.
Nr. 264 Fries aus kleinem, waagerecht gelegtem, zweifach eingeschnittenem Blättchen mit doppelter Strichelreihe darunter. Cn. Ateius/Hilarus, Pisa. **HaNr. 40**.
Nr. 265 Fries aus Lorbeerblättchen. Rasinius. **OaNr. 23**.

Unbekannte Objekte

Nr. 266 Ohne Zuweisung. Lyon. **HaNr. 156**.
Nr. 267 Ohne Zuweisung. **HaNr. 155**.
Nr. 268 Ohne Zuweisung. **HaNr. 135**.
Nr. 269a Punze wird als Basis für drei Kolben benutzt. Ansprache unklar. **HaNr. 59** – Cresti Atei Euhodi.
Nr. 269b Wie Punzen-Nr. 269a, doch stark verschliffen. **HaNr. 61** – Cresti Atei Euhodi.

Perlstäbe

Eine spezielle Differenzierung ist hier kaum möglich, da die Abstände und die Größen der einzelnen Perlen stark schwanken. Sie wurden wahrscheinlich mit dem Rädchen aufgetragen. Manchmal sind Hilfslinien zur Orientierung darunter zu erkennen, z.B. **HaNr. 17, 18, 19** (P. Cornelius). Häufig bilden sie sowohl den oberen (**HaNr. 18-21** – P. Cornelius; **HaNr. 34** – Ateius) als auch den unteren Abschluß von Eierstäben (**HaNr. 56, 57, 59, 60, 65, 72** und **90** – Ateius-Produkte). Seltener treten sie auf den Halterner Sigillaten als singulärer Fries auf (**HaNr. 16, 18** und **23** – P. Cornelius; **HaNr. 42** – Xanthus; **HaNr. 82** – Ateius; **HaNr. 122, 136** – ohne Zuweisung und **HaNr. 156** – Lyon).

Strichelreihen

Sehr häufig kommen die einfache oder die doppelte Strichelreihe zum Einsatz, die sich vermutlich von Lorbeerzweigen ableiten lassen. Die Ausführungen der immer frei eingezeichneten Strichelreihen sind trotz des festgelegten Grundmusters sehr unterschiedlich. Von vielen Töpfern wegen der einfachen Anbringung mittels eines Stilus in die Modelschüssel verwendet, lassen sich „persönliche Handschriften“ selten erkennen und nachweisen. Wichtig ist allerdings die typische Gestaltung von Blütenstilen durch die einfache Strichelreihe auf Gefäßen des Xanthus, z.B. **HaNr. 44** und **45**.

Verwendung findet die Strichelreihe zumeist als Begleiterin von Eierstäben und Friesen (einfache **HaNr. 9, 10, 12, 26, 28, 29, 35, 43, 49, 51, 54, 69, 71, 74, 75, 76, 82, 89, 91, 103, 104, 105**; doppelte Strichelreihe **HaNr. 25, 27, 40, 114**) oder als kleine schmale Girlande im Dekor (**HaNr. 7, 71**). Als sicheres Zuweisungskriterium ist die Strichelreihe nicht zu verwenden, wenn sie auch besonders in den Betrieben des Cn. Ateius sehr beliebt gewesen ist, wie die vielen Beispiele zeigen.

Bodenlinien

Auch die Angabe der Bodenlinie ist, bis auf wenige Ausnahmen, wo stabförmige Punzen Verwendung fanden (**HaNr. 27, 56, 65**), frei in die Modelschüssel eingezeichnet worden (**HaNr. 6, 29, 41, 54, 57, 62, 116?, 132?, 133?**).

Frei eingezeichnet in die Modelschüssel wurden auch Gräser (**HaNr. 22**), Blütenstile (**HaNr. 14, 25, 84, OaNr. 1, 4-6**) Tänien (**HaNr. 23, 40, 43, 49, 54, 59, 71, 103, 135**) und z.B. Kreislinien zur Unterteilung der Dekorzone in Felder (**HaNr. 12, 87, OaNr. 1, 8, 26**).

Hilfslinien

Häufig finden sich besonders unter waagerechten Verzierungen, wie Eierstäben, Strichelreihen und Perlstäben, leicht erhöhte Linien, die der Hersteller der Modelschüssel zwecks genauerer und bequemerer Einfügung von Ornamenten in die Modelschüssel einzeichnete (z.B. **HaNr. 14, 17-19, 34, 35, 62, 70**). Einteilungen der Dekorzone durch kleine senkrechte Striche, die die Modelschüssel in bestimmte Segmente unterteilen, ließen sich an den Oberadener und Halterner Sigillaten nicht beobachten.

Punzenkatalog der Halterner Imitationen

Nr. 1 Erynnie. **ImNr. 1**.
Nr. 2 Herzförmiges Blatt. **ImNr. 1, 2, 3**.
Nr. 3 Weinblatt. **ImNr. 2, 3**.
Nr. 4 Durch Einschnitte in mehrere Segmente unterteilte Blüte. **ImNr. 8**.
Nr. 5 Fries aus zahnschnittartig gesetzten Blöcken. **ImNr. 8**.

X. Abkürzungsverzeichnis

Außer den im Abkürzungsverzeichnis der Römisch-Germanischen Kommission (Ber. RGK 71,2, 1991, 973 ff.) veröffentlichten Sigeln werden folgende Kürzel verwendet:

AFWL	Ausgrabungen und Funde in Westfalen-Lippe.
ALEXANDER, Metropolitan	C. ALEXANDER, Corpus Vasorum Antiquorum. Metropolitan Museum of Art New York (1) [USA 9] (Camebridge Mass. 1943).
Asciburgium	T. BECHERT/M. VANDERHOEVEN, Italische sigillata aus dem Vicus von Asciburgium. Ausgrabungen im Rheinland 23 (Bonn 1984) 161 ff.
Bargathes (1984)	Marcus Perennius Bargathes. Catalogo delle Mostra Arezzo (Arezzo 1984).
BAW	Bodenaltertümer Westfalens.
Brigantium	S. ZABEHLICKY-SCHEFFENEGGER, Terra-Sigillata in Brigantium. Das römische Brigantium. Ausstellungskatalog des Vorarlberger Landesmuseums Nr. 124, Bregenz (Bregenz 1985) 21-28.
BROWN, Ashmolean	A.C. BROWN, Catalogue of Italian Terra Sigillata in the Ashmolean Museum (Oxford 1968).
CHASE, Loeb	G.H. CHASE, The Loeb Collection of Arretine Pottery (New York 1908).
CHASE, Boston	G.H. CHASE, Catalogue of Arretine Pottery, Museum of Fine Arts Boston[2] (Boston 1975).
Conspectus	E. ETTLINGER u.a., Conspectus Formarum Terrae Sigillatae Italico Modo Confectae. Materialien zur Römisch-germanischen Keramik 10 (Bonn 1990).
DRAGENDORFF, Terra Sigillata	H. DRAGENDORFF, Terra Sigillata: Ein Beitrag zur Geschichte der griechischen und römischen Keramik. Bonner Jahrbücher 96-97, 1895, 18-150.
DRAGENDORFF, Haltern (1903)	H. DRAGENDORFF, Fundstücke von Haltern 1901. 1902. E. Thon. I. Sigillata. Mitteilungen der Altertums-Kommission für Westfalen 3, 1903, 74-78.
D.-W.	H. DRAGENDORFF/C. WATZINGER, Arretinische Reliefkeramik mit Beschreibung der Sammlung in Tübingen (Reutlingen 1948).
ETTLINGER, Augster Thermen	E. ETTLINGER, Die Keramik der Augster Thermen. Ausgrabungen 1937-38. Monographien zur Ur- und Frühgeschichte der Schweiz 6 (Basel 1949).
ETTLINGER, Novaesium	E. ETTLINGER, Die italische Terra Sigillata von Novaesium. Novaesium IX. Limesforschungen 21 (Berlin 1983).
ETTLINGER, Pollentia	E. ETTLINGER, The Terra Sigillata of the Excavation at Sa Portella, Alcudia, Mallorca. Italian, Gaulish and Hispanic Wares. In: A. ARRIBAS (Hrsg.), Pollentia 3. Estudio de los Materiales I. Sa Portella Excavationes 1957-63 (Palma de Mallorca 1983) 47-163.
FABRONI, Storia	A. FABRONI, Storia degli antichi vasi fittili aretini (Arezzo 1841).

GOUDINEAU, Bolsena — C. GOUDINEAU, La céramique arêtine lisse. Fouilles de l'École Française de Rome à Bolsena. (Poggio Moscini) 1962-1967 IV. Mélanges Écoles Française Athènes Rome Suppl. 6 (Paris 1968).

HÄHNLE, Haltern (1912) — K. HÄHNLE, Ausgrabungen bei Haltern. Die Reliefkelche. Mitteilungen der Altertums-Kommission für Westfalen 6, 1912, 67-100.

HÄHNLE, Reliefkeramik — K. HÄHNLE, Arretinische Reliefkeramik. Ein Beitrag zur Geschichte des antiken Kunstgewerbes (Stuttgart 1915).

HOFFMANN, Formgebung — B. HOFFMANN, Die Rolle der handwerklichen Verfahren bei der Formgebung reliefverzierter Terra Sigillata (Diss. Berlin 1983).

KENRICK, Berenice — P.M. KENRICK, The Fine Pottery. Excavations at Sidi Khrebish, Benghazi (Berenice) 3,1. Lybia Antiqua, Suppl. 5 (Tripoli 1985).

LAVIZZARI-PEDRAZZINI, Luni I — M.P. LAVIZZARI-PEDRAZZINI, Ceramica arretina. T.S. Tardo-italica. In: A. FROVA (Hrsg.), Scavi di Luni. Relazione preliminare delle campagne di scavo 1970-71 (Rom 1973) 283-301; 698-701; 761-767.

LAVIZZARI-PEDRAZZINI, Luni II — M.P. LAVIZZARI-PEDRAZZINI, Terra sigillata italica e sud-gallica. In: A. FROVA (Hrsg.), Scavi di Luni II. Relazione delle campagne di scavo 1972-1973-1974 (Rom 1977) 118-143; 369-373; 455-465.

LOESCHCKE, Haltern (1909) — S. LOESCHCKE, Ausgrabungen bei Haltern. Die keramischen Funde. Ein Beitrag zur Geschichte der augusteischen Kultur in Deutschland. Mitteilungen der Alterums-Kommission für Westfalen 5, 1909, 101-322.

MAK — Mitteilungen der Altertums-Kommission für Westfalen.

NJG — Neujahrsgruß. Hrsg. vom Westfälischen Museum für Archäologie, Amt für Bodendenkmalpflege, Münster, Altertumskommission für Westfalen.

Oberaden I — C. ALBRECHT (Hrsg.), Das Römerlager in Oberaden und das Uferkastell in Beckinghausen an der Lippe 1. Veröffentlichungen Städt. Museum Vor- und Frühgeschichte Dortmund, Bd. 2,1 (Dortmund 1938).

Oberaden II — C. ALBRECHT (Hrsg.), Das Römerlager in Oberaden und das Uferkastell in Beckinghausen an der Lippe 2. Veröffentlichungen Städt. Museum Vor- und Frühgeschichte Dortmund, Bd. 2,2 (Dortmund 1942).

Oberaden III — J.-S. KÜHLBORN, Das Römerlager in Oberaden III. Bodenaltertümer Westfalens 27 (Münster 1992).

OXÉ, Rhein — A. OXÉ., Arretinische Reliefgefäße vom Rhein. Materialien zur römisch-germanischen Keramik 5 (Frankfurt a.M. 1933).

OXÉ, Haltern (1943) — A. OXÉ, Die Halterner Sigillatafunde seit 1925. Bodenaltertümer Westfalens 6, 1943, 15-76.

O.-C. — A. OXÉ/H. COMFORT, Corpus Vasorum Arretinorum. A Catalogue of the Signatures, Shapes and Chronology of Italian Sigillata. Antiquitas 3,4 (Bonn 1968).

Ordona VI,1 — M. VANDERHOEVEN, La Terre sigillée à reliefs. Campagnes de fouilles de 1963 à 1974. In: J. MERTENS (Hrsg.), Ordona VI. Rapports et Études. (Brüssel – Rom 1979).

Porten Palange, Antiquarium	F.P. Porten Palange, La Ceramica Arretina a rilievo nell'Antiquarium del Museo Nazionale in Roma. Pubblicazioni della Facoltà di Lettere e Filosofia dell'Universita di Milano 31 (Florenz 1966).
Porten Palange, Ateius	F.P. Porten Palange, Cn. Ateius di Arezzo. Introduzione al suo Repertorio Figurato, Numismatica e Antichità Classiche 14, 1985, 183-209.
Prachner, Sklaven	G. Prachner, Die Sklaven und Freigelassenen im arretinischen Sigillatagewerbe. Forschungen zur antiken Sklaverei 12 (Wiesbaden 1980).
Ritterling, Haltern (1901)	E. Ritterling, Die römische Niederlassung bei Haltern. B. Die Fundstücke. E. Thon. I. Sigillata. Mitteilungen der Altertums-Kommisssion für Westfalen 2, 1901, 132-149.
Von Schnurbein, Haltern	S. von Schnurbein, Die römischen Militäranlagen bei Haltern. Bodenaltertümer Westfalens 14^2 (Münster 1974).
Von Schnurbein, Sigillata	S. von Schnurbein, Die unverzierte Terra Sigillata aus Haltern. Mit einem Beitrag von J. Lasfargues und M. Picon. Bodenaltertümer Westfalens 19 (Münster 1982).
Simon, Rödgen	H. Schönberger/H.-G. Simon, Römerlager Rödgen. Limesforschungen 15 (Berlin 1976).
Stenico, Pisani-Dossi	A. Stenico, Ceramica Aretina a Relievo della Collezione Pisani-Dossi del Museo di Milano. In: Studi in Onore di A. Calderini e R. Paribeni 3 (Mailand 1956).
Stenico, Liste	A. Stenico, Revisione critica delle Pubblicazioni sulla Ceramica Arretina. Liste di Attribuzione del Vasellame decorato con Rilievi Edito Fotograficamente (Mailand 1960).
Stenico, Rasinius	A. Stenico, La Ceramica Arretina I. Museo Archeologico di Arezzo. Rasinius I (Varese – Mailand 1960).
Stenico, Punzoni	A. Stenico, La Ceramica Arretina II. Collezioni diverse. Punzoni, Modelli, Calchi, ecc. (Varese – Mailand 1966).
Taponecco Marchini, Pisa	P. Taponecco Marchini, La Fabbrica Pisana di Ateio, Antichità Pisane 1,2, 1974, 3-9.
Tilhard, Saintes	J.-L. Tilhard, Céramiques à vernis noir et sigillées des fouilles de "Ma Maison" à Saintes. Les fouilles de "Ma Maison". Études sur Saintes antique. Aquitania, Suppl. 3, 1988, 85-197.
Ulbert, Augsburg	G. Ulbert, Die römische Keramik aus dem Legionslager Augsburg-Oberhausen. (Kallmünz 1960).
Walters, BM	H.B. Walters, Catalogue of the Roman Pottery in the British Museum (London 1908).

Listen und Tabellen

Liste 1: Töpferbestimmungen und Qualitäten – Oberaden

Arezzo

OaNr. 1 C. Annius; Qualität V?
OaNr. 2 C. Annius; Qualität V
OaNr. 3 C. Annius; verschollen
OaNr. 4 C. Annius; Qualität V
OaNr. 5 C. Annius; Qualität V
OaNr. 6 C. Annius; Qualität I?
OaNr. 7 C. Annius; verschollen
OaNr. 8 C. Annius?; verschollen
OaNr. 9 C. Annius; Qualität V
OaNr. 10 C. Annius?; Qualität V
OaNr. 11 C. Annius?; verschollen
OaNr. 12 C. Annius?; Qualität V
OaNr. 13 C. Annius?; Qualität II
OaNr. 14 C. Annius?; Qualität II
OaNr. 15 C. Annius?; Qualität II
OaNr. 16 C. Annius?; Qualität II?
OaNr. 17 C. Annius?; Qualität II
OaNr. 18 C. Annius?; Qualität V
OaNr. 19 Rasinius; Qualität V
OaNr. 20 Rasinius; Qualität II
OaNr. 21 Rasinius?; Qualität II
OaNr. 22 Rasinius?; Qualität V
OaNr. 23 Rasinius; Qualität II
OaNr. 24 Rasinius; verschollen
OaNr. 25 M. Perennius; verschollen
OaNr. 31 ohne Zuweisung; Qualität V
OaNr. 34 ohne Zuweisung; Qualität II

Arezzo?

OaNr. 35 ohne Zuweisung; Qualität II?
OaNr. 36 ohne Zuweisung; Qualität V
OaNr. 37 ohne Zuweisung; Qualität II
OaNr. 38 ohne Zuweisung; Qualität II
OaNr. 39 ohne Zuweisung; Qualität II
OaNr. 41 ohne Zuweisung; Qualität II

Pisa?

OaNr. 26 Ateius?; Qualität II?
OaNr. 27 Ateius?; Qualität II
OaNr. 28 Ateius?; verschollen
OaNr. 33 ohne Zuweisung; Qualität II?
OaNr. 40 ohne Zuweisung; Qualität II?

Unbekannter Herstellungsort

OaNr. 29 ohne Zuweisung; verschollen
OaNr. 30 ohne Zuweisung; verschollen
OaNr. 32 ohne Zuweisung; verschollen
OaNr. 42 ohne Zuweisung; Qualität II

Liste 2: Töpferbestimmungen und Qualitäten – Haltern

Arezzo

HaNr. 1 C. Annius; Qualität II
HaNr. 2 C. Annius; Qualität II
HaNr. 3 Rasinius; Qualität III
HaNr. 4 Rasinius; Qualität II
HaNr. 5 Rasinius; Qualität V
HaNr. 6 M. Perennius; Qualität II
HaNr. 7 M. Perennius; verschollen
HaNr. 8 M. Perennius; verschollen
HaNr. 9 M. Perennius?; Qualität II
HaNr. 10 „gruppo protobargateo"; verschollen
HaNr. 11 „gruppo protobargateo"; Qualität II
HaNr. 12 „gruppo protobargateo"; Qualität II/IV
HaNr. 13 „gruppo protobargateo"; Qualität?
HaNr. 16 P. Cornelius; verschollen
HaNr. 17 P. Cornelius; verschollen
HaNr. 18 P. Cornelius; verschollen
HaNr. 19 P. Cornelius; Qualität V bzw. verschollen
HaNr. 20 P. Cornelius; verschollen
HaNr. 21 P. Cornelius; Qualität V
HaNr. 22 P. Cornelius; Qualität II
HaNr. 23 Primus/P. Cornelius; Qualität V
HaNr. 24 P. Cornelius; Qualität V
HaNr. 25 Cn. Ateius; Qualität II
HaNr. 26 Cn. Ateius; verschollen

Arezzo/Pisa

HaNr. 27 Cn. Ateius; Qualität I
HaNr. 28 Cn. Ateius; Qualität II
HaNr. 29 Cn. Ateius; Qualität II
HaNr. 30 Cn. Ateius; verschollen
HaNr. 31 Cn. Ateius; verschollen
HaNr. 32 Cn. Ateius; verschollen
HaNr. 33 Cn. Ateius; Qualität III?
HaNr. 69 Ateius (Zuweisung); Qualität II
HaNr. 70 Ateius (Zuweisung); Qualität II

Pisa

HaNr. 34 Cn. Ateius; Qualität II/IV
HaNr. 35 Cn. Ateius; Qualität II
HaNr. 36 Cn. Ateius; Qualität II
HaNr. 37 Cn. Atei/Euhodi; verschollen
HaNr. 38 Cn. Ateius/Hilarus; Qualität III
HaNr. 39 Cn. Ateius/Hilarus; Qualität II (brauner Belag)
HaNr. 40 Cn. Ateius/Hilarus; Qualität II/IV
HaNr. 41 Narcissi/Atei; Qualität II
HaNr. 42 Cn. Atei/Xanthi; Qualität I?
HaNr. 43 Cn. Atei/Xanthi; Qualität II
HaNr. 44 Cn. Atei/Xanthi; Qualität II
HaNr. 45 Cn. Atei/Xanthi; Qualität II
HaNr. 46 Cn. Atei/Xanthi; verschollen
HaNr. 47 Cn. Atei/Xanthi; Qualität II
HaNr. 48 Cn. Atei/Xanthi; verschollen
HaNr. 49 Cn. Atei/Xanthi; Qualität II
HaNr. 50 Cn. Atei/Xanthi; Qualität II/IV
HaNr. 51 Cn. Atei/Xanthi; Qualität II
HaNr. 52 Cn. Atei/Zoeli; Qualität II (brauner Belag)
HaNr. 53 Cn. Atei/Zoeli?; Qualität II
HaNr. 54 Cresti Atei Euhodi; Qualität II (heller Belag)
HaNr. 55 Cresti Atei Euhodi; Qualität II
HaNr. 56 Cresti Atei Euhodi; Qualität II (heller Belag)
HaNr. 57 Cresti Atei Euhodi; Qualität II
HaNr. 58 Cresti Atei Euhodi; verschollen
HaNr. 59 Cresti Atei Euhodi; Qualität II (brauner Belag)
HaNr. 60 Cresti Atei Euhodi; verschollen
HaNr. 61 Cresti Atei Euhodi; Qualität II
HaNr. 62 Cresti Atei Euhodi; Qualität II (brauner Belag)
HaNr. 63 Cresti Atei Euhodi; verschollen
HaNr. 64 Cresti Atei Euhodi; verschollen
HaNr. 65 Cresti Euhodi; Qualität II (brauner Belag)
HaNr. 66 Cresti Euhodi; verschollen
HaNr. 67 Cresti Euhodi; verschollen
HaNr. 68 Cresti Euhodi; verschollen
HaNr. 81 Ateius (Zuweisung); Qualität I
HaNr. 95 Ateius (Zuweisung); Qualität II?

Pisa?

HaNr. 71 Ateius (Zuweisung); Qualität II/IV (brauner Belag)
HaNr. 72 Ateius (Zuweisung); verschollen
HaNr. 73 Ateius (Zuweisung); verschollen
HaNr. 75 Ateius (Zuweisung); Qualität II
HaNr. 76 Ateius (Zuweisung); verschollen
HaNr. 78 Ateius (Zuweisung); Qualität II
HaNr. 79 Ateius (Zuweisung); Qualität II
HaNr. 80 Ateius (Zuweisung); verschollen
HaNr. 82 Ateius (Zuweisung); Qualität II
HaNr. 83 Ateius (Zuweisung); Qualität II
HaNr. 84 Ateius (Zuweisung); Qualität II
HaNr. 85 Ateius (Zuweisung); Qualität I
HaNr. 86 Ateius (Zuweisung); Qualität II
HaNr. 87 Ateius (Zuweisung); verschollen
HaNr. 88 Ateius (Zuweisung); Qualität II
HaNr. 89 Ateius (Zuweisung); verschollen
HaNr. 90 Ateius (Zuweisung); verschollen
HaNr. 92 Ateius (Zuweisung); verschollen
HaNr. 94 Ateius (Zuweisung); Qualität II?
HaNr. 106 Ateius (Zuweisung); Qualität II
HaNr. 107 Ateius (Zuweisung); Qualität II

Italien

HaNr. 74 Ateius (Zuweisung); Qualität I?
HaNr. 77 Ateius (Zuweisung); Qualität II
HaNr. 91 Ateius (Zuweisung); verschollen
HaNr. 93 Ateius (Zuweisung); Qualität II
HaNr. 96 Ateius (unsichere Zuweisung); Qualität II
HaNr. 97 Ateius (unsichere Zuweisung); Qualität I
HaNr. 98 Ateius (unsichere Zuweisung); Qualität II
HaNr. 99 Ateius (unsichere Zuweisung); verschollen
HaNr. 100 Ateius (unsichere Zuweisung); verschollen
HaNr. 101 Ateius (unsichere Zuweisung); verschollen
HaNr. 102 Ateius (unsichere Zuweisung); verschollen
HaNr. 103 Ateius (unsichere Zuweisung); Qualität III
HaNr. 104 Ateius (unsichere Zuweisung); Qualität II
HaNr. 105 Ateius (unsichere Zuweisung); verschollen
HaNr. 108 ohne Zuweisung; Qualität II
HaNr. 109 ohne Zuweisung; Qualität II
HaNr. 110 ohne Zuweisung; Qualität II
HaNr. 111 ohne Zuweisung; verschollen
HaNr. 112 ohne Zuweisung; verschollen
HaNr. 113 ohne Zuweisung; verschollen
HaNr. 114 ohne Zuweisung; Qualität II
HaNr. 115 ohne Zuweisung; verschollen
HaNr. 116 ohne Zuweisung; Qualität II
HaNr. 117 ohne Zuweisung; Qualität II/IV
HaNr. 118 ohne Zuweisung; Qualität I
HaNr. 119 ohne Zuweisung; Qualität II
HaNr. 122 ohne Zuweisung; Qualität II/IV
HaNr. 123 ohne Zuweisung; Qualität II
HaNr. 124 ohne Zuweisung; verschollen
HaNr. 127 ohne Zuweisung; verschollen
HaNr. 128 ohne Zuweisung; Qualität II
HaNr. 129 ohne Zuweisung; Qualität II
HaNr. 130 ohne Zuweisung; verschollen
HaNr. 132 ohne Zuweisung; Qualität II
HaNr. 133 ohne Zuweisung; Qualität II
HaNr. 134 ohne Zuweisung; Qualität II/IV
HaNr. 135 ohne Zuweisung; Qualität II
HaNr. 136 ohne Zuweisung; Qualität II
HaNr. 137 ohne Zuweisung; Qualität I
HaNr. 138 ohne Zuweisung; Qualität II
HaNr. 139 ohne Zuweisung; Qualität II
HaNr. 140 ohne Zuweisung; Qualität V
HaNr. 141 ohne Zuweisung; Qualität II
HaNr. 142 ohne Zuweisung; Qualität IV
HaNr. 143 ohne Zuweisung; Qualität II
HaNr. 144 ohne Zuweisung; Qualität II
HaNr. 145 ohne Zuweisung; Qualität II
HaNr. 146 ohne Zuweisung; Qualität II
HaNr. 150 ohne Zuweisung; Qualität II

Unbekannter Herstellungsort

HaNr. 120 ohne Zuweisung; verschollen
HaNr. 121 ohne Zuweisung; verschollen
HaNr. 125 ohne Zuweisung; verschollen
HaNr. 126 ohne Zuweisung; verschollen
HaNr. 131 ohne Zuweisung; verschollen
HaNr. 147 ohne Zuweisung; Qualität V
HaNr. 148 ohne Zuweisung; Qualität IV
HaNr. 149 ohne Zuweisung; Qualität V
HaNr. 151 ohne Zuweisung; Qualität II
HaNr. 152 ohne Zuweisung; verschollen
HaNr. 153 ohne Zuweisung; Qualität?
HaNr. 154 ohne Zuweisung; verschollen
HaNr. 155 ohne Zuweisung; verschollen

Lyon?

HaNr. 14 ohne Zuweisung; Qualität IV
HaNr. 15 ohne Zuweisung; Qualität IV

Lyon

HaNr. 156 ohne Zuweisung; Qualität II/IV
HaNr. 157 ohne Zuweisung; Qualität III

Unbekannt

HaNr. 158 ohne Zuweisung; verschollen

Liste 3: Töpferbestimmungen und Qualitäten – Anreppen

Pisa

AnNr. 1 Ateius; Qualität II.
AnNr. 2 Ateius; Qualität II.

Arezzo/Cincelli

AnNr. 3 P. Cornelius; Qualität V.

	RS	WS	BS	?
Becher Form 1a	1, 4, 7, 19, 21	8	5, 11	
Form 1b	26	27, 28		
Form 1c	33			
Becher indiff.		6, 9, 12-18, 34-41		
Schale Form 2	2, 23			
Krater Form 3	29			
Kelche Form 4a	30			
Form 4b	10, 20			
Kelche indiff.		22, 24, 25	31	
unbekannt		3		32, 42
Summe	13	24	3	2

Tab. 1 Gefäßformen in Oberaden (die Zahlen entsprechen den Katalognummern [OaNr.]).

	RS	WS	BS	?
Kelche Form 1	4			
Form 2	27, 108		31, 32	
Form 3a	26, 71, 25, 74			
Form 3b	7, 69, 70, 72, 73, 109			
Form 3 (?)	24, 97, 110			
Form 4	96			
Form 5	51, 75, 98, 107, 111			
Form 6	156	157 (?)		
Form 7a	17, 62, 80, 81, 99, 117	63, 82, 84-86, 94, 123		
Form 7b	43, 44, 118			
Form 7 (?)	116	49, 83, 120-122	46	
Form 8	9, 29, 54, 56, 59, 77, 76 (?)	57, 61		
Form 9	112			
Form 10	65, 66, 78, 113, 114			
Form 11	79			
Form 12	28, 42	45		
Form 13	14, 15, 115			
Form 14	16, 19	21, 23		
Form 15	34	38	37	
Kelche indiff.		1, 2, 3, 5, 6, 8, 10-12, 18, 20, 30, 33, 35, 36, 39, 40, 41, 47, 48, 50, 52, 53, 55, 60, 64, 67, 68, 87-93, 95, 100, 101, 103-106, 119, 125-128, 130-147		
Becher Form 16	148	102, 152, 153	13	
Skyphos Form 17	22, 149	150 (?)		
Schüssel Form 18	129			
unbekannt				58, 124, 151, 154, 155, 158
Summe	59	88	5	6

Tab. 2 Gefäßformen in Haltern (die Zahlen entsprechen den Katalognummern [HaNr.]).

OaNr.	Oxé in: Oberaden I	Loeschcke in: Oberaden II	Neue Bestimmung
1	Pantagathus C. Anni	dito	Pantagathus C. Anni
2	Pantagathus C. Anni	dito	Pantagathus C. Anni
3	C. Anni	dito	C. Anni
7	Pantagathus C. Annius	dito	C. Annius
8	Pantagathus C. Annius	dito	C. Annius (?)
9	C. Annius		C. Annius
11	Pantagathus C. Annius (?)		C. Annius
24	Rasinius		Rasinius
25	Rasinius		M. Perennius
26	unbekannt, nicht aus Arezzo	unbekannt	protobargateo Ateius (?) Pisa (?)
28	unbekannt		protobargateo Ateius (?) Pisa (?)
29		unbekannt	unbekannt
30		C. Annius (?)	unbekannt
32	unbekannt		unbekannt

Tab. 3 Alte und neue Zuweisungen – Oberaden.

HaNr.	Ritterling, Haltern 1901	Dragendorff, Haltern 1903	Loeschcke, Haltern 1909	Hähnle, Haltern 1912	Oxé, Haltern 1943	Neue Bestimmung
7				M. Perennius Tigranus		M. Perennius Tigranus
8				unbekannt		M. Perennius Tigranus
10					M. Perennius Bargathes	gruppo protobargateo
14					unbekannt	unbekannt (Lyon ?)
15					unbekannt	unbekannt (Lyon ?)
16			unbekannt			P. Cornelius
17				P. Cornelius		P. Cornelius
18		P. Cornelius				P. Cornelius
19			P. Cornelius			P. Cornelius
20				P. Cornelius		P. Cornelius
21					P. Cornelius	P. Cornelius
25				M. Perennius Bargathes		Ateius
27					unbekannt	Ateius
28			Ateius			Ateius
29				Ateius		Ateius
30					Ateius	Ateius
31				Ateius		Ateius
32					Ateius	Ateius
33					Cn. Atei	Cn. Atei
34					Cn. Atei	Cn. Atei
35					Ateius	Ateius
37				Cn. Atei Euhodi		Cn. Atei Euhodi
43					Cn. Atei Xanthi	Cn. Atei Xanthi
44					Cn. Atei Xanthi	Cn. Atei Xanthi
46			Cn. Atei Xanthi			Cn. Atei Xanthi
48	Cn. Atei Xanthi					Cn. Atei Xanthi
51					Cn. Atei Xanthi	Cn. Atei Xanthi
52			Cn. Atei Zoili			Cn. Atei Zoili
53			Cn. Atei Zoili			Cn. Atei Zoili (?)

HaNr.	Ritterling, Haltern 1901	Dragendorff, Haltern 1903	Loeschcke, Haltern 1909	Hähnle, Haltern 1912	Oxé, Haltern 1943	Neue Bestimmung
54				Cresti Atei Euhodi		Cresti Atei Euhodi
56				Cresti Atei Euhodi		Cresti Atei Euhodi
58				Cresti Atei Euhodi (?)		Cresti Atei Euhodi (?)
59				Cresti Atei Euhodi		Cresti Atei Euhodi
60					Ateus	Cresti Atei Euhodi (?)
61					Cresti Atei Euhodi	Cresti Atei Euhodi
62					Cresti Atei Euhodi	Cresti Atei Euhodi
63	Ateius (?)					Cresti Atei Euhodi (?)
64	Cresti Atei Euhodi					Cresti Atei Euhodi
65				Cresti Euhodi		Cresti Euhodi
66					unbekannt	zu HaNr. 65 (?)
67			Cresti Euhodi			Cresti Euhodi
68					Cresti Euhodi	Cresti Euhodi
71					Ateius	Ateius
72	Ateius					Ateius (?)
73			Ateius			Ateius
75				Ateius		Ateius
76					Ateius	Ateius
80			Ateius			Ateius
82				Ateius		Ateius
87				Ateius		Ateius
89					unbekannt	Ateius
90				Ateius	Ateius	Ateius
91	Ateius					Ateius (?)
92	unbekannt					Ateius
99				unbekannt		Ateius (?)
100	unbekannt					Ateius (?)
101	Ateius					Ateius

HaNr.	RITTERLING, Haltern 1901	DRAGENDORFF, Haltern 1903	LOESCHCKE, Haltern 1909	HÄHNLE, Haltern 1912	OXÉ, Haltern 1943	Neue Bestimmung
102		unbekannt *				Ateius (?)
105			Ateius			Ateius
111			unbekannt *			unbekannt
112			unbekannt			unbekannt
113			unbekannt *			unbekannt
115			unbekannt			unbekannt
120				Cn. Atei Xanthi (?)		unbekannt
121				Cn. Atei Xanthi (?)		unbekannt
122					unbekannt	unbekannt
124				unbekannt *		unbekannt
125	unbekannt					unbekannt
126					unbekannt	unbekannt
127					unbekannt	unbekannt
130					Cn. Atei Xanthi	unbekannt
131					unbekannt	unbekannt
152			unbekannt *			unbekannt
153					unbekannt	unbekannt
154		unbekannt *				unbekannt
155				unbekannt *		unbekannt
156					unbekannt	unbekannt (Lyon ?)
158					Eleuther	Eleuther

* von OXÉ, Haltern (1943), 37 nicht berücksichtigt

Tab. 4 Alte und neue Zuweisungen – Haltern.

Töpfer	I	II	II/V	V	?	Anzahl
C. Annius		2		1		3
Rasinius		1				1
M. Perennius Tigranus			1	1		2
M. Perennius Bargathes		1		1		2
Perennier (?)		1				1
P. Cornelius					1	1
Cn. Ateius		7		1		8
Cn. Atei Xanthi		3				3
Cresti Euhodi			1			1
unbekannt	1	10	2	2	1	16
Summe	1	25	4	6	2	38

Tab. 5 Töpfer und Qualität – Moers-Asberg.

Töpfer	I?	II	II?	V	V?	Versch.	Anzahl
C. Annius	1	4	1	7	1	4	18
Rasinius		3		2		1	6
M. Perennius						1	1
Ateius (?)		1	1			1	3
unbekannt		6	3	2		3	14
Summe	1	14	5	11	1	10	42

Tab. 6 Töpfer und Qualität – Oberaden.

Qualität Töpfer	I	I?	II	II?	II br.B	II he.B	III	III?	IV	II/IV	II/IV br.B	V	?	Ver-sch.	An-zahl
C. Annius (?)			2												2
Rasinius			1				1					1			3
M. Perennius Tigranus			2											2	4
gruppo protobargateo			1							1			1	1	4
P. Cornelius			1									3		4	8
Primus P. Corneli												1			1
Cn. Ateius	1		5					1		1				4	12
Cn. Atei Euhodi														1	1
Cn. Ateius Hilarus					1		1			1					3
Narcissi Atei			1												1
Cn. Atei Xanthi		1	6							1				2	10
Cn. Atei Zoeli			2												2
Cresti Atei Euhodi			3		2	2								4	11
Cresti Euhodi					1									3	4
Ateius Zuweisungen	2	1	12	2							1			9	27
Ateius (?)	1		5				1							5	12
Eleuter														1	1
Lyon							1			1					2
Lyon (?)									2						2
unbekannt	2		22						2	3		3	1	15	48
Summe	6	2	63	2	4	2	4	1	4	8	1	8	2	51	158

Tab. 7 Töpfer und Qualität – Haltern.

Qualität Form	**I?**	**II**	**II?**	**V**	**V?**	**Verschollen**	**Anzahl**
1a		1		3	1	3	8
1b		1	1			1	3
1c			1				1
1 (?)	1	9	3	4			17
2		1				1	2
3						1	1
4a						1	1
4b		1		1			2
4 (?)				2		1	3
unbekannt		1				3	4
Summe	1	14	5	10	1	11	42

Tab. 8 Qualität und Gefäßform – Oberaden.

Qualität Form	**I**	**I?**	**II**	**II?**	**II br.B**	**II he.B**	**III**	**III?**	**IV**	**II/IV**	**II/IV br.B**	**V**	**?**	**Ver- sch.**	**An- zahl**
1			1												1
2	1		1											2	4
3a		1	1								1			1	4
3b			3											3	6
3 (?)	1		1									1			3
4			1												1
5			4											1	5
6							1			1					2
7a	2		4	1	1					1				4	13
7b	1		2												3
7 (?)			3							1				3	7
8			5		1	2								1	9
9														1	1
10			2		1									2	5
11			1												1
12		1	2												3
13									2					1	3
14												3		1	4
Kelche indifferent	1		28	1	1		2	1	1	4		3		23	65
15							1			1				1	3
16									1				2	2	5
17			2									1			3
18			1												1
unbekannt			1											5	6
Summe	6	2	63	2	4	2	4	1	4	8	1	8	2	51	158

Tab. 9 Qualität und Gefäßform – Haltern.

Töpfer / Form	Ia	Ib	Ic	Ic SF	I?	Id	Ie	If	Ih	Ih/i	Ik	I/	II	IIIa	IIIb	III?*	V	VII	X	XIII	Service II SF	Steilrand	Tasse Vind. 13	Sonderform	Punze/ Model	unbest. Form ***	Anzahl
	Dragendorff - Waitzinger																										
CN. ATEIUS – AREZZO sicher	6	1	10 (2)		3									1		5			1	2	1		3		13	84	132
CN. ATEIUS – AREZZO unsicher	1		1													1			1	1						16	21
CN. ATEIUS – AREZZO möglich				1		1													1	4			1		1	11	20
CN. ATEIUS – PISA sicher			(1)													2							2		2	11 (2)	20
CN. ATEIUS – PISA unsicher			3 (3)	1 (1)					(1)		1 (1)		2	3 (2)		1 (5)				1 (3)	1	3	1			17	50
CN. ATEIUS – Arezzo/ Pisa			2 (3)				1		1	(1)		(1)*				1										33 (4)	47
CN. ATEIUS – Herkunft ? unsicher			1 (1)					1 ?	1 (1)	2 (1)				1	1	1 (1)					1		2	Schüssel 1		10 (11)	37
CN. ATEIUS – Herkunft ? möglich			2 (2)	(2)				1						1 (1)		1										14 (7)	31
Cn. Atei Cresti									1			1						1 ?					2			4	9
Cn. Atei Euhodi																	(1)**									4	5
Euhodi																										3	3
Cresti Atei Euhodi									(4)	(2)				1 (2)										Schale 1 Olpe 1		3 (7)	21
Cn. Ateius Hilarus			1														(1)									10 (2)	14
Narcissi Atei																										3	3
Cn. Atei Xanthi sicher				(1)		1	2				1		2 (2)	4 (2)		3 (2)						4	5	Schüssel 2		35 (3)	69
Cn. Atei Xanthi unsicher																2				1	1		1			13	18
Cn. Atei Zoeli																					1					10 (2)	13
Zoeli																						1		Schale 1		6	8
Summe	7	1	32	6	3	2	3	2	9	6	3	2	6	18	1	25	2	1	3	12	5	8	17	6	16	325	521

Die Oberadener (3), Halterner (83) sowie die Anreppener (2) Gefäße erscheinen in Klammern. Es wurden nur Randscherben ausgewertet.
* = Wandscherben, ** = Fußscherbe eines Kraters, *** = Unter den unbestimmbaren Formen verbergen sich Wand-, Boden- und Fußscherben, jedoch zumeist von Kelchformen.

Tab. 10 Übersicht der Gefäßformen – Ateius-Gruppe.

Ort / Töpfer	Dangstetten	Oberaden	Rödgen	Friedberg	Neuss	Xanten	Nijmegen	Vechten	Moers-Asberg	Köln	Haltern	Bonn	Mainz	Titelberg	Aachen	Straßbourg	Augsb.-Oberhsn	Augst	Windisch
C. Annius		17			10				3								1 ?		
Pantagathus		1			6														
Chrestus						1													
Annius/Rasinius											1								
Rasinius		4			11		2		1		3								2 ?
C. Memmius					3														
Pylades Perenni					1														
M. Perennius Tig.		1			11	1			2		4		2						
M. Perennius Barg.					8				2	1	2 ?	2					1		
Perennier ?									1										
Protobargateo		3			8		1				4							1	
Cn. Ateius			1		17		3		8	2	37		5	1	3	2			1
Cn. Ateius ?					10		1			2	10		1			2	3	1	3
Cn. Atei Cresti		2 ?			1		1 ?						1						
Cn. Atei Euhodi											1								
Euhodi					1						1								
Cn. Ateius Hilarus					2			1			3								
Narcissi Atei											1								
Cn. Atei Xanthi				1	15	3		3	3		10		2			1		3	5
Cn. Atei Euriale																			1
Cn. Atei Zoeli					1						2							1	2
Cresti Atei Euhodi											11								
Cresti Euhodi									1		4								
P. Cornelius								1	1		9					1 ?			
Primus											1								
Lyon											2		1						
Lyon ?											2								
Puteoli																			
Einzelstücke					3		1				1	1	1				1	1	
unbekannt	4	14	2		63	3	2		16		48	1	1				8		
Imitation ?										1	2+3	1	2						
Summe	4	42	3	1	169	8	11	5	38	6	158	5	16	1	3	6	14	7	14

Tab. 11 Ausgewählte Fundorte verzierter Arretina im Oberrhein- und Niederrheingebiet.

Ort **Töpfer**	Pollentia	Alexan- dria	Sidi Khrebisch	Korinth	Bolsena	Luni	Conim- briga	Ordona	Ostia	Morgan- tina
M. Perennius	2			1	12			11	4	
Cerdo		6								
Tigranus		5	2	1		2			1	
Bargathes	8	9	2	2	17	2	4	8	2	4
Saturn ... u. Crescens	1	5					1 ?			
Perennius ?		8					1			1
C. Annius	2	6	3	3		2		2		2
Annius od. Rasinius	4					1				
Rasinius	4	9	2	12	5			1	3	
Rasinius ?								3	1	1
Cn. Ateius	4	3	5		1	21		1	2	
Atei.Di								1		
Xanthi ?						5				
Atei.Ero										1
Zoili						3				
P. Cornelius	8	7	3	1			4	3		4
Primus P. Corneli										1
C. Tellius	1							1 ?		
gruppo protobargateo						1		1		
C. Memmius					1					
Rasini Memmi									1	
spät arretinisch	5									
Puteoli		4	24				1			
andere			11			2				
unbekannt		24	7	6	8	6	16	30	10	
Summe	39	86	59	26	44	45	27	62	24	14

Tab. 12 Ausgewählte Fundorte im Mittelmeerraum, in Italien und auf der iberischen Halbinsel.

Konkordanzliste

Oberaden

Publikation	FundNr.	OaNr.
OXÉ in: Oberaden I Taf. 52a	1908 Berse IV 1	7
OXÉ in: Oberaden I Taf. 47a = LOESCHCKE in: Oberaden II Taf. 2,1a	1908 Berse IV 1	1
OXÉ in: Oberaden I Taf. 47b = LOESCHCKE in: Oberaden II Taf. 3,1a	Berse II 15	26
OXÉ in: Oberaden I Taf. 47c = LOESCHCKE in: Oberaden II Taf. 4,1a	Vogt 94	2
OXÉ in: Oberaden I Taf. 48,3	unbekannt	3
OXÉ in: Oberaden I Taf. 41,21 = LOESCHCKE in: Oberaden II Taf. 5,12a; 25,16	1908 Berse IV	30
OXÉ in: Oberaden I		
Taf. 52b	1908 Berse IV 1	8
Taf. 52c	1908 Berse IV 1	11
Taf. 52d	Berse IV 24	32
Taf. 52e	Berse IV 24	24
Taf. 52e	Berse IV 24	25
Taf. 52f	Berse I 14	28
LOESCHCKE in: Oberaden II Taf. 25,15	Vogt 2	29

Haltern

Publikation	FundNr.	HaNr.
RITTERLING, Haltern (1901)		
Taf. 28 St. 38		64
Taf. 28 St. 43		48
Taf. 33,7		72
Taf. 33,8		92
Taf. 33,9		125
Taf. 33,10		100
Taf. 33,11		63
Taf. 33,12		91
Taf. 33,13		101
DRAGENDORFF, Haltern (1903)		
74 f. Abb. 6,1		18
74 f. Abb. 6,2		102
75 (o. Abb.)		154
LOESCHCKE, Haltern (1909)		
150 f. Abb.4,11	1909.27	113
158 Abb. 7,1	99.00 lxxx A Gr.4	111

Publikation	FundNr.	HaNr.
158 Abb. 7,2	06.70	73
158 Abb. 7,3	06.391d	80
158 Abb. 7,4	05.226	112
158 Abb. 7,5	05.57	115
Taf. 17,1.1a	06.130	28
Taf. 17,2.2a	06.70	53
Taf. 17,3	07.6	19
Taf. 17,4	06.155	105
Taf. 17,5	05.203	16
Taf. 17,6	06.117c ?	46
Taf. 17,7	1899.1900	152
St. 93	08.0	67
St. 110	06.427b ?	46
St. 114	07.4	52
HÄHNLE, Haltern (1912)		
(Nr. 1) Taf. 6,1; 11,1	09.25	25
(Nr. 2) Taf. 6,2; 5 C,7.9.10.15; 9,2	09.25	7
(Nr. 3) Taf. 7,3a.b; 5 C,6.13	09.25	7
(Nr. 4) Taf. 5 C,16	09.25	8
(Nr. 5) Taf. 5 B5; St. 290	09.25	37
(Nr. 6) Taf. 7a-c; St. Nr. 291	09.25	62
(Nr. 7) Taf. 6,7	09.25	17
(Nr. 8) Taf. 5 C,2	10.24	82
(Nr. 9) Taf. 5 C,3	09.25	99
(Nr. 10) Taf. 5 C,11.12	09.25	121
(Nr. 11) Taf. 5 C,17	09.25	120
(Nr. 12) Taf. 8,12; 5 A,12	09.25	29
(Nr. 13) Taf. 9,13a.b; St. 292	09.25	54
(Nr. 14) Taf. 10,14; St. 293	09.25	56
(Nr. 15) o. Abb.	09.25	58
(Nr. 16) Taf. 10,16; St. 294	09.25	59
(Nr. 17) Taf. 5 C,4	08.25	87
(Nr. 18) Taf. 5 C,5	09.25	90
(Nr. 19) Taf. 8,19; St. 295	09.25	65
(Nr. 20) Taf. 5 B,20; St. 287	09.25	31
(Nr. 21) S. 99 Abb. 15a.b	1912.10	75
(Nr. 22) S. 99 Abb. 16	1912.10	20
Taf. 5 C		155
100 (o. Abb.)	1912.16	124
OXÉ, Haltern (1943)		
R 1 Taf. 4	25.118	44
R 2 Taf. 7		156
R 3 Taf. 5; 13		34
R 4 Taf. 9		30
R 5 Taf. 6; 13		51
R 6 Taf. 10		130
R 7 Taf. 5; 13	25.15; 25.16	71
R 8 Taf. 8; 11		26
R 9 Taf. 3; 10; 11		10
R 10 Taf. 7; 11; R 11 Taf. 3; 12a.b		14
R 12 Taf. 3; 10; 12		15
R 13 Taf. 6; 13		43
R 14 Taf. 10		21
R 15 Taf. 10		76
R 16 Taf. 10		66
R 17 Taf. 9		60

Publikation	FundNr.	HaNr.
R 18 Taf. 9		89
R 19 Taf. 10		131
R 20 Taf. 10		153
R 21 Taf. 9; HÄHNLE, Haltern (1912) (Nr. 18) Taf. 5 C,5		90
R 22 Taf. 9		35
R 23 Taf. 10		127
R 24 Taf. 10		122
R 25 Taf. 9		61
R 26 Taf. 10		126
R 27 St. 377		68
R 28 St. 388		158
R 29 St. 542		32
R 30 St. 550		33
VON SCHNURBEIN, Sigillata		
Taf. 70,1648	Ha 65 A Lf	148
Taf. 86	Ha 56 Gr 276	27
Taf. 94	Ha 68 Gr 361c1	38
Taf. 97	Ha 68 Gr 417d	74

Abbildungsnachweise

Soweit Zeichnungen und Pläne nicht eigens aufgeführt sind, liegen die Publikationsrechte beim Westfälischen Museum für Archäologie, Münster.

Abb. 6,2: M. Hartmann, Jahresber. Ges. Pro Vindonissa 1979/80 (1981) 6 Abb. 11,1
Abb. 6,3.4: Ettlinger, Novaesium Taf. 61,10.17
Abb. 6,6: T.D. Pryce, Journal Roman Stud. 32, 1942, Abb. 2,14
Abb. 6,7: OXÉ, Rhein Taf. 65,112
Abb. 6.5.8: W.H. Kam, De Terra Sigillata uit de Tijd van Augustus (1970) Taf. 3 G.2.0.1; G.2.0.2

Abb. 8,2: J. Moreau-Marechal, Ann. Inst. Arch. Luxembourg 110-111, 1979-80, 20 f. Abb. 1
Abb. 8,3: OXÉ, Rhein Taf. 61,84

Abb. 11,1: J. Metzler, Publ. Section hist. Inst. Luxembourg 91, 1977, Abb. 26,89
Abb. 11,2: K. Roth-Rubi, H. Arch. Seminars Bern 4, 1978, 18 Nr. 1 Taf. 31,1
Abb. 11,4: G. Behrens, Mainzer Zeitschr. 12-13, 1917-18 (1918) Abb. 21-22

Formtafeln

Neuss: Ettlinger, Novaesium Taf. 54,1.3; 55,2; 56,1-3; 57,1; 58,1-3.12.13; 59,5.7-9.12; 60,1.2; 61,10.17; 62,1.

Moers-Asberg: Asciburgium Taf. 58,2.6-8; 59,13.18.19; 60,30.35.36.

Mainz: Oxé , Rhein Taf. 61,84.

Dangstetten: G. Fingerlin, Dangstetten 1 (1986) 273 Fst. 151,8.

Arlon: nach J. Moreau-Marechal, Ann. Inst. Arch. Luxembourg 110-111, 1979-80, 20 f. Abb. 1.

OaNr. 1

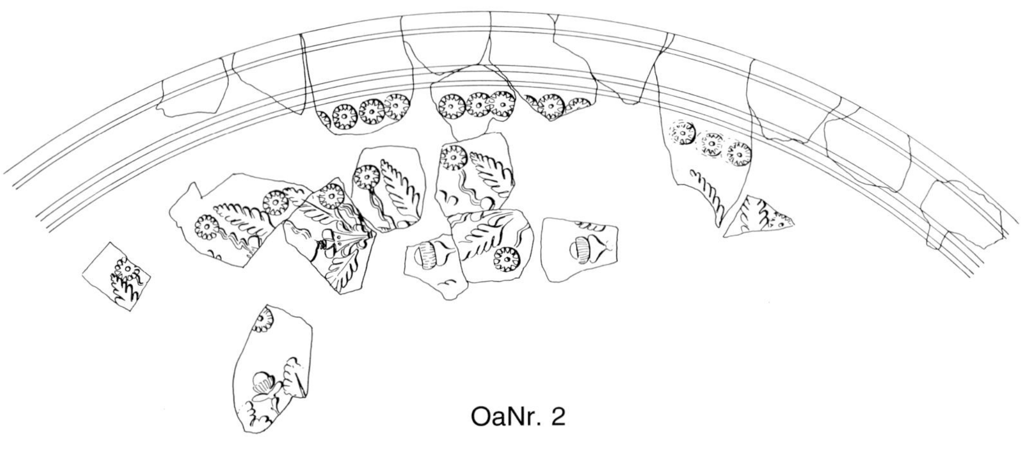

OaNr. 2

Oberaden: OaNr. 1 u. 2; M. 1:2.

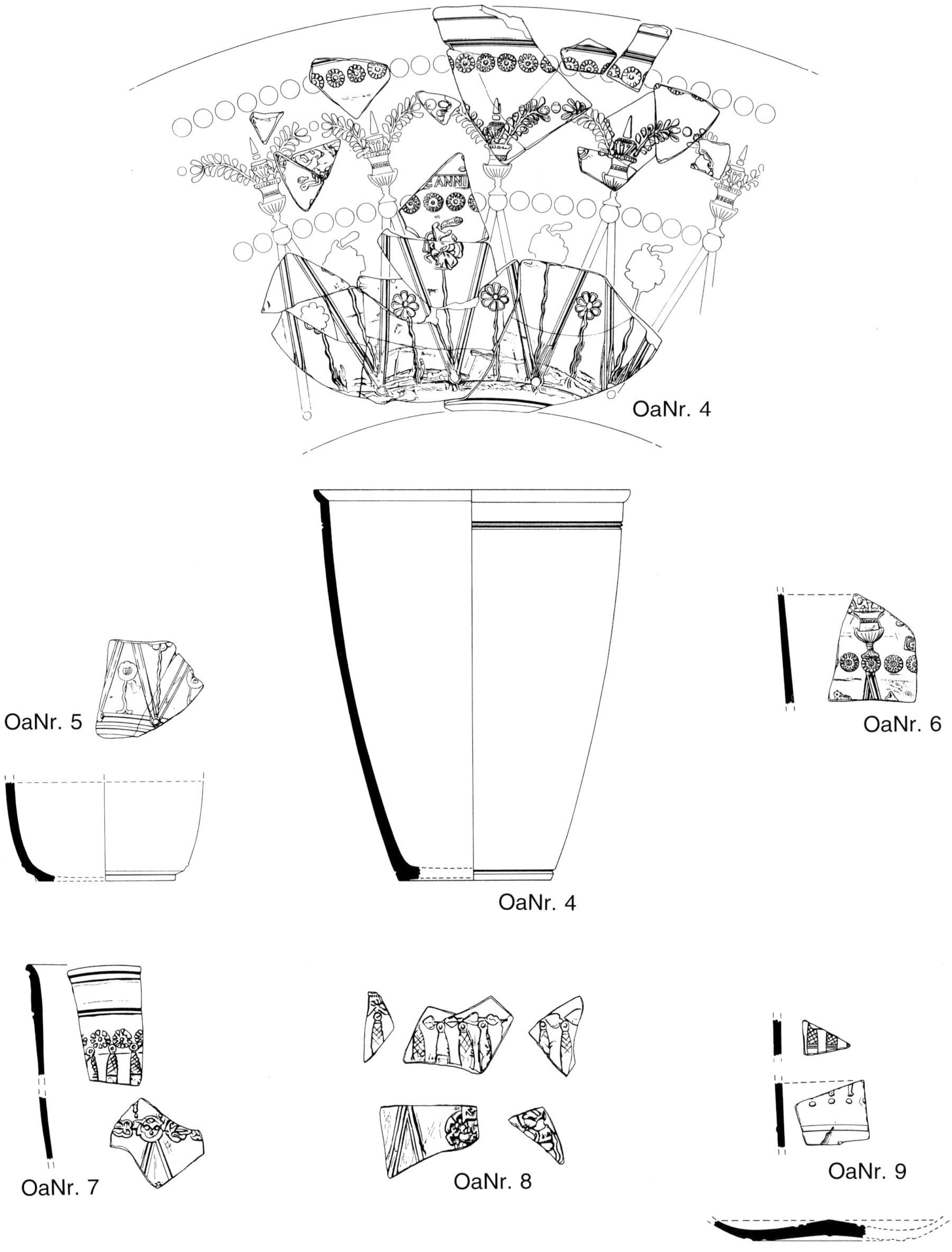

Oberaden: OaNr. 4-6, 9; M. 1:2; OaNr. 7 u. 8 nach Oberaden I Taf. 52a.b; M. ca. 1:2.

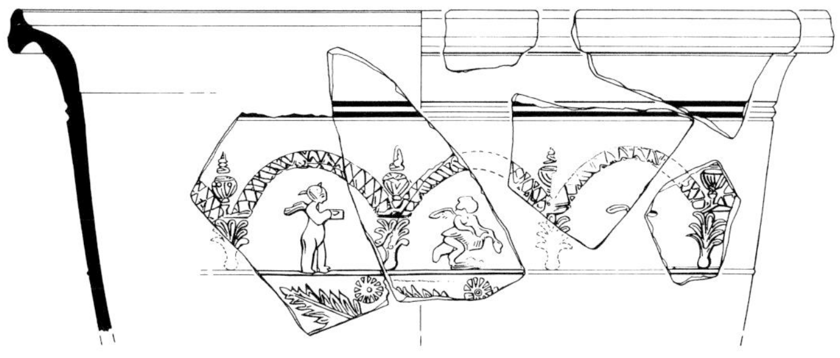

OaNr. 10

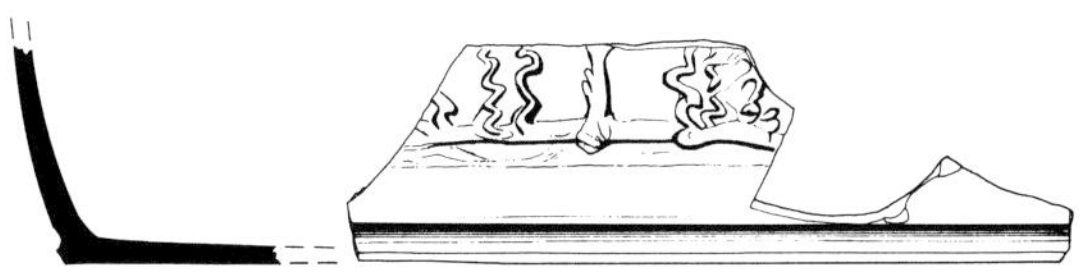

OaNr. 11

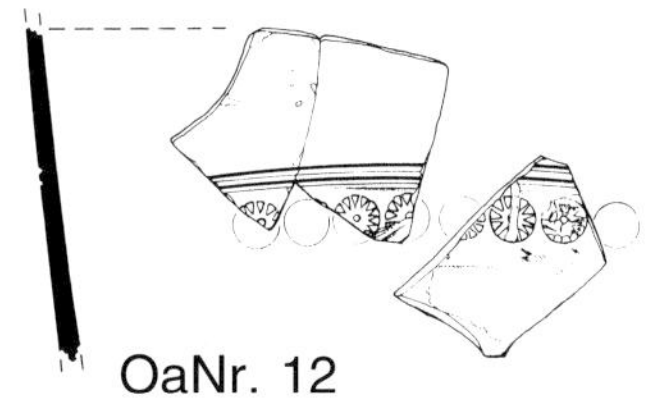

OaNr. 12

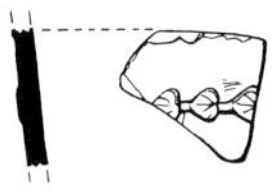

OaNr. 13

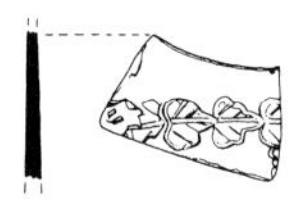

OaNr. 14

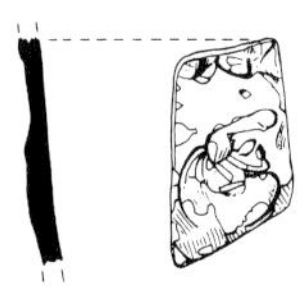

OaNr. 15

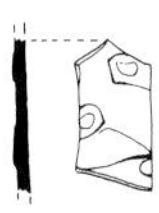

OaNr. 16

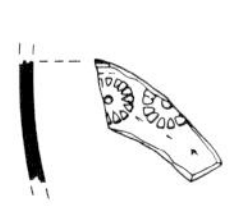

OaNr. 17

OaNr. 18

Oberaden: OaNr. 10, 12-18; M. 1:2; OaNr. 11 nach Oberaden I Taf. 52c; M. ca. 1:2.

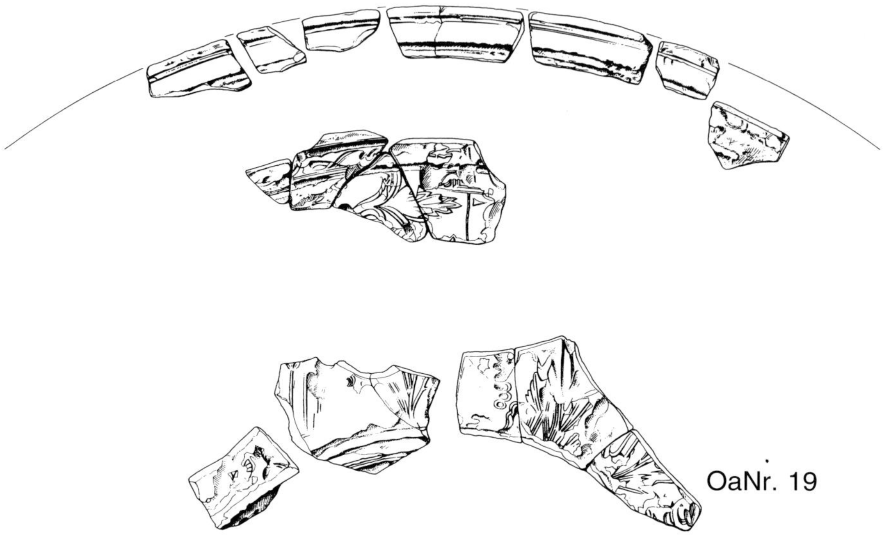

OaNr. 19

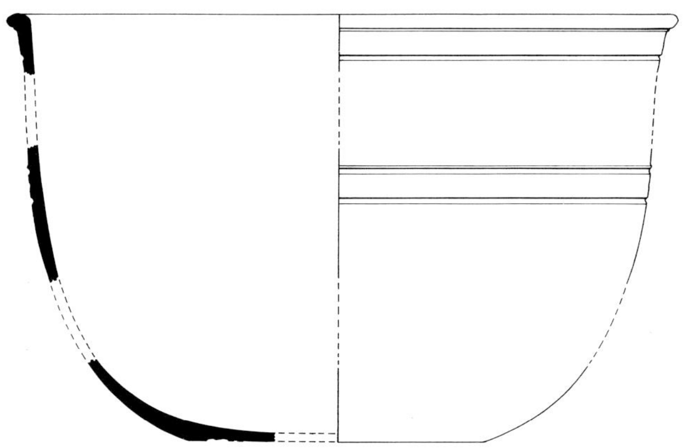

OaNr. 19

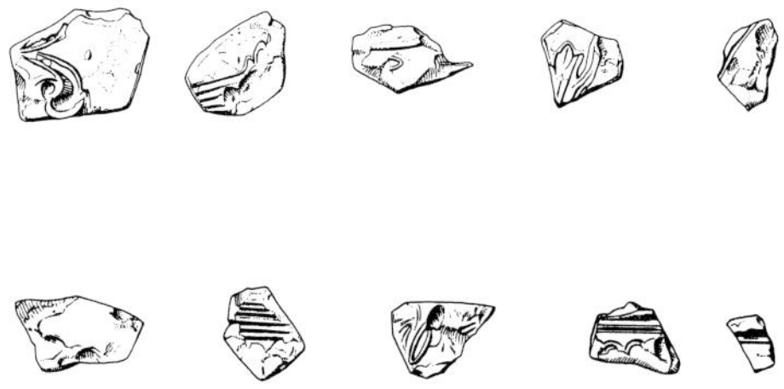

OaNr. 19

Oberaden: OaNr. 19; M. 1:2.

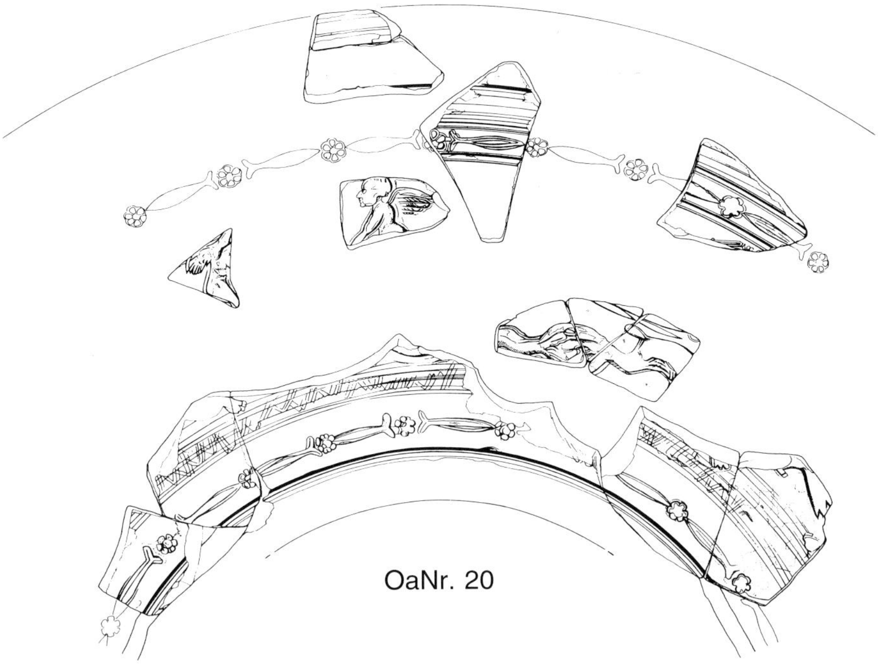

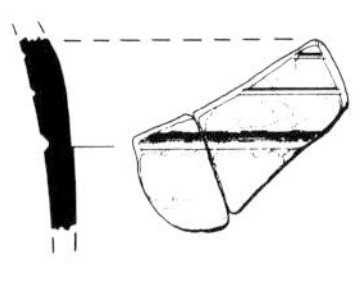

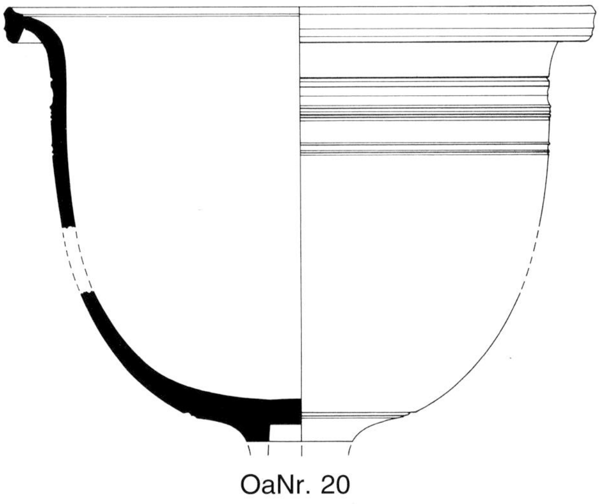

Oberaden: OaNr. 20; M. 1:2.

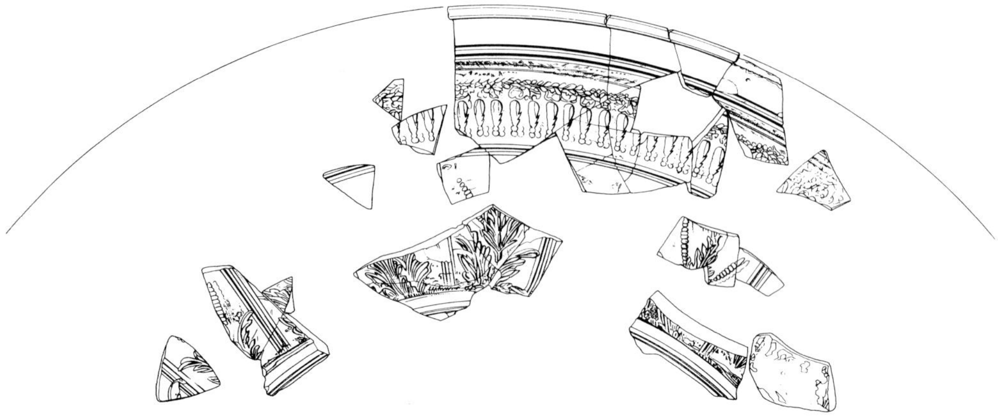

OaNr. 21

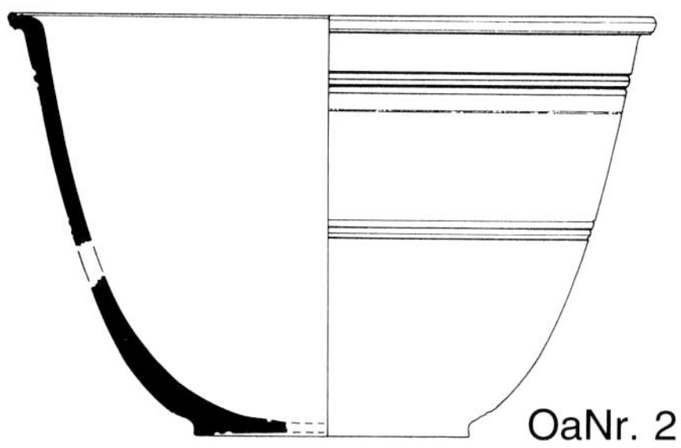

OaNr. 21

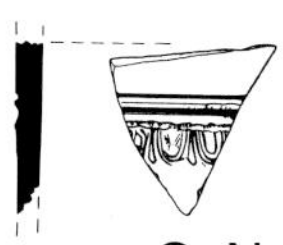

OaNr. 22

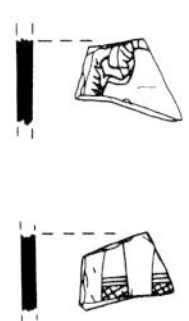

OaNr. 22

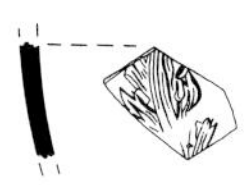

OaNr. 22

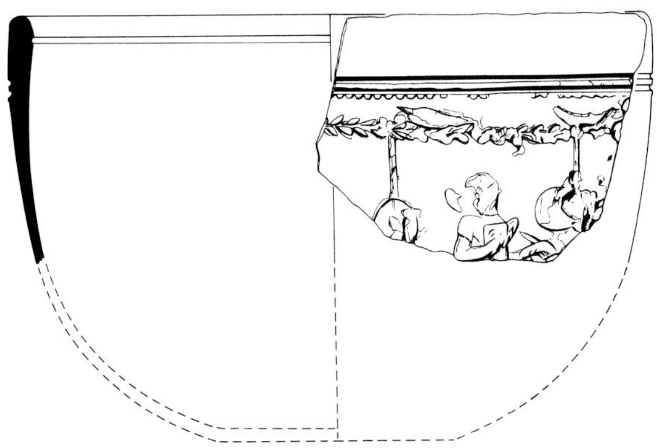

OaNr. 23

OaNr. 24

Oberaden: OaNr. 21-23; M. 1:2; OaNr. 24 nach Oberaden I Taf. 52e; M. ca. 1:2.

OaNr. 26

OaNr. 26

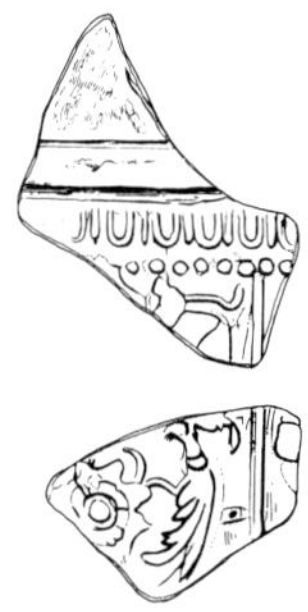

OaNr. 28

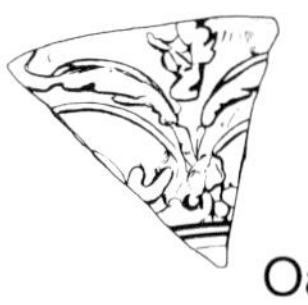

OaNr. 25

OaNr. 27

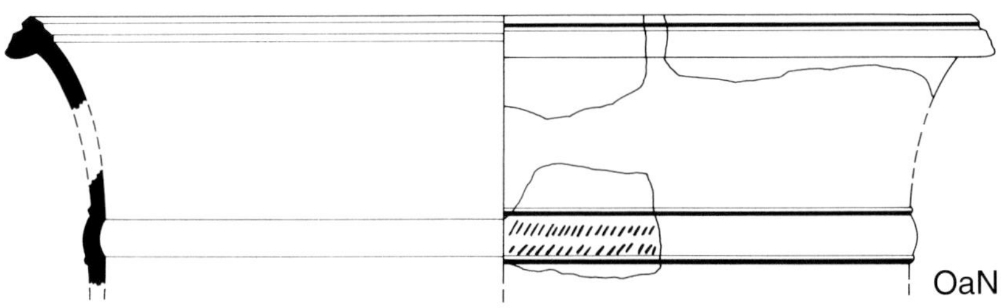

OaNr. 29

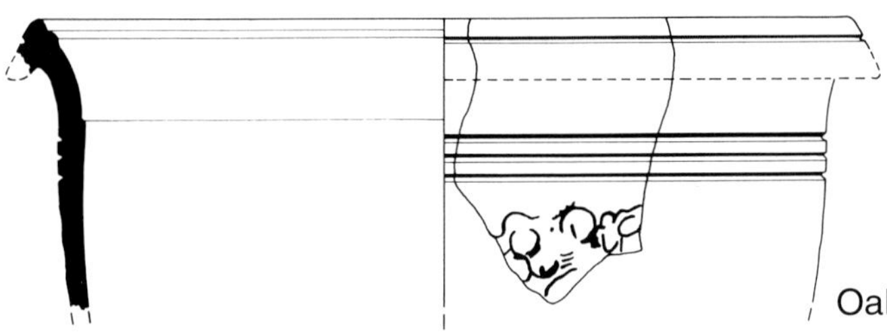

OaNr. 30

Oberaden: OaNr. 27; M. 1:2; OaNr. 25, 26, 28-30 nach Oberaden I Taf. 52e; 47b; 52f u. Oberaden II Taf. 25,15.16; M. ca. 1:2.

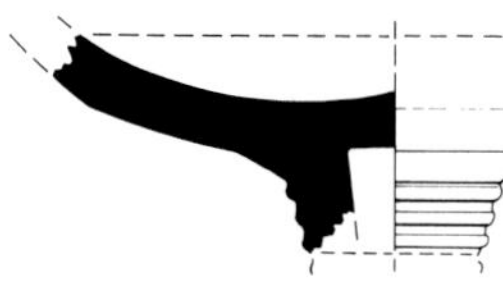
OaNr. 31

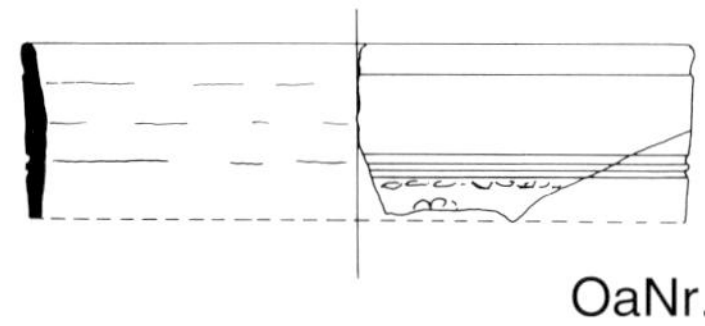
OaNr. 33

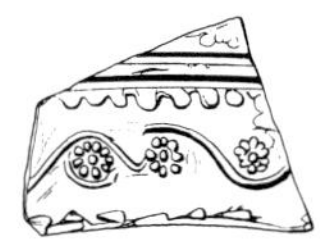
OaNr. 32

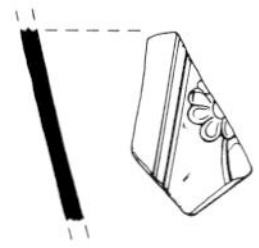
OaNr. 34

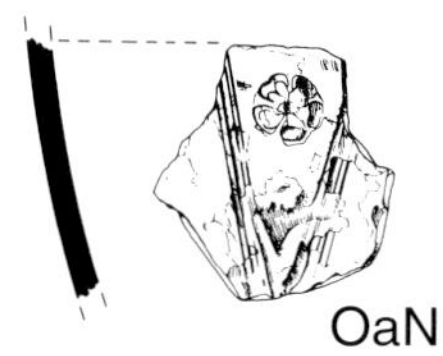
OaNr. 35

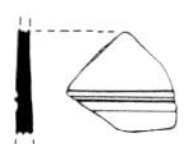
OaNr. 36

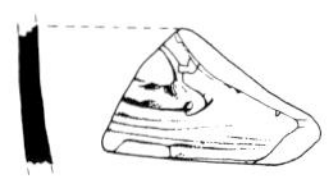
OaNr. 38

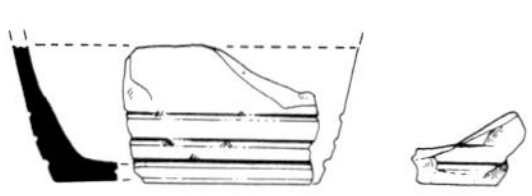
OaNr. 40

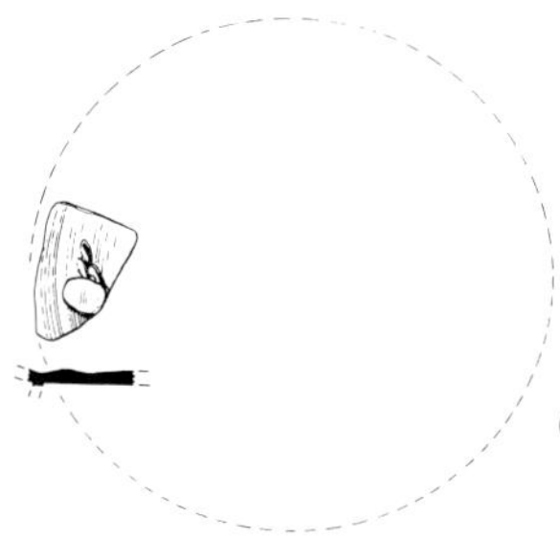
OaNr. 42

Oberaden: OaNr. 31, 33-36, 38, 40, 42; M. 1:2; OaNr. 32 nach Oberaden I Taf. 52d; M. ca. 1:2.

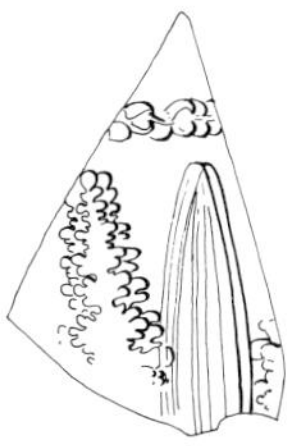
HaNr. 1

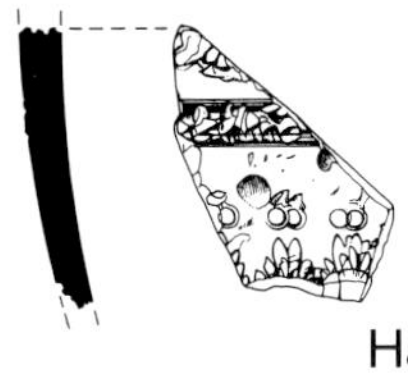
HaNr. 2

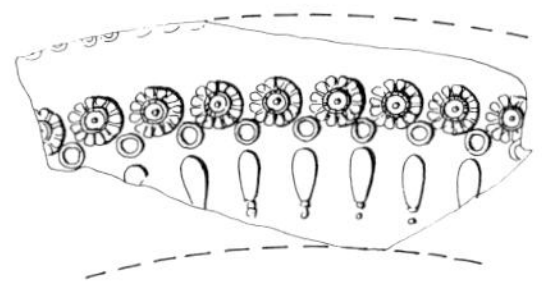
HaNr. 3

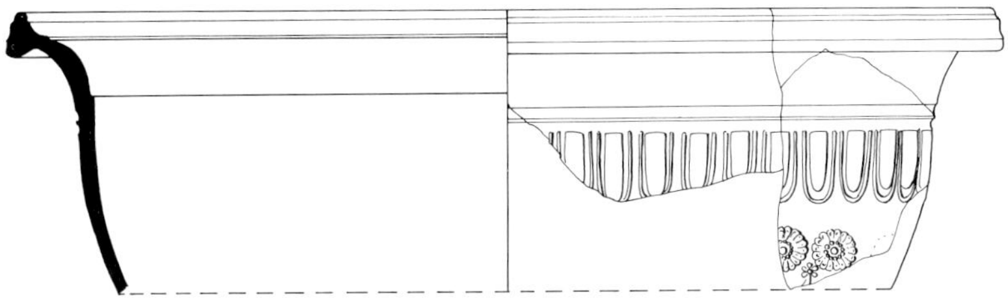
HaNr. 4

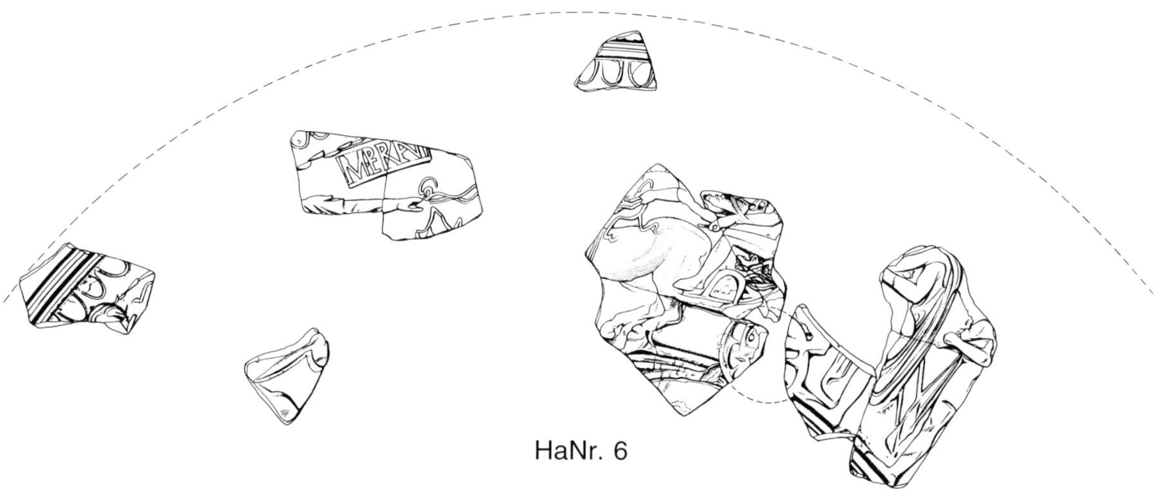
HaNr. 6

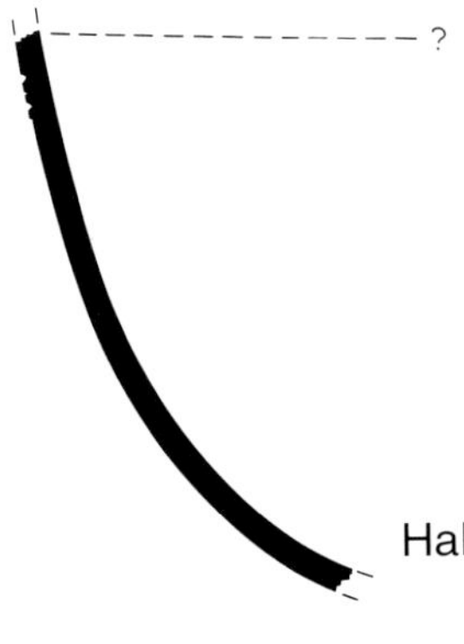
HaNr. 6

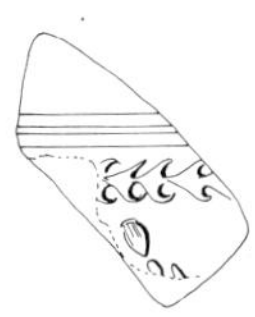
HaNr. 5

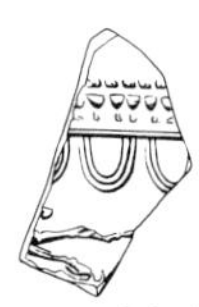
HaNr. 8

Haltern: HaNr. 1-6; M. 1:2; HaNr. 8 nach MAK 6, 1912, Taf. 5C,16; M. ca. 1:2.

HaNr. 7

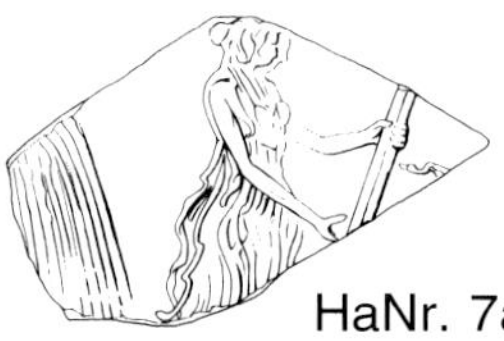

HaNr. 7a

HaNr. 7b

HaNr. 7c

HaNr. 7d

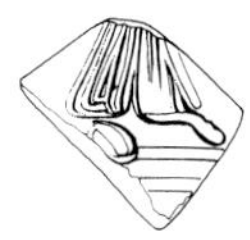

HaNr. 7e

HaNr. 7f

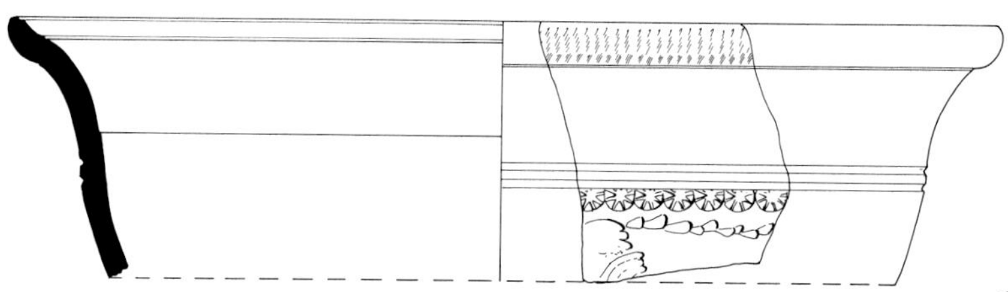

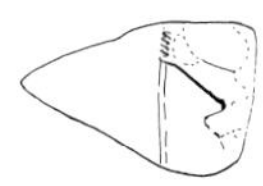

HaNr. 9

HaNr. 10

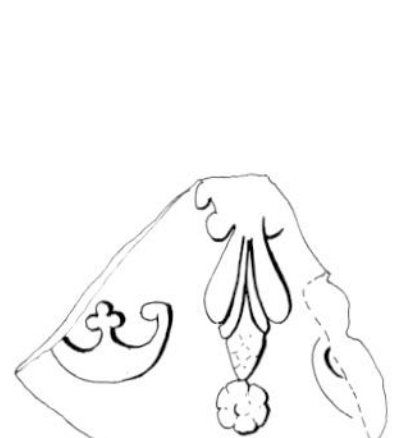

HaNr. 11

HaNr. 12

Haltern: HaNr. 9, 11, 12; M. 1:2; HaNr. 7 = Bleistiftzeichnung, WMfA; M. 1:2; HaNr. 7a-f nach MAK 6, 1912, Taf. 5C,6.7.9.10.13.15; M. ca. 1:2; HaNr. 10 nach BAW 6, 1943, Taf. 11 R9; M. ca. 1:2.

HaNr. 14

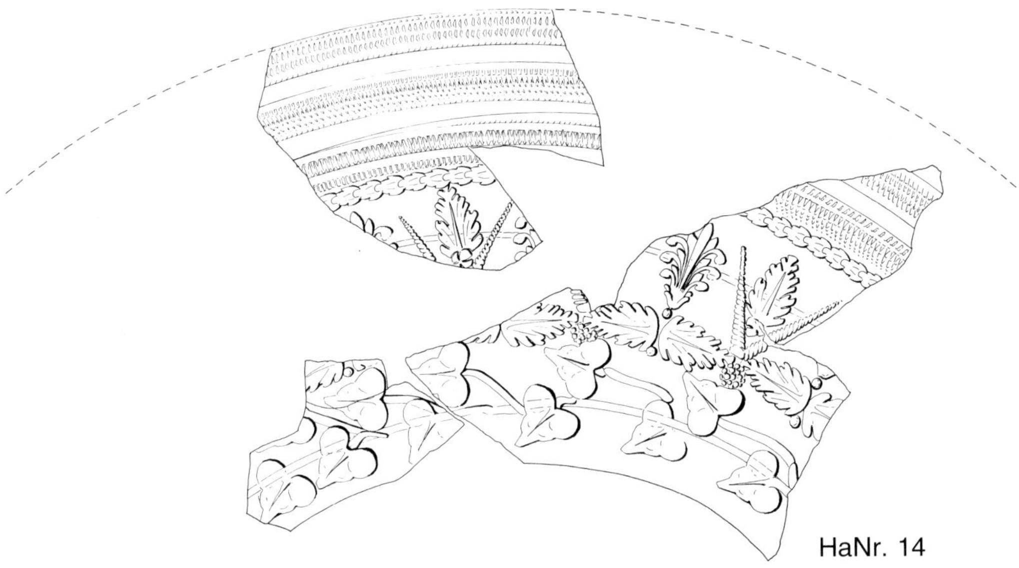

HaNr. 14

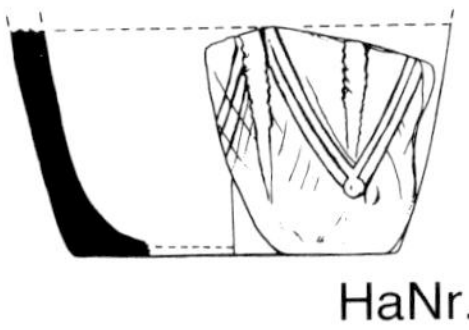

HaNr. 13

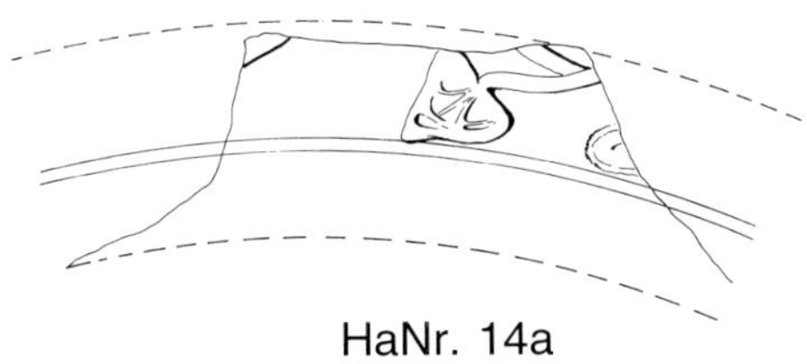

HaNr. 14a

Haltern: HaNr. 13, 14, 14a; M. 1:2.

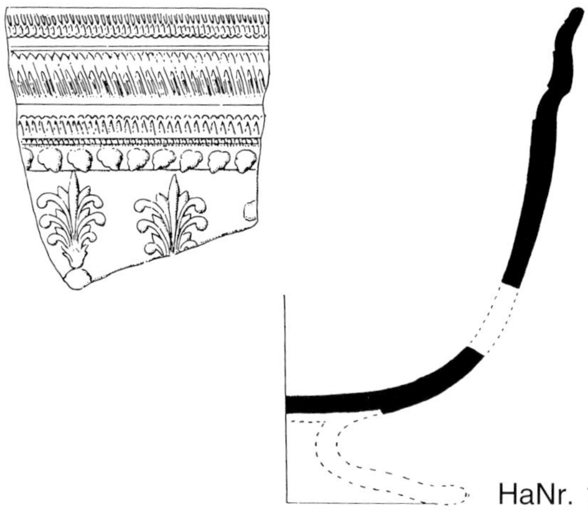

HaNr. 15

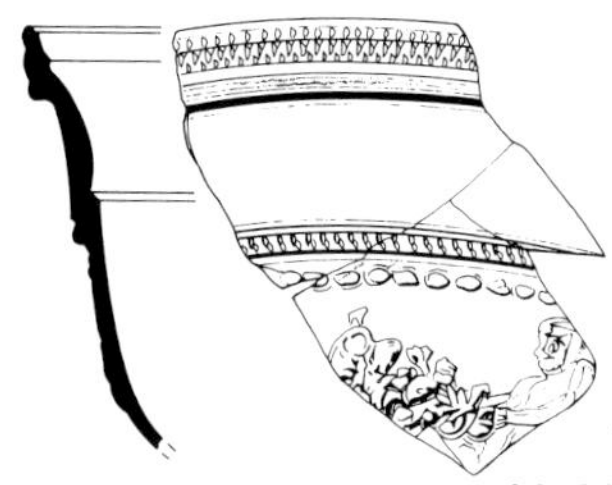

HaNr. 16

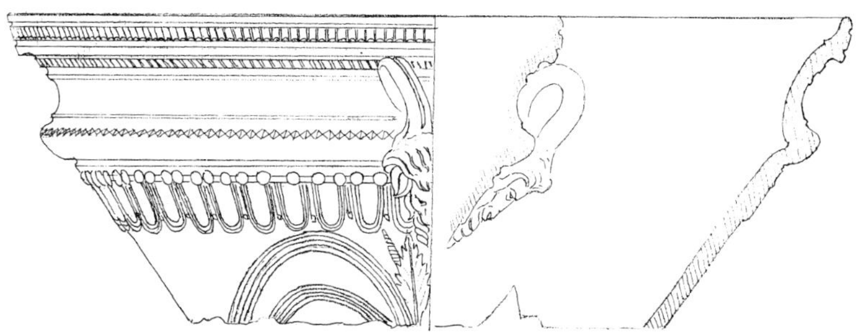

HaNr. 17

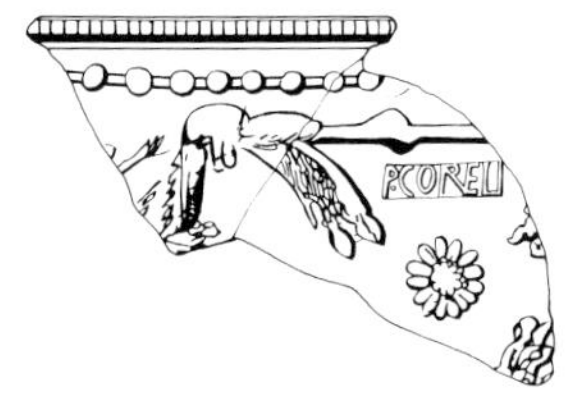

HaNr. 18

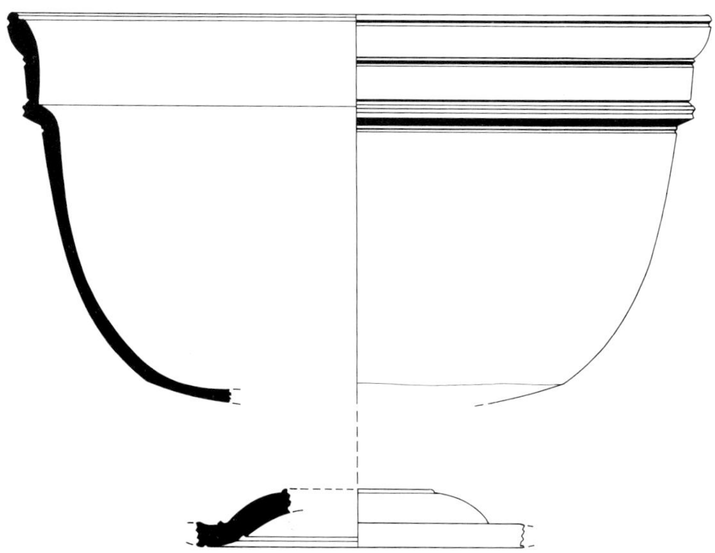

HaNr. 19

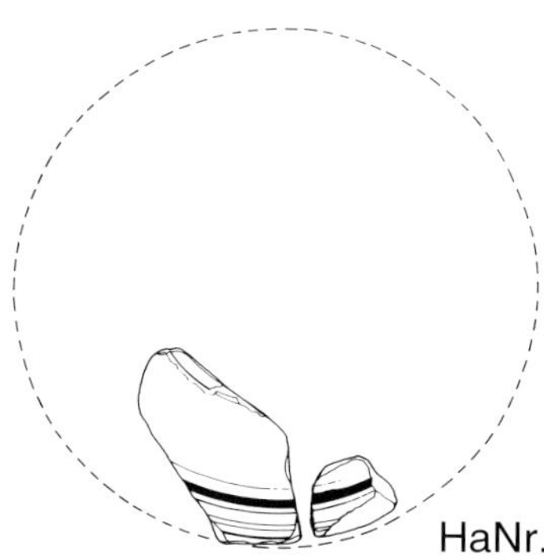

HaNr. 19

Haltern: HaNr. 15 nach BAW 6, 1943, Taf. 12 R12a.b; HaNr. 16 nach MAK 5, 1909, Taf. 17,5; HaNr. 17 = Bleistiftzeichnung, WMfA; HaNr. 18 nach OXÉ, Rhein Taf. 68,302; M. ca. 1:2; HaNr. 19; M. 1:2.

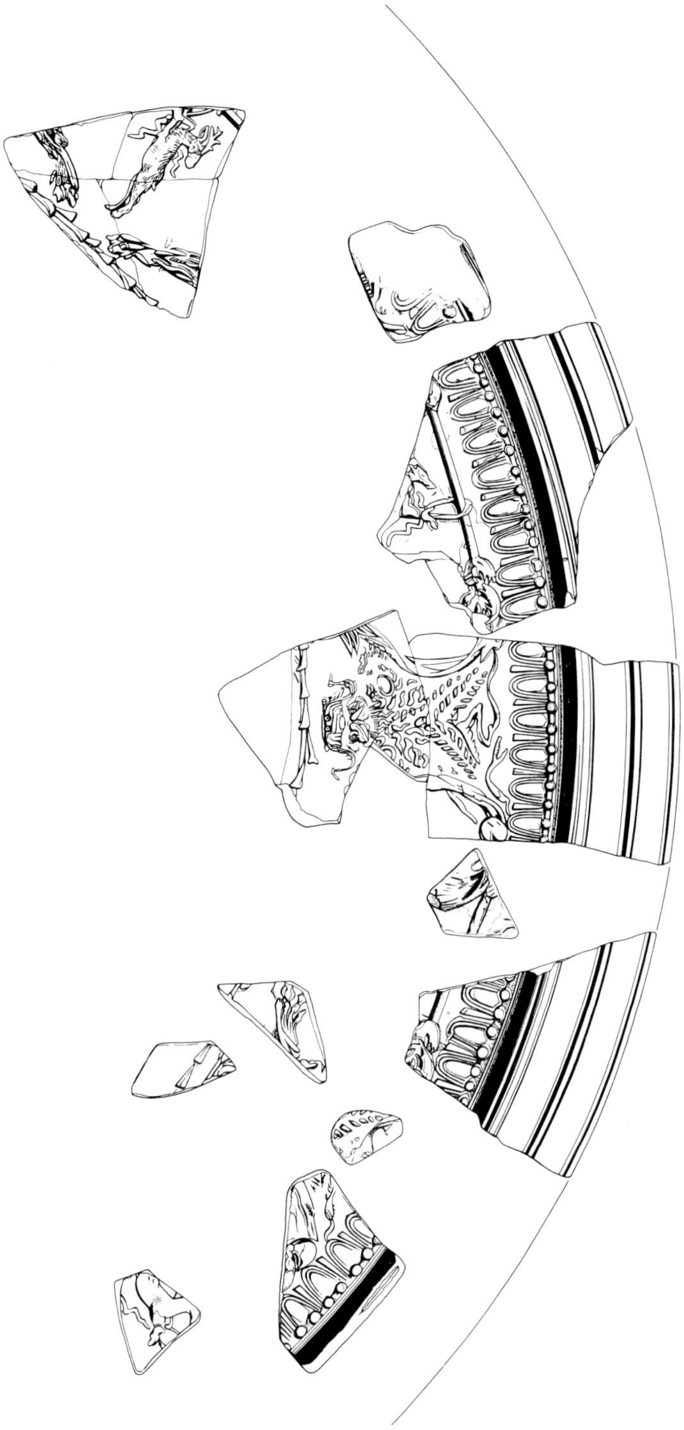

HaNr. 19

Haltern: HaNr. 19; M. 1:2.

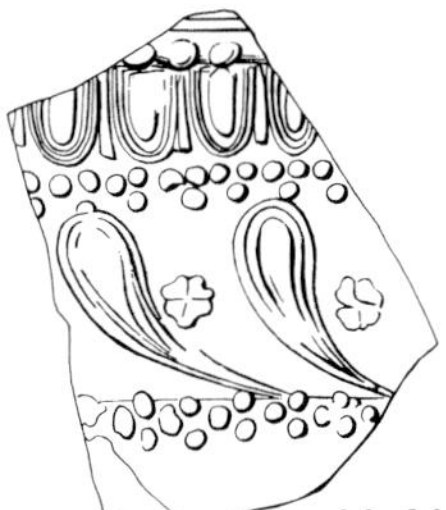

HaNr. 20

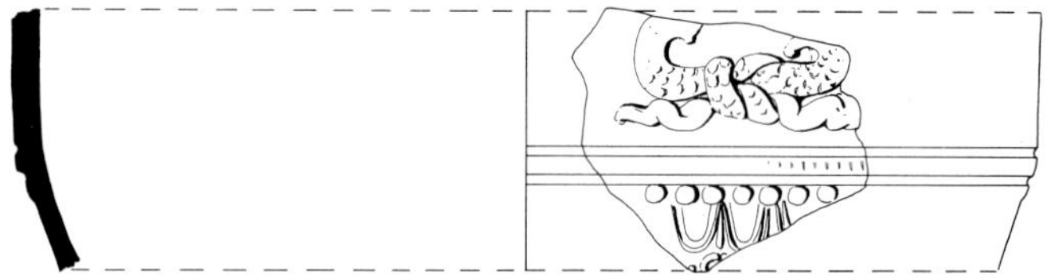

HaNr. 21

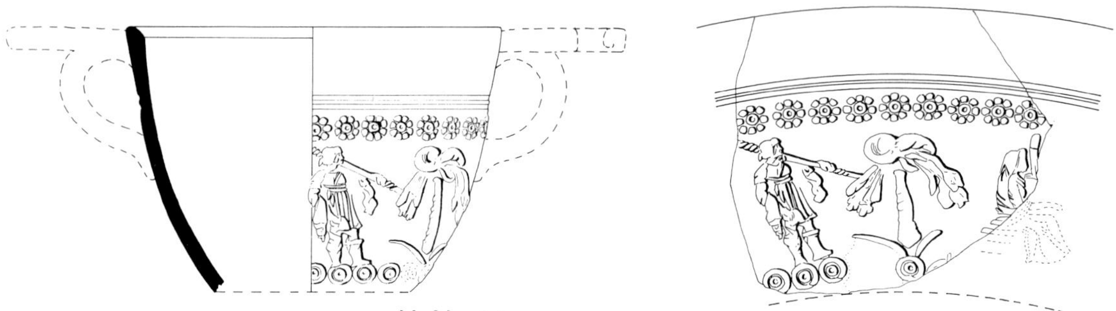

HaNr. 22

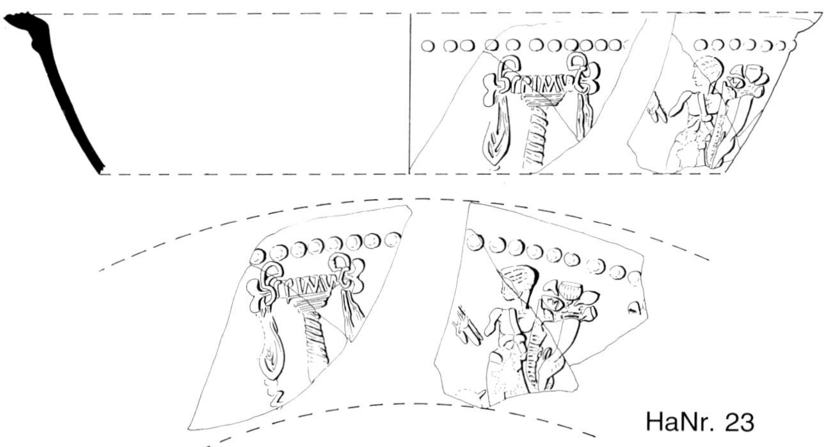

HaNr. 23

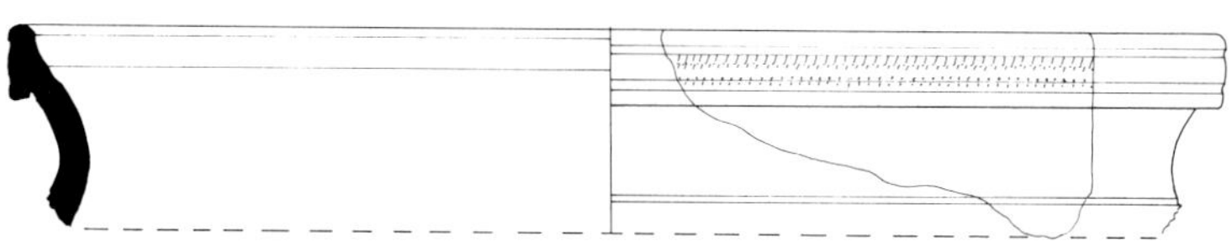

HaNr. 24

Haltern: HaNr. 20 nach Oxé, Rhein Taf. 68,305; M. ca. 1:2; HaNr. 21-24; M. 1:2.

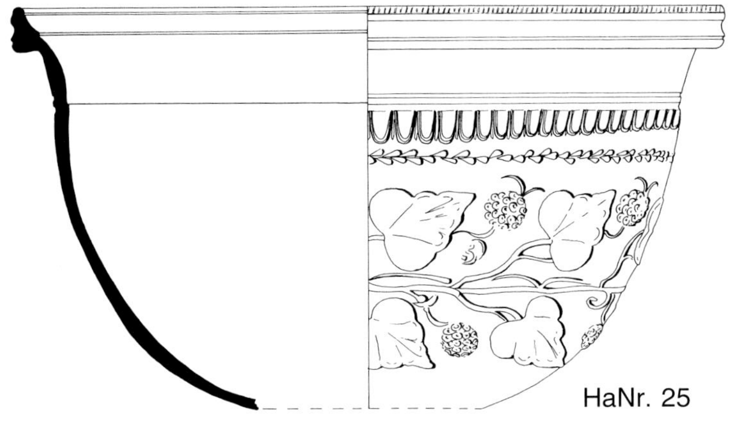

HaNr. 25

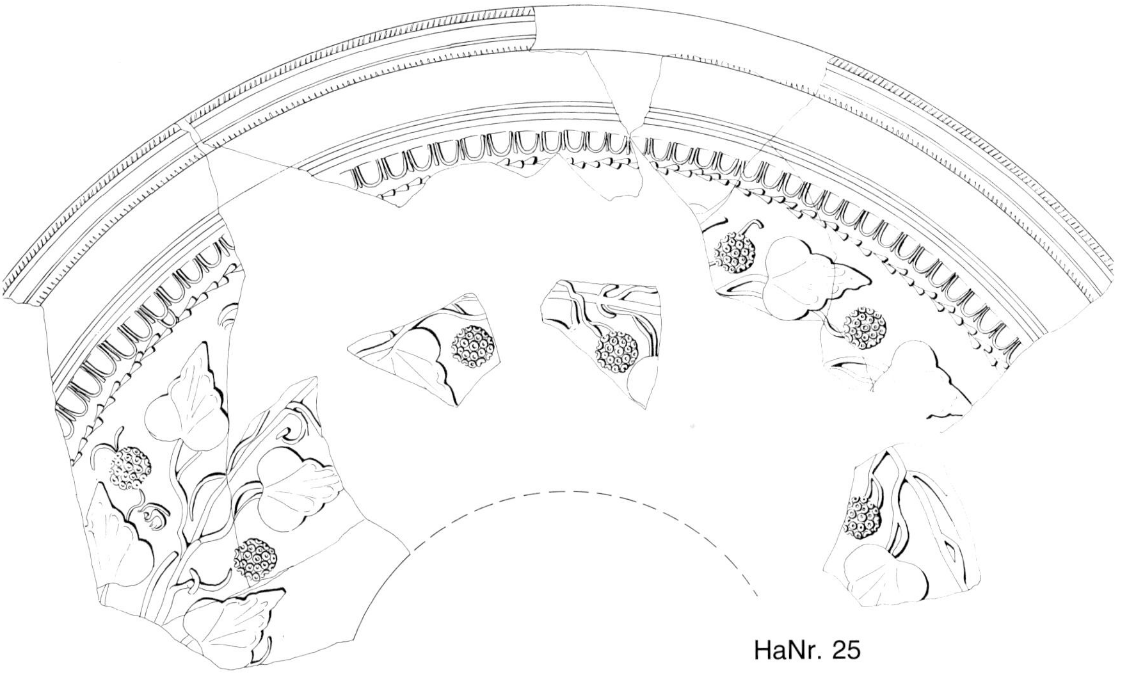

HaNr. 25

Haltern: HaNr. 25; M. 1:2.

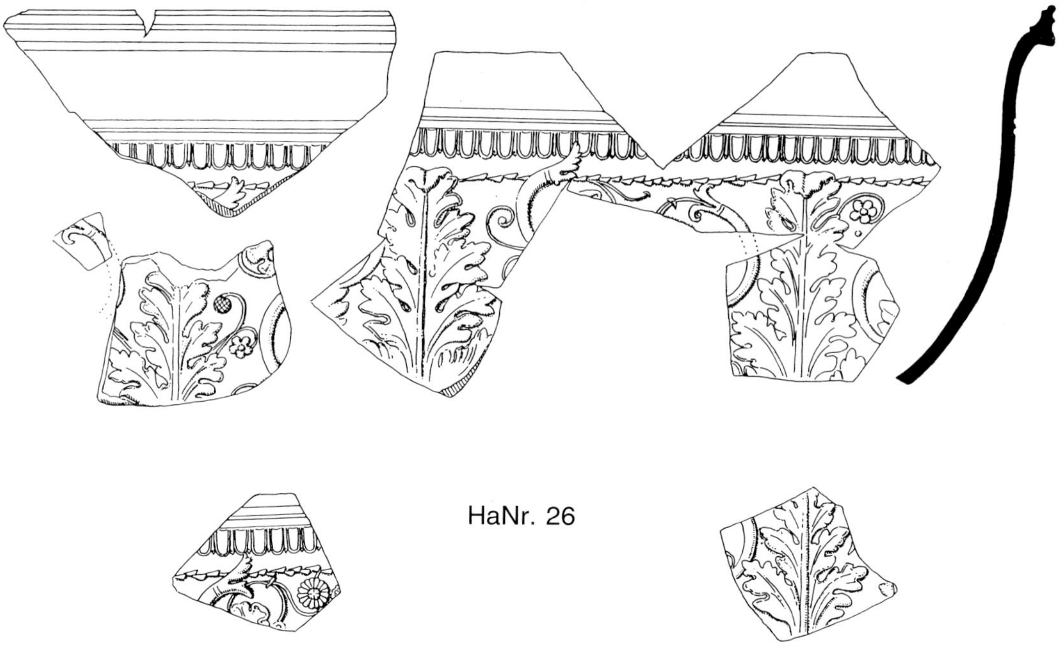

HaNr. 26

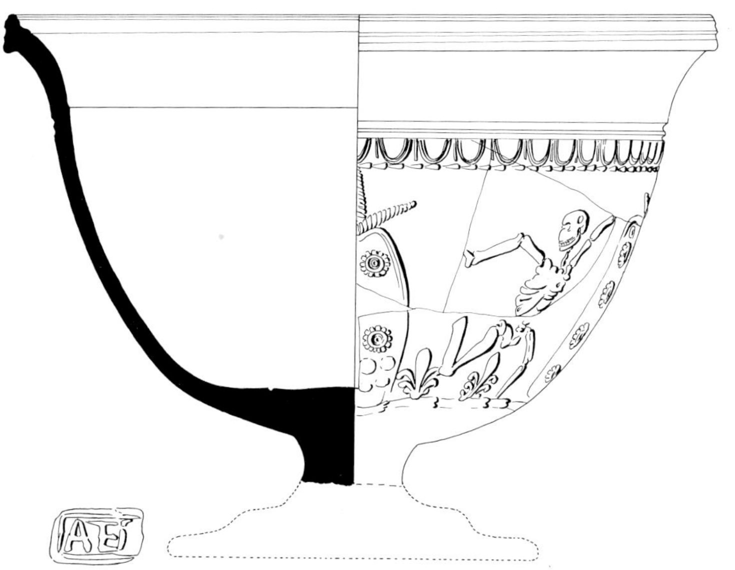

HaNr. 27

Haltern: HaNr. 26 nach BAW 6, 1943, Taf. 11 R8; M. ca. 1:2; HaNr. 27; M. 1:2, Stempel M. 1:1.

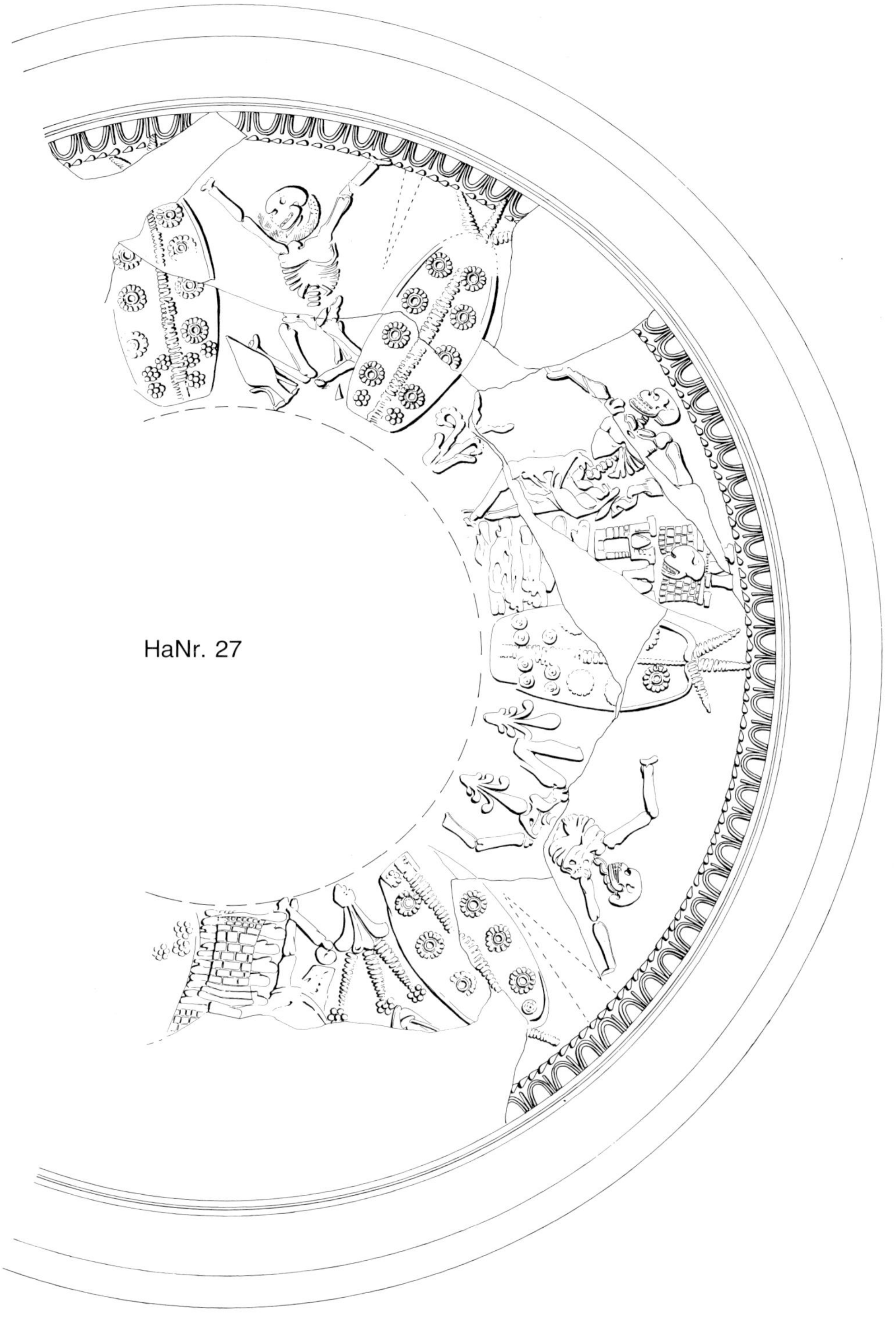

Haltern: HaNr. 27; M. 1:2.

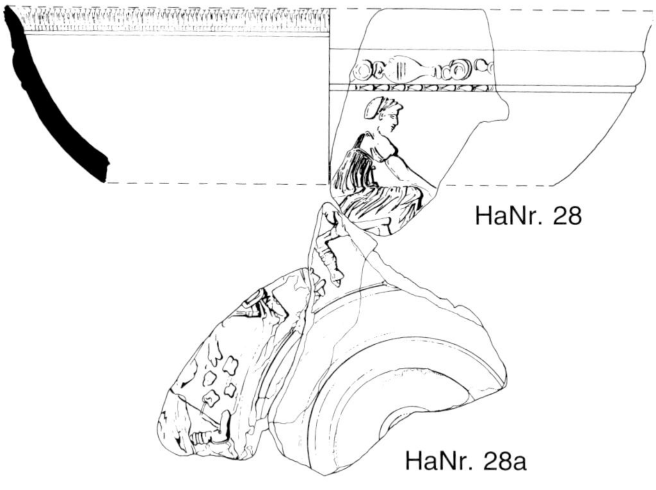

HaNr. 28

HaNr. 28a

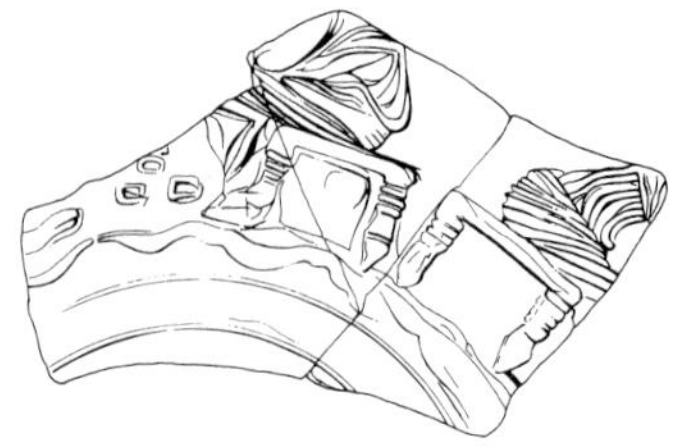

HaNr. 30

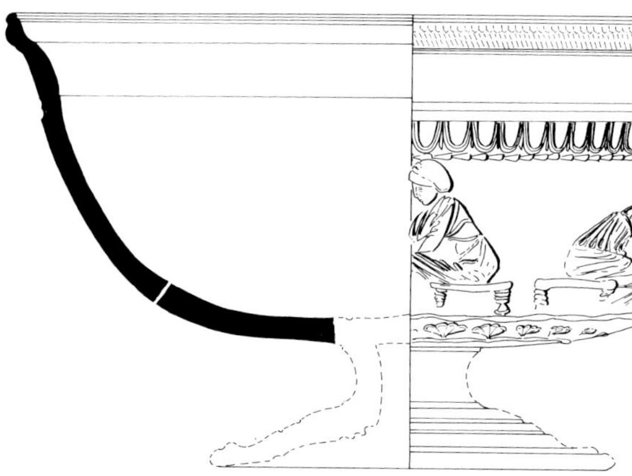

HaNr. 29

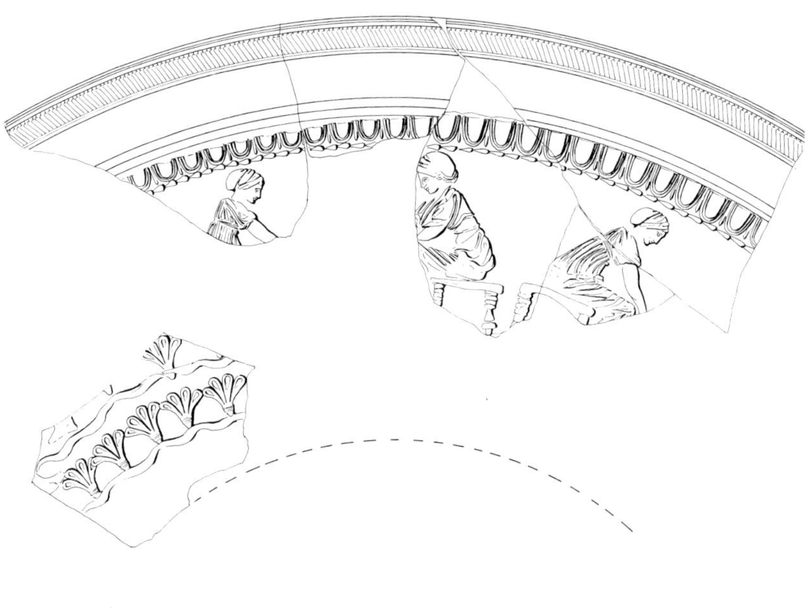

Haltern: 28 u. 29; M. 1:2; HaNr. 28a nach MAK 5, 1909, Taf. 17,1a; HaNr. 30 nach BAW 6, 1943, Taf. 9 R4; M. ca. 1:2.

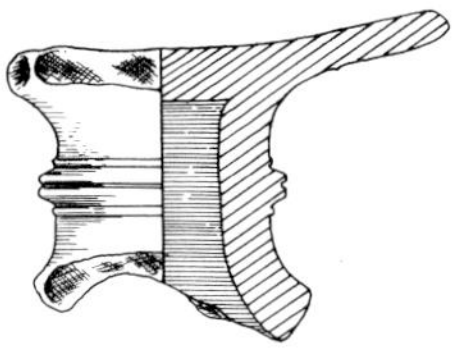

HaNr. 32

HaNr. 32

HaNr. 33

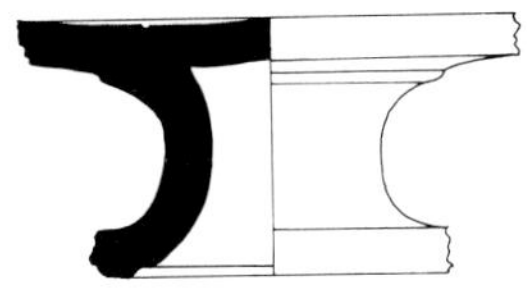

HaNr. 33

HaNr. 34

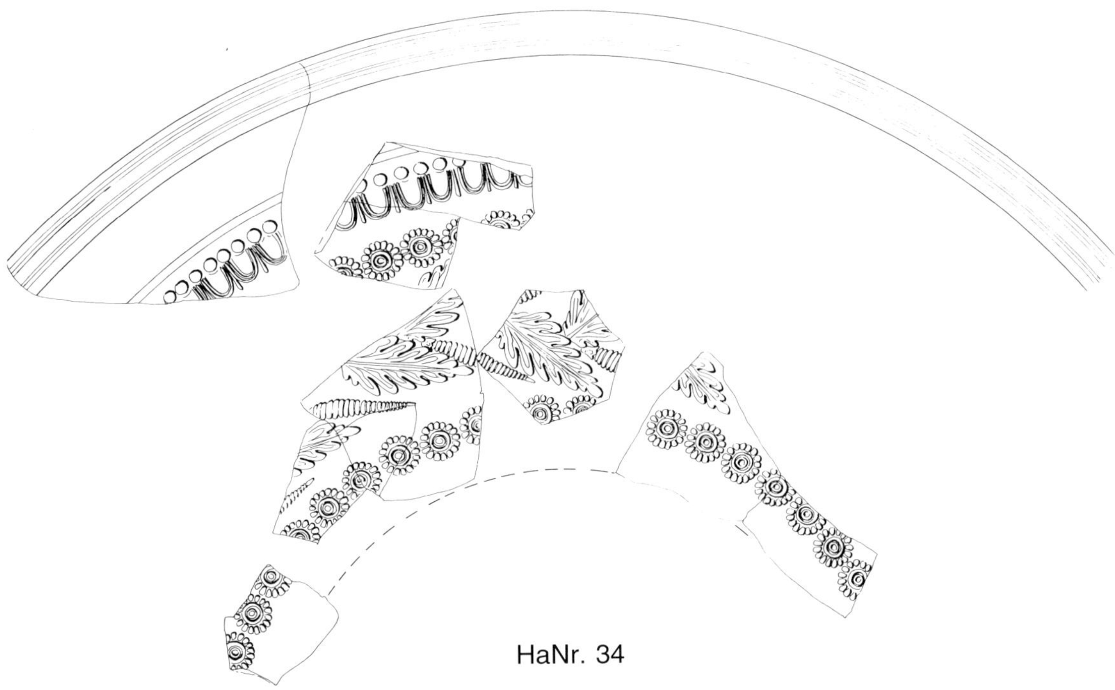

HaNr. 34

Haltern: HaNr. 32-34; M. 1:2, Stempel M. 1:1.

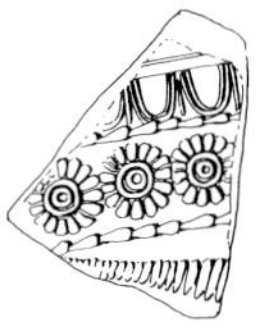

HaNr. 35

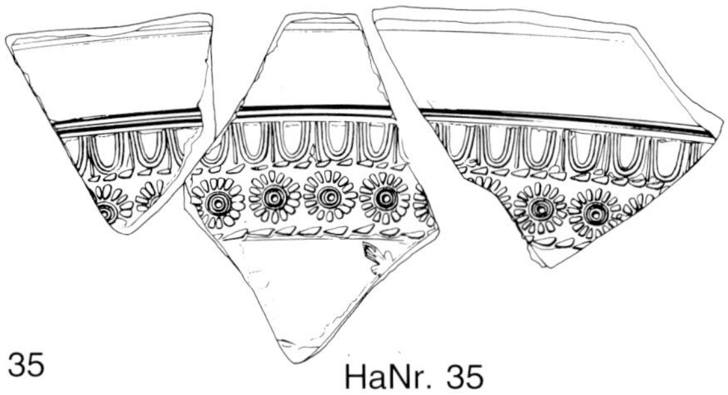

HaNr. 35

HaNr. 36

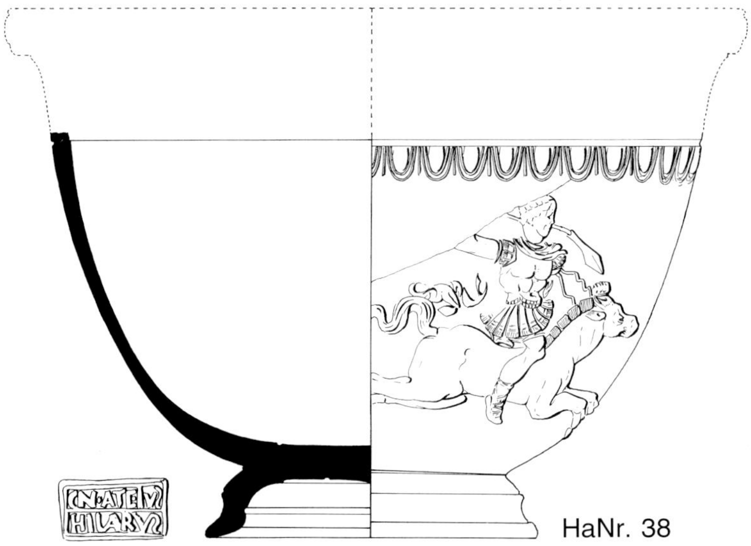

HaNr. 38

HaNr. 38

Haltern: HaNr. 35 z.T. nach BAW 6, 1943, Taf. 9 R22a-e; M. ca. 1:2; HaNr. 36, 38; M. 1:2, Stempel M. 1:1.

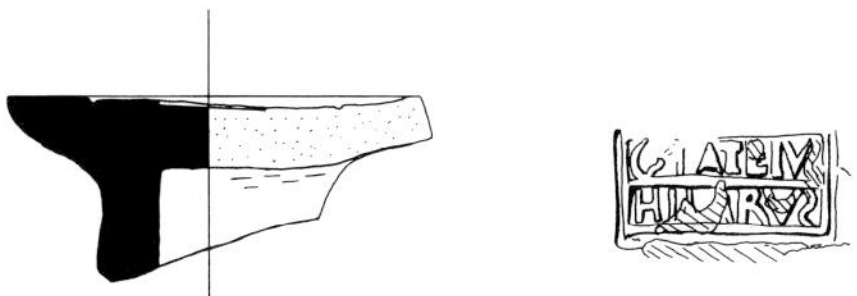

HaNr. 39

HaNr. 40

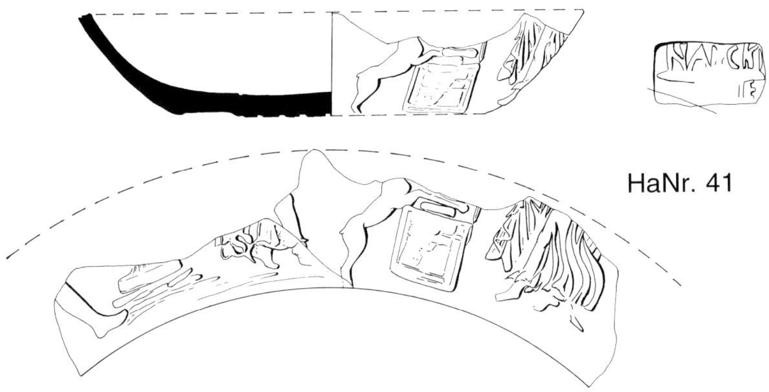

HaNr. 41

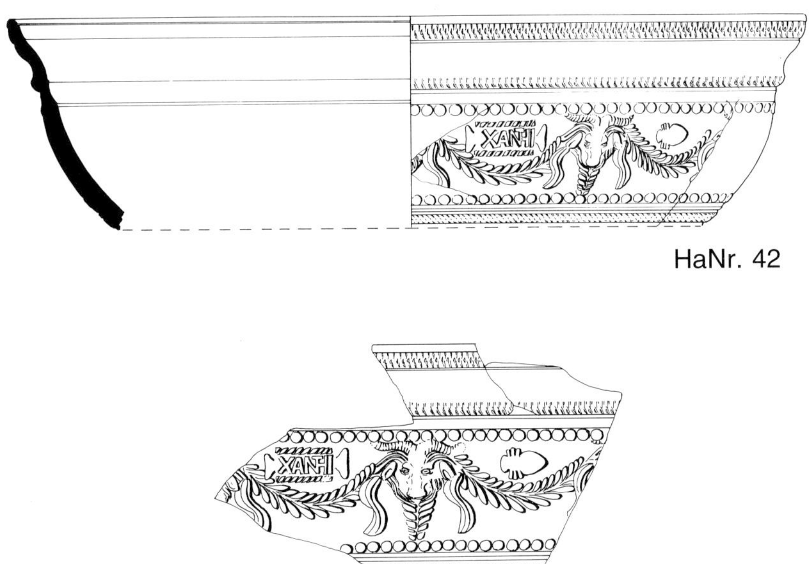

HaNr. 42

Haltern: HaNr. 39-42; M. 1:2, Stempel M. 1:1.

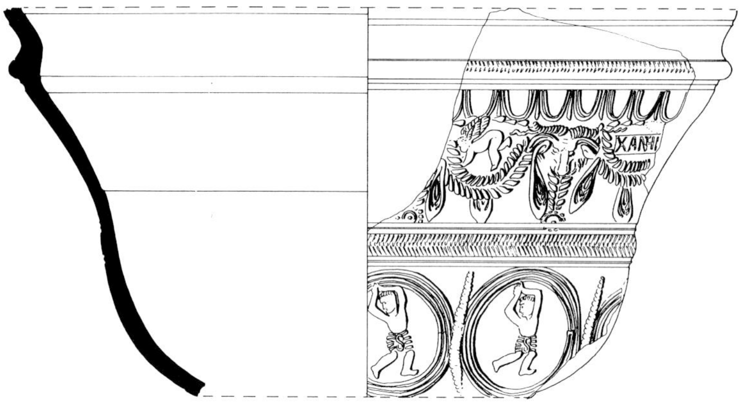

HaNr. 43

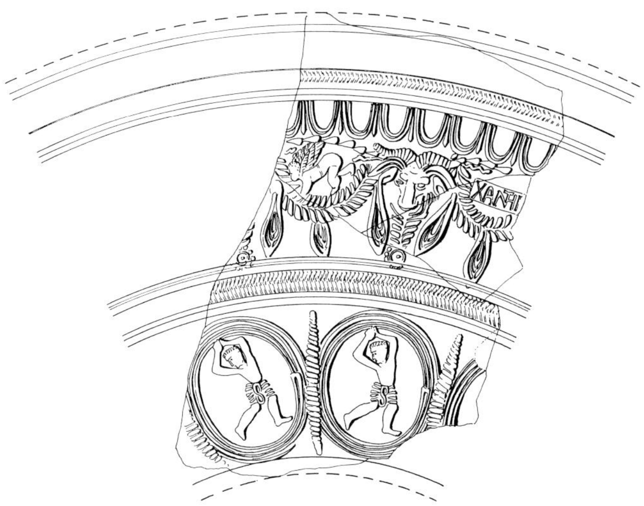

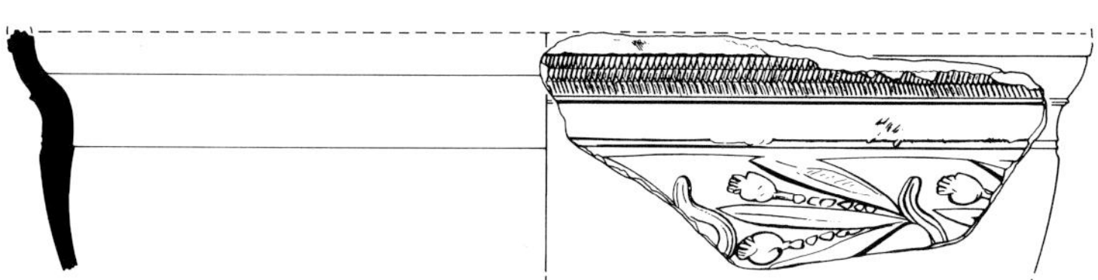

HaNr. 45

Haltern: HaNr. 43 u. 45; M. 1:2.

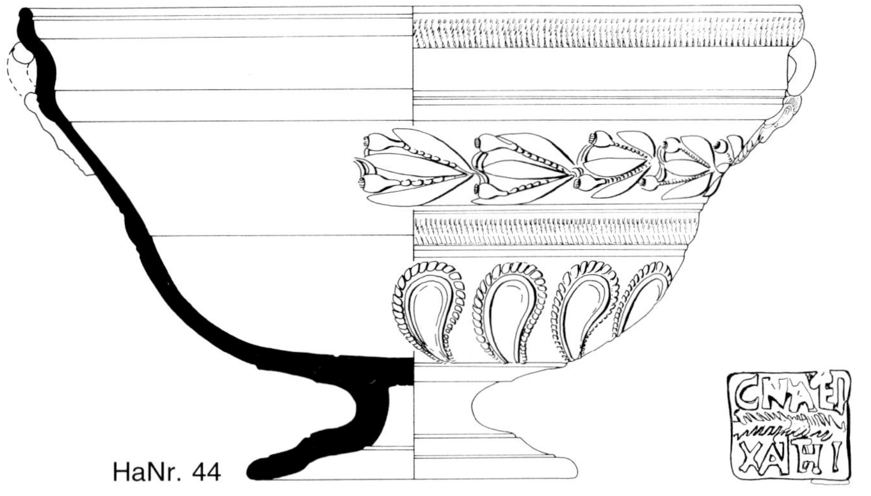

HaNr. 44

HaNr. 44

Haltern: HaNr. 44; M. 1:2, Stempel M. 1:1.

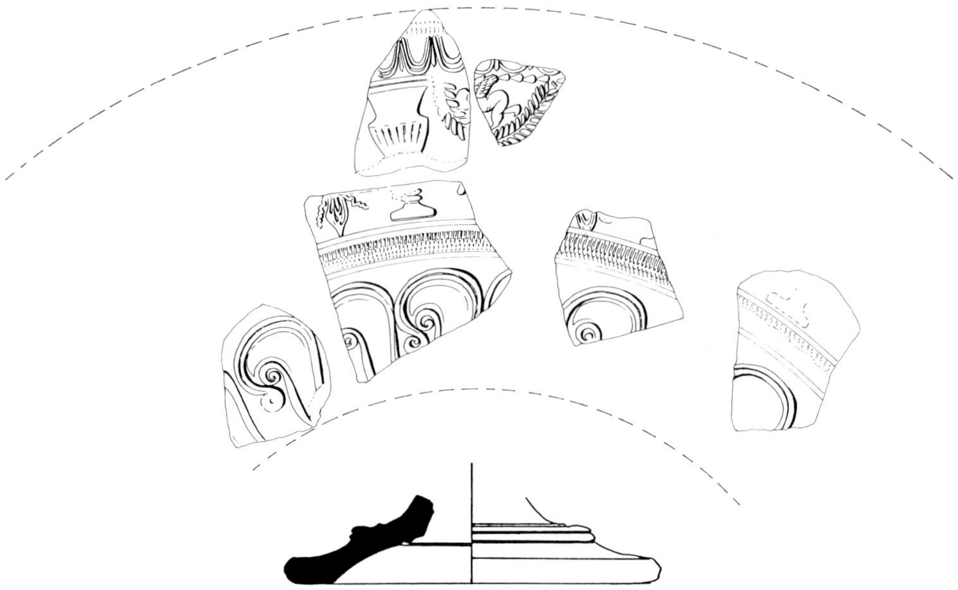

HaNr. 49

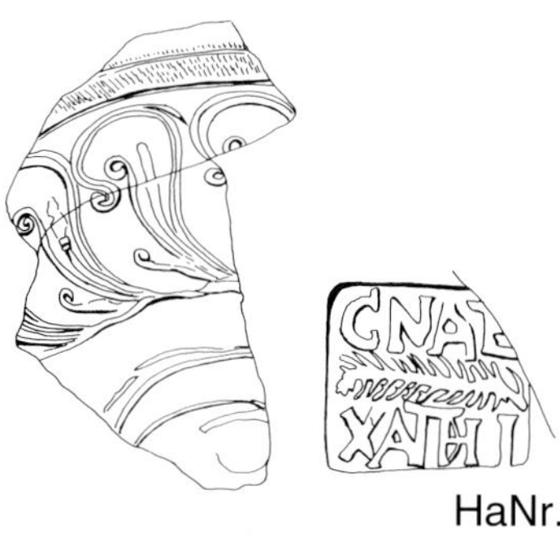

HaNr. 46

HaNr. 51

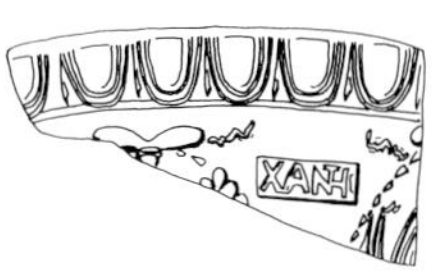

HaNr. 47

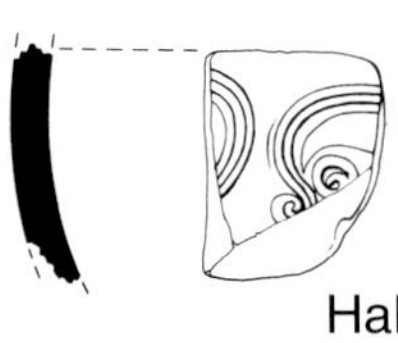

HaNr. 50

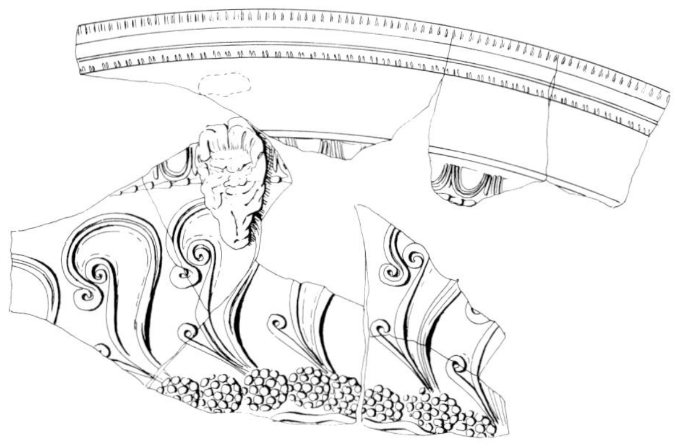

HaNr. 51

Haltern: HaNr. 46 nach MAK 5, 1909, Taf. 17,6; M. ca. 1:2, Stempel M. 1:1; HaNr. 47, 49-51; M. 1:2.

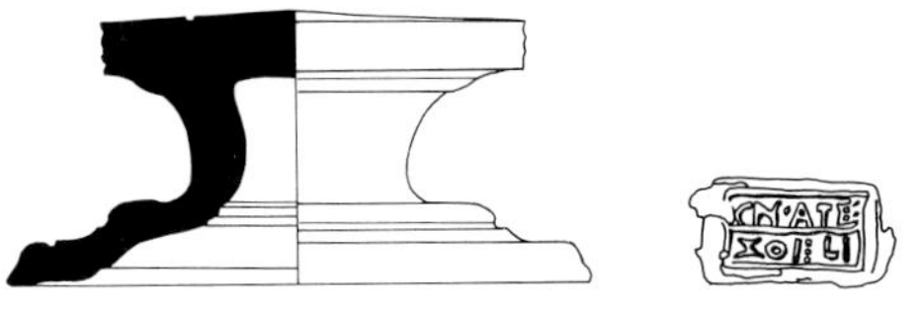

HaNr. 52

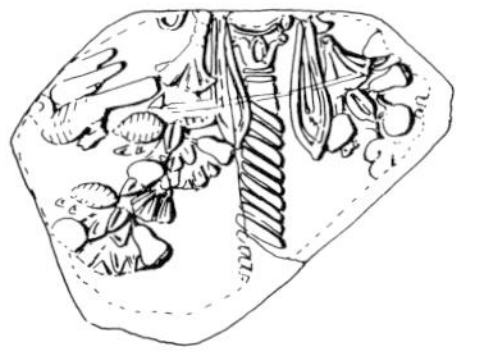

HaNr. 53

HaNr. 55

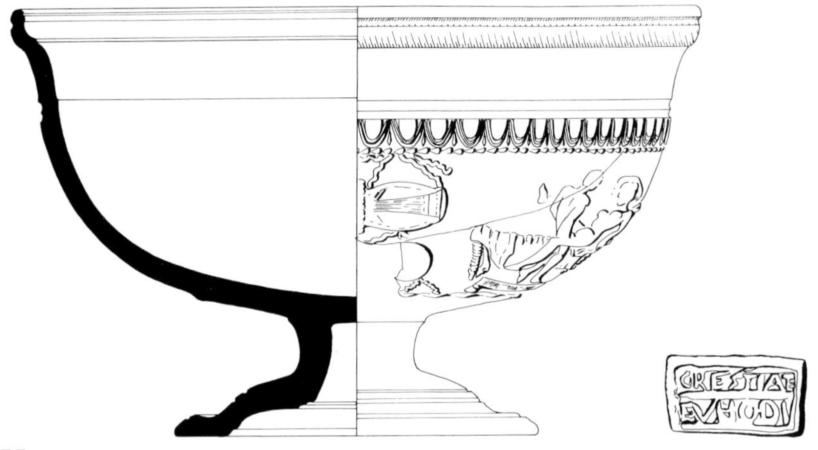

HaNr. 54

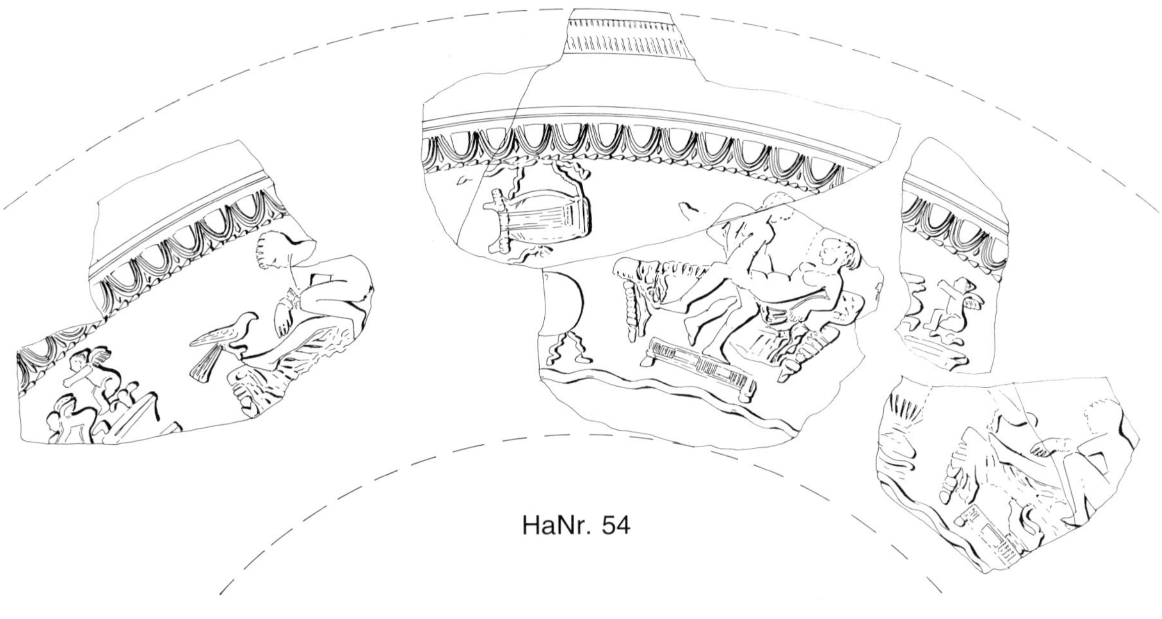

HaNr. 54

Haltern: HaNr. 52-55; M. 1:2, Stempel M. 1:1.

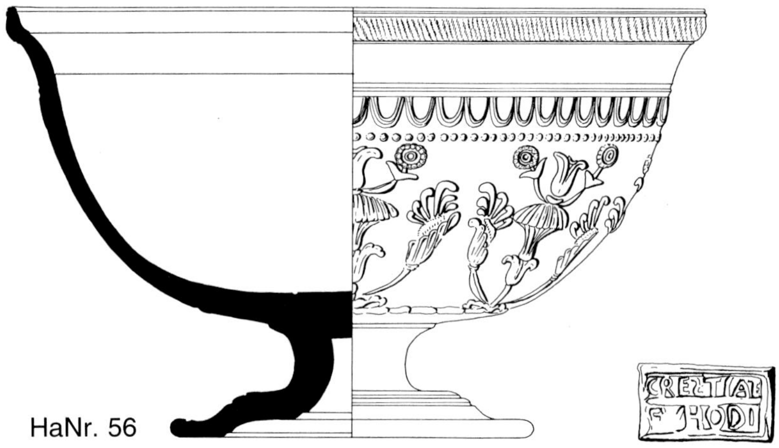

HaNr. 56

HaNr. 56

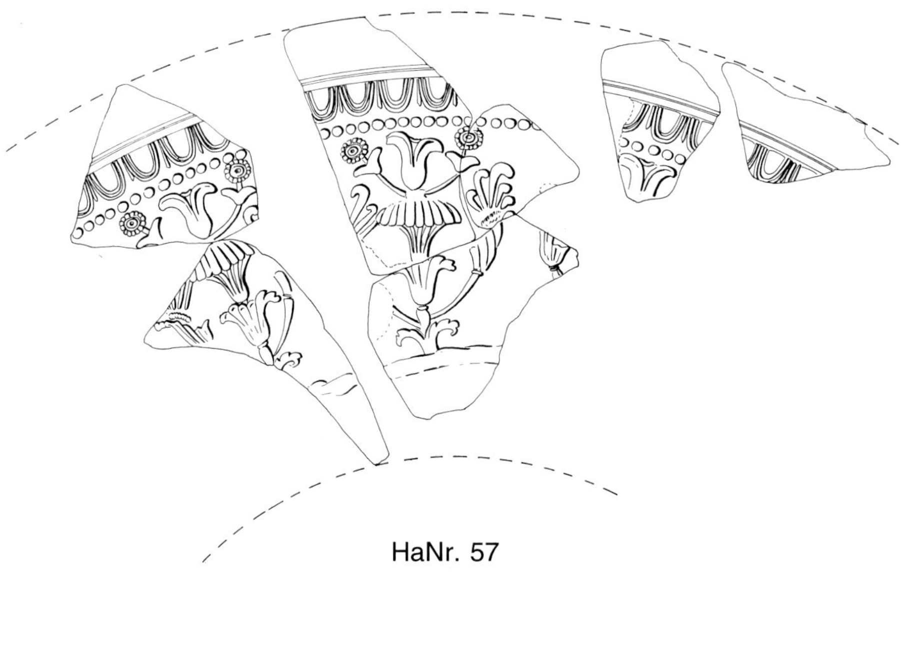

HaNr. 57

Haltern: HaNr. 56 u. 57; M. 1:2, Stempel M. 1:1.

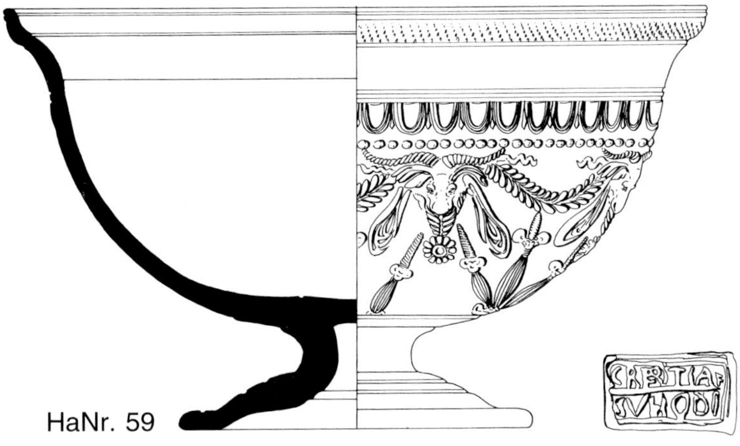

HaNr. 59

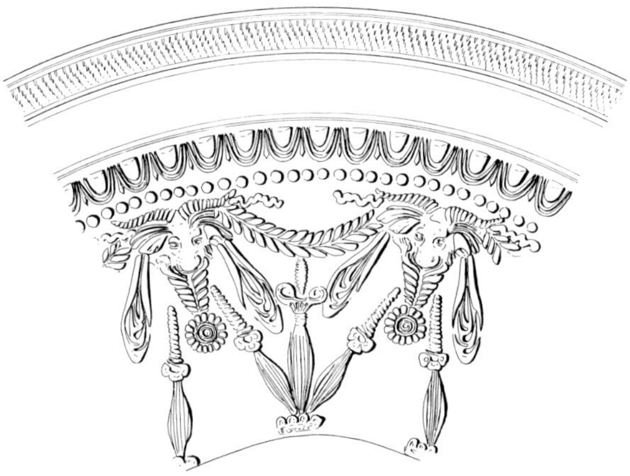

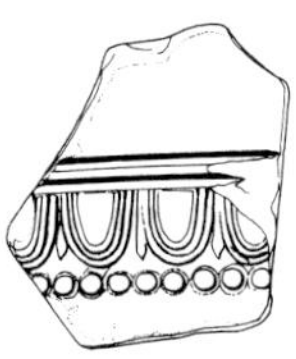

HaNr. 60

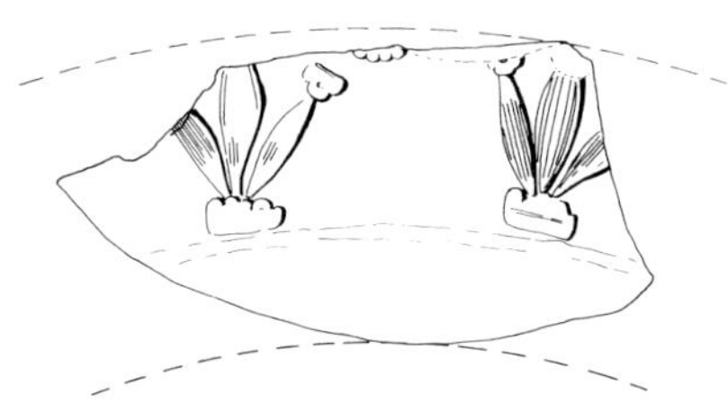

HaNr. 61

Haltern: HaNr. 59 u. 61; M. 1:2, Stempel M. 1:1; HaNr. 60 nach BAW 6, 1943, Taf. 9 R17; M. ca. 1:2.

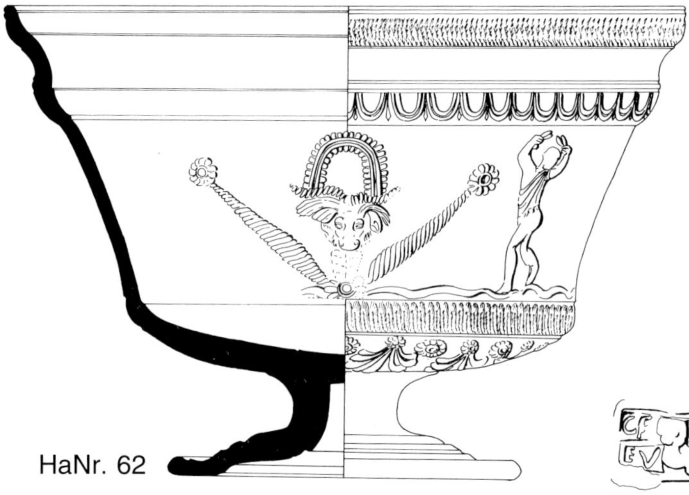

HaNr. 62

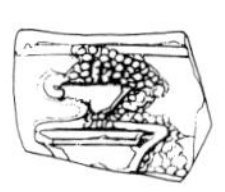

HaNr. 62a

HaNr. 64

HaNr. 63

Haltern: HaNr. 62; M. 1:2; HaNr. 62a-64 nach MAK 6, 1912, Taf. 5C,14, MAK 2, 1901, Taf. 28,38; 33,11; M. ca. 1:2; Stempel M. 1:1.

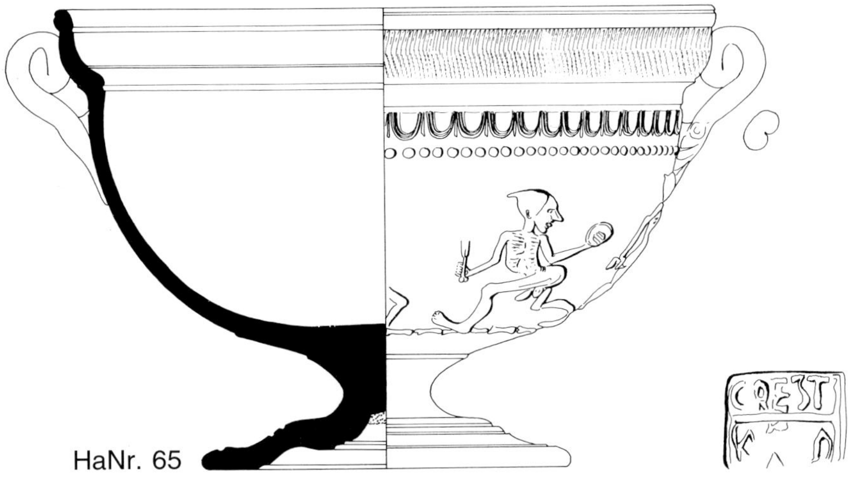

HaNr. 65

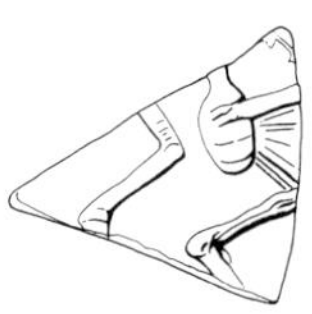

HaNr. 65a

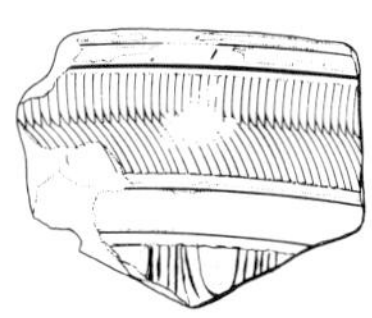

HaNr. 66

Haltern: HaNr. 65; M. 1:2, Stempel M. 1:1; HaNr. 65a u. 66 nach MAK 6, 1912, Taf. 5C,8 u. BAW 6, 1943, Taf. 10 R16; M. ca. 1:2.

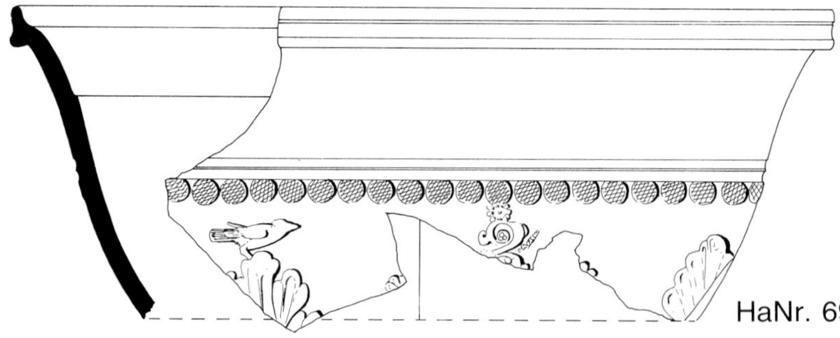

HaNr. 69

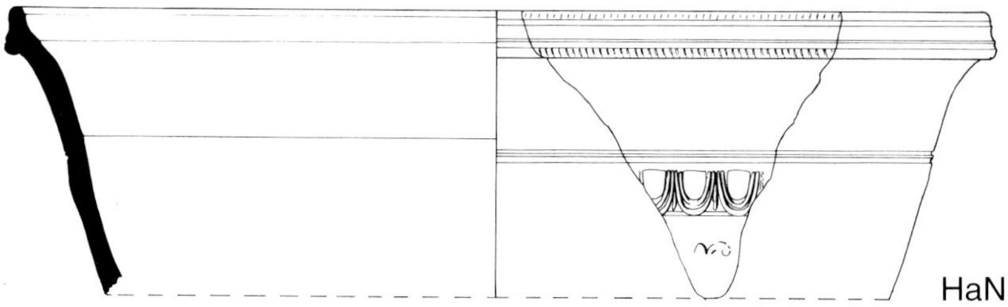

HaNr. 70

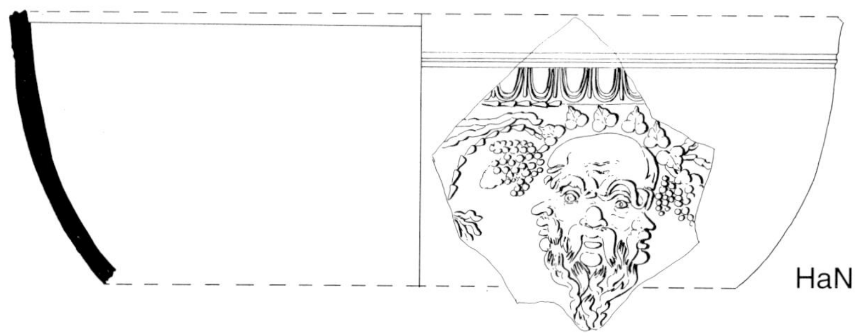

HaNr. 71

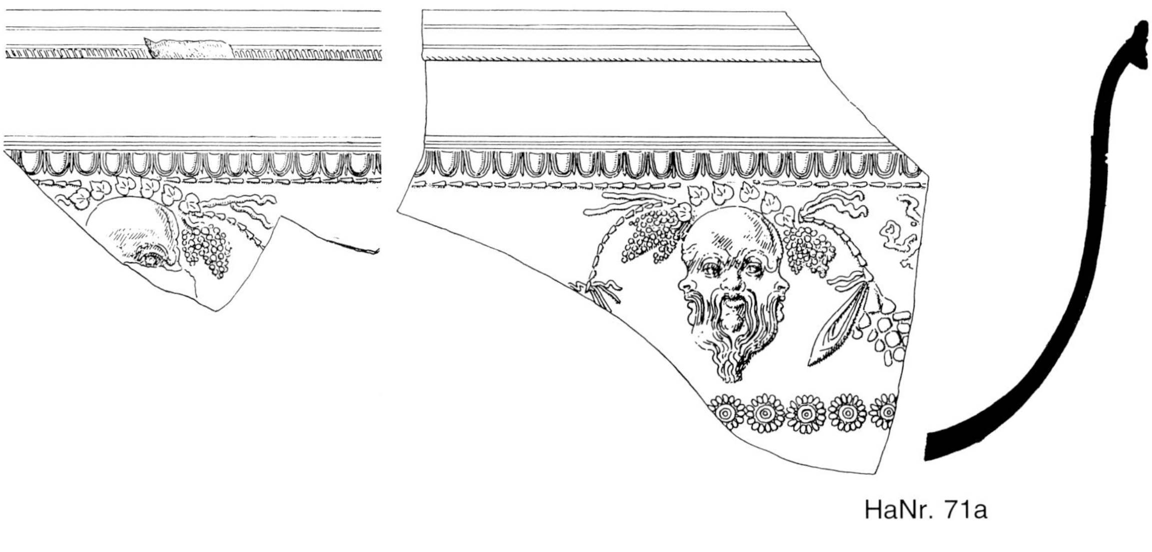

HaNr. 71a

Haltern: HaNr. 69-71; M. 1:2; HaNr. 71a nach BAW 6, 1943, Taf. 13 R7; M. ca. 1:2.

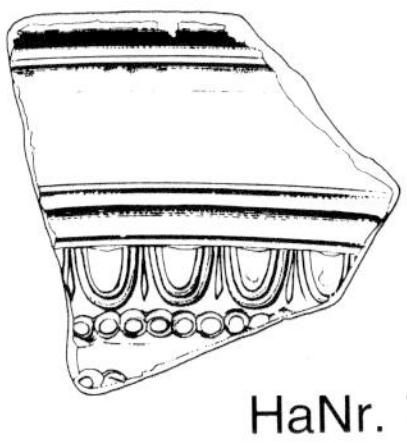

HaNr. 72

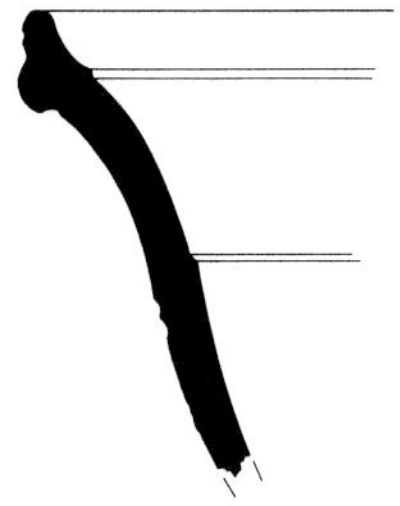

HaNr. 73

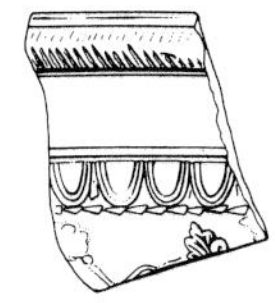

HaNr. 76

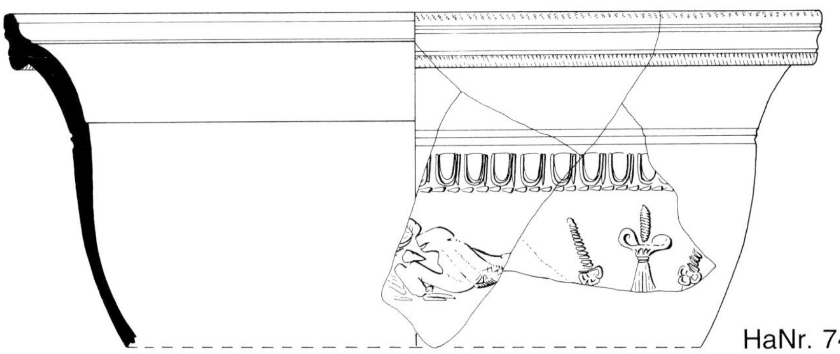

HaNr. 74

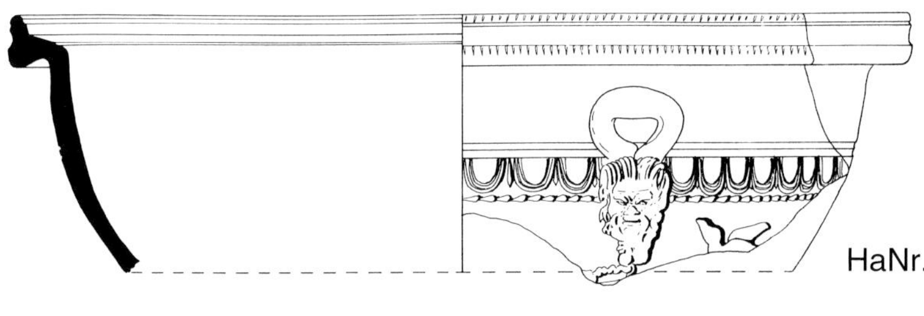

HaNr. 75

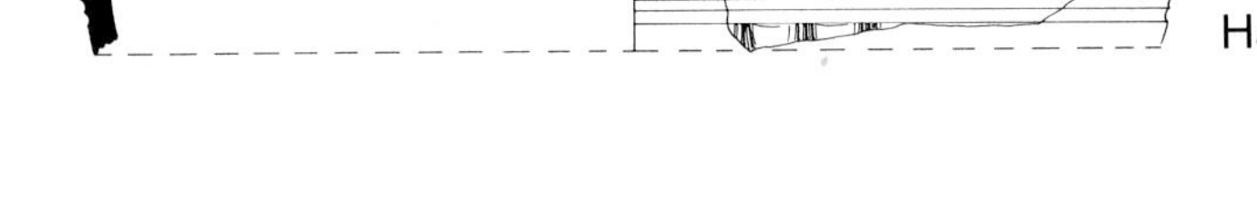

HaNr. 77

Haltern: HaNr. 72, 73, 76 nach MAK 2, 1901, Taf. 33,7, MAK 5, 1909, 158 Abb. 7,2, BAW 6, 1943, Taf. 10 R15; M. ca. 1:2; HaNr. 74, 75, 77; M. 1:2.

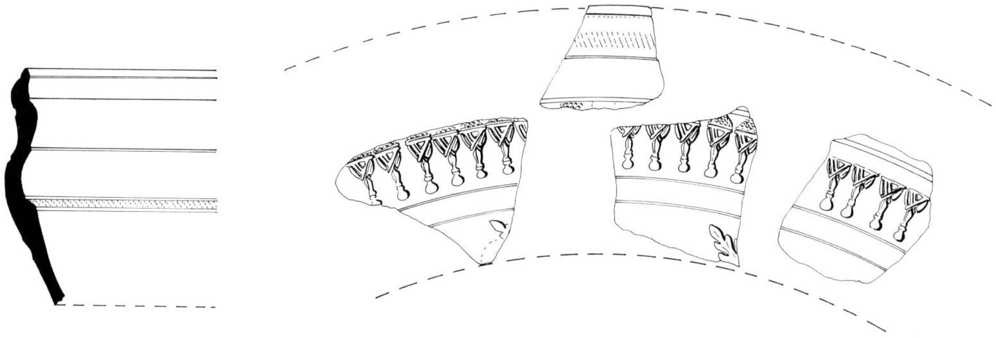

HaNr. 79

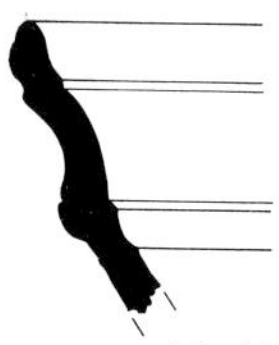

HaNr. 80

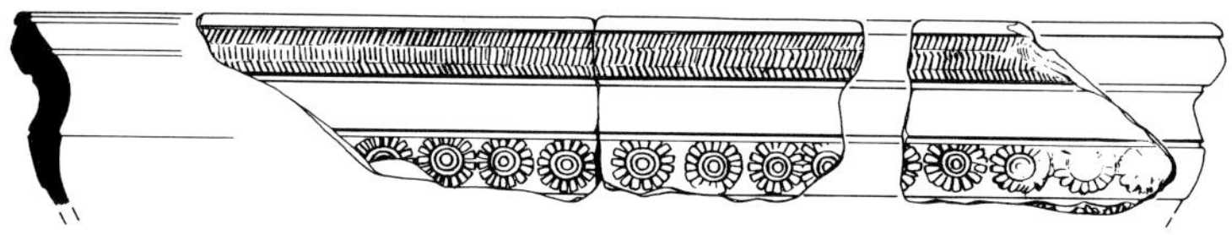

HaNr. 81

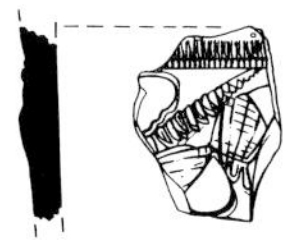

HaNr. 81

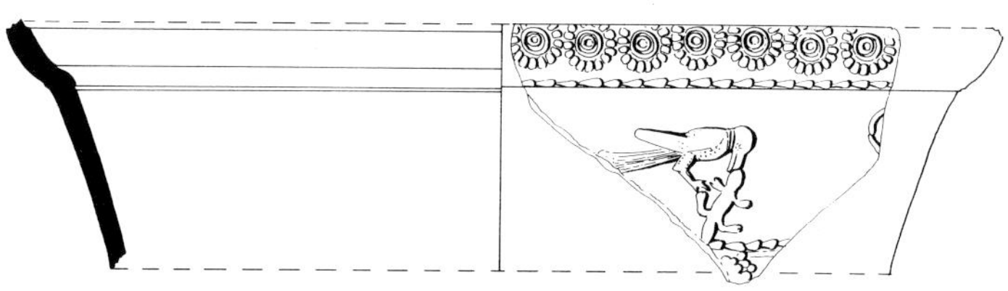

HaNr. 82

HaNr. 83

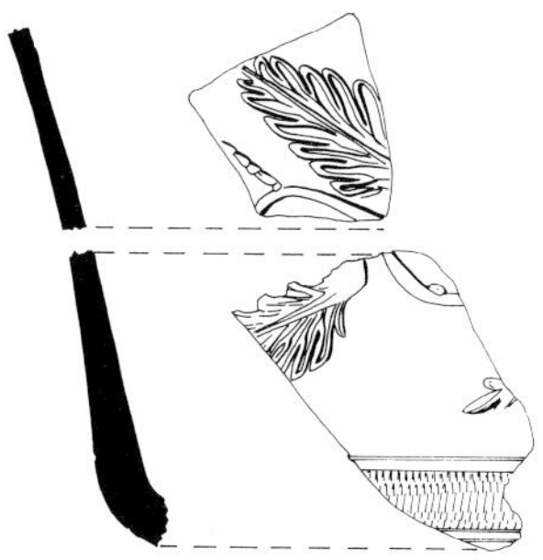

HaNr. 84

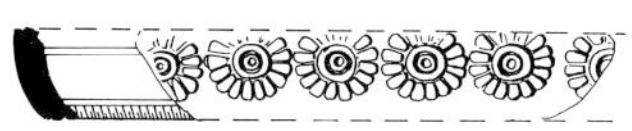

HaNr. 85

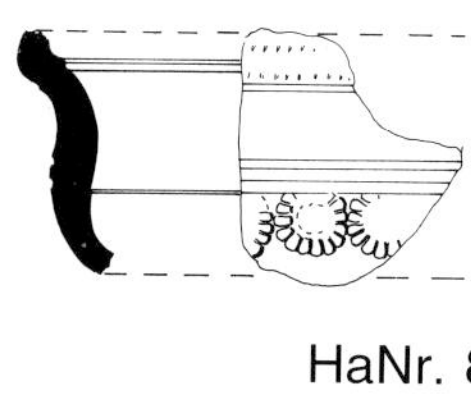

HaNr. 86

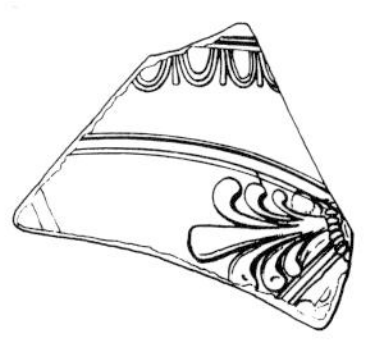

HaNr. 87

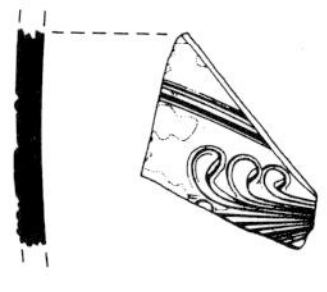

HaNr. 88

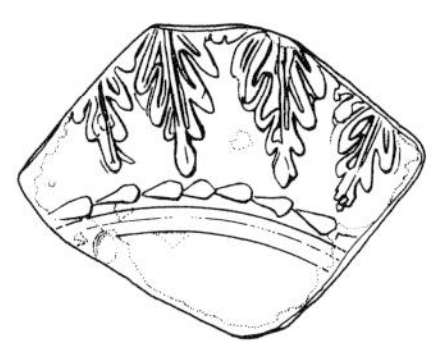

HaNr. 89

Haltern: HaNr. 79, 81-86, 88; M. 1:2; HaNr. 80, 87, 89 nach MAK 5, 1909, 158 Abb. 7,3, MAK 6, 1912, Taf. 5C,4, BAW 6, 1943, Taf. 9 R18; M. ca. 1:2.

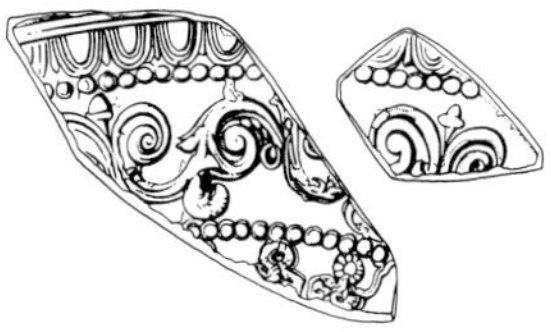

HaNr. 90

HaNr. 91

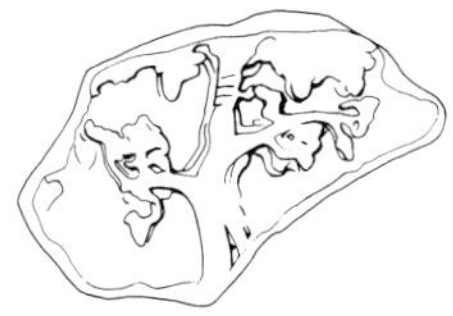

HaNr. 92

HaNr. 93

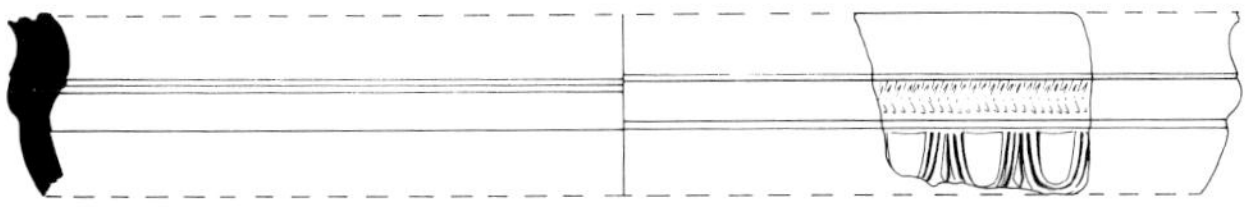

HaNr. 94

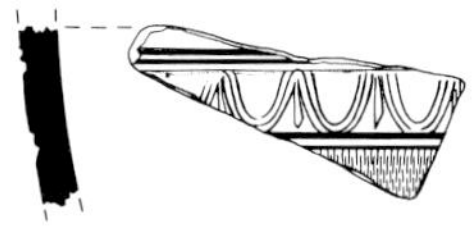

HaNr. 95

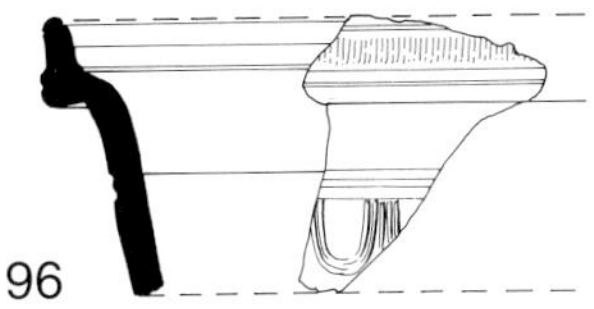

HaNr. 96

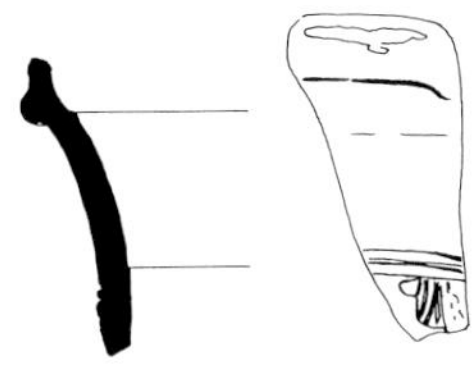

HaNr. 97

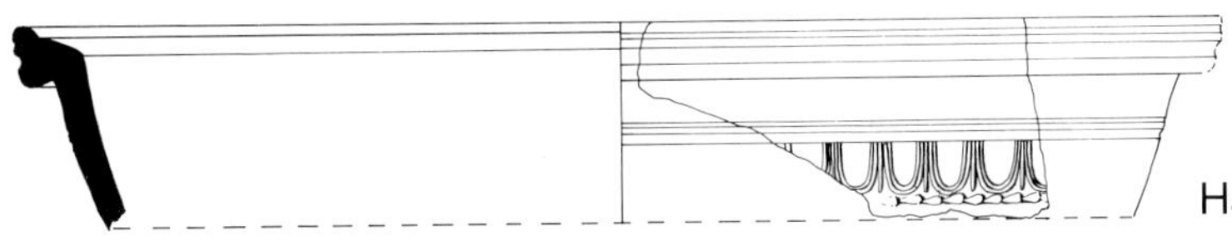

HaNr. 98

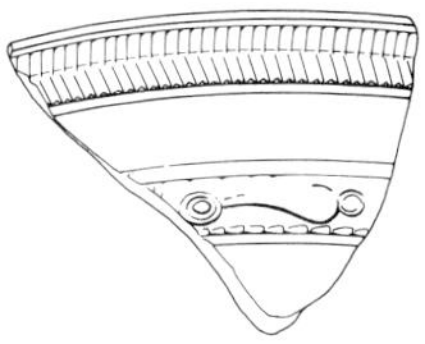

HaNr. 99

HaNr. 100

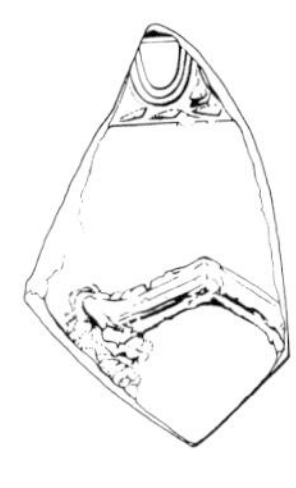

HaNr. 101

HaNr. 103

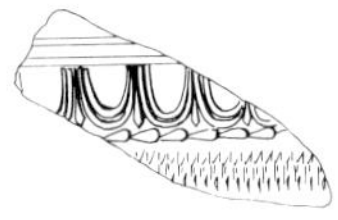

HaNr. 104

HaNr. 105

HaNr. 106

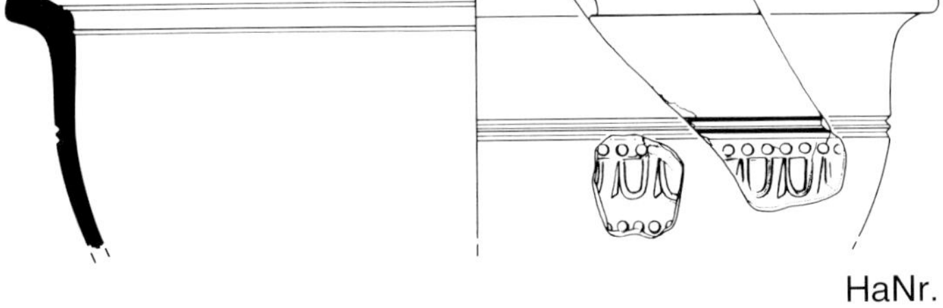

HaNr. 107

Haltern: HaNr. 90-92, 99-101, 105 nach BAW 6, 1943, Taf. 9 R21a.b, MAK 2, 1901, Taf. 33,12.8, MAK 6, 1912, Taf. 5C,3, MAK 2, 1901, Taf. 33,10.13; M. ca. 1:2; HaNr. 93-98, 103, 104, 106, 107; M. 1:2.

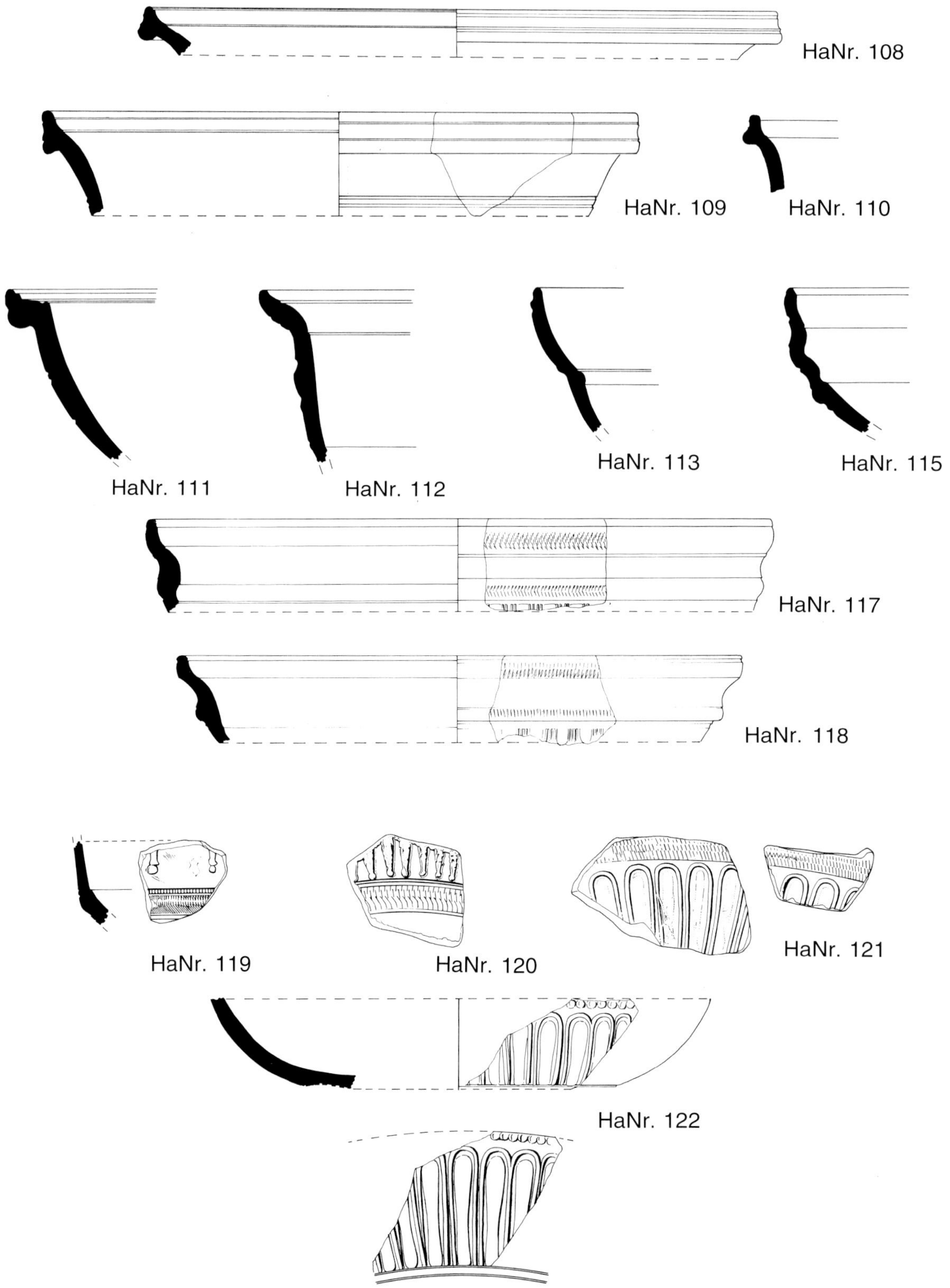

Haltern: HaNr. 108-110, 117-119, 122; M. 1:2; HaNr. 111-113, 115, 120, 121 nach MAK 5, 1909, 158 Abb. 7,1.4; 150 f. Abb. 4,11; 158 Abb. 7,5, MAK 6, 1912, Taf. 5C,17.11.12; M. ca. 1:2.

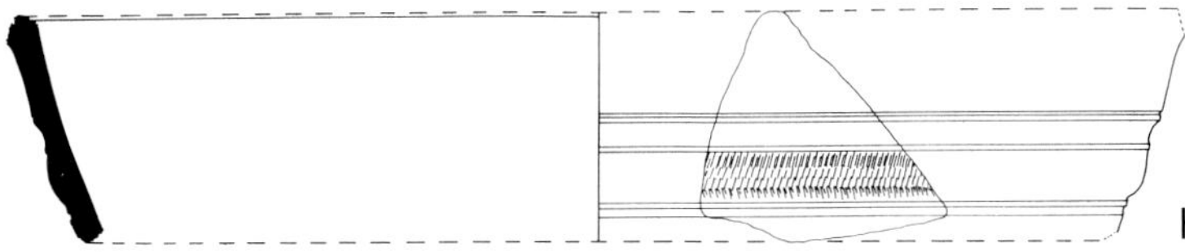
HaNr. 123

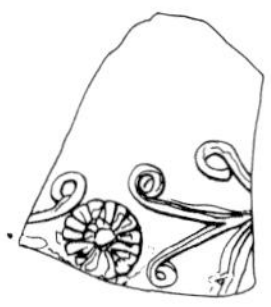
HaNr. 125

HaNr. 126

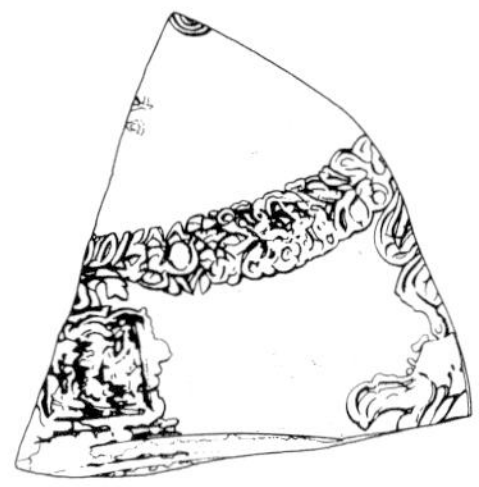
HaNr. 127

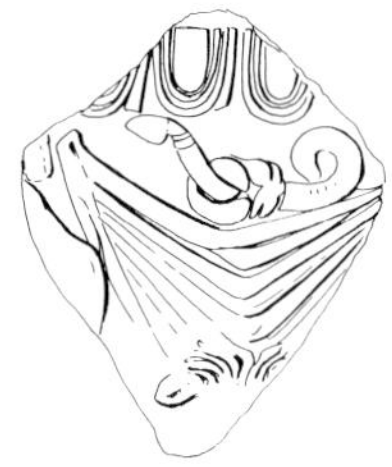
HaNr. 128

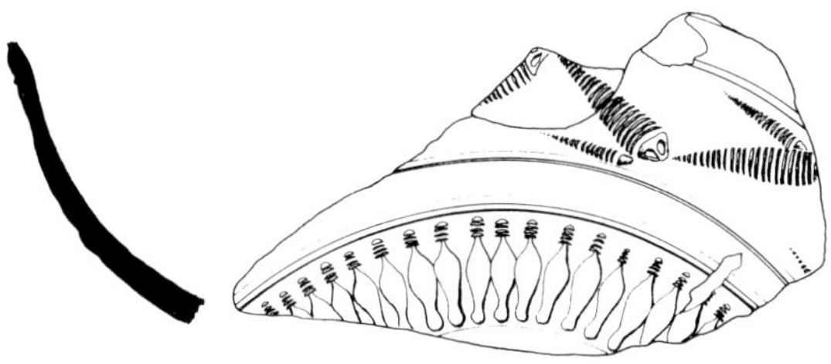
HaNr. 129

HaNr. 131

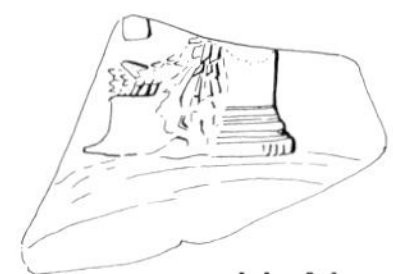
HaNr. 132

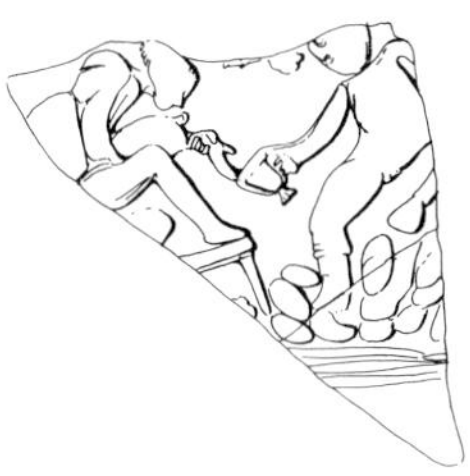
HaNr. 133

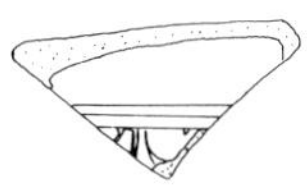
HaNr. 134

HaNr. 135

HaNr. 136

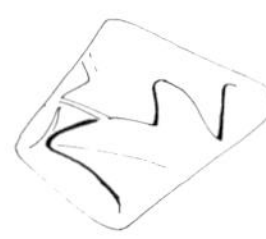
HaNr. 142

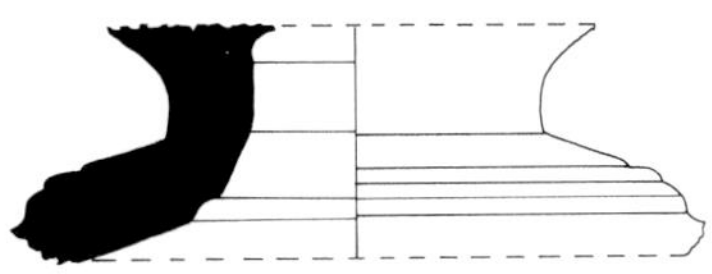
HaNr. 146

HaNr. 147

Haltern: HaNr. 123, 128, 129, 133-136, 142, 146, 147; M. 1:2; HaNr. 125-127, 131 nach MAK 2, 1901, Taf. 33,9, BAW 6, 1943, Taf. 10 R26.R23.R19; M. ca. 1:2.

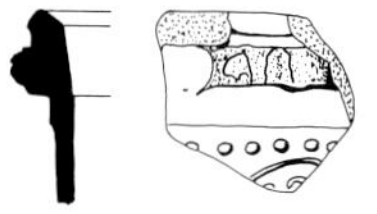

HaNr. 149

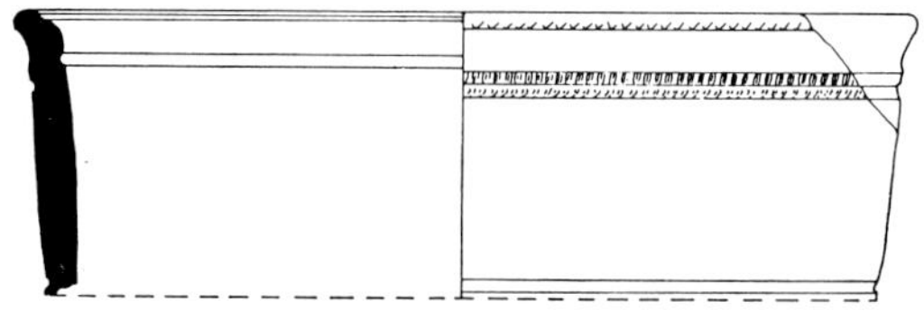

HaNr. 148

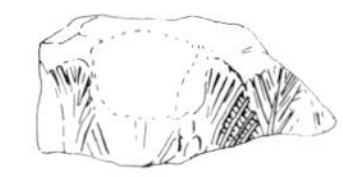

HaNr. 150

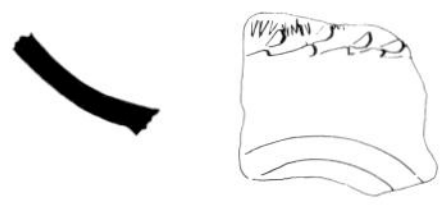

HaNr. 151

HaNr. 152

HaNr. 153

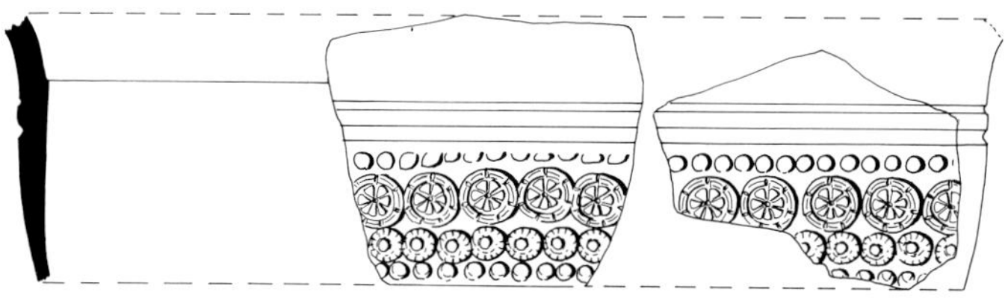

HaNr. 157

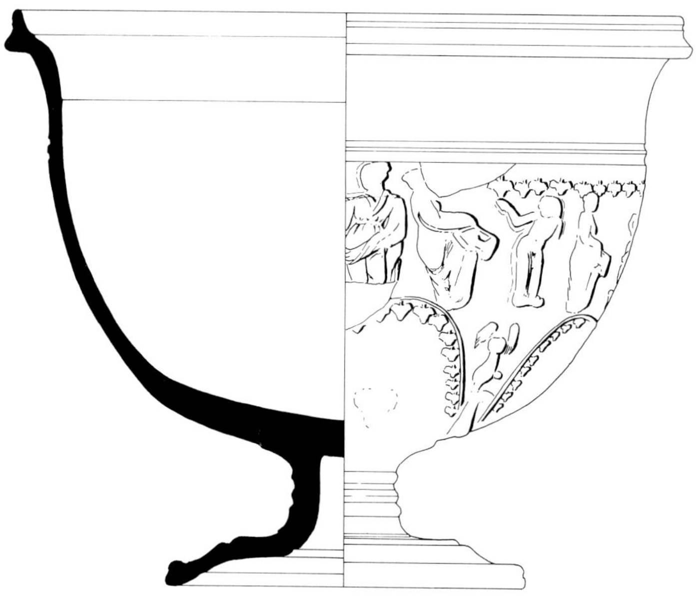

HaNr. 156

Haltern: HaNr. 148, 152, 153 nach VON SCHNURBEIN, Sigillata, Taf. 70,1648, MAK 5, 1909, Taf. 17,7, BAW 6, 1943, Taf. 10 R20; M. ca. 1:2; HaNr. 149-151, 156, 157, M. 1:2.

HaNr. 156

Haltern: HaNr. 156; M. 1:2.

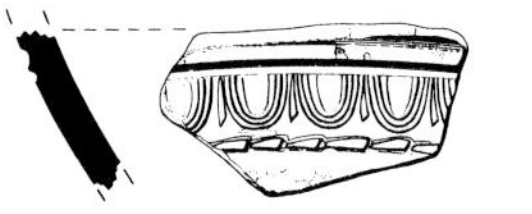

AnNr. 1

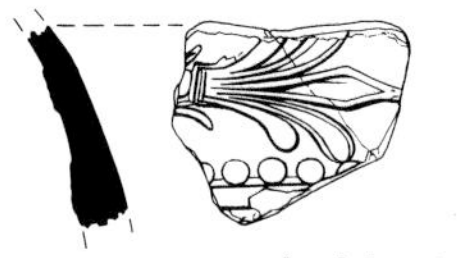

AnNr. 2

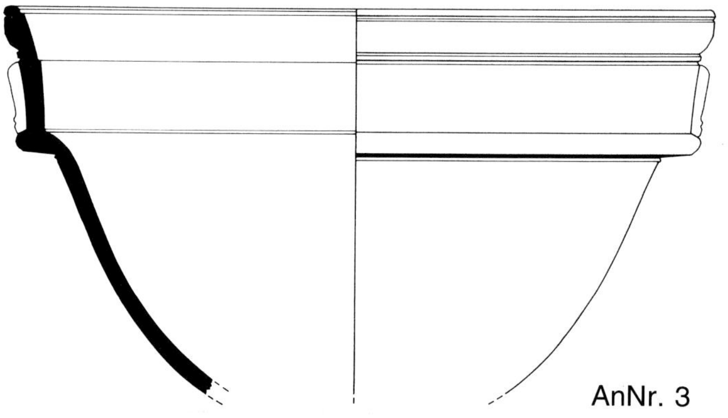

AnNr. 3

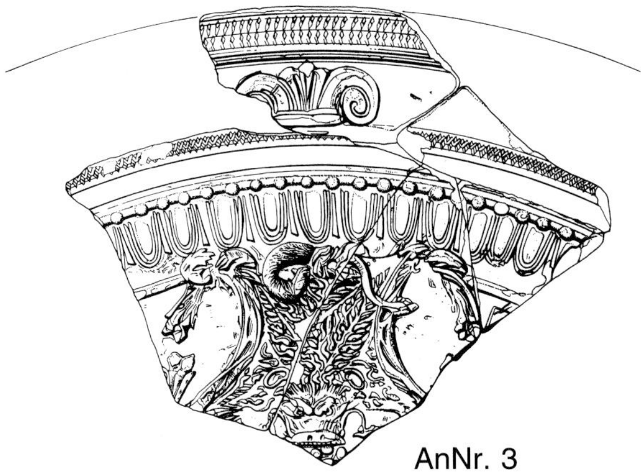

AnNr. 3

Anreppen: AnNr. 1-3; M. 1:2.

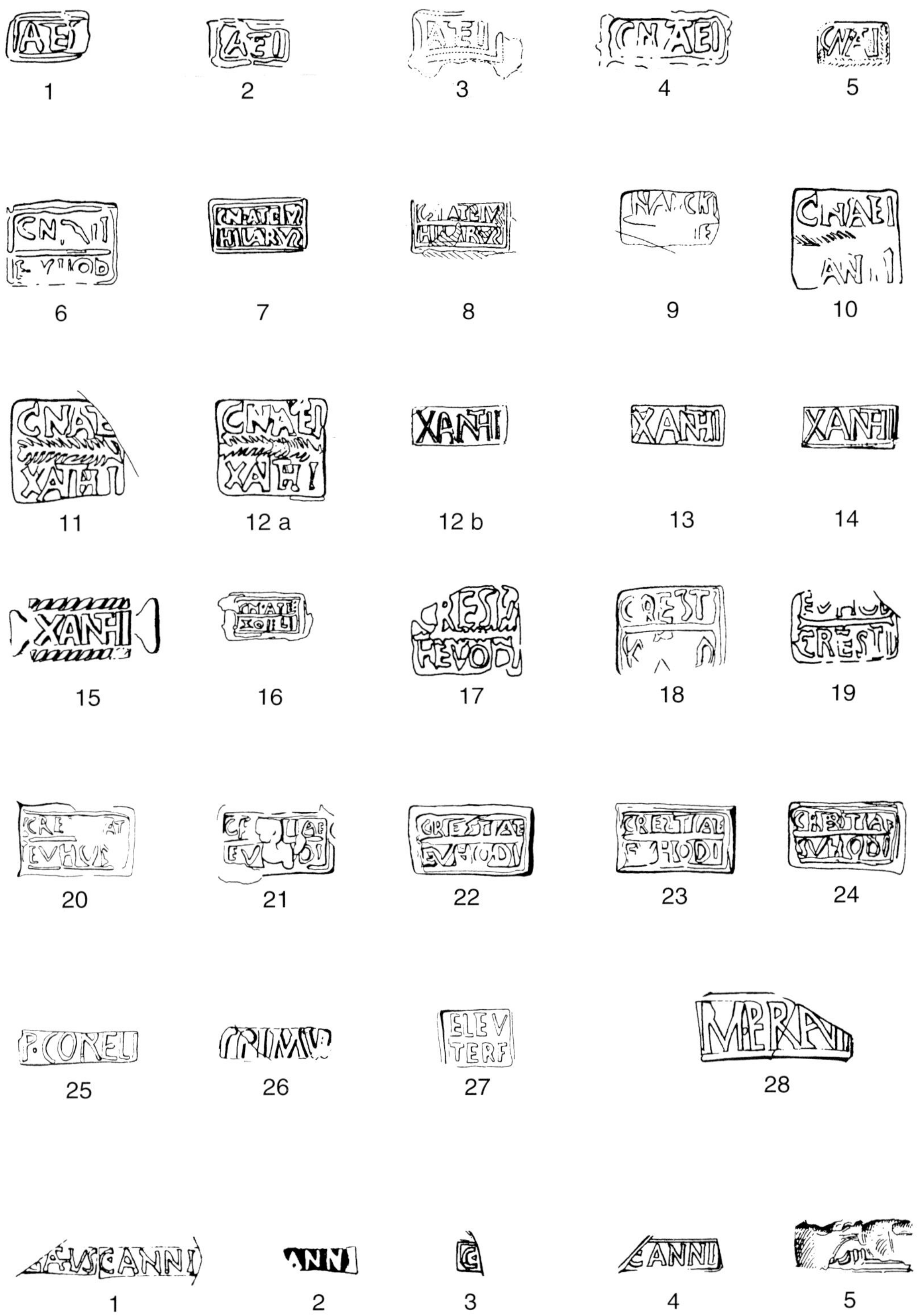

Haltern: Stempel-Nr. 1-28; Oberaden: Stempel-Nr. 1-5; M. 1:1.

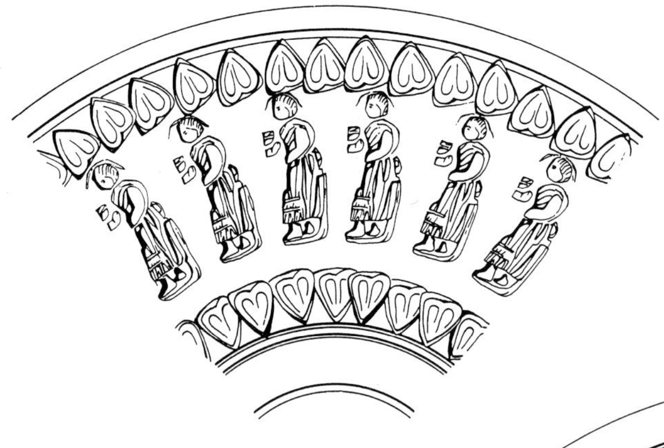

ImNr. 1

ImNr. 5

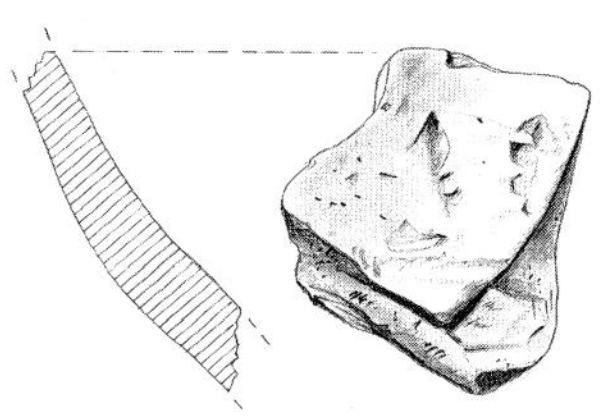

ImNr. 4

ImNr. 2

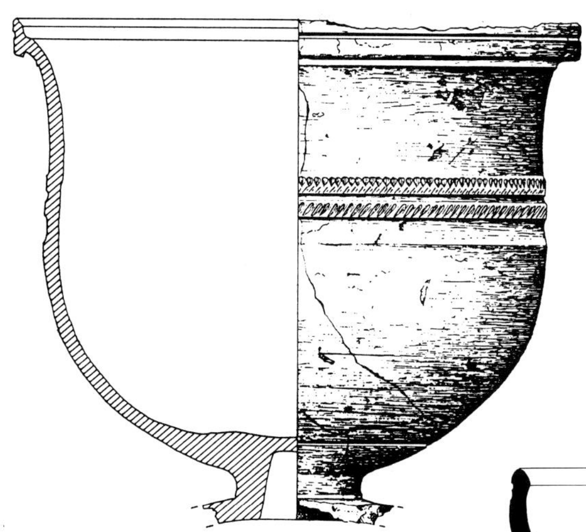

ImNr. 6

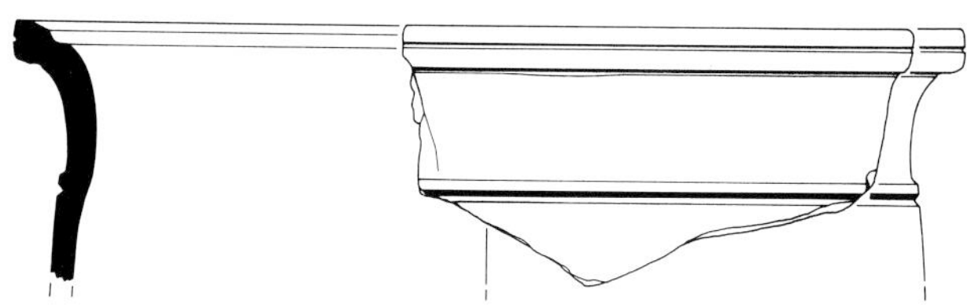

ImNr. 7

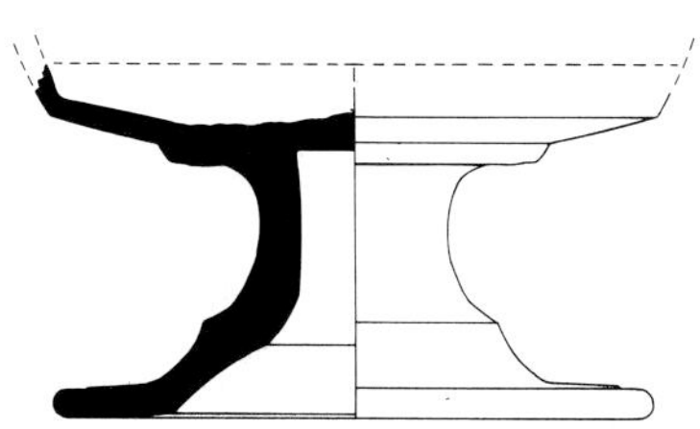

ImNr. 9

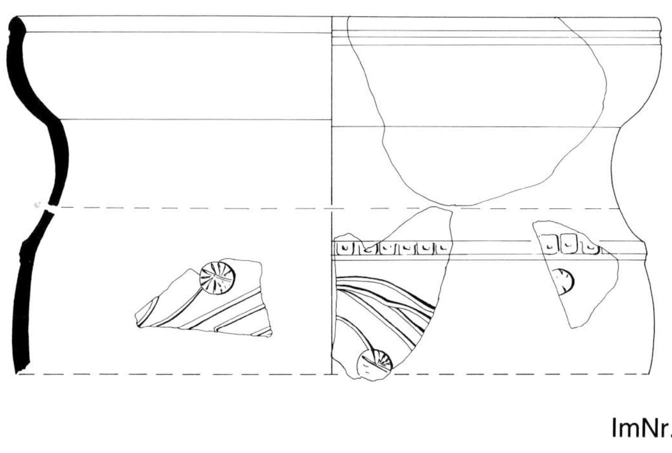

ImNr. 8

Haltern – Imitationen verzierter Arretina: ImNr. 1, 2, 6 nach von Schnurbein, Germania 52, 1974, Taf. 15,1b; 17,2b; S.82 f. Abb. 1; ImNr. 4, 5, 7-9; M. 1:2.

1

2

3

4

5

6

7

8

Punzen-Nr. 1-8; M. 1:1.

9

10

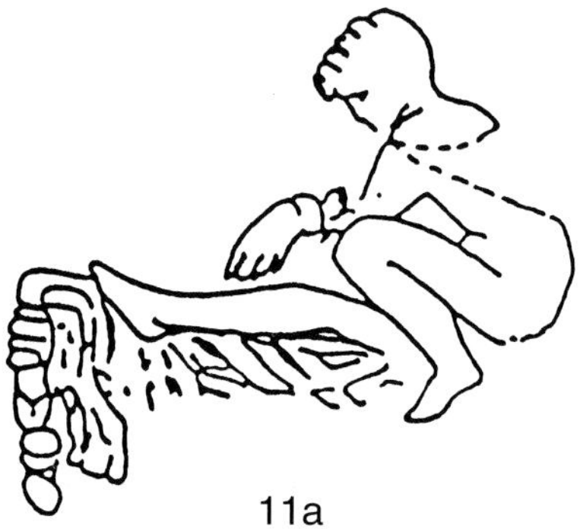

11a

11b

12

13

14

15

16

17

18

Punzen-Nr. 9-18; M. 1:1.

19

20

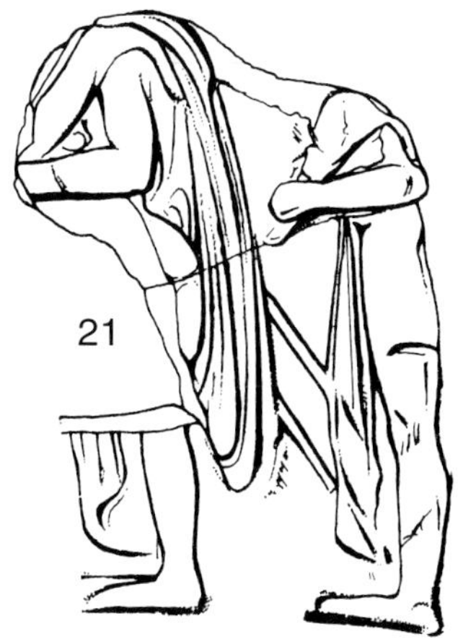
21

23

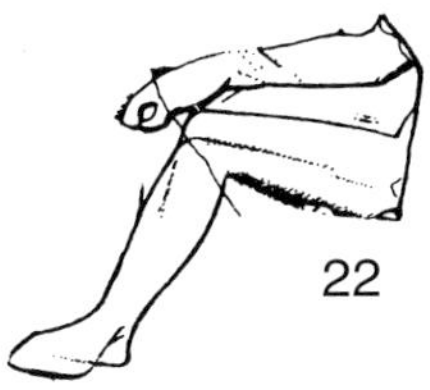
22

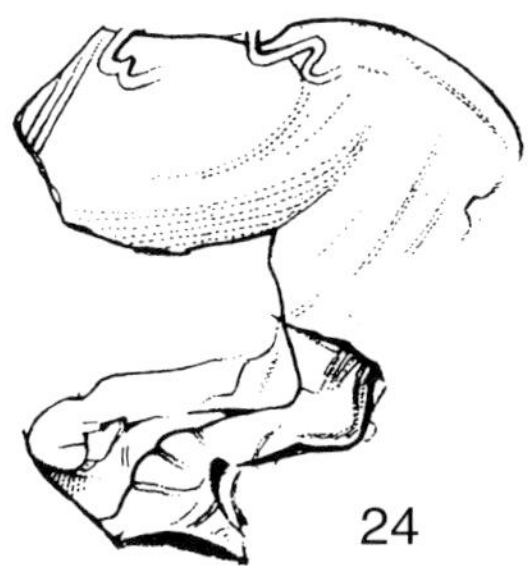
24

25

26

27

28a

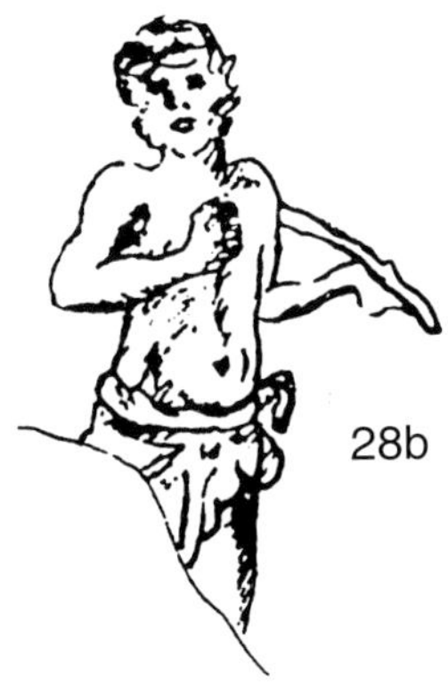
28b

29

30

31a

31b

31c

32

33

Punzen-Nr. 19-33; M. 1:1.

34

35

37

36

38

39

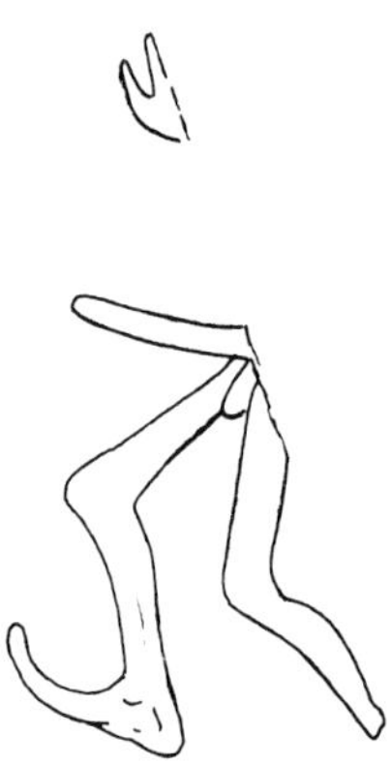
40

41

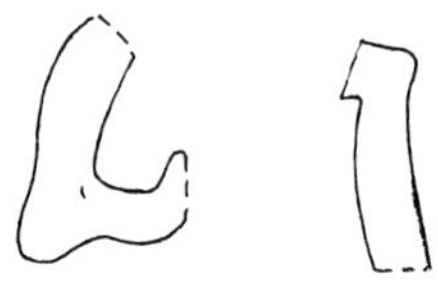
41a

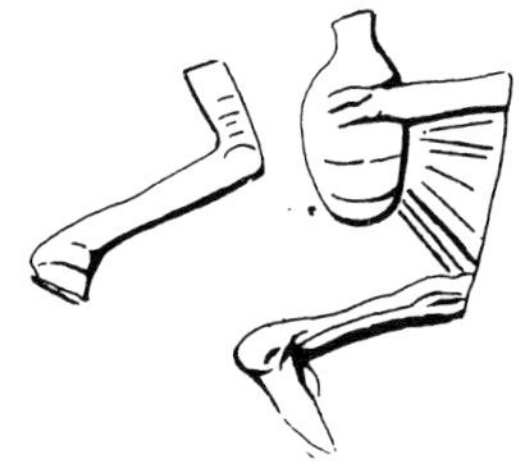
42

43a

43b

43c

43f

43g

43d

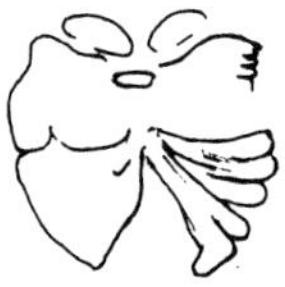
43e

43i

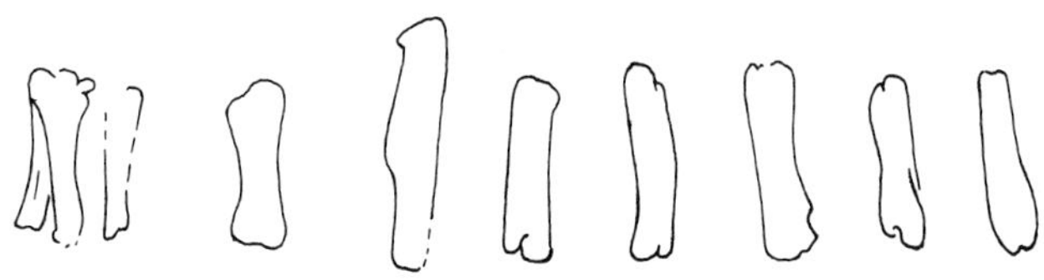
43h

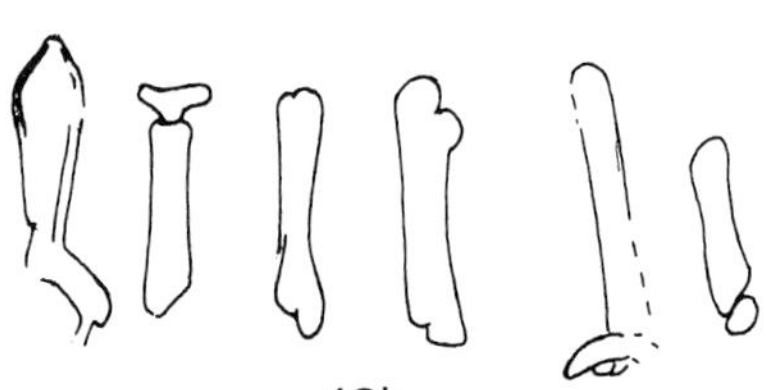
43h

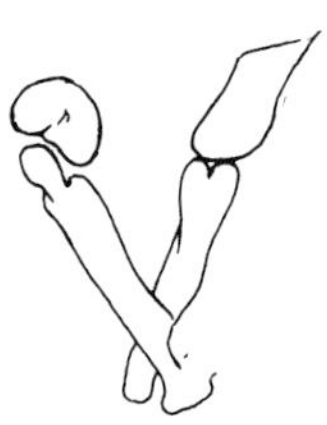
43h

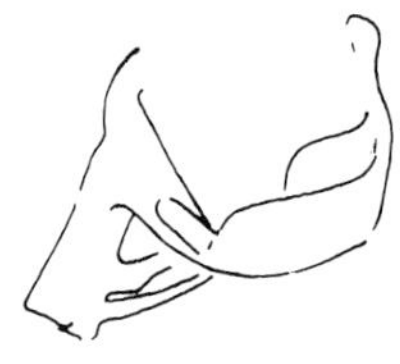
43k

43l

Punzen-Nr. 34-43; M. 1:1.

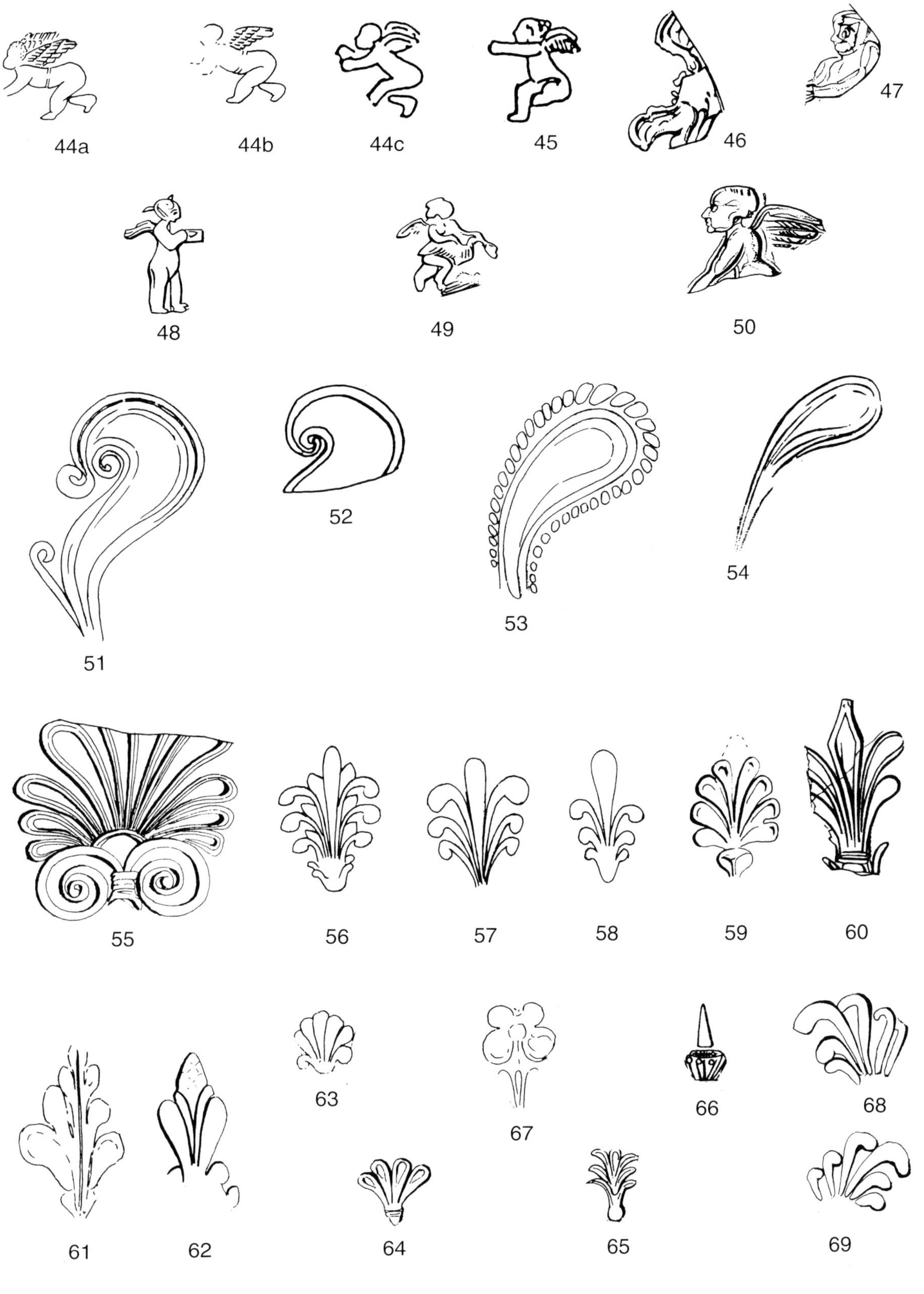

Punzen-Nr. 44-69; M. 1:1.

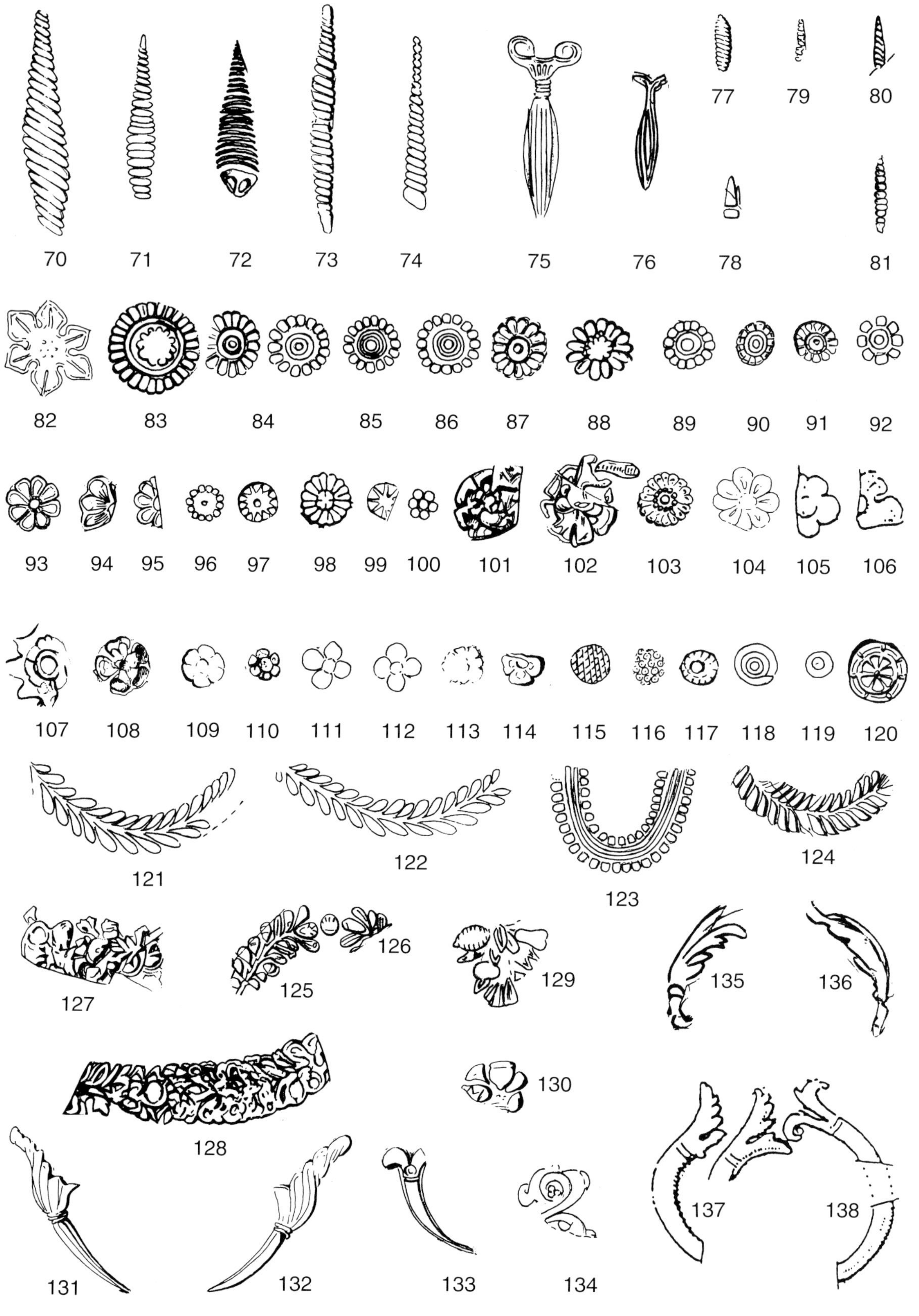

Punzen-Nr. 70-138; M. 1:1.

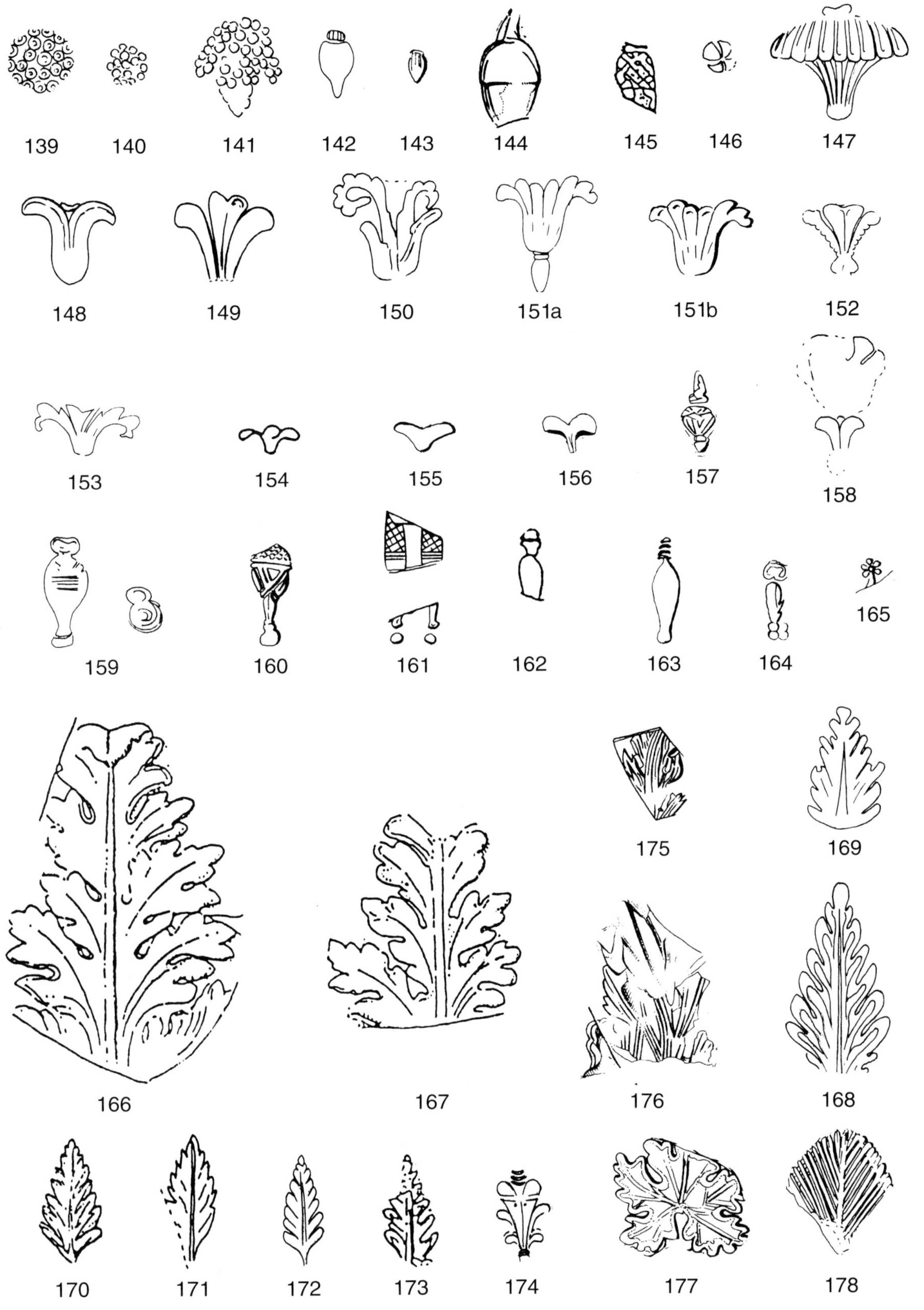

Punzen-Nr. 139-178; M. 1:1.

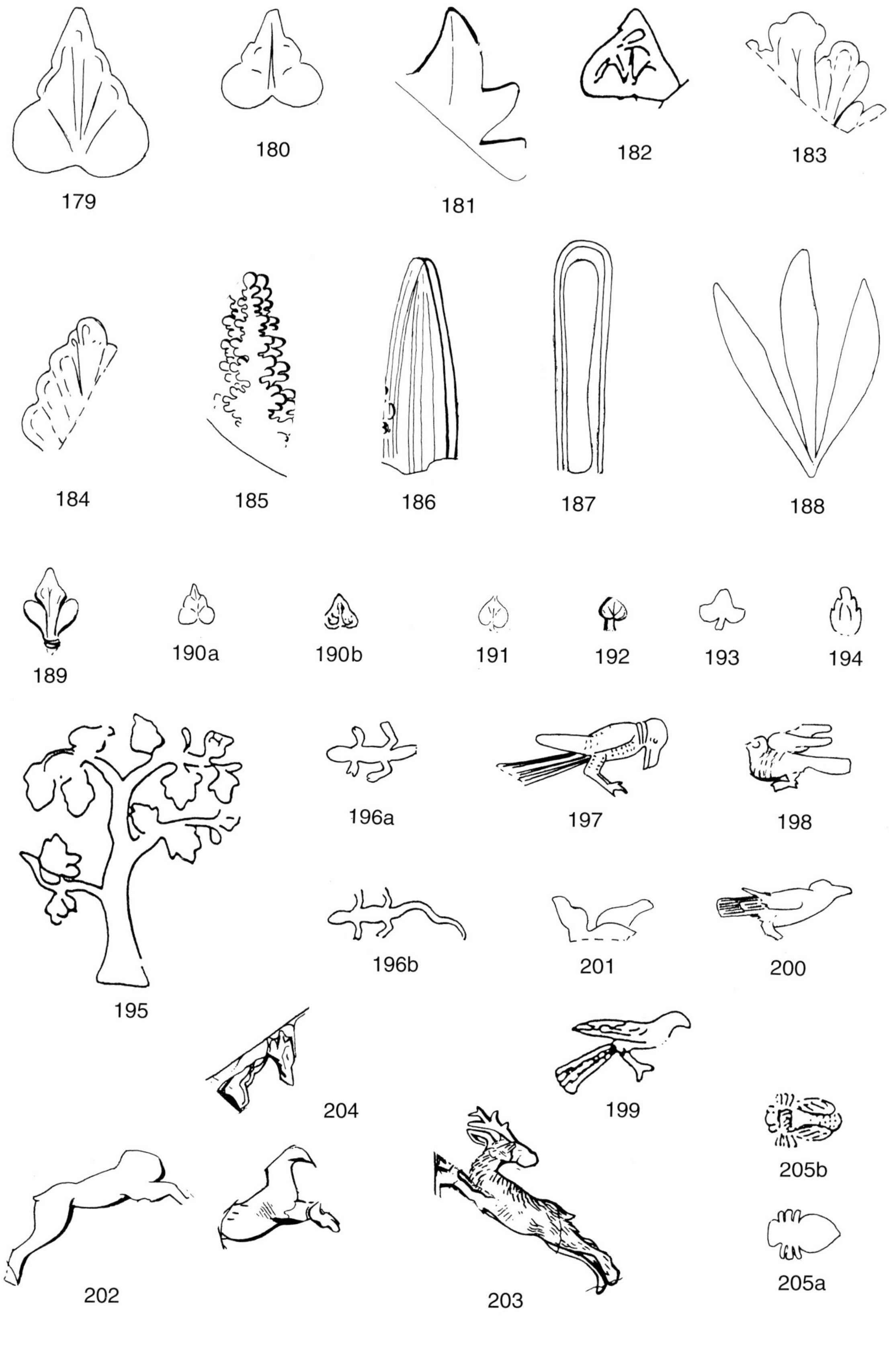

Punzen-Nr. 179-205; M. 1:1.

206b

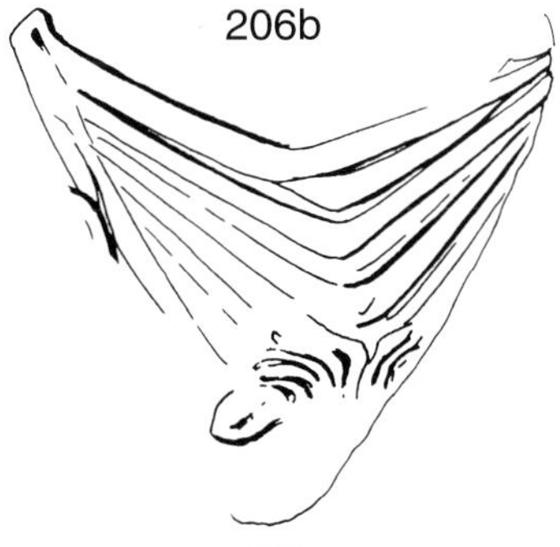
206a

207

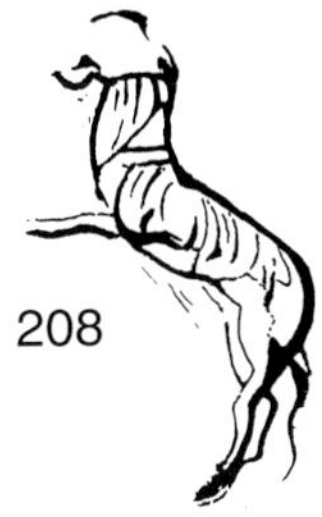
208

209

210

211

212

213

214

215

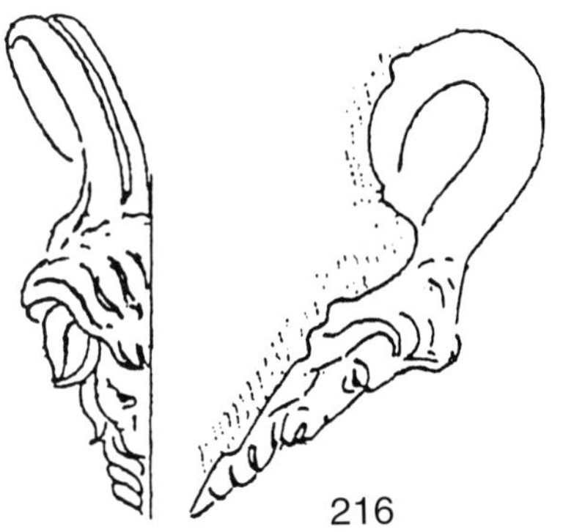
216

218

217

219

220

221

222

223

224a

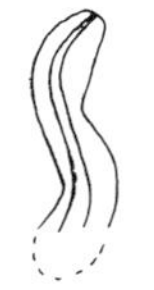
224b

225

Punzen-Nr. 206-225; M. 1:1.

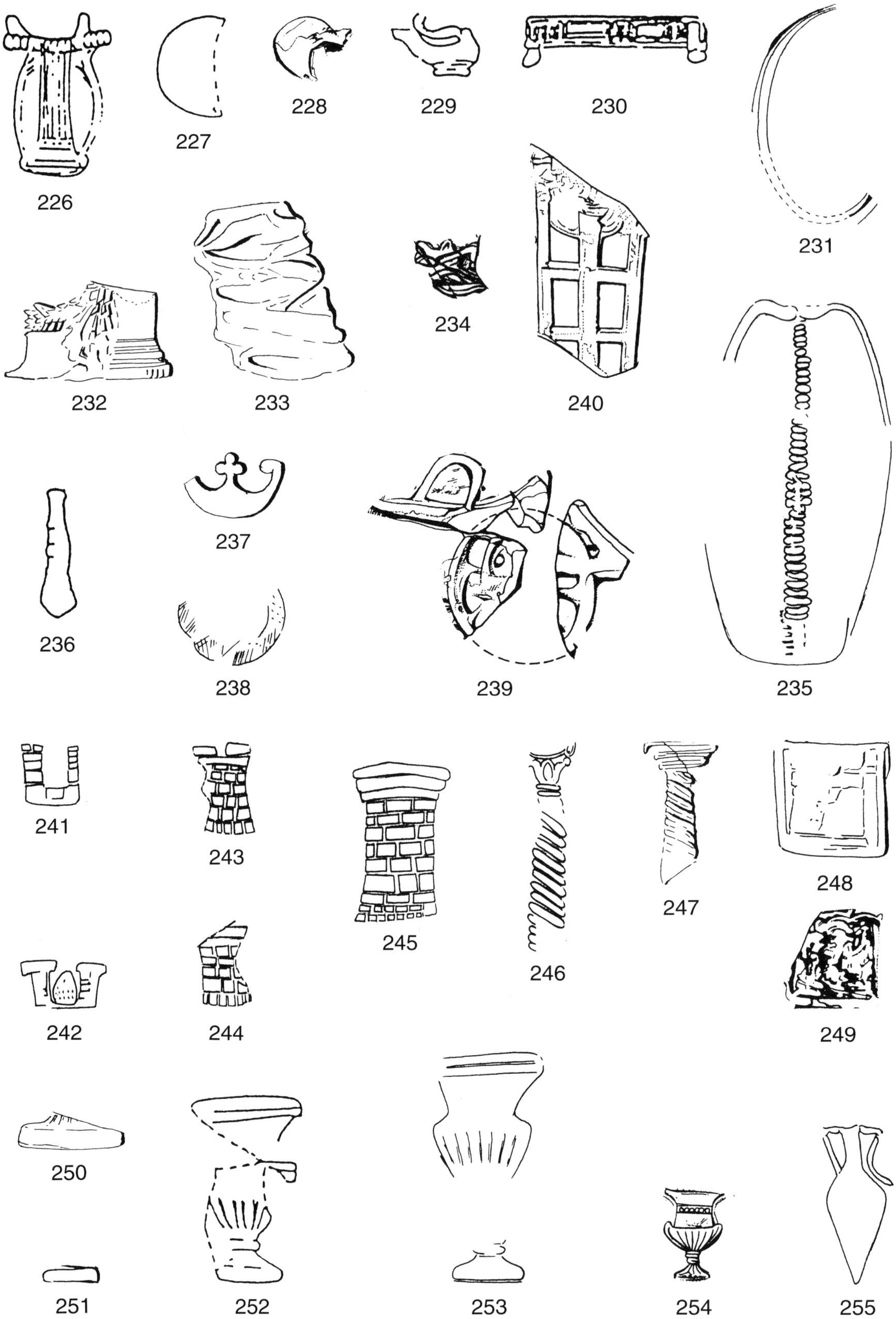

Punzen-Nr. 226-255; M. 1:1.

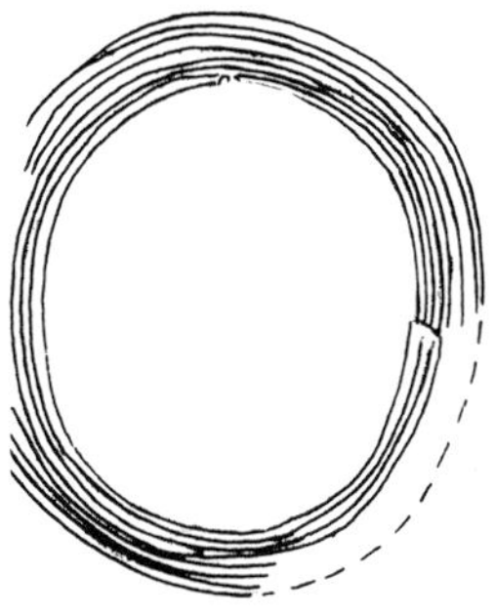
256

257

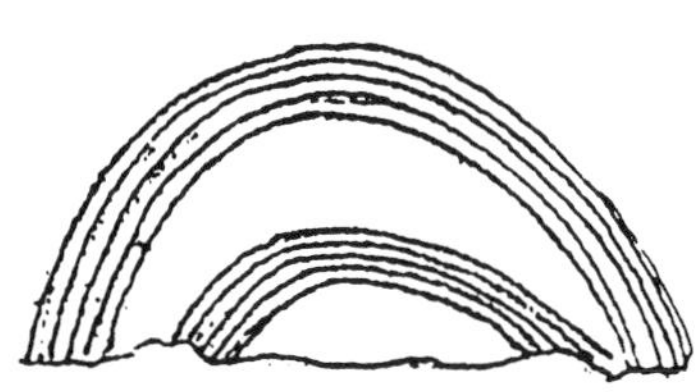
258

259

260

261

262

265

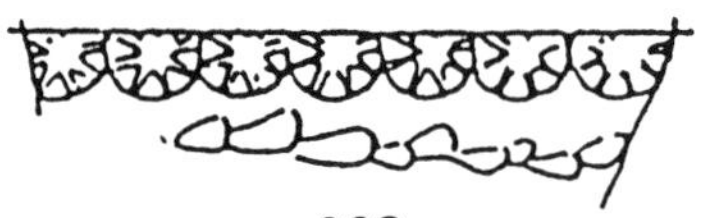
263

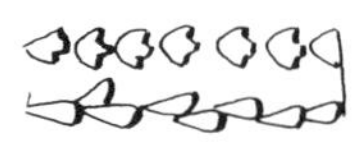
264

266

267

268

269a

269b

1

2

3

4

5

Punzen-Nr. 256-269, 1-5; M. 1:1

1

2

1 = OaNr. 23; 2 = OaNr. 2; ohne M.

1

2

3

1 = OaNr. 30 (aus Oberaden II Taf. 5,12); 2 = OaNr. 10; ohne M.; 3,7 = HaNr. 72; 3,8 = HaNr. 92; 3,9 = HaNr. 125; 3,10 = HaNr. 100; 3,11 = HaNr. 63; 3,12 = HaNr. 91; 3,13 = HaNr. 101; 3,14 = Tasse Haltern 15 (aus MAK 2, 1901, Taf. 33).

1.1a = HaNr. 28.28a; 2.2a = HaNr. 53; 3 = HaNr. 19; 4 = HaNr. 105; 5 = HaNr. 16; 6 = HaNr. 46; 7 = HaNr. 152 (aus MAK 5, 1909, Taf. 17).

A: 1 = HaNr. 25; 6 = HaNr. 62; 12 = HaNr. 29; 13 = HaNr. 54; 14 = HaNr. 56; 16 = HaNr. 59;
B: 2 = HaNr. 7; 3 = HaNr. 7; 5 = HaNr. 37; 7 = HaNr. 17; 19 = HaNr. 65; 20 = HaNr. 31;
C: 1 = HaNr. 154; 2 = HaNr. 82; 3 = HaNr. 99; 4 = HaNr. 87; 5 = HaNr. 90; 6 = HaNr. 7;
8 = HaNr. 65a; 9.10 = HaNr. 7; 11.12 = HaNr. 121; 13 = HaNr. 7; 14 = HaNr. 62a;
15 = HaNr. 15; 16 = HaNr. 8; 17 = HaNr. 120 (aus MAK 6, 1912, Taf. 5).

Funde von Haltern

7

1

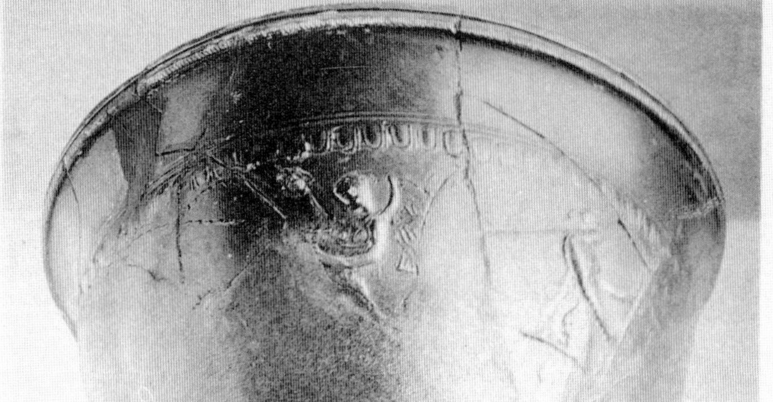

2

Reliefkelche
ca. 1/2 nat. Größe

1 = HaNr. 25; 2 = HaNr. 7; 7 = HaNr. 17 (aus MAK 6, 1912, Taf. 6).

Mitteilungen der Altertumskommission
für Westfalen VI

Tafel VII

Funde von Haltern

Reliefkelche
ca. 1/2 nat. Größe

3a.b = HaNr. 7; 6a-c = HaNr. 62 (aus MAK 6, 1912, Taf. 7).

R6 = HaNr. 130; R9 = HaNr. 10; R12 = HaNr. 15; R14 = HaNr. 21; R15 = HaNr. 76; R16 = HaNr. 66; R19 = HaNr. 131; R20 = HaNr. 153; R 23 = HaNr. 127; R24 = HaNr. 122; R26 = HaNr. 126 (aus BAW 6, 1943, Taf. 10); ohne M.

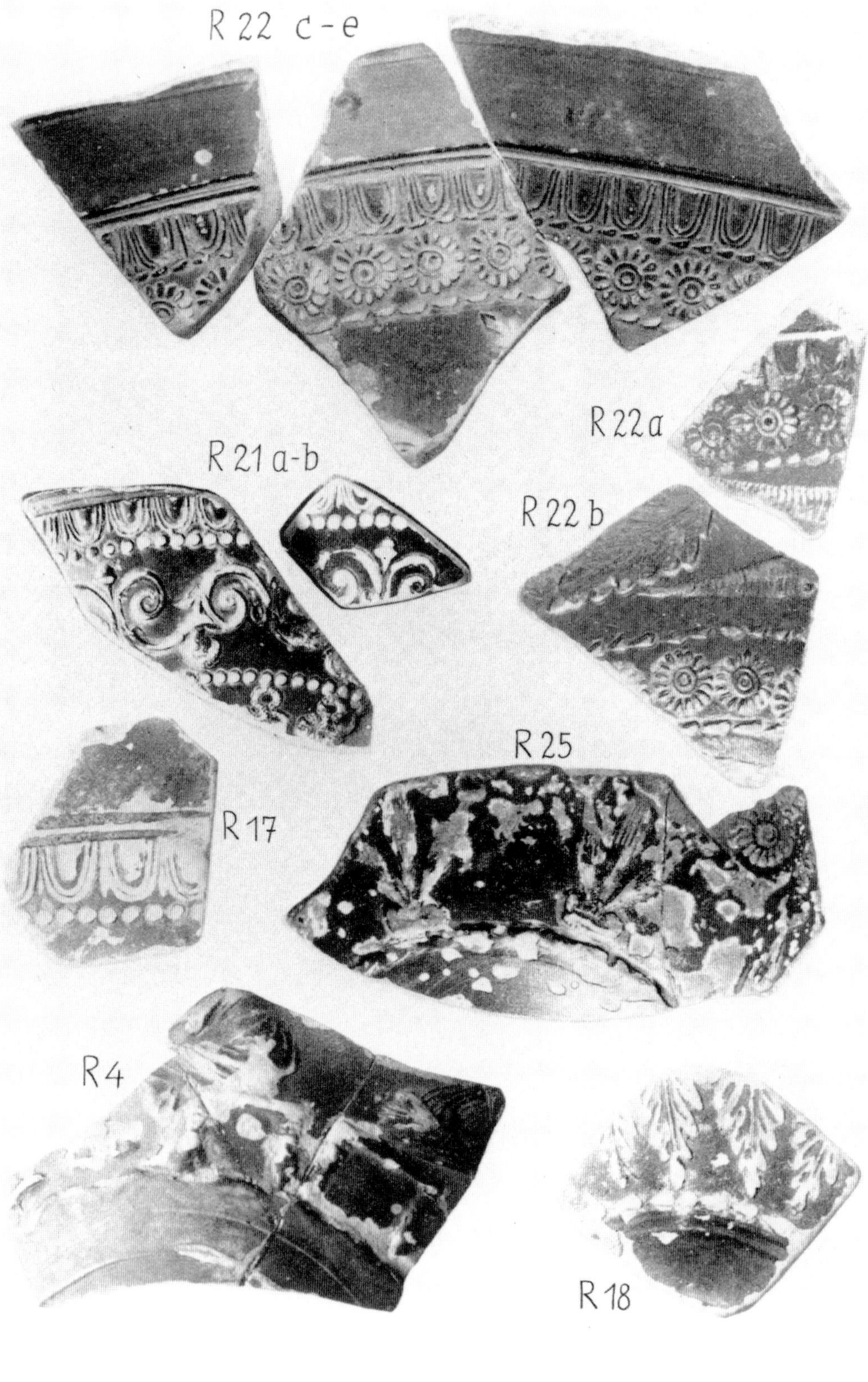

R4 = HaNr. 30; R17 = HaNr. 60; R18 = HaNr. 89; R21a.b = HaNr. 90; R22a-e = HaNr. 35; R25 = HaNr. 61 (aus BAW 6, 1943, Taf. 9); ohne M.

1

2

1 = HaNr. 29; 2 = HaNr. 34; ohne M.

1

2

1 = HaNr. 14; 2 = HaNr. 25; ohne M.

1

2

1.2 = HaNr. 27; ohne M.

1

2

1.2 = HaNr. 38; ohne M.

1

2

1 = HaNr. 65; 2 = HaNr. 54; ohne M.

1

2

1 = HaNr. 42; 2 = HaNr. 43; ohne M.

1

2

3

1 = HaNr. 23; 2 = HaNr. 22; 3 = HaNr. 59; ohne M.

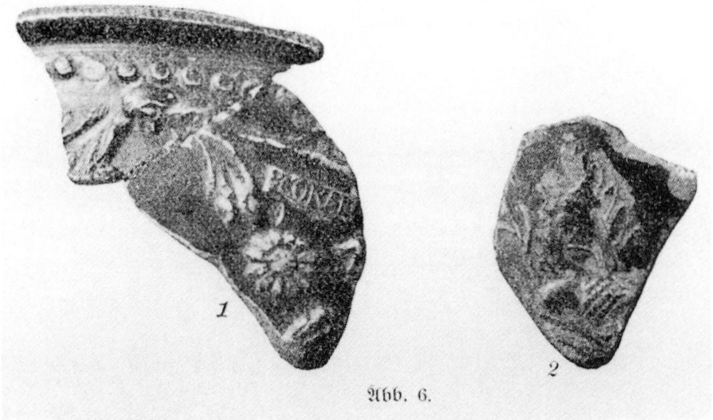

1

2

3

4

1,1 = HaNr. 18; 1,2 = HaNr. 102 (aus MAK 3, 1903, 75 Abb. 6); 2 = HaNr. 128; 3 = HaNr. 103;
4 = AnNr. 3; ohne M.

1

2

3

4

1 = HaNr. 71; 2 = HaNr. 40; 3 = HaNr. 133; 4 = HaNr. 135; ohne M.

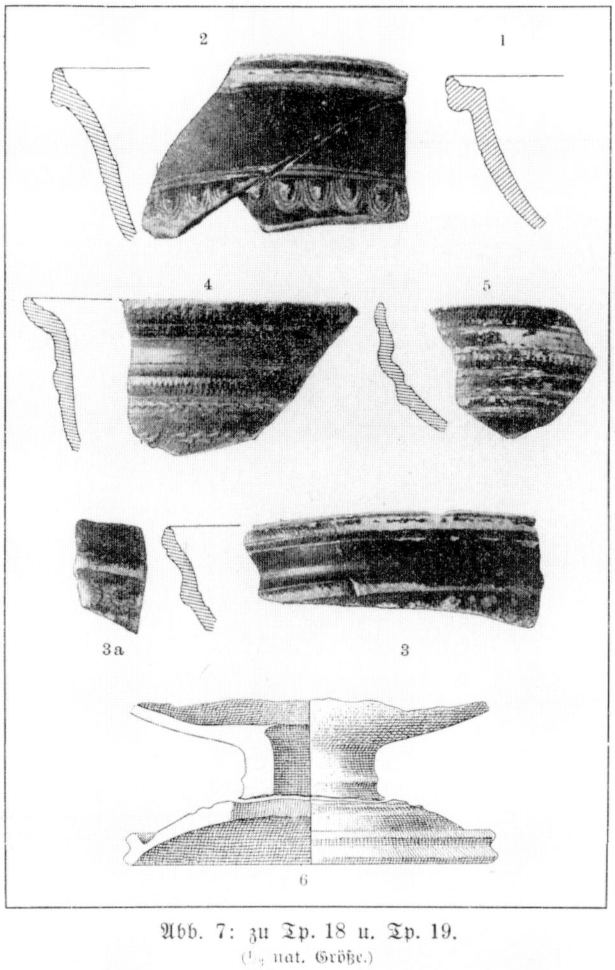

1

2

1,1 = HaNr. 111; 1,2 = HaNr. 73; 1,3a.b = HaNr. 80; 1,4 = HaNr. 112; 1,5 = HaNr. 115; 1,6 = tongrundiger Kelchfuß (aus MAK 5, 1909, 158 Abb. 7); 2 = HaNr. 41; ohne M.

1

2

1 = HaNr. 75; 2 = HaNr. 51; ohne M.

1

2

3

1 = HaNr. 74; 2.3 = HaNr. 156; ohne M.

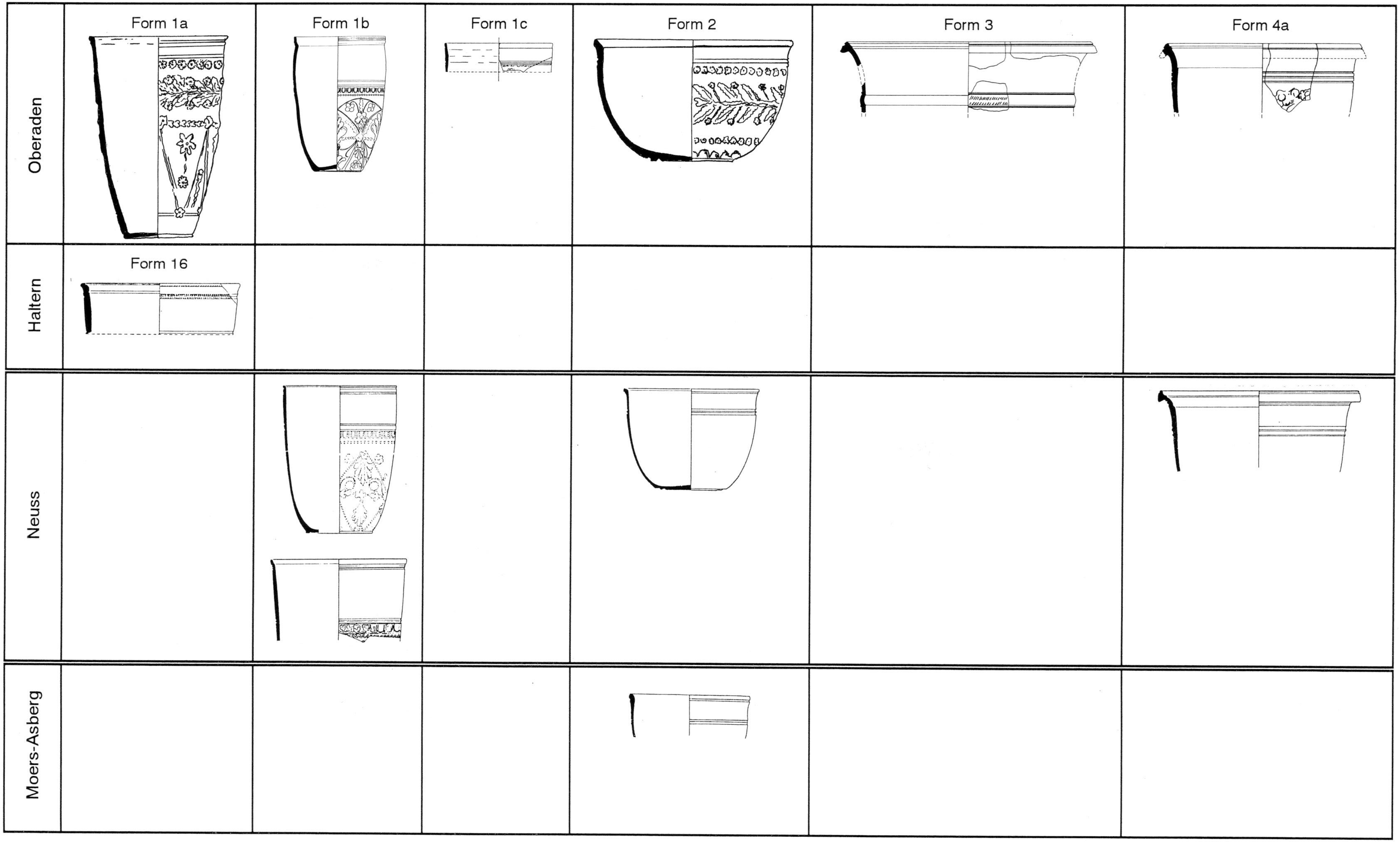

Formentafel 1

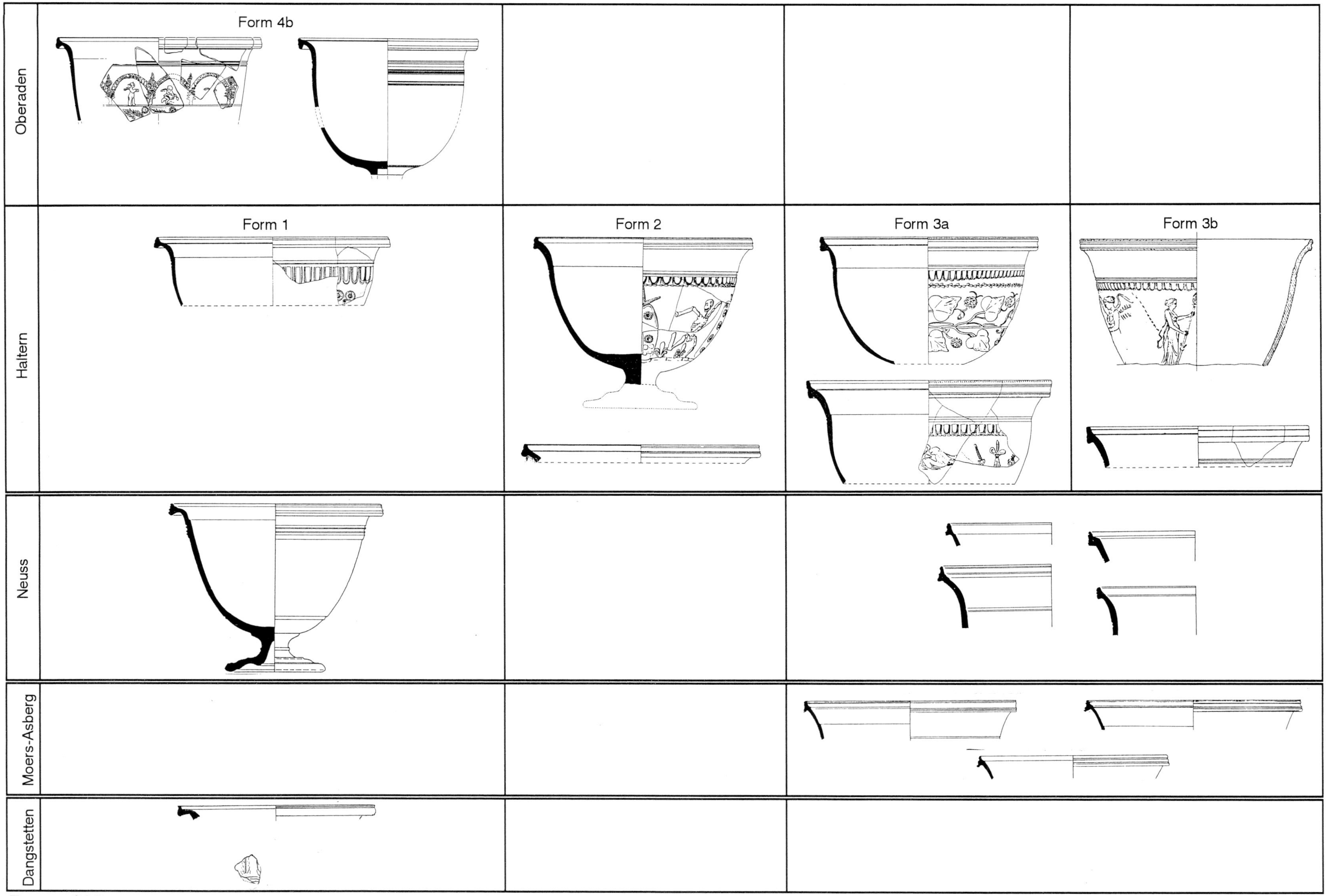

Formentafel 2

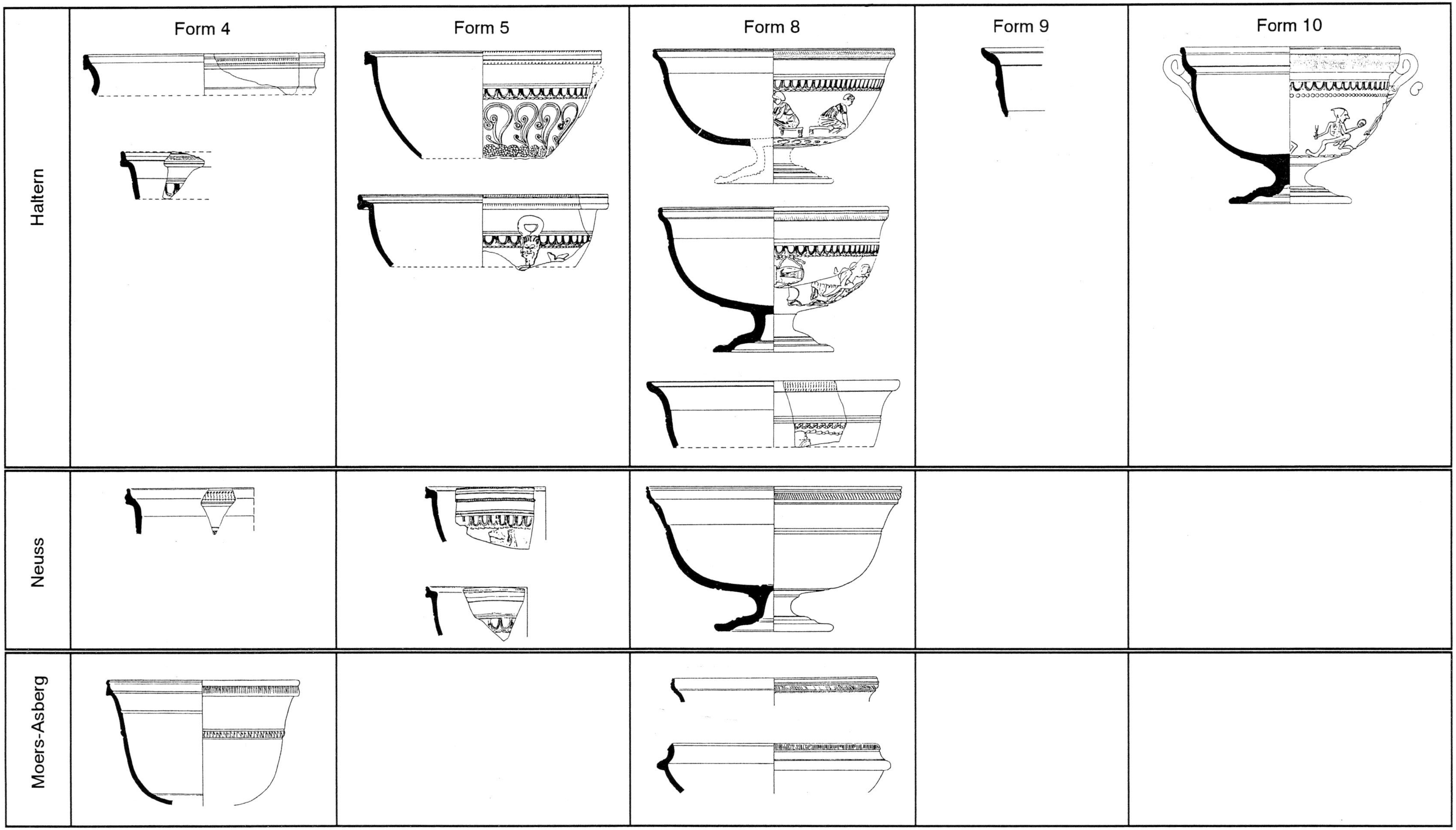

Formentafel 3

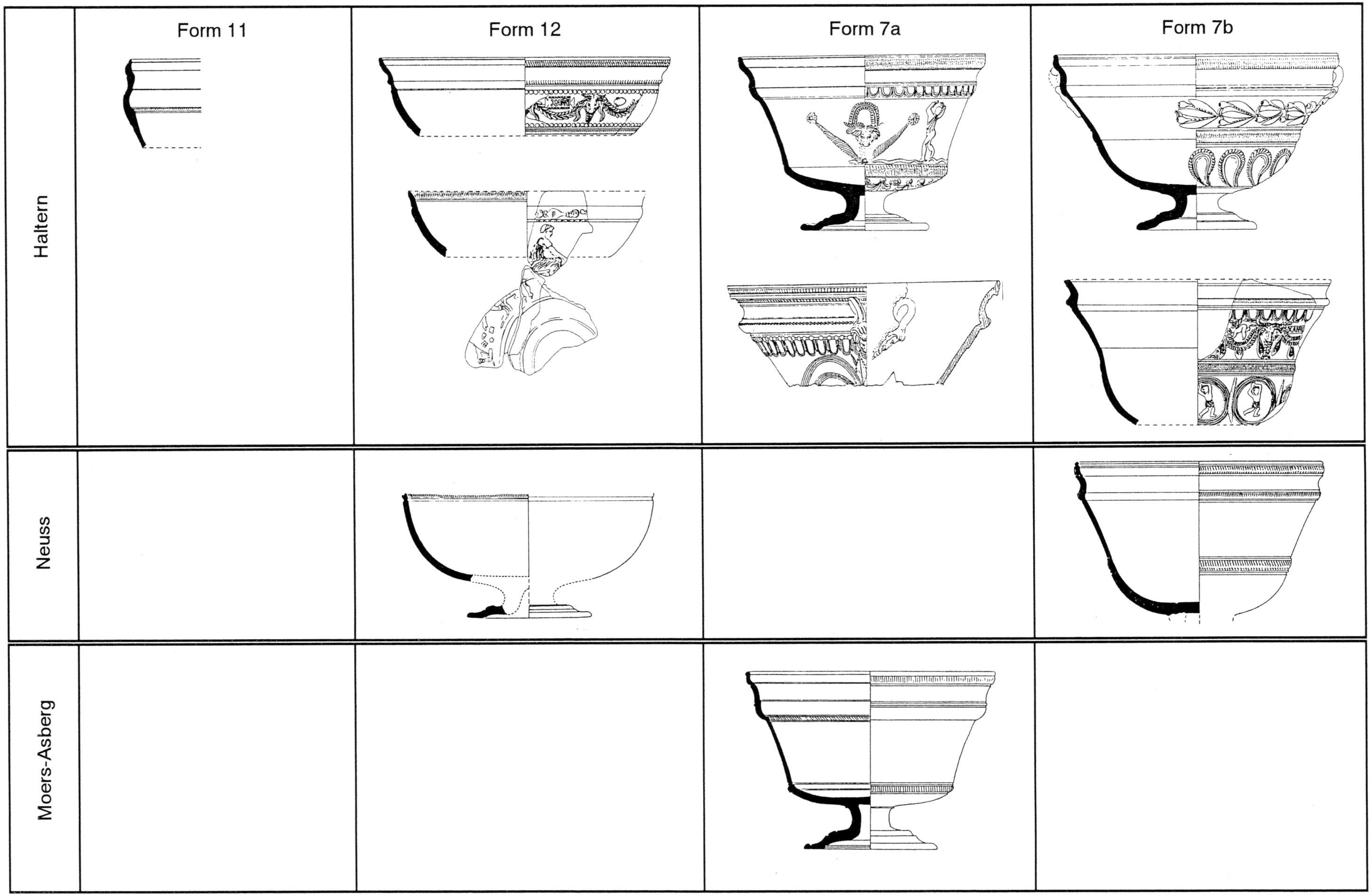

Formentafel 4

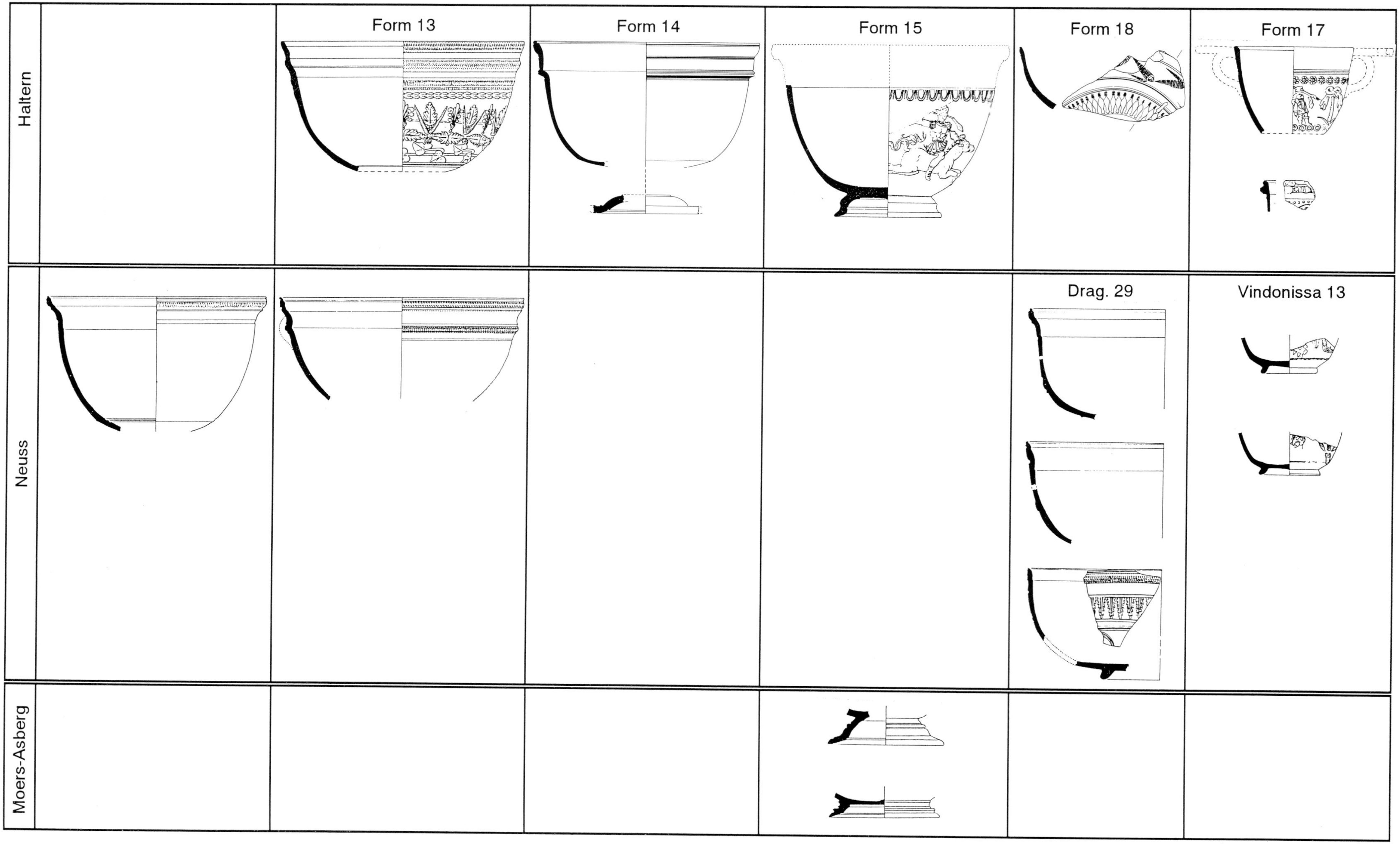

Formentafel 5

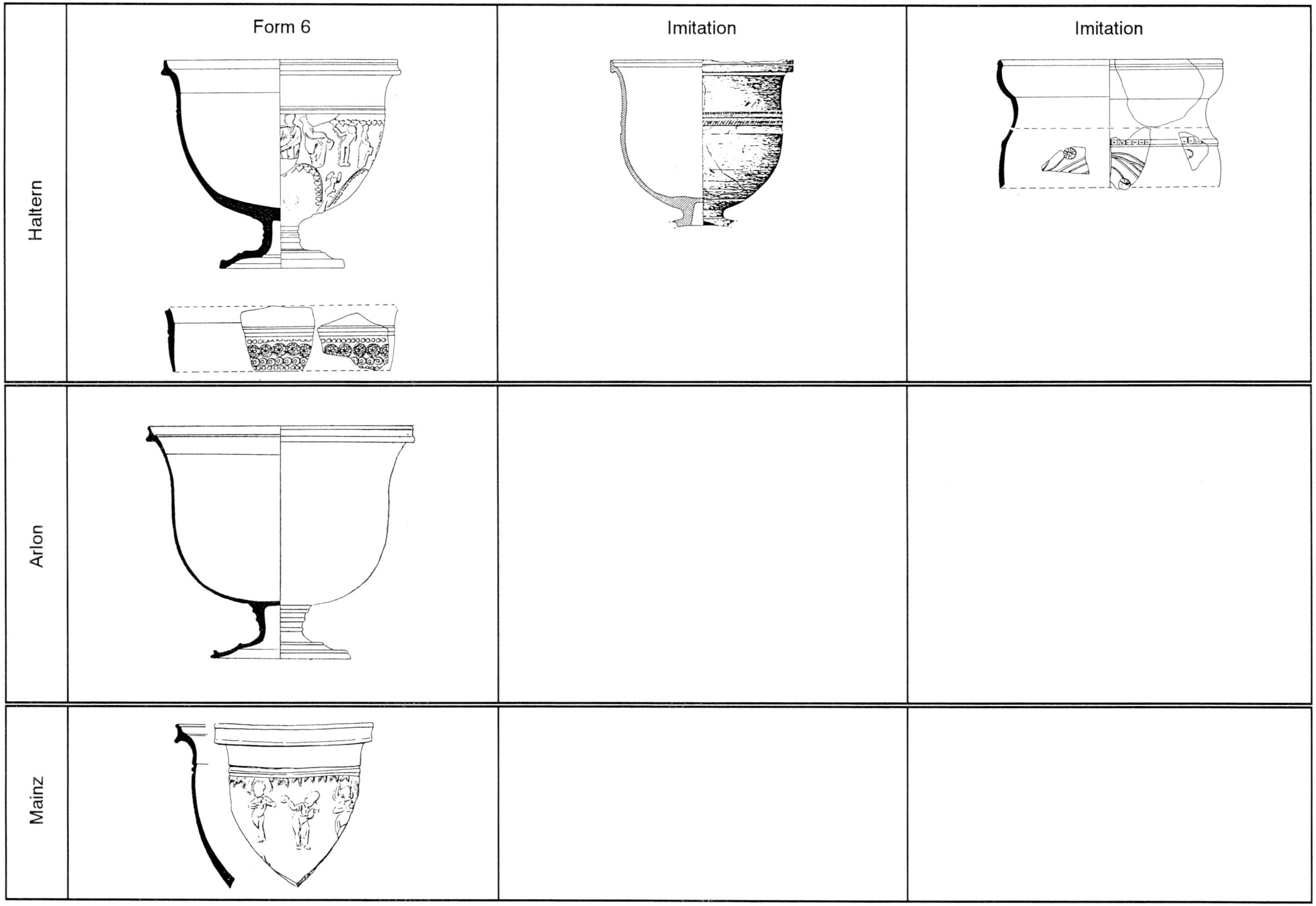

Formentafel 6

Bodenaltertümer Westfalens

Berichte des Westfälischen Museums für Archäologie
– Amt für Bodendenkmalpflege –

Band 23

Die Wüstungen des Geseker Hellwegraumes. Studien zur mittelalterlichen Siedlungsgenese einer westfälischen Getreidebaulandschaft.

Von Rudolf Bergmann. – 1989, 449 Seiten, 9 Abbildungen im Text, 95 Tabellen, 67 Tafeln, 54 Karten, 2 Beilagen, Efalin 65,-- DM, ISBN 3-402-05136-2.

Band 24

Siedlung und Werkstätten von Feinschmieden der älteren Römischen Kaiserzeit bei Warburg-Daseburg.

Von Klaus Günther. Mit Beiträgen von Klaus Hilpert, Axel Höhndorf, Dietrich Horstmann, Günther Nobis, Eckhard Speetzen und Josef Riederer. – 1990, VI und 125 Seiten, 106 Abbildungen im Text, 3 Tabellen, 5 Beilagen als Faltkarten, Efalin 49,-- DM, ISBN 3-402-05137-0.

Band 25

Das frühmittelalterliche Gräberfeld von Wünnenberg-Fürstenberg, Kreis Paderborn.

Von Walter Melzer. Mit Beiträgen von Daniel Bérenger, Peter Caselitz, Peter Ilisch, Rainer Springhorn, Klaus Tidow und Herbert Westphal. – 1991, X und 166 Seiten, 129 Abbildungen im Text, 5 Tabellen, 14 Tafeln, 1 Beilage als Faltkarte, Efalin 69,-- DM, ISBN 3-402-05138-9.

Band 26

Die römische Okkupation nördlich der Alpen zur Zeit des Augustus. Kolloquium Bergkamen 1989. Vorträge.

Mit Beiträgen von L. Berger/G. Helmig, S. Berke, O. Büchsenschütz/J.-P. Guillaumet/D. Paunier, H. G. Frenz, J. K. Haalebos, N. Hanel, P. Ilisch, T. Kolník, J.-S. Kühlborn, E. Künzl, G. A. Lehmann, J.-M. A. W. Morel, G. Piccottini, M. Reddé, S. von Schnurbein, R. Stupperich, H. Thoen, L. Wamser, G. Wesch-Klein. – 1991, VIII und 228 Seiten, 111 Abbildungen im Text, 2 Tabellen, Efalin 69,-- DM, ISBN 3-402-05139-7.

Band 27

Das Römerlager in Oberaden III. Die Ausgrabungen im nordwestlichen Lagerbereich und weitere Baustellenuntersuchungen der Jahre 1962-1988.

Von Johann-Sebastian Kühlborn unter Mitarbeit von Siegmar von Schnurbein. Mit Beiträgen von Brigitte Galsterer, Hubert Gemmeke, Peter Ilisch, Dušanka Kučan, Klaus-Peter Lanser, Jochen Niethammer, Christoph Reichmann, Antje Sander und Burghart Schmidt. – 1992, VIII und 298 Seiten, 65 Abbildungen im Text, 24 Tabellen, 94 Tafeln, 9 Beilagen als Faltkarten in gesonderter Tasche, Efalin 99,-- DM, ISBN 3-402-05140-0.

Band 28

A. Die Megalithgräber Henglarn I, Stadt Lichtenau, Kreis Paderborn.

Von Klaus Günther. Mit Beiträgen von Karin Sieber-Seitz, Karlheinz Steppan, Hans-Peter Uerpmann und Ecke von Zezschwitz. – 1992, 94 Seiten, 42 Abbildungen im Text, 8 Tabellen, 9 Faltpläne als Beilagen.

B. Das Megalithgrab Wewelsburg I, Stadt, Büren, Kreis Paderborn.

Von Klaus Günther und Martina Viets. Mit einem Beitrag von Karlheinz Steppan. – 1992, 45 Seiten, 34 Abbildungen im Text, 9 Tabellen, 3 Faltpläne als Beilagen, Efalin zus. 93,-- DM, ISBN 3-402-05141-9.

Band 29

Das Megalithgrab Espel I, Gemeinde Recke, Kreis Steinfurt. Mit einem Anhang der Funde aus Megalithgrab II.

Von Martina Viets. – 1993, VIII und 95 Seiten, 40 Abbildungen im Text, 74 Tafeln, Efalin 67,-- DM, ISBN 3-402-05148-6.

Band 30

Der Siedlungsplatz Soest-Ardey.

Von Rainer Halpaap. – 1994, 327 Seiten, 83 Abbildungen, 113 Tafeln, 3 Falttafeln Efalin 89,-- DM, ISBN 3-8053-1675-5.

Die Bände 1 bis 22 sind vergriffen. Der Bezug der übrigen Bände erfolgt über jede Buchhandlung oder bei den Verlagen Aschendorff, Münster (Bände 23-29) und Philipp von Zabern, Mainz (ab Band 30).